Ein Titeldatensatz für diese Publikation ist bei der Deutschen Nationalbibliothek erhältlich.

Dieses Werk ist als Ganzes und in Teilen urheberrechtlich geschützt.

Die Autorin erhebt keinen Anspruch auf Absolutheit für den Inhalt dieses Buches, da sie lediglich ihre subjektive Betrachtungsweise wiedergibt und jeder dies mit seiner eigenen Weltanschauung abgleichen und seine eigene Meinung bilden kann und soll.

Copyright © 2019 by
Amadeus Verlag GmbH & Co. KG
Birkenweg 4
74576 Fichtenau
Fax: 07962-710263
www.amadeus-verlag.com
Email: Amadeus@amadeus-verlag.com

Druck:
CPI – Ebner & Spiegel, Ulm
Satz und Layout:
Jan Udo Holey
Umschlaggestaltung:
Amadeus Holey

ISBN: 978-3938656-51-8

INHALTSVERZEICHNIS

Einführung 13

Kapitel 1: Leben heute 15
   Soft Power 15
   Verantwortung der Politik, Medien, Banken, Pharmaindustrie usw. 20
   Unser Alltag 21
      Finanzielle Verpflichtungen 21
      Kinder in fremder Obhut 22
      Termindruck 26
      Konkurrenzdenken – geschürt durch Werbung und Medien 27
      Kein Zusammenhalt mehr 28
      Symptommedizin 29
   Absichtliche Schwächung der Menschen? 30
   Kalter Dritter Weltkrieg gegen die Menschen 32
   Ängste 35
   Kampf gegen alles Weibliche 36
   Sind wir bald geschlechtslose Wesen? 38
   Vermischung der Völker 39
   Ziel: „Eurasisch-negroide Zukunftsrasse" 41

Kapitel 2: Leben in der Materie 46
   Mönche in den Samadhi-Höhlen? 48
   Blume des Lebens oder der Materie? 49
   Schleier des Vergessens 53
   Reinkarnation ein übler Trick? 55
   Sittenverfall 56
   Funktioniert Materie ganz anders als wir denken? 57
   Planetenordnung 58
   Sich wiederholender Zyklus 61
   Fressen und gefressen werden 62

Wessen Bewusstsein hat die Materie erschaffen? 65
Ist unser Universum ein Hologramm 66
Leben in der Matrix 67
$E = mc^2$ 70
6-dimensionale Welt nach Burkhard Heim 71
Wer glauben wir zu sein? 75

Kapitel 3: Unsere Seele ist messbar 79

Kapitel 4: Gibt es sie oder gibt es sie nicht? 83
   Augenzeugenberichte von bekannten Persönlichkeiten 84
      Lt. Colonel Richard French, Kampfpilot der US-Luftwaffe 84
      Gary Heseltine, Polizist in Großbritannien 85
      Robert Salas, ehem. Captain der US-Luftwaffe 86
      UFOs deaktivierten Atomraketen 88
      John Callahan, ehemaliger Mitarbeiter der US-Luftaufsichtsbehörde FAA 88
      Ademar José Gevaerd, Komitee brasilianischer UFO-Forscher 89
      Robert Bigelow, milliardenschwerer US-Unternehmer 90
      Paul Hellyer, ehemaliger Kanadischer Verteidigungsminister 92
      Physiker Bob Lazar: außerirdische Flugscheiben in der US-Anlage S-4 96
      John Lear, Pilot 98
      General-Colonel Scryabin 99
      Irakischer Transportminister Kazem Finjan 100
      Illobrand von Ludwiger (MUFON/IGAAP) 100
      Dr. Roger Leir, Chirurg 102
      Wissenschaftler: Intelligente Reptilien auf anderen Planeten? 104
      David Wilcock 106
   Hochtechnisierte Wesen 122
   Machtorientierte Wesen 123
   Warum werden UFOs verschwiegen? 128
   Politik und extraterrestrische Wesen 132
   Zusammenhalt 137
   Planetenverbot aussprechen 137

Gabriele Schuster-Haslinger

SKLAVEN PLANET ERDE

Es ist Zeit, aufzuwachen!

amadeus-verlag.com

Ich berufe mich auf den Artikel 5 des Grundgesetzes, der wie folgt lautet:

„(1) Jeder hat das Recht, seine Meinung in Wort, Schrift und Bild frei zu äußern und zu verbreiten und sich aus allgemein zugänglichen Quellen ungehindert zu unterrichten. Die Pressefreiheit und die Freiheit der Berichterstattung durch Rundfunk und Film werden gewährleistet. Eine Zensur findet nicht statt.
(2) Diese Rechte finden ihre Schranken in den Vorschriften der allgemeinen Gesetze, den gesetzlichen Bestimmungen zum Schutze der Jugend und in dem Recht der persönlichen Ehre.
(3) Kunst und Wissenschaft, Forschung und Lehre sind frei. Die Freiheit der Lehre entbindet nicht von der Treue zur Verfassung."[1]

DANKE

Da beim Schreiben eines Buches immer andere Menschen mit beteiligt sind, möchte ich an dieser Stelle allen Menschen meinen herzlichen Dank aussprechen, die es mit ermöglicht haben, dass dieses Buch entstehen konnte. Dieser Dank gilt in erster Linie meiner Familie.

Gleichzeitig möchte ich mich bei Ihnen, den Lesern, dafür bedanken, dass Sie mich mit ihren anerkennenden Worten dazu ermutigen, ein weiteres Buch zu schreiben. Danke, dass Sie den Mut haben, sich mit diesen Themen auseinanderzusetzen. Danke, dass Sie sich Gedanken darüber machen, wie Sie selbst aktiv werden können, um diese bedeutungsvolle Zeitphase positiv zu beeinflussen. Danke auch für die vielen Anregungen und Hinweise, die ich erhalten habe.

Ebenso danke ich anderen Autoren, die vieles hervorragend recherchiert haben, auf das ich mich beziehen kann und auf deren Werke ich hinweisen darf.

Sind wir selbst Aliens?	139
Erde lebensfeindlich für Menschen?	140
Beweise	143
Hilfe aus der Geistigen Welt	145
7-jähriger David	148
Boriska aus Russland	156
Science-Fiction-Filme: Vorschau auf die Zukunft	158
Kapitel 5: Übernahme durch extraterrestrische Wesen	**162**
Ziel dieses offiziellen Kontaktes?	162
Bisherige Vorbereitungen	163
Ablauf der Übernahme?	165
Weltreligion	166
Kapitel 6: Echte Menschen und Scheinmenschen	**169**
Kapitel 7: Chimären und geklonte Menschen	**172**
Kapitel 8: Sklavenrasse Mensch	**179**
Deutschland lastet sich erneut Schuld auf!	182
Glückliche Sklaven?	185
Kapitel 9: Pyramidensystem	**187**
Kapitel 10: Dämonisches System?	**192**
Gibt es Dunkelmächte?	194
Fremdsteuerung	196
Bohemian Grove	199
Pädophilie	202
Verjüngungskur durch Kinderblut	203
Kriegswaffe Wetter	206
Spiegelprinzip	208
„Übermensch" im Gegensatz zum Avatar	212
Cyborg	212
Avatar	214
Methoden, um die Menschen zu unterjochen	215
Vereinheitlichung	215

Städte 217

Medien 218

Globalnetzgitter 218

Christusgitter 219

Kapitel 11: Ist Gott wirklich Gott? 221

Gott der Bibel 221

Nag-Hammadi-Schriften - Archonten 222

Ist Materie göttlich? 230

Kapitel 12: Mächte im Hintergrund 233

Der Urmensch – Wer sind wir? 233

Spiel mit den Menschen 236

Das Ziel der Menschen 237

Reinkarnation 239

Gefangen in der Materie 241

Kapitel 13: Mikroorganismen – Feinde im eigenen Lager? 243

Wie Parasiten unser Verhalten bestimmen 244

Toxoplasma gondii 245

Emotionen von Darmmikroben abhängig? 248

Kulinarische Gelüste 249

Sollen Darmmikroben Angst erzeugen? 250

Darmmikroben fordern Nachschub 251

„Gute" und „böse" Mikroorganismen im Darm? 252

Krank durch Mikroorganismen und Parasiten 254

Krebs durch Parasiten verursacht? 255

Mikroben kennen den Trick für das ewige Leben 259

Altern durch Mikroorganismen verursacht? 260

Verrottung durch Mikroorganismen 262

Können wir diese Mikroorganismen beeinflussen? 263

Gedankenparasiten 264

Darmparasiten 265

Entgiften 266

    Parasiten ausleiten 267

    Feinstoffliche Parasiten.. 269

    Geistige Entgiftung 270

Parasiten-Fazit 272

Kapitel 14: Grenzenlose Macht? 275

Kämpfen die Menschenrassen stellvertretend für ihre Schöpfer? 277

Angst vor dem Sterben 279

Erzwungene Inkarnation? 280

Schreikinder...281

Kapitel 15: Die größten Gefahren 282

Zerstörung der Jugend... 282

Wettermanipulation... 283

Extremismus/Fanatismus 284

Funktechnik, Mikrowellen, Strahlen 287

Epidemien... 292

Künstliche Intelligenz (KI) 293

Negative Außerirdische 299

Extraterrestrische in Spitzenpositionen 300

Satanismus 302

Kapitel 16: Was noch kommen könnte 306

Fleisch aus dem Labor 306

Seelenraub... 309

Geklonte Politiker?..311

Mensch-Tier-Kreuzungen 314

Schuldgefühl 315

Prophezeiungen 317

    Dritter Weltkrieg... 317

    Finsternis und geologische Veränderungen... 318

    Gelber Strich... 321

    Lichtstrahlung... 322

    Die Endzeit laut den Nag-Hammadi-Schriften 324

Drei Fliegen mit einer Klappe..325

Kapitel 17: Können wir uns schützen?..327

Appell an Forscher 329

Fazit...330

Kapitel 18: Lösungen..333

Vom Kohlenstoff zum Diamant 334

Kapitel 19: Drei Stärken 337

Menschlichkeit 337

Manifestationskraft..338

Menge 340

Kapitel 20: Für uns selbst sorgen 342

Kapitel 21: Kollektivfeld..348

Kapitel 22: Heilungsweg von innen nach außen..350

Kapitel 23: Meditation für eine liebevolle Symbiose Erde-Mensch 352

Ins Herz gehen..352

Verbindung mit Ihrer spirituellen Quelle und der Erde............................353

Vision..353

Kapitel 24: Abnehmendes Magnetfeld 355

Kapitel 25: Der Weg in die Freiheit 360

Kapitel 26: Äußere Veränderungen 362

Gemüse in seiner Urform züchten 362

Minimalismus 365

Neue Bildungswege 366

Alternative Behandlungen 367

Strophanthin..368

Krebs 369

Krebs – eine Infektionskrankheit? 370

Krebs geheilt durch Ernährungsumstellung 372

Vitamin D 377

Zirbeldrüse 378

Aktivierung der Zirbeldrüse 382

Stille	383
Tonen	386
Sonne	386
Ausreichend Schlaf	387
Natur	387
Neroliöl	388
Schaukeln	389
Lachen	390
Vermeidung von Elektrosmog	391
Kosmisches Prinzip – Veränderungen im Inneren	392
Eigene Schwächen überwinden	394
Schlaf für die Seele	396
Sucht	398
Sehnsucht	400
Innere Verletzungen heilen	402
Ho'oponopono	404
Veränderung beginnt im Kopf	405
Macht der Gedanken	406
Gedankenkraft	408
Gedankenhygiene	410
Sind wir wirklich für alles selbst verantwortlich?	411
Spirituellen Hochmut entlarven	413
Innere Stimme	415
Eigenen Weg gehen	416
Reaktivieren unserer ursprünglichen DNS	419
12-Strang-DNS	420
Authentizität	424
Wahrheit erkennen	425
Rückverbindung mit der liebenden Ur-Quelle	427
Rückholung unserer Kraft	431
Neue Talente	434

Einklang mit der Natur 435

Kapitel 27: Visionen 437

    Nähren des Friedensfeldes 438

    Innere Einstellung 439

    Pyramidenhierarchie umdrehen 440

    Bewusstsein 443

    Individualität 446

    Leben in Wahrheit 448

    Nachhaltigkeit 449

    Lebensenergie 451

Kapitel 28: Spezielle Räume 454

    Abladungsräume 454

    Aufladungsräume 455

    Rückverbindungsräume 455

    Tonräume 456

    Lichträume 456

Kapitel 29: Ich bin frei 458

Kapitel 30: Wer ist die höchste Instanz? 459

Über die Autorin 461

Literatur- und Quellenverzeichnis 462

Bildquellen 474

Einführung

Wer über unser Leben in der westlichen Welt denkt, es sei alles in Ordnung und es wäre gut, wenn alles so bleiben würde wie bisher, denn es „geht uns doch eigentlich gut", der hat vermutlich das falsche Buch in der Hand. Dem empfehle ich, besser einen Roman oder ein Märchenbuch zu lesen. Wer jedoch der Meinung ist, dass unsere Freiheit mehr und mehr beschnitten wird, ja dass sogar unser gesamtes System eine Farce ist, der kann in diesem Buch außergewöhnliche Anregungen finden, wie wir selbst zu einer Veränderung in unserem Leben kommen und somit auch die Gesellschaft verändern können. Dieses Buch wurde für Menschen geschrieben, die bereits hinter die Kulissen blicken und es soll eine Aufforderung dazu sein, in völlig andere Richtungen zu denken.

Meine bisherigen Bücher kann man natürlich einzeln lesen, doch im Grunde bauen sie aufeinander auf. So habe ich in meinem ersten Buch »Verraten – verkauft – verloren?« beschrieben, mit welchen Methoden wir auf unserer wunderschönen Erde manipuliert, kontrolliert und überwacht werden.

Im zweiten Buch »Nutzlose Esser« geht es um die geplante, globale Bevölkerungsreduktion, aber auch um die Frage, was das alles mit uns Europäern und dem deutschsprachigen Volk zu tun hat. Und in dem Buch, das Sie hier in den Händen halten, geht es um die Frage, wer für diese Entwicklung verantwortlich ist und um die spannenden Fragen, wer wir eigentlich sind und was wir hier überhaupt tun.

Im Grunde kann man den Inhalt meiner Bücher kurz mit folgenden Worten beschreiben:

1. Buch »Verraten – verkauft – verloren?«: Was ist los auf unserer Welt?
2. Buch »Nutzlose Esser": Warum ist das so?
3. Buch »Sklavenplanet Erde«: Wer steckt dahinter und wer sind wir?

Auf die verschiedenen Themen meiner ersten beiden Bücher möchte ich deshalb in diesem Band nur noch ansatzweise eingehen. Wer sich hierüber umfassend informieren möchte, dem empfehle ich, diese Bücher zu lesen. In diesen ist alles zusammengefasst, was die Global Player mit uns, den ganz normalen und echten Menschen, beabsichtigen. Doch wenn wir uns dem nicht einfach hingeben wollen, dann sollten wir beginnen, uns selbst zu verändern.

> *„Sei Du selbst die Veränderung,*
> *die Du Dir wünschst für diese Welt."*[2]
>
> Mahatma Gandhi (1869-1948), indischer Rechtsanwalt und Widerstandskämpfer

Ich halte es für essentiell, ja sogar überlebenswichtig, gänzlich neue Wege zu beschreiten, unser eigenes Denken zu revolutionieren und uns als Menschen vollkommen neu zu definieren. Welche Möglichkeiten stehen uns dazu zur Verfügung? Um einer Lösung näher zu kommen, müssen wir uns die Frage stellen, welche Mächte die Menschheit seit Jahrtausenden manipulieren. Welche Konsequenzen hat das materielle Leben für uns? Haben wir es in der Hand, eine konsequente Veränderung herbeizuführen? Steht uns eine bewusst aufgezwungene Veränderung bevor? Wie schaffen wir es, dieser zuvorzukommen?

Sehen wir uns die Hintergründe dazu an.

Kapitel 1:
Leben heute

Wer sich darum bemüht, die Wahrheit zu erfahren, wer versucht, über den Tellerrand hinauszuschauen und hinter die Kulissen zu blicken, der wird erkennen, dass wir zu Statisten in einem gigantischen Theaterstück geworden sind. Wir schreiten mit Riesenschritten auf eine flächendeckende und lückenlose Überwachung zu, der bald niemand mehr entkommen kann. Das Argument mancher Mitbürger, sie hätten ja nichts zu verbergen, zeugt davon, dass sie das Ausmaß dieser Maßnahmen noch nicht vollumfänglich erfasst haben. Jeder unbequeme Mensch und auch jeder, der auch nur einen Millimeter von der gewünschten Linie abweicht, könnte schneller inhaftiert werden als er sich vorstellen kann. Und während es heute noch leicht ist, ein braver Bürger zu sein, könnte es morgen schon schwierig geworden sein. Ja selbst, wenn Ihr Konsumverhalten von der gewünschten Norm abweicht, könnten Sie bereits ins Visier geraten – von der Anwendung alternativer Heilweisen ganz zu schweigen. Was heute noch normal erscheint, könnte morgen bereits verboten sein. Was ist die Meinung, wir hätten nichts zu verbergen, dann noch wert?

Soft Power

Die modernen Methoden, ein Volk zu führen oder es gar zu dezimieren, erfolgen kaum noch durch Kriege und offene Unterdrückungen, sondern finden auf sanfte Weisen statt. Politische Berater befassen sich seit Jahrzehnten damit, wie man das Volk gezielt in eine bestimmte Richtung drängen kann, ohne dass es von diesem überhaupt bemerkt wird. Die Menschen werden vor allem über die Medien, aber auch über die Religionen und frühzeitig über die Kindergärten und Schulen beeinflusst und in eine bestimmte Richtung geleitet.

Würden diese Ziele offen für jeden erkennbar sein, würde dies breiten Widerstand in der Bevölkerung auslösen. Der amerikanische Politikwissenschaftler *Joseph S. Nye Jr.* beispielsweise hat diesem Thema ein ganzes Buch gewidmet, es heißt »Soft Power«[3]. Wie bereits der Name aussagt, handelt es sich um eine sanfte Kraft, die in diesem Fall zur wirksamen und vor allem unbemerkten Einflussnahme des politischen Geschehens genutzt wird.

Die hierzu angewendeten Methoden sind relativ unbekannt und funktionieren auf der Basis der normalen menschlichen Reaktionen. Sie fallen niemandem auf und können gut über die Medien in jedem Wohnzimmer eingesetzt werden. *Prof. Dr. phil. Herfried Münkler*, ein deutscher Politikwissenschaftler mit dem Schwerpunkt »Politische Theorie und Ideengeschichte«[4], ist der Ansicht, dass *„Deutschland als Mittelmacht stärker auf den Einsatz von Soft Power angewiesen ist als eine Groß-, Welt- oder Supermacht".*[5] Münkler wurde bekannt durch seine Forschungen zu *Machiavelli* und gehört heute zu den führenden Wissenschaftlern seines Fachs in Deutschland. Er hat sich mit seinen Werken »Die neuen Kriege« (2002), »Machiavelli: Die Begründung des politischen Denkens der Neuzeit aus der Krise der Republik Florenz« (2004) und »Imperien. Die Logik der Weltherrschaft – vom Alten Rom bis zu den Vereinigten Staaten« (2005) intensiv damit befasst, wie man die Denkweise der Menschen beeinflussen kann, um politische Ziele zu erreichen. Wer noch immer denkt, die gewählten Volksvertreter würden den Willen des Volkes umsetzen, sollte langsam aus seinem Traum aufwachen.

Auch *Georg Schütte*, ein deutscher Medien- und Kommunikationswissenschaftler und seit Dezember 2009 Staatssekretär im »Bundesministerium für Bildung und Forschung«, riet Deutschland laut Wikipedia, „*sich stärker auf seine Soft Power zu besinnen*".[6]

Man kann die Methoden des Soft Power durchaus als Ergänzung zu den »Silent Weapons for Quiet Wars« (übers.: »Stille Waffen für leise Kriege«) sehen. Das ist ein Schriftstück, das laut mancher Quellen in einem Kopierer, nach anderen Quellen im Mülleimer eines Flugzeuges gefunden worden sein soll. Egal, wo es wirklich herkommt, darin werden die Methoden beschreiben, wie man die Menschen mit unterschwelliger, kaum greifbarer Vorgehensweise kontrolliert und in eine Richtung drängt, in der sie die politischen und/oder wirtschaftlichen Machthaber gerne hätten. Selbst wenn sich jemand diese Methoden nur ausgedacht und niedergeschrieben haben sollte, so entsprechen sie doch der Realität, wenn man das politische, wirtschaftliche und gesellschaftliche Geschehen sachlich beobachtet.

Offene Unterdrückung hingegen wäre sofort und leicht durchschaubar und würde unmittelbar den Widerstand des Volkes auslösen. Die Herrschenden müssten deshalb permanent massiven Druck ausüben und würden obendrein riskieren, dass sich das Volk im Geheimen zusammenrottet und einen Aufstand organisiert. Das hätte die Konsequenz, dass die Herrschaft vom Gehorsam der Polizei und des Militärs abhängig wäre. Doch sobald diese beiden das Lager wechseln und sich auf die Seite des unterdrückten Volkes stellen würden, wäre es mit der Herrschaft der Eliten vorbei. Deshalb setzen „kluge" Machthaber beziehungsweise Politiker auf die sanfte Variante. Man lullt das Volk mit Phrasen ein, gibt vor, was gesellschaftlich nicht akzeptabel zu sein hat und appelliert immer wieder an das Gewissen jedes einzelnen. Und die Funktionsweise der menschlichen Psyche ist in den höchsten politischen Ebenen genauestens bekannt. Die Automatismen, die vor jeder Entscheidung eines normalen Menschen ablaufen, sind bis ins Detail erforscht. Auf dieser Grundlage wurden entsprechende manipulative Methoden entwickelt, welche effektivste Wirkungen erzielen.

Wer das System durchschaut hat und sich dementsprechend kritisch äußert, wird ab einem gewissen Bekanntheitsgrad denunziert, oder ihm wird schlimmstenfalls ein Verbrechen, Steuerhinterziehung, eine Tat im Rotlichtmilieu oder Sonstiges angedichtet und schon erleidet er den gesellschaftlichen Tod. Auch das gehört zu den Mitteln des „Soft Power" beziehungsweise zu den „Silent Weapons". Nur leider weiß das der ganz normale Fernsehzuschauer oder Zeitungsleser nicht und glaubt so ziemlich alles, was er „schwarz auf weiß" liest. Das Fernsehen ist natürlich auch nicht besser. Immer wieder kommt es vor, dass man ihnen auf die Schliche kommt, wenn sie Jahre alte Bilder aus einem völlig anderen Zusammenhang zu einem aktuellen Geschehen verwenden. Die kurze Entschuldigung für dieses Versehen wird dann jedoch meist zu einer Zeit gesendet, in der diese Meldung nur einen Bruchteil der Zuschauer erreicht. Und es ist so, dass sich ein Bild, besonders im Zusammenhang mit einer Schreckensmeldung, in unser Gehirn einbrennt, auch wenn wir später erfahren, dass uns ein falsches Bild gezeigt worden war. Die Emotion beim Betrachten des Bildes sorgte dafür, dass es in unserem Gehirn nicht einfach gelöscht werden kann. Gerade diese Emotionen sind es, die die Machtebene für ihre Zwecke nutzt. Nur auf diese Weise kann man das Mitgefühl der Allgemeinheit wecken. Soft Power ist zu einem großen Teil auf Manipulation und Täuschung aufgebaut, und indem unsere Emotionen missbraucht werden, wird die Bevölkerung nach den Wünschen der Mächtigen gesteuert.

Die Menschen werden grob in zwei Gruppen eingeteilt, zum einen gibt es die „Elite", das ist die herrschende Ebene, die aus ganz wenigen hyperreichen Menschen besteht. Auf der anderen Seite gibt es die „Schafe", das ist die schlafende und dienende Gruppe und die große Masse der Bevölkerung. Die Schafe werden manipuliert und geführt. Durch das höchst detaillierte Wissen der Elite bezüglich der menschlichen Psyche und der universellen Gesetzmäßigkeiten haben sie gegenüber dem normalen Volk einen erheblichen Vorteil. Denn sie nutzen die Verhaltensweisen der Menschen, von denen die meisten gar keine Ahnung haben, dass es diese überhaupt gibt, äußerst geschickt aus.

So wird dem Volk die Möglichkeit gegeben, sich zu informieren und die neuesten Geschehnisse zu erfahren. Dass diese Presse neben dem aktuellen Geschehen auch manipulierte und manipulative Inhalte vermittelt, und vieles gleich ganz verschwiegen wird, wird jedoch vielen so langsam bewusst. Nachdem die meisten Nachrichten den Tatsachen entsprechen, geht der Zuhörer oder Leser davon aus, dass auch alles andere stimmt – doch das ist offensichtlich nicht der Fall. Nehmen wir nur die Tatsache, dass immer wieder falsche Bilder zu Nachrichtentexten hinzugefügt werden. Findigen Beobachtern fällt das jedoch immer wieder auf. Laut dem Bericht »Propagandatricks – oder Pannen in Serie. Zur Berichterstattung über den Ukraine-Konflikt hat die ARD Bilder und Filmmaterial verwendet, das gar nicht dort entstand oder schon Jahre alt ist. Bei der Korrektur läuft nicht alles glatt.«[7] sei sogar ein bereits bemängeltes und daraufhin ausgetauschtes Korrekturbild aus einem anderen Zusammenhang genommen worden und musste nochmals ausgetauscht werden. Mit Bildern wird offensichtlich die Meinung der Zuschauer manipuliert. Ein Bild prägt sich ganz anders ein als ein Text, und ein Bild bleibt auch dann im Gedächtnis eingebrannt, wenn man später in einem Blog liest (wenn man es liest!), dass versehentlich das falsche Bild verwendet worden sei. So lautet der trostlose Satz am Ende des obigen Berichtes:

„Der Forderung der Kritiker im Netz, die ARD müsse sich nicht nur ‚versteckt' in einem Blog entschuldigen, sondern in der ‚Tagesschau' selbst mit ihrer deutlich höheren Reichweite, ist die ARD bis heute nicht nachgekommen."

Offensichtlich werden dem Volk nicht nur von der Presse, sondern auch von der höchsten politischen Ebene gebetsmühlenartig „Wahrheiten" erzählt und die Massen reagieren genauso, wie gewünscht. Dass sich die Dinge später anders herausstellen, hält die Wähler seltsamerweise nicht davon ab, fest daran zu glauben, dass genau dieselben Politiker künftig doch noch die Wahrheit sagen. Diese Denkweise wird üblicherweise als „Hoffnung" bezeichnet. Und mit dieser Hoffnung hält man die Menschen bei der Stange, wie man so schön sagt – seit Hunderten, wenn nicht gar Tausenden von Jahren. Und die Menschen hoffen immer noch – von Generation zu Generation, von Jahrhundert zu Jahrhundert.

*„Man erlangt die Erleuchtung nicht,
indem man sich das Licht vergegenwärtigt,
sondern indem man die Dunkelheit erforscht."*[8]
Carl Gustav Jung (1875-1961), Schweizer Psychiater

Dr. med. Hans-Joachim Maaz, der bis zu seinem Ruhestand 2008 Chefarzt der »Psychotherapeutischen und Psychosomatischen Klinik« im Evangelischen Diakoniewerk Halle war, hat hierfür den Begriff der „*Normopathie*"[9] geprägt. Er beschreibt damit das flächendeckende Phänomen, dass wir uns von den Medien und der Politik einreden lassen, dass zum Beispiel die Unterbringung von Säuglingen in KiTas normal sei und die Entwicklung des Kindes durch eine frühkindliche Bildung förderlich wäre. *Dr. Maaz* geht jedoch vielmehr davon aus, dass eine frühkindliche Bildung die Grundvoraussetzung dafür ist, dass das Kind sich 1. geborgen, angenommen und geliebt fühlt und 2. seine natürliche Neugierde entwickelt und von sich aus die Welt entdecken möchte. Darauf gehe ich später noch genauer ein.

Hinzu kommt, dass die Menschen durch Werbung so sehr auf Konsum gedrillt werden, dass sie für die wirklich wichtigen Themen des Lebens gar keine Gedankenkapazitäten mehr frei haben. Diejenigen, die es trotzdem versuchen, werden durch Arbeits- und/oder Freizeitstress abgelenkt. Auf derart einfache Weise lassen sich Millionen Menschen manipulieren. Und nur so lässt sich erklären, warum ein Volk es zulässt, dass es von seiner eigenen Regierung immer mehr überwacht und kontrolliert wird.

*„Die zwei obersten Grundsätze:
Was das Volk nicht weiß,
macht das Volk nicht heiß.
Was man dem Volk dreimal sagt,
hält das Volk für wahr."*[10]
Heinrich von Kleist (1777-1811), deutscher Dramatiker, Bühnenschriftsteller und Erzähler

Die heute übliche Manipulation und totale Überwachung hat *George Orwell* bereits 1949 in seinem Roman »1984« beschrieben. Doch nicht nur die Überwachung, sondern auch die Verdrehung der Tatsachen und die Manipulation der Massen waren wichtige Bestandteile in seinem Roman. „*Krieg ist Frieden, Freiheit ist Sklaverei und Unwissenheit ist Stärke*"[11] kann man darin lesen. Diese Manier, genau das Gegenteil dessen zu sagen, was man eigentlich meint, scheint heute, rund 70 Jahre später, politisches Tagesgeschäft zu sein. Frau *Angela Merkel* klärte im Februar 2008 ihre Wähler laut und deutlich darüber auf, dass es durchaus sein kann, dass man zwar etwas sagt, es aber nicht wirklich so meint:

„Man kann sich nicht darauf verlassen,
dass das, was vor den Wahlen gesagt wird,
auch wirklich nach den Wahlen gilt,
und wir müssen damit rechnen,
dass das in verschiedenen Weisen sich wiederholen kann."[12]

Angela Merkel, deutsche Bundeskanzlerin seit 2005

Es scheint demnach völlig normal zu sein, vor der Wahl Dinge zu sagen, die nach den Wahlen nicht mehr gelten. Die Wähler wurden von ihr wahrheitsgemäß darauf vorbereitet, sodass ein Vorwurf der Lüge nach den Wahlen in der Luft verpufft, denn sie hatte es ja bereits angekündigt. Ich frage mich nur, warum überhaupt noch jemand wählen geht, da die Wahlen in Deutschland nicht den gesetzlichen Bestimmungen entsprechen. Dies hat das Bundesverfassungsgericht erneut mit Urteil vom 25. Juli 2012 festgestellt:

„Die Bildung der Ländersitzkontingente nach der Wählerzahl gemäß § 6 Abs. 1 Satz 1 BWG ermöglicht den Effekt des negativen Stimmgewichts und verletzt deshalb die Grundsätze der Gleichheit und Unmittelbarkeit der Wahl sowie der Chancengleichheit der Parteien."[13]

Doch da es keine Instanz gibt, die dafür sorgt, dass gesetzliche Vorgaben auch für Bundesregierungen gelten, dürfte das wohl zunächst noch so bleiben. Nebenbei bemerkt, gibt man bei einer Wahl ohnehin seine Stimme ab, was bedeutet, dass man sie nicht mehr hat. Und wohin gibt man seine Stimme? Richtig, in die Urne. Damit ist sie tot und kann begraben werden. Die Alternative wäre, seine Stimme zu behalten und sie zu verkünden und umzusetzen – doch das dürfte wiederum schwierig sein, weil es zunehmend nicht erlaubt ist, seine Meinung frei zu äußern.

Politische Aussagen sind für den Wähler wie „Russisches Roulette". Wäre es nicht so traurig, könnte man Wetten abschließen, welche Versprechungen am schnellsten gebrochen werden, das wäre sicherlich ein interessantes Spiel. Ein gutes Beispiel für die Glaubwürdigkeit von politischen Aussagen finden wir auch bei *Dr. Norbert Blüm*, der bereits 1986 und nochmals am 10.10.1997 sagte:

„Die Rente ist sicher"[14]

Dr. Norbert Blüm, ehemaliger Bundesminister für Arbeit und Sozialordnung

Wenn überhaupt etwas sicher ist, dann das, dass die Rente nicht sicher ist. Das Rentenalter wird Schritt für Schritt immer weiter angehoben und somit kann man durchaus sagen, dass die Rente sicher sei – er hat nur leider nicht erwähnt, ab welchem Alter. Die UN empfiehlt sogar, das gesetzliche Rentenalter (für Deutschland) auf 75 Jahre anzuheben.[15] Soviel zum Wahrheitsgehalt von politischen Aussagen. Und *Jean-Claude Juncker* hat es ganz dreist auf den Punkt gebracht.

„Wenn es ernst wird, muss man lügen."[16]

Jean-Claude Juncker, luxemburgischer Politiker und Präsident der Europäischen Kommission

Nicht nur in der Politik, sondern auch in den großen Konzernen und in der Bankenwelt driften Aussagen und Absichten weit auseinander. Oder glauben Sie, der Bankangestellte möchte tatsächlich, dass es vor allem **Ihnen** gut gehen soll, wenn er Ihnen eine bestimmte Geldanlage empfiehlt? Im Hinterkopf rechnet er sich vermutlich bereits seine Provision aus, während Sie den vorgelegten Vertrag unterschreiben.

Verantwortung der Politik, Medien, Banken, Pharmaindustrie usw.

Wir lernen normalerweise von klein auf, dass wir nicht nur an uns selbst denken sollen. Man könnte nun meinen, dass dies insbesondere dann gilt, wenn man für andere Menschen verantwortlich ist, wie zum Beispiel die Politik, die Presse, die Banken oder die Pharmaindustrie. Sie alle tragen eine große Verantwortung. Und es ist ebenso klar, dass jemand, der gegen das Wohl des Volkes entscheidet und handelt, die volle Verantwortung für sein Tun trägt. Da hilft es auch nichts, wenn diejenigen eines Tages, wenn sie auf dem Sterbebett liegen, zu sich selbst sagen: *„Ich musste das tun, es war ja meine Aufgabe in dieser Position, in meiner Anstellung!"*. Man könnte auch argumentieren: *„Ich musste doch Geld verdienen!"* Natürlich, die Einführung des Geldes war vermutlich das gewünschte Druckmittel, mit dem man die Menschen dazu brachte und noch immer dazu bringt, ihre Arbeitskraft zu erpressen und manchmal auch Dinge zu tun, die mit einem gesunden Gewissen nicht zu vereinbaren sind.

Doch gehen wir zurück zur Politik, zur Presse und auch zur Pharmaindustrie, deren Wechsel- und Nebenwirkungen von Medikamenten *„mehr Todesopfer als im Straßenverkehr"*[17] kosten. Auch die Waffenindustrie mit ihrem einzigen Zweck, nämlich zu töten, zählt dazu, wie auch die Banken, die sich immer mehr zum reißenden Drachen entwickeln. Diejenigen, die in den höchsten Positionen solcher Branchen tätig sind, wissen in der Regel ganz genau darüber Bescheid, was sie tun und vor allem – wem sie dienen. Und ich bin mir sicher, dass jeder, der bewusst eine Entscheidung gegen die Freiheit und gegen die Gesundheit nicht nur seines eigenen

Volkes, sondern aller Völker der Welt handelt, eines Tages dafür geradestehen muss – ob vor sich selbst oder vor der „allumfassenden Liebe", das überlasse ich Ihrer Einstellung.

„Mit leerem Kopf nickt es sich leichter."[18]
Zarko Petan (1929-2014), slowenischer Schriftsteller

Jeder, der sich für die Versklavung, die Unterdrückung und zum Schaden der Menschheit entscheidet und so handelt, wird das eines Tages verantworten müssen. Wir können davon ausgehen, dass sich dadurch mittlerweile eine enorme Menge an Schuld angesammelt hat. Oder die Betroffenen haben sich dafür entschieden, den machtwütigen Dunkelmächten zu huldigen. Doch auch für diese Entscheidung müssen sie die Verantwortung tragen und es wird ein Ausgleich erfolgen, wann und wie auch immer dies geschehen mag. Wenn ein Pendel sehr nach einer Seite ausschlägt, ist die ganz normale Konsequenz, dass es auch zur anderen Seite ausschlagen muss. Dieser Effekt wird Polarität genannt. Wenn etwas stark zu einen Seite ausschwingt, muss es zum Ausgleich auch auf die andere Seite ausschlagen. Das sollte und muss vor allem jedem klar sein, der sich bewusst für eine Aktion entscheidet, die anderen schadet. Am Sinnvollsten ist es, sich in der Mitte des Pendels aufzuhalten. Das bedeutet, weder die extrem machtbesessene, rücksichtslose und profitorientierte Richtung einzuschlagen, noch die übertrieben rücksichtsvolle und sich aufopfernde Einstellung zu wählen. Beides ist extrem und führt zu Konsequenzen – einmal schadet man einen anderen, das andere Mal sich selbst.

UNSER ALLTAG

Wenn wir unseren heutigen Alltag mit dem vor einigen Hundert Jahren vergleichen, dann werden wir feststellen, dass sich unsere Lebensweise gravierend verändert hat. Sehen wir uns hierzu kurz das heutige finanzielle Gefüge an. Die Menschen sind mit Banken, Versicherungen und Konzernen so eng verknüpft, dass es kaum eine Möglichkeit gibt, dem zu entkommen. Diese bewusst geschaffenen Abhängigkeiten werden zunehmend dazu verwendet, die Menschen unter Druck zu setzen, ganz nach dem Motto: *„Wenn Du nicht tust, was ich Dir sage, wirst Du bestraft. Tust Du immer noch nicht, was ich Dir sage, wird diese Strafe vervielfacht."*

FINANZIELLE VERPFLICHTUNGEN

Jeder ist dazu angehalten, die Forderungen aus diesen erwähnten Abhängigkeiten zu erfüllen. Geld zu verdienen, ist zur obersten Priorität geworden, um überleben zu können. Während früher wilde Tiere, Krankheiten oder Hunger die üblichen Gefahren für Leib und Leben darstellten, sind es heute die verschiedensten finanziellen Verpflichtungen, die es zu erfüllen gilt. So **müssen** heute in sehr vielen Fällen beide Elternteile arbeiten gehen, um die Miete, die Versicherungen usw. bezahlen zu können. Vor allem in den größeren Städten ist oft ein komplettes Einkommen erforderlich, um allein die Miete bezahlen zu können.

Diese Situation ist umso trauriger, wenn man weiß, dass wir im Ausland als eines der reichen Länder angesehen werden. Wir wissen jedoch, dass es nur eine Oberschicht ist, denen es wirklich gut geht. Die Unterschicht wird immer größer und die Mittelschicht verschwindet nach und nach. Es hat schließlich seinen Grund, warum immer mehr Menschen ihre Stromrechnungen nicht mehr bezahlen können. *„Wegen unbezahlter Rechnungen ist im vergangenen Jahr [2016] rund 330.000 Haushalten in Deutschland der Strom abgestellt worden. Neben den Sperrungen der Anschlüsse hat es 2016 zudem etwa 6,6 Millionen Sperr-Androhungen gegen säumige Zahler gegeben."*[19], konnte man am 22.10.2017 auf der Internetpräsenz von »T-Online« lesen. Das bedeutet, dass mittlerweile etwa jeder zwölfte Haushalt Probleme hat, seine Stromrechnung zu bezahlen. Das ist kein Wunder, wenn man bedenkt, dass sich die Strompreise laut obigem Bericht seit dem Jahr 2000 bis 2017 etwa verdoppelt haben. Und auch die Mietpreise ziehen seit Jahren enorm an. *„In den vergangenen fünf Jahren haben sich die Mietpreise in der beschaulichen Grenzstadt Lörrach mehr als verdoppelt."*[20], kann man beispielsweise in dem Internet-Portal »Miet-Check« lesen. Dabei ist es im Prinzip ziemlich egal, ob die Mietpreise deshalb steigen, weil in dem Ort viele Pendler in die Schweiz wohnen oder weil es eine Universitätsstadt ist. Fakt ist, wer in einem Ort mit extremen Mietpreisen zuhause ist und zur unteren Einkommensklasse gehört, der muss in vielen Fällen sogar seinen Wohnort wechseln, weil er sich „wohnen" einfach nicht mehr leisten kann. Selbst das gesamte Einkommen des Ehepartners reicht dann oft nicht mehr. Schönes reiches Deutschland!?

> *„Eine gefährliche Schwäche der Deutschen besteht in ihrer Unfähigkeit, dreiste Schwindler rechtzeitig als Feinde zu erkennen, besonders wenn sie sich als Freunde ausgeben."*[21]
> Prof. Dr. Wilhelm Schwöbel (1920-2008), deutscher Zoologe und Aphoristiker

KINDER IN FREMDER OBHUT

Die zwangsläufige Folge der zunehmenden finanziellen Verpflichtungen ist, dass die eigenen Kinder in fremde Obhut gegeben werden müssen, damit beide Elternteile arbeiten können. Die Eltern finden dadurch weder genügend Zeit mehr füreinander noch für ihre Kinder. Im Grunde ist es geschickt eingefädelt, dass vor langer, langer Zeit das Geld eingeführt wurde. Heute, in einer Welt, die wir uns ohne Geld gar nicht mehr vorstellen können, kann man alle Lebensbereiche finanziell beeinflussen. Nur durch dieses Druckmittel konnte erreicht werden, dass Mütter ihre Säuglinge an fremde Menschen abgeben, damit sie selbst arbeiten gehen können bzw. müssen.

Die „mächtigen Hintermänner" haben dadurch mehrere Dinge erreicht: 1. Die Frauen bringen nun auch ihre Arbeitsleistung in die Gesellschaft ein. Das erhöht das Bruttosozialprodukt und die Steuereinnahmen (Einkommensteuer und Mehrwertsteuer durch erhöhte Kaufkraft) und 2. die Kinder werden fremdbetreut, was ebenfalls zweierlei Konsequenzen hat:

- Die Individualität verschwindet zugunsten der Konformität. Erzieherin ist ein Ausbildungsberuf und über die Ausbildung kann Einfluss genommen werden auf die Schwerpunkte in der Krippen- und Kindergartenerziehung. So werden zum Beispiel alle betreuten Kinder mit der sehr umstrittenen Frühsexualisierung konfrontiert, deren katastrophalen Folgen man derzeit nur erahnen kann.
- Ferner wird die Bindung zwischen Mutter/Eltern und Kind unterbrochen und durch eine fremde Betreuung ersetzt. Man kann nicht davon ausgehen, dass ein paar Stunden am Abend ausreichen, diese Eltern-Kind-Bindung in erforderlichem Maße zu ersetzen. Außerdem haben die Eltern dann wieder keine Zeit, weil die liegengebliebenen Arbeiten abends erledigt werden müssen.

Den 2. Punkt finde ich besonders nennenswert. Diese fehlende Bindung (vor allem im ersten Lebensjahr) erzeugt im Kind ein Defizit, das nie wieder aufgeholt werden kann, wie auch der bereits oben zitierte *Dr. med. Hans-Joachim Maaz* deutlich herausstellt. Er war 28 Jahre lang Chefarzt der »Klinik für Psychotherapie und Psychosomatik« im Diakoniewerk Halle (Saale) und langjähriger Vorsitzender der »Deutschen Gesellschaft für analytische Psychotherapie und Tiefenpsychologie« (DGAPT) wie auch Vorsitzender des »Choriner Instituts für Tiefenpsychologie und psychosoziale Prävention« (CIT). Er spricht das Thema frühkindliche Erziehung in einem Dreiergespräch offen an:

*„**Wir wissen**, und das ist überhaupt kein Thema mehr, das ist wissenschaftlich so ausreichend gesichert, dass es schon erschreckend ist, wie wenig das in der Öffentlichkeit und vor allen Dingen in der Politik zur Kenntnis genommen wird, **dass die ersten Lebensjahre des Kindes darüber entscheiden, wie er später als Mensch, als erwachsener Mensch, als Persönlichkeit aufgestellt ist.** Also es geht um die Qualität der ersten Beziehungserfahrungen.*

*Wir unterscheiden ganz deutlich mittlerweile zwischen <u>Erziehung</u> und <u>Beziehung</u>. Erziehung ist immer negativ behaftet, weil es autoritär das Kind zum Objekt [macht] und Beziehung wäre von vornherein eine Subjektbeziehung zwischen Erwachsenem und Kind. Und **die Qualität der Beziehungen, die dem Kind angeboten wird, und das differenzieren wir nach mütterlichen und väterlichen Beziehungsqualitäten, entscheiden darüber, wie dieser Mensch sich entwickeln kann.** Das Häufigste, was heute der Fall ist, ist ein narzisstisches Defizit und das heißt, das Kind wird nicht mehr bestätigt als das, was es ist, sondern das, was es werden soll. Es wird nicht um seiner selbst willen geliebt, und das hinterlässt eine schwere psychische Last, die man dann später versucht zu kompensieren – durch besondere Anstrengung, durch Leistung. **Aber die Tragik ist, man kann sich Liebe nicht verdienen. Wenn sie nicht gegeben ist, ist sie für alle Zeit verloren.** Aber die Anstrengungen, die Menschen dann unternehmen, bleiben hoffnungslos, sie werden eigentlich süchtig, weil es nie mehr die Befriedigung geben kann, die verloren gegangen ist. Deshalb ist*

die Frage der Frühbetreuung der Kinder die entscheidende Frage für die Gesellschaftsentwicklung und für die Zukunft.
Wenn wir die Kinder schlecht behandeln, sie narzisstisch nicht ausreichend bestätigen, haben wir später Süchtige in jeder Form, Leistungssüchtige, aber auch – wer gekränkt wird als Kind, wer nicht so geliebt wird – hat eine berechtigte Empörung, einen Hass. Das ist ja die Quelle, weshalb dann Menschen krank werden. Sie belasten sich mit ihrem Hass, der [den sie] gegen die Eltern oder gegen die Verantwortlichen bzw. Bezugspersonen nicht losgeworden sind, und später ist das die Quelle dann auch für allen möglichen Fremdenhass, Andersdenkende werden gehasst oder Politiker, der Nachbar oder der Partner selbst wird gehasst, projektiv, um die Spannung loszuwerden. Die Tragik ist, es ist eine berechtigte Empörung da, die aber leider unberechtigt am falschen Objekt später abreagiert wird. Und das ist, sozial gesehen, eine Tragik."[22]

Erfährt ein Kind nicht die uneingeschränkte Aufmerksamkeit, Liebe und Annahme der Mutter/der Eltern, so bleibt ein Defizit, das ein Leben lang nicht mehr aufgefüllt werden kann.

Eva Hermann fragt in der Gesprächsrunde, in der auch *Andreas Popp* teilgenommen hat, wie sich *Dr. Maaz* das erklärt, dass frühkindliche Krippenbetreuung als frühkindliche Bildung bezeichnet wird, und *Dr. Maaz* antwortet:

*„Ja, ich bin entsetzt darüber, dass im Grunde genommen DDR-Verhältnisse in ganz Deutschland [sind], was die Frühbetreuung anbetrifft und **dass ökonomische Zwänge**, kann man fast sagen, **dahin führen, dass Kinder nicht mehr gut frühbetreut werden**. Ich habe ja den Begriff der ‚**Normopathie**' gefunden, wenn wir von flächendeckenden Problemen ausgehen. Also normopathisch ist etwas, dass **die Fehlentwicklung, das Kranke, das Gestörte, nicht mehr als solches wahrgenommen wird, sondern für normal gehalten wird** (normo-pathisch), nur weil dann die Mehrheit betroffen ist. Wenn ich so bin wie die anderen und es da keinen Unterschied mehr gibt, dann glaubt man, das ist alles in Ordnung, das ist richtig, und merkt nicht, wie im Grunde genommen die Mehrheit dazu beiträgt, dass die Gesellschaft sich fehlentwickelt. Und das haben wir. Wir haben eine süchtige, eine narzisstische Gesellschaft, eine grenzenlose, die im Grunde genommen die Natur zerstört, die sozialen Verhältnisse kaputt macht, ganz abgesehen von den persönlichen Schicksalen, die also mit Krankheiten und Beschwerden sind.*
*Also die Qualität der Frühbetreuung, und **das ist ein übler Trick, wenn wir von früher Bildung sprechen**. Also Kleinstkinder brauchen keine **Bildung**, sie brauchen **Bindung**. Bindung heißt, eine gesicherte Beziehung, natürlich in erster Linie zur Mutter, weil die Mutter hat einen Bindungsvorlauf, durch Schwangerschaft, Geburt, Stillzeit, was schon ungefähr 50 Prozent ausmacht von dem, was das Kind an positiver Bindung braucht – also diese Bindung, die eine Mutter in der Lage ist, zu vermitteln: ‚**Du bist mein Kind, ich liebe Dich so, wie Du bist, ich werde mich um Dich kümmern, ich nehme Dich an, ich verstehe Dich, ich will auch herausfinden,***

wer Du bist und nicht Dir sagen, wie Du sein sollst'. Und wir wissen, früh gut gebundene, das heißt bestätigte, narzisstisch im besten Sinne gesättigte Menschen, die bilden sich von selbst. Das Bildungsbedürfnis ist ein Naturbedürfnis. Ein gut gebundenes Kind wird die Welt neugierig erobern wollen…"

Diesen deutlichen und klaren Worten von *Dr. Maaz* ist eigentlich nichts hinzuzufügen, außer der Feststellung, dass gerade die von ihm so besonders herausgestellte Bindung zwischen dem Kleinstkind und der Mutter durch die Krippenbetreuung auf ein Minimum reduziert wird. Säuglinge brauchen keine betreute Gruppe, sondern eine enge Bindung (in der Regel zur Mutter). Wäre es anders, kämen Babys generell als Mehrlingsgeburten zur Welt. Doch allein die Tatsache, dass Menschenkinder in der überwiegenden Zahl als Einzelbabys geboren werden, zeigt, dass dieses kleine Wesen für mindestens ein Jahr lang die Mutter allein für sich hat – von älteren Kindern einmal abgesehen, doch die haben dann bereits andere Bedürfnisse an die Mutter, eben weil sie schon älter sind. Jahrhunderttausende lang haben die Mütter ihre Kinder bei sich getragen, bis sie laufen konnten, und wenn ich mir die heutige Gesellschaft ansehe, dann frage ich mich, wo der derzeitige Trend noch enden soll – in einer psychisch gesunden Gesellschaft offensichtlich nicht. Es ist unvorstellbar anmaßend, wenn wenige Menschen innerhalb einer Regierung denken, sie könnten ein natürliches Grundrecht einfach ändern.

Diese Art und Weise, eine gesamte nachwachsende Gesellschaft bereits kurz nach der Geburt zu beeinflussen, ist meines Erachtens die schwerwiegendste Schwächung eines Volkes, da sie eine vollumfängliche Manipulation beinhaltet, die den Menschen bewusst und kaum noch zu heilen ist. Das Kind wächst mit einem enormen emotionalen Defizit auf und wird durch Wissen statt durch Liebe geprägt. Es strebt nach der Anerkennung, die ihm als Säugling zu wenig gegeben wurde, da es eine Erzieherin mit etlichen anderen kleinen Kindern teilen musste und seine Grundbedürfnisse nach Liebe nicht erfüllt worden sind. Der so aufgewachsene Erwachsene erkennt nicht mehr, welche Einstellung ethisch richtig ist, weil er von klein auf in einem psychischen Mangelzustand gehalten wurde. Er ist nicht mehr in der Lage, nach seiner eigenen Intuition und nach seinem eigenen Gewissen zu entscheiden, sondern passt sich der aufgezwungenen Medienmeinung an. Wer entweder das große Glück hatte, geliebt aufzuwachsen, oder nach Jahrzehnten selbst seine Defizite, soweit möglich, aufgearbeitet hat, und dadurch erkennt, welch perfides Spiel hier mit den Menschen gespielt wird, der wird von der Gesellschaft als „Außenseiter" oder Schlimmeres tituliert.

Die Verpflichtung an die Gemeinden, Krippenplätze zur Verfügung zu stellen, fördert das Bindungsdefizit, unter dem die betroffenen Kinder ein Leben lang leiden werden. Als Erwachsene werden sie dann versuchen, diese verlorengegangene Bindung zu kompensieren und versuchen, die Anerkennung, zum Beispiel durch Leistung, durch angepasstes Verhalten, durch Gewalttätigkeit etc. nachträglich zu bekommen. So züchtet man fleißige und folgsame Bürger. Ein Mensch, der damit beschäftigt ist, nach Anerkennung zu suchen, kommt so schnell nicht auf die Idee, sich mit den eigenen Defiziten, Themen oder gar mit der gesellschaftlichen Situation zu beschäftigen. Stattdessen versucht er womöglich, sich durch den Konsum von beispielsweise sinnfreien TV-Serien zu entspannen oder von seinem eigenen Schmerz abzulenken – nicht ahnend, dass er dadurch noch mehr manipuliert und geformt wird.

Man könnte die Krippenbetreuung, durch welche die Kinder bereits im Säuglingsalter von der Mutter getrennt werden, durchaus mit der Milchviehhaltung vergleichen. Auch hier werden die Kälbchen ganz klein von ihrer Mutter getrennt und in Einzelboxen untergebracht. Und während von der Kuh die Milch genommen wird, profitiert man bei den Menschenmüttern von deren Arbeitsleistung, Steuern und Konsumfähigkeit.

> *„Sind wir in den Augen der Mächtigen*
> *nichts anderes als Nutzvieh?"*
>
> Die Autorin

Sehr interessant finde ich zu dem Thema die Infobroschüre von *Werner Hanne* »Die Entwicklung des Kindes – was spielt sich da ab?«[23], die er im Eigenverlag gedruckt hat. Bei Interesse können Sie diese über seine Internetseite direkt bei ihm bestellen (www.die-entwicklung-des-kindes.de). Besonders beeindruckend finde ich das »Video zum Thema Kinderwagen«[24], das man sich über einen Link auf seiner Internetseite ansehen kann. Für das Video wurde lediglich eine Kamera in einen Buggy gestellt und jemand ist mit diesem Buggy durch alltägliche Situationen gefahren, wie Straßenverkehr, Bekleidungsgeschäft, Supermarkt usw.

Im Grunde sind das ganz normale Alltagssituationen, doch aus der Perspektive des Buggys heraus empfindet man diese Ausblicke sogar als Erwachsener als bedrohlich. Wie muss sich erst ein kleines Kind fühlen, das sich nach der Bindung zu seiner Mutter sehnt, die es jedoch noch nicht einmal sehen kann. Man muss sich dazu vorstellen, dass das Kind, wenn es im Buggy sitzt, auf seiner Augenhöhe nur Autoscheinwerfer, Oberschenkel fremder Menschen, Hunde usw. sieht. Von seiner Mutter sieht es hingegen nichts. Ein kleines Kind, das instinktiv weiß, dass es ohne seine Eltern bzw. Bezugspersonen nicht überlebensfähig ist, wird diese Situationen als bedrohlich empfinden und sich alleingelassen fühlen.

Dieses 10-minütige Video sollte sich jede junge Mutter ansehen. Vermutlich wird sie daraufhin den Kinderwagen so umbauen, dass der Blickkontakt zwischen Kind und Mutter ermöglicht wird. Denn genau das wünscht sich das Kind: Die Sicherheit, dass die Mama in der Nähe ist – dann lassen sich auch die vielen Autos, die vielen Menschen, Hundegesichter und alles andere ertragen.

TERMINDRUCK

Ein weiteres Mittel, den Gewinn der Machtebene zu maximieren, besteht darin, die Kosten der Arbeitskräfte zu reduzieren. Demzufolge werden die Personalkosten bis zur Schmerzgrenze reduziert. Vor allem Einsparungen bei den produzierenden Mitarbeitern sind effektiv. Man kann viel mehr einsparen, wenn man zehn Prozent aller

Mitarbeiter der unteren Einkommensklasse wegrationalisiert, als wenn man dasselbe bei wenigen Mitarbeitern der oberen Gehaltsklasse durchführt. Außerdem hat ein gutes Gehalt der ohnehin gut bezahlten oberen Mitarbeiter den Vorteil, dass sie sich umso mehr bemühen, die Ziele der Unternehmensspitze zu erfüllen. Und diese lautet immer öfter: „Einsparung im Personalbereich!"

Die Konsequenz dieser Gewinnmaximierung durch Personaleinsparung ist die, dass die Arbeit auf das verbliebene Personal aufgeteilt wird. Die Folge ist, dass das verbliebene Personal mehr arbeiten muss, ohne mehr Entlohnung dafür zu erhalten. Da dies nicht nur eine vorübergehende Erscheinung ist, kommen viele Mitarbeiter zwangsläufig an ihre körperlichen und geistigen Grenzen. Wenn daraufhin ein Arzt aufgesucht wird, rät der oftmals zum Erlernen von Entspannungsübungen, Autogenem Training usw. Damit kann man einen kleinen Teil des Termindrucks kompensieren, doch wenn auch nur eine Kleinigkeit hinzukommt, wird die gesamte Terminplanung gesprengt und die Belastbarkeit des Mitarbeiters fällt zusammen. Nicht umsonst ist „Burnout" mittlerweile eine anerkannte Krankheit,[25] auch wenn manche behaupten, es würde diesen ausgebrannten Zustand gar nicht geben. Mag sein, dass diese Einschätzung daher rührt, dass derjenige stressfrei lebt und diesen Zustand nicht kennt oder den eigenen Druck auf andere delegieren kann.

Die Belastbarkeit vieler Arbeitnehmer (aber auch vieler Selbständiger!) scheint an der Grenze angekommen zu sein. Hierzu passt, dass in vielen (Gott sei Dank nicht allen) Unternehmen die Regel gilt: *„Wer den Druck nicht aushält, wird ausgetauscht."* In einer Hühnerfarm gilt das gleiche Prinzip: Legt eine Henne nicht mehr genügend Eier, wird auch sie ausgetauscht. Das lässt erneut die Frage aufkommen, was uns vom Vieh – hier von der Legehenne – noch unterscheidet!

> *„Lohnarbeit ist die Fortsetzung*
> *der Sklaverei mit anderen Mitteln."*[26]
> Gerald Dunkl (*1959), österreichischer Psychologe

KONKURRENZDENKEN – GESCHÜRT DURCH WERBUNG UND MEDIEN

Die oben beschriebenen personellen Einsparungen führen ganz von selbst zum Konkurrenzdenken. *„Ich muss besser sein, dann behalten sie mich und entlassen meinen Kollegen!"* ist ein Gedanke, für den sich so mancher zunächst vielleicht schämt, doch er ist bei der heutigen Einsparungsmanie nachvollziehbar und verständlich. Die Konkurrenz unter den Mitarbeitern ist leider steigend. Was für das Team schädlich ist, ist gut für den Betriebsgewinn, denn wer so denkt, strengt sich mehr an und bringt folglich mehr Arbeitsleistung. Der Abteilungsleiter, der seine Mitarbeiter durch Schüren des Konkurrenzdenkens so weit bringt, dass sie sich nicht mehr als Team sehen, sondern sich zu Einzelkämpfern entwickeln, der minimiert das Risiko, dass sich die Mitarbeiter zusammentun, um gegen zu große Sparmaßnahmen zu rebellieren. Einzelkämpfer haben immer geringere Chancen als eine geschlossene Gruppe.

Die Fähigkeit zum Konkurrenzdenken und der gleichzeitige Wunsch nach Luxus wird unter anderem durch die Medien gefördert, nach dem Motto: *„Mein Haus, mein Auto, meine Jacht!"*

„Über die Werbung werden Bedürfnisse von Dingen geweckt, die man bis dahin gar nicht vermisst hatte."

Die Autorin

Die geweckten Bedürfnisse, gepaart mit dem unbefriedigten Wunsch nach Liebe und Anerkennung aus der Kindheit, erzeugen das unwiderstehliche Begehren, mehr zu besitzen als andere. Aus diesem Defizit heraus ist es völlig verständlich, dass mancher Angestellt denkt: *„Mein Kollege verdient mehr als ich."* Abends zu Hause angekommen, erkennt er dann: *„Der Nachbar Müller hat ein größeres Auto als ich."* Beim Abendessen sagt dann vielleicht noch die Ehefrau: *„Unser Nachbar Meier war letztes Jahr zweimal in Urlaub."*

Können Sie diese Spirale nachvollziehen? Durch gezielte Manipulation und durch kleine Drehbewegungen an den entsprechenden Stellschrauben werden wir zu unzufriedenen, einzeln kämpfenden Konsumenten erzogen. Jedes Konkurrenzdenken trennt uns jedoch immer mehr von den anderen. Wirkliche Freundschaft und ehrliches Miteinander wird immer seltener. Jeder schwimmt allein in dem großen Pool des Lebens und fühlt sich zunehmend getrennt von seiner Familie, seinen Freunden und schlussendlich von sich selbst.

Kein Zusammenhalt mehr

Wer das Gefühl hat, getrennt zu sein, kämpft für sich allein. Wie soll man sich beispielsweise am Arbeitsplatz als Mitglied eines Teams fühlen, wenn man mit dem Kollegen konkurrieren muss? Wie soll man ein Zusammengehörigkeitsgefühl entwickeln, wenn man als Leiharbeiter jeden Monat in einer anderen Firma eingesetzt wird? Wie soll man mit anderen ein Team bilden, wenn man genau weiß, dass gegenseitig intrigiert wird? Das Gefühl, zu einer Gruppe dazuzugehören, wird immer seltener. Und da wir alle dieser Gehirnwäsche unterliegen, empfindet unser Gegenüber womöglich genauso. Wer Glück hat, findet Gleichgesinnte, mit denen er sich austauschen kann und bei denen er das Gefühl hat, dass sie genauso empfinden. Selbst bei Vereinen ist man nur solange integriert, als man seinen Beitrag dazu leisten kann. Ich weiß aus eigener Erfahrung, dass man von ehemaligen Vereinsmitgliedern nichts mehr hört, sobald man zum Beispiel den Wohnort wechselt und den Verein verlassen muss. Bei vielen Vereinen etc. sind die Gespräche heutzutage sehr oberflächlich und die Gemeinschaft basiert nur auf einer losen Verbindung.

Auch in der Ehe und Familie schwindet der Zusammenhalt, wie ich weiter oben bereits ausgeführt habe. Viele Paare trennen sich bei der geringsten Schwierigkeit oder wenn ein neuer, scheinbar attraktiverer Partner auftaucht, bis auch dieser das innere Defizit von einem selbst nicht mehr kompensieren kann. Ich rede hier nicht von Trennungen, die manchmal lebensnotwendig sind, weil sich die Betreffenden zu unterschiedlich entwickelt haben oder weil vielleicht eine große und herausfordernde Lernaufgabe erfüllt worden ist und nun eine Trennung erfolgen darf. Was ich hier meine, sind Beziehungen, bei denen der Zusammenhalt nicht aufrechterhalten werden konnte. Und das liegt sehr oft an inneren Defiziten und dem daraus entstandenen mangelnden „Wir"-Gefühl, denn es ist zu unserem Alltag geworden, dass wir uns getrennt fühlen.

SYMPTOMMEDIZIN

Ebenso gehört es zu unserem Alltag, dass es zwar eine gute Notfallmedizin gibt und vor allem im chirurgischen Bereich Operationen möglich sind, die vielen Menschen das Leben wieder lebenswerter machen können. Andererseits wird bei vielen anderen Beschwerden leider nicht nach der Ursache geforscht, sondern lediglich der Versuch unternommen, die Symptome zu lindern. Die Krankheit bleibt demzufolge unentdeckt und kann weiterhin ihr Unwesen treiben, nur jetzt unbemerkt, da die Beschwerden weniger geworden sind. Das wäre dasselbe, als wenn die Öllampe im Auto aufleuchtet, weil der Ölstand zu niedrig ist und ich die Anzeige mit einem Klebeband überdecke. Irgendwann bleibt das Auto mit Motorschaden stehen und dann wird die Reparatur teuer, falls sie überhaupt noch möglich ist – adäquat zum gesundheitlichen Zusammenbruch beim Menschen.

Abgesehen von der gigantischen Lobby der Pharmaindustrie steckt hier natürlich auch die Einstellung der Patienten dahinter, schnell wieder aktiv sein zu können. Zum einen, weil sie um ihren Arbeitsplatz fürchten oder selbstständig sind und es sich nicht erlauben können, krank zu sein. Zum anderen steht aber auch oftmals der Wunsch dahinter, die lästige Krankheit schnell loszuwerden, ohne dem Körper die Zeit zur Genesung zu geben. Nur wenige forschen nach, ob womöglich das eigene Verhalten zur Entstehung der Krankheit beigetragen hat. Auch ein Hilferuf der Seele nach Veränderung der Lebensweise oder eine erforderliche Zwangspause könnten dahinterstecken. Es ist in jedem Fall hilfreich, sich seine Krankheiten und eventuelle Zusammenhänge selbst näher anzusehen, wenn man wirklich gesund und nicht nur symptomfrei werden möchte.

Allzu schnell könnte man sonst zum Dauerkunden der Ärzte und vor allem der Pharmaindustrie werden, wie man an der Anzahl chronisch kranker Patienten sehen kann. Laut dem »Robert-Koch-Institut« sind 42 Prozent der Frauen und 35 Prozent der Männer in Deutschland (jeweils über 18 Jahren) chronisch krank. Die Symptommedizin ist dabei zu einem festen Bestandteil unseres Alltags geworden.

„Zu den chronischen Krankheiten zählen Herz-Kreislauf-Erkrankungen wie koronare Herzkrankheit und Schlaganfall, Diabetes, Krebs und chronische Atemwegserkrankungen ... Daneben tragen chronische Muskel-Skelett-Erkrankungen, psychische Erkrankungen, Seh- oder Hörbeeinträchtigungen sowie genetisch verursachte Krankheiten erheblich zur Krankheitslast der Bevölkerung bei."[27]

Absichtliche Schwächung der Menschen?

Neben unfallbedingten oder erblichen chronischen Krankheiten gibt es natürlich auch eine ganze Reihe an chronischen Zivilisationskrankheiten wie Bluthochdruck, koronare Herzkrankheiten, Diabetes usw. Manche davon sind durch unsere Lebensweise verursacht, andere sind nur schwer vermeidbar. Als wichtiger auslösender Faktor ist jedoch sicherlich die Ernährung zu nennen. Viele Männer und Frauen sind aufgrund ihrer Arbeitszeiten und ihrer „ganz normalen" Alltagsanforderungen zeitlich nicht in der Lage, täglich frisch zu kochen. Ich glaube, dass nur wenige aus Bequemlichkeit aufs Kochen verzichten. So greifen viele gezwungenermaßen zu Fertiggerichten oder Fast Food zurück. So oder so sind die Zutaten aus konventionellem Anbau mit dem sehr umstrittenen Glyphosat sowie anderen Herbiziden und Pestiziden belastet. Zusätzlich finden sich noch viele weitere Stoffe, die für unsere Gesundheit nicht gerade förderlich sind. So wird zum einen viel zu viel Salz verwendet und parallel dazu sogar Zucker in eigentlich herzhaften Gerichten zugesetzt. Auch gibt es immer wieder Diskussionen über bedenkliche Zusatzstoffe. Dieses Thema hier näher auszuführen, würde jedoch zu weit vom Ursprungsthema wegführen und auch darüber gibt es genügend anderweitige Literatur.

Wenn man über die Jahre hinweg beobachtet, wie sich die Fertignahrungsindustrie entwickelte und welche Stoffe darin gefunden werden, drängt sich schon fast der Eindruck auf, dass diese schwächenden und schlussendlich krankmachenden Stoffe absichtlich in die Nahrung beigemischt werden, damit eine Dauerkundschaft für die Pharmaindustrie gebildet wird. Und so ganz nebenbei wird das Problem der Überbevölkerung gleich ein wenig mitgelöst.

Eines möchte ich beim Thema »Schwächung der Menschen« doch noch anführen, weil es enorm wichtig ist: In meinen beiden letzten Büchern habe ich mich kritisch zu Impfungen geäußert und jetzt wurde vom Bundesgerichtshof bestätigt, dass das Masern-Virus bislang nicht wissenschaftlich nachgewiesen werden konnte. Das ist eine Bestätigung für mich und alle anderen impfkritischen Autoren. Nachfolgend schildere ich Ihnen kurz, wie es dazu kam.

Der Virologe *Dr. Stefan Lanka* hatte im Februar 2011 eine Belohnung für den Nachweis des Masern-Virus versprochen. Wer eine wissenschaftliche Publikation vorlegen könne, in der das Masern-Virus mit Angaben zu Durchmesser und weiteren Fakten nachgewiesen werden kann, dem würde er 100.000 Euro bezahlen. Daraufhin hat sich der Arzt *Dr. David Bardens* bei ihm gemeldet und Anspruch auf dieses Geld erhoben. *Dr. Lanka* war jedoch mit dem Nachweis nicht zufrieden, da dieser nicht seine gestellten Bedingungen erfüllt habe. Die beiden Herren wurden sich nicht einig und so landete der Fall vor Gericht. Das Oberlandesgericht Stuttgart kam ebenso zu dem Schluss, dass die von *Dr. Bardens* erbrachten Nachweise nicht ausreichen würden, um das Virus tatsächlich nachzuweisen.

Wie nicht anders zu erwarten, landete der Fall vor dem Bundesgerichtshof. Dort wurden fünf Gutachter befragt und alle fünf hätten übereinstimmend festgestellt, dass keine der sechs vorgelegten Publikationen einen wissenschaftlichen Nachweis für die Existenz des Masern-Virus enthalte. Im Gegenteil, genetische Untersuchungen hätten sogar bewiesen, dass sich die Autoren der sechs Publikationen des Masern-Virus-Prozesses geirrt hätten: *„Sie hätten normale Bestandteile von Zellen als Bestandteile des vermuteten Masern-Virus fehlgedeutet."*[28], schreibt *Dr. Stefan Lanka*. Der BGH bestätigte das Urteil des OLG Stuttgart[29]. Dieser Fehler hätte vermieden werden können, wenn die Autoren Kontrollexperimente durchgeführt hätten. *Dr. Lanka* erklärt:

„Mit den Ergebnissen der genetischen Untersuchungen sind alle Existenz-Behauptungen zum Masern-Virus wissenschaftlich widerlegt.", denn *„Da es neben diesen sechs Publikationen nachweislich keine anderen Publikationen gibt, in denen mit wissenschaftlichen Methoden versucht wurde, die Existenz des Masern-Virus zu beweisen, haben das nun höchstrichterliche Urteil im Masern-Virus-Prozess und die Ergebnisse der genetischen Untersuchungen Konsequenzen: Allen nationalen und internationalen Aussagen zum vermuteten Masern-Virus, zur Infektiosität von Masern, zu Nutzen und Unbedenklichkeit der Masern-Impfung wurden der Anschein von Wissenschaftlichkeit und damit die rechtliche Basis entzogen."*

Die Masern-Impfung, die schon fast zu einer Pflichtimpfung geworden wäre, sei anscheinend völlig überflüssig. Aber nicht nur das, sie würde auch mehr Gefahren beinhalten als andere Impfungen. *Dr. Lanka* erläutert weiter:

„Die Leiterin des Nationalen Referenz-Instituts für Masern am »Robert Koch-Institut« (RKI), Prof. Dr. Annette Mankertz, habe dazu eingestanden, dass das ‚Masern-Virus' typisch zelleigene Bestandteile (Ribosomen, die Eiweiß-Fabriken der Zellen) enthält. Da die Masern-Impfung aus ‚ganzen Masern-Viren' besteht, enthält dieser Impfstoff zelleigene Strukturen."

Dies erkläre, warum die Masern-Impfung häufigere und heftigere Reaktionen hervorrufe. Es erkläre auch die erhöhte Impfschadensrate speziell bei der Masern-Impfung und warum besonders diese Impfung vermehrt Autismus auslöse. Interessanterweise behauptet das RKI, es hätte interne Untersuchungen zum Masern-Virus getätigt, weigere sich jedoch, diese Ergebnisse auszuhändigen.

Nun, ich denke, dieser Vorfall eignet sich nicht gerade dazu, die Glaubhaftigkeit des Robert Koch-Instituts und der Impfempfehlungen der »Ständigen Impfkommission« (STIKO) zu erhöhen. Und es verstärkt sich der Verdacht, dass Impfungen nicht dazu da sind, die Menschen vor einer Krankheit zu schützen, sondern im Gegenteil, sie zu schwächen. Aus der Sicht der „Elite" ergibt das natürlich Sinn: Wenn die Menschen in ihre Kraft kommen würden, könnten sie eine Gefahr für die „Elite" werden – und damit eine Gefahr für die Neue Weltordnung. Ein großes „Danke" an den mutigen Virologen *Dr. Stefan Lanka*!

> *„Menschen sind Riesen,*
> *denen man eingeredet hat,*
> *sie seien kleine Zwerge."[30]*

Robert Anton Wilson (1932-2007), US-amerikanischer Bestsellerautor

Wenn man sich die vielen aktuellen Methoden ansieht, die den Menschen auf Dauer krank machen, dann steht unweigerlich die Frage im Raum, was eine absichtliche Schwächung für Folgen haben könnte. Nachfolgend sehen Sie eine kleine Auflistung, welche Vorteile für die Hintermänner daraus entstehen:

1. Geschwächte Menschen (und Tiere) sind chronische Patienten und somit (Dauer-)Kunden der Pharmaindustrie,
2. geschwächte Menschen sind so sehr mit sich selbst beschäftigt, dass sie die herrschenden Systeme nicht hinterfragen,
3. geschwächte Menschen lassen sich leichter manipulieren,
4. geschwächte Menschen lassen sich leichter führen und unterdrücken,
5. geschwächte Menschen haben nicht die Kraft zum Widerstand, wo er erforderlich wäre,
6. geschwächte Menschen haben kaum die Kraft, einen festen Familienverband zu pflegen und
7. Bevölkerungsreduktion.

Sie sehen, ein Mensch, der nicht voll in seiner Kraft ist, wird leicht zum Spielball der Mächte, und deshalb sollten wir darauf achten, unseren Energielevel hoch zu halten, doch das ist gar nicht so einfach. Sehen wir uns nun noch kurz an, auf was wir achten müssen.

KALTER DRITTER WELTKRIEG GEGEN DIE MENSCHEN

Eine bedeutende Stellung nimmt hier die Ernährung ein, die mit verschiedensten Chemikalien und Zusatzstoffen versetzt ist, welche schädlich sind. Daneben gibt es jedoch noch viele weitere Methoden, wie die Menschen geschwächt, manipuliert und kontrolliert werden. Ich möchte das an dieser Stelle nicht allzusehr intensivieren, hierüber habe ich in meinem Buch »Verraten – verkauft – verloren?« ausführlich berichtet. Darin habe ich sämtliche relevanten Manipulationsmethoden erläutert und auch Wege aufgezeigt, wie wir damit umgehen können. Eine Wiederholung dieser Informationen würde hier den Rahmen sprengen.

Doch zumindest die Überbegriffe möchte ich hier nennen. Dazu kann ich den deutsch-amerikanischen Arzt *Dr. Dietrich Klinghardt* zitieren, der die Hauptursachen für Erkrankungen in einem Vortrag grob in vier Bereiche eingeteilt hat[31]:

1. **Physische Schwächung:** Umweltgifte, Mikroorganismen sowie moderne Nahrungsmittel und Zusatzstoffe,
2. **Elektrosmog:** Funkwellen (W-Lan, Mobilfunk, DECT, 5G), Mikrowellen, militärische Wellen,

3. **Mentale Ebene:** Überflutung an Informationen (Radio, TV, Internet, Mobiltelefon) und

4. **Seelische Ebene:** karmische Erfahrungen, negativ beeinflussende Geistwesen usw.

Damit hat *Dr. Klinghardt* meines Erachtens genau definiert, was uns heute unsere Energie kostet. Vergleicht man seine Aufzählung mit unserem Alltag, so können wir erkennen, dass die ersten drei Punkte zunehmend über unser Leben bestimmen – und zwar weltweit. Der vierte Punkt wird von den meisten Menschen ignoriert, obwohl auch dieser enorme Auswirkungen auf unsere Vitalität haben kann. Die Summe dieser Dinge erschöpft uns auf allen Ebenen unseres menschlichen Daseins. Und ich gehe davon aus, dass alle vier Punkte ganz gezielt eingesetzt werden, um unsere Kräfte zu erschöpfen. Ich bin sogar der Meinung, dass wir es hier mit einem kalten Dritten Weltkrieg zu tun haben – einen Krieg gegen die Menschen mit dem Ziel, eine erheblich dezimierte, angepasste, fleißige und gleichzeitig dumme Weltbevölkerung zu erschaffen. Bislang waren diese eingesetzten Waffen durchaus erfolgreich, wenn ich mir die vielen Menschen ansehe, die wie Marionetten all das für gut erachten, was sie eines Tages ihr eigenes Leben kosten könnte.

Ich möchte noch eine weitere Methode erwähnen, wie man einen »Kalten Krieg« führen kann. Das Fatale dabei ist, dass die Menschen noch nicht einmal bemerken, dass wir uns in einem Krieg befinden und werden es möglicherweise sogar erst dann erkennen, wenn es zu spät ist. Es ist die heute übliche Gangart, Menschen über die Medien permanent zu manipulieren, bis sie sich eine bestimmte Meinung aneignen. Diese Meinung ist dabei oft so radikal, dass sie dafür verantwortlich ist, beispielsweise den eigenen Nachbarn als „gut" oder „böse" zu verurteilen. Auch hier wird wieder die uralte Methode *„teile und herrsche!"* eingesetzt, oder wie es *Wjatscheslav Seewald* in einem Vortrag ausdrückte, *„teile, hetze auf und herrsche!"*. Dabei ist eine flächendeckende Manipulation keineswegs schwierig, vor allem dann nicht, wenn man bedenkt, dass die weltweiten Nachrichtenagenturen nur einigen Wenigen gehören[32].

Der leider bereits verstorbene, bekannte Journalist *Peter Scholl-Latour* hat es einmal sehr deutlich ausgedrückt:

> *„Wenn Sie sich einmal anschauen, wie einseitig die hiesigen Medien, von TAZ bis Welt, über die Ereignisse in der Ukraine berichten, dann kann man wirklich von einer Desinformation im großen Stil berichten, flankiert von den technischen Möglichkeiten des digitalen Zeitalters, dann kann man nur feststellen, die Globalisierung hat in der Medienwelt zu einer betrüblichen Provinzialisierung geführt. Ähnliches fand und findet ja bezüglich Syrien und anderen Krisenherden statt."* (Focus).

> *„Wir leben in einem Zeitalter der medialen Massenverblödung!"*[33]
> Peter Scholl-Latour (1924-2014), deutsch-französischer Journalist und Publizist

Gezielte Medienberichte manipulieren uns so sehr, dass wir sogar einwilligen, dass unsere Bundeswehr für kriegerische Handlungen eingesetzt wird. Kaum jemand informiert sich über die Ansichten der anderen Seite. Warum wohl werden Reden von Wladimir Putin oder Donald Trump so gut wie nie in voller Länge im Fernsehen ausgestrahlt? Machen Sie sich die Mühe und hören Sie die eine oder andere Rede mit Simultanübersetzung im Internet an. Sie werden ein völlig anderes Bild bekommen, als dies in der Presse verbreitet wird.

Genauso geschieht es mit der politischen Einstellung. Wenn Sie heute aus irgendeinem Grund nicht möchten, dass man Ihrem Sohn im Kindergarten die Fingernägel rot lackiert oder wenn Ihr Kind von Natur aus zu den Folgsamen gehört, dann stehen Sie als Eltern unter dem dringenden Verdacht, „rechtsextremistisch", also „böse" zu sein. So steht es in der vom Bund geförderten Broschüre für Erzieher »Ene, mene, muh – und raus bist du!«[34] Auf diese Weise wird nicht nur Meinung gebildet, sondern auch von den Kindergärtnern/innen verlangt, dass sie die Kinder und die Eltern beobachten und bewerten. Eine Bewertung ist eine Verurteilung und das bedeutet wiederum eine Trennung in „gut" oder „böse". Wer also ein sehr lebhaftes Kind hat, wird als „gut" bewertet, wer ein stilles Kind hat, das ohne zu murren tut, was der/die Kindergärtner/in zu ihm sagt, gilt als „böse". Halten Sie das für viel zu oberflächlich und übertrieben? Vorsicht! Man könnte Sie allzu schnell in die rechte Schublade stecken.

Die Medien verursachen jedoch auch noch ganz andere Effekte. Durch künstlich verursachte Krisen, aber auch durch Versprechungen (über die Medien) werden unzählige Menschen dazu gebracht, ihre Heimat zu verlassen und in bestimmte Regionen einzuwandern. Diese bewusst provozierten Wanderungsströme sind eine künstlich hervorgerufene Methode, diejenigen Staaten zu schwächen, in die diese Menschen einwandern. Aber auch die Staaten, aus denen sie auswandern, leiden, da sie einen großen Teil ihrer Einwohner verlieren. In diesem perfiden Spiel werden diese Menschen ganz gezielt als Waffe missbraucht, um sowohl ihre eigenen Staaten wie auch die Zielstaaten zu schwächen. Hinzu kommen noch bewusst eingeschleuste Terrorgruppen, die die Situation der offenen Grenzen nutzen.

Eine millionenfache Zuwanderung ist nicht nur eine sehr große Herausforderung für die Staatsfinanzen, sondern auch die Kultur des Ziellandes steht auf einem Prüfstand. Durch eine vorbehaltlose Annahme und Förderung der fremden Kultur und ihrer Gesellschaftsformen sowie einer gleichzeitigen Geringschätzung der eigenen Kultur findet ein stillschweigender, aber trotzdem offensichtlicher Wandel statt. Sollte sich diese Tendenz fortsetzen, so dürfte binnen weniger Jahre von der einheimischen Religion und Kultur nicht mehr viel vorhanden sein. Solch eine rasche und deutliche Veränderung war bislang nur durch einen Krieg möglich. Dabei entschied der Sieger, welche Religion und welche Gesellschaftsformen fortan zu gelten haben. Im heutigen Fall entscheidet sich das einheimische Volk jedoch von sich aus, diesen Wandel selbst zu vollziehen, da es die Verurteilung fürchtet, wenn es sich für den

Erhalt der eigenen Religion und Kultur einsetzt. Und auch das ist das Ergebnis der Manipulation durch die Medien – jegliche kritische Äußerung wird als „rechtspopulistisch", oder noch schlimmer als „rechtsextrem", verurteilt. Die Mehrheit zieht es daher vor, sich erst gar nicht näher zu informieren, aus Angst, seine Meinung zu äußern.

Wir befinden uns in einer speziellen Form des Krieges, in einem fast unsichtbaren Krieg, der über die Medien und damit über unsere eigene Meinung geführt wird. Erst dann, wenn sich die Frauen in Europa verschleiern müssen, nicht mehr wählen gehen und auf offener Straße nichts mehr sagen dürfen, dann werden die letzten bemerken, dass wir uns die ganze Zeit über im Krieg befunden haben. Und zwar befinden wir uns **nicht** im Krieg gegen Zuwanderer, sondern die wenigen Mächtigen der Welt führen Krieg gegen **uns**. Wir befinden uns derzeit in einem Scheinfrieden, der nur scheinbar in einer Scheinwelt existiert.

> *„Der geschickteste Krieg ist der,*
> *bei dem die Betroffenen gar nicht bemerken,*
> *dass sie sich im Krieg befinden und*
> *bei dem sie sich selbst bespitzeln und verurteilen."*
> Die Autorin

ÄNGSTE

Eine weitere Konstante in unserem heutigen Alltag sind Ängste. *„Darf ich bei der aktuellen Einsparungsweile meine Arbeitsstelle behalten?", „Nein, nicht schon wieder eine Mieterhöhung! Kann ich das noch bezahlen?", „Liebt mich meine Frau noch?",* sind nur einige der Ängste, die viele Menschen beschäftigen. Gedanken dieser Art sind immer häufiger und aufgrund unserer Lebensbedingungen zur Normalität geworden. Geschürt werden diese Ängste unter anderem durch die permanenten „Schlag-Zeilen" der Medien. Die Empfehlung des »Wissenschaftlichen Beirats des Wirtschaftsministeriums«, die Mietpreisbremse „ersatzlos zu streichen"[35], trägt nicht gerade dazu bei, dass diese Sorgen weniger werden.

> *„Furcht besiegt mehr Menschen*
> *als irgendetwas anderes auf der Welt"*[36]
> Ralph Waldo Emerson (1832-1882), US-amerikanischer Philosoph und Schriftsteller

Doch Ängste halten uns gefangen und hindern uns daran, ein freies Leben zu führen. Ein ängstlicher Mensch kann leichter manipuliert und geführt werden, deshalb sollten wir uns bemühen, dass wir uns mit unseren Ängsten auseinandersetzen. Dazu ist es hilfreich, sie genau anzusehen und zu konkretisieren. Wovor habe ich genau Angst? Wie groß ist die Wahrscheinlichkeit, dass dieser Fall eintritt? Was könnte dann schlimmstenfalls geschehen? Welche Maßnahmen kann ich konkret dagegen ergreifen? Wenn man seine Ängste auf diese Weise analysiert, verlieren sie ihren Schrecken und man kann mit ihnen leichter umgehen und sie spuken nicht ständig diffus im Kopf herum.

Natürlich gibt es Befürchtungen im Leben, die tatsächlich eintreten, und sie verlangen nach Konsequenzen. Dann muss man handeln, darum kommen wir nicht herum. Doch in den seltensten Fällen tritt der „Worst Case" ein, wie zum Beispiel eine Obdachlosigkeit. Der absolute Worst Case ist der physische Tod. Wenn wir unsere Ängste ehrlich analysieren, sind wir davon in den allermeisten Fällen jedoch weit entfernt und somit gehören alle anderen Möglichkeiten zu den guten Lösungen. Wenn wir uns das bewusst machen, geht es uns doch schon besser, finden Sie nicht?

> *„Die Bürger werden eines Tages nicht nur*
> *die Worte und Taten der Politiker zu bereuen haben,*
> *sondern auch das furchtbare Schweigen der Mehrheit."*[37]
> Bertolt Brecht (1898-1956), deutscher Dramatiker und Lyriker

KAMPF GEGEN ALLES WEIBLICHE

Auch wenn die Presse etwas anderes vorschreibt, so unterscheidet sich das Männliche doch erheblich vom Weiblichen. Die männliche Energie verkörpert das Gebende, Aktivität, Dominanz des rationalen Denkens, lineare Formen, das Umsetzen von Plänen, Klarheit, Leistung, Sex, Macht wie auch Konkurrenz, Kampf und Krieg. Das Weibliche beinhaltet hingegen das Empfangende, Verspieltheit, Empfindung, Hingabe sowie liebevolle, emotionale, einhüllende Energie. Es sind grundverschiedene Qualitäten, die sich jedoch optimal ergänzen. Doch man darf jetzt nicht davon ausgehen, dass Frauen nur die weibliche Energie verkörpern und Männer nur die männliche, ganz und gar nicht. Es ist vielmehr so, dass die Männer in sich ebenso das Weibliche geschehen lassen dürfen wie Frauen das Männliche. In unserer heutigen Welt überwiegt jedoch das Männliche und deshalb sind wir alle aufgefordert, egal, ob Mann oder Frau, das Weibliche in uns mehr zu leben. Häuser werden in Quaderform gebaut mit riesigen Fenstern ohne Gardinen, die wie große rechtwinklig, schwarze Löcher aussehen, vielleicht noch mit waagerechten Sonnenschutzlamellen. Alles Verspielte ist aus den Wohnungen verschwunden – auch Möbel sind seit vielen Jahren geradlinig und glatt, ohne jegliche Verzierungen. Vorgärten werden bevorzugt mit Steinen und Kies angelegt, um keinen Rasen mähen zu müssen, doch sie wirken leblos. Die Weiblichkeit ist auf der Strecke geblieben. Wie schön und harmonisch sind Gebäude, die zum Beispiel ein Walm- oder ein Satteldach haben und mit einem Garten, in dem die Blumen Schmetterlinge und Bienen anlocken – auch wenn es derzeit nicht „in" ist. Doch auch sie verkörpern die weibliche Energie.

In der Politik wäre das Weibliche beispielsweise dadurch zu erkennen, dass man miteinander spricht, verhandelt und gleichberechtigt abstimmt, ohne die Menschen mit Gesetzen immer noch mehr beherrschen zu wollen. Die Suche nach einer harmonischen Lösung von Problemen stünde im Vordergrund. Die heutigen Wahl-„Kampf"-Reden sind rein männlicher Natur, die weibliche intuitive Überzeugung durch authentische Handlungen vermisst man zunehmend. Ein gegenseitiges Beschimpfen und Erniedrigen hat nur etwas mit Macht zu tun, aber niemals mit einem Miteinander oder mit einer guten Lösung.

Es ist schon sehr seltsam, wenn man das Männliche und das Weibliche nach außen gleichsetzen möchte, aber in Wahrheit das wirklich Weibliche vollkommen eliminieren möchte. Wie weit diese männlich/weiblich-Diskussion bereits pervertiert ist, sieht man daran, wie die Presse mit dem Thema umgeht. Ein amerikanisches Gesundheitsmagazin[38] werde künftig nicht mehr das Wort „Vagina" verwenden, da es diskriminierend für diejenigen Männer sei, die sich zur Frau umwandeln ließen und demzufolge keine echte Vagina besäßen. Sie würden ab sofort die Bezeichnung „vorderes Loch" verwenden[39].

Liebe Leserinnen, wie sehen Sie das? Sind Sie nicht auch der Meinung, dass man sich damit als „echte" Frau diskriminiert fühlt? Vielleicht sollten wir uns schon mal eine Bezeichnung für das Ding überlegen, welches beim „echten" Mann (bzw. dem als Mann Geborenen) „Penis" genannt wird... Es mag mit Sicherheit sehr verwirrend sein, wenn man tatsächlich das Gefühl hat, zum anderen Geschlecht zu gehören und sich operieren lässt, doch muss man deshalb den gesamten Sprachgebrauch ändern? Es ist meines Erachtens auch eine übertrieben männliche Eigenschaft, alles zu analysieren, zu bewerten und zu zerpflücken. Die weibliche Alternative könnte so aussehen, dass man bei der männlichen/weiblichen Bezeichnung bleibt, was ohnehin gefühlte 99,9 Prozent der Bevölkerung betrifft. Der geringe Anteil derjenigen, die sich tatsächlich geschlechtsumwandeln lassen, wird von allen anderen wohlwollend akzeptiert und eben **nicht** bewertet.

Ergänzend möchte ich hier noch erwähnen, dass der Trend zum selbstgewählten Geschlecht nicht immer glücklich macht. Der weltweit führende Chirurg für Geschlechtsumwandlungen, Miroslav Djordjevic, der an der Urologischen Klinik in Belgrad und am Mount Sinai Hospital in New York tätig ist, beklagt, dass manche Ärzte ihre Patienten vor einer Geschlechtsumwandlung nicht beraten. In den letzten fünf Jahren seien 15 Patienten zu ihm gekommen, die ihre Operation wieder rückgängig machen wollten. Diese seien nicht von ihm operiert worden, denn er selbst richte sich

> „nach ethischen Standards, damit seine Patienten die OP nicht bereuen. Vor jeder Operation verlangt er, dass sich Transgender-Menschen mindestens einer einjährigen psychiatrischen Beratung unterziehen und dann eine Hormonevaluation und Hormontherapie machen. Sollte das fehlen, würde es nach der Operation zu negativen Folgen führen."[40]

Djordjevic, der pro Jahr etwa 100 Operationen durchführt, ist der Meinung, es gebe zwei Gründe, warum Menschen eine Geschlechtsumwandlung bereuen würden. Das seien eine unzureichende Recherche über das Thema und eine fehlende psychiatrische Evaluation vor der Operation. Es gebe keine Untersuchungen darüber, wie oft eine Geschlechtsumwandlung später bereut werde. *„Ende September wurde eine solche Untersuchung an der Bath Spa University abgewiesen, weil das Thema ‚mögli-*

cherweise politisch inkorrekt' sei." Nicht nur die Presse, sondern auch Universitäten haben demnach Angst davor, sinnvolle und „Not-wendige" Themen anzusehen, weil sie Angst davor haben, unangenehme Konsequenzen zu erfahren. Man muss sich schon fragen, **wer** solch einen weitreichenden Druck ausüben kann. Die Folge ist eine unglaubliche Intoleranz, die so weit geht, dass sich sogar Universitäten nicht mehr getrauen, medizinisch wirklich wichtige Forschungen zu betreiben. Wer sich glücklicher fühlt, wenn er sein Geschlecht operativ verändert und lebenslang Hormone einnimmt, soll die Möglichkeit dazu haben. Doch noch wichtiger ist die Vorbereitung, damit derjenige die Gewissheit hat, dass dies wirklich ein dauerhafter und inniger Wunsch ist.

In dem genannten Bericht wird auch eine Studie der »John Hopkins Universität« in Maryland zitiert. *„Viel häufiger führe sexueller Missbrauch in der Kindheit dazu, dass Menschen transsexuell werden und psychische Probleme entwickeln."* Ferner sei eine andere Studie zu dem Ergebnis gekommen, *„dass Transgender-Menschen bis zu 22 Mal häufiger Selbstmordgedanken oder Selbstmordversuche haben, als Personen, die ihre biologischen Geschlechter akzeptieren."* Wenn sich Menschen nicht mit ihrem angeborenen Geschlecht identifizieren können, hat dies offensichtlich sehr komplexe Ursachen. *„Basierend auf den Daten seien Transgender-Menschen in der Regel sehr unglücklich mit ihrem Leben, sie würden häufig unter psychischen Erkrankungen leiden und dringend einer professionellen psychologischen Betreuung bedürfen."* Wenn die gesellschaftliche Meinung jedoch dahingehend beeinflusst wird, dass man solche Fragen nicht einmal mehr stellen darf, und wenn männliche und weibliche Geschlechtsorgane nicht mehr als solche benannt werden sollen, dann läuft hier grundsätzlich etwas schief. Dann sollte man sich ernsthaft mit der Frage beschäftigen, wohin dieser Trend führen soll – und diese Antwort wird uns ängstigen! Doch dazu komme ich später noch.

SIND WIR BALD GESCHLECHTSLOSE WESEN?

Die Entwicklung der letzten Jahre geht in die Richtung, dass wir männlich denken sollen, auch wenn wir, je nach Belieben, männlich oder weiblich aussehen oder auch eine Kombination von Beidem bevorzugen, siehe *Conchita Wurst*. Die berufstätigen Frauen sollen zwar weiblich aussehen, aber männlich funktionieren. Wobei auch das weibliche Outfit bereits vermännlicht ist. Wenn wir uns heute eine weibliche Führungskraft in einem westlichen Konzern vorstellen, dann trägt diese einen Hosenanzug oder einen Bleistiftrock mit Blazer, man nennt das Business Mode und eben keine bunten wallenden Gewänder. Die Frau wird seit vielen Jahren immer mehr vermännlicht. Wie könnte es sonst sein, dass eine Frau zur Bundesministerin der Verteidigung wird?

In Religionsbüchern steht, dass Gott Mann und Frau schuf. Man könnte jetzt die provokative Frage stellen, wer das dritte Geschlecht erschaffen hat. Doch so provokant ist diese Frage gar nicht, wenn man bedenkt, dass das Bundesverfassungsgericht ein drittes Geschlecht für den Eintrag im Geburtenregister fordert. *„Intersexuellen*

Menschen, die weder männlich noch weiblich sind, solle damit ermöglicht werden, ihre geschlechtliche Identität ‚positiv' eintragen zu lassen."[41], schrieb die NachrichtenInternetseite »T-Online«. „Intersexuelle" sind Menschen, die beiderlei Geschlechtsmerkmale aufweisen und nicht eindeutig als männlich oder weiblich bezeichnet werden können.

Derzeit liest man so extrem viel über Andersgeschlechtlichkeiten, dass sich mir die Frage stellt, wie viele Menschen davon wohl betroffen sein dürften. Ich kenne keinen einzigen Intersexuellen. Ich sehe nur hin und wieder einen Mann, der gerne Damenkleidung trägt (er hat bemerkenswert schöne Beine) und ich kenne zwei, die zu ihrer Homosexualität stehen. Wenn man meine eigene Erfahrung ansieht, ist der Anteil derer sehr gering, die mit ihrem angeborenen Geschlecht unzufrieden sind oder sich zum gleichen Geschlecht angezogen fühlen. Angesichts des geringen Prozentsatzes dieser sexuellen Richtungen frage ich mich durchaus, warum in den letzten Jahren zum Beispiel in TV-Filmen überdurchschnittlich oft homosexuelle Paare dargestellt werden. Die Häufigkeit übertrifft die Relation zur Realität bei weitem. Und genau diese TV- und Pressepräsenz ist es, die mich nachdenklich werden lässt. Ich befürchte, dass wir derzeit darauf vorbereitet werden, dass wir es als normal empfinden, wenn wir bei unserem Gegenüber kein eindeutiges Geschlecht erkennen können.

Dann stellen wir nämlich keine unangenehmen Fragen, wenn wir geklonten, geschlechtslosen Wesen begegnen. Wenn diese eines Tages in Massen unseren Planeten bevölkern und uns ersetzen sollten, dann haben wir uns längst daran gewöhnt. Und derzeit werden wir darauf vorbereitet. Wenn die Menschen nach und nach ihre Fortpflanzung einstellen – sei es gewollt oder ungewollt –, dann werden uns gezielt produzierte Klone ersetzen. Damit die Fortpflanzung immer weniger wird, werden gezielte Maßnahmen eingesetzt, beispielsweise wurde bereits vor Jahren eine gentechnisch veränderte Maissorte entwickelt, *„die eine Sperma abtötende Substanz enthält."*[42]. Doch das ist nur eine von sehr vielen Möglichkeiten, uns zu reduzieren, ohne dass es uns wirklich bewusst ist.

VERMISCHUNG DER VÖLKER

Seit Jahren kann man vor allem im europäischen Raum eine massive und zunehmende Völkervermischung beobachten. Interessanterweise war diese Vermischung und auch die dazugehörige Weltherrschaft bereits vor über 200 Jahren ein Thema, mit dem sich die Gelehrten befasst haben. Der Rechtsgelehrte und Schöpfer des bayerischen Strafgesetzbuches *Paul Johann Anselm von Feuerbach*[43] (1775-1833) hat seine Gedanken dazu in seinem Buch »Die Weltherrschaft, das Grab der Menschheit« seine Gedanken dazu veröffentlicht. Die Autoren Klinger, Hahn und Schmidt zitieren ihn in ihrem Buch »Das Jahr 1806 im europäischen Kontext« wie folgt:

„Das Staats- und Völkergefängnis einer ‚Weltherrschaft' wäre immer ‚ein Frevel an der heiligen Ordnung der Welt, [...] ein Verbrechen an der Bestimmung des

menschlichen Geschlechts', denn es sei ‚Die Absicht der Natur, dass die Menschheit in mannigfaltigen Volksgeschlechtern blühe und jedes Volk in seiner Eigentümlichkeit und originellen Verschiedenheit sich zu dem entwickele und ausbilde, was es nach seinen besonderen Anlagen und Kräften werden kann und darum auch werden soll.'"⁴⁴

Feuerbach war überhaupt ein Mensch, der das Weltgeschehen hervorragend durchschaute. In seinem Buch »Die Weltherrschaft, das Grab der Menschheit« schrieb er:

„Wo die Selbstständigkeit der Völker in der Einheit eines Weltreichs unterginge, da würde zuletzt alles, was die moralische Persönlichkeit der Völker ausmacht, Sprachen, Sitten, Gesetzte, Denkungsweise, in ein einförmiges flaches Einerlei auseinander fließen, aller Reichtum der Menschennatur und des Menschengeistes in dürstiger, ekelhafter Allgemeinheit sich verflachen; alle tausend ... verschiedenen Blüten eigentümlicher Ausbildung der Völker und Geschlechter in einer einzigen gemeinsamen Form erstarren. Nichts Eigentümliches mehr würde übrigbleiben als dasjenige, was an unverrückbare Naturgesetze gebunden, allem frevelnden Menschenübermute spottet (Seite 17). ... Darum ist das Gleichmachen einer der ersten Grundsätze in dem Plane eines Welteroberers. Darum müssen möglichst zerstört und ausgelöscht werden alle die Unterschiede und Eigentümlichkeiten, woran die vernichteten Völker, die noch in ihrem alten Landesgebiete zusammenwohnen, sich als ein besonderes Volk wiedererkennen würden, an welchen sie in dem Zustande ihres bürgerlichen Todes an ihr moralisches Selbst, an ein voriges selbstständiges Leben sich erinnern möchten, und wodurch vielleicht Sehnsucht und Hoffnung zu einem Wiederaufleben der untergegangenen Freiheit wiedererweckt werden könnten (Seite 18)... Wir Deutsche, welche darum den Vorwurf annehmen mussten, dass ihr Charakter bloß darin bestehe, keinen zu haben (aber mit uns auch die meisten anderen, von diesem Vorwurf ausgenommenen europäischen Völker) hatten uns ohnedies schon lange freiwillig alle Mühe gegeben, um unsere Selbstheit loszuwerden. Als Nachäffer der Franzosen waren wir schon seit mehr als einem Jahrhundert darauf vorbereitet, ihre Knechte zu werden. Wir waren Frankreich moralisch einverleibt, ehe noch das Kriegsrecht über unsere Untertänigkeit politisch entschieden hatte. Unser Geist, unsere Herzen, unsere Zungen waren Frankreich leibeigen, ehe ihm noch unsere Leiber dienstbar geworden waren. Alle Torheiten dieses Volkes galten uns für Weisheit; ihre Laster für nachahmungswerte Tugenden. Unseren deutschen Ernst gaben wir hin für französische Leichtfertigkeit; unserer Väter ehrwürdige Sitten für französische Geckerei (Seite 19). ... So wie die Weltmonarchie ein Reich des Lasters ist, so ist sie auch ein Reich der Finsternis, ein geistiges Totenreich (Seite 40)."⁴⁵

Wenn Feuerbach bereits vor Jahrhunderten die Zeichen der damaligen Zeit so genau erkannte, wie müssten wir heute erst die aktuellen Warnzeichen erkennen! Noch viel tiefer sind wir in dem Prozess der Völkervermischung und der Weltherrschaft eingesunken. Und noch immer gibt es Menschen, die die Gefahr nicht erkennen, in absehbarer Zukunft als Weltsklaven zu enden, denn die Medienhetze verbietet jegliche kritische Stellungnahme. Dieser Trend, ein Einheitsvolk auf einem Einheitsplaneten unter einer Einheitsregierung zu schaffen, ist nicht neu. Wenn wir die Augen öffnen und wachsam durch die Welt gehen, können wir diese Entwicklung überall erkennen. Und nur was wir erkennen, können wir verändern.

> *„Deutschland ist das einzige Land,*
> *wo Mangel an politischer Befähigung*
> *den Weg zu den höchsten Ehrenämtern sichert."*[46]
>
> Carl von Ossietzky (1889-1938), deutscher Journalist und Schriftsteller

ZIEL: „EURASISCH-NEGROIDE ZUKUNFTSRASSE"

Ein weiteres Thema muss ich noch erwähnen, da es nicht nur unser heutiges Leben erheblich beeinflusst, sondern auch das künftige. Und zwar nicht nur unser eigenes, sondern auch das Leben unserer Kinder, aller unserer späteren Nachfahren und unserer gesamten europäischen bzw. weißen Rasse. Die Migrationswelle, die Europa derzeit heimsucht, ist beispiellos und hat das Leben vieler Einheimischer bislang bereits auf vielfältige Weise nachhaltig beeinflusst. Dabei muss man unterscheiden, ob es sich um Flüchtlinge handelt, die aus Kriegsgebieten kommen und hier um Schutz und Hilfe bitten. Diesen sei selbstverständlich unsere Unterstützung gesichert, wie es uns möglich ist. Von den echten Flüchtlingen wird diese auch dankbar angenommen und sie versuchen, hier Fuß zu fassen und eine Arbeit zu finden.

Niemand hat die afrikanische, die syrische oder die afghanische Bevölkerung gefragt, ob sie Unruhen oder Armut in ihrem Land wünschen. Man hat diese Zustände gezielt von langer Hand geplant und erschaffen. Nur dann sind Millionen Menschen bereit, ihr Heimatland zu verlassen und eine weite und riskante Reise auf sich zu nehmen. Und ein sicherlich nicht unerheblicher Anteil derjenigen, die ihr Land verlassen, hat ohnehin nichts zu verlieren und versucht sein Glück nun in Europa. Wenn über die Hälfte der Migranten jünger als 25 Jahre ist[47], und man hat den Eindruck, dass davon die meisten männlich sind, dann ist es höchst unwahrscheinlich, dass sie alle um ihr Leben fürchten. Diejenigen, deren Leben tatsächlich in Gefahr ist, verlassen mit ihrer gesamten Familie ihr Zuhause. Oder würden Sie Ihre Frau, Ihre Mutter, Ihren Vater oder Ihre Schwester zurücklassen, wenn Sie wüssten, dass deren Leben bedroht ist? Andererseits lassen sich viele, deren Leben nicht bedroht ist, durch Versprechungen nach Europa locken.

Und tatsächlich werden diese Versprechungen ja auch erfüllt. Migranten erhalten ein Zimmer oder eine Wohnung, Essen, Strom, Heizung usw. kostenfrei. Nebenbei bemerkt: In so ein Schlaraffenland würde ich vermutlich auch auswandern. Doch in Europa bzw. in Deutschland, aber auch in Dänemark, Schweden und anderen Ländern, erkennen die Menschen zunehmend, dass hier etwas nicht mit (ge)rechten Dingen zugeht. Warum werden Migranten bevorzugt behandelt, während die einheimische Bevölkerung teilweise nach einem arbeitsreichen Leben noch nicht einmal die Miete bezahlen kann und viele Rentner müssen sich ihre Nahrung aus Mülleimern suchen.

Die Problematik, die dadurch entsteht, lässt sich derzeit auch am Wohnungsmarkt erkennen, denn immer mehr Einheimische finden trotz Vollbeschäftigung keinen bezahlbaren Wohnraum mehr. Vor allem in den Großstädten wird das Problem immer brisanter, allen voran Berlin und München. Während alle Flüchtlinge binnen kurzer Zeit eine sichere Bleibe erhalten, reichen die Obdachlosenunterkünfte für die Einheimischen nicht mehr aus[48]. Hier wird mit zweierlei Maß gemessen und es ist mehr als nur ein Hinweis, dass sich unsere Gesetzgeber offensichtlich gegen die einheimische Bevölkerung richten. Da sich an diesen Zuständen bislang auch nichts ändert, muss man davon ausgehen, dass unsere eigene Regierung daran beteiligt ist, uns zu eliminieren. Die Kriminalität durch illegale Zuwanderer oder Zuwanderer mit falschen Indentitäten[49] trägt natürlich nicht dazu bei, das Vertrauen in die Regierung zu erhöhen.

Das sind keine bösen Behauptungen oder gar Verschwörungstheorien, sondern es handelt sich um Tatsachen, die so langsam auch dem wachen Zuschauer der Mainstreammedien mitgeteilt werden. Hinter dem gesamten Zuwanderungsgeschäft steckt nämlich ein System. Es gibt einen Experten, der als weltweit führend gilt, wenn es um die Themen liberale Demokratie und Populismus geht, den Politikwissenschaftler *Yascha Mounk*. Er lehrt als Dozent an der Harvard University und hat es in einem Interview in den ARD-Tagesthemen erstaunlich deutlich ausgedrückt:

> *„…dass wir hier ein historisch einzigartiges Experiment wagen,*
> *und zwar eine monoethnische und monokulturelle Demokratie*
> *in eine multiethnische zu verwandeln.*
> *Das kann klappen, das wird, glaube ich, auch klappen,*
> *dabei kommt es aber natürlich auch zu vielen Verwerfungen."*[50 und 51]
>
> Yascha Mounk, Politikwissenschaftler und Dozent an der Harvard Universität

Ich bin mir sicher, dass er nicht mehr von „Verwerfungen" spräche, wenn er diese am eigenen Leib erfahren würde. Doch betrachten wir uns seine Aussage näher. Es geht also um ein Experiment – ein Experiment, bei dem wir, die mitteleuropäische Bevölkerung, im Mittelpunkt stehen. Hat man Sie dazu etwa gefragt, ob Sie einverstanden sind? Nicht? Mich auch nicht. Die Tatsache, dass Sie und ich diesem Experiment nicht zugestimmt haben, hat zur Folge, dass es sich dabei um einen Verstoß gegen den »Nürnberger Kodex 1947« handelt. Dieser fasst in 10 Punkten zusammen, dass Versuche mit Menschen nur dann gemacht werden dürfen, wenn sie diesen freiwillig zugestimmt haben.

Unter Punkt 4 steht: *„Der Versuch ist so auszuführen, dass alle unnötigen körperlichen und seelischen Leiden und Schädigungen vermieden werden."*[52] Und Punkt 5 besagt: *„Kein Versuch darf durchgeführt werden, wenn von vornherein mit Fug angenommen werden kann, dass es zum Tod oder einem dauernden Schaden führen wird…"* Der Grund, warum dieser Kodex erstellt wurde, war der Prozess am 20.8.1947 gegen

Nazi-Ärzte. Das Gericht hatte damals erkannt, dass Versuche an Menschen ein „*allgemeines ethisches Problem*" darstellen und man einen Kodex definieren muss, an den sich alle Ärzte der Welt halten müssen. Und genau gegen diesen Kodex wird massiv verstoßen, wenn man durch eine provozierte Massenzuwanderung ein ganzes Volk vermischen und dadurch seiner Identität berauben möchte. Genauso werden die Vorgaben des Kodex gebrochen, wenn ganz bewusst auf Grenzkontrollen verzichtet wird, und deshalb natürlich auch Mörder illegal in unser Land einwandern können.

> „*Weh denen, die in ihren eigenen Augen weise sind
> und sich selbst für klug halten.*"[53]
> Die Bibel, Jesaia 5,21

Zu diesem Experiment, das *Mounk* erwähnt hat, gehört offensichtlich auch, die europäische Bevölkerung auszutauschen. Eine Studie der United Nations (UN) hat sehr deutliche Prognosen über die Bevölkerungsentwicklung erstellt und sie spricht ganz offiziell von einer „***Replacement Migration***"[54]. Dabei hat die UN diese Prognosen nicht nur für Deutschland entwickelt, sondern auch für

- Frankreich
- Italien
- Japan
- Republik von Korea
- Russische Föderation
- Vereinigtes Königreich
- Vereinigte Staaten von Amerika
- Europa

Offiziell wird diese Studie mit „bestandserhaltende Migration" übersetzt, doch richtig übersetzt bedeutet „*Replacement Migration*" eine „austauschende Einwanderung" für diese Staaten! Dieses Thema habe ich ausführlich in meinem Buch »Nutzlose Esser« behandelt. Darin können Sie Näheres über die Pläne, die Methoden, die Auswirkungen usw. nachlesen. Auch die Gründe, warum man vor allem das deutschsprachige Volk eliminieren möchte, sind darin erläutert.

Die sogenannte Elite, also die wenigen schwerreichen Familien, die die Geschicke der Welt lenken, hat demnach den mehr als perfiden Plan, die deutsche Bevölkerung auszurotten. Die Deutschen sollen, wie auch die anderen europäischen Völker, soweit mit Dunkelhäutigen vermischt werden, bis nur noch eine Einheitsrasse übrig ist. *Graf Richard Nikolaus Coudenhove-Kalergi* hat es bereits 1925 deutlich formuliert: „*Die **eurasisch-negroide Zukunftsrasse**, äußerlich der altägyptischen ähnlich, wird die Vielfalt der Völker durch eine Vielfalt der Persönlichkeiten ersetzen.*"[55] (Herv. d. Verf.) Und genau das wird jetzt, knapp einhundert Jahre später, in die Tat umgesetzt.

Übrigens scheint *Angela Merkel* diese Coudenhove-Kalergi-Pläne folgsam und brav umzusetzen, sonst hätte sie nicht von der Coudenhove-Kalergi-Gesellschaft den „Europapreis 2010" erhalten. *„Der Preis wird alle zwei Jahre für außerordentliche Verdienste im europäischen Einigungsprozess verliehen"*[56], wird auf der offiziellen Internetseite der Kanzlerin berichtet und *„Merkel betonte bei der Entgegennahme im Bundeskanzleramt, die Auszeichnung sei ihr Ansporn, mit ihrer Arbeit für Europa engagiert fortzufahren".* Deshalb ist es auch nicht verwunderlich, dass die Kanzlerin bei allen anstehenden Problemen sagt, sie strebe eine europäische Lösung an.

Wir befinden uns mitten in der Phase der Vermischung, oder besser gesagt, wir befinden uns am Beginn dieser Phase, denn die Zuwanderung in unser Land und nach Europa wird ja nicht weniger. Im Gegenteil, die EU plant Änderungen an den Dublin-Regeln. Der »Spiegel« schreibt:

„Danach soll nicht mehr automatisch das Land, in dem ein Flüchtling die EU erreicht, für dessen Asylverfahren zuständig sein, sondern unter Umständen das Land, in dem bereits Angehörige des Bewerbers leben. Dadurch ‚müsste Deutschland erheblich mehr Asylsuchende aufnehmen', heißt es in einem Vermerk des Bundesinnenministeriums"[57].

Im Grunde wird dadurch die Völkervermischung gefördert und der Widerstand der Bevölkerung ausgehebelt. Gegen die Regierung eines Staates kann man vielleicht noch protestieren, doch die EU ist noch viel weniger greifbar als die eigene Staatsregierung. EU-Recht zu begrenzen, dürfte daher ungleich schwieriger sein, als nationales Recht zu beeinflussen.

Ich gehe davon aus, dass die EU, die ja offensichtlich die Vermischungspläne vorantreibt, über den wachsenden Widerstand in der Bevölkerung besorgt ist. Damit die Regierungen der Staaten künftig nicht mehr selbst entscheiden können, möchte die EU künftig selbst den Familiennachzug und die Verteilung regeln. Die EU, eine immer mächtiger werdende Instanz ohne Legitimation durch das Volk, greift dadurch massiv in die Bevölkerungsstrukturen der Mitgliedsstaaten ein.

Diese gezielte Vermischung wird vor allem von den weltmächtigsten Eliten gesteuert. Die künftigen Kanzler und hohe politische Ämter werden deshalb ganz gezielt festgelegt, zum Beispiel in den jährlich stattfindenden Bilderberger-Treffen. Die zuvor explizit ausgesuchten Personen werden eingeladen, und in der Regel beginnt nach diesen Treffen eine steile politische Karriere für die Betreffenden. Sie werden vielleicht bemerkt haben, dass ich hier ganz bewusst von „Personen" schreibe und nicht von „Menschen". Die Gründe dafür erfahren Sie weiter hinten im Buch.

„Weh denen, ... die den Schuldigen für Bestechungsgeld freisprechen und dem Gerechten sein Recht vorenthalten."[58]

Die Bibel, Jesaia 5,23

Das alles zeigt deutlich, dass sich die Welt, in der wir leben, nicht natürlich entwickelt hat, sondern das Ergebnis von gezielter Manipulation ist. Das Leben, das wir alle führen, ist nicht aus den Lehren entstanden, die die Menschen aus ihren Erfahrungen gezogen haben. Vielmehr ist das heutige Leben exakt so geplant worden, und dabei ist es egal, ob wir die gesellschaftlichen, die wirtschaftlichen oder die politischen Strukturen betrachten. Es ist eine künstlich geschaffene Welt. Ich nenne sie auch eine „Matrix", weil sie eine Scheinwelt ist – geformt und von A bis Z beeinflusst und gesteuert.

KAPITEL 2:
LEBEN IN DER MATERIE

Nun mag so mancher Leser denken, dass doch jeder das Leben in der Materie kennt, was soll man darüber schreiben. Doch wenn man die Materie näher betrachtet, dann sind da doch ein paar Punkte, die man überdenken kann und sollte. Zunächst wäre da die Frage nach dem, was die Materie belebt. Denn Fakt ist, wenn ein Mensch oder ein Tier stirbt, dann beginnt umgehend der Zersetzungsprozess. Es muss demnach bei allen Lebewesen eine Energie vorhanden sein, die in der Lage ist, die Materie zu beleben, und ich nenne sie Lebensenergie. Die nächste Frage lautet: Was ist Lebensenergie? Ist es die Energie, die in den Molekülen bzw. Atomen vorhanden ist? Das kann es nicht sein, denn die Moleküle des Körpers behalten ihre Energie beim Tod eines Menschen oder Tieres. Die Veränderung der Körperstoffe geht mit einer biologischen und chemischen Veränderung vor sich, doch die Atome verlieren ihre Energie nicht, denn beispielsweise das körpereigene Wasser bleibt H_2O auch nach dem Ableben. Würde ein Atom seine Energie abgeben, wäre es kein Atom mehr – was also ist die Lebensenergie dann?

Ich teile die Meinung vieler spiritueller Menschen und Lehren, dass unsere Lebensenergie in direkter Abhängigkeit von unserer Seele zu sehen ist. Wenn wir als Menschen auf der Erde in ein neues Leben treten und „auf die Welt kommen", bringen wir ein bestimmtes Maß an Lebensenergie mit, das im Laufe des Lebens abnimmt, siehe nachfolgende Grafik (Abb. 1). Wir sterben dann entweder an Altersschwäche, wenn die kontinuierliche Schwächung voranschreitet oder wir verlieren schlagartig viel Lebensenergie, zum Beispiel durch einen Unfall. Dabei würde die Lebensenergie binnen kürzester Zeit auf Null absinken. Wenn sie bei Null angelangt ist, zieht die Seele ihre Verbindung zum Körper zurück und der Körper stirbt. Manche nennen diese energetische Verbindung zwischen Seele und Körper „Silberschnur", und wenn sie durchtrennt ist, hat sich die unsterbliche Seele gelöst und kehrt zurück in ihre Heimat. Die Lebensenergie ist bei der Geburt maximal und wird immer geringer, bis sie schließlich auf Null absinkt. Sie beginnt in der nächsten Inkarnation wieder bei dem für das entsprechende Leben vorgesehenen Maximum.

Ich möchte die Lebensenergie nicht mit Bewusstsein gleichsetzen, wie es manche Autoren tun, da sich das Bewusstsein im Verlauf eines Lebens meistens erweitert, während gleichzeitig die Lebensenergie abnimmt. Gleichwohl hängen sie jedoch voneinander ab und bedingen einander. Die Lebensenergie ist als Aura wahrnehmbar, viele können sie spüren und einige wenige auch als Farben sehen. Das Farbenspiel ist wiederum abhängig vom momentanen Bewusstsein. Und dieses ist wieder abhängig von unseren Gedanken und Gefühlen. Sie sehen, es hängt alles mit allem zusammen und eines ist gewiss:

*"Wir sind die Seele, die einen Körper bewohnt.
Wir sind nicht der Körper, der eine Seele hat."*

Die Autorin

Wir können den Verfall der Lebensenergie ein wenig verlangsamen, wenn wir darauf achten, dass wir mit unseren Kräften haushalten. Je älter wir werden, desto mehr spüren wir, wodurch unsere Kraft verringert wird. In jungen Jahren, wenn die Lebensenergie noch hoch genug ist, bemerken wir gar nicht, was uns alles Energie raubt, weil wir genügend Reserven haben. Dann können wir auch durchfeierte Nächte kompensieren. Später rächt es sich bereits, wenn man später als 22:00 Uhr zu Bett geht. Förderlich zum Erhalt der Lebensenergie ist es für die meisten von uns, wenn wir Stress vermeiden (leicht gesagt!), uns gesund ernähren, ausreichend schlafen und uns immer wieder Ruhe gönnen, und mit uns allein sind, was uns heutzutage jedoch nicht gerade leichtfällt. Wenn wir allein sind, können wir uns leichter mit unserer Seelenquelle verbinden, doch das erläutere ich später noch näher. Auch Waldspaziergänge und der Aufenthalt in der Natur helfen uns, in unsere Mitte zu kommen und unser inneres Gleichgewicht zu erhalten.

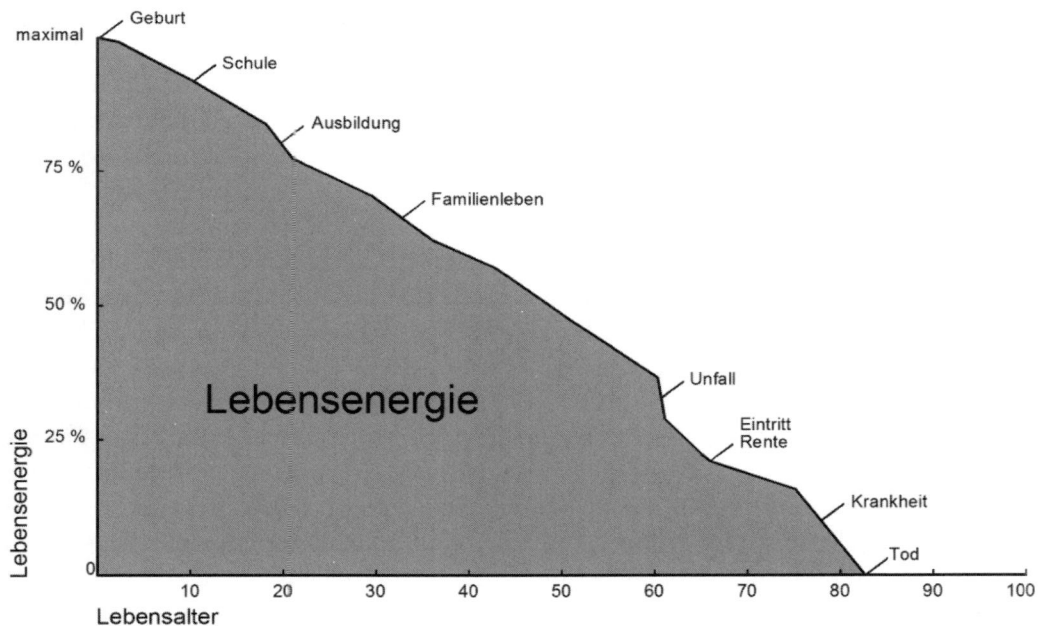

Grafik Lebensenergie in einer Beispiel-Inkarnation

Abb. 1: An diesem Beispiel kann man sehen, dass die Lebensenergie im Laufe des Lebens immer mehr abnimmt, bis sie schließlich völlig verbraucht ist.

Mönche in den Samadhi-Höhlen?

Es gibt Berichte über Mönche, die in den Samadhi-Höhlen im Himalaya zu finden sein sollen. Samadhi ist die Bezeichnung für einen *„Bewusstseinszustand, der über Wachen, Träumen und Tiefschlaf hinausgehen... soll. Es wird als ein völliges Aufgehen in dem Objekt beschrieben, über das meditiert wurde."*[59] Die Bezeichnung der Höhlen geht auf Mönche zurück, die in einem tiefsten meditativen Zustand dort seit sehr langer Zeit verweilen, einer sei bereits 162 Jahre alt. Sie sollen alle Körperfunktionen auf ein Minimum reduziert haben und würden daher ohne Nahrung und Wasser auskommen. Allerdings seien sie auch nicht ansprechbar, weil sie – ähnlich einem tiefen Winterschlaf – nicht wach sind. Wenn wir davon ausgehen, dass es diese Mönche tatsächlich gibt, könnte eine Erklärung für dieses Phänomen beispielsweise sein, dass sie sich so weit von der Materie entfernt und in die geistige Ebene zurückgezogen haben, dass sie den materiellen Gesetzen nicht mehr voll und ganz unterworfen sind und sich deshalb (oder trotzdem?) so lange am Leben erhalten können. Ob sie eines Tages tatsächlich als Weise erwachen, um den Menschen in bzw. nach einer eventuell sehr anstrengenden Übergangszeit helfen, wird sich zeigen.

Um sich aus den Gesetzmäßigkeiten der Materie in solch einem Maße herauszunehmen, muss der Körper bereits sehr feinstofflich geworden sein. Wenn sich ein Mensch auf diese ausgesprochen extreme Art und Weise aus dem normalen Alltagsgeschehen herausnimmt, zahlt er keine Steuern mehr, konsumiert nicht mehr und beteiligt sich auch nicht mehr am gesellschaftlichen und sozialen Leben. Damit ist er natürlich für die politische und wirtschaftliche Führung der Staaten nicht mehr interessant. Andererseits besteht die Möglichkeit, dass sich Menschen, die von den Mönchen erfahren, zum ersten Mal in ihrem Leben Gedanken darüber machen, ob es auch noch andere Möglichkeiten der Existenz gibt als die allgemein bekannte. Man könnte diese Mönche als Anlass dazu nehmen, sein eigenes Leben zu hinterfragen. Die erste Frage wäre, warum unser Leben von so viel Termindruck geprägt ist, und ob es nicht eine Möglichkeit gibt, es ebenso durch mentale und physische Veränderungen in andere Bahnen zu lenken. Genau diese Gedanken möchten die Staats- und Wirtschaftsoberhäupter natürlich verhindern. Denn der Mensch könnte seine wahre Kraft entdecken, und das wäre für herrschende Systeme gefährlich – ein solcher aufgewachter Mensch ließe sich niemals mehr für die allgemein übliche „moderne Sklaverei" nutzen. Ein solches Erwachen wäre natürlich nicht im Sinne des Wirtschaftswachstums und schon gar nicht im Sinne der Weltherrschaft, denn dann könnte der Mensch aus seiner gewohnten Rolle aussteigen und beginnen, seinen individuellen Weg zu gehen. Je mehr die Menschen „bewusst" werden, desto mehr wird nach Möglichkeiten gesucht, die Menschen in der Materie zu halten. Das dürfte der Grund sein, warum wir uns heute einer unglaublichen Fülle an Ablenkung, Spielen, sinnfreien und sinnvollen Informationen (die uns formen) usw. gegenübersehen. Wir werden mit einer exponentiell wachsenden Technik konfrontiert, die so manchen älteren Menschen an den Rand des Begreifbaren bringt, und sogar der Mensch selbst wird zunehmend technisiert.

Die Elite muss eine große Angst davor haben, dass die Menschen das Weltgeschehen durchschauen und aus ihrem Dornröschenschlaf aufwachen. Deshalb wird Schritt für Schritt die effektivste und abschließende Methode angewendet, einen Menschen an die Materie zu binden. Man verknüpft ihn mit unbeseelter Technik, macht also einen sogenannten Cyborg aus ihm. Damit verliert das Bewusstsein bzw. die Seele ihre volle Entscheidungskraft über den materiellen Körper. Die Kommunikation zwischen unserer Seele und unserem Gehirn funktioniert über die Intuition und über unser Empfinden. Wenn diese Vermittlung nun durch Funkwellen und implantierte Technik gestört wird, besteht die Gefahr, dass diese Kommunikation nicht mehr oder bestenfalls nur noch eingeschränkt funktioniert. Die Folge ist, dass wir einfacher zu manipulieren und zu kontrollieren sind. Es ist bereits heute, noch ohne flächendeckende Implantate, deutlich erkennbar, wie Menschen bis in ihre innersten Gedanken manipuliert sind. Viele vertreten festgefahrene Meinungen, weil diese von den Medien gebetsmühlenartig wiederholt werden. Die wenigsten überprüfen den Wahrheitsgehalt der Meldungen, sondern sie denken und handeln so, wie es von der künstlich geschaffenen Gesellschaftsmeinung erwartet wird.

> „...kann man doch erkennen,
> wie vollkommen verkehrt die Welt geworden ist, inzwischen.
> Wenn es soweit kommt, dass Satiriker die reine Wahrheit verkünden
> und der Tagesschau-Mensch, im Grunde genommen,
> den Fake vermittelt."[60]
>
> Volker Bräutigam, ehem. Tagesschauredakteur und Medienkritiker

BLUME DES LEBENS ODER DER MATERIE?

Um die Materie besser zu verstehen, sehen wir uns nun die „Blume des Lebens" näher an. Jeder kennt sie und man findet sie überall in der esoterischen Szene als Ohrringe und Halsketten, auf Handtüchern oder als Aufkleber, als Wand-Tattoo usw. Man sagt, von ihr würde alles Leben ausgehen. Doch wir sollten uns gerade diese Aussage über die Blume des Lebens etwas genauer ansehen, denn ich gehe vielmehr davon aus, dass sie nur die reine Materie verkörpert, nicht jedoch die Lebensenergie, die eine Materie erst lebendig sein lässt – unsere Seele sozusagen. Sehen wir uns die Schöpfungstheorie anhand der Blume des Lebens daher etwas näher an[61]. Man sagt von ihr Folgendes:

Die Blume des Lebens beginnt mit einem Punkt. In diesem soll bereits alles enthalten sein, z.B. wie wir später aussehen werden. Die Informationen, die aus der männlichen und weiblichen Samenzelle zusammenkommen und jeden von uns entstehen ließen, waren bereits in den Zellen enthalten, die schließlich durch Teilung den Beginn unseres Lebens definierten. Dieser Punkt erweitert sich zu einer Kugel, die auch die Dreidimensionalität beinhaltet. Die Kugel zeigt aber auch eine äußere Begrenzung. Im nächsten Schritt verdoppelt sich die Kugel und es sind zwei Kugeln vor-

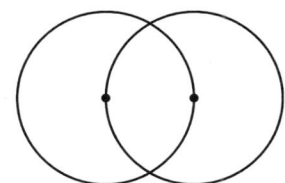

handen. Dieser Vorgang ist vergleichbar mit der Zellteilung eines lebenden Organismus. Mit diesem Vorgang beginnt bereits die sog. Heilige Geometrie, denn der zweite Kreis mit demselben Durchmesser hat seinen Mittelpunkt auf der Kreislinie des ersten Kreises.

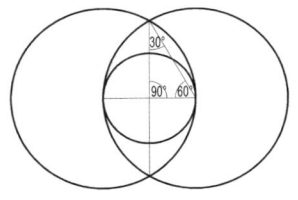

Die Schnittmenge, wie es in der Geometrie genannt wird, entspricht dem sogenannten „Vesica Piscis", dem „Fischauge", auch „Fischblase" genannt, die wiederum eine Vielzahl an geometrischen Gesetzmäßigkeiten beinhaltet, wie zum Beispiel die Winkel 30°, 45°, 60° und 90°. Auch die Wurzel aus den Zahlen 2, 3 und 5 sowie viele weitere mathematische Daten sind in der Fischblase enthalten.

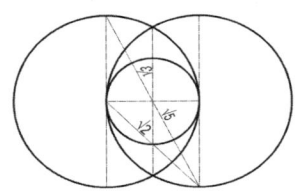

In der »Vesica Piscis« finden wir übrigens auch eine geometrische Figur, die in der zweidimensionalen Abbildung dem „überwachenden Auge" in unendlicher Anzahl entspricht.

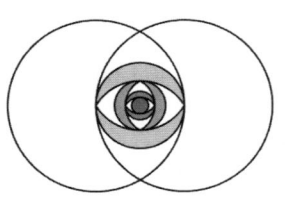

Nebenbei bemerkt: Es könnte sein, dass der Halbmond aus dem islamischen Symbol ursprünglich ebenfalls aus der Geometrie der Blume des Lebens stammt.

Ergänzend kommt noch eine dritte Kugel hinzu und auch dieses Gebilde enthält geometrische Gesetzmäßigkeiten: Der Abstand der Kreismittelpunkte ist identisch mit dem Radius der Kreise. Die ersten drei Kreise bilden ein Symbol, das auch für die Heilige Dreifaltigkeit verwendet wird. Daran sieht man, dass diese geometrischen Gesetzmäßigkeiten auch für die Religionen verwendet werden.

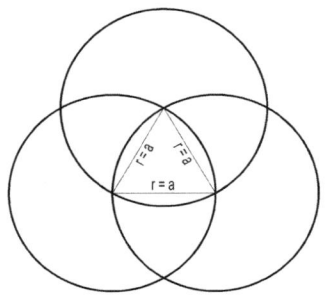 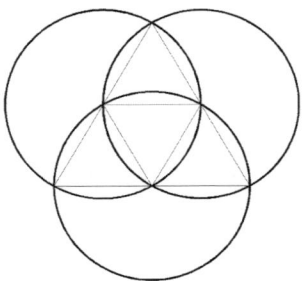 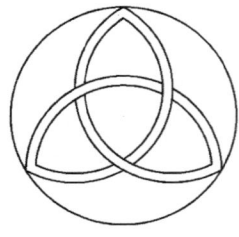

Wenn man diese Regel beachtet, finden genau sechs Kreise auf dem ersten Kreis Platz. Diese Konstruktion wird „der Same des Lebens" genannt. Manche nennen es auch das „Genesismuster", weil es der Schöpfungsgeschichte „Genesis" entspricht. Demnach wurde die Welt an sechs Tagen erschaffen, am 7. Tag ruhte der Schöpfer. Das Genesismuster stellt diese 6 Schöpfungstage (Kreise/Kugeln) geometrisch dar. Wenn nach Vollendung der Schöpfung das Genesismuster fertiggestellt ist, sehen wir eine geometrisch entstandene sechsblättrige Blume.

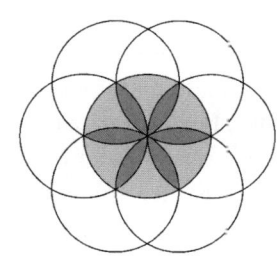

In der Blume des Lebens ist auch der religionsunabhängige sogenannte „Baum des Lebens" enthalten. Der Baum des Lebens sieht aus wie die jüdische/hebräische Kabbala, doch er ist religionsunabhängig, weil er, ebenso wie die Blume des Lebens, weltweit auf historischen Gebäuderesten und Artefakten gefunden wurde, die dort lange vor Gründung der jüdischen oder hebräischen Religionen hergestellt wurden.

Wir finden in der Blume des Lebens eine weitere Form, die das „Ei des Lebens" genannt wird. Die ersten Zellteilungen nach der Befruchtung einer Eizelle sollen diesem Bild des „Ei des Lebens" entsprechen. In diesem Ei des Lebens ist, wenn wir es als dreidimensionale Figur betrachten, eine weitere Form enthalten, nämlich ein Würfel. Und vom Würfel wissen wir, dass er die Grundform der Materie repräsentiert.

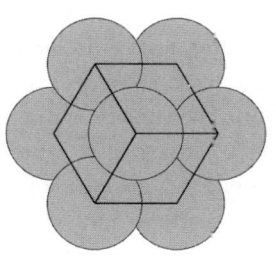

Betrachten wir nun die Blume des Lebens, wenn wir sie weiter wachsen lassen. Durch die Vielzahl an Kugeln entsteht ein Bild, das die „Frucht des Lebens" genannt wird. Verbindet man die Punkte dieser Grafik, dann entsteht eine Form, die „Metatrons Würfel" genannt wird.

 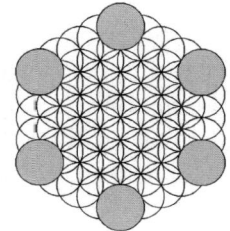 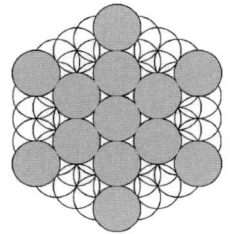 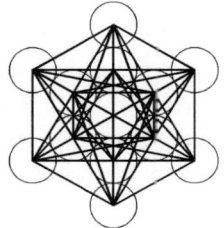

Steigen wir noch ein wenig tiefer in diese Materie ein: Wer sich schon einmal mit Heiliger Geometrie beschäftigt hat, kennt die „platonischen Körper". Platon hatte nachgewiesen, dass es fünf Grundformen gibt, bei denen jeweils alle Flächen gleich groß, alle Seitenkanten gleich lang und die Winkel innerhalb dieses Körpers ebenfalls alle gleich sind. Zu guter Letzt kann ein platonischer Körper in eine Kugel eingeschrieben werden, was bedeutet, dass alle Ecken dieses Körpers an der Innenwand einer Kugel anliegen, wenn wir sie hineinlegen. Die platonischen Körper sind das Tetraeder, der Hexaeder (Würfel), das Oktaeder, das Dodekaeder und das Ikosaeder. In Metatrons Würfel sind alle fünf dieser platonischen Körper enthalten. Deshalb wird er als „Heilige Form" bezeichnet.

Wenn wir diese Ausführungen rückblickend betrachten, erkennen wir, dass das Bewusstsein der Ursprung dieser langen Kette an Schöpfungen war. Die Materie, die wir anfassen können, die unseren eigenen Körper bildet, der Stuhl, auf dem wir sitzen, das Haus, in dem wir wohnen – alles basiert auf diesen fünf platonischen Körpern, die in der Blume des Lebens enthalten sind. Allerdings verkörpern sowohl die Blume des Lebens, als die Grundstruktur, wie auch die Platonischen Körper nur die materielle Seite. *„Die sogenannte ‚Heilige Geometrie' enthält nur die äußere Hülse und erweckt den Anschein, das Ganze zu enthalten."*[62], schrieb *Stefan Bamberg* in einem Artikel auf der Internetseite »Gandhi-Auftrag«. Das, was uns Menschen (und andere Lebewesen) wirklich ausmacht, nämlich Seele, Lebensenergie und Bewusstsein, fehlt in der Urform dieser Geometrie. Erst durch die Belebung, durch die Energetisierung durch Lebensenergie, erhalten diese geometrischen Formen ihr Sein. Und erst durch „Beseelung" erhält eine Form Leben. Die Abbildung der Blume des Lebens ist zunächst nur die Abbildung einer konstruierten Geometrie und man könnte sie sozusagen als eine Huldigung an die Materie verstehen. Wer die Blume des Lebens in irgendeiner Form sein Eigen nennt, muss sich deshalb nicht von ihr trennen. Wir sind, so lange wir hier physisch leben, ja Bestandteil der Materie, und sie ist ja auch schön anzusehen. Doch wir sollten ihr nicht zu viel Macht geben. Das war mir vor wenigen Jahren auch noch nicht bewusst. Deshalb ist sie auch auf der Rückseite meines ersten Buches abgebildet. Aber wir entwickeln uns ja alle weiter und lernen dazu. Wir werden später noch sehen, wie die materielle Schöpfung zustande kam und warum Seelen überhaupt einen Körper bewohnen.

Doch zurück zur geometrischen Ordnung: Nicht nur das Sonnensystem oder die atomaren Teilchen sind der geometrischen Ordnung unterworfen, auch wir Menschen erfüllen geometrische Gesetzmäßigkeiten. So entspricht unser gesamter Körper, wie zum Beispiel das Verhältnis der Längen unserer Fingerknochen, dem Goldenen Schnitt. Auch Tiere und Blumen, ja die gesamte Schöpfung unterliegt geometrischen Regeln. Die Fibonacci-Regeln finden wir in Blüten, in Schneckenhäusern und in Muscheln, und diese Ordnung ist so häufig, dass wir einen Zufall ausschließen können. Ja, es erlaubt sogar die gewagte Frage: Sind wir alle das Ergebnis mathematischer Berechnungen?

Es mehren sich die Zeichen, dass die Schöpfung **nicht** das Werk der göttlichen Ur-Quelle ist, sondern das Werk von Göttern. Mit Göttern meine ich alles, was sich unterhalb der höchsten Ur-Quelle befindet. Und auch die Religionen befinden sich unterhalb dieser Ur-Quelle, denn sie wurden irgendwann gegründet. Die liebevolle, göttliche Ur-Quelle wurde nicht gegründet, sondern sie ist die Quelle aller Seelen – religionsunabhängig. Ich gehe ferner davon aus, dass unser Bewusstsein an die geometrischen Formen gebunden wird, denn das höchste Bewusstsein findet sich in der göttlichen Ur-Quelle, der Heimat unserer Seelen. Und diese ist unabhängig von der materiellen Schöpfung. Auch die Atome der chemischen Elemente des periodischen Systems mit ihren kreisenden Elektronen basieren jeweils auf einem dieser fünf platonischen Körper.

Auch *Platon* vertrat die Meinung, dass die Materie nur eine Nachbildung von Ideen ist. Diese seien das wahre Sein. So können wir auf »Wikipedia« unter „Materie" lesen:

> „Schon Platon entwickelte in seinem Dialog Timaios eine Vorstellung der Welt, in welcher der Demiurg, ein gütiger Schöpfergott, in die ungeordnete Materie, die Chora, eingreift, um daraus den Kosmos und alle Dinge zu formen. Der Demiurg orientiert sich dabei an der Ideenwelt und **bildet alles Physische als Nachbildung** der ewigen Ideen. ... kommt in Platons Höhlengleichnis zum Ausdruck, in dem die scheinbar realen sinnlich wahrnehmbaren Dinge als bloße **Schatten der Ideen, des wahren Seienden** (ousia) begriffen werden. Aus der Chora entstehen durch das Eingreifen des Demiurgen die Elemente Erde, Wasser, Luft, Feuer sowie der Äther. Diese fünf Elemente haben die geometrische Form der fünf platonischen Körper und bilden die Grundlage für alle anderen Körper. Durch ihre geometrische Bestimmung wird es möglich, mathematische Beziehungen zwischen den Elementen und für ihre Kombination aufzustellen."[63] (Herv. d. Verf.).

SCHLEIER DES VERGESSENS

Betrachten wir uns nun all diese Informationen etwas differenzierter: Ab den ersten Zellteilungen ist demnach alles festgelegt, was die Materie betrifft, wie wir aussehen werden, also das Geschlecht, die Haut-, Haar- und Augenfarbe, die Form der Nase usw. Das sind die körperlichen Eigenschaften unserer Eltern und Ahnen, die wir geerbt haben, das lässt sich nachvollziehen. Doch es sollen auch noch weitere Informationen enthalten sein, wie beispielsweise gravierende Traumata unserer Ahnen, aber auch eigene karmische Lasten. Auch Verhaltensweisen werden von Eltern oder Großeltern übernommen, wie jeder von uns an vielen Beispielen beobachten kann. Wer sich mit solchen Dingen befasst, geht davon aus, dass wir diese Lasten der Ahnen übernehmen und in diesem Leben die Möglichkeit erhalten, dieses Karma zu transformieren. Ich habe selbst ebenfalls vieles in dieser Richtung unternommen und konnte den Erfolg dieser Arbeit feststellen, auch in Bezug auf das Verständnis meiner eigenen Verhaltensweisen. Es ist demnach durchaus so, dass wir durch das, was unsere Ahnen erlebt haben, beeinflusst werden.

Deshalb sollten wir uns ernsthaft mit der Frage beschäftigen, **warum** wir bei jeder Inkarnation wieder von vorn beginnen und uns (zunächst) an nichts erinnern können. Zusätzlich werden wir auch noch von den Erlebnissen unserer Ahnen beeinflusst, von denen wir nicht die geringste Ahnung haben, was sie getan oder wie sie gelebt haben. Wenn wir Glück haben, kennen wir unsere Großeltern noch. Doch was wissen wir von ihrem Leben? Von ihren rühmlichen Taten erfahren wir vielleicht noch, aber die Verhaltensweisen, die uns später belasten, bleiben uns meist verborgen. Stellen wir uns doch einmal ernsthaft die Frage: *„Ist das sinnvoll?"* Was hat es für einen Sinn, wenn wir uns weiterentwickeln sollen und dabei gar nicht mehr wissen, um was es eigentlich geht? Stellen Sie sich ein Schulkind vor, das lesen lernen soll, aber jeden Tag von neuem beginnen muss, weil es vergessen hat, was es gestern gelernt hat. Genau so geht es uns in diesem System. Wir sind vermutlich hier, um Erfahrungen zu sammeln und weise zu werden, doch es ist vollkommen widersinnig, wenn wir vor der nächsten Inkarnation alles wieder vergessen haben.

Wäre es nicht viel effektiver, wenn wir die Erfahrungen, die wir im Laufe eines Lebens erwerben, in ein nächstes Leben mitnehmen könnten? Denken Sie daran, was Sie im Laufe der Jahre seit Ihrer Geburt alles gelernt haben. Die Summe dieses Wissens ist ein unbezahlbarer Schatz und dazu noch einzigartig in seiner Kombination. Jeder von uns über 7,5 Milliarden Menschen verfügt über einen individuellen Wissenspool. Stellen Sie sich vor, wir könnten nur auf das Wissen unserer letzten 10 Inkarnationen zugreifen – was wir alles wissen würden. Wären wir dann nicht alle schon längst weise und wüssten über alles Bescheid, vor allem über uns selbst? Wie würde die Zivilisation heute aussehen? Gäbe es noch Kriege? Vermutlich nicht, wenn so weise Menschen die Verwaltung und die Kontakte mit andern Völkern übernehmen würden. Warum ist es nicht so?

Es gibt derzeit nur ganz wenige Ausnahmen, bei denen sich bereits Kinder daran erinnern können, dass sie schon einmal hier waren: Solche Kinder können teilweise erstaunliche Aussagen darüber treffen, wer sie im vorigen Leben waren, wo sie gelebt und was sie getan haben. Nachprüfungen ergeben meist, dass die Angaben richtig sind. Doch das sind seltene Einzelfälle. In der Regel beginnen wir immer wieder von vorn. Seltsamerweise bleiben die karmischen Lasten allerdings bestehen, sie beginnen nicht bei Null. Und gerade sie, von denen wir anfangs gar nicht wissen, dass es sie überhaupt gibt, wirken sich in unserem Leben auch noch permanent aus, bis wir uns irgendwann auf den Weg machen und mühselig nach den Ursachen zu suchen beginnen, warum wir immer wieder denselben Schwierigkeiten begegnen. Wenn wir großes Glück haben, finden wir die richtigen Methoden und hilfreiche Menschen, die uns auf unserem Weg ein Stück begleiten. Erst dann beginnen wir, die Zusammenhänge zu erkennen und können mit der Transformation beginnen. Bis dahin laufen wir blind durch unser Leben wie Maulwürfe im Scheinwerferlicht.

REINKARNATION EIN ÜBLER TRICK?

Es muss einen triftigen Grund dafür geben, warum wir immer wieder alles vergessen. Sie werden mit mir übereinstimmen, dass dieses Vergessen nicht zu unserem Vorteil geschieht. Ganz im Gegenteil, ich gehe davon aus, dass irgendjemand oder irgendetwas davon profitiert, wenn wir wieder und wieder hier inkarnieren und jedes Mal von vorn beginnen müssen. Jemand muss Interesse daran haben, dass wir **nicht** weise werden und endlich zurück zur Ur-Quelle kommen können. Demnach müsste es ein Widersacher der Ur-Quelle sein, der seine Macht ausbauen möchte. Das wäre durchaus nachvollziehbar. Einfach mathematisch-linear betrachtet, könnte man es so sehen: Je weniger Seelenenergie in der Ur-Quelle ist (weil so viele Seelen inkarniert sind), desto mehr Energie steht dem Widersacher zur Verfügung. Wenn viele Seelen an die Materie gebunden sind, können sie nicht zurück in ihre wahre Heimat. Ihre Energie ist in der materiellen Welt gefangen. Es kann sein, dass die Lebensenergie, die wir im Laufe unseres Lebens verlieren, direkt an diesen Meister der Materie fließt. Wir nähren mit unserer physischen Daseinsform praktisch die Energie, die hinter der Materie steht. Das ist der Grund, warum unsere Lebensenergie ab unserer Geburt jeden Tag ein bisschen weniger wird.

Außerdem könnte es doch sein, dass wir mit einem Trick in diesem ewigen Kreislauf der Wiedergeburt gefangen gehalten werden. So wird dieses nicht enden wollende Wiederinkarnieren ja auch „Rad der Wiedergeburt" genannt. Dieser Trick könnte so aussehen, dass wir bei unserem Tod das vielzitierte Licht am anderen Ende eines Tunnels sehen, welches uns eine große Geborgenheit und Vertrautheit vermittelt. Ferner könnten uns Wesen empfangen, die wie unsere Lieben aussehen und uns mitnehmen möchten. Es könnte sich jedoch genauso gut um eine List handeln, damit wir in eine bestimmte Richtung gehen, die sich dann jedoch als Falle herausstellen könnte, sobald wir durch den Tunnel hindurchgegangen sind. Möglicherweise erwartet uns auf der anderen Seite zunächst das große Vergessen und anschließend eine neue Inkarnation, bei der wir wieder von vorn beginnen – zum 10.000sten Mal?

Vielleicht ist es so, dass wir jedes Mal, wenn wir wieder alles vergessen und erneut auf der Erde inkarnieren, an die Materie und an die Erlebnisse, Charaktereigenschaften, Krankheiten usw. unserer Ahnen gebunden werden. Doch wir bestehen ja nicht nur aus Materie und die Bindung an unsere Ahnen, sondern wir bestehen vor allem aus einer Energie, die sich als Lebensenergie zeigt, während wir an die Materie gebunden sind. Und diese wird ab dem Tag der Geburt immer weniger, wie wir bereits gesehen haben. Es könnte doch sein, dass sich jemand anderer diese Lebensenergie aneignet, sie uns sozusagen entzieht. Und dieser jemand hätte natürlich ein großes Interesse daran, dass möglichst viele Menschen inkarnieren und ihm Energie liefern. Je mehr Menschen, desto mehr Lebensenergie.

Wenn wir es schaffen, aus dieser sich immer wieder wiederholenden Spirale auszusteigen, dann könnte das unsere Befreiung bedeuten. Das bedeutet jetzt nicht, dass wir uns alle das Leben nehmen sollen, um wirklich frei zu werden. Ganz und gar nicht, schließlich haben wir hier auf der Erde auch Bindungen an andere Menschen – das sind Seelen, die uns sehr nahe stehen. Wenn wir „einfach so" gehen, dann fügen wir diesen Seelen einen unglaublichen Schmerz zu, was nicht sinnvoll ist. Auch unseren eigenen Trennungsschmerz dürfen wir nicht unterschätzen. Ferner besteht die Gefahr, dass wir uns dann selbst Schuldgefühle aufladen und gerade deshalb nochmals in der Inkarnationsschleife bleiben.

Es gibt mittlerweile sehr viele Berichte über Nahtoderfahrungen, doch wer diesen oft beschriebenen Tunnel einmal vollends durchschritten hat, kommt in der Regel nicht mehr zurück, um uns seine Erfahrungen zu berichten. Vielleicht sollten wir, wenn unsere Zeit hier vorüber ist, nicht sofort durch den Tunnel hindurch zu dem hell strahlenden Licht gehen, das dahinter auf uns warten soll, sondern zunächst innehalten und fragen, wo wir denn wirklich zuhause sind. Es könnte doch auch sein, dass sich daraufhin eine völlig andere Möglichkeit zeigt, an die wir bislang nicht gedacht haben. Und dann können wir immer noch entscheiden, wo wir hingehen möchten.

Wenn wir allerdings darauf programmiert werden, dass wir eine karmische Bürde tragen, dann entsteht in uns natürlich das Bedürfnis, wieder hierher auf die Erde zurückzukehren. Die Lehre des Karmas könnte mit dem Schleier des Vergessens kombiniert sein und einen Druck erzeugen, der uns immer wieder dazu veranlasst, die Ursachen zu transformieren und die Belastung zu heilen. Dieser innere Konflikt hält uns in dem Rad der Wiedergeburt und dieses lässt uns immer wieder alles vergessen. Deshalb ist einer der Wege in die wirkliche Freiheit, dass wir die Verantwortung für unser Tun übernehmen und nicht in irgendeine Schuldfalle sperren lassen. Was wir anderen Menschen antun, das sollten wir rasch wieder in Ordnung bringen und versuchen, einen Ausgleich zu schaffen. Das ist wichtig, damit wir uns mit allen Menschen in einem energetischen Gleichgewicht befinden.

SITTENVERFALL

Einen Zusammenhang möchte ich noch explizit erwähnen. Meiner Ansicht nach verfallen in den letzten Jahren die Moral und die Ethik immer mehr. Pädophilie soll zunehmend normalisiert werden[64], Kinder werden gehandelt[65] wie Vieh und schlimmstenfalls bei satanischen Messen geopfert[66]. Bei Verbrechen kümmert man sich mehr um die Täter als um die Opfer. Das Totschlagen einer Wespe kostet 50.000 Euro Strafe, wer jedoch Steuergelder in Millionenhöhe am Fiskus vorbei ins Ausland schafft, wird mit Samthandschuhen behandelt. Wenn jemand die Rundfunkgebühr nicht bezahlen kann (oder will), wird er inhaftiert, während ein Vergewaltiger auf Bewährung in Freiheit lebt. Gerechtigkeit sieht anders aus.

Ich frage mich nun ernsthaft, ob diese zunehmende Entwicklung mit der Bevölkerungsexplosion der letzten Jahre zusammenhängt. Wenn meine oben beschriebene Theorie stimmt, dann erhält dieser Widersacher (der Herrscher über die Materie) von diesen unglaublich vielen Menschen genauso unglaublich viel Energie – so viel Energie, dass er bereits beginnt, die Weltherrschaft zu übernehmen und sein System einzuführen. Dieses basiert auf Lüge, Täuschung, List und Gewalt.

Je größer die Bevölkerung auf der Erde ist, desto mehr Energie können die Dunkelmächte abziehen und desto größer wird der Sittenverfall. Ein Menschenleben zählt nichts mehr, im Gegenteil, es werden mit ganzen Völkern Spielchen getrieben. Deshalb werden immer wieder Kriege angezettelt und Menschen von ihrem Heimatort vertrieben. Sie verlieren alles und müssen irgendwo anders nochmals ganz von vorn beginnen. Das Leben auf der Erde kommt mir manchmal wie eine Mischung aus „Mensch ärgere Dich nicht" und „Monopoly" vor, während die wahren Drahtzieher darüber sitzen, pokern und sich amüsieren. Doch das Ende des Spieles naht. Die Mitspieler zeigen zunehmend ihr wahres Gesicht und man kann erkennen, auf welcher Seite sie wirklich stehen. Die Situation in Europa und weltweit spitzt sich zunehmend zu und die Fronten klären sich nach und nach, das könnte ein Zeichen dafür sein, dass das Endspiel direkt bevorsteht. Doch es scheint so, dass es dieses Mal ums „Ganze" geht: hopp oder top.

FUNKTIONIERT MATERIE GANZ ANDERS, ALS WIR DENKEN?

Oder ist es gar so, wie *Rolf D. Lenkewitz* vermutet? Er geht davon aus, dass sich Materie nämlich bei jeder Bewegung neu erschafft. Praktisch würde das so aussehen, dass sich ein Arm bei jeder Bewegung komplett neu bilden würde und der „alte" Arm würde verschwinden. Das wäre eine unendliche Aneinanderreihung von Entstehung und Vergehen. Das klingt vielleicht verrückt, doch können wir sicher sein, dass es nicht so ist? Wenn Materie tatsächlich nur ein Konstrukt unserer Gedanken und Ideen ist, dann wäre diese Theorie durchaus möglich. Wir denken uns (unbewusst) unseren Arm herbei und wir denken die Bewegung. Also könnten wir uns selbst genauso gut jeden Tag millionenfach neu erschaffen. Warum nicht?

Vermutlich müssen wir bezüglich der Materie alle Denkmuster zunächst neutral nebeneinander stehen lassen und in alle Richtungen blicken. Die historischen Denkmuster, egal in welcher Fachrichtung, galten alle immer nur so lange, bis eine neue Theorie aufgestellt wurde, die zuvor vielleicht als utopisch galt. Wir sollten uns nicht anmaßen, über etwas zu urteilen, denn unser Urteil könnte sich sehr schnell als falsch erweisen. Und gerade die Wissenschaft ist manchmal so festgefahren, dass sie oftmals nicht zugeben kann, dass sie sich in einer Sackgasse befindet. Schauen wir uns nur die Archäologie und die Evolutionsgeschichte an. Wenn einige Meter große Skelette von Menschen gefunden werden[67], dann wird diese Entdeckung lieber totgeschwiegen, als dass man die bisherigen Erkenntnisse neu zu überdenken beginnt. Auch die Evolutionstheorie weist bezüglich des Menschen so viele Lücken[68] auf, dass man davon ausgehen muss, dass sie für den Menschen nicht anwendbar ist.

> *„Zuerst ignorieren sie Dich,*
> *dann lachen sie über Dich,*
> *dann bekämpfen sie Dich*
> *und dann gewinnst Du."*[69]
>
> Mahatma Gandhi (1869-1948), indischer Rechtsanwalt und Widerstandskämpfer

Doch nicht nur *Rolf Lenkewitz* sucht nach Erklärungen für die materielle Welt. Auch Physiker beschreiten unterschiedliche Wege, die Dinge der Welt zu erklären, denn die Natur scheint in Wahrheit tatsächlich ganz anders zu sein als die offizielle Schulphysik lehrt. Das bestätigt auch ein Bericht der Uni München. Darin steht, dass Quantenphysiker um *Professor Harald Weinfurter* und *Dr. Wenjamin Rosenfeld* *„mit einem Test der sog. Bellschen Ungleichung Annahmen der klassischen Physik erneut widerlegt"*[70] haben. Die klassische Physik zu widerlegen bedeutet, dass bestimmte physikalische Annahmen nicht haltbar sind und die Wahrheit auch eine andere sein kann. *„Die Messergebnisse sind zum einen von grundsätzlicher Bedeutung für das Verständnis der Naturgesetze."* Wer die Details wissen möchte, kann dies anhand der Quellenangabe gerne nachlesen.

Immer wieder führen Versuche zu dem Ergebnis, dass die bisherigen Annahmen nicht von Bestand sind. Es kann also durchaus auch falsch sein, wenn man sich auf vorhandene Regeln verlässt. Schon so oft kam es vor, dass neue Erkenntnisse entdeckt wurden und kaum etwas auf der Welt ist vollkommen erklärbar. Vielleicht haben wir nur derzeit keine andere Vorstellung von den Dingen und es ist sicherlich sinnvoll, seinen Horizont weit offen zu lassen. Wie wir später noch sehen werden, gibt es durchaus Modelle, welche die heutige Welt wesentlich verständlicher erklären können, als die derzeitige Physik das kann. Doch solange andere Denkweisen nur belächelt werden, können wir unsere eigene Begrenzung nicht überwinden.

Wenn wir uns von den wissenschaftlichen Modellen lösen und unseren Geist frei streunen lassen, dann könnte man auch auf völlig andere Theorien stoßen. Sehen wir uns dazu die Meinung des Philosophen und erfolgreichen Buchautors *Armin Risi* an. Zusammen mit *Nadine Reuter* schreibt er in seinem Artikel »Der Mensch, ein multidimensionales Wesen«:

„Das Leben auf der Erde hat sich nicht aus Materie entwickelt, sondern aus den geistigen Urgründen des Kosmos heraus. Der Kosmos ist multidimensional, ebenso der Mensch. Die sichtbare materielle Welt ist eingebettet in höhere, ‚unsichtbare' Welten."[71]

Dieser Aussage schließe ich mich voll und ganz an. Meiner Meinung nach war der Urmensch ein geistiges Wesen, das begann, sich nach und nach zu materialisieren – aus welchen Gründen auch immer.

PLANETENORDNUNG

Anhand unseres Sonnensystems erkennt man eine übergeordnete Gesetzmäßigkeit. Einen kleinen Einblick möchte ich Ihnen hier geben, damit Sie eine Vorstellung davon bekommen, wie mathematisch genau die Planeten zusammenhängen. Setzen wir zunächst die Durchmesser der Umlaufbahnen der Planeten ins Verhältnis zur Erdumlaufbahn, die wir mit 10 annehmen wollen, wie es der unbekannte Autor des kleinen Büchleins »334 Promille Lüge«[72] empfiehlt. Trotz des irreführenden Titels stimmen diese Zusammenhänge, ich habe sie berechnet. Somit ergibt sich beispielsweise für die Venus, dass der Durchmesser seiner Umlaufbahn im Verhältnis zur

Erde (Wert 10) den Wert 7,233 hat (216.400.000 km/299.200.000 km x 10). Ergo beträgt der Durchmesser seiner Umlaufbahn 72,33 Prozent des Durchmessers der Umlaufbahn der Erde.

Bei der Venus beträgt dieser Wert 7,233, beim Mars 15,234, beim Jupiter 52,072, beim Saturn 95,789, beim Uranus 191,912 und beim Neptun 300,468. Nehmen wir nun diese errechneten Zahlen in der 3. Potenz, am Beispiel der Venus wäre das $7{,}233^3$, teilen diese Zahl durch den Wert der Erde in der 3. Potenz ($= 10^3$) und ziehen daraus die Wurzel, so bekommen wir die Dauer der Planetenumkreisung. Dieses System können Sie auf alle Planeten unseres Sonnensystems anwenden, obwohl bei allen der Quotient aus der 3. Potenz der Erde angewendet wird.

Das ist nicht die einzige Gesetzmäßigkeit, im Grunde steht alles mathematisch miteinander in Zusammenhang. Das Sonnensystem und vermutlich das gesamte Universum scheint ein großes Formelsystem zu sein: höchst mathematisch, höchst komplex, höchst geometrisch und von einem unvorstellbaren Superhirn erdacht. Es wäre deshalb höchst ignorant, hier noch von „Zufall" zu sprechen.

Position (Q3)	Ort		Druchmess Q1	Einh	Abstand zur Sonne (Q1)	Einh	Errechneter Durchmess Umlaufbahn aus Abstand zur Sonne (Q1)	Einh	Durchmess. Umlaufbahn in Mio. km (Durchmess Uml-bahn im Verh. zur Erde x 30; 1 Einheit entspr. in der Schöpfung ca. 30 Mio. km, Q3)	Einh	Durchmess Uml.-bahn im Verhältn zur Erde, gerundet (Annahme Erde = 10)	Planetengeschwindigkeit = Umkreisung der Sonne (Q3)	Umlaufzeit (Q2)	Einh	Monde (Q1)	Masse (Q1)	Einheit	
0	Sonne	☉	1400000	km	0	km									0	333.000	Erdmassen	
1	Merkur	☿	4879	km	57.900.000	km	115.800.000	km	116,1	km	3,870	√(3,87x3,87x3,87/(10x10x10)) = 0,241 Jahre -> Merkur umkreist die Sonne in ca. 88 Tagen	88	Tage	0	0,055	Erdmassen	kleinster Planet unseres Sonnensystems, Temp-untersch. Tag/Nacht ca. 500°C
2	Venus	♀	12104	km	108.200.000	km	216.400.000	km	216,99	km	7,233	√(7,233x7,233x7,233/(10x10x10)) = 0,615 Jahre -> Venus umkreist die Sonne in ca. 225 Tagen	225	Tage	0	0,815	Erdmassen	dichte Atmosphäre aus Kohlendioxid, tagsüber +460°C, Regen aus Schwefelsäure
3	Erde	♁	12756	km	149.600.000	km	299.200.000	km	300	km	10	√(10x10x10/(10x10x10)) = 1 Jahr -> Erde umkreist die Sonne in 365 Tagen	365	Tage	1	1	Erdmassen	
4	Mars	♂	6794	km	227.900.000	km	455.800.000	km	457,02	km	15,234	√(15,234x15,234x15,234/(10x10x10)) = 1,880 Jahre -> Mars umkreist die Sonne in ca. 686	687	Tage	2	0,107	Erdmassen	
5	Asteroidengürtel																	
6	Jupiter	♃	142984	km	779.000.000	km	1.558.000.000	km	1562,16	km	52,072	√(52,072x52,072x52,072/(10x10x10)) = 11,88 Jahre -> Jupiter umkreist die Sonne in ca. 4.337 Tagen	4.329	Tage	63	317,8	Erdmassen	größter Planet unseres Sonnensystems
7	Saturn	♄	120536	km	1.433.000.000	km	2.866.000.000	km	2873,67	km	95,789	√(95,789x95,789x95,789/(10x10x10)) = 29,65 Jahre -> Saturn umkreist die Sonne in ca. 10.821 Tagen	10.751	Tage	61	95,2	Erdmassen	Ringsystem,
8	Uranus	⛢	51118	km	2.871.000.000	km	5.742.000.000	km	5757,36	km	191,912	√(196,912x196,912x196,912/(10x10x10)) = 87,38 Jahre -> Uranus umkreist die Sonne in ca. 31.893 Tagen	30.664	Tage	27	14,5	Erdmassen	
9	Neptun	♆	49528	km	4.495.000.000	km	8.990.000.000	km	9014,04	km	300,468	√(300,468x300,468x300,468/(10x10x10)) = 164,70 Jahre -> Neptun umkreist die Sonne in ca. 60.116 Tagen	60.148	Tage	13	17,1	Erdmassen	

Abb. 2: Mathematische Abhängigkeiten der Planeten voneinander

In der Antike ging man davon aus, dass die Erde einem Zyklus unterworfen ist. Man nannte diesen Zyklus *Großes Jahr* oder *Platonisches Jahr* und die Dauer wird meist mit 25.920 (Erden-)Jahren angegeben. Dieses Große Jahr wurde in zwölf Tierkreis-Zeitalter unterteilt, wobei davon jedes 2.160 Jahre dauern soll. Am Ende des Großen Jahres soll, von der Sonne ausgehend, eine gigantische Energiewelle auf der Erde auftreffen, die ein globales spirituelles Erwachen auslösen soll. Auch der Maya-Kalender deutete bereits auf das Ende dieses Großen Jahres hin.

Allerdings sei dieses Ende eines großen Zeitalters auch von Kataklysmen (Sintfluten) bzw. Ekpyrosis (Weltenbrand) begleitet, wodurch nur ein Teil der Menschen überleben soll. Das reinigende Feuer beim Ende des großen Zyklus wird in heiligen Schriften beschrieben, beispielsweise im persischen *Bundehesh*:

„Darauf werden durch das Feuer Armustin die Metalle in den Bergen und Hügeln flüssig werden und werden einem Strome gleich auf Erden sein. Dann werden alle Menschen in das flüssige Metall gehen und geläutert werden. Wer fromm ist, dem wird es scheinen, als ob er in warmer Milch ginge; wer gottlos war, dem wird es so scheinen, wie wenn er in der Welt in flüssigem Metall ginge."[73]

Das Große Jahr soll vollendet sein, wenn die Planeten in einer linearen Form angeordnet sind.

Ich gehe davon aus, dass diejenigen, die heute für Geld „ihre Großmutter verkaufen" würden, die Qualen der Hitze oder des Wassers als Reinigung und Läuterung benötigen, um sich neu zu entscheiden, welchen Weg und welche Zeitlinie sie weiterhin gehen möchten. Ob das mit Strafe etwas zu tun hat, darüber kann man spekulieren, doch offensichtlich benötigen viele tatsächlich einen kräftigen Schubser, damit sie ihr Verhalten überdenken. Ich rechne ferner damit, dass diejenigen, die ein rechtschaffenes und ehrliches Leben führen, nach diesen Sintfluten oder Bränden ein weiterhin rechtschaffenes, ehrliches und dazu noch ein hochspirituelles Leben führen werden, sofern die Seele dies wünscht. Nach diesem großen Wandel soll wiederum ein „Goldenes Zeitalter" beginnen.

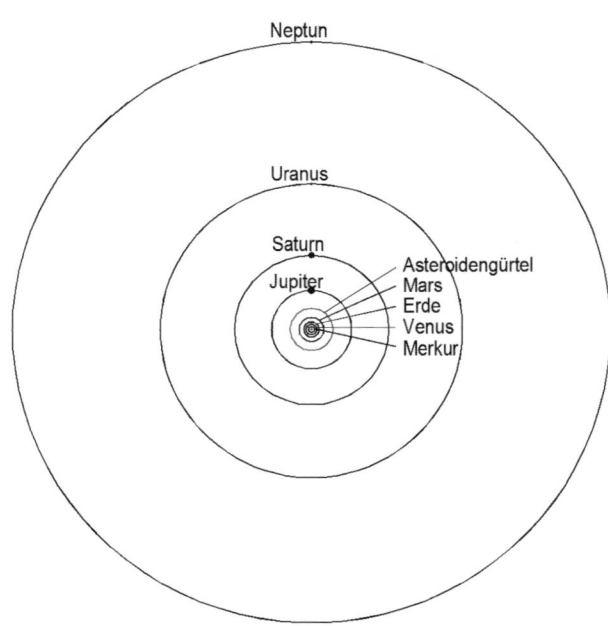

Abb. 3: Planeten in ihrer Umlaufbahn in linearer Anordnung (Vollendung des Großen Jahres)

Sich wiederholender Zyklus

Die oben beschriebenen Zyklen scheinen sich in diesen unvorstellbar großen Zeitabständen zu wiederholen. Es gab schon mehrere Hochkulturen auf der Erde, wie beispielsweise Atlantis. Doch auch davor soll es uralte Kulturen gegeben haben wie Lemurien, Mu, Hyperborea usw. Der Untergang der jeweiligen Hochkultur war anscheinend so nachhaltig und gründlich, dass danach von den einstigen Bauwerken dieser Kulturen nichts mehr zu finden war. Nur ab und zu kann man in der Alternativpresse einen kleinen Bericht finden, dass man seltsame, geometrisch anmutende Gebäudereste im tiefen Meer entdeckt habe.

Angesichts dieser Thesen kann es durchaus frustrierend sein, dass nun schon wieder der Tiefpunkt einer Kultur erreicht werden könnte. In der westlichen Kultur, aber auch in vielen nichtwestlich orientierten Domänen, herrscht mittlerweile wieder eine Scheinwelt aus Lug und Trug. Wer die Wahrheit ausspricht, gilt als gefährlich und wird verfolgt. Erst wenn die große Reinigung stattgefunden hat, werden sich die Menschen in ihrer Not wieder auf das Miteinander besinnen. Die Herzen sind dann wieder rein und man unterstützt und hilft einander wieder.

Da dieser Zyklus vermutlich alle 25.920 Erdenjahre vollendet wird, scheint es so zu sein, dass die Menschheit immer wieder von Neuem beginnen muss/darf und im Laufe dieser zwölf Tierkreiszyklen von je 2.160 Jahren wieder auf niederstes Niveau absinkt, ähnlich dem, wie wir es heute beobachten können: Es wird belogen, betrogen, ausgeraubt und gemordet. Es scheint so, als wenn eine Macht immer wieder die Menschen verführen und manipulieren würde. Die meisten von uns dürften sich daran erinnern, dass unsere Eltern zu uns sagten: *„Früher war es besser!"* Und auch deren Eltern sagten diesen Satz bereits zu ihnen, und deren Eltern wiederum auch. Jede Generation sagte dasselbe zu ihren Kindern. Es scheint eine schleichende, aber doch permanente Verschlechterung der Lebensbedingungen stattzufinden. Die maschinellen Erleichterungen gleichen den Verlust an Lebensqualität nicht aus. Die Überwachung und Kontrolle, der Termindruck, die ungesunde Lebensweise, die nachlassende Qualität der Produkte und die Lügen werden so groß, dass diese Belastung schwerwiegender ist als die Vorteile in unserer Zeit, wie zum Beispiel warme Wohnungen, Autos, Telefon usw.

Es muss eine einflussreiche Energie hinter dem ganzen System stehen, die dafür sorgt, dass der Druck, der auf uns ausgeübt wird, seit Jahrhunderten jedes Jahr ein wenig größer wird. Dabei dürfen wir uns natürlich fragen, **wer** ist es, der es immer wieder schafft, die Menschheit in diese finsteren Abgründe zu locken. Und wir dürfen uns ebenfalls die ganz große Frage stellen, ob wir es jetzt, eine Sekunde vor zwölf, doch noch schaffen, der Geschichte diesmal eine andere Wendung zu geben? Es ist die Frage, ob wir jetzt endlich das Spiel durchschauen und uns nicht mehr länger an der Nase herumführen lassen! Ich hoffe immer noch darauf, dass die Menschen rechtzeitig erkennen, welch unbarmherzigem Spiel sie aufgesessen sind und dass sie lediglich gegeneinander aufgehetzt werden.

Fressen und gefressen werden

Wenn wir in der Natur unterwegs sind, genießen wir meist die frische Luft und das Grün der Wiesen und der Bäume. Wir hören die Vögel zwitschern, die Bienen summen und freuen uns über einen blauen Himmel oder über bizarre Wolkenformen. Hin und wieder sehen wir vielleicht ein Reh oder einen Fuchs, und wenn wir genauer hinschauen, öffnet sich uns die Welt der Kleintiere in seiner unendlichen Fülle. Käfer, Ameisen und anderes Kleingetier offenbaren sich uns erst, wenn wir uns die Natur im Detail ansehen, denn das Leben pulsiert bis in die Mikro-Ebene. Es ist eine faszinierende und beeindruckende Welt, auf der wir verweilen.

Und doch ist es nicht nur dieses energiegeladene Pulsieren, das uns umgibt, sondern in gleichem Maße ein permanentes Sterben. Das Leben auf unserem Planeten ist begleitet von einem ständigen „fressen und gefressen werden". Und dabei ist es völlig egal, ob Sie die Tiere in der Luft, auf dem Boden, im Boden, auf oder im Wasser beobachten, überall finden wir ein permanentes Fressen und Gefressen werden. Die Mücke sticht uns und saugt unser Blut, der Vogel kommt und frisst die Mücke, die Katze frisst den Vogel, der Hund beißt die Katze usw. Wo wir auch hinsehen, begegnet uns dieses gegenseitige Fressen. Dabei wird auch die eigene Art oftmals nicht verschont, wie wir an Spinnen und Schnecken beobachten können.

Auch wir Menschen sind in dieser Kette mit dabei. Raubtiere, Schlangen, Krokodile, Haie usw. können dem Menschen durchaus gefährlich werden, wenn sie ihren Speiseplan ergänzen möchten. In unseren Breiten sind wir durch Fressfeinde aus der Natur zwar weniger gefährdet, doch könnte sich das mit der zunehmenden Verbreitung der Bären und Wölfe, bedingt auch durch Wildschweine, wieder ändern. Das System des fressen und gefressen werden zieht sich durch die gesamte Natur, und ist ein Grundgesetz.

Wenn alle Lebewesen der Erde jede Sekunde ihres Lebens damit rechnen müssen, gefressen zu werden, dann ist das im Grunde alles andere als friedlich. Ja, ich möchte sogar so weit gehen, dass ich mich frage, wer diese materielle Welt mit solchen Bedingungen erschaffen hat? War es ein liebevoller oder doch eher ein destruktiver Schöpfer, der bewusst kreiert hat, dass alle Lebewesen und Pflanzen in dem ewigen Kreislauf von Kommen und Gehen gefangen sind, um immer wieder geboren zu werden, um erneut zu sterben usw. Sollte es gar ein satanisches System sein? Mit ein wenig Phantasie könnte man sich durchaus andere Existenzformen vorstellen als unsere. Nur weil wir nichts anderes kennen, heißt das noch lange nicht, dass es auch nichts anderes gibt. Oder ist die Erde tatsächlich ein Reinigungs- und Schulungsplanet, wie manche Autoren schreiben? Sind wir in Wahrheit Wesen, die sich so weit von der Ur-Quelle entfernt haben, dass wir uns hier auf dieser Erde bewähren dürfen, um wieder näher zum Zentrum der wahren Liebe zu rücken? Oder ist es etwa ganz anders?

Eine Alternative wäre, wie bereits erwähnt, dass wir zunächst rein geistige, spirituelle Wesen waren. Könnte es nicht sein, dass wir durch eine List an die Materie gebunden wurden und deshalb so tief in die materielle Welt eingesunken sind? Und tatsächlich sieht das so aus: Je mehr wir uns als materielle Wesen identifizieren, desto weniger Verbindung haben wir zu unserer Seelenenergie. Und wenn wir uns fast nur noch mit der Materie identifizieren, im Extremfall sogar annehmen, dass wir mit dem physischen Tod insgesamt aufhören zu existieren, dann sind wir anfälliger für Manipulationen aller Art. Wenn wir uns jedoch als Seele wahrnehmen, dann ruhen wir in uns und wissen, dass wir aus der liebenden Ur-Quelle stammen. Dieses Empfinden erzeugt eine ganz andere Grundstimmung, eine weit höhere Schwingung, als dies in der reinen materiell-orientierten Welt der Fall ist.

Wer ist es, der uns dazu drängt oder zwingt, bei diesem anstrengenden Spiel mitzuspielen? Ist es derjenige, der die Welt erschaffen hat, der Schöpfer? Kann dieser Schöpfer gleichzeitig auch die Heimat der Seelen, die Ur-Quelle der Liebe sein? Wohl kaum! Oder ist die materielle Schöpfung stattdessen ein dämonisches Konstrukt, um bei den Geschöpfen Ängste zu erzeugen, die wiederum als Nahrung für die (materiellen) Schöpfer dienen? Was gibt es sonst für einen Grund, dass die Menschen und Tiere davon abhängig sind, Pflanzen und sogar Tiere zu verzehren? Diese haben die gleichen Todesängste, wie wir selbst, wenn wir von einem Tier angegriffen werden, das uns fressen möchte. Wir hier in Europa kennen diese Art von Ängsten weniger, weil Wölfe oder Bären bei uns selten zu finden sind, doch weite Teile der Erde sind auch für den Menschen gefährlich. Ich gehe davon aus, dass es schönere Todesarten gibt, als gefressen zu werden. Für die Tierwelt dürfte das jedoch die häufigste Todesart sein.

Wenn Sie nun sagen: *„Das ist nun mal so, man wird geboren und man stirbt irgendwann."*, dann mögen Sie für die heutigen Verhältnisse auf der Erde durchaus Recht haben. Doch wer sagt, dass es nicht auch anders geht? Ich bin der festen Überzeugung, dass wir uns auch materialisieren und dematerialisieren können. Uns heutigen Menschen wurde diese Fähigkeit lediglich durch gentechnische Veränderungen, die vor Jahrtausenden an uns durchgeführt worden sind, weggezüchtet und ist nicht mehr in unserem Programm enthalten. So erscheint es uns heute unvorstellbar, dass wir die Dimensionen wechseln können und unser Gehirn sagt uns: *„Es kann nicht sein, was nicht sein darf."*

Im Grunde sind wir jedoch in der geistigen Welt zuhause. Es sollte unser Normalzustand sein, dass wir durch Materialisation sichtbar werden können, wenn wir dies wünschen. Und genauso sollten wir uns wieder ganz in die geistige Welt zurückziehen können. In dieser Form der Existenz wäre es auch nicht erforderlich, sich von fremder Materie zu ernähren. Wir könnten unsere Energie aus dem unendlich großen Energiefeld beziehen, welches das Universum füllt und das uns alle umgibt. Oder man könnte auch sagen, wir **sind** Energie. Sobald es uns gelingt, uns wieder in diese Daseinsform zu transformieren, könnten wir wieder je nach Bedarf von Diesseits ins Jenseits wechseln, ohne eine physische Geburt oder einen Tod durchleben zu müssen.

Es ist für uns derzeit unvorstellbar, so zu leben, doch in solch einer Lebensform würden wir uns aus sämtlichen Gefängnissen befreien, die das heutige materielle Leben mit sich bringt. Wir bräuchten keine materielle Nahrung mehr, auch Arbeit, Geld, Geschäfte, Krankheiten, Fortbewegungsmittel und all die anderen Themen, die uns begrenzen, einschränken und uns manipulierbar halten, würden der Vergangenheit angehören. Wir hätten die Möglichkeit, uns an der Schönheit der Natur zu erfreuen. Wir könnten uns in Wertschätzung begegnen, ohne materielle Hürden wie Konkurrenz oder Neid zu fühlen oder Todesängste auszustehen, dass wir gar gefressen werden.

Was heute noch völlig utopisch klingt, könnte morgen bereits Wirklichkeit sein. Es schien noch vor zweihundert Jahren undenkbar, dass der Mensch jemals von einem Ort zum anderen fliegen könnte, und heute ist es ganz normal. Wenn wir beginnen, unseren Geist zu öffnen und den Gedanken an solche Möglichkeiten zulassen, dann haben wir bereits die Tür geöffnet und solche Fähigkeiten dürfen ihren Weg zu uns finden. Es liegt an unseren eigenen geistigen Begrenzungen, die den Schritt ins Paradies verhindern. Daher ist es erforderlich, unseren Geist zu öffnen und phantastisch anmutende Möglichkeiten nicht von vornherein abzulehnen, sondern sie als Alternativen zu sehen und wieder zu lernen. Denn die Befreiung beginnt in unserem eigenen Denken, auch wenn es bis zur gelungenen Umsetzung noch ein wenig dauern könnte. Beginnen wir jetzt damit, uns innerlich zu befreien und das Unmögliche als möglich zu erachten, damit wir Berge versetzen können. Und schließlich ändert sich auch die materielle Welt um uns!

Ich sehe vor meinem inneren Auge immer wieder Bilder einer Erde, auf der sich Menschen und Tiere befinden, die hier harmonisch miteinander leben. Ein solches Leben ist überhaupt nicht zu vergleichen mit dem Leben heute, das sowohl bei den Menschen wie auch bei den Tieren von Überlebenskämpfen, Futterneid, Witterungseinflüssen und Not geprägt ist. Im Gegenteil, es ist eine höherschwingende Welt, in der Geburt und Sterben auf geistige Weise geschehen, das heißt, ein Wesen kann sich materialisieren, es kann sichtbar werden, aber es kann diese halbmaterielle Welt auch verlassen und wieder in den geistigen Zustand übergehen.

Es gibt bereits Menschen auf der Erde, die dauerhaft ohne Nahrung leben – es ist möglich! Doch es erfordert, zunächst seinen Geist dafür zu öffnen und andere Realitäten geschehen zu lassen. Die Dinge sind nicht immer so, wie sie scheinen und es gibt oftmals eine Wahrheit hinter der Wahrheit. Ob wir wieder eine Welt manifestieren können, in der wir vom materiellen in den geistigen Zustand und umgekehrt wechseln können, weiß ich nicht, da sie zunächst in unserer Vorstellung entstehen müsste. Doch wir können uns aus diesem Sklavenzustand befreien, wenn wir uns unserer Verbindung zur göttlichen Ur-Quelle wieder bewusst werden und uns immer wieder aus dem lähmenden Gefühl der Angst lösen.

Wessen Bewusstsein hat die Materie erschaffen?

Die 6 ist die Ordnungszahl des Kohlenstoffs und sie entspricht ebenso dem Würfel (Hexaeder), der Grundform der Materie, wie die Blume des Lebens gezeigt hat. Ebenso wird die 6 mit dem Satanischen in Verbindung gebracht. Die Zahlenkombination 666 ist aus der Offenbarung der Bibel bekannt und wird dort die **Zahl des Tieres** genannt: *„...wer Verstand hat, der berechne die Zahl des Tieres, denn es ist eines Menschen Zahl, und seine Zahl ist sechshundertsechzig und sechs."*[74] Das Hexaeder verkörpert die Energie der Erde und ein Kommentar des *I Ging*, der in »Freimaurer-Wiki« zitiert wird, bringt es auf den Punkt: *„Der Himmel hat als Symbol den Kreis, die Erde das rechtwinklige Quadrat. Somit ist das Rechtwinklige eine ursprüngliche Eigenschaft der Erde."*[75] Im Übrigen ist das Zeichen der Freimaurer der Zirkel *und* der rechte Winkel, und sie wussten sehr wohl, warum sie ausgerechnet diese Symbole wählten.

Interessanterweise ist der Diamant ebenfalls der Zahl 6 zugeordnet, da er ebenfalls aus reinem Kohlenstoff besteht. Der Diamant gilt als das Material mit der größten Härte, ich würde ihn deshalb als einen sehr, sehr materiellen Stoff bezeichnen. Den Entwicklungsweg vom Kohlenstoff bis zum brillantgeschliffenen, strahlenden und reinen Diamant könnte man durchaus symbolhaft für die Transformation der Erde einschließlich ihrer Menschen sehen. Sie wandelt sich von einem harten, finsteren, dunklen, materiellen Gegenstand in einen glasklaren, hellen, strahlenden und wertvollen Kristall. Und wir gehen diese Entwicklung parallel mit. Ist das nicht ein wunderschönes Bild?

Derzeit sieht man sehr deutlich, dass der Mensch beides in sich trägt, Licht und Dunkelheit – der eine mehr, der andere weniger. Das Lichtvolle sehen wir in unserer Freude an der Natur und an schönen Landschaften, wie auch an der Liebe zu Menschen und Tieren. Und an der Gutgläubigkeit sieht man, wie positiv und ehrlich Menschen sein können. Nur wer selbst reinen Herzens und naiv-ehrlich ist, glaubt beispielsweise alles, was in den Medien berichtet wird – weil er naturgemäß davon ausgeht, dass die eigene Einstellung normal ist. Diese Ehrlichkeit erwartet er dann natürlich auch bei seinem Gegenüber. Insofern sind der Deutsche und der Europäer grundehrliche Typen. Erst durch Erfahrung bemerkt man in der Regel, dass man oft schamlos angelogen und bewusst hinters Licht geführt wird. Und dann kann man nur noch hoffen, dass doch noch etwas zu retten ist.

Das Dunkle hingegen erkennen wir daran, dass nicht nur die Tiere, sondern auch wir Menschen dem System „fressen oder gefressen werden" unterworfen sind und uns aktiv daran beteiligen. Was ist das für eine Welt, in der Tiere in jeder Sekunde ihres Lebens damit rechnen müssen, dass sie von einem stärkeren Tier gefressen oder vom Menschen geschlachtet werden? Eine unvorstellbare Menge Todesangst und Panik entsteht durch dieses zutiefst materielle und immer tödliche System. Die Ur-Menschenseele war sicherlich weit entfernt davon und auch die Nag-Hammadi-Schriften sagen über die Entstehung der Welt einiges aus, doch dazu komme ich später noch.

Derzeit leben wir jedoch in diesem materiellen System, ja man hat sogar den Eindruck, dass die Welt immer noch verdichteter und härter wird. Und auch wenn wir uns oftmals sehnlichst eine Veränderung wünschen, eine Abkehr vom reinen Materialismus hin zur Menschlichkeit und zum Miteinander, so können wir dieser Welt doch nicht entfliehen. Und das ist auch gut so, denn es hat durchaus seinen Sinn, dass wir, die wir versuchen, Mitmenschlichkeit in unser Umfeld zu bringen, gerade jetzt leben. Es ist eine Welt geworden, in der man vor allem von Einsparungen und Bankenrettung spricht, von Negativzins, Bargeldabschaffung und RFID-Chip; eine Welt, in der Staaten in Firmen umgewandelt werden; in der mittlerweile offen gegen Recht verstoßen wird[76] und diejenigen, die darauf hinweisen, denunziert werden; in der Kinder sexualisiert und missbraucht werden und in der alle Hoffnung geschwunden zu sein scheint. In so einer Welt ist es wichtiger denn je, dass es Menschen gibt, die auf ihr Herz hören und die trotzdem Frieden in sich und in ihrem Umfeld schaffen.

Aus diesen Gründen sollten wir die Welt nicht generell als bösartig betrachten, obwohl es so scheint, sondern wir dürfen uns daran beteiligen, dass die Dunkelmächte die Erde verlassen und sich der ganze Planet mitsamt seinen Menschen, Tieren und Pflanzen wieder zu einem lebenswerten Planeten entwickelt. Wir dürfen dabei sein, sie und uns ins Licht zu führen und dürfen ihre Begleiter sein. Wir dürfen an der Transformation teilhaben, wenn sich die Erde vom Kohlenstoff-Planeten in einen Diamant-Planeten wandelt. Ist das nicht eine schöne Aufgabe?

„Es gibt nur zwei Fehler,
die man auf dem Weg zur Wahrheit machen kann:
Nicht den ganzen Weg gehen und nicht beginnen."[77]

Buddha (um 500 v. Chr.), Siddhartha Gautama, Begründer des Buddhismus

IST UNSER UNIVERSUM EIN HOLOGRAMM?

Auch wenn es unbegreiflich ist, ist die Vorstellung für Forscher gar nicht so abwegig, dass unser gesamtes Universum ein Hologramm sein könnte. Auch *Prof. Daniel Grumiller*, der im Institut für Theoretische Physik der Technischen Universität Wien forscht, hält es für möglich, dass wir auf bzw. in einem Hologramm leben könnten. Er forscht seit etwa 2012 in einer internationalen Kooperation mit der Universität Edinburgh, Harvard, IISER Pune, dem MIT und der Universität Kyoto daran, ob das Korrespondenzprinzip auch für unser reales Universum gelten könnte. *„Nun veröffentlichte Grumiller mit Kollegen aus Indien und Japan einen Artikel im Journal ‚Physical Review Letters', das die Korrespondenz-Vermutung in einem flachen Universum bestätigt."*[78], schreibt *Dr. Florian Aigner* in seinem Artikel auf der Internetseite der »TU Wien«.

Prof. Grumiller hat in Versuchen über Quantenverschränkung festgestellt, *„dass das holografische Prinzip auch in flachen Raumzeiten realisiert sein kann."*, schränkt jedoch ein: *„Damit ist freilich noch nicht bewiesen, dass wir tatsächlich auf einem Hologramm leben – doch die Hinweise auf die Gültigkeit des Korrespondenzprinzips* *in unserem realen Universum scheinen sich zu verdichten."* (Herv. d. Verf.). Was diese Theorie für Konsequenzen hätte, wenn sie sich eines Tages beweisen lassen könnte, darüber kann man derzeit nur spekulieren. Doch dann würden auch zunächst absurd klingende Theorien wie die „flache Erde" plötzlich in den Bereich des Möglichen rücken.

Es ist mittlerweile physikalisch bewiesen, dass Versuchsergebnisse durch das Beobachten beeinflusst werden (Doppelspaltversuch). Jedes Bewusstsein beinhaltet Informationen, und so können wir daraus schließen, dass Informationen in der Lage sind, physikalisches Geschehen zu beeinflussen. Auf dieser Basis funktionieren so ziemlich alle Entstörungsgeräte, doch auch ganz spezielle Fähigkeiten wie Telekinese sind nur möglich, wenn einem Gegenstand die Information übermittelt wird, dass er sich bewegen soll. So bekommt das Wort „Information" eine völlig neue Deutung, nämlich ein „In-Form-Ation", genauer gesagt ein „in Form bringen". Ein Hologramm ist ein projiziertes Gebilde und somit ist es durch Energie beeinflussbar. Wenn wir unsere Visionen, unsere Wünsche, unsere Sehnsucht nach einem friedvollen Leben in unseren Gedanken und in unseren Visionen ausmalen und aus vollem Herzen wünschen und aussprechen, dann ist es so, dass wir die Projizierung beeinflussen können.

Wir sind nur vorübergehend an die Materie gebunden und jedes einzelne Leben ist sinnvoll und wichtig. Doch wir können durch dieses Spiel auf der materiellen Ebene im geistigen Bereich viel verändern und diese Veränderung manifestiert sich dann in der Folge nach und nach in der Materie. Aus diesem Grunde können wir uns durchaus fragen: *„Was ist wirklich wichtig?"* Menschen, die eine Nahtoderfahrung erlebt haben, verändern oftmals ihre gesamte Einstellung, und das, was sie wirklich fast alle gemeinsam haben, ist die Botschaft, dass es nur eines gibt, das wirklich wichtig ist im Leben: *„Die Liebe!"*

LEBEN IN DER MATRIX

Vielleicht ist es nur der Wunsch, dass es eine schönere Welt gibt, doch tief in mir ist das innere Wissen, dass wir hier in einem System gefangen sind, welches dem Bedürfnis unserer Grundnatur und unserer Seele vollkommen widerspricht. Wenn wir eingespannt sind in unseren Alltag, dann spüren wir es vielleicht nicht, doch wenn Sie einmal eine Zeit lang aus dieser Welt geflohen sind, dann wissen Sie, was ich meine. Wenn Sie beispielsweise allein eine Woche lang in den Bergen sind (oder auf einer einsamen Insel), dann begegnen Sie sich plötzlich selbst und Sie können sich wieder spüren. Sie fühlen die Verbundenheit mit der Kraft der Natur und mit der Ur-Quelle, egal, wie Sie diese nennen möchten. Wenn Sie diesen Zustand wirklich wahrnehmen, mit jedem Atemzug in ihre Lungen aufnehmen und wenn sich Ihr Herz dabei frei und leicht anfühlt, dann wissen Sie, wovon ich spreche.

Und wenn Sie dann nach dieser Erfahrung wieder zurück in den Alltag kommen und womöglich gleich von einem Drängler auf der Autobahn angeblinkt werden oder jemand ausfallend wird, weil Sie am Fahrkartenautomat zu langsam sind oder wenn sich nur jemand beim Bäcker vordrängelt, dann fühlen Sie, dass dieses Leben nicht das ist, was sich ihre Seele eigentlich wünscht. Dann bemerken Sie – vielleicht erstmalig –, dass das doch nicht alles sein kann. Da muss doch noch etwas anderes außer Termindruck und Ärger möglich sein. Wo bleibt die wirkliche innere Zufriedenheit?

Das ist dann der Moment, an dem wir uns fragen: *„In was für einer Welt leben wir eigentlich?"* Könnte es tatsächlich so etwas wie eine Matrix sein? Werden wir an der Nase herumgeführt wie *Truman* in dem Film »Die Truman Show«? Oder leben wir in so einer Welt, wie sie in »Die Matrix« oder in »Jupiter Ascending« dargestellt wird? Sollten wir tatsächlich in einer Matrix gefangen sein? Egal, wie sie aufrechterhalten wird, ob es sich um ein Hologramm handelt, um eine extreme Bewusstseinstäuschung oder was auch immer, ist eines klar: Der Grund, warum machtvolle Wesen diese Matrix aufrecht erhalten, ist der, Macht über die Menschen auszuüben und deren Energie zu rauben. Möglicherweise werden auch Edelmetalle oder andere Stoffe von unserer Erde geraubt. Und auch unser Geldsystem dient dazu, unsere Energie anzuzapfen. Da dies keine ehrenwerten Motive sind, kann man sicher sein, dass es sich nicht um liebevolle Wesen handelt, sondern um Dunkelwesen. Zu diesem Zweck haben sie schon viele Male in die Evolution eingegriffen und tun dies immer noch – sie manipulieren und verändern und schieben uns über den Planeten wie die Bauern eines Schachspiels.

Die dazu bewährten Mittel sind immer die gleichen, und je mehr wir darüber wissen, umso leichter können wir das üble Spiel durchschauen und eines Tages geschlossen aufstehen und sagen: *„Spielt doch untereinander, wir spielen jedenfalls nicht mehr mit!"* Auch wenn es sich um Energien oder Wesenheiten handelt, die einst selbst aus der liebenden Ur-Quelle kamen, sind sie derzeit doch noch auf dem machtorientierten Weg und unterdrücken alles, was sich in Richtung Erwachen der Menschheit entwickelt. Und egal, ob sie von anderen Galaxien, anderen Zeiten, Dimensionen oder woher auch immer kamen, dürfen wir dies nicht mehr einfach hinnehmen. Wir dürfen uns nicht daran hindern lassen, selbst zurück zu unserer Ur-Quelle zu streben und uns für ein verständnis- und liebevolles Leben einzusetzen. Bei allem Verständnis für andere Wesen, die von der Ur-Quelle abgeschnitten sind, müssen wir für unser eigenes Wohlbefinden einstehen und deren Fallen durchschauen, wenn wir uns retten möchten.

Denn es sind immer dieselben Methoden, die uns in der Illusion der Matrix gefangen halten, und sie sind uns eigentlich allen wohlbekannt. Es ist daher wichtig, sich immer wieder bewusstzumachen, dass diese Fallen künstlich geschaffen wurden, und nicht zu einem erfüllten Dasein gehören. Wir sollten sie deshalb nicht zu sehr in unser Leben integrieren. Manchem können wir zwar derzeit nicht ausweichen, doch vieles können wir tatsächlich vermeiden. Ohne mich zu wiederholen, möchte ich hier nur einige wenige der großen Manipulationen aufzählen:

Politik: Sie wird unter anderem dazu benutzt, den Willen der Mächtigen per Ge„setz" durchzu„setz"en.

Bildung: Sie ersetzt das wirklich wichtige Wissen, das in vergangenen Zeiten vermittelt wurde.

Medizin: Sie wird unter anderem dazu benutzt, das Geschäft der unvorstellbar großen Pharmakonzerne zu fördern und kostet durch Wechsel- oder Nebenwirkungen enorm viele Menschenleben[79].

Bankwesen: Es hat eine zunehmende Kontrollfunktion, verlagert das Geld vom Sparer zu den großen Investoren und raubt beim heutigen Trend zum Negativzins das Guthaben der Sparer.

Religion: Sie redet den Menschen ein, dass sie keine Verbindung zur höchsten Ur-Quelle haben und diese nur durch sie möglich wäre, außerdem trägt sie dazu bei, die Menschen zu trennen und Gegner zu sein – denn das vermittelte Bild eines strafenden Gottes erfordert Gehorsam.

Medien: Sie sind das Mittel, gezielte (Des-)Informationen zu verbreiten und die Meinung eines Volkes zu bilden[80], man könnte es auch Programmierung nennen.

Künstliche Intelligenz: Die Vernetzung von Gehirnen mit Großrechnern zum Datenaustausch (in beide Richtungen!) und dadurch Bindung des Bewusstseins an die Technik – Unsterblichkeit des Bewusstseins könnte die furchtbare Folge sein wie auch totale Gedankenüberwachung und -steuerung.

> *„Eine neue Art von Denken ist notwendig,*
> *wenn die Menschheit weiterleben will."*[81]
> Albert Einstein (1879-1955), deutscher Physiker

Die Möglichkeit, dass wir tatsächlich in einer Matrix-Welt leben, entspringt nicht nur einer regen Phantasie. Auch für den Informatiker *Prof. Jürgen Schmidhuber* ist es im Bereich des Möglichen, dass wir in einer Art Matrix leben könnten: *„Ich denke durchaus, dass unser Universum eine digitale Simulation sein könnte."*[82] Der Co-Direktor des Schweizer »Forschungsinstituts für Künstliche Intelligenz« in Lugano ist der Meinung, dass hierfür nur eine enorme Datenkomprimierung erforderlich sei – genauso wie der Prozess des Gehens, der unzählige Aktionen im Gehirn erfordert, in unserem Leben jedoch eine nebensächliche Tätigkeit ist. Das hätte zur Folge, dass es in unserem Leben weder Glück noch Zufall noch einen freien Willen gebe. Alles in unserem Leben wäre somit vorprogrammiert. *„Die geringste Änderung am Programm würde zu einem völlig anderen Universum führen."*

Sollte *Prof. Schmidhuber* mit seiner Annahme richtig liegen, hätte das zur Folge, dass wir unser Leben so führen, wie es (von wem?) programmiert ist. Das wiederum müsste uns doch eigentlich die Möglichkeit bieten, bei entsprechendem Bewusstsein unser eigenes Programm umzuschreiben und somit unser eigenes Universum zu erschaffen. Wenn wir uns auf etwas konzentrieren, unseren Fokus auf etwas richten, dann können wir heute damit beginnen, unser eigenes Lebensprogramm zu verändern. Wenn es auch nur in wenigen Fällen möglich sein könnte, eine 180°-Wendung zu erreichen, weil das Hauptprogramm das nicht zulässt, so können wir doch zumindest versuchen, einige Unterprogramme, also die Details, nach unseren Vorstellungen zu beeinflussen. Und wer weiß, vielleicht ist ja Ihr Hauptprogramm nicht gesperrt und Sie können tatsächlich ein völlig neues Leben kreieren. Wäre das nicht einen Versuch wert?

E = MC²

Einen weiteren interessanten Denkansatz bietet das *„1905 von Albert Einstein im Rahmen der speziellen Relativitätstheorie entdeckte Naturgesetz. Es besagt, dass die Masse m und die Ruheenergie E eines Objekts zueinander proportional sind"*.[83] Das c in dieser Formel steht für die Lichtgeschwindigkeit.

$$E = mc^2$$

Energie ist das Produkt aus Masse und Lichtgeschwindigkeit im Quadrat. *„Eine Änderung der inneren Energie eines Systems bedeutet daher auch eine Änderung seiner Masse. Durch den großen konstanten Umrechnungsfaktor c^2 gehen Energieumsätze, wie sie im Alltag typisch sind, mit nur kleinen, kaum messbaren Änderungen der Masse einher. So erhöht sich die Masse einer typischen Autobatterie durch die in ihr gespeicherte elektrische Energie um nur 40 ng."* (Wikipedia) Obwohl diese Veränderung der Masse so winzig erscheint, ist sie doch von großer Bedeutung, denn: *„Diese Äquivalenz muss auch für alle anderen möglichen Formen von Energieumsätzen gelten und darüber hinaus auch für die gesamte Ruheenergie und die gesamte Masse."*

Stellen wir die Formel entsprechend um, so erhalten wir: $m = E/c^2$. Die Masse ist demnach gleichzusetzen mit dem Quotienten von Energie zum Quadrat der Lichtgeschwindigkeit. Wir können daraus rückschließen, dass Masse, also das, was wir allgemeinhin mit Materie bzw. Gewicht gleichsetzen, durch Energie und Lichtgeschwindigkeit beeinflusst wird. Die Lichtgeschwindigkeit ist eine Konstante, die wir auch so belassen wollen. Erhöhen wir jedoch die Energie, so erhalten wir mehr Masse, wie bei der in Wikipedia beschriebenen Autobatterie.

Demnach müsste es so sein, dass die Energie der Erde (in Abhängigkeit der Lichtgeschwindigkeit) die Masse der Erde verändert. Nehmen wir einmal an, die Energie der Erde besteht aus ihrem Magnetfeld und der Summe der Energien der Berge, des Landes, der Meere, der Pflanzen, der Tiere, der Menschen usw. Dabei sollten wir uns zuerst die Frage stellen: *„Was ist Energie?"* Im Grunde ist jeder *Gedanke* Energie, wie ein ganz banales Beispiel zeigt: Wie oft ist es Ihnen schon so ergangen, dass Sie an jemanden denken, den Sie vielleicht sogar schon sehr lange nicht mehr gesehen haben, und genau in diesem Moment ruft Sie derjenige an? Gedanken sind Energie! Sie sind der Grundstoff von allem, was ist. Wenn Sie einen Stuhl bauen wollen, ist zuallererst der Gedanke da, erst dann folgen Skizzen, Materialbeschaffung und Tat. Verbunden ist alles noch dazu mit einem entsprechenden Zeitaufwand und sie sehen, wie energievoll Gedanken sein können.

Wenn wir die Formel $E = mc^2$ nun aus einem gewagten Blickwinkel betrachten, könnte es durchaus sein, dass nur reine Gedanken- oder auch eine andere Kraft die Erde erschaffen hat und am Leben erhält. Laut *Einsteins* Formel ist die Masse von der Energie und der Lichtgeschwindigkeit abhängig. Verringert sich die Energie, verringert sich auch die Masse. Würde die Energie komplett entzogen werden, gäbe es keine Masse mehr. Die große Frage ist also, woher kommt die Energie für die Erschaffung und den Erhalt der Erdmasse? Anders formuliert könnte man auch fragen, von **wem** kommt die Energie? Genauso wie die Energie die Masse beeinflusst, so hat die Geschwindigkeit einen Einfluss auf die Zeit. Das ist auch der Grund, warum Astronauten eine zwar geringfügige, aber doch berechenbare Differenz zur irdischen Zeit erleben, während sie im Raumschiff unterwegs sind.

Was ich mit diesem kurzen gedanklichen Ausflug ausdrücken möchte, ist die Tatsache, dass Materie längst nicht so fest ist, wie man das im Allgemeinen glaubt. Sie ist abhängig von verschiedenen Faktoren und sie ist veränderbar. Wenn **Masse durch Energie** – und Gedanken sind auch eine Form von Energie – **beeinflusst werden kann**, dann sollten wir dies auch nutzen und unseren Fokus auf die Lebensumstände richten, die wir uns wünschen!

> *„Alle Materie entsteht und besteht nur durch eine Energie.*
> *Da es aber im ganzen Weltall weder eine intelligente*
> *noch eine ewige Kraft an sich gibt,*
> *müssen wir hinter dieser Energie einen bewussten,*
> *intelligenten Geist annehmen.*
> *Dieser Spirit ist der Ursprung aller Materie."*[84]
>
> Max Planck (1858-1947), deutscher Physiker und Nobelpreisträger

6-DIMENSIONALE WELT NACH BURKHARD HEIM

Es gibt allerdings auch noch andere Theorien, die ebenfalls darauf hinweisen, dass die Erde und das gesamte Universum nicht das sind, was uns in der Schule immer gelehrt wird. Sehen wir uns dazu die Forschungen des deutschen Physikers *Burkhard Heim* an, dessen Ergebnisse vor allem durch den deutschen Astrophysiker und Buchautor *Illobrand von Ludwiger* ausgewertet und veröffentlicht wurden und noch immer werden. *Von Ludwiger* erläuterte, dass *Heim* die Gravitation „geometrisiert" habe. Seine Theorie basiert auf einem 6-Dimensionen-Modell, und im Gegensatz zu der weiter oben beschriebenen Theorie von *Grumiller*, der davon ausgeht, dass unser Universum zweidimensional erklärbar sei, geht *Burkhard Heim* davon aus, dass wir in einer sechsdimensionalen physischen Welt leben.

Verschiedene Autoren erweitern die von Heim nachgewiesenen sechs Dimensionen um weitere sechs auf zwölf Dimensionen, um ihre spirituelle Konzepte zu begründen. Um Klarheit zu erlangen, habe ich mich am 10. September 2018 mit Herrn

Illobrand von Ludwiger in der Nähe seines Wohnortes getroffen. Ich wollte von ihm wissen, ob und wie man ein 12-Dimensionen-Modell für die Erklärung der Welt verwenden kann.

Bei unserem etwa dreistündigen, höchst interessanten Gespräch, bei dem er viele unglaubliche Begebenheiten erzählt hat, erläuterte Herr *von Ludwiger*, dass die Heimsche Theorie auf sechs Dimensionen basiert. Die ersten vier sind klar, es handelt sich dabei um Länge, Breite, Höhe und die Zeit. Die 5. und 6. Dimension haben ordnende und organisatorische Funktionen. Die Dimensionen 9 bis 12 sind zwar mathematisch möglich, physikalisch jedoch nicht ausdeutbar. Die rein mathematische Berechnung von noch mehr Dimensionen, die theoretisch ebenfalls möglich seien, würde physikalisch allerdings keinen Sinn ergeben.

In Bezug auf unser Leben könnte man, sehr vereinfacht ausgedrückt, sagen, dass die 5. Dimension der Vorstellung entspricht und die 6. Dimension dem Willen. Das bedeutet, es besteht die theoretische Möglichkeit, durch unsere Vorstellung und unseren Willen Dinge zu verändern. Ich sehe das als physikalischen Beweis, dass wir uns nicht resigniert in unser Schicksal ergeben müssen, sondern dass wir sehr wohl in der Lage sind, aktiv an den Stellschrauben zu drehen. Natürlich spielen viele Faktoren in unser Leben mit ein, doch wir sind dem absolut nicht ausgeliefert. Wir haben einen gewissen Spielraum, in dem wir durch unsere eigene Vision und unseren eigenen Willen etwas verändern können – der eine etwas mehr, der andere etwas weniger, doch es ist mit Sicherheit sinnvoll, es auszuprobieren und zu üben. Vor allem müssen wir uns mit dem Thema auseinandersetzen, was wir im Leben eigentlich erfahren oder erreichen *wollen*, und allein diese Gedanken sind schon sehr lehrreich und können uns Klarheit darüber bringen, was wir als erstrebenswert erachten. Allein das könnte bereits eine Wende in unserem Leben bewirken. Wir sollten diese Möglichkeit deshalb als Chance nutzen und uns unser Leben in der Weise vorstellen, wie wir es uns wünschen. Natürlich stets mit dem Vorzeichen, dass unser Ziel nicht die maximale Bereicherung sein sollte, sondern ein sinnvolles Wirken zum Wohle aller!

Abb. 4: Illobrand von Ludwiger und Gabriele Schuster-Haslinger

Zur Erläuterung: Die uns bekannte Welt basiert, für uns sichtbar, auf drei räumlichen Dimensionen, die durch Länge, Breite und Höhe definiert werden. Die vierte Dimension ist die Zeit. *Heim* hat eine Theorie entwickelt, nach der noch zusätzlich zwei weitere Dimensionen existieren, nämlich die 5. und die 6. Dimension. Die 5. Dimension sei etwas Organisierendes in der Welt und die 6. Dimension gebe an, „*in welche Richtung die Organisation durch die Welt läuft.*"[85] *Ludwiger* erläutert das an einem Beispiel:

Raum	Bezeichn.	Dimens.	Inhalt	Wirkungsort	Erläuterung
Informationsraum (formlos)	G4	X12	Mathematische Möglichkeiten, physikalisch jedoch nicht ausdeutbar	Geistige Ebene	nicht bekannt
		X11			
		X10			
		X9			
	I2	X8	Mentale Informationsmatrix, geistige Programme	Jenseits	Information
		X7			
Energieraum (formlos)	S2	X6	Bewusstseinsmatrix (energetische Steuerungsmatrix, organisatorische Struktur)	Diesseits und jenseits	Wille
		X5			Vorstellung
Energieraum (Form)	R4	X4	Zeitliche Dimension	Diesseits	Zeit
		X3	Räumliche Dim. (Länge, Breite, Höhe)		Raum (Materie)
		X2	Flächige Dimension (Länge, Breite)		
		X1	Lineare Dimension (Länge)		

Abb. 5: Das Sechs-Dimensionen-Modell nach Burkhard Heim, das theoretisch um 2 Dimensionen ergänzt werden kann, die noch einen Sinn ergeben würden. Die Dimensionen 9 bis 12 sind zwar mathematisch möglich, physikalisch jedoch nicht ausdeutbar.

„Sie lassen einen Tintentropfen in ein Wasserglas fallen, da verbreitet sich das Ganze. So, und dann haben wir das ganze Wasserglas in einer blauen Farbe. Und wenn jetzt die Zeit negativ laufen würde, das heißt, wenn Sie jetzt davon einen Film gemacht hätten und lassen den rückwärts laufen, dann würden Sie sehen, diese blaue Wolke zieht sich zusammen und geht wieder an die Oberfläche und tritt dann aus nach oben. Also, die x_5, die Organisation, liefert es, dass die Farbe sich zusammenzieht und die 6. Dimension gibt an, in welcher Richtung dieser Tintenfleck dann wieder aus der Oberfläche heraustritt, also in dem rückwärts laufenden Film."

Es gebe eine ganze Reihe Biologen, die froh seien, *„dass von der Physik her etwas geliefert wird, was ihnen endlich dieses Fehlende in der Evolution näherbringt und zwar nicht, dass es der liebe Gott ist, sondern das ist in der Natur der Sache schon selbst drin, allein durch die Welt selbst, dass die [Welt] eben 6-dimensional ist, ist das gegeben. Und das finde ich schon philosophisch sehr interessant"*, erläutert von Ludwiger weiter. X_5 und x_6 könne man als feinstofflich ansehen, denn *„Ideen sind für sich Informationen, die brauchen keinen Träger, astrale Ideenkomplexe bräuchten keinen Träger"*.

Heim habe eine sogenannte „Syntrometrie" entwickelt. *„Alle Philosophen"*, sagt von Ludwiger, *„die sich mit der Bewusstseinsfrage beschäftigen, haben auch darauf gewartet, dass es irgendetwas gibt, ein neues Begriffssystem, vielleicht auch eine neue Di-*

mension, um Bewusstsein zu beschreiben. Und hier wird das nun mitgeliefert". Das bedeutet, dass das, was von der Wissenschaft immer wieder belächelt wurde und noch immer wird, nun endlich bewiesen werden kann. Es gibt ein **Bewusstsein** und dieses **überlebt den körperlichen Tod**.

> *„Es ist so, dass man mit dieser Art der Syntrometrie, die Heim jetzt mitliefert, wirklich **geistige Phänomene** und sogar **paranormale erklären kann**, und das wichtigste für den Menschen überhaupt …, nämlich die Einsicht, dass sich unser Bewusstsein festhalten kann an diesen Ideenkomplexen und einen physischen, einen **physikalischen Tod überleben** kann. Also rein theoretisch. Nun, dass das praktisch schon immer bekannt gewesen ist, das ist eine andere Sache. Aber hier wird es direkt bestätigt."* (Herv. d. Verf.).

Heim hat damit nicht nur den Beweis für die Existenz des Bewusstseins geliefert, sondern auch noch die Erklärung, dass dieses Bewusstsein nicht stirbt. Und damit noch nicht genug. Der Astrophysiker *von Ludwiger* erläutert, dass auch Psychokinese erklärt werden kann: Psychokinese ist das Bewegen oder Verändern von Gegenständen allein mit geistiger Kraft, was von der Wissenschaft bis heute als Humbug angesehen wird. Er sagt außerdem, dass diese Erscheinungen durch die Theorien von *Burkhard Heim* sogar wissenschaftlich erklärt werden können. *„Hier ist jetzt zum ersten Mal also ein Hinweis gegeben, in einer einheitlichen Theorie, dass so etwas möglich sein kann."*

Diese Aussage finde ich phänomenal. Denn die offizielle Schulphysik wehrt sich vehement dagegen, dass man allein mit geistiger Kraft beispielsweise Dinge bewegen kann. Sie wird dazu benutzt, ein wissenschaftliches System zu erhalten, das solche Freiheiten nicht erlaubt. Und wenn ein Schüler lernt, dass so etwas Humbug sei, dann wird er es auch nie ausprobieren. Wenn jedoch an Schulen gelehrt würde, dass wir nur mit unserer Gedankenkraft materielle Veränderungen hervorrufen können, dann würden wir erkennen, dass wir vielmehr sind als nur funktionierende Sklaven.

> *„Das Bewusstsein bzw. die Fähigkeit setzt ja erst da bewusst ein, wo Hirnströme umgewandelt werden in Erlebnisqualitäten und wo sie das machen, das ist nicht mehr im Raum, das ist außerhalb der Raum-Zeit … Bewusstseinsqualitäten, die befinden sich ganz woanders."*

Heim bringt mit seinen Theorien Licht in das Dunkel, das noch immer um unser Bewusstsein herrscht, denn er setzt dort an, wo die Medizin aufhört – außerhalb der bislang anerkannten vier Dimensionen. *„Das hat ja die gesamte Hirnphysiologie gar nicht im Griff. Die wissen ja gar nicht, dass es da noch etwas gibt. Diese zusätzlichen Dimensionen sind ihnen ja unbekannt und deswegen gibt es so viele Missverständnisse. Auch da kriegen wir jetzt ein bisschen Licht rein."* Heim erbringt damit den Beweis, dass es tatsächlich mehr als nur die vier bekannten Dimensionen gibt.

Er hat auch die Massenformel der Elementarteilchen gefunden *„und zwar nicht durch die Anpassung von Parametern, wie das viele Leute machen, sondern da gehen* *nur die Naturkonstanten ein. Jedes einzelne Elementarteilchen ist ein eigener Kosmos für sich."* Laut *Heims* Theorie ließen sich der Teilchen-Dualismus und die Verschränkung zwischen den Elementarteilchen sehr leicht erklären. Und so hat *von Ludwiger* festgestellt, dass sich gerade in letzter Zeit wieder vermehrt junge Physiker mit der Theorie von *Burkhard Heim* auseinandersetzen und als Möglichkeit in Betracht ziehen. Vielleicht ist es tatsächlich so, dass sich die Physik seit Jahren festgefahren und eine „Ausfahrt" verpasst hat. Ich wünsche den jungen Forschern jedenfalls viel Glück bei ihrer Arbeit – sie arbeiten nicht nur für die Physik, sondern parallel auch für die geistige Freiheit der Menschen.

WER GLAUBEN WIR ZU SEIN?

Seit Menschengedenken, oder zumindest seit Beginn des großen Vergessens, fragen sich die Menschen, wer sie sind und was ihre Energie ausmacht. Sind es allein der Körper und der Intellekt, die den Menschen zum Menschen machen? Wie sieht es mit der Menschlichkeit aus? Wird diese ebenfalls durch den Intellekt hervorgebracht? Und wie ist das bei den Tieren? Welche Energie ist es, die die Pflanzen keimen lässt? Das sind viele grundsätzliche Fragen, die die Menschen seit langem beschäftigen. *Dr. Karl F. Stifter* hat im Jahr 2009 eine Dissertation mit dem Titel »Philosophie der Mentalenergie«[86] verfasst, die sich unter anderem mit dem Placeboeffekt befasst. Auf Seite 163 beschreibt er, dass es den Astronomen *Laura Colli* und *Ugo Facchini* 1954 gelungen sei, *„die Lichtemission von Pflanzenzellen direkt zu messen, indem sie einen Photonenverstärker verwendeten, den sie zur Beobachtung weit entfernter Sterne konstruiert hatten"*.

Der deutsche *Physiker Fritz-Albert Popp* habe sich intensiv mit dieser Thematik befasst. Das Licht, das von einer Pflanze ausgesendet wird, entspräche einer Kerzenflamme aus 20 km Entfernung. *Popp* habe das Spektrum dieser Strahlung vermessen und Wellenlängen aus dem Bereich des sichtbaren Lichts gefunden. Seiner Theorie nach komme dieses Licht von der DNA, und er vermute, *„dass diese ultraschwache Photonenemission (UPE) kohärent sei wie Laserlicht. Genau darin sehe er die wichtigste Funktion dieses Lumineszenzphänomens, denn durch sie kommuniziere alles Leben miteinander, von einzelnen Zellen bis zu ganzen Organismen."*

„*Nach Popp sind Lebensmittel nichts anderes als Lichtinformation.*" Schon allein deshalb, weil Eier von Freilandhühnern beispielsweise *„doppelt so hohe Emissionswerte hätten, wie solche von Legebatterien. Diese Eier wären daher doppelt so hochwertig, weil sie die doppelte Menge an geordneten ‚kohärenten Lichtinformationen' beinhalten"* würden. *Dr. Stifter* beschreibt in seiner Dissertation, dass sich *Popp* auf *Erwin Schrödinger* berufe, *„der davon ausging, dass wir mit unserer Nahrung hauptsächlich Information aufnehmen müssen"*. Das würde meine Vermutung bestätigen, dass es Materie nicht wirklich gibt. Die aufgenommene Nahrung würde demnach nicht nur eine bestimmte Masse darstellen, sondern kohärente Lichtinformationen.

Und das wiederum würde miterklären, warum so viele Menschen unter Fettleibigkeit leiden. Sie versuchen, ihren Hunger nach Lichtinformation zu stillen, erhalten jedoch nur minderwertige, leere Nahrung, die zwar Kalorien bringt, jedoch den Energiehunger nicht stillen kann. Deshalb essen diese Menschen mehr, weil sie eben noch hungrig sind, doch finden leider nicht das, was sie benötigen. Das erinnert mich an die Fische im Meer, diese verhungern qualvoll, obwohl bzw. weil ihr Magen mit gefressenem Plastikmüll gefüllt ist.

Obwohl der Vorwurf des pseudowissenschaftlichen Neovitalismus erhoben worden sei, schreibt *Dr. Stifter*, sei der Nachweis erbracht worden, dass einige Geistheiler imstande seien, die Biophotonenabstrahlung aus ihren Händen willentlich zu verändern. Er beschreibt einen Geistheiler, dessen Hände die UPE während einer halben bis ganzen Sekunde um ein Tausend- bis Zehntausendfaches des Normalwertes steigern konnte. Ähnliches sei bei Qi-Gong-Meistern der Fall sowie bei Praktizierenden von östlicher Kampfkunst. Man bedenke an dieser Stelle, dass es sich bei dieser 217-seitigen Schrift nicht um eine esoterische Geschichte handelt, sondern um eine Doktorarbeit.

Dr. Stifter beschreibt auch das Experiment des russischen Biologen *Alexander Gurwisch* (1874-1954), der eine Zwiebel genommen hatte und daneben eine bereits angekeimte Zwiebel legte. Die noch nicht gekeimte Zwiebel hätte ihren Keimungsvorgang daraufhin erheblich beschleunigt. Derselbe Versuch funktionierte auch, wenn man eine Kristallglasscheibe dazwischen legte, er misslang jedoch, wenn man die Zwiebeln durch normales Fensterglas trennte. *Gurwisch „schloss daraus, dass eine Strahlung im Spiel sein musste, die im Frequenzbereich des ultravioletten Lichtes liegt"*. In diesem Versuch schien eine gekeimte Zwiebel ihre Keimenergie oder -information an die noch nicht gekeimte Zwiebel übertragen zu haben. Diese wurde dadurch angeregt, ebenfalls schneller zu keimen, doch die Materie der Zwiebel reagierte anders, als sie dies ohne diesen Informationsaustausch getan hätte. Sie ließ sich demnach durch die andere Zwiebel beeinflussen.

Dasselbe kann man bei Menschen beobachten. Wenn wir mit anderen zusammen sind, die sehr positiv denken, dann spüren wir diesen positiven Einfluss. Unsere Probleme scheinen nicht mehr so wichtig zu sein und wir freuen uns des Lebens. Genauso bemerken wir die Ausstrahlung von dynamischen oder kreativen Menschen und lassen uns anstecken. Plötzlich finden wir auch Spaß daran, aktiv zu sein oder zu malen. Sind wir jedoch wieder allein, verliert sich diese Wirkung schnell. Das ist auch der Grund, warum wir nicht so gerne mit unzufriedenen Menschen zusammen sind, denn wir nehmen auch diese Energie wahr und fühlen dann selbst mehr Unzufriedenheit. Fälschlicherweise kann es passieren, dass wir denken, das seien unsere eigenen Eigenschaften, doch das sind sie nicht. Unsere eigene Aktivität, Kreativität, oder was auch immer, geht lediglich in Resonanz mit der mehr ausgeprägten Fähigkeit unseres Gegenübers. Sind wir dann nicht mehr in der Gesellschaft dieses anderen Menschen, pendelt sich die betreffende Eigenschaft wieder auf unser eigenes Niveau ein. Deshalb ist es so wichtig, immer wieder auch mal allein zu sein.

In der Doktorarbeit heißt es weiter: *"Mentale Verursachung manifestiert sich auch in Fällen, in denen Meinung, Bedeutung und Suggestion eine Rolle spielen. Dazu sind neben der Psychosomatik die Hypnose und der Placeboeffekt zu zählen."* Der erste dokumentierte Placeboeffekt sei bereits im Jahr 1784 beurkundet und eine klassische Studie sei 1970 in New York an Asthmapatienten durchgeführt worden, die veranschaulicht habe, wie extrem ein Placebo wirken könne. Asthmapatienten hätten damals zweierlei Mittel bekommen. Eines, das die Atemwege verengte bzw. ein anderes, das die Atemwege erweiterte. Einigen, die das verengende Mittel bekamen, wurde gesagt, dass sie ein erweiterndes Mittel bekommen. Erstaunlicherweise hätten sie bei dem Lungenfunktionstest ebenso gute Ergebnisse gezeigt wie diejenigen, die tatsächlich das erweiternde Mittel erhalten hatten. Das Ergebnis dieser Studie habe gezeigt, dass *"die Erwartung unter bestimmten Umständen den Placeboeffekt so stark unterstützen kann, dass er die chemische Wirkung nicht nur aufheben, sondern sogar umkehren kann"*.

Das muss man sich einmal deutlich vor Augen halten: Ein Medikament in dieser Studie verursachte eine Wirkung, die genau dem Gegenteil dessen entsprach, die es normalerweise bewirkt hätte. Der Grund hierfür war nur darin zu finden, dass die Patienten an die Wirkung **geglaubt** haben. Das lässt uns aufhorchen: Allein der Glaube bewirkte (nicht nur) in diesem Fall, dass eine physische, also eine materielle Veränderung stattgefunden hat. Wir sollten uns öfters die Frage stellen, was wir sonst noch alles glauben. Glaubenssätze entstehen nicht nur in unserer Kindheit, sondern werden, zum Beispiel durch die Religionen und die Presse, auch bewusst über ganze Generationen gestülpt. Diese Studie beweist, wie manipulierbar unser Denken ist und wie sehr dieses daraufhin unseren Körper beeinflusst.

Mit diesem Hintergrundwissen wird es plötzlich greifbar, was mit Manipulation alles möglich ist. Stellen Sie sich einmal vor, man würde ein ganzes System entwickeln, das uns – als Seelen – in eine physische Erscheinungsform zwingen würde, die es in Wahrheit gar nicht gibt. Doch weil alle daran glauben würden, entstünde auf diese Weise ein riesiges Informationsfeld, das uns in dem Glauben ließe, es handele sich um die Realität. Auf dieser Grundlage könnte man ein Weltensystem erschaffen und uns suggerieren, wir hätten sterbliche Körper, obwohl es gar keine echte Materie geben würde. Kommt Ihnen das nicht irgendwie bekannt vor?

Wissen wir, ob es nicht genau so geschieht? Warum finden die Forscher statt echter Teilchen immer nur Energie, die sie durch noch kleinere Teilchen erklären, wenn sie auf der Suche nach der Materie sind? Vielleicht, weil es einfach keine wirkliche Materie gibt? Vielleicht spielen wir alle nur bei diesem perfiden Spiel mit, weil wir nichts anderes kennen und weil wir so programmiert sind? Wenn ein Placebo eine solche Wirkung zeigen kann, wie sehr muss dann ein Gedanken-System beeinflussend wirken, das über viele Jahrtausende aufgebaut und eingesetzt wird? Oder sollten es gar nur wenige Jahrhunderte sein und wir glauben anhand von Geschichtsbüchern, dass es die Menschheit schon viele Hunderttausende, ja Millionen von Jahren geben soll? Sind wir vielleicht nur gefangene Seelen, die einem überzeugenden Materie-Placebo aufgesessen sind?

Ich gehe davon aus, dass diese These zunächst vielleicht irritierend auf Sie wirken könnte, doch ich biete Ihnen hier die Gelegenheit, auch mal in eine völlig andere Richtung zu denken, als man uns dies normalerweise lehrt. Jetzt ist die Zeit, unsere Existenz aus ganz anderen Perspektiven zu betrachten.

„Es ist Zeit, darüber nachzudenken,
ob wir wirklich in der Form existieren, wie wir das glauben."
Die Autorin

Kapitel 3:
Unsere Seele ist messbar

Der Physiker und Chemiker *Dr. Klaus Volkamer* sieht den Schwachpunkt in Einsteins Relativitätstheorie darin, dass sie nur 4 Raumzeitkoordinaten hat, und er ist der Meinung, dass wir dieses heutige Weltbild der Physik eines Tages durch ein neues ersetzen werden. Darin ist er mit dem Physiker *Burkhard Heim*, dessen Theorie auf mindestens sechs Dimensionen basiert, einer Meinung. Wie *Dr. Volkamer* in einem Vortrag erläutert, ist er überzeugt davon, dass es ein zweites und ein drittes überlagertes Universum geben müsse und zieht Parallelen zur vedischen Tradition. Diese sagt aus, dass seit Jahrtausenden Menschen in höherem Bewusstseinszustand längst gesehen hätten, dass wir in einem „Tripleversum", also in einem Dreifachuniversum leben würden. „*Das heißt, wenn Sie hier auf dem Stuhl sitzen, sind Sie nicht ein vierdimensionales Wesen …, sondern jeder … ist ein zwölfdimensionales Wesen.*"[87]

Mit dem menschlichen Nervensystem sei es möglich, höhere Bewusstseinszustände zu erreichen, was Tiere nicht könnten.

„*Und das können Sie so kultivieren, dass Sie irgendwann in die höheren Dimensionen direkt hineinschauen können. Dann sehen Sie, dass Sie alle eine Aura haben, dass die Aura Strukturen hat und eigentlich müsste jeder ausgebildete Doktor feinstofflich sehen können, der guckt Ihnen einmal in die Aura und sagt, Sie haben das und das.*"

Das wäre ein völlig neuer und wünschenswerter Ansatz, doch ich bin mir sicher, dass die Pharmaindustrie große Einwände dagegen hätte – zumindest wenn es um die Behandlung des normalen Volkes geht.

Natürlich nimmt *Dr. Volkamer* nicht nur Bezug zur vedischen Tradition, sondern arbeitet auch experimentell. So hat er beispielsweise gemessen, dass sich das Gewicht eines Menschen messbar verändert, wenn er stirbt.

„*Wenn Sie sterben, ändert sich Ihr Gewicht. Der feinstoffliche Körper drängt sich wägbar ab… Wenn Sie sterben, stirbt der Körper, Ihr feinstofflicher Körper lebt munter weiter mit allen Sinnen. Der ist intelligent, der erinnert sich dann. Sie haben nur das Problem, dass Sie nicht mehr zurückkommen können. Und die Verstorbenen, die um Sie Rotz und Wasser heulen, die merken nicht, dass Sie nebendran stehen und sagen: ‚Mensch, mich gibt es doch noch!'*"

Wer Zugang zu diesem höheren Bewusstsein hat, könne dies sofort erkennen und lachen. Noch kurioser kommt uns allerdings sein Experiment vor, dass er mit Hilfe einer hochsensiblen Waage mit einer Genauigkeit von +/− 1 Mikrogramm messen kann, wenn Sie jemanden ansehen und dadurch einen feinstofflichen Strahl senden. Hier soll es sich um einen von Platon bereits beschriebenen „Sehstrahl" handeln. *Dr. Volkamer* soll sogar eine Gewichtszunahme bei einem Menschen gemessen haben, nur weil ein Heiler an ihn gedacht hatte. **Das ist der Beweis dafür, dass die Aufmerksamkeit, also der Fokus auf eine bestimmte Sache, einen messbaren Energie-Strahl sendet.** Es handele sich um eine Art von Telepathie, die durch das ganze Universum gehen soll. Diesen Effekt kennt jeder von uns, denn wir spüren oftmals, wenn wir von hinten angesehen werden oder denken an jemanden, und im selben Moment ruft dieser an usw.

Mit diesem Wissen können wir auch nachvollziehen, dass alle Arten von Informationen durch das Universum wabern. Ein großes Problem ist dabei der Aufbau von Kollektivfeldern, denn je mehr Menschen ihren Fokus auf etwas richten, desto mehr Energie entsteht zu diesem Thema. Die Ängste, die ein Volk hat, bündeln sich zu einer Kollektivangst, und wenn viele Menschen Horrorfilme ansehen und Horrorvideospiele spielen, entsteht eine Art Kollektivhorror. Auch die täglichen Nachrichten („nach"träglich ge„richt"ete Informationen!) und die Zeitungen beinhalten zu einem erschreckend hohen Anteil nicht nur falsche, sondern auch negative Meldungen. Die Ängste, ob bewusst oder unbewusst, die dadurch entstehen, beeinflussen die Kollektivenergie, und diese wiederum vergrößert unsere Ängste nochmals. Die Folge ist, dass wir uns tatsächlich ängstlich und hilflos fühlen.

Genau das ist der Grund, warum es so immens wichtig ist, dass man jedes Mal wieder in eine positive Grundstimmung kommt, nachdem man sich über die heutigen Zustände informiert hat. Es ist zwar wichtig, über die Beeinflussungen und Pläne der Machtebene Bescheid zu wissen, damit man die richtigen Entscheidungen treffen kann, doch man darf nicht in dieser Energie verbleiben. Erst wenn Sie Lösungen anstreben, dann haben Sie den Fokus auf ein positives Ziel gerichtet, und dann geht auch Ihre Energie zur Lösung. Das ist für uns alle, für jeden Einzelnen von uns, enorm wichtig zu wissen. Die Energie folgt der Aufmerksamkeit – *Dr. Volkamer* hat es mit seiner Präzisionswaage nachgewiesen!

Trotzdem ist es, nach meinem Ermessen, erforderlich, sich über die unangenehmen Dinge zu informieren. Wenn man sich ausschließlich nur noch mit positiven Themen befassen würde, könnte es sein, dass man eines Tages von den Realitäten zutiefst schockiert werden könnte. Vor allem aber besteht die Gefahr, falsche Entscheidungen zu treffen. Nur wer sich mit dem giftigen Pilz befasst hat, erkennt ihn und lässt ihn stehen. Genauso ist es in unserem Alltag. Nur wer die energetischen Gefahren kennt, kann ihnen ausweichen.

Auch am Beispiel der oben beschriebenen Kollektivenergie kann man das sehr gut beschreiben. Wir alle kennen die Trends, die in der Mode stattfinden – mal sind Pastelltöne angesagt, dann wieder kräftiges Rot; mal müssen die Augenbrauen strichdünn sein, dann wieder kräftig; mal trägt man Schlaghosen, dann wieder Röhren, ein andermal sind es Destroyed-Jeans usw.

Die breite Masse fügt sich dem modischen Diktat, um nicht Außenseiter zu werden. Der Mensch ist ein soziales Wesen und möchte sich von seiner Gruppe akzeptiert fühlen und dazugehören. Das ist ein Urinstinkt, denn wenn ein Mensch aus seiner Sippe ausgestoßen wurde, bedeutete das in Urzeiten in der Regel den Tod. Dieses Urempfinden wird von der Industrie genutzt, um einen kollektiven Modetrend zu erschaffen, und die Medien dienen zur Umsetzung dieses Zieles. Der Verbraucher sieht Plakate und Werbefilme, in denen schöne Menschen gezeigt werden, welche die propagierte Mode tragen, und schon ist der Wunsch geweckt, genauso schön auszusehen. Und je mehr Menschen diese Trends mitmachen, desto größer wird die Kollektivenergie.

Damit wir nicht zu Marionetten werden, ist es wichtig, diese Hintergründe zu erkennen. Und genau deshalb sollten wir uns über diese Mechanismen informieren, auch wenn uns dies zunächst sehr negativ vorkommt. Denn nur dann wissen wir Bescheid, können die Absichten erkennen und mit diesem Wissen die Marionettenfäden abschneiden und für uns selbst entscheiden. Wenn uns die Pastellfarbe, oder was auch immer, gefällt, können wir sie ja tragen, da spricht ja überhaupt nichts dagegen, doch es sollte **unsere** Entscheidung sein und keine Anpassung. Und es geht ja nicht nur um Modefarben, sondern es geht um fast jeden Lebensbereich. Deshalb ist die innere Freiheit so wichtig! Weltweit werden Menschen radikalisiert, weil ihnen immer dieselben Parolen eingehämmert werden, doch je mehr von uns dieses üble Spiel durchschauen, desto schneller können wir es gemeinsam beenden.

Wie enorm energievoll Gedanken- oder auch Kollektivenergien sein können, lassen uns die Experimente von *Dr. Volkamer* erahnen. Denken Sie nur an die bereits erwähnte Autobatterie, die laut Wikipedia nach dem Ladevorgang um 40 Nanogramm (40 Milliardstel Gramm[88]) schwerer geworden ist. Versuchen Sie mal, einen Anlasser von Hand anzutreiben und Sie können bestätigen, dass eine Autobatterie sehr kraftvoll ist. Wie kraftvoll ist dann erst das Bewusstsein eines Menschen!

Hierüber hat *Dr. Volkamer* auch höchst interessante Versuche durchgeführt. Auf seiner Internetseite erläutert er: *„Wenn sich die Felder ändern, zum Beispiel wenn ein Mensch schläft, dann treten dadurch Masseunterschiede bis zu **600 Gramm** auf, die man mit den üblichen Argumenten nicht erklären kann."*[89] Es handele sich dabei nicht etwa um Wasser, das während der Nacht mit der Atemluft ausgeschieden wird, sondern um eine messbare **Gewichtsveränderung im Moment des Einschlafens**. Und fast noch interessanter ist seine Messung im Moment des Aufwachens. Dann nämlich gleicht sich diese Veränderung wieder aus. Wo kommen diese fehlenden 600 Gramm her? Es muss sich wohl um das Bewusstsein oder die Seele handeln. Wenn Sie diese 600 Gramm mit den 40 Milliardstel Gramm der Autobatterie vergleichen, dann können wir uns vorstellen, wieviel Energie das menschliche Feld enthält. Unter der Voraussetzung, dass diese Grunddaten stimmen und wenn ich richtig gerechnet habe, dann gilt folgender Satz:

*„Das menschliche Feld (Seele?) verfügt über
die Energie von 15 Milliarden Autobatterien."*
Die Autorin

Für mich ist das auch die Bestätigung dafür, dass nicht der Körper den Schlaf benötigt, sondern dass sich unser Bewusstsein bzw. unsere Seele während des Schlafes in Bereiche zurückzieht, in denen sie sich wieder vom „Leben" erholen kann. Wenn sie sich wieder bereit fühlt, in den Menschen zurückzukommen, dann wacht der menschliche Körper wieder auf. Oder auch, wenn der Wecker klingelt und der Körper über die sogenannte Silberschnur Signale sendet, dass es Zeit für die Seele ist, wieder in den Körper zu schlüpfen. *Silberschnur* ist die Bezeichnung für ein lebenslanges Energieband zwischen Körper und Seele, das erst im Moment des physischen Todes durchtrennt wird. Solange die Verbindung mit dieser Silberschnur erhalten ist, ist die Seele an den Körper gebunden. Der Physiker und Chemiker *Dr. Volkamer* fasst seine Forschungen zusammen:

„In dieser feinstofflich erweiterten Wissenschaft erfolgt, zusammen mit wirksamen Bewusstseinstechnologien zur Erreichung höherer Bewusstseinszustände, ein homogener Brückenschlag zwischen den Naturwissenschaften und den Geistwissenschaften! Das Universum ist ein in höheren Dimensionen superluminal verschränktes, feinstoffliches Lebewesen mit sehr vielen grobstofflichen und damit getrennt erscheinenden Individualstrukturen. Die heutige Physik ist ein rein grobstofflicher Grenzfall einer eigentlich universellen feinstofflichen Biologie."

Volkamer ist demnach, genauso wie der Physiker *Burkhard Heim*, der Meinung, dass die Geisteswissenschaften ein normaler Bestandteil der physischen Welt sind. Es ist also nicht nur die Vermutung oder der Glaube von spirituellen Menschen, dass es mehr geben muss als die reine Materie, sondern eine physikalische Tatsache. *Dr. Volkamer* weist das sogar in einem interessanten Versuch nach, bei dem er einem Menschen zwei Blutstropfen entnimmt und an unterschiedlichen Orten lagert bzw. bearbeitet. Diesen Versuch schildere ich später.

KAPITEL 4:
GIBT ES SIE ODER GIBT ES SIE NICHT?

Nachdem wir nun einiges über Materie und Physik erfahren haben und auch von verschiedenen Philosophen, Chemikern und Physikern die Möglichkeit erörtert bekommen haben, dass unsere Welt nicht nur aus Länge, Breite, Höhe und Zeit bestehen könnte, sondern aus weiteren, nichtsichtbaren Dimensionen, sehen wir uns noch ein ganz spezielles Thema an: Wie wahrscheinlich ist es, dass außer uns noch weitere intelligente Wesen auf anderen Planeten leben? Die Zeitung »USA Today« zitierte dazu den Astronomen *Andrew Howard* der Universität von Hawaii: *„Planeten wie unsere Erde sind im gesamten Milchstraßensystem relativ häufig"*.[90] Er schätzt ihre Zahl auf rund 40 Billionen. Es ist also weit mehr als wahrscheinlich, dass noch eine weitere Spezies auf diesen etwa 40 Billionen Planeten eine intelligente Entwicklung gemacht hat und womöglich technisch wesentlich weiter fortgeschritten ist als wir. Ja, es wäre geradezu anmaßend, das anzuzweifeln. Und es ist ebenso sehr wahrscheinlich, dass sie bereits einen Weg gefunden haben, das Universum zu bereisen, ohne den linearen Weg von A nach B zurückzulegen. Nur weil wir die räumliche Begrenzung (offiziell) noch nicht überwunden haben, muss das nicht bedeuten, dass andere das auch nicht können. Wenn wir es sachlich betrachten, müsste es sogar so sein, dass es rings um uns herum nur so wimmelt von extraterrestrischen Wesen.

Das könnte auch der Grund dafür sein, dass jetzt sogar ein Studiengang zu der Thematik geschaffen wurde. In der »Hürriyet«, einer der größten türkischen Tageszeitungen, wurde am 25.11.2017 in einem Bericht veröffentlicht, dass die Akdeniz-Universität in Antalya den offiziellen Kurs »Ufologie und Exopolitik« anbietet. Gleich im ersten Absatz steht dort, dass der Vizepräsident des »Sirius UFO Space Science Forschungszentrums«, *Erhan Kolbasi*, es für möglich hält, *„dass die Menschheit sehr bald, vielleicht in 10 bis 15 Jahren, in offiziellen Kontakt mit außerirdischen Wesen treten könnte..."*[91]

Weiter können wir dort lesen, dass *Kolbasi* der Meinung sei, *„dass offizielle Beziehungen zu extraterrestrischen Zivilisationen ein großes Potenzial für positive Veränderungen und Veränderungen des Menschen in ökologischer, wissenschaftlicher, ökonomischer, bewusster, soziokultureller und intellektueller Hinsicht bieten"*, und dass UFOs in der Realität existieren würden. Offensichtlich beginnt man jetzt damit – unter offizieller Aufsicht –, Vermittler zwischen extraterrestrischen Wesen und der Masse der Menschen auszubilden. Ob diejenigen, die sich uns in ein paar Jahren zeigen möchten, tatsächlich positive Veränderungen bringen werden, wird sich allerdings erst zeigen. Nach meinem derzeitigen Wissensstand ist die Wahrscheinlichkeit jedoch viel größer, dass in den nächsten Jahren zunächst das globale Chaos ausgelöst wird, damit sich daraufhin die extraterrestrischen Wesen als die großen Retter vorstellen. Sollte es sich dabei um diejenigen handeln, die allem Anschein nach seit Jahrzehnten mit einigen mächtigen Gruppierungen (z.B. in den USA) zusammenarbeiten, dann dürfte es sich jedoch vielmehr um eine Schein-Rettung handeln.

Diejenigen Menschen, die schon heute jede Pressemeldung glauben und die sich allem fügen, werden auch zu diesem neuen Regime bedingungslos „Ja" sagen. Diese könnten sich dann als moderne Sklaven dem vollkommenen Kontrollsystem unterordnen (ob sie dann glücklich sind, ist die andere Frage). Doch diejenigen, die sich ihr menschliches Recht auf Freiheit bewahren möchten, die sich gegen eine genetische und technologische Vermischung und gegen eine zweckspezifische Züchtung wehren würden, für die wäre das Leben unter machtorientierter Fremdherrschaft ganz schnell unerträglich. Parallel dazu könnte uns ein künstlich erzeugtes Weltereignis präsentiert werden, das alle Menschen der Erde in eine Einheits- bzw. Weltreligion vereinen soll. Es könnte beispielsweise eine Art Messias erscheinen, welcher der Einheitsgott für alle Menschen sein soll.

Damit wäre die Menschheit durch eine politische und wirtschaftliche Macht kontrolliert, die sich offen als extraterrestrische Zivilisation zeigen würde. Die zusätzlich neu geschaffene Weltreligion würde durch die altbewährte Weise, über den Glauben zu manipulieren, dieser Weltherrschaft in die Hände spielen. Sie würde den Weg dafür bereiten, dass die Menschen die neuen, absolutistischen, extraterrestrischen Herrscher akzeptieren würden.

Doch sehen wir uns zunächst die Berichte derjenigen an, die bereits mehr über die bisherigen Besuche solcher Wesen bzw. ihrer Fluggeräte aussagen können.

Augenzeugenberichte von bekannten Persönlichkeiten

Viele Menschen behaupten, sie hätten bereits UFOs gesehen. Von den Behörden und konventionellen Medien werden diese Berichte als Unsinn abgetan. Doch mittlerweile gibt es so viele Vorfälle, dass man diesen Zeugen wohl doch etwas mehr Gehör schenken sollte. Die nachfolgenden Erfahrungen und Aussagen stammen nicht von den vielen, ganz normalen Augenzeugen, die es zu Zehntausenden gibt und denen man ihre Berichte ohnehin kaum geglaubt hatte. Sie stammen vielmehr von Menschen, die aufgrund ihres Berufsstandes als besonders glaubwürdig gelten wie zum Beispiel Mitarbeiter des Militärs, Piloten, Physiker, aber auch Politiker. Viele von ihnen waren darüber sogar an eine Schweigeverpflichtung gebunden, und erzählten von ihren Erfahrungen erst, nachdem sie die aktive Zeit ihres Berufs hinter sich gelassen hatten.

Lt. Colonel Richard French, Kampfpilot der US-Luftwaffe

Der Militärangehörige der US-Luftwaffe, Lt. Colonel *Richard French*, war Kampfpilot in Korea und Vietnam. Er ist ein Mann, der einiges erlebt hat und der vermutlich nicht darauf angewiesen ist, seine Anerkennung durch das Erzählen von erfundenen UFO-Geschichten zu bekommen. Vielmehr möchte er dazu beitragen, dass die Menschen über das aufgeklärt werden, was der Allgemeinheit noch immer vorenthalten wird.

Er sagte in seiner Schilderung auf dem Citizen Hearing of Disclosure 2013, dass er damals, vor seinem Erlebnis, vom Oberkommandierenden des OSI aufgefordert wurde, sich um einen Bericht zu kümmern, dass ein UFO gesichtet worden sei. Er flog damals über eine Wasserfläche, und erklärt, dass das Wasser sehr klar gewesen sei. Er habe fast 200 Fuß in die Tiefe sehen können und habe dort unten zwei UFOs gesehen, die nebeneinander geparkt waren.

„Aber man konnte niemanden ringsherum erkennen. Etwas später kam einer der UFO-Insassen und ich nehme an, man kann sie ruhig als Aliens bezeichnen, rüber auf die Seite, sodass ich ihn sehen konnte. Kurz darauf kam eines der UFOs aus dem Wasser, mit ca. 100 Meilen pro Stunde. Sobald es die Wasseroberfläche durchbrach, beschleunigte es auf etwa 2.500 Meilen pro Stunde und verschwand recht schnell aus der Sicht. Nach etwa 15 bis 20 Minuten kehrte es zurück, wurde langsamer, tauchte mit etwa 100 Meilen pro Stunde ins Wasser ab und sank noch tiefer. Man konnte die beiden Aliens gemeinsam beim Arbeiten an den UFOs beobachten. Nachdem etwa zwei Stunden mit offensichtlichen Wartungsarbeiten an den UFOs vergangen waren, hoben die beiden wieder ab. Sie verließen das Wasser mit etwa 100 Meilen pro Stunde und beschleunigten augenblicklich auf über 2.500 Meilen pro Stunde, wobei sie gerade nach oben stiegen und dann verschwanden."[92]

Ich gehe davon aus, dass ein Mann mit jahrelanger Flugerfahrung, der Kampfeinsätze geflogen ist, durchaus zu unterscheiden in der Lage ist, ob er ein Flugzeug sieht oder ein UFO.

GARY HESELTINE, POLIZIST IN GROßBRITANNIEN

Der Polizist *Gary Heseltine* hatte als Jugendlicher ein beeindruckendes Erlebnis, das sein Interesse für die Ufologie geweckt hat. Im Jahr 2002 hat er dann eine Internetseite gegründet, auf der seine Kollegen über ihre UFO-Erfahrungen berichten können. Mittlerweile sind dort Hunderte Berichte dokumentiert. Die gesammelten Werke kann man auf seiner Webseite »www.prufospolicedatabase.co.uk/index.html« nachlesen[93]. Über einige Fälle sprach er ebenfalls in dem bereits erwähnten Citizen Hearing 2013 in Washington. Auch er berichtet über interessante Dinge und der folgende Bericht stammt von einem Beamten der Londoner Polizei:

„Im Januar 2002 habe ich die Webseite Polizeiberichte über UFO-Sichtungen gegründet ... Dort können britische Polizeibeamte ihre Berichte über UFO-Sichtungen in- und außerhalb des Dienstes abgeben. Glauben Sie mir, nach nunmehr elf Jahren meiner Forschungen gibt es kaum noch etwas, das mich überraschen kann.

Als ich vor elf Jahren meine Arbeit aufnahm und begann, Polizeibeamte zu befragen, gab es etwa sechs Fälle, bei denen zehn Beamte beteiligt waren. Inzwischen habe ich über 425 Fälle gesammelt, bei denen mehr als 940 Polizeibeamte dabei waren. Das ist, wie ich finde, eine beträchtliche Anzahl. Viele Beamte haben strukturierte Fluggeräte mit riesigen Ausmaßen in unmittelbarer Nähe zu ihrem Standort beobachtet.

Die Größe dieser Fluggeräte reicht von einigen Metern bis zu einigen Hundert Metern. Im Oktober 1984 beobachteten zwei Polizeibeamte auf Streife nahe einem Militärstützpunkt ... ein geräuschloses, schwarzes, dreieckiges Objekt in niedriger Höhe. Sie beschrieben dessen Größe als die von drei Fußballfeldern. Als ich diese Beschreibung überprüfen wollte, sagte mir der Beamte, dass die Größenbeschreibung akkurat sei, denn das Objekt sei direkt über drei Fußballfeldern gesichtet worden. Ich halte das also für eine recht gute Schilderung."

Gary Heseltine berichtete noch über einen weiteren Fall, bei dem das Flugobjekt plötzlich verschwand:

„*In einem anderen Fall vom Oktober 1978 beobachteten drei uniformierte Polizisten ... ein riesiges Objekt, das so groß war wie ein Fußballfeld, welches sich plötzlich und geräuschlos direkt vor ihnen materialisierte. Dabei flogen mehrere kleine Objekte rings um das Hauptobjekt. Dieses Hauptobjekt projizierte anschließend einen Strahl von der Breite eines Fußballfeldes nach unten, welcher über den Boden wanderte, so als ob er das Territorium absuchen würde. Die Beamten beobachteten dieses Ereignis fünf Minuten lang, dann stieg es plötzlich auf und verschwand augenblicklich."*

Polizisten werden mit vielen Dingen konfrontiert und sind geübt darin, einen Sachverhalt blitzschnell zu analysieren, um schnell zu entscheiden, ob sie eingreifen müssen oder nicht. Und sie müssen später einen detailgetreuen Bericht abgeben. Deshalb haben sie einen geschulten Blick für Details, Abstände, Größen, Farben usw. Ja, sie sind geradezu prädestiniert dafür, einen Vorfall schnell und genau zu beobachten und wiederzugeben. Aus diesem Grund finde ich es höchst interessant, dass *Gary Heseltine* diese Internetseite ins Leben gerufen hat und halte die Berichte, die dort dokumentiert sind, auch für glaubhaft.

ROBERT SALAS, EHEM. CAPTAIN DER US-LUFTWAFFE

Bei demselben Citizen Hearing sprach der ehemalige Captain der US-Luftwaffe *Robert Salas*, der die Luftwaffe 1971 verließ, über einen interessanten Fall. Dort wurden Atomraketen von einem UFO außer Funktion gesetzt.

„*Wir hatten das Kommando über zehn Atomraketen. Jede dieser Atomraketen hatte eine unabhängige Energieversorgung, zudem konnten die Raketen von einer Kapsel am Boden aus bedient werden. Es gab keinerlei Möglichkeiten, die Raketen von außerhalb der Kapsel zu beeinflussen.*

Am Abend des 24. März 1967 erhielt ich zwei Telefonanrufe von meinem Flight Security Controller an der Oberfläche. Beim ersten Anruf berichtete er von einem unidentifizierten Lichtobjekt, das über der Einrichtung herumflog. Einige Minuten später rief er wieder an und berichtete sehr aufgeregt von einem großen ovalen Objekt, das über dem Fronttor schwebte. Es handelte sich um ein rot pulsierendes Lichtobjekt mit einem Durchmesser von etwa 10 bis 12 Metern. Er konnte kaum eine Struktur daran ausmachen, doch im Inneren habe es rot geglüht und pulsiert, sagte er. Alle unsere Männer waren mit der Waffe im Anschlag dort draußen und sie wollten von mir wissen, was sie tun sollten. Ich wies sie an, dafür zu sorgen, dass es nicht in den gesperrten Bereich käme. Als ich gerade meinen Kommandanten darüber informierte, fielen unsere Raketen aus. Wir verloren die Kontrolle über alle zehn Raketen, während das Objekt über unserer Einrichtung schwebte.

Erst vor Kurzem, im Jahr 2010, gab es einen weiteren Ausfall von 50 Raketen bei einem Militärstützpunkt. Das hat die Luftwaffe bekanntgegeben. Später sagten sie, es habe sich nur um einen Computerfehler gehandelt – und das macht mir Sorgen, denn es gibt Zeugen, die sich geäußert haben, Zivilisten und auch Mitarbeiter der Luftwaffe. Sie hatten ein Objekt am Himmel beobachtet, als die Raketen ausfielen. Der Fall wird noch untersucht, aber so etwas geschieht bis heute. Diese Objekte wissen ganz genau, wie unsere Raketen funktionieren … Und sie können unsere Raketen einfach so abschalten. Das haben sie schon unter Beweis gestellt."

Während sich das Militär also Sorgen macht, dass derartige Vorfälle an die Öffentlichkeit gelangen könnten und sie stattdessen behaupten, es sei ein Computerfehler gewesen, sinkt deren Glaubwürdigkeit. Mittlerweile sind so viele Informationen über UFOs und Außerirdische bekannt, dass es wesentlich vertrauenswürdiger wäre, über derartige Aktionen offen zu kommunizieren. Dann würden sich die Menschen nicht ausgeschlossen fühlen, sondern könnten den Machthabern und dem Militär vertrauen.

Es gibt nun verschiedene Möglichkeiten, wie man den Kontrollverlust über die Raketen interpretieren kann. Man könnte den Vorgang zum Beispiel als Hinweis sehen, die permanente Aufrüstung und Kriegsführung auf unserem Planeten endlich aufzuhören. Alternativ könnte es auch eine Machtdemonstration gewesen sein, um dem Militär klarzumachen, dass es keinerlei Chancen hätte, gegen diese Flugobjekte und ihre Piloten etwas zu unternehmen. Oder aber, es war eine automatische Begleiterscheinung bei einem Besuch auf der Erde, die unbeabsichtigt die Steuerung über die Raketen außer Betrieb setzte, denn auch bei anderen Meldungen wird von Stromausfällen berichtet. Da diese UFOs jedoch Militärbasen aufgesucht haben, ist es wohl wahrscheinlicher, dass die Raketen absichtlich abgeschaltet wurden – aus welchen Motiven auch immer.

> „Es war das seltsamste Ding, das ich jemals gesehen habe.
> Es war groß, es war sehr hell, es wechselte die Farben
> und es hatte beinahe die Größe des Mondes.
> Wir beobachteten es zehn Minuten lang,
> aber keiner von uns konnte erkennen, was es eigentlich war.
> Eines ist sicher: Ich werde mich
> nie mehr über Leute lustig machen,
> die sagen, sie hätten ein UFO am Himmel gesehen."[94]

Jimmy Carter, 39. Präsident der Vereinigten Staaten (die Aussage stammt aus der Zeit davor)

UFOs DEAKTIVIERTEN ATOMRAKETEN

Der Kontrollverlust über Raketen scheint öfters vorgekommen zu sein. Der ehemalige US-Luftwaffenoffizier *Captain David D. Schindele* schildert in seinem Buch »It Never Happened, Volume 1«[95], dass er *„im Dezember 1966 darüber unterrichtet wurde, dass das Kontrollzentrum des Atomraketenstützpunktes November Flight nach ungewöhnlichen Vorfällen die Kontrolle über ihre Raketen verloren hatte."*[96] In einem Bericht auf »Terra Mystica« schreibt *Fernando Calvo*: *„Als Capt. Schindele zusammen mit seinem Vorgesetzten beim Kontrollzentrum ankam, schilderte ihnen der diensthabende Offizier von einem großen, hellen Flugobjekt mit blinkenden Lichtern, das in der Nacht auf der Westseite der Anlage völlig geräuschlos schwebte."*

Schindele habe seine Erlebnisse trotz seiner Schweigeverpflichtung der Öffentlichkeit jetzt preisgegeben, weil das auch ein Kollege von ihm getan hat. Der Erlös des Buches soll an die »Seattle Chapter of the Air Force Association« gehen, was ein Zeichen dafür ist, dass es ihm nicht um die Aufmerksamkeit und den finanziellen Erfolg geht, sondern darum, die Öffentlichkeit aufzuklären. *„Sie wollen im hohen Alter endlich ihre schwere psychische Last abwerfen und noch vor ihrem Tod der Menschheit die Wahrheit sagen, die lautet: Wir müssen gar nicht auf anderen Planeten nach Außerirdischen suchen, sie sind längst hier!"*

JOHN CALLAHAN, EHEMALIGER MITARBEITER DER US-LUFTAUFSICHTSBEHÖRDE FAA

John Callahan sprach ebenso auf dem mehrmals erwähnten Citizen Hearing über ein Erlebnis, das während seiner aktiven Zeit bei der US-Luftaufsichtsbehörde geschah.

„Als der erste Kommandant den Radarlotsen anfunkte, waren seine ersten Worte: ‚Haben Sie Verkehr in meiner Nähe?' Wenn ein Lotse so etwas hört, dann bedeutet das nichts Gutes, denn das heißt, dass da oben jemand ist, der dort nicht sein sollte… Der Lotse schaute auf seinen Schirm und sagte: ‚Negativ, da ist kein Verkehr in Ihrer Nähe", doch der japanische Pilot sagte: ‚Und ob hier Verkehr ist. Auf etwa 12 Uhr, acht Meilen entfernt'. Da sagte der Radarlotse: ‚Können Sie mir den Flugzeugtyp nennen, gibt es eine Markierung oder so etwas?' und der japanische Pilot antwortete: ‚Es hat keine Markierung, es ist so groß wie vier Flugzeugträger und da sind gelbe und weiße Lichter rings herum. Es ist riesig.' Er war etwas besorgt. Dieses Objekt folgte dem Flugzeug 31 Minuten lang…

Als ich am nächsten Morgen zur Arbeit kam, erhielt ich einen Anruf von der CIA. Der Agent wollte über das UFO sprechen. Ich sagte ihm, da reden Sie mit dem Falschen, ich weiß nichts von UFOs. Er sagte: ‚Ich meine das, was über Alaska passiert ist' und ich sagte: ‚Da sollten Sie vielleicht mal mit dem Admiral sprechen'. Ein paar Minuten später rief mich der Admiral an und sagte: ‚Ich habe für morgen um 10:00 Uhr ein Briefing angesetzt. Der Wissenschaftsstab des Präsidenten kommt vorbei mit ein paar Leuten von der CIA. Ihre Aufgabe ist es, denen die Unterlagen zu überge-

ben. Die müssen sämtliche Dokumente mitnehmen, denn die zivile Luftaufsichtsbehörde FAA kümmert sich nicht um UFOs'.

Ich zeigte ihnen also bei der Besprechung alle Sachen. Anschließend stellte einer der Wissenschaftler noch Fragen über die Dauer des Radarumlaufs, die Frequenz der Antenne und den Logarithmus zur Höhenbestimmung. Meine Leute konnten diese Fragen alle beantworten. Als dies vorbei war, sagte der CIA-Typ neben mir: ‚Dieses Ereignis, und er zeigte auf den Bildschirm, dieses Ereignis hat nie stattgefunden. Die sind niemals hier gewesen. Wir konfiszieren alle Daten und Sie werden alle zur Geheimhaltung verpflichtet."[97]

Die CIA scheint demnach derartige Vorfälle zu überwachen und die entsprechenden Unterlagen zu beschlagnahmen. Das lässt natürlich Raum für Spekulationen:

- Sind extraterrestrische Wesen mit der CIA in Kontakt?
- Welche Art von Kontakt findet dort statt, und wozu?
- Welcher Gesinnung sind diese Wesen?
- Auf welcher Seite steht die CIA?
- Welche Ebene der CIA weiß über derartige Vorfälle Bescheid?
- Wer befehligt die CIA wirklich?
- Welche Absichten hegt die CIA?

Diese Fragen kann ich Ihnen auch nicht beantworten, ohne in Spekulation zu verfallen, doch offensichtlich ist, dass die CIA den Vorfall geheim halten wollte. Zusätzlich wurden die Beteiligten zur Geheimhaltung verpflichtet. Eines jedoch wird durch diesen Bericht deutlich: Die CIA scheint für jemanden im Hintergrund zu arbeiten, der ein Interesse daran hat, derartige Vorfälle zu verheimlichen und Beweise wegzuräumen.

ADEMAR JOSÉ GEVAERD, KOMITEE BRASILIANISCHER *UFO-FORSCHER*

Auch *Ademar José Gevaerd* vom Komitee brasilianischer UFO-Forscher hat seinen höchst interessanten Bericht bei dem Citizen Hearing vorgetragen. Er spricht über die Körperverletzung vieler Menschen durch unbekannte Flugobjekte.

„Als die Operation ‚Untertasse' anlief, dann begann sie deshalb, weil die Bevölkerung in der Gegend nicht mehr leben konnte. Sie sahen die UFOs nicht nur die ganze Zeit, sondern, viel schlimmer als das, sie wurden von ihnen angegriffen. Mehr als 1.000 Menschen wurden in dieser Zeit von den UFOs angegriffen. Es gab viele Verletze. Diese Objekte kamen vom Himmel und schickten einen Lichtstrahl zu den Leuten, wodurch diese Leute bewusstlos wurden und Blutarmut bekamen.

Diese ganze Situation wurde so schlimm, dass die Bürgermeister sich an den Gouverneur des Staates wendeten und ihn darum baten, etwas zu unternehmen. Die Regierung bat die brasilianische Luftwaffe, eine Untersuchung zu starten, damit man der Bevölkerung Antworten liefern könnte. Also wurde Operation ‚Untertasse' ins

Leben gerufen, um diese Sache zu untersuchen und in Kontakt mit der außerirdischen Intelligenz zu treten, denn es gab bereits Wissen darüber, das steht in den Dokumenten, dass eine Intelligenz hinter diesem Phänomen steckte und dieses Phänomen war sicherlich nicht irdisch."

Meine Anmerkung: Mir ist nicht bekannt, dass man durch Bewusstlosigkeit Blutarmut bekommen könnte. Ich vermute vielmehr, dass man diesen bewusstlosen Menschen Blut entnommen hatte und sie deshalb Blutarmut bekamen. Es gibt mehrere Hinweise, dass es Verträge zwischen bestimmten Regierungen und negativen Außerirdischen gibt, die gegen die Lieferung von Technik und die Unterstützung bei der Machtausübung Menschen für ihre Versuche oder auch zur Ernährung bekommen sollten. Ich vermute, dass diese Blutarmut damit in Zusammenhang stehen könnte.

Eines wird durch diesen Bericht jedoch bewiesen: Nicht alle Wesen in unbekannten Flugobjekten sind uns Menschen freundlich gesonnen. Es ist also ratsam, bei einem eventuellen Kontakt Vorsicht walten zu lassen, sofern man dazu in der Lage ist. Andererseits sind vermutlich nicht alle Wesen von anderen Planeten rücksichtslos oder gar bösartig. Genauso wie man irdischen Fremden gegenüber zunächst prüft, mit wem man es zu tun hat, sollte man auch diesen „Fremden" gegenüber eine gewisse Skepsis walten lassen.

ROBERT BIGELOW, MILLIARDENSCHWERER US-UNTERNEHMER

Robert Bigelow ist schon aus beruflichen Gründen an allen technischen Neuerungen interessiert, die es (vor allem im unbekannten) Flugsektor gibt, denn er hat das private Raumfahrtunternehmen »Bigelow Aerospace« gegründet. In einer CBS-Sendung wurde er von der Reporterin *Lara Logan* bezüglich UFOs und Außerirdischen befragt und er sprach erstaunlich offen über diese Thematik. *Bigelow* ist überzeugt davon, dass es Außerirdische gibt und hat dem Sender gegenüber erwähnt, dass er selbst welchen begegnet sei, worüber er jedoch nicht näher sprechen wolle. Er sagt, dass wir nicht woanders hinfliegen müssten, denn sie würden sich hier *„vor unserer Nase"* befinden. Ich gebe hier das Interview wieder, welches auf der Internetseite »Grenzwissenschaft aktuell« veröffentlicht wurde:

„*Logan: Glauben Sie an Außerirdische?*
Bigelow: *Ich bin absolut überzeugt. Das ist alles.*
Logan: Glauben Sie auch, dass UFOs die Erde besucht haben?
Bigelow: *Es gab schon immer eine existierende Präsenz – eine außerirdische Präsenz. Und ich habe Abermillionen für das Thema ausgegeben. Wahrscheinlich mehr als irgendjemand sonst in den USA.*
Logan: Ist es riskant für Sie, in der Öffentlichkeit zu sagen, dass Sie an UFOs und Außerirdische glauben?
Bigelow: *Darauf gebe ich wirklich gar nichts – es ist mir ziemlich egal.*
Logan: Es macht Ihnen also keine Sorgen, dass einige Leute sagen könnten: ‚Hast Du den Typen gehört – scheint, als sei er verrückt'?

Bigelow: Das ist mir egal.
Logan: Warum?
Bigelow: Weil es keinen Unterschied macht. Es ändert nichts an der Realität, die ich kenne.
Logan: Können Sie sich vorstellen, dass unsere Raumfahrer einmal andere Formen intelligenten Lebens finden werden?
Bigelow: Dazu muss man aber nicht woanders hingehen.
Logan: Man kann es auch hier (auf der Erde) finden? Wo genau?
Bigelow: Es befindet sich direkt vor unserer aller Nasen. Oh Mann. Wow.

Zum Thema selbst bemerkt die Sendung abschließend, dass die FAA [Anmerk. d. Verf.: US-Luftaufsichtsbehörde] *erneut auf Anfrage des Senders bestätigt habe, dass ‚Berichte über UFOs und andere unerklärte Phänomene an eine Tochterfirma von Bigelow weitergeleitet würden'. ‚Bigelow selbst hat uns gegenüber erzählt, dass er selbst auch schon (UFO-)Nahebegegnungen hatte – es jedoch abgelehnt, darüber im Detail zu berichten.'*"[98 und 99]

An diesem Interview finde ich die Tatsache höchst erwähnenswert, dass Bigelow sagt, dass sich außerirdische intelligente Lebensformen *„direkt vor unserer aller Nasen"* befinden würden. Diese Aussage verstehe ich so, dass viele derer, die sich Menschen nennen, in Wahrheit gar keine sind. Aber was sind sie dann? Hier eine kleine Auflistung, was ein Zweibeiner, der wie ein Mensch aussieht, alles sein könnte:

1. Echter Mensch,
2. Mensch, der durch subliminale oder sonstige Beeinflussung in seiner Persönlichkeit verändert wurde,
3. Mensch, der physische Implantate erhalten hat, über die sein Verhalten gesteuert und programmiert wird (zum Beispiel Reduktion der Mitmenschlichkeit),
4. Mensch, der energetische Implantate erhalten hat, über die sein Verhalten gesteuert und programmiert wird,
5. Menschenkörper, dessen Seele ausgetauscht worden ist (Walk-In) und der jetzt von einem anderen Wesen (eines anderen Planeten?) bewohnt bzw. benutzt wird,
6. Menschenkörper, der von einer dämonischen Wesenheit besetzt ist, die bei Bedarf durch den Menschenkörper agiert,
7. Fremdes Wesen, das in einem Menschenkörper inkarniert ist,
8. Geklontes Wesen, das nur so aussieht, als wäre es ein Mensch,
9. Mischwesen aus Mensch und extraterrestrischer Lebensform, genetisch so verändert, dass es aussieht wie ein Mensch, aber anders denkt, fühlt und reagiert,
10. Außerirdische Lebensform, die für eine bestimmte Zeit das Aussehen eines Menschen annehmen kann und
11. außerirdische Lebensform, die sein Umfeld so beeinflussen kann, dass dieses einen Menschen in ihm sieht, obwohl sie kein Mensch ist.

Sie sehen, es gibt viele verschiedene Möglichkeiten, wer sich alles unter dem Deckmantel „Mensch" verbergen kann. Die wichtigste Frage dabei ist: Wie groß ist der Anteil „echter Menschen"? Dass diese Frage durchaus berechtigt ist, bestätigt eine Bekannte und Lehrerin von mir, die hellsichtig ist und seit Jahren Seminare gibt, unter anderem zu diesen Themen. Sie ist mittlerweile der Meinung, dass die Erde extrem infiltriert ist und es nur noch wenige echte Menschen gibt. Und die Aussage des Milliardärs *Bigelow* bestätigt im Grunde genau das, was sie sagt.

PAUL HELLYER, EHEMALIGER KANADISCHER VERTEIDIGUNGSMINISTER

Paul Hellyer dürfte einer der bekanntesten Menschen sein, die offen dazu stehen, dass es außerirdische Wesen gibt, und er behauptet sogar, dass sie mit der US-Regierung in Kontakt stehen würden. *Hellyer* hat im Mai 2013 auch auf dem Citizen Hearing über die Informationen gesprochen, die ihm vorliegen. Hier einige Auszüge davon:

> *„Mein Name ist Paul Hellyer, ich bin der frühere Verteidigungsminister von Kanada. Ich war 23 Jahre lang Mitglied des Parlaments in Kanada und habe unter drei verschiedenen Regierungen gedient. In meiner Zeit als Verteidigungsminister habe ich etliche Berichte über UFO-Sichtungen vorgelegt bekommen. Leider konnte ich zu dieser Zeit diesen Berichten nicht die notwendige Aufmerksamkeit zukommen lassen, denn gerade zu dieser Zeit wurden unter meiner Ägide die drei Säulen unserer Verteidigung, nämlich die Armee, die Marine und die Air Force, unter einem einzigen Kommando zusammengeführt, was wirklich nicht ganz einfach war. Mein Interesse für das UFO-Phänomen wurde vor ca. 10 Jahren geweckt, als mir ein junger Mann aus Ottawa dazu Material zuschickte. Ich schrieb ihm zwar zurück, dass ich bestimmt in nächster Zeit nicht die Ruhe finden würde, mir das anzuschauen. Er hingegen war aber zuversichtlich, dass ich mich auf jeden Fall melden würde, wenn ich es gelesen hätte.*
>
> *Das Material beinhaltete eine Ausgabe des Buchs von Oberst Corso mit dem Titel ‚The Day After Roswell' [deutsch: Der Tag nach Roswell], welches ich dann wirklich im Sommer 2005 lesen konnte und danach wahrlich beeindruckt war. Was ich da las, war gewaltig. Es waren gewaltige Dinge, die ich da las und die Amerikaner und alle Menschen dieser Welt haben das Recht zu wissen, was hier vor sich geht. Nachdem ich mir den Wahrheitsgehalt der Fakten in dem Buch von einem pensionierten General der Vereinigten Staaten habe persönlich bestätigen lassen, habe ich die Einladung von Victor Viggiani und seinem Kollegen Mike Byrd angenommen, um auf einem Symposium der Universität in Toronto zu sprechen. Und ich sagte dort: ‚UFOs sind so echt wie die Flugzeuge, die jeden Tag über unsere Köpfe fliegen'.*
>
> *Dies brachte mir die fragwürdige Auszeichnung ein, als erstes Kabinettsmitglied einer Regierung der G8-Gruppe sich über dieses Thema so unmissverständlich zu äußern. Seitdem habe ich aus unzähligen Quellen unfassbar viel erfahren. Natürlich auch von diesen phantastischen Zeugen, die wir in den letzten vier Tagen gehört haben.*

Ich bin persönlich und menschlich von diesen Personen sehr beeindruckt und vor allen Dingen natürlich von dem, was sie alles an Fakten zu erzählen haben. Da ich aber ein Politiker und kein Ufologe bin, gibt es nun mal ein paar Dinge, die ich genau in diesem Bereich speziell hinzufügen möchte.

*Zu meiner Zeit war das erste Ereignis in den 1960er-Jahren, als eine Flotte von UFOs in südlicher Richtung auf NATO-Gebiet zuflog, weswegen der oberste Befehlshaber des obersten Hauptquartiers der Alliierten, Abkürzung SHAPE, selbstverständlich zutiefst erschüttert war, weil er nicht wusste, um was es hier eigentlich geht. Glücklicherweise, oder vielleicht mit göttlicher Fügung, ist diese Flotte von UFOs, bevor der Alarmknopf gedrückt wurde, abgedreht und zurück in nördliche Richtung verschwunden. Natürlich dachte man in dem Moment zuerst, das müssen die Russen sein und man war sehr besorgt darüber. Daraufhin wurde eine Studie erstellt, welche zu dem Schluss kam, dass mindestens vier verschiedene **außerirdische Spezies die Erde seit Tausenden von Jahren besuchen** und das wahrscheinlich auch heute noch, so sehe ich das.*

*Es gibt noch einiges, über das wir hier sprechen müssen. Eines der Dinge ist zum Beispiel, dass wir diese bislang immer als ‚sie‘ bezeichnet haben, bis zu dem Morgen, als Linda Moulton-Howe tatsächlich drei von diesen verschiedenen Spezies mit einem korrekten Namen benannt hat. Ich habe nur als Erinnerungshilfe mein Buch mitgebracht, mit dem Titel ‚Licht am Ende des Tunnels‘, weil ich in meinem Buch, glaube ich, fünf verschiedene Spezies erwähnte. Ich bin mir aber mittlerweile sicher, dass es mehr sind. Ich habe erst vor einigen Tagen ein Dokument gesehen, welches **zwanzig verschiedene Spezies** erwähnt, die uns bekannt sind. Ich denke, Sie Herr Vorsitzender, könnten sehr stark daran interessiert sein, zu wissen, woher diese Leute kommen. Als mögliche Orte nenne ich Ihnen hiermit Ceta Reticuli, die Plejaden, Orion, Andromeda und das Altair Sternensystem/Sonnensystem. Wir können also ab sofort nicht mehr von denen als ‚sie‘ oder ‚denen‘ reden, denn sie haben wirkliche Namen. Ich möchte vorweg noch eine weitere Beobachtung vorausschicken, bevor ich zu dem komme, was ich wirklich sagen möchte. Wir haben eine Menge Zeit damit verschwendet, um uns mit einem sechs Jahre alten Leichnam zu beschäftigen, deswegen hat es mich umso mehr gefreut, dass Linda Moulton-Howe uns heute sagte, dass genau zu diesem Zeitpunkt **jetzt lebende Außerirdische auf der Erde sind** und dass mindestens zwei davon eng mit der Regierung der Vereinigten Staaten zusammen arbeiten. Eine dieser Spezies, von der ich vor nicht allzu langer Zeit erfahren habe, werden die Großen Weißen genannt, die Tale Whites.*

Aufgrund der absolut engen Verbindung zum Militär hatte ich die Möglichkeit, vor kurzem ein sehr langes Gespräch mit dem ehemaligen Obergefreiten der Luftwaffe, Charles Hall, zu führen, der mir seine absolut faszinierende Geschichte erzählte, wie er lange Zeit mit diesen beiden zusammenarbeitete. Anfänglich war er natürlich geschockt, aber je länger die Zusammenarbeit mit den beiden dauerte, entwickelte sich ein immer größeres Vertrauen zwischen Charles Hall und den beiden, die in einer

Militäranlage in Indiana Springs in Nevada untergebracht sind. Eben genau diese großen Weißen, die auf einem Luftwaffenstützpunkt untergebracht sind, haben sehr, sehr eng mit der Air Force zusammengearbeitet und ihnen auch ihre Technologien mitgeteilt. Charles Hall hat ein Buch über seine Erlebnisse geschrieben mit dem Titel ‚Tausendjährige Gastfreundschaft', davon gibt es vier Ausführungen, ich lese gerade auf seine Empfehlung hin die Nr. 2 und es ist sehr interessant, über seine Geschichte zu lesen, wie er eben zu den Leuten und mit den Leuten auskam und was er alles erlebt hat.

Nun gut, mein Interesse liegt ganz klar in der vollen Enthüllung der ganzen Geschichte und des Themas, allerdings bin ich auch der festen Überzeugung, dass man auf gar keinen Fall mehr als 95 bis 98 Prozent des wirklich Faktischen auch der Bevölkerung weitergeben sollte. Ich weiß da nämlich von ein/zwei Dingen, die zum jetzigen Zeitpunkt auf gar keinen Fall in die Öffentlichkeit gehören. Diese werden bestimmt eines Tages auch noch bekannt gegeben, aber nicht jetzt ... bin ich fest davon überzeugt, dass unser Steuerzahler, der mündige Steuerzahler, in der Lage sein wird, die neue und breite Realität zu verkraften, nämlich, dass wir nicht allein im Universum leben und dass wir von den unterschiedlichsten Lebensformen umzingelt sind bzw. dass es davon nur so wimmelt im Universum.

Die Tatsache, dass natürlich diese Zivilisationen viel, viel weiter entwickelt sind als wir, mag im ersten Moment vielleicht unangenehm sein, aber die Akzeptanz dessen wäre und ist einfach ein notwendiger Schritt für unser Überleben. Fakt ist einfach eines: Unsere Welt ist momentan in einer unheiligen Unordnung und wir haben, wenn es hoch kommt, vielleicht noch bis zum Ende dieses Jahrzehnts Zeit, dies alles in Ordnung zu bringen. In meinem Buch schreibe ich, wir haben vielleicht noch zehn Jahre Zeit, um die globale Erderwärmung zu stoppen, wenn wir nicht den Punkt erreichen wollen, wo sich die Dinge einfach nicht mehr umkehren lassen.

*Seitdem sind allerdings schon wieder zwei Jahre vergangen und ich wiederhole noch mal: Wir haben nur noch Zeit bis zum Ende dieses Jahrzehnts, um diese Sache zu stoppen. Und trotz alledem sprechen unsere gewählten Führer noch nicht einmal darüber, ganz im Gegenteil, sie scheinen mehr daran interessiert zu sein, neue Kriege zu entfachen, um das Öl zu kontrollieren und damit die schädlichen Auswirkungen noch zu verstärken. Aber selbst wenn sie diese Bedrohung ernst nehmen würden, sie hätten gar nicht die Mittel dafür, um den Wandel von Öl zu sauberer Energie zu bewerkstelligen, weil wir nämlich ein **unendlich dummes Banken- und Finanzsystem in unserer Welt** haben.*

Der Kongress der Vereinigten Staaten, und ich bedaure das jetzt sehr, sagen zu müssen, ist teilweise dafür mitverantwortlich ... Schlussendlich brauchen wir die Technologien für saubere Systeme und sie existieren bereits, sie werden nur geheimgehalten von den gleichen Interessengruppen, die unser Schicksal kontrollieren.

Wer sind denn diese Interessengruppen und was haben sie mit uns vor? Nun Senator, Sie sprechen über eine Militärjunta, das ist auch meiner Meinung nach richtig, aber ich habe diese Definition erweitert auf die ‚Kabale' und die Kabale einschließlich der Mitglieder der drei Schwestern, den ‚Rat für auswärtige Beziehungen' (CFR), die ‚Bilderberger' und die ‚Trilaterale Kommission', das ‚Internationale Bankenkartell', das ‚Ölkartell', Mitglieder verschiedener Geheimdienstorganisationen und ausgewählter Mitglieder der Militärjunta. Gemeinsam sind sie eine Schattenregierung geworden, nicht nur, um die Vereinigten Staaten, sondern die ganze westliche Welt zu regieren.

Der ‚Rat für auswärtige Beziehungen' ist der älteste der drei Schwestern und schon im Oktober 1940, Jahre bevor Deutschland sich den Alliierten ergeben hat, und damit auch Hitlers Vision eines großen Reichs hat verfliegen lassen, hat die Wirtschafts- und Finanzgruppe des Rates ein Memorandum entworfen, welches eine umfassende Strategie skizziert. Zitat: ‚Um politische, militärische, räumliche und wirtschaftliche Ansprüche der Vereinigten Staaten durchzusetzen, und ihre politische mögliche Führung nicht der deutschen Welt, einschließlich des Vereinigten Königreichs wie auch der westlichen Hemisphäre und des fernen Ostens zu überlassen.

Der Rat machte dabei keinerlei Anstrengungen, die Tatsachen zu verschleiern, dass das Ziel des großen Gebietsanspruches und der späteren Weltvorherrschaft war, die Erweiterung der US-Wirtschaft zu unterstützen und sie mit Rohmaterialien und Produkten für ihre Märkte zu versorgen. Man nannte dies „Nationale Interessen". Es war natürlich auch sofort klar, dass diese nationalen Interessen die Interessen einer herrschenden Elite waren, deren Mitglieder der Rat bildete. Die wahren Interessen der breiten Masse der Amerikaner spielten bei diesen Überlegungen niemals eine Rolle ... Ziel einer Weltregierung aus Mitgliedern der Kabale, die niemand gewählt hat und die niemand absetzen kann. Vorbeugende Kriege ... Regimewechsel, wo immer und wann immer es die Vereinigten Staaten wünschen ... Amerika als globale Polizei..."[100]

Was *Paul Hellyer* hier erklärte, dürfte den meisten Lesern ohnehin bekannt sein, doch es ist nochmal ein Unterschied, ob man diese Informationen von einer alternativen Internetseite erfährt oder vom ehemaligen kanadischen Verteidigungsminister. *Hellyer* bestätigt mit seinen eigenen Worten, dass intelligente, außerirdische Wesen nicht nur existieren, sondern dass sie mit ihren Flugobjekten auch noch bei uns ein und aus fliegen und sich zusätzlich mit den Machtebenen in Kontakt befinden. Bei solch einem Zeugen dürfte nun wohl kein Zweifel mehr daran bestehen, dass wir nicht allein sind.

PHYSIKER BOB LAZAR, PHYSIKER: AUßERIRDISCHE FLUGSCHEIBEN IN DER US-ANLAGE S-4

Ein weiterer Zeuge, der Physiker *Bob Lazar* (graduiert in Physik und Elektrotechnik), berichtet seit Jahren davon, dass er in einem geheimen Untergrundlabor mit der Bezeichnung *S-4* auf dem Areal der *Area 51* gearbeitet hat. Er sei von Ende 1988 bis April 1989 für die US-Regierung mit der Erforschung von Antriebssystemen außerirdischer Fortbewegungsmittel tätig gewesen. Er berichtete in einem Video, dass er in der US-Anlage *S-4* Flugscheiben gesehen und untersucht habe. Ferner habe er dort Berichte gelesen, dass technisches Wissen von einigen außerirdischen Wesen vom Sternensystem *Ceta Reticuli 4*, dem 4. Planeten von *Ceta Reticuli 2* hierher gebracht worden sei. Die Wesen seien laut den Berichten 90 cm bis 1,20 m groß mit großen Köpfen, großen Augen und einer schmalen Nase. Sie seien unbehaart.

Bob Lazars Bericht kann in einem Youtube-Video angesehen werden. *„Diese Wesen sagten, dass sie die Erde über einen langen Zeitraum hinweg immer wieder besucht hätten und präsentierten fotografisches Beweismaterial, welches sie als über 10.000 Jahre alt bezeichneten. Bis 1979 gab es einen Austausch an Information in Zentral-Nevada, als es zu einem Konflikt kam, der das Projekt abrupt stoppte. Die Wesen verließen daraufhin die Erde"*[101], sollen aber zu einem ihm nicht bekannten Zeitpunkt zurückkehren.

Abb. 6: Außerirdischer laut einem Bericht, den der Physiker Bob Lazar bei seiner Tätigkeit auf der geheimen Anlage S-4 gesehen hat.

Auch über die Entwicklung der Menschheit hätten sie Bescheid gewusst: *„Die Wesen sagten, der Mensch sei das Produkt einer von außen gesteuerten Evolution. Sie sagten, dass die Menschheit als Rasse 65 Mal genetisch verändert wurde. Sie bezeichneten Menschen als Behälter, jedoch weiß ich nicht, wofür wir Behälter sein sollen."* Könnten sie damit vielleicht gemeint haben, der Mensch sei ein Behälter für die Seele bzw. das Bewusstsein oder etwa für den Geist von nichtmateriellen Wesen, wie ich es weiter oben erwähnt hatte? Wird die menschliche Hülle vielleicht sogar als Behältnis für diejenigen Seelen genutzt, die durch eine List an die Materie gebunden werden?

Über die *Area S-4* und *Pine Gap* habe ich bereits in meinem ersten Buch berichtet. Darin zitiere ich *Bob Lazar*, der beschreibt, dass mittels Krümmung der Raum-Zeit und Erzeugung eines Schwerkraftfeldes eine Reise erheblich schneller erfolgen könne, als man dies im Physikunterricht lerne. *Bob Lazar* erläutert:

> *„Wir wissen, dass die kürzeste Entfernung zwischen zwei Punkten eine gerade Linie ist. Also sind wir in unserem Universum immer davon ausgegangen, dass die schnellste Art, von ‚A' nach ‚B' zu gelangen, das Reisen auf einer geraden Linie mit Lichtgeschwindigkeit sei. Nun, Tatsache ist, dass, wenn man es mit Raum-Zeit zu tun hat und die Voraussetzungen, um ein starkes Gravitationsfeld zu erzeugen, erfüllt sind, der schnellste Weg von ‚A' nach ‚B' der ist, die Raum-Zeit zwischen den Punkten ‚A' und ‚B' zu verzerren oder zu verbiegen oder zu beugen, was die Punkte ‚A' und ‚B' näher zueinander bringt."*[102].

Diese Technologie sei von Wesen des *Reticulum-4* gekommen, das sei der vierte Planet von *Ceta Reticuli 2*. Er bestätigt damit die Aussage des Informanten von *Paul Hellyer* und auch von *David Wilcock*, dessen Kontaktmann ebenfalls denselben Planeten nennt, wie wir noch sehen werden. Die Berichte von *Bob Lazar* wurden lange Zeit in Zweifel gezogen und es wurde sogar behauptet, dass er gar nicht an den entsprechenden Stellen gearbeitet hätte. Von mehreren Mitarbeitern sei seine Tätigkeit dort zwar bestätigt worden, doch keiner wollte dies öffentlich wiederholen – wohl aus Angst davor, Schwierigkeiten zu bekommen oder gar seine Stelle zu verlieren. Doch nun bezeugt ein Wissenschaftler, *Dr. Robert Krangle*, dass *Bob Lazar* dort gearbeitet habe.

Laut einem Bericht von *Andreas Müller* sei es dem Dokumentarfilmer *Jimmy Corbell* nun erstmals gelungen, *„einen Zeugen ausfindig zu machen, der die Tatsache, dass er gemeinsam mit Lazar in den Los Alamos Labors gearbeitet hatte, öffentlich und vor laufender Kamera bekundet. Bei diesem Wissenschaftler handelt es sich um Dr. Robert Krangle."*[103] *Dr. Krangle* bestätigte *Corbell* gegenüber, dass *Bob Lazar* als Physiker für *Los Alamos* gearbeitet habe, genauso wie er selbst. Auch er selbst könne erst jetzt über seine berufliche Tätigkeit sprechen, nachdem er finanziell nicht mehr von *Los Alamos* abhängig sei.

Die US-Regierung hatte Zeugenberichte stets zurückgewiesen und lange Zeit auch die Existenz von *Area 51*[104] und *S-4* bestritten. Die Beweise über diese Anlagen waren jedoch so stichhaltig und vielfältig, dass der US-Regierung keine andere Möglichkeit blieb, als die Existenz dieser Anlagen einzuräumen: *„Erstmals hat der US-Geheimdienst CIA die Existenz von ‚Area 51' offiziell bestätigt"*[105], konnte man im August 2013 im *Focus* lesen, allerdings mit der Einschränkung, es würde sich lediglich um eine Forschungsanlage für neue Antriebe, Technologien und um neue Experimentalflugzeuge handeln. Aber ich frage Sie, wie glaubwürdig ist das? Viele Jahre hinweg wurde die Existenz der *Area 51* insgesamt bestritten, um dann zuzugeben, dass es diese Anlage doch gibt. Warum sollte man also die Einschränkung glauben, dass es sich nur um eine Forschungsanlage handeln soll?

Es gibt eine große Zahl von Interessierten, die sich regelmäßig am Rande der Anlage einfinden, um unbekannte Flugobjekte zu beobachten, und viele von ihnen berichten, dass sie seltsame Flugmanöver und UFOs gesehen und gefilmt haben. Welche Seite ist nun glaubwürdiger, die offizielle oder die der vielen Beobachter? Urteilen Sie selbst.

JOHN LEAR, PILOT

Es gibt noch weitere Zeugen, die über UFOs und Außerirdische berichten, zum Beispiel der frühere CIA-Pilot *John Lear*, Sohn von *William Powell Lear*, dem Erfinder des *Lear-Jets*.

> *„Auch John Lear, einer der erfolgreichsten und erfahrensten Piloten der Welt, hat sich seit 1986 intensiv mit der UFO-Thematik befasst. Aufgrund seiner zahlreichen Kontakte und Beziehungen zur Flugzeugindustrie und zum Militär konnte er überzeugende Beweise für geheime Kontakte zwischen der US-Regierung und nichtirdischen, humanoiden Wesen zusammentragen. Ihm wurde von vier unabhängigen Quellen bestätigt, dass in unterirdischen Basen modernste Forschungsarbeiten im Bereich der Gentechnologie betrieben werden und dies teilweise in Kooperation mit Außerirdischen geschieht. Das Zentrum dieser Aktivitäten soll sich tief unter dem Berg Archuleta in der Nähe des kleinen Ortes ‚Dulce' befinden, einem Indianerreservat mit nur knapp 1.000 Einwohnern (Lindemann 1990)."*[106]

John Lear ist auch einer der vehementesten Gegner der offiziellen Version der 9/11-Katastophe. Seiner Meinung nach konnte der Einsturz der Zwillingstürme nicht so passiert sein, wie sie von amtlicher Seite dargestellt wurde und noch immer wird. Er, als Sachverständiger, sagte: *„Im Fall von UAL 175 im Südturm hätte eine echte Boeing 767 angefangen sich ineinanderzuschieben, als die Nase auf die 35,5-Zentimeter-Stahlsäulen (14 inch steel columns) traf, die in der Mitte 99 Zentimeter (39 inches) haben."*[107] Ferner wäre das Seiten- und Höhenleitwerk sofort vom Flugzeug getrennt worden, gegen die Stahlkastensäulen geprallt und zu Boden gestürzt. Auch die Motoren hätten beim Aufprall auf die Stahlsäulen ihre allgemeine Form beibehalten müssen und wären entweder zu Boden gestürzt oder in den Trümmern der eingestürzten Gebäude geborgen worden. Außer diesen beiden führt er noch viele weitere Gründe auf.

Ich ergänze dies hier nur, damit Sie sehen, dass John Lear ein Mann ist, der sich nicht um offizielle Darstellungen kümmert, sondern die Dinge so klarstellt, wie er sie aus seiner langjährigen Erfahrung heraus sieht. Wenn er also berichtet, was er von unbekannten Flugobjekten weiß, dann können wir auch hier davon ausgehen, dass er zu dem steht, was er sagt.

GENERAL-COLONEL SCRYABIN

Ein weiterer Zeuge ist der pensionierte General der russischen Luftwaffe, *Alexander S. Skryabin*, welcher der tschechischen Zeitung »Lidové noviny« am 26. Juli 2016 ein Interview gegeben haben soll. Dieses Interview war so brisant, dass es zwei Tage später von der Internetversion der Zeitung wieder gelöscht worden sein soll. Dank der schnellen Reaktion verschiedener Leser ist der Inhalt jedoch erhalten geblieben. *Skryabin* soll darin gesagt haben: *„Die Wahlen im Jahr 2016 waren die letzten in Russland. Alles ist bereit für eine Kolonisierung durch Außerirdische."*[108], und dass die Kinofilme, in denen gezeigt wird, wie Aliens den Planeten angreifen und die Menschen kolonialisieren, der Wahrheit entsprechen würden. Die Zuschauer würden das Kino verlassen und wieder ihrem Alltag nachgehen, ohne zu ahnen, dass ihnen gerade die Wahrheit gezeigt worden sei. Das Militär wüsste, dass Außerirdische keine Fiktion, sondern grausame und traurige Realität seien, dazu kämen all die unterzeichneten Papiere über die Nichtoffenlegung von Informationen.

Der Reporter fragte, ob er gesehen habe, wie die Präsidenten mit ihnen kommuniziert hätten. *„Ja, mehrmals habe ich persönlich gesehen, wie sich Gorbatschow mit ihnen getroffen hat, dann einmal Jelzin."* Wir alle seien von unseren eigenen Herrschern verkauft worden. *„Jetzt kann ich nur sagen, wie widerlich es war, sie zu sehen."* Sie sollen Menschen entführen und sich Menschen liefern lassen, um Experimente durchzuführen. *„Sie erfanden auch den Kult des Satanismus, in der Tat sind die Satanisten Diener der Aliens, die vor allem Vieh und Menschen essen…"* Das Ziel sei, den gesamten Planeten zu kolonisieren, und die Regierungen hätten dafür alles perfekt vorbereitet. Auf die Frage des Reporters, ob wir noch etwas tun könnten, um ihre Pläne zu verhindern, antwortete *Skryabin*, dass wir eine Kraft finden müssten, die ihnen angemessen sei. Diese Hilfe könnten uns spirituelle Außerirdische bieten, doch diese könnten nicht mit uns Kontakt aufnehmen, da sie den freien Willen der Erdenbewohner respektieren müssten. Sie könnten uns nur helfen, wenn wir einen anderen Weg einschlagen würden. Doch wir seien so manipuliert durch die Pressemedien, dass wir die Wahrheit nicht erkennen würden.

Wir könnten nur mit unseren eigenen Worten mit ihnen in Kontakt treten. Das früher übliche *„Herr hilf"* würde uns nicht weiterhelfen. In früheren Zeiten hätten sich die Menschen der Sonne zugewandt. Früher sei es leichter gewesen, die höheren Zivilisationen zu kontaktieren, die Menschen seien gläubig gewesen und hätten ihnen gegenüber Respekt gezeigt. Heute würden die Menschen an nichts mehr glauben und genau das würden die Fremden erreichen wollen, so könne weiterhin alles nach Plan laufen – das sollen seine Schlussworte gewesen sein.

So deprimierend sich dieses Interview liest und so unglaubwürdig die ganze Geschichte klingt, so sollten wir doch erkennen, dass die Zeichen der Zeit dafür sprechen, dass es der Wahrheit entspricht. Wenn ich mir die weltweite Entwicklung ansehe, wie wertlos ein einzelner Mensch mittlerweile angesehen wird und wie respektlos mit ganzen Völkern und mit der Natur umgegangen wird, dann kann ich mir durchaus vorstellen, dass dieses Interview der Wahrheit entspricht. Der Mensch wird nur noch als Konsument angesehen und ist nur noch dann etwas wert, wenn er dazu beiträgt, das Bruttosozialprodukt und das Wirtschaftswachstum zu steigern. Die Menschlichkeit wird uns abtrainiert und wir werden zu folgsamen Sklaven erzogen, die danach streben, die wirtschaftlichen und finanziellen Anforderungen des Systems zu bedienen.

Doch es ist noch nicht zu spät. Wir alle können uns mit unseren eigenen Worten, wie es *Skryabin* erwähnte, nicht nur an liebevolle Extraterrestrische, sondern vor allem auch an unsere Seelenheimat, die liebevolle Ur-Quelle, wenden und um Hilfe und Unterstützung bitten. Ferner hat natürlich jeder einzelne von uns das Potential, sich selbst auf die Liebe auszurichten und in seinem eigenen Leben aufzuräumen. Wir selbst haben so viel in der Hand, wir müssen es nur tun – und zwar jetzt!

IRAKISCHER TRANSPORTMINISTER KAZEM FINJAN

Der irakische Transportminister *Kazem Finjan* hat kürzlich bestätigt, dass die Erde bereits vor Tausenden von Jahren Besuch aus dem All hatte. Er soll im Oktober 2016 gesagt haben, dass ein neuer Flughafen genau an der Stelle errichtet werden soll, an der früher Raumschiffe ins Weltall gestartet seien. Der damalige Raumflughafen sei vor 7.000 Jahren in Sumer erbaut worden. Der Minister erklärt auf der Internetseite »Pravda TV«:

> *„Dieser Platz ist sehr besonders. Er ist sehr sicher für Starts und Landungen von Flugzeugen, weil die Wetterbedingungen hier besonders gut sind. Das Klima in Dhi Qar ist dafür sehr günstig. Als die Sumerer sich hier ansiedelten, wussten sie schon, dass dies ein geeigneter Ort für Flüge in den Weltraum ist. Von hier aus starteten die sumerischen Raumschiffe zu anderen Planeten."*[109].

ILLOBRAND VON LUDWIGER (MUFON/IGAAP)

MUFON ist ein Abkürzung für »Mutual UFO Network«. Das ist eine US-amerikanische Organisation, die UFO-Phänomene wissenschaftlich erforscht. *„Sie ist eine der größten und ältesten Organisationen weltweit in diesem Themengebiet und verfügt über Ableger in mehreren Ländern der Welt, auch in Deutschland durch die MUFON-CES"*[110], schreibt Wikipedia. Einer der Gründerväter der deutschen MUFON-CES-Organisation ist der deutsche Astrophysiker und Buchautor *Illobrand von Ludwiger*, der von 1974 bis 2014 der 1. Vorstand der MUFON-CES war.

Mittlerweile hat er sich von MUFON-CES jedoch zurückgezogen und die »Interdisziplinäre Gesellschaft zur Analyse anormaler Phänomene e.V.« (IGAAP) gegründet. Dort werden auch weiterhin UFO-Sichtungen analysiert und dokumentiert. Wenn Sie selbst ein unbekanntes Flugobjekt sehen, können Sie die Gesellschaft per Telefon oder E-Mail kontaktieren. Ferner können Sie einen Fragebogen ausfüllen und Ihre Angaben direkt an Herrn *Illobrand von Ludwiger* senden. Den Fragebogen finden Sie auf der Internetseite »www.igaap-de.org/sichtung-melden«.

Herr *von Ludwiger* kann über viele interessante Zeugenberichte erzählen. Er hat in über 40 Jahren viel erlebt und in einem Interview, das auf Youtube[111] veröffentlicht ist, berichtet er über einige gut dokumentierte Fälle. Unter den Mitgliedern sollen sich neben Astrophysikern und weiteren fachlich ähnlichen Akademikern auch Detektive, Psychiater, Kunstmaler und Ingenieure befinden. Mit solch einem Repertoire an Fachleuten kann die Aussage von Zeugen gut analysiert und rekonstruiert werden. Die Detektive sind in der Lage, nachzuforschen, ob die von den Zeugen angegebenen Daten stimmen können und die Psychiater analysieren bei besonderen Fällen die Persönlichkeit der Zeugen, wenn zum Beispiel von direkten Kontakten mit Außerirdischen oder auch von Entführungen berichtet wird. Auf diese Weise könne man relativ sicher sein, ob das Erzählte der Wahrheit entspreche oder nicht. Die Kunstmaler wiederum können die geschilderten Begebenheiten nach den genauen Angaben der Zeugen aufzeichnen und die Ingenieure beurteilen die technischen Details, die von den Zeugen berichtet werden. Die Berichte, die bei MUFON-CES eingehen, werden also gründlich auf ihren Wahrheitsgehalt geprüft und analysiert.

Von Ludwiger schildert im Video einige erstaunliche Vorfälle. Da wurden beispielsweise Autos von der Straße geholt und mehrere Meter neben der Straße wieder abgestellt, ohne dass man Fahrspuren im Schnee gesehen hätte. Auch der Boden werde nach UFO-Sichtungen, vor allem nach Landungen, untersucht. In Breitbrunn am Chiemsee beispielsweise hätte man noch nach fünf Jahren die Abdruckstelle, einen Kreis von etwa 10 Metern Durchmesser, sehen können.

Mittlerweile sind von MUFON so viele Fälle gesammelt und geprüft worden, *„da kann man eigentlich nicht verstehen, weswegen die Wissenschaft immer noch zögert, sich mit der Sache zu beschäftigen"*, kommentiert *von Ludwiger*. In letzter Zeit würde öfters von Form- und Farbwechslern, wie die Fachleute es nennen, berichtet. Das seien Objekte, die sowohl ihre Farbe, wie auch ihre Form verändern könnten. So würden zum Beispiel manche Flugobjekte stroboskopartig pulsieren und viele Farben in sich vereinigen, jedoch anders als das beim Regenbogen der Fall sei, und das hätte man früher nicht gesehen.

Auch berichteten viele Menschen unabhängig voneinander, dass Objekte vor ihren Augen zu einem Punkt zusammengeschrumpft und schließlich ganz verschwunden seien. In manchen Jahren sei das immerhin bei 10 Prozent aller Sichtungen der Fall gewesen. *„Dann gibt es andere, die transparent, also unsichtbar werden, dann wie-*

der erscheinen", berichtet *von Ludwiger* weiter. Wenn man ihm zuhört, wird deutlich, wie groß seine Erfahrung nach vier Jahrzehnten Vorstandschaft bei MUFON-CES ist. Und mindestens ebenso beeindruckend ist es, wenn er diese Vorgänge dann auch noch erklären kann. *„Und das zu erklären, diese Haupteigenschaft dieses Phänomens, das geht eben nur, wenn man ganz andere physikalische Modelle hat,* **als man heute gewillt ist, zuzugeben.**" (Herv. d. Verf.). Mit der *Heim'schen Theorie*, die ich weiter oben bereits erwähnt habe, lasse sich erklären, dass ein Objekt, das ja zunächst materiell vorhanden war und laut Energieerhaltungsgesetz nicht einfach verschwinden kann, in einer höheren Dimension weiter existiert.

> *„Das heißt, wir müssen wohl oder übel zugeben, dass es mehr Dimensionen als die vier gibt, also Länge, Breite, Höhe und Zeit, sondern da gibt es noch etwas. Und da sind wir eigentlich der Meinung, wir hätten die richtige Theorie, zumindest im Ansatz gefunden – das ist eben die Heim'sche Theorie, die ja mit sechs Dimensionen arbeitet und da kann man auch eine ganze Menge wenigstens qualitativ erklären."*

Das bedeutet, dass nicht nur Objektsichtungen real sind, sondern auch deren Verschwinden, sei es durch Zusammenschmelzen zu einem Punkt oder durch die Fähigkeit, komplett unsichtbar zu werden. Das ist sicherlich für viele Zeugen ein Trost und auch eine Bestätigung, vor allem dann, wenn sie nicht nur von Ämtern, sondern auch im Freundeskreis bislang als Phantasten und Spinner bezeichnet werden. Noch immer würden „Fernsehprofessoren", wie *von Ludwiger* sie nennt, Meinungen vertreten, dass es so etwas nicht gebe, dabei wüssten sie nicht Bescheid, würden keine Untersuchungen kennen und hätten nicht mit Zeugen gesprochen. Aber daran würde sich leider so schnell auch nichts ändern. Oder doch? Lassen wir uns überraschen.

DR. ROGER LEIR, CHIRURG

Ein Mitglied der MUFON-Gesellschaft war der mittlerweile verstorbene US-amerikanische Chirurg *Dr. Roger Leir*[112]. Er hat sich mit einem sehr umstrittenen Thema auseinandergesetzt und untersuchte Menschen, die von sich behaupten, von Außerirdischen entführt worden zu sein. Ich muss sagen, es klingt schon sehr außergewöhnlich, was er berichtet, denn er sagt, er habe *„15 Alien-Implantate bei 14 Ufo-Entführungsopfern gefunden und herausoperiert. Die Operationen führte der erfahrene Mediziner auf eigene Kosten durch und analysierte die per Röntgen entdeckten Implantate. Der Analyse zufolge bestanden die Chips aus einer unbekannten Legierung. Nach den Operationen fand er zusammen mit dem Materialwissenschaftler Dr. Alex Moser heraus, dass die Alien-Implantate mysteriöse Signale im Megahertz- bzw. Gigahertz-Bereich sendeten."*[113], wurde im September 2017 auf der Internetseite »Pravda TV« veröffentlicht.

Die Patienten, bei denen er diese Implantate gefunden hat, sagten alle zuvor aus, dass sie von extraterrestrischen Wesen auf ein Raumschiff entführt worden seien. Und bei allen hatte er dann diese kleinen Teile gefunden, was einer Trefferquote von 100 Prozent entspricht. Kein einziger hatte seine Geschichte nur erfunden.

Auf dem »Internationalen UFO-Kongress 2009« in Nevada hat *Dr. Leir* vor allem den Fall eines Implantats im Fuß eines 47 Jahre alten Familienvaters vorgestellt, welches er operativ entfernt hatte. Auf bildgebenden Verfahren soll das Objekt zuvor erkennbar gewesen sein. Das Teilchen wurde natürlich untersucht und es soll sich herausgestellt haben, dass es magnetisch war. Doch nicht nur das, sondern es soll Signale mit einer Frequenz von 14,749650 MHz gesendet haben[114]. Und genau diese Sendefunktion lässt vermuten, dass es sich bei dem entfernten Implantat um einen Mikrochip handeln muss.

Auch wenn die Wissenschaft bestreitet, dass die heutige (offiziell bekannte!) Technik in so kleinen Gerätschaften in der Lage sei, zu senden und dass sowohl die Stromversorgung nicht gesichert und keine Antenne vorhanden sei, sollte man doch bedenken, dass extraterrestrische Wesen, die in der Lage sind, die Erde zu besuchen, uns technologisch weit überlegen sind. Denken Sie nur daran, wie groß die ausziehbaren Autoantennen noch vor wenigen Jahrzehnten waren und heute sieht man nur noch eine kleine Erhebung auf dem Autodach oder gar nichts mehr. Damals sagte man auch, eine viel kleinere Antenne würde nicht funktionieren. In unserer Geschichte sind innerhalb der letzten 200 Jahre enorme technische Errungenschaften entdeckt (oder übermittelt?) worden. Wenn uns diese Zivilisationen nur um 1.000 Jahre voraus wären, würden sie über Möglichkeiten verfügen, die wir noch nicht einmal benennen könnten, weil sie in unserem Denken gar nicht existieren.

Abb. 7: Dr. Leir mit Implantaten, die er aus „Entführungsopfern" herausoperiert haben soll.

 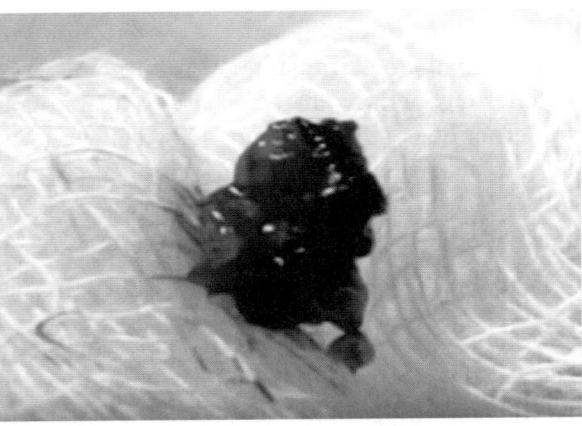

Abb. 8: Dr. Leir auf dem Internationalen UFO-Kongress 2009

Abb. 9: Implantat, das Dr. Leir aus dem Fuß eines Mannes operiert haben soll

In einem zusammenfassenden Video hören wir, dass *Dr. Leir „aufgrund einer Dokumentation im Jahr 1999 bei einer Operation komplett begleitet [wurde] und auch bei dieser Operation fand er ein Alien-Implantat, das live von dem Kamerateam mitgefilmt wurde"*[115]. Nach normalem Ermessen müsste das **die** Sensation sein und durch die Medien bekannt gemacht werden. Doch wie bei vielen anderen hochinteressanten und weltverändernden Themen berichtet die konservative Presse hierüber nichts, es herrscht Stillschweigen. Stattdessen wird beispielsweise über die Eskapaden von Hollywoodsternchen berichtet, die ja **viel** wichtiger sind. Warum das so ist, das erläutere ich später noch.

WISSENSCHAFTLER: INTELLIGENTE REPTILIEN AUF ANDEREN PLANETEN?

Doch auch die offizielle Forschung räumt mittlerweile ein, dass sich im Universum außer dem Menschen auch andere intelligente Spezies entwickelt haben könnten. Ja, nicht nur das, sondern sie halten es sogar für wahrscheinlich, dass sich auf anderen Planeten ausgerechnet Reptilien zu intelligenten Wesen weiterentwickelt haben könnten. Bestsellerautor *Jason Mason* schreibt in einem Bericht vom 3. Oktober 2017, dass der berühmte amerikanische Chemiker *Dr. Ronald Breslow* in einer bereits 2012 erschienenen Publikation davon berichtet, *„dass fortschrittliche Versionen des Tyrannosaurus Rex und anderer Dinosaurier und* **Reptilien mit der Intelligenz und der Schlauheit von Menschen** *sich wahrscheinlich auf anderen Planeten im Universum entwickelt haben"*.[116] Der 1931 geborene *Dr. Breslow* ist jedoch keineswegs irgendein Spinner, denn:

> *„Dr. Breslow studierte an der Harvard Universität und war auch in Cambridge und an der Columbia Universität tätig. Er war Präsident der American Chemical Society und saß im Vorstand der National Academy of Sciences. Außerdem ist er noch Mitglied in weiteren angesehenen Gesellschaften wie der American Philosophical Society, der European Academy of Sciences und der American Academy of Arts and*

Sciences sowie der Royal Society of Chemistry und der Indian National Science Academy."

Dr. Breslow ist eine Koryphäe auf seinem Gebiet und seine Forschungen werden von Wissenschaftlern anerkannt. Es ist jedoch zu vermuten, dass seine Theorien von der Elite nicht gewünscht sind, denn seine Publikation sei bereits am 16. Mai 2012 wieder zurückgezogen worden. Sie können davon ausgehen, dass ein Mann wie *Dr. Breslow* seine Veröffentlichung genau erforscht hat. Der viel wahrscheinlichere Grund, warum er diese zurückgezogen hat, dürfte vermutlich darin zu finden sein, dass er unter Druck gesetzt wurde. Er wäre nicht der erste Wissenschaftler, der Ungeheuerlichkeiten aufdeckt und daraufhin einen speziellen „Besuch" bekommen hat mit der Konsequenz, dass er seinen eigenen Bericht zurückzieht. Doch das wäre geradezu ein Beweis dafür, dass er auf der richtigen Spur ist. Und es könnte sogar ein deutlicher Hinweis dazu sein, dass diese Reptiloiden (und andere) hier auf unserer Erde das wirkliche Sagen haben – und dass dies noch immer geheim gehalten werden soll.

Ist es überhaupt „unsere" Erde? Wem gehört die Erde? Würden Mastschweine auch sagen, es sei „ihr" Stall, obwohl es, aus unserer Perspektive, doch eigentlich der Stall des Landwirts ist? Wer ist dann im übertragenen Sinne unser „Landwirt"? Sind es die Reptiloiden – oder anderweitige hochintelligente Wesen? Was beziehen sie von uns? Brauchen sie unsere Arbeitsleistung oder nähren sie sich von unserer Angst? Melken sie unsere Emotionen? Oder verzehren sie uns oder unsere Organe direkt? Brauchen sie unser Blut oder unsere Gene? Oder spielen sie einfach nur mit uns? Viele Antworten sind möglich und genauso viele Theorien wurden aufgestellt. Und vielleicht stimmt jede ein klein wenig. Nach wie vor offen ist zudem die Frage, wem diese Wesen unterstellt sind – gibt es eine übergeordnete Wesenheit oder haben wir es „nur" mit machtbesessenen Rowdies zu tun?

Eventuell hat uns *Dr. Breslow* zur Aufklärung über sogenannte Reptiloide einen großen Schritt näher gebracht. Warum soll sich eine Reptilien- oder ähnliche Rasse nicht hochintellektuell entwickelt haben? Wäre es nicht höchst anmaßend, zu denken, im gesamten Universum gäbe es nur den Menschen, der die Fähigkeit entwickelt hätte, logisch und intelligent zu denken? Sollten wir tatsächlich solch einen Unsinn glauben?

Auch unsere Sprache weist darauf hin, dass auf der Erde Reptilien- bzw. Drachenwesen geherrscht haben, die uns Menschen nicht wohlgesonnen waren. Jeder kennt den Ausdruck **„drakonische Strafe"**, der für eine besonders harte Verurteilung verwendet wird. Und es kommt auch nicht von ungefähr, dass in vielen Wappen feuerspeiende Tiere wie Drachen und Schlangen verwendet werden. Wappen waren in früheren Zeiten den Herrschenden vorbehalten und die Symbole zeigten entweder ihre eigene Herkunft oder die ihrer Herren. Drachen gehören zu den sog. Fabelwesen und diese werden heute als erfundene Geschichten betrachtet, doch meine Recherchen zeigen, dass an Fabeln immer auch etwas Wahres ist. Die Menschen in früheren Zeiten hatten keine andere Möglichkeit, ihre Erlebnisse weiterzugeben, als durch Erzählung – und heute sagt man Fabel dazu.

Genauso ist es nicht ausgeschlossen, dass es eine oder mehrere Rassen im Universum gibt, die sogar ihre äußere Form verändern können, wenn auch nur eine Zeit lang. Hat *David Icke* Recht, wenn er schreibt, dass die Windsors in Wahrheit Reptilien seien? Ist die Aussage von *Christine Fitzgerald*, der Freundin von *Lady Diana*, richtig, dass sie ihr anvertraut hätte, sie würde diese Familie nur die „Reptos" nennen? Es wird von verschiedenen Autoren von einem Ritual berichtet, welches „das Erwachen der Braut" genannt wird. Dabei soll den Frauen, die dabei sind, in die Familie einzuheiraten und evtl. Nachkommen zu zeugen, das „wahre" Gesicht der königlichen Familie gezeigt werden. Bei Lady Diana soll dieser Tag Anfang Juli 1981 stattgefunden haben.

An dieser Stelle möchte ich betonen, dass sicherlich nicht alle reptiloiden Rassen uns Menschen gegenüber feindlich eingestellt sind. Menschen, die Kontakte zu Wesen hatten, die im Erdinneren leben sollen, berichten in der Regel, dass dort auch reptiloide Wesen leben, doch diese seien nicht feindlich gegen die Menschen eingestellt. Wir dürfen demnach auch nicht einfach vorschnell urteilen, doch wenn Wesen von außerhalb der Erde zu uns kommen, egal wie sie aussehen mögen, dann ist zunächst allerhöchste Vorsicht geboten – Alarmstufe Rot! Auch wir Menschen haben in der Vergangenheit immer die Länder vereinnahmt, die wir meinten, entdeckt zu haben. Meist waren sie ja vorher bereits bewohnt, und die sog. Entdecker sind lediglich auf ein Land gestoßen, das sie zuvor nicht kannten. Trotzdem erhoben sie Besitzanspruch und verdrängten oder ermordeten die Urbevölkerung. Denken Sie nur an Nordamerika, Südamerika, Australien und verschiedene andere Gebiete, in denen kaum noch eine Urbevölkerung zu finden ist. Wenn Invasoren hier auf der Erde landen, dann müssen wir demnach zunächst davon ausgehen, dass sie unseren Planeten entweder einnehmen möchten oder irgendwelche Stoffe von ihm benötigen. Wenn wir Glück haben, wollen sie keine Bestandteile, wie zum Beispiel Gene, von uns. Wenn wir ganz großes Glück haben, dann sind es Wesen, die uns unterstützen möchten, doch die Wahrscheinlichkeit, dass es sich um einen kriegerischen Kontakt oder um den Wunsch, uns zu unterdrücken handelt, ist riesengroß.

DAVID WILCOCK

Der amerikanische Bestsellerautor *David Wilcock* schreibt in seinem Buch »Mysterien des Aufstiegs«, dass er mehrere Männer kennt, die nicht nur außerirdische Flugscheiben und Technologien gesehen haben wollen, sondern selbst mit extraterrestrischen Wesen in Verbindung stehen würden. Einer von *Wilcock*s Informanten, der anonym bleiben möchte und den er deshalb *Bob Dean* nennt, hatte 2010 in einem Interview mit »Project Camelot« enthüllt, dass es so etwas wie Portale gäbe, die sich „*14 Stockwerke unter der Erde in S-4*" befänden. Mit diesen könne man quasi von einem Augenblick zum anderen von *S-4* in Nevada nach *Pine Gap* in Australien reisen. Was in unserem normalen Alltagsdenken vollkommen ausgeschlossen scheint, wäre mit der von *Bob Lazar* beschriebenen Raum-Zeit-Verzerrung erklärbar. Zwei von *Wilcocks* Informanten sagten, unser Sonnensystem soll sich in eine stark geladene Energiewolke hineinbewegen und dies soll *„einen gigantischen Energieblitz der Sonne auslösen ..., der uns auf die nächste Stufe der Evolution befördert."*[117] Der derzeit erwartete Zeitraum soll zwischen 2018 und 2023 liegen. Diese Zeitangabe sei jedoch abhängig vom Gesamtbewusstsein der Menschen. *„Was [der Informant] Jacob ebenfalls deutlich machte, war, dass wir innerhalb relativ weniger Jahre nach diesem Sonnenereignis umfassende übernatürliche Kräfte entwickeln werden."*

Das Fazit von *David Wilcock* lautet: *„Fakt ist jedenfalls, dass unser kosmisches Drama um einiges älter, abgefahrener und epischer ist, als die meisten Menschen es für möglich halten: Es erzählt die Geschichte eines **kosmischen Kampfes zwischen Gut und Böse**, der seit mindestens 500.000 Jahren tobt."*[118] (Herv. d. Verf.) Und wir befinden uns offenbar mitten drin in diesem großen, galaktischen Spiel. Ich habe den Eindruck, dass sich derzeit tatsächlich diese beiden gegensätzlichen Pole Nase an Nase gegenüberstehen wie zwei mächtige Giganten. Bei diesem letzten Kampf scheint es um alles zu gehen. Was sich über Äonen aufgeladen hat, will sich jetzt in einem entscheidenden Endspiel ausgießen. Wir stehen kurz vor der Entladung, in der die beiden Pole, die sich derzeit in maximalem Abstand befinden, schlagartig zusammenkommen.

Für uns geht es darum, wie das Leben für die Menschen hier auf der Erde (und vielleicht in unserer Galaxis oder im gesamten Universum) für lange, lange Zeit aussehen wird. Und wir können es beeinflussen, wie es sich entwickeln wird. Kann diese Entladung sanft stattfinden oder wird es zu Katastrophen kommen? Es liegt an jedem einzelnen von uns allen, in welche Richtung sich die Zukunft für unsere Nachkommen für viele Generationen entwickeln wird. Wenn wir in unseren Herzen im Frieden bleiben, auch wenn wir für unsere Rechte einstehen, dann tragen wir dazu bei, dass diese große Konfrontation auch friedlicher sein wird.

Ferner erlebe ich es so, dass sich die Menschen derzeit entweder für die eine oder die andere Seite entscheiden müssen. Sich im Mittelfeld zu bewegen, was in der Vergangenheit für die breite Masse üblich war, ist immer weniger möglich. Nein, heute muss man sich zunehmend klar für die eine oder die andere Seite bekennen. Das hat natürlich auch zur Folge, dass man einander leichter durchschauen und einordnen kann. Man weiß viel schneller darüber Bescheid, wie man sein Gegenüber einzuschätzen hat. Momentan gibt es noch Mischformen, die man sich wie verschiedene Grauschattierungen zwischen Weiß und Schwarz vorstellen kann, doch tendenziell stehen in vielen Bereichen unseres Lebens klare innere Entscheidungen an.

Jeder wird in den verschiedenen Themen des Lebens über kurz oder lang bekennen müssen, ob er den Herzensweg der Liebe und der Wahrheit gehen will, oder ob er hingegen den Ego-Weg der Macht, der Kontrolle und der Unterdrückung, aber auch des Extremismus bevorzugt. Das ist nicht nur eine Entscheidung für uns selbst, sondern damit nähren wir auch übergeordnete Energien. Wir unterstützen und nähren demnach allein mit unserer Einstellung entweder die eine oder die andere energetische Seite. Diese beiden sich gegenüberstehenden Pole werden dadurch immer mächtiger. Und das Endspiel steht bevor. Grundsätzlich ist es natürlich noch offen, wer diese Gegenüberstellung gewinnen wird – die liebevolle Seite oder die unterdrückende Seite. Wenn man sich allerdings ansieht, welche gigantischen Anstrengungen über die allgemeinen Medien unternommen werden, die Wahrheit zu unterdrücken, dann sieht man, dass eben diese Wahrheit kurz davor ist, an die breite Öffentlichkeit zu gelangen.

Wenn jede einzelne Entscheidung von uns Menschen entweder die eine oder die andere Seite stärkt, sollte uns bewusst sein, dass jeder von uns dazu beiträgt, wie die Zukunft aussehen wird. Wenn wir uns dieser Verantwortung bewusst sind, fällt es uns womöglich leichter, den Herzensweg zu gehen, und wir treffen jeden Tag viele kleine Entscheidungen, die deutlich zeigen, von welcher Energie unsere Gedanken gesteuert werden. Schimpfe ich über den riskanten Autofahrer, der mich gerade zum Abbremsen gezwungen hat oder wünsche ich ihm in Gedanken *Gute Fahrt!*? Jede noch so kleine Alltagssituation stellt uns immer wieder erneut vor die Wahl, ob wir uns aggressiv oder liebevoll entscheiden. Noch haben wir die Möglichkeit, unsere Gesinnung tagtäglich aufs Neue zu überprüfen und wir können uns jedes Mal für die eine oder andere Seite entscheiden. Wir tun demnach gut daran, unserem Gegenüber zunächst neutral zu begegnen und es nicht sofort in eine „Schublade" zu stecken, außer es positioniert sich ganz klar und mit Engagement für eine bestimmte Richtung. Dann wissen wir Bescheid und können abwägen, ob diese Einstellung mit der unseren korreliert oder ob wir uns besser distanzieren.

Doch gerade junge Menschen wissen noch nicht so recht, in welche Richtung sie gehen möchten, deshalb können sie ja so leicht manipuliert und radikalisiert werden. Oder glauben Sie, ein glückliches Kind, ein normaler Jugendlicher, käme sonst beispielsweise auf so eine verrückte Idee, sich selbst mit einer Bombe in die Luft zu jagen und möglichst viele dabei mitzunehmen? Diese jungen Menschen sind so sehr manipuliert, dass sie nicht mehr Herr ihrer selbst sind. Eine fremde Energie, eine fremde Macht hat dann von ihnen Besitz ergriffen und steuert ihr Denken und Tun. Dieser Macht wurde durch eine radikalisierende Gehirnwäsche Tür und Tor geöffnet.

Doch nun zurück zu den extraterrestrischen Wesen: *David Wilcock* berichtet in seinem Buch »Mysterien des Aufstiegs« von dem Zeugen *Karl Wolfe*, der aussagt, ein Kollege hätte ihm unerlaubterweise Bilder von der Rückseite des Mondes gezeigt. *„Auf diesen Bildern waren eindeutig Bauwerke zu erkennen – pilzförmige Gebäude, kugelförmige und Türme."* Wolfe sei bereit gewesen, unter Eid vor dem Kongress auszusagen. Auch schreibt *Wilcock* über die Fotolaborantin *Donna Tietze*, die während der Apollo-Missionen am »Johnson-Raumfahrtzentrum« der NASA gearbeitet habe. Sie enthüllte in einem Radiointerview, dass sie gesehen habe, wie eine Kollegin UFOs von Mondaufnahmen wegretuschiert hat.

Auf dem Mond sollen sich die unterschiedlichsten Bauwerke, Obelisken, Pyramiden usw. befinden. *Wilcock* schreibt in seinem Buch, dass ihm mehrere Informanten berichtet hätten, dass auf dem Mond unter anderem Türme aus einem durchsichtigen, glasähnlichen Material bestehen sollen. Die entnommenen Proben sollen ergeben haben, dass es sich um eine *„fortschrittliche, transparente Aluminiumlegierung"*[119] handeln soll. Ein Informant, der sich *Pete Peterson* nennt, soll ihm berichtet haben, dass die Rückseite des Mondes von oben aussehen soll wie das nächtliche Manhattan. Die von uns abgewandte Mondseite soll voller fester und beweglicher Lichter sein – offensichtlich ein dicht besiedeltes Stück Land. Durch die geheimen Raumfahrtprogramme soll beobachtet worden sein, dass die Gebäude so schnell erbaut würden, wie dies nur durch Nano-Roboter geschehen könne.

Wilcock hatte die Gelegenheit, ein längeres Interview mit dem Raumfahrtingenieur *William Tompkins* zu führen, dem Autor des Buches «Selected By Extraterrestrials», und es ist höchst interessant, was dieser ihm berichtete. Bei den ersten Missionen flogen die Astronauten mit Kameras bestückt um den Mond. *„Und während sie so den Mond umrunden, sahen sie all diese Bauwerke – auf der für uns sichtbaren Vorderseite, aber dann auch wirklich ausgeklügelte Konstruktionen auf der anderen Seite, die wir nicht sehen können. Sie fotografierten alles."* Diese ersten Missionen sollten der Vorbereitung dienen. *„Jeder in der NASA schaute sich die Fotos an und versuchte, daraus schlau zu werden. Ein paar Wochen später umrundeten wir den Mond noch einmal, und ... ach Du meine Güte: Hast Du gesehen, wie hoch das Gebäude war? ... [Es] muss etwa fünf Kilometer hoch sein [...] Die haben das Ding doch erst gebaut. Da hatte es aber nur zehn Stockwerke. [...] Und nach drei Wochen ist es fünf Kilometer hoch? Wer baut diese Dinger? [...] Dir ist schon klar, dass wir zehn Jahre bräuchten, um das Gebäude nur halb so hoch zu bauen?"*[120] Die Erklärung dafür, warum diese Gebäude so schnell wachsen konnten, erfahren wir etwas später.

Wenn Sie diese Aussage nun als total unrealistisch und abgefahren einschätzen, kann ich Sie beruhigen. Ich stand dieser Information zunächst auch skeptisch gegenüber. Doch auf der Internetseite »Wired« habe ich einen interessanten Artikel gelesen: *„Das kleinste Haus der Welt wurde von Nano-Robotern gebaut."*[121] Danach schienen mir diese Schilderungen plötzlich nicht mehr so abstrakt. *„Französische Forscher des Femto-ST Instituts haben **Micro-Roboter** verwendet, um das **kleinste Haus der Welt** zu bauen"*, wird in einem Artikel erläutert. *„Für die Forscher ist das Ergebnis ein Durchbruch: Laut dem Ingenieur Jean-Yves Rauch war dies das erste Mal, dass ein Objekt mit einer Fehlergenauigkeit von weniger als 0,002 Micrometer realisiert wurde."* Auch wenn diese Technik noch in den Kinderschuhen steckt, wissen wir alle, dass jegliche Technik, die uns heute selbstverständlich erscheint, klein begonnen hat. Denken Sie nur an das Telefon, das elektrische Licht, das Auto oder das Flugzeug, die zunächst alle belächelt wurden. Wenn die Forscher konsequent ihren Weg verfolgen, gelingt es in der Regel, dass gute Erfindungen innerhalb kurzer Zeit ganze Industriezweige hervorbringen können.

William Tompkins erzählte weiter, dass auf dem Mond ein großes, rechteckiges Gebilde gesehen worden sei, das schwebte! Es müsse mindestens acht Kilometer hoch und 16 Kilometer breit sein. Es sei durchsichtig und man könne die Aufzüge im Inneren erkennen. Man könne in wenigen Tagen eine Brücke bauen, die über ein gähnendes Loch hinwegreiche. Die NASA habe alle möglichen Arten von Ruinen entdeckt, die keine Ähnlichkeit untereinander hätten. *„Man ging davon aus, dass dort zig verschiedene Zivilisationen aktiv gewesen sein mussten."* David Wilcock schreibt selbst, dass er verstehen könne, wenn das schwer zu glauben sei, *„aber Tompkins konnte mir Aberdutzende von hochgeheimen Details bestätigen, die ich auch von anderen Insidern gehört hatte."* Nun ist es ja bekanntlich so, dass wir von der Erde aus die Mondrückseite nie sehen, da er uns seltsamerweise immer dasselbe Gesicht zuwendet. Das allein sollte uns ja bereits hellhörig werden lassen, dass mit unserem Mond etwas nicht stimmen kann. Offensichtlich ist er nicht nur ein Erdtrabant, sondern hat noch eine ganz andere Bewandtnis.

Ich habe natürlich, wie Sie vielleicht auch, Dokumentationen über eventuell gefälschte Mondlandungsfotos gesehen und für mich war klar, dass man in den 1960er-Jahren nicht auf dem Mond gelandet war. Doch wenn ich die oben beschriebenen Aussagen lese, dann entsteht in mir ein ganz anderer Verdacht: Die Mondlandungsbilder könnten vielmehr deshalb gefälscht worden sein, weil man der Bevölkerung eine unbewohnte, graue und tote Oberfläche präsentieren wollte. Man wollte uns einfach nicht zeigen, wie es dort oben tatsächlich aussieht. Vielleicht wollte man der Allgemeinheit einfach vorenthalten, dass der Mond von vielen Zivilisationen als Raumstation genutzt und deshalb vorübergehend von den verschiedensten Wesen bewohnt wird und die sogenannte „Elite" wollte diesen Vorsprung für sich allein nutzen. Immerhin könnte ein so intensiv genutzter Mond im Notfall ja auch ein Fluchtort sein, wohin man sich zurückziehen könnte, falls die Erde durch einen atomaren oder galaktischen Krieg unbewohnbar würde. Und vom Mond aus wären für die Elite auch weitere Ausflüge zu anderen Planeten möglich. Auf dem Mond oder auf anderen Planeten müssten sie keine umfangreichen Geheimhaltungsmaßnahmen treffen, denn die Allgemeinheit ist einfach zu weit weg, um irgendwelche lästigen Fragen stellen zu können.

Nach dem Motto „Wissen ist Macht" sollten diese Entdeckungen wohl vor dem Volk geheim gehalten werden. Auf diese Weise gut vorbereitet, könnte man den Menschen auf der Erde eines Tages eine erfundene Geschichte vom großen Angriff Außerirdischer auf den Planten präsentieren, und sie würden dann endlich freiwillig um eine Weltregierung bitten, damit diese die Menschheit retten würde. Nichts ahnend würden die Menschen somit ihrer eigenen vollkommenen Versklavung zustimmen. Solche Pläne funktionieren jedoch nur dann, wenn das Volk nichts über Mondbasen und extraterrestrische Lebensformen weiß. Aus diesem Blickwinkel gesehen, ergibt diese Geheimhaltung doch wirklich Sinn, oder nicht?

Die meisten Informanten, die *David Wilcock* ihre Erlebnisse schilderten, hatten Angst um ihr Leben. Und trotzdem riskierten sie es, ihr Wissen an ihn weiterzugeben, damit er die Menschen auf seiner Internetseite und in seinen Büchern über die Entdeckungen aufklärt, die schon so lange vor uns geheim gehalten werden. Die NASA und andere Gruppierungen sollen Unmengen Geld ausgeben, um dieses Wissen nicht nach außen dringen zu lassen. Stattdessen würden sie alles tun, um die Wahrheiten zu vertuschen und Whistleblower zu diskreditieren, wobei sie laut *Wilcock* meist mit der gleichen Strategie vorgehen würden: ködern, ablenken und ruinieren.

1. Es werden bewusst falsche Neuigkeiten in Umlauf gebracht, die den Aussagen der Informanten ähneln. *„Diese Desinformationen werden anschließend in den gleichen Medien veröffentlicht, in denen auch besagte Whistleblower aufgetreten sind."*
2. Die neuen Falschinformationen werden von der Öffentlichkeit interessiert aufgenommen und verbreitet.
3. Jetzt werden die Fake News aufgedeckt und damit wird die gesamte Thematik unglaubwürdig.

Die Folge ist, dass man sich auch über die Berichte der echten Informanten lustig macht und schließlich alle Informationen dieser Quelle und über das Thema anzweifelt. Auf diese Weise ist nicht nur die Information des wahren Whistleblowers ruiniert, sondern auch sein Ruf sowie die Plattform, auf der diese Neuigkeit verbreitet wurde. Und trotzdem plaudern immer mehr derjenigen, die über grundlegende und wichtige Dinge Bescheid wissen, auch wenn sie eigentlich darüber nicht sprechen dürften. Viele riskieren, ihre Arbeitsstelle zu verlieren und in der Öffentlichkeit lächerlich gemacht zu werden. Doch sie erkennen eben, dass die Menschheit ein Recht darauf hat, die geheim gehaltenen Fakten zu erfahren.

Und es gibt immer mehr, die aufstehen und die Wahrheit oder auch „Stopp" sagen, wie zum Beispiel der Dresdener Rechtsanwalt *Frank Hannig*, der in einem Videoclip seine Kollegen dazu aufruft, sich gegen die beleidigende Meinungsbeeinflussung zu erheben. Er betont, dass sich auch Journalisten an Gesetze halten müssen, egal welche politische Ansicht sie vertreten und sagt, dass er gegen *Jakob Augstein* (Spiegel) Strafanzeige wegen Volksverhetzung erstattet hat und spricht Klartext:

„Es reicht, es reicht jetzt endgültig... Ich schäme mich für derartigen Journalismus, ich schäme mich für Leute, die so etwas schreiben und ich hab einfach keine Lust mehr darauf, den Mund zu halten. Wir Juristen wissen, was im Gesetzt steht, wir können es anwenden und wir sollten das endlich auch tun."[122]

Was war der Anlass? *Augstein* hatte in einer Kolumne pauschal alle Sachsen mit den übelsten Vergleichen beleidigt[123]. Ich möchte diesen Text hier nicht zitieren. Wer diese vollkommen unsachliche und beleidigende Verallgemeinerung dennoch lesen möchte, kann dies anhand der Quellenangabe gerne tun. Ich möchte an dieser Stelle *Herrn Hannig* meinen Dank dafür aussprechen, dass er sich vor die Kamera stellt und sagt, dass es so nicht geht. Gut, dass er selbstständig ist, dann wäre er angestellt, stünde er jetzt vermutlich auf der Straße. So zwingt man Menschen heute dazu, still zu sein.

Nach diesem kurzen Ausflug wieder zurück zu *David Wilcock*. Am 11. Januar 2018 veröffentlichte er einen großer Artikel mit umfangreichen Aussagen. Und auch wenn die folgenden Textpassagen vollkommen irrational auf Sie wirken sollten, ermuntere ich Sie, diese Zeilen zu lesen und auf sich wirken zu lassen. Wenn auch nur ein Bruchteil dessen wahr ist, ist es immer noch bemerkenswert und wichtig für die Menschheit. Lesen Sie selbst und entscheiden Sie ganz nach Ihrem eigenen Empfinden, was für Sie annehmbar ist und was nicht. Wir waren alle nicht dabei, deshalb können wir nicht wirklich wissen, ob die folgenden Aussagen zutreffen, doch ich halte sie immerhin für möglich.

Wilcock schreibt, dass einer seiner Informanten, *Emery Smith*, von sich behauptet, bisher ca. 3.000 verschiedene Arten von ETs obduziert zu haben, während er in den »Sandia National Laboratories« an der »Kirtland Air Force Base« gearbeitet habe. Und das, meine lieben Leser, kann ich mir, jetzt mal unabhängig von der Zahl, sehr gut vorstellen. Sie kennen vermutlich die Bilder von dem toten Alien, der bei dem Roswell-Absturz geborgen worden sein soll. Immer wieder konnte man lesen, dass das nicht bestätigt wäre und es eine Fälschung sei. Doch andererseits gibt es Zeugenberichte, die bestätigen, dass zumindest ein Wesen gelebt haben soll. Das steht auch in dem umstrittenen Text »Alieninterview«[124]. Darin hat *Lawrence R. Spencer* die Notizen der verstorbenen *Mathilda O´Donnell MacElroy* veröffentlicht, die von sich sagte, dass sie mit dem geborgenen Wesen kommunizieren konnte. Dieses Interview klingt zwar unglaublich, andererseits aber auch durchaus vorstellbar.

Die meisten intelligenten Zivilisationen hätten laut *Emery Smith* eine „Fünf-Sterne-Formation", das bedeutet, sie haben einen Kopf, zwei Arme und zwei Beine. Ich kann mir durchaus vorstellen, dass diese für uns gängige Form den Kontakt etwas erleichtern würde, als wenn wir beispielsweise einer achtarmigen Krake gegenüberstehen würden. Zum Glück seien 95 Prozent aller Raumfahrt-Zivilisationen positiv und wohlwollend. Die Draco-Reptilianer jedoch seien effektiv die *„negativen Typen"* unserer Galaxis.

Weiter schreibt *Wilcock*, dass der erwähnte Absturz von *Roswell* und die Untersuchung anderer hochtechnischer Wracks dazu geführt haben soll, dass die Elite durch das »Secret Space Program«[125] (SSP), das geheime Raumfahrtprogramm, heute selbst interplanetare und interstellare Reisen unternehmen könne. Die Folge sei, dass sie begonnen hätten, in vielen verschiedenen Bereichen innerhalb unseres Sonnensystems einschließlich Mond, Mars und anderen Planeten und Monden heimlich Basen mit Gebäuden zu bauen. Auf diesen Basen sollen mittlerweile Millionen Menschen leben, die dorthin transportiert worden seien und in der Regel nicht mehr auf die Erde zurückkommen.

Das geheime Raumfahrtprogramm sei ursprünglich durch sehr negative Elemente gegründet und kontrolliert worden, die man *Kabale*, *New World Order* oder *Illuminati* nennen würde. Trotz der Super-Hochtechnologie sei das Leben in der SSP wegen des finsteren Einflusses in vielerlei Hinsicht erheblich schlimmer als das Leben auf der Erde. Die oberen Hierarchien sollen wiederum durch sehr negative, reptilienartig aussehende humanoide ETs gesteuert werden. *David Wilcock* schreibt: „*Ich habe mit mehreren Insidern gesprochen, die die Existenz dieser Art von Wesen bestätigten, einschließlich später William Tompkins. Sie sind offen sichtbar im SSP.*"[126]

Corey Goode, ein weiterer Informant von *David Wilcock*, berichtete, er sei bei einer Konferenz dabei gewesen, bei der auch verschiedene Rassen anwesend waren, die sich auf der Erde befinden. Auch zwei sehr hochschwingende Wesen seien dort erschienen, die **„Blaue Avian-Rasse"** und die **„Goldenes Dreieck-Rasse"**, und hätten mitgeteilt, dass die transformative Energie der Sonne ein wenig gedämpft worden sei, damit die Menschheit noch ein wenig mehr Zeit hätte, sich darauf vorzubereiten. Nach der großen Veränderung, die durch eine Art Solar-Blitz geschehen soll, würden wir zunehmend in der Lage sein, ein Bewusstsein für das Leben jenseits des Todes und für die Wiedergeburt zu entwickeln. Auch werde das Potenzial für Telekinese und Levitation vorhanden sein. Unser Alltagsbewusstsein werde dann Elemente aufweisen, die einer psychedelischen Erfahrung ähnlich seien, und wir müssten lernen, diese anzupassen. Der erwartete Solarenergie-Blitz soll unseren Planeten sichtbar aufladen.

Anscheinend erfahre unser gesamtes Sonnensystem einen massiven Klimawandel, nicht nur die Erde. Die Sonne und die Planeten würden immer heller und heißer werden, mit mehr Röntgenstrahlung usw. Die Menschen in dem geheimen Weltraumprogramm hätten festgestellt, dass diese Veränderungen durch eine sehr heiße und magnetische, interstellare Wolke verursacht würden, in die unser Sonnensystem hineindrifte. Eine der wichtigsten Vorbereitungen sei, zu erfahren, wer wir wirklich sind, jedoch auch, wie die Wahrheit aussehe, einschließlich Satanismus und Pädophilie. Der interplanetarische Klimawandel werde immer mehr und intensiver. Die Gesinnung werde immer offensichtlicher, die „wirklich Guten" würden immer besser und die „Bösen" immer schlechter. Das passt genau zu meinem bereits geschilderten Eindruck, dass sich diese beiden Fronten immer näher gegenüber stehen und dass sich jeder entscheiden muss, welche Seite er unterstützt, siehe die Grafik in Abb. 10.

William Tompkins habe gegenüber *David Wilcock* bestätigt, dass das Ereignis ein tiefgreifender Evolutionssprung für die Menschheit sein soll, so wie es von vielen schon seit längerer Zeit erwartet wird. Für die Menschen, die noch in der Negativität verhaftet sind, die sich also in der Aggression, in Zorn, Rache, Neid usw. verlieren würden, für die dürfte dieser Sprung gefährlich werden. Solange Sie diese Zeilen noch lesen können, solange dürfte also noch die Möglichkeit bestehen, sich zu ändern, falls erforderlich.

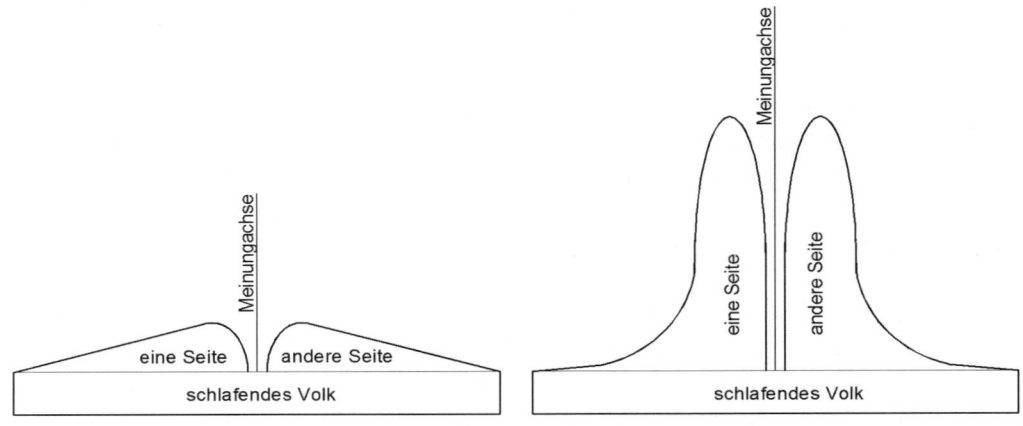

Abb. 10: Gegenüberstellung von zwei gegensätzlichen Einstellungen

Der zigarrenförmige „Asteroid" *Oumuamua*, der sich durch unser Sonnensystem bewegt, und von dem die *NASA* bereits im Dezember 2017 berichtet hat, passt sehr gut in die jetzige Zeit hinein, in der die Offenlegung von so vielen Dingen bevorsteht. Dieser angebliche Asteroid soll vom geheimen Raumfahrtprogramm SSP untersucht worden sein. Es soll übrigens verschiedene SSPs geben, einmal das »Navy/Interstellare Programm«, dort soll *Tompkins* selbst gewesen sein, und das »Air Force/MIC-Programm« (MIC = Militärisch-industrieller Komplex). Man vermutet, dass dieses über 700 Meter lange „Ding" ein uraltes Raumschiff der „alten Baumeisterrasse" sein soll, wie es von *David Wilcock* genannt wird, und es soll etwa eine Milliarde Jahre alt sein. *Oumuamua* wird in Wikipedia als das erste interstellare Objekt bezeichnet, das in unserem Sonnensystem beobachtet wurde[127].

Oumuamua scheint ein Relikt aus sehr alter Zeit zu sein, und könnte es erzählen, würden wir aus dem Staunen wohl nicht mehr herauskommen. Es ist mehr als anmaßend, zu denken, wir seien die einzigen intelligenten Wesen im All. Das sind wir sicherlich nicht – und wir sind auch sicherlich nicht die intelligentesten Wesen. So berichtet *Corey Goode*[128] auch, dass bei großen Treffen mindestens 60 verschiedene ET-Rassen teilnehmen, welche die Menschen seit Tausenden von Jahren genetisch verändern würden, und viele von ihnen seien diejenigen, die in unseren Mythen als „Götter" verehrt wurden. Und tatsächlich, es gibt archäologische Funde und Höhenmalereien[129], die tellerförmige Flugobjekte und Menschen mit Raumanzügen zeigen. Auf jahrhundertealten Malereien und Wandteppichen kann man zweifelsfrei fliegende Untertassen erkennen, und auch die Bibel schildert in der Genesis, dass sich die „Götter" Menschenfrauen nahmen.

Abb. 11: *Oumuamua* ist das erste interstellare Objekt, das in unserem Sonnensystem entdeckt wurde. Man vermutet, dass es ein Überrest der alten Baumeisterrasse ist.

Viele Esoteriker glauben, dass eines Tages Raumschiffe kommen werden, um uns von der zerstörten Erde zu retten. Das ist, meines Erachtens, sehr unwahrscheinlich. Auch *Goode* sagt, dass uns die wohlgesonnenen Rassen vermutlich nicht von den herrschsüchtigen Rassen befreien würden, doch sie würden uns dabei unterstützen, die Wahrheit zu erkennen. Dann jedoch sollten wir selbst dafür sorgen, dass unsere Erde von diesen Elementen befreit wird und wir wieder in Freiheit leben können. Die herrschsüchtigen Wesen würden nach den Sonnen-Aktivitäten von unserem System ausgeschlossen werden.

Auch die Künstliche Intelligenz (KI) würde dadurch gelöscht werden. Um die Verbreitung der KI zu bremsen, ist es meines Erachtens wichtig, beispielsweise Bargeld zu benutzen und die Überwachung durch elektronische Geräte soweit als möglich zu verweigern. Auf jeden Fall sollten wir uns keinen Chip implantieren lassen! Wenn Sie ein internetfähiges Gerät kaufen, wie zum Beispiel eine Überwachungskamera etc., dann sollten Sie das Passwort ändern, damit Sie bestimmen, ob und was die Kamera senden darf und wohin, wenn überhaupt. Je mehr Elektronik jemand nutzt, desto komfortabler wird zwar vieles, doch gleichzeitig gibt es mehr Fallstricke. Auch die Nutzung von *Smart Home* sollten Sie sich gut überlegen, denn vernetzte und fernsteuerbare Geräte bieten Hackern eine ideale Angriffsfläche, um Ihnen Schaden zuzufügen. So praktisch es sein mag, vom Smartphone aus seine Heizung einzuschalten, die Lüftungsanlage zu regeln oder den Rollladen zu bedienen, so leicht können diese Funktionen auch gehackt werden, und wer es darauf abgesehen hat, könnte beispielsweise Ihre Haustüre öffnen und hineinspazieren, ohne auch nur die geringsten Einbruchsspuren zu hinterlassen. Wenn Sie diese Elektronik nutzen, dann achten Sie wenigstens darauf, dass Sie ein sicheres Passwort verwenden. Ebenso wichtig ist es meines Erachtens, dass Sie irgendwo einen mechanischen Schlüssel verwahren, damit Sie auch bei Stromausfall in Ihre Wohnung kommen können.

Doch zurück zu den Aussagen der Mittelsmänner von *David Wilcock*: Sie sagen, dass die Sonne eine Energie aussenden würde, die es den Reptilianern für 1.000 Jahre unmöglich machen würde, auf die Erde zurückzukommen. Danach sollte die Entwicklung der Menschheit soweit sein, dass die Reptilien keine Gefahr mehr darstellen würden. Die 1.000-jährigen Energiefelder sollen ein natürlicher Teil der kosmischen Bahn sein. Irgendwie erinnert diese Aussage an das tausendjährige Reich, das in der *Offenbarung des Johannes* im Neuen Testament erwähnt ist.

Ebenso interessant ist die Aussage, dass die Erde in der Nähe eines „Super-Gate" positioniert sein soll. Unser ganzes Sonnensystem soll sich innerhalb einer Art Plasma-Röhre befinden, die für den intergalaktischen Verkehr von Bedeutung sei. Es sei ein kosmisches Gesetz, dass dieses Tor nicht verschlossen werden könne. Und deshalb dürfe es nicht sein, dass eine üble Spezies die Erde oder das Sonnensystem besetze und diesen Verkehr behindern oder gar blockieren wolle. Ich könnte mir vorstellen, dass solch eine besondere Lage dazu führt, dass wir doch eine kleine Unterstützung von außen bekommen könnten, da für solch einen speziellen Ort eine gewisse Neutralität gewünscht ist.

Abb. 12: Ein Relikt aus Jalisco (Mexiko) von den Azteken. Man sieht ein UFO und darunter eine Figur mit „Engelsflügeln".

Corey Goode erzählt weiter, dass bei einem der intergalaktischen Treffen plötzlich die zwei Wesen *Reiß Eir* vom Volk der Blauen Avianer und *Goldenes Dreieck* in der Mitte des Raumes erschienen seien. Sie hätten ein Volk, die Olmeken, vorgestellt, die erst vor kurzem die Dracos auf ihrem Heimatplaneten besiegt haben sollen. Sie seien in der Lage, uns zu helfen, wie wir unseren eigenen Aufstiegsprozess auf der Erde gehen könnten.

Ferner soll *Reiß Eir* erklärt haben, dass die kosmischen Energiewellen, die unser Sonnensystem abgepuffert hätten, jetzt fast vollständig abgeschafft würden. Die negativen ET-Gruppen würden nun entweder mit Verstärkung kommen (diesen Eindruck habe ich derzeit tatsächlich) oder sie würden entkommen, wenn der Krieg eskalieren sollte. *Reiß Eir* erklärte weiterhin, dass alle Reisen durch das Portal überwacht würden, um alle negativen Menschen oder Nichtirdische aufzuspüren, die normalerweise in der Lage wären, zu entkommen. Die extrem kleine Zahl, die es schaffen würde, tatsächlich zu fliehen, würde für den Rest ihres Lebens auf der Flucht sein.

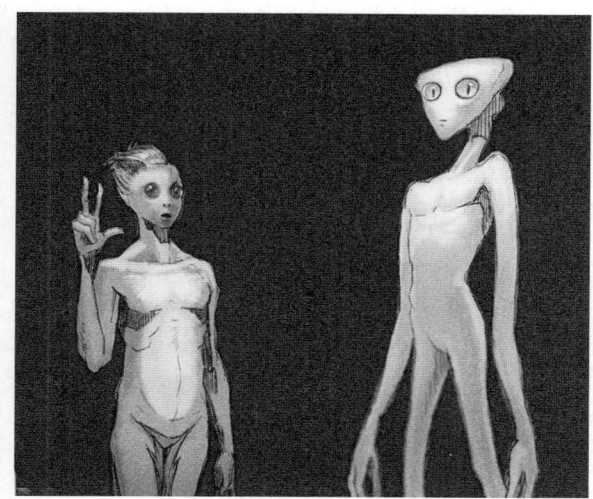

Abb. 13: Die Wesen sollen „Reiß Eir" und „Goldenes Dreieck" darstellen

Reiß Eir soll auch erläutert haben, dass sehr viele Wesen inkarniert seien, um diesen Übergang zu begleiten und ihre Energie und ihre körperliche Unterstützung zur Verfügung zu stellen. Das sei für jedes Sternensystem so vorgesehen, welches durch diesen energetischen Übergang geht. Er soll festgestellt haben, dass wir den **Punkt erreicht hätten, unsere eigenen Retter zu werden**, denn wir stünden am Beginn des Großen Erwachens, das zur Wiedergeburt unseres eigenen Bewusstseins führen würde, zudem sei viel Sternensaat hierhergekommen, um tatkräftige Hilfe beim Übergang zu bieten. Diese Wesen würden nun vollständig erwachen und ihre vorgegebenen Missionen erkennen. Wenn wir beginnen würden, unsere Erfahrungen und Fähigkeiten zu nutzen, um die Entwicklung unseres Bewusstseins zu unterstützen, dann würden wir Wege entdecken, eine für uns optimale Realität zu manifestieren. Diese Fähigkeit sei deutlich gestärkt, weil unser gesamtes Sonnensystem eine erhebliche energetische Steigerung erfahren hätte. Jeder von uns könne entscheiden, eine Mission zu übernehmen und beispielsweise dabei zu helfen, die **Freisetzung von versteckten Technologien zu fordern**. Wir sind dazu aufgerufen, alles dafür zu tun, damit die Menschheit die Spiritualität und das Bewusstsein annimmt, die ihr angeboten wird.

David Wilcock ergänzt den Bericht von *Corey Goode* mit den Worten, dass wir uns gegenseitig stärken sollten in unserer Wahrheit und in unserem Wachstum. Für die Erde und das Universum sei jetzt eine entscheidende Wende gekommen und die Drako-dominierte Sklavengesellschaft könnte ein Ende haben. Es scheint nun auf jeden Fall zuzutreffen, dass wir uns auf einem sehr positiven Zeitplan befinden. Goode findet es sehr interessant, den Blickwinkel von Wesen einzunehmen, die in einem Reich der bedingungslosen Liebe leben. Die Art des Hasses, der uns auf der Erde regelmäßig begegnet, wie zum Beispiel in der sozialen Medien (und mittlerweile auch in den Mainstreammedien), sei ihnen fremd, nicht einmal der Gedanke daran existiere – zumindest in den positiven Gruppen. Wir hätten alle Werkzeuge und intellektuellen Fähigkeiten, um die Manifestation anzuwenden, doch wir seien meist zu beschäftigt, um sie im Alltag anzuwenden. Wir sollten uns Zeit zum Entspannen nehmen und uns entschleunigen, atmen und in unsere Mitte kommen.

Der Aufstieg sei ganz anders als der Tod, schreibt *David Wilcock*, es sei eine spontane Entwicklung – eine Wiedergeburt. Doch es werde nicht nur einfach so passieren. Es muss durch unser Zutun, durch Konzentration und auch Anstrengung verdient werden. Wobei der Begriff „Anstrengung" irreführend sein könne, da ein erheblicher Teil der Anforderung darin besteht, einfach nur entspannt und glücklich zu sein und sich und anderen zu vergeben.

Wilcock glaubt, dass wir wohl alle zu sehr im Verstand seien. Der Aufenthalt in der schönen Natur sei am besten für uns, um „leer" zu werden. Ein Haus in Waldatmosphäre sei der beste Ort, um diese Art von Arbeit zu leben. Es gäbe tibetische Mönche, die seit 13 Jahren für ein „leeres Bewusstsein" (Gedanken) meditieren würden. Das sei viel schwieriger als sich in die nächste Bewusstseinsebene hinein zu entwickeln. *Wilcock* hofft, dass uns diese Konzepte dabei helfen könnten, glücklicher zu sein und liebevollere Entscheidungen zu treffen. Die Belohnung könnte unserer kühnsten Phantasie entsprechen. Allerdings gebe es auch negative Kräfte, die uns auf unserem Wege bremsen würden. Doch je größer der Gegenwind, desto mehr wüssten wir, dass wir auf dem richtigen Weg sind![130 und 131]

Ich weiß, das klingt alles sehr unglaublich und ich kann Ihnen auch nicht garantieren, dass es sich hier um authentische Aussagen handelt oder ob vielleicht nur ein Teil der Wahrheit entspricht. Doch es gibt vor allem für die Anwesenheit von außerirdischen Wesen zu viele Beweise, um diese Themen einfach vom Tisch zu wischen. Es ist auch naheliegend, dass diese Wesen mit den Regierungen der Erde Kontakt aufnehmen – entweder um ausbeutende Deals auszuhandeln oder um ihre Hilfe anzubieten. Sie hatten offensichtlich von Anfang an Kontakt zu den Menschen, warum sollte das jetzt anders sein? Nur leider wird die Mehrheit über die Art dieser Kommunikation weder informiert noch gefragt.

David Wilcock hat mit vielen Insidern gesprochen, die entweder bei der *CIA*, bei der *NASA* oder auf speziellen Basen gearbeitet haben. So auch mit einem Mann, der das Pseudonym *Henry Deacon*[132] benutzt. Er behauptet, auf einer **Mars-Basis** gearbeitet zu haben, auf der 200.000 Mann Besatzung tätig wären, davon seien jedoch nur 10.000 von der Erde gekommen. Er berichtet, dass sie, um von einem Ort zu einem anderen zu kommen, eine spezielle Art von Korridor benutzten, das wie eine Art Sternentor-System zu verstehen sei. Diese Tore sollen von außerirdischen Wesen seit mindestens 10.000 Jahren genutzt werden. Diese hätten sich jedoch an die Regel zu halten, dass sie sich uns erst zeigen dürften, wenn die irdische Menschheit kollektiv dazu bereit sei, ihnen zu begegnen.

Weiter behauptet *Deacon*, dass er selbst ca. 43 verschiedene außerirdische Spezies gesehen hätte, die alle ein menschliches Aussehen haben, jedoch sehr unterschiedliche Größen aufweisen würden. Er habe sich in der Regel sehr wohl und außerordentlich freud- und lichtvoll bei den Kontakten gefühlt. Auch er hat von einer hochenergetischen Wolke gesprochen, in die sich unser Sonnensystem hineinbewegen soll.

„...er bestätigte, dass man davon ausgehe, dass es zu einem gewaltigen solaren Energieausbruch komme, der mit einem einschneidenden evolutionären Ereignis einher-

gehe". *Deacon* sei sich mit *David Wilcock* einig, *„dass der Energieanstieg im Sonnensystem zu einer Energiefreisetzung führe, die sich insgesamt positiv auf die Menschheit auswirke"*.

David Wilcock schreibt in seinem Buch »Mysterien des Aufstiegs« über eine Zivilisation, die er als *Imperium* bezeichnet. Von einem Insider, den er *Bruce* nennt, erfuhr er, dass es in unserem Sonnensystem eine Supererde mit Wasserozeanen gegeben habe, die viel größer gewesen sei als unsere Erde, wie wir sie heute kennen. Auch sie sei von menschlichem Leben bewohnt gewesen. Im sogenannten „geheimen Weltraumprogramm", in dem, vor der Allgemeinheit verborgen, intensiv danach geforscht wird, gibt es auch ein Programm *Brilliant Pebbles*. Im offiziellen Bereich habe vor allem *Dr. Thomas Van Flandern* geforscht, ein Experte für Himmelsmechanik am »US Naval Observatory«. Seine »Explodet Planet-Hypothese« sei 2007 im »International Journal of Astrobiology« der »Cambridge University« veröffentlicht worden.

Diese Supererde hätte die Sonne zwischen Jupiter und Mars umkreist, und tatsächlich existiert zwischen Jupiter und Mars ein sog. Asteroidengürtel. Das ist ein kreisförmiger Bereich, der voller Materieteilchen ist – ganz so, als sei dort einst ein Planet gewesen, der in viele kleine Einzelteile explodiert ist. Übrigens sei der heutige Mars ein Mond dieses Superplaneten gewesen. Dieser Nachweis soll *Mike Bara* und *Richard C. Hoagland* bereits 2001 gelungen sein. Die Menschen auf dieser Supererde seien 20 und 30 Meter groß gewesen. Innerhalb der Geheimprogramme sei man zu dem Schluss gekommen, dass dieses hochgewachsene Volk sehr machtgierig gewesen sei, daher wurde es von *David Wilcock* als *Imperium* bezeichnet. Dieses Volk sei auch aus technischer Sicht sehr weit entwickelt gewesen. Beispielsweise hätten sie ihre Körper mit Nanobots (Roboter in Nanogröße) bzw. Naniten besiedelt. Bei Wikipedia findet man dazu folgende Erklärung:

„Unter Nanobots oder Nanorobotern (auch Naniten) versteht man – noch hypothetische – autonome Maschinen (Roboter) oder molekulare Maschinen im Kleinstformat als eine der Entwicklungsrichtungen der Nanotechnologie. Nanobots, die zur Manipulation einzelner Atome und Moleküle fähig sind, werden auch Assembler genannt. Eine wichtige Idee im Zusammenhang mit diesen ist die Möglichkeit der Selbstreplikation."[133]

Demnach ist diese Entwicklung bereits so weit fortgeschritten, dass sie sogar in Wikipedia beschrieben wird. Durch diese Besiedelung der Körper dieser großen Menschen mit diesen Naniten seien diese stets mit dem, was wir heute das „Internet" nennen, verbunden gewesen. Denn, wie *David Wilcock* von seinen Kontaktleuten erfahren hat, hätten heutige und auch frühere Hochkulturen etwas betrieben, was dem heutigen Internet entspricht. Durch diese permanente Verbindung mit dem Internet seien diese Wesen zu einer zentralisierten Intelligenz verschmolzen.

Diese Naniten sollen sich selbst repliziert und ihren Energiebedarf über bioelektrische Felder versorgt haben. *„Je nach anstehender Aufgabe [konnten sie sich] zu größeren Maschinen zusammensetzen. Alle diese winzigen Roboter waren mit einer Künstlichen Intelligenz (KI) verbunden... Sie wurden von einem zentralen intelligenten Super-,Hirn' gesteuert, über das sie mit unfassbarer Technologie und höchster Intelligenz ausgestattet"*[134] waren. Erinnert Sie das nicht sehr an den Trend, der heute stattfindet? Menschen lassen sich RFID-Chips implantieren, damit sich ihr Auto bei Annäherung öffnet oder sie bargeldlos ihre Beiträge zum Kantinenessen abbuchen lassen können! Wir befinden uns genau in derselben Entwicklungsspur dieses damaligen Volkes.

Ich kann mir sehr gut vorstellen, dass es so gewesen ist. Denken Sie an den Multimilliardär *Elon Musk*, der das Unternehmen »Neuralink« gegründet hat. Obwohl seine angebliche Intention der Wunsch ist, eine *„Herrschaft der Künstlichen Intelligenz über die Menschheit zu verhindern"*[135], befasst sich sein Unternehmen jedoch mit genau dieser Technologie – er arbeitet an der Verknüpfung des menschlichen Gehirns mit einem Superrechner. Und das ist real, Sie können sich auf der Internetseite neuralink.com die Stellenangebote zum Aufbau dieser Firma ansehen. Auf diese Weise kann man ein Volk erzeugen, das nicht mehr selbst denkt, sondern von einem zentral gesteuerten Computer „gedacht wird". Stellen Sie sich vor, dass eines Tages Millionen Menschen über einen Großrechner miteinander verknüpft sind. Das hätte die Konsequenz, dass nicht nur alle unsere Gedanken überwacht werden, sondern man könnte uns natürlich auch Gedanken implantieren, die wir vermutlich nicht von unseren eigenen unterscheiden könnten.

*„Es bräuchte nur einen Knopfdruck,
und man könnte durch Befehle,
die direkt in unserem Gehirn entstehen,
ein Volk in eine Armee umwandeln!"*

Die Autorin

Wenn diese Art von Technologie tatsächlich umgesetzt würde, und das scheint nur eine Frage der Zeit zu sein, dann würden wir schlagartig zu „Bauern" eines planetaren Schachspiels werden. Und wer garantiert uns, dass wir dabei nicht nur zur Belustigung der machtvollen Entitäten dienen würden? Auch die römischen Herrscher hatten damals ihren Spaß, als Löwen über gefesselte oder zur Hälfte eingegrabene Christen hergefallen sind. Damals wie heute sind viele Herrscher einfach nur un-menschlich, und zwar im wahrsten Sinne des Wortes, also *nicht* menschlich: Es sind keine echten Menschen.

Doch zurück zu den Naniten und der zentralen Gehirnsteuerung bei dem einstigen Imperium-Volk. Sie sollen entdeckt haben, dass man den Geist eines Wesens vollständig in KI umwandeln konnte und bedienten sich dabei eines Aspekts des menschlichen Bewusstseins, der nach dem Tod weiterexistiert.

„*Kurz gesagt, ist das DNS-Molekül also eine Art ‚Adresse', eine Schnittstelle für den energetischen Aspekt des menschlichen Bewusstseins. Als die Riesen des Imperiums das entdeckt hatten, konnten sie im nächsten Schritt ein virtuelles Photonenbild ihrer DNS in den Zentralcomputer hochladen, woraufhin dieser Zugriff auf ihr Bewusstsein bekam und dadurch auch die Essenz ihrer Persönlichkeit der KI einverleibte. Dadurch lebten sie nach ihrem physischen Tode in der Matrix weiter und waren quasi unsterblich – ahnten aber wohl nicht, dass sie sich damit die schrecklichste Hölle schufen, die man sich vorstellen kann, ein Gefängnis, aus dem es kein Entrinnen zu geben schien.*"[136]

Sie hatten sich selbst auf einen Horrortrip gebracht: ein gefangenes Bewusstsein, dem die Chance verwehrt blieb, zurück in die Einheit zu gelangen.

Ob natürlich **alle** Aussagen der Informanten von *David Wilcock* der Wahrheit entsprechen, kann ich weder dementieren noch bestätigen, da ich, genauso wie vermutlich auch Sie, nicht dabei war. Doch abgesehen davon, dass es sich für mich nachvollziehbar und stimmig anfühlt, stimmt es auch mit dem überein, was auf unserer Welt und mit uns Menschen passiert. Besonders was die Führungseliten der Erde anbelangt, kann es fast gar nicht anders sein, als dass hier „dunkle Entitäten" im Hintergrund ihren Einfluss wirken lassen. Sonst könnte es nicht sein, dass weltweit immer mehr ausschließlich der Profit zählt und immer weniger die Menschen und die Menschlichkeit. Ich frage mich ernsthaft, ob vor allem in den entscheidenden Spitzenpositionen des Finanzwesens, der Wirtschaft und der Politik noch Menschen sitzen, oder nicht vielleicht doch der eine oder andere Draco oder Dämon, der nur den Anschein erweckt, Mensch zu sein.

Die heutige KI-Forschung geht übrigens in genau dieselbe Richtung wie damals, und wir sollten bei dieser Entwicklung strenge Regeln aufstellen, denn das Potential ist zu groß, dass sie zu unserem größten Feind werden könnte. Auch wenn die KI außerhalb unseres Körpers in einem Roboter eingesetzt wird, kann sie uns dann bedrohen, wenn sie entsprechend programmiert ist – oder wenn sie uns irgendwann als ihren Feind einstuft… Es ist sogar sehr wahrscheinlich, dass sie programmiert wird, um die gewünschte Bevölkerungsreduktion zu erreichen. Wird sie jedoch innerhalb unseres Körpers eingesetzt, kann sie die Steuerung unseres Gehirns übernehmen und dann sind wir soweit, dass wir uns vollkommen aufgeben. Denn ab diesem Zeitpunkt übernimmt jemand anderer das Denken für uns. Und wir haben nicht die geringste Ahnung, wer sich hinter dem Programmierer bzw. seinem Auftraggeber verbirgt. Ist es unser Freund oder Feind? Welche Absichten hat er?

Mindestens genauso groß ist das Risiko, dass die KI dieses Großrechners gehackt wird. Welche Ziele hat dann dieser Hacker? Will er das Volk zerstören, das vom Großrechner verwaltet wird? Oder wird das Programm so überschrieben, dass wir auf uns selbst losgehen? Macht es uns zu Selbstmördern oder zu Sklaven? Sie sehen schon, wenn wir unsere Gedankenkapazität an einen Großrechner abgeben oder auch nur ihm erlauben, uns bestimmte Dinge „einzuflüstern", dann geben wir den letzten Rest unserer Freiheit auf. Das dürfen wir nicht zulassen.

HOCHTECHNISIERTE WESEN

Eines scheint jedoch unbestritten zu sein: Bei allen außerirdischen Besuchern, die sich für die Erde interessieren, handelt es sich um hochintelligente und hochtechnisierte Zivilisationen. Je nachdem, wo sie herkommen, beherrschen sie die Überwindung von großen Distanzen und sie scheinen über eine Flugtechnik zu verfügen, die in vielen Fällen den bekannten, von Deutschen entwickelten Flugscheiben, wie Vril, Haunebu usw., ähnlich ist. Spezialisierte Autoren, wie auch *David Wilcock*, schreiben, dass diese Flugscheibentechnik von außerirdischen Zivilisationen gebracht worden sei und heute noch in versteckten Bereichen der Antarktis aktiv genutzt werde. Es scheint so zu sein, dass die Erde schon vor sehr langer Zeit, also lange vor dem 20. Jahrhundert, vermutlich sogar vor Tausenden von Jahren, von bestimmten Zivilisationen aufgesucht worden ist. In den zuvor bereits erwähnten Felsenmalereien und anderen Artefakten kann man genau erkennen, dass Menschen mit Raumanzügen und sogar Flugscheiben dargestellt wurden.

Den Erdenmenschen müssen die Neuankömmlinge wie Götter erschienen sein. Und offensichtlich war das Ego dieser Besucher so groß, dass sie sich in der Bewunderung der Erdenmenschen gesonnt haben, die ihnen wohl primitiv und naiv erschienen sind. So beschlossen sie, zu bleiben und die Position von Göttern einzunehmen. Was daraus wurde, kann man im Alten Testament unter Genesis nachlesen: *„Da sahen die Gottessöhne, dass die Töchter der Menschen schön waren, und sie nahmen sich zu Frauen, welche sie nur mochten."*[137] In demselben Kapitel wurde sogar auf die Riesen Bezug genommen: *„Zu jener Zeit waren Riesen auf Erden, auch nachher noch, als die Gottessöhne mit den Töchtern der Menschen verkehrten und diese ihnen Kinder gebaren; das sind die starken Männer der Urzeit, Leute mit Namen."* Und tatsächlich werden immer wieder Knochen und Skelette von Riesenmenschen gefunden.

Und sind die Kinder der „Gottessöhne", die in der Bibel als „Leute mit Namen" bezeichnet werden, diejenigen, die begonnen haben, große Zivilisationen zu gründen? Wenn man sich große Städte ansieht, dann erkennt man, dass diese nicht gewachsen sind, sondern dass sie bereits mit großen Gebäuden und großen, breiten Straßen angelegt wurden. Es könnte sein, dass diese auf der Erde gelandeten Wesen die Grundsteine gelegt haben für die heutige Art, in Städten zu leben. Die Urform der Menschen lebte als Nomaden in relativ überschaubaren Gruppengrößen und erst später wurde der Mensch sesshaft. Gleichzeitig dürfte das auch die Zeit gewesen sein, in der die Menschen begannen, gegeneinander Kriege zu führen. Oder besser gesagt, das war die Zeit, in der die „Leute mit Namen", also die Nachkommen der Gottessöhne, gegeneinander Krieg führten. Sie bildeten die Männer zu Soldaten aus und ließen diese den Streit auf dem Schlachtfeld austragen, statt dass sie sich selbst auseinandergesetzt hätten. Und das ist heute noch so!

MACHTORIENTIERTE WESEN

Hier auf unserem schönen Planeten scheint sich sogar eine besonders extreme Rasse eingenistet zu haben. Seit Jahren berichten bekannte Autoren darüber, dass es Verträge gibt, nach denen diese Besucher Versuche mit Menschen machen dürfen und der Elite als Gegenleistung technologisches Wissen übermitteln. Es ist wohl keine Frage, dass dieses Wissen im steten Kampf um die Weltmacht vor allem beim Militär eingesetzt wird – unter strengster Geheimhaltung gegenüber dem Volk.

Erinnern Sie sich an den Bericht von *Ademar José* vom Komitee brasilianischer UFO-Forscher? Er berichtete von 1.000 Menschen, die durch eine Technologie aus unbekannten Flugobjekten ohnmächtig wurden und nach dem Erwachen eine Anämie hatten. Wo kam diese Anämie her? Es ist mehr als naheliegend, dass diese ohnmächtigen Menschen in die Raumschiffe transportiert wurden und dort unfreiwillig zu Blutspendern geworden sind. Diese Informationen hält man natürlich von der Bevölkerung fern – man will ja niemanden beunruhigen. Für viel beunruhigender halte ich allerdings die Tatsache, dass über unsere Köpfe hinweg Verträge unterzeichnet wurden, in denen man derartige Übergriffe möglicherweise vereinbart und erlaubt hat. Es geht schließlich um unsere Gesundheit, aber auch um unseren freien Willen, der nicht respektiert wird. Wir werden gewissermaßen verkauft wie Nutzvieh.

Oder denken Sie an die Berichte des Chirurgen *Dr. Roger Leir*, der die Menschen ernst genommen hat, die davon erzählten, dass sie von Außerirdischen entführt worden seien. Die Allgemeinheit belächelt solche Aussagen in der Regel, doch er hat ihre Berichte angehört und ihnen geglaubt. Er hat sie mit bildgebenden Verfahren untersucht und festgestellt, dass sie tatsächlich Fremdkörper in sich trugen, die teilweise aus Materialien bestanden, die es auf der Erde nicht gibt. Es war demnach offensichtlich, dass diesen Menschen während ihres Aufenthaltes in dem Raumschiff etwas implantiert worden ist. Ob diese winzigen funkenden Gerätschaften nur zur Untersuchung dienten oder ob damit eine Art Überwachung oder Beeinflussung bezweckt werden sollte, ist nicht bekannt.

Ich gehe davon aus, dass derartige Zivilisationen die Erde schon sehr lange besuchen und dass sie mit den Menschen nicht nur Versuche und gentechnische Manipulationen durchführen, sondern dass sie die Menschen dazu benutzen, Energie zu bekommen. Das könnte beispielsweise das Blut sein, das sie ihnen entnehmen. Seit Jahrzehnten finden immer wieder Tierverstümmelungen statt, wobei besonders Pferde und Rinder betroffen sind. Manchmal waren diese Tiere völlig blutleer und meistens gab es keine Blutspuren, was sehr seltsam war. Wenn man ein Tier verletzt, dann blutet es normalerweise, außer man fängt dieses Blut auf – oder jemand trinkt das Blut. Im Grunde gibt es nur zwei Möglichkeiten: Entweder ein Satanist hat diese Tiere für ein Ritual missbraucht oder, was mir naheliegender erscheint, Extraterrestrische haben das Blut der Tiere für Versuche oder als Nahrungsquelle benutzt. In einem Video-Bericht auf der Internetseite »Exomagazin« werden einige Beispiele von Rindern gezeigt, die leblos und verstümmelt auf argentinischen Weiden gefunden wurden. Ihnen wurden die Geschlechtsteile, Augen, Zungen, Lippen und verschiedene andere Teile mit einem hochpräzisen Werkzeug, ähnlich einem Laser, herausgeschnitten. *„Am Tatort finden sich keinerlei Blutspuren"*[138], erläuterte der Sprecher. Diese Tiere hätten keine Kampfspuren gezeigt, sie würden seltsamerweise auch langsamer verwesen als das normalerweise der Fall sein müsste, und sie würden von Aasfressern gemieden. Was ist es, das die Aasfresser bei diesen Tieren bemerken und das sie abschreckt? Auch seien keine Spuren zu finden gewesen, dass jemand dorthin gefahren sei und es käme nur ein Kontakt über ein fliegendes Gerät in Frage, erklärte der UFO-Forscher *Douglas Spalthoff*. Diese Vorfälle erwecken sehr den Anschein, dass hier mit technisch hochentwickelten Geräten Körperteile exakt herausgetrennt wurden. Ich gehe davon aus, dass liebevolle Spezies mit Lebewesen der Erde anders umgehen würden.

Beim Stichwort „Blut trinken" fällt mir gerade etwas ein: Wussten Sie, dass *Graf Dracula* ein Vorfahr von *Prinz Charles* war? *„Der Stammbaum zeigt, dass ich von Vlad III. Draculea abstamme"*[139], wird *Prinz Charles* im »Focus« zitiert. *Vlad III.* soll als besonders blutrünstig gegolten haben. Doch so abwegig, wie es hier klingt, ist diese ganze Sache nicht, denn auf einer Internetseite über Sekten-Informationen wird kommentiert: *„Es werden Babys, Kinder und Erwachsene geopfert."*[140] Obwohl wir uns im 21. Jahrhundert befinden, werden noch immer satanische Rituale vollzogen. *„Die Satanssekten sind hierarchisch organisiert. In den höheren Ebenen befinden sich häufig Staatsanwälte, Ärzte, Priester, Industrielle, hohe Polizeibeamte, die gut (auch international) vernetzt sind."* Es sind erschreckenderweise keine geistig umnachteten, skurrilen Gestalten, die hier aktiv sind, sondern Menschen in höheren Ämtern. Das alles erinnert sehr an Satanismus und tatsächlich hat die *Church of Satan* (CoS) in den USA viele Anhänger. Sie wurde 1966 von *Anton Szandor LaVey* in San Francisco gegründet[141], wird als anerkannte Kirche geführt und ihr Sitz befindet sich mittlerweile in New York City.

Nach meinen Recherchen gibt es hochgestellte Persönlichkeiten, die satanische Rituale praktizieren, und auch *Cathy O'Brian* bestätigt, dass bei solchen Messen Menschenopfer dargebracht werden. Durch diese Opferungen erhalten diese Wesen Kraft und Energie. Sie erhalten dadurch die Möglichkeit, mit Dunkelmächten in Kontakt zu treten und sie um Unterstützung für ihre machtorientierten Ziele zu bitten. Nicht nur Opfergaben werden eingesetzt, sondern auch spezielle Musik, Drogen, Symbole und Anrufungen. All dies erzeugt ein Bewusstsein, das es den Dunkelmächten ermöglicht, auf der Erde ‚satanisch' zu wirken.

Viele der Beteiligten sind viel zu jung und zu unerfahren, um zu ahnen, dass sie damit ihre Seele verkaufen. Erst wenn sie ein wenig älter sind, erkennen manche, dass sie den größten Fehler ihres Lebens begangen haben. Manche wenden sich dann den liebevollen Energien zu und versuchen, aus den Fängen der Dunkelheit wieder herauszukommen. Die oberste Elite jedoch weiß ganz genau, was sie tut und sie wendet diese Rituale ganz gezielt und ganz bewusst an, um ihre Ziele zu erreichen.

Sie haben vor, eine Weltsituation zu erschaffen, in der sie als Retter erscheinen. Sei es, dass sie eine außerirdische Invasion vortäuschen und den Menschen erzählen, dass dieser Angriff nur zu überstehen sei, wenn man als Weltregierung das Kommando über alle militärischen Gruppen der Welt hätte und gehen davon aus, dass die Menschen in ihrer Angst in diesen Plan einwilligen. Das wäre das freiwillige „Ja" der Menschen zur totalen Unterjochung und das würde den Dunkelmächten Tür und Tor öffnen, auch wenn diese Zustimmung durch Täuschung und List erschlichen wäre – doch das sind nun mal die Methoden der dunklen Seite. Die gutgläubigen Menschen würden das nicht durchschauen und in die Falle tappen, aus der es kein Zurück mehr geben würde.

Wie bereits mehrmals erwähnt, ist das Ziel von machtorientierten Wesen, welche die Erde besuchen, sie zu übernehmen und hier eine totalitäre Weltherrschaft aufzubauen. Die Großmächte sind derzeit fleißig dabei, diese Pläne in die Realität umzusetzen. Auf Hilfe von außen zu hoffen, ist relativ aussichtslos, doch es besteht eine kleine Möglichkeit, dass friedliche Extraterrestrische dennoch eingreifen in dem Machtspiel um die Erde. Unser Planet bzw. unser Sonnensystem, scheint nämlich eine ganz besondere Stellung in unserer Milchstraße einzunehmen. So schreibt *David Wilcock* „*dass wir uns laut NASA-Quellen tatsächlich in der Mitte einer Plasmaröhre befinden, des sog. ‚Solaren Zylinders'*"[142]. Dieser Zylinder stehe senkrecht zur Milchstraßenscheibe und stelle sozusagen eine Verbindung von einer Seite der Scheibe zur anderen dar. Im Zentrum dieser Röhre liege unsere Sonne und das sei eine ganz besondere Lage. „*Wir befinden uns also genau in der Mitte dieser riesigen Energiesäule.*" Insofern kann man jetzt das Interesse der fremden Intelligenzen an unserem schönen Planeten leichter nachvollziehen. Ich könnte mir vorstellen, dass diejenigen, welche die Erde bzw. unser Sonnensystem beherrschen wollen, banal ausgedrückt, so etwas wie eine Maut für die Nutzung dieses „*lokalen Schornsteines*" verlangen könnten, wie auch immer diese Gebühr aussehen würde.

Sollte diese spezielle Position in die Hände von dominanten Wesen gelangen, hätten sie eine Vormachtstellung, die sie womöglich schamlos ausnützen könnten. Insofern wäre es natürlich auch im Interesse aller friedlichen Intelligenzen, wenn unser Sonnensystem von machtbesessenen Kreaturen verschont bleibt. Das erklärt auch, warum im Bereich der Erde immer wieder UFOs unterschiedlichster Art gesichtet werden. Unsere näheren und ferneren Nachbarn haben schlicht und einfach Interesse daran, wie es weitergeht. Manche möchten helfen, andere sind vielleicht einfach nur neugierig, wer weiß. Womöglich träfe es sogar voll ins Schwarze, wenn wir sagen würden: „*Sie sind eben menschlich!*".

Die Dunkelwesen sind auf der Erde schon relativ weit fortgeschritten im Umsetzen ihrer entscheidenden Schritte. So sind wir nämlich mittlerweile soweit, dass die meisten sich nach der Meinung der Mainstreammedien richten und die Wahrheiten gar nicht wissen wollen. Aus Angst spielen sie bereits bei der Political Correctness mit, obwohl sie wissen, dass sie gegen ihre eigene Art bzw. gegen ihr eigenes Volk handeln und sich quasi selbst ans Messer liefern. Die Entwicklung geht in die Richtung, dass man seine eigenen Familienmitglieder verraten, anklagen und verurteilen wird, obwohl man innerlich weiß, dass das falsch ist und dass damit die letzte Chance zur Befreiung aufgegeben wird. Denn jeder wird Angst um seine Stelle haben, jeder wird glauben, er würde aus der Gesellschaft ausgestoßen werden, wenn er aufstehen und sagen würde, dass das alles falsch ist, was sie hier tun. Die Menschen würden ihr eigenes Volk, ihre eigene Spezies verraten. Die Menschen werden so sehr manipuliert und unter Druck gesetzt, dass sie nicht mehr den Mut haben werden, zu sich zu stehen. Die Knechtschaft, die durch das Geld eingeführt und immer mehr verschärft wurde, macht irgendwann alle zu folgsamen Sklaven, egal ob es sich um Mütter, Kinder oder Geschwister handelt. Wenn dann auch noch das Bargeld abgeschafft wird, ist die Versklavung komplett. Dann plötzlich wird der Negativzins in die Höhe schnellen und angespartes Geld wird schnell dahinschmelzen. Wenn der Negativzins in Größenordnungen von 20 oder 30 Prozent steigen würde, wird das Guthaben schneller aufgefressen, als man es durch Arbeit wieder auffüllen kann. Die Menschen werden viel arbeiten müssen, um die Abzüge auszugleichen.

Die Annehmlichkeiten, die man den Menschen heute nach dem bewährten Motto „Brot und Spiele" zugesteht, werden dann auch vorbei sein, denn das ist nur notwendig, um die Menschen blind, stumm und taub zu halten, damit sie zu allem *„Ja"* sagen. Diese Zeiten sind vorbei, sobald die Menschen zur Weltordnung *„Ja"* gesagt haben, denn dann gibt es kein Zurück mehr. Dann gibt es für die Weltelite keinen Grund mehr, die Menschen mit Brot und Spielen abzulenken – dann sollen sie nämlich nur noch arbeiten. Es wird keine Gewerkschaften mehr geben, keinen Urlaub und keine Annehmlichkeiten. Die Menschen werden sich den Tod wünschen, um ihr Leben nicht mehr ertragen zu müssen.

Das alles ist zu erwarten, wenn die oberste Elite, die im Hintergrund die Fäden zieht, sich in ihrem wahren Aussehen zeigt, das dann plötzlich nicht mehr menschlich sein wird. Um das alles zu verhindern, ist es nun höchste Zeit, den großen Spagat zwischen den beiden anstehenden Aufgaben zu schaffen:

1. Sollten wir endlich für die Rechte unseres Volkes und der Rasse der noch verbliebenen „echten Menschen" eintreten und
2. dürfen wir gleichzeitig im Herzen und in der Liebe bleiben.

Es ist eine große Kunst, diese beiden Themen zu vereinen: Zum einen für uns selbst einzustehen, uns nicht durch eine „Replacement Migration" austauschen zu lassen und anderen Menschen zeigen, dass sie nur für einen schäbigen und zerstörerischen Plan benutzt werden. Und andererseits dürfen wir gleichzeitig im Herzen bleiben. Das ist die große Kunst, die wir lernen dürfen. Wenn wir nur in die Aggression gehen, sind wir keinen Deut besser als diejenigen, die uns unterdrücken möchten. Wenn wir jedoch nur in der Liebe sind, nähren wir zwar das morphische Feld der Liebe und stärken das Potential für den Frieden, doch materiell ändern wir zu wenig. Deshalb ist es wichtig, eine Symbiose von beidem zu entwickeln: Einerseits zu sagen, was wir wollen und auch dafür einzustehen, und andererseits dabei im Herzen zu bleiben, denn wir echten Menschen haben die Fähigkeit der Mitmenschlichkeit.

> *„Wenn wir uns nicht selbst unter Kontrolle haben,
> dann werden wir kontrolliert!"*
>
> Die Autorin

Während man die Manipulationen durch negative Außerirdische relativ gut erkennen kann, bleibt das Wirken der edelmütigen Wesen mehr im Hintergrund. Doch auch sie sind aktiv. Wie wir bei den erwähnten Zeugenberichten gesehen haben, setzen sie immer wieder Atomraketen außer Gefecht und sorgen dafür, dass Atomkriege verhindert werden. Offensichtlich sind da draußen Wesen unterwegs, die, von uns allen unbemerkt, daran arbeiten, dass wir uns selbst und die Erde nicht zerstören. Ob es ihnen dabei darum geht, die Menschen zu retten oder den Planeten zu schützen, sei dahingestellt.

Wir gehen währenddessen unseren Alltagsgeschäften nach und rivalisieren mit dem Nachbarn, wer den exklusiveren Urlaub gebucht hat – so sehr beherrscht uns die künstlich erschaffene Matrixwelt. Man könnte fast meinen, wir seien längst selbst durch Gentechnik manipulierte und durch Künstliche Intelligenz gesteuerte, intuitionslose Zombies geworden, wenn wir jeden Blödsinn, den die Elite uns vor die Nase setzt, applaudierend mitmachen. In welcher Scheinwelt leben wir, wenn wir nicht bemerken, dass sich egoistische Wesen die Erde aneignen möchten? Und wie blind sind wir, wenn wir auch die edelmütigen Wesen, die die Erde schützen und erhalten möchten, nicht erkennen und anerkennen?

In dem bereits genannten Alieninterview kommuniziert *Mathilda O´Donnell MacElroy* telepathisch mit dem überlebenden Wesen des UFOs, das in Roswell abgestürzt ist. Es nennt sich *Airl*. Auch dieses berichtete davon, dass es überwiegend friedliche Wesen geben würde, doch es seien noch versteckte Kraftschirme des sog. *Alten Imperiums* vorhanden.

> *„Bis jetzt hat niemand herausgefunden, wo, wie oder durch wen diese Operation in Gang gehalten wird, weil sie durch Schirme und Fallen so gut geschützt wird. Außerdem wurde kein Versuch unternommen, die gewaltige und uralte elektronische Maschinerie, welche die IS-BE Kraftschirme an diesem Ende der Galaxis aufrechterhält, zu entdecken und zu zerstören. Solange dies nicht getan wird, sind wir nicht in der Lage, den Elektroschockbetrieb, die Hypnose und die ferngesteuerte Gedankenkontrolle auf dem Gefängnisplaneten [Erde] des Alten Imperiums zu verhindern oder zu unterbrechen."*[143]

Das klingt doch sehr nachvollziehbar. Möglicherweise soll die Erde zu einem neuen Stützpunkt dieses *Alten Imperiums* aufgebaut werden? Welcher Gesinnung dieses ist, kann man an den sich zuspitzenden Bedingungen für die Menschen auf der Erde gut erkennen – auf die beteiligten Hintergrundmächte komme ich später noch.

Und wiederum könnte ich nachvollziehen, dass Sie, liebe Leserin und lieber Leser, sagen, das sei alles viel zu abgefahren, als dass es wahr sein könnte. Doch denken Sie an den Spruch von *Max Planck*:

> „Wer nicht gelegentlich auch einmal
> kausalwidrige Dinge zu denken vermag,
> wird seine Wissenschaft nie um eine neue Idee bereichern können."[144]
>
> Max Planck (1858-1947), deutscher Physiker und Nobelpreisträger

Während wir Menschen uns nichts sehnlicher wünschen, als in Frieden und Harmonie mit allem, was wir benötigen, auf unserem schönen Planeten zu leben, gibt es Machtebenen, die um jeden Preis Chaos unter den Menschen schaffen möchten und immer wieder versuchen, einen Dritten Weltkrieg auszulösen. Das Ziel ist die Weltherrschaft und die Unterwerfung der Erde und für uns ganz normale Menschen würde das bedeuten, dass wir in totaler Sklaverei enden würden.

Die Masse der Menschen ist durch die nach-„gerichteten" Meldungen der Presse und weiterer Manipulationen so sehr betäubt und überlistet, dass sie keine Ahnung davon hat, was sich im Hintergrund abspielt. Und diejenigen, die das Spiel durchschauen, sind noch zu wenige, als dass sie bereits etwas verändern könnten. Im Gegenteil – noch müssen sie sich gegen die Mainstream-Meinungen verteidigen und sich dagegen wehren, in die „rechte Ecke" geschoben zu werden.

Trotzdem sind wir natürlich auch nicht untätig, sondern haben die Möglichkeit, uns ganz klar zu positionieren. Wir normale Menschen sind üblicherweise zwar nicht in der Lage, zum Beispiel Testraketen zu inaktivieren oder gar abzuschießen. Wenn wir jedoch selbst harmonisch leben und Aggressionen vermeiden, bekunden wir deutlich unsere Einstellung, unsere Absicht und unsere Visionen, dass wir in einer liebevollen Welt leben möchten und vor allem, wir nähren damit das Energiefeld des Friedens. Womöglich geben wir damit, meist unbewusst, die Erlaubnis dazu, dass die uns wohlgesonnenen Außerirdischen helfend eingreifen dürfen.

WARUM WERDEN UFOS VERSCHWIEGEN?

Es gibt so viele Beweise, dass es extraterrestrische Besucher und deren Fluggeräte gibt, dazu unzählige Berichte von Augenzeugen, dass man sich wirklich ernsthaft fragen muss, warum die meisten offiziellen Stellen noch immer zu dem Thema schweigen können. Hier und da werden Akten veröffentlicht, die jedoch immer nur banale Ereignisse beinhalten, doch es gibt noch immer – vor allem in unserem verschwiegenen Deutschland – keine öffentlichen Stellungnahmen, dass es UFOs gibt, geschweige denn, dass diese fremden Wesen hier mit unseren Regierungen beziehungsweise den mächtigen Leuten dahinter in Kontakt stehen. Das muss doch jedem Menschen mit gesundem Menschenverstand verdächtig vorkommen.

Wenn sich Wesenheiten, die seit sehr langer Zeit immer wieder auf die Erde kommen oder sogar dauerhaft hier leben, komplett verleugnen lassen, dann haben sie Angst, entlarvt zu werden. Das hätte nämlich zur Folge, dass das bislang verdeckte Spiel für jeden offenkundig würde und mit großem Widerstand gerechnet werden müsste. Auch in der Medizin gibt es Erreger, die so tun, als wären sie harmlos oder die sich sogar vor den „Killerzellen", den Makrophagen, verstecken können. Genau das passiert seit langem hier auf der Erde. Bestimmte Wesen halten sich im Hintergrund und agieren von dort aus. Sie haben ihre Finger überall und beeinflussen alle Lebensbereiche. Sie haben das Leben der Menschen von Grund auf und in allen Bereichen extrem infiltriert. Unser heutiges Leben hat rein gar nichts mehr damit zu tun, wie ein Mensch auf der Erde leben könnte und sollte. Alle Lebensbereiche sind zutiefst manipuliert und jedes Jahr werden unsere Freiheiten noch ein Stück mehr eingeschränkt. Und obwohl sie unsere Existenz seit Jahrtausenden manipulieren, halten sie sich noch immer im Verborgenen. Sie ziehen es weiterhin vor, sich nicht zu zeigen.

Doch genau darin scheint sich derzeit ein Wandel abzuzeichnen. So ganz langsam öffnen sich die geheimen Schubladen. Wie wir gesehen haben, plaudern immer mehr Zeugen aus den Bereichen des Militärs, der Polizei und anderen öffentlichen Stellen, ohne dass sie mit ihrer sofortigen Beseitigung rechnen müssen. Offensichtlich sollen wir derzeit darauf vorbereitet werden, dass sich die kosmischen Invasoren in absehbarer Zeit selbst zeigen. Und wenn unsere wirklichen Feinde derzeit Vorbereitungen treffen, sich zu zeigen, dann wähnen sie sich kurz vor ihrem Ziel. Sie haben ihre Macht so weit ausgeweitet, dass sie sich ihrer Kontrolle über die Menschen fast sicher sind. Sie fühlen sich in der Position der Katze, die vor der zugeschnappten Mausefalle sitzt. Doch wir sind noch längst nicht in der Falle!

Allerdingst heißt das für uns, dass es eine Sekunde vor zwölf ist. Das Schlagwerk der Uhr beginnt schon fast zu schlagen. Wir müssen es jetzt schaffen, uns als menschliche Rasse zusammenzuschließen und geschlossen gegen die Invasoren von außen vorzugehen. Wenn wir das jetzt verpassen, könnte es mit unserer Freiheit ein für alle Mal vorbei sein.

Wir haben nur die Chance, hier als freie Menschen auf der Erde zu leben, wenn wir uns nicht weiter gegeneinander aufhetzen lassen, sondern uns als eine Gemeinschaft sehen und empfinden!

Es ist jetzt allerhöchste Zeit, dass wir alle erkennen, dass wir im selben Boot sitzen, egal unter welcher Religion wir erzogen wurden und unabhängig davon, auf welchem Kontinent wir leben. Wir dürfen uns nicht mehr dazu bringen lassen, uns gegenseitig zu erschießen oder Messer in den Rücken zu rammen, egal welcher Hautfarbe wir angehören und welches Geschlecht wir haben. Wir alle sind jetzt Bewohner der Erde und es geht auch nicht wirklich um Gläubige oder Ungläubige. Diese Trennung in verschiedene Religionen ist nur eine Methode des „teile und herrsche" und sie soll uns nur davon abhalten, uns um unsere Freiheit zu kümmern.

Denn solange wir so sehr mit uns selbst beschäftigt sind, wie das derzeit der Fall ist, können wir uns nicht um die echten Feinde unseres Planeten kümmern. Das sollten wir jedoch schleunigst tun.

Wir können jedoch nur als geschlossene Menschenrasse in Erscheinung treten, wenn wir dieses perfide Spiel begriffen haben. Solange wir uns gegenseitig aufhetzen lassen, werden wir uns weiterhin gedanklich oder auch materiell selbst abschlachten. Die Invasoren schauen derweil zu und amüsieren sich über unsere Dummheit. Ich appelliere deshalb an alle Leser, auch andere Völker über diesen Sachverhalt aufzuklären, sofern Sie die Möglichkeit dazu haben, und damit zur Aufklärung beizutragen.

Sollten die menschenfeindlichen Invasoren offen sichtbar die Macht über die Erde ergreifen, würden wir eine Unterdrückung erfahren, wie wir sie uns in unseren schlimmsten Alpträumen nicht vorstellen könnten. Wir müssen es **jetzt** begreifen. Wir stehen kurz davor, dass das Bargeld abgeschafft wird und der nächste große Schritt wird sein, dass jeder einen Chip implantiert bekommt, ohne den er keine Geschäfte mehr tätigen kann. In Kürze bekommt man kein Stück Brot mehr, wenn man nicht über so einen Chip verfügt. Und das ist genau der Moment, auf den die Hintergrundmächte seit langem hinarbeiten, denn dann kann jeder kritische Mensch mit einem einzigen Klick „off" geschaltet werden. Wer sich politisch unkorrekt verhält oder kritische Fragen stellt, der muss damit rechnen, dass sein Chip, also seine Möglichkeit, irgendwo einzukaufen, einfach zur Strafe abgeschaltet wird. Der dumm-brav-manipulierte Mensch wird dann womöglich noch sagen: *„Selbst schuld, warum hältst Du Dich nicht an die Regeln?"* Die Menschen werden dazu gedrillt, alle Regeln einzuhalten, und wenn die Regel sagt, dass 10.000 Menschen die Todespille nehmen sollen, um die Bevölkerungszahl zu regulieren, dann haben sie auch das zu befolgen. Verstehen Sie, um was es geht? Die heutigen Regeln mögen noch akzeptabel sein, doch der Trend geht zum blinden und schweigenden Gehorsam.

Die Forschung arbeitet derzeit an der technischen Realisierung, die Gehirne der Menschen über einen Großrechner zu vernetzen[145] und auf diesem Wege eine Künstliche Intelligenz zu installieren, welche die Denkweise der Menschen ersetzt. Künftig könnten dann Gedanken direkt in unser Gehirn gesendet werden und wir hätten nicht die geringste Ahnung, dass es nicht unsere eigene Idee ist, die uns zum Beispiel etwas tun lässt, sondern eine fremde Programmierung. Die Wissenschaft sieht dies als eine Erweiterung des menschlichen Körpers, ich sehe es als völlige Kapitulation der Menschheit, wenn dies tatsächlich praktiziert werden sollte. Wir würden unsere ohnehin schon eingeschränkte Meinungsfreiheit vollkommen aufgeben. Ab diesem Moment könnten sich die Invasoren offen zeigen, denn dann wäre keine Diskussion mehr möglich. Die Menschen würden ihre Aufgaben zu erfüllen haben und hätten ansonsten still zu sein. Aus dieser Situation könnten wir uns selbst nicht mehr befreien. Wir wären ausgeliefert – bis vielleicht eines Tages eine liebevolle Rasse sich unser erbarmt und uns aus den Krallen der Invasoren, die die Erde besetzen, befreien würden – oder auch nicht.

Wie viel besser wäre es, die Sachlage gerade noch rechtzeitig zu erkennen, jetzt die Verantwortung für uns selbst zu übernehmen und STOP zu sagen?

Die meisten von uns fühlen intuitiv, dass hier auf der Erde etwas sehr Gravierendes nicht stimmt. Es gibt an so vielen Stellen Krieg auf der Erde, und Völker, die bislang friedlich neben- und miteinander gelebt haben, schießen plötzlich aufeinander. Millionen Menschen verhungern, während gleich daneben viele Tonnen Lebensmittel vernichtet werden, um „die Preise stabil zu halten". In einem Erdteil müssen Kinder barfuß Elektronikschrott sortieren, während in einem anderen Erdteil die Kinderzimmer vor Luxus aus den Nähten platzen. Urteilen Sie selbst: Ist das ein Zeichen, dass unsere globale Politik menschenfreundlich ist?

Es sieht so aus, als hätten wir jetzt die letzte Möglichkeit, uns geschlossen gegen Krieg und Aufhetzung zu stellen und zu sagen: *„Ohne mich, ich mache da nicht mehr mit!"*, und zwar unabhängig davon, ob wir weiß, schwarz oder gelb sind oder sonst eine Hautfarbe haben. Derselben Meinung ist übrigens auch *Alex Collier*, der Kontakt zu einer menschenfreundlichen, außerirdischen Gruppe hat, die sich die *Andromedaner* nennen. Auch er sagt in einem Interview, wir müssten uns hinstellen und bei unserer Wahrheit bleiben.

> *„Wenn Du nicht davonlaufen kannst, sieh sie einfach an. Wenn sie versuchen, ihre Gedanken in Deinen Kopf zu projizieren, bleibst Du stark, indem, was Du bist und sagst: ‚Nein, Du kommst nicht in meinen Kopf. Du übernimmst mich nicht! Und Du wirst meinen freien Willen nicht beherrschen. Mir ist es völlig egal, wer Du bist. Lass mich in Ruhe!'"*[146]

Die Aussagen von *Paul Hellyer* und *Bob Lazar*, dass sich verschiedene Wesen auf der Erde aufhalten, wie zum Beispiel von Ceta Reticuli, wird von *Collier* in dem Interview bestätigt. Aber auch andere Wesen seien maßgeblich an der Unterwerfung der Erde beteiligt *„Alpha Draconis sind die wahren Drahtzieher dahinter, dann kommt die Orion-Gruppe, dann die Grauen."* Ob alle Aussagen von Herrn *Collier* stimmen, kann ich Ihnen auch nicht bestätigen, aber insgesamt fühlt es sich für mich stimmig an, was er sagt. Und vor allem: Die Dinge, die er in dem langen Interview erläutert, stimmen fast vollständig mit dem überein, was sich auch mir offenbart.

Wenn Sie mögen, dann hören/sehen Sie sich das Interview mit *Alex Collier* laut Quellenangabe[146] an und fühlen Sie in sich hinein. Entscheiden Sie selbst, ob das, was er sagt, der Wahrheit entspricht. Hören Sie sich anschließend die Rede irgendeines Politikers an und vergleichen Sie die Persönlichkeit des Politikers und seine Aussagen mit *Alex Collier* und seinen Worten. Fühlen Sie, wie dies jeweils auf Sie wirkt – wessen Aussage klingt wohl mehr nach Wahrheit? Das ist eine gute Übung, um Ihr eigenes Urteilsvermögen zu trainieren. Wir werden alle immer feinfühliger und können zunehmend besser heraushören, wie groß der Wahrheitsgehalt einer Aussage ist. Versuchen Sie es!

„Es gibt keine Größe ohne Einfachheit, Güte und Wahrheit."[147]
Lew Nikolajewitsch Tolstoi (1828-1910), russischer Schriftsteller

Das alles mag für viele vollkommen utopisch klingen, doch schauen Sie sich unsere Welt an und Sie werden erkennen, dass es sich genau so verhält. Wir leben in einer Scheinwelt. Warum sonst sollten unsere Regierungen immer mehr Gesetze erlassen, immer mehr Abgaben von uns fordern und uns unsere Meinungsfreiheit immer mehr beschränken? Ich gehe davon aus, dass ein erheblicher Teil unserer Spitzenpolitiker entweder sogenannte „Walk-In"s ist, das bedeutet, ihre Seelen wurden ausgetauscht, oder sie sind von Invasoren besetzt oder sie sind so voller energetischer oder physischer Implantate, dass sie nur noch handeln können, wofür sie programmiert werden. Einige könnten auch inkarnierte Dunkelwesen sein. Oder aber, und das dürfte gar nicht so selten der Fall sein, es handelt sich zwar noch um Menschen, die jedoch so sehr der Macht und dem Geld hinterherjagen, dass sie sich dafür verkauft haben. Sie kennen sicherlich den Spruch, jemand würde seine Großmutter verkaufen. Sie verraten ihre eigene Rasse, nämlich die Menschen, nur um im Rampenlicht zu stehen oder um es zu genießen, über Millionen Menschen zu herrschen. Auch das soll es ja geben.

Doch derzeit wendet sich das Blatt gerade und viele, viele Menschen sitzen sozusagen in den Startlöchern und warten nur darauf, dass dieses unterdrückende System zusammenbricht. Mit einem erwartungsvollen, gleichzeitig jedoch mit einem ängstlichen Auge warten sie darauf, dass sich die Dunkelmächte von der Erde zurückziehen, was diese natürlich nicht kampflos tun werden, wie man es derzeit überall beobachten kann. Dann ist die Zeit derer gekommen, die jetzt (mit der geballten Faust in der Tasche) noch stillhalten. Diese „positiven Schläfer", und vor allem auch diejenigen, die sich schon jetzt offen für Freiheit und Wahrheit einsetzen, freuen sich darauf, endlich wieder Menschlichkeit auf die Erde zu bringen. Sie werden das Lügenpack ablösen, das momentan noch in den journalistischen, pharmazeutischen und vielen anderen Lagern zu finden ist.

POLITIK UND EXTRATERRESTRISCHE WESEN

Natürlich können wir uns jetzt die Frage stellen, warum unsere Politiker nichts gegen diese drohende Gefahr unternehmen, schließlich müssen ja wenigstens einige wenige darüber Bescheid wissen – das ist eine berechtigte Frage. Doch wenn man die weltweite Entwicklung ansieht, dann beschleicht einen zunehmend die Befürchtung, dass es unsere Politik nicht immer gut mit uns meint – vorsichtig ausgedrückt. Manchmal kommt es einem vor, als würden sie mit den Menschen ein Spielchen treiben.

Die Weltbevölkerung soll laut den eingemeißelten Prognosen („in Stein gemeißelt") auf den *Georgia Guidestones* in Elbert County (Georgia) ohnehin um über 90 Prozent reduziert werden und man hat den Eindruck, dass dies immer mehr in die Praxis umgesetzt wird. Zusätzlich bekommt man den Eindruck, dass nicht wenige Politiker mehr an ihrem machtorientierten Ego (und an ihrem Einfluss und folglich ihrem Bankkonto) interessiert sind, als sich für die Belange des Volkes einzusetzen. Seit 1. Januar 2018 werden Mitglieder von politisch unkorrekten Parteien wegen ihrer Meinungen per Staatsanwalt verfolgt[148] und es besteht durchaus die Gefahr, dass unbequeme Menschen künftig einfach weggeklagt oder gleich ganz weggesperrt werden könnten.

> *„Weh denen, die das Böse gut und das Gute böse nennen,*
> *die die Finsternis zum Licht und das Licht zur Finsternis machen,*
> *die das Bittere süß und das Süße bitter machen."*[149]
>
> Die Bibel, Jesaia 5,20

Politiker, vor allem diejenigen, die es in die Regierungsebene geschafft haben, scheinen eine spezielle Persönlichkeit zu haben, und dabei ist es fast egal, welchen Staat man diesbezüglich betrachtet. Der Meinung ist übrigens auch der Psychiater und Psychoanalytiker *Dr. Hans-Joachim Maaz*. In einem Gespräch mit *Eva Hermann* und *Andreas Popp* erläutert *Dr. Maaz*:

„Frau Merkel – ich würde sie heute bezeichnen als eine Politikerin, die im Grunde genommen Opium für das Volk bedeutet, und zwar in dem Sinne, dass sie den Anschein erweckt, mit solchen Phrasen wie ‚alternativlos' oder ‚Wir schaffen das', dass wir nicht in einer schwerwiegenden gesellschaftlichen Krise sind."[150]

Die Menschen lassen sich von diesem Satz einlullen und halten still. Der Ausspruch *„Wir schaffen das!"* erstickt jede sachliche Diskussion bereits im Keim, und das ist vermutlich auch die Absicht dieses bewusst gewählten Slogans, der die übersetzte Kopie von *Obamas „Yes we can!"* ist. Und ihr Mutti-Image beruhigt anscheinend immer noch eine große Zahl von zeitunglesenden Menschen, die alle Äuglein schließen, um die sich aufbäumende gesellschaftliche Krise nicht sehen zu müssen. Wäre sie wirklich eine Mutti und hätte Kinder, wer weiß, ob sie dann auch so handeln und ihr(?) Volk einem zunehmenden Terror aussetzen würde?

Dr. Maaz erklärte in der Gesprächsrunde weiter:

„Im Grunde genommen bräuchten wir Politiker, die uns helfen, darüber nachzudenken und Entscheidungen zu treffen, wie wir denn weiterleben können, denn so wie jetzt können wir nicht weiterleben. Und Frau Merkel verkörpert aber diese Illusion, wir könnten so weiterleben, es geht so weiter und ich glaube, das ist für viele Menschen im Übertragungssinne eine falsche Hoffnung, eine Illusion, es könnte alles so bleiben. Und deshalb wird sie wiedergewählt und das halte ich für eine große Tragik, weil damit, im Grunde genommen, die nächste Zeit das verpasst wird, was wir begreifen müssen."

Dr. Maaz weiß, wovon er spricht, denn er war laut der Moderatorin *Eva Hermann* 28 Jahre lang Chefarzt der »Psychotherapeutischen und psychosomatischen Klinik« im evangelischen Diakoniewerk in Halle. *Dr. Maaz* sieht durchaus die Gefahr, dass die Situation in unserem Land eskalieren könnte:

"…ich fürchte, dass es zu einem Knall kommt, und so lange ich reden darf und agieren kann, bin ich bemüht, zu verhindern, dass es zu solchen wirklich gefährlichen Auseinandersetzungen, also Bürgerkrieg oder Gewalt gegen irgendwelche [Andersdenkende] kommt."

Man hat in der Tat den Eindruck, dass eine Eskalation von politischer Seite in Kauf genommen, wenn nicht gar provoziert wird, um einen Ausnahmezustand mit Ausgangssperren und weiteren Maßnahmen zu erreichen. Jeglicher Widerstand der Bevölkerung wäre damit unterbunden. Bei den Vorgängen im August 2018 in Chemnitz, nachdem ein Mann erstochen und zwei weitere verletzt wurden, hatte man durchaus den Eindruck, dass der Konflikt durch die Presse[151] und manche politische Aussage noch geschürt wurde[152].

Zum Thema „Psyche der Politiker" gibt es ein interessantes Buch »Neurose der Macht«, das der italienische Psychoanalytiker *Piero Rocchini* geschrieben hat. *Rocchini* hat laut Spiegel neun Jahre lang Abgeordnete und Senatoren des römischen Parlaments behandelt. *„Die meisten Politiker, so Rocchini, leben in ‚blinder, infantiler Abhängigkeit' von einer Partei, welche sie beschützen oder zerstören kann. Mit Schmiergeldern … suchen sie sich die Gunst der Übermutter Partei zu erkaufen – damit diese ihnen den Platz am Futtertrog der politischen Macht erhält."*[153], schrieb der »Spiegel« bereits 1992 über dieses Buch, und es hat sich offenbar bis heute nichts geändert. Die Thematik hat bis heute nichts an Aktualität und Brisanz eingebüßt – hohe Politiker scheinen offensichtlich ganz spezielle psychische Eigenschaften aufzuweisen.

Anhand dieser Tatsachen ist es nicht verwunderlich, dass extraterrestrische Mächte ein leichtes Spiel haben, ihre Macht auf der Erde zu erkaufen. Sie versprechen den machthöchsten Männern der Erde Macht und Einfluss durch die Übermittlung von neuen Technologien, die zum einen neue Patente und dadurch viel Kapital hervorbringen und zum anderen das Militär stärken. Als Gegenleistung erhalten die hochintelligenten Extraterrestrischen menschliches „Material" für genetische und sonstige Versuche. Diese Wesen sind natürlich nicht dumm, ganz im Gegenteil, mit Sicherheit lachen sie über *unsere* Dummheit. Deshalb haben sie auch bestimmt nicht nur einen Vertrag mit den Amerikanern, sondern mit Sicherheit auch mit anderen Großmächten. Nichts ist so lukrativ, wie zwei gegnerische Parteien zu unterstützen. Und in Wahrheit arbeiten sie auf das Ziel hin, die Hintermänner der Weltmächtigsten so sehr in ihre Schuld zu bringen, dass diese ihnen die Menschheit und den gesamten Planten dafür überlassen.

Vermutlich versprechen sie den ranghohen irdischen Politikern, Bankiers und Wirtschaftsspitzen die Exportation auf einen anderen Planeten, wenn es dann eines Tages ernst für sie werden sollte. Fakt ist, dass diese wenigen Männer ihre Macht über den gesamten Planeten auszuweiten versuchen, was ihnen zu einem großen Teil auch gelungen ist, wie wir die letzten Jahre beobachten konnten. Die einzelnen Staaten werden einer nach dem anderen machtvoll davon überzeugt, dass es doch „besser" ist, sich der „Weltpolizei" und der „Weltbank" zu unterwerfen. Wer sich widersetzt, bekommt die Bezeichnung „Schurkenstaat" und die Medien übernehmen die Fußarbeit, den Völkern der anderen Staaten darüber zu berichten, was sie erfahren sollen (und dürfen). Ist die jeweilige Regierung der USA (die durch *Donald Trump* derzeit allerdings einen neuen Wind erfährt) einmal in die Pläne eingeweiht und davon überzeugt worden, werden die nötigen Schritte in die einzelnen Bundesstaaten weitergeleitet und dort umgesetzt.

Auch in der EU ist die vehemente Umverteilung der Macht, weg von den einzelnen Mitgliedstaaten und hin in die EU, ganz im Sinne der außerirdischen Invasoren, denn dadurch gibt es für sie bzw. ihre irdischen Umsetzungsgehilfen weniger Ansprechpartner, die sie überzeugen müssen. In Kürze müssen wir befürchten, dass sogar die nationalen Staatsangehörigkeiten entfallen (sofern überhaupt vorhanden) und stattdessen eine einheitliche EU-Staatsangehörigkeit in Kraft tritt. Schritt für Schritt werden wir in eine einheitlich-politische Form gepresst. Nur noch relativ unwichtige, lokale Belange dürfen dann noch von den Staaten selbst entschieden werden. Allerdings ist der (zunehmende) Widerstand in der Bevölkerung innerhalb Europas enorm, da unsere gewachsenen Völkerstämme über eine jeweils sehr individuelle und gewachsene Kultur, Sprache und Mentalität verfügen. Wir sind sehr unterschiedlich. Und trotzdem wird mit allen Mitteln versucht, über den Willen der Bürger hinweg die Macht der EU weiterhin voranzutreiben.

Sehen wir den Zusammenhang mit den Invasoren, wird das Bild der vergangenen und künftigen Entwicklungen plötzlich ganz klar:

- Einführung des Geldes, das innerhalb kurzer Zeit zum größten Druckmittel werden konnte (es gibt Menschen, die ihre eigenen Kinder verkaufen müssen, damit sie den Rest der Familie ernähren können!)
- Industrialisierung, damit die Menschen abhängig werden
- Zentralisierung der Menschen in Großstädten
    - Bessere Kontrolle über die Menschen
    - Abhängigkeit der Versorgung von Supermärkten (Nahrungsmittel, Wasser)
- Konzentrierte Manipulation (Brot und Spiele)
- Gewöhnung an Arbeitslagerbedingungen
- Abschaffung des Bargeldes
    - Vollkommene Kontrolle über Ein- und Ausgang von Geldern
    - Vollkommene Kontrolle über Konsumverhalten
    - Erziehungsmaßnahmen zur Steuerung des Konsumverhaltens (zum Beispiel Strafgebühr bei Konsum kritischer Bücher etc.)
    - Leichtere Abbuchung von Strafgebühren
    - Bei Bedarf konsequente Enteignung

- Einführung des implantierten Chips
  - Ortung weltweit
  - Vollkommene Kontrolle über den Organstatus (unfreiwilliger Spender)
  - Eliminierung bei „rebellischem" Verhalten
  - Mögliche Strafe durch Sperrung der Konten
- Vernetzung der menschlichen Gehirne über einen Großrechner (Künstliche Intelligenz) und Steuerung der Gedanken
- Erscheinung und Machtübernahme durch extraterrestrische Invasoren

Für diese Wesen, die es sowohl auf uns wie auch auf unseren Planeten abgesehen haben, sind wir nichts anderes als Legehühner, die in der Suppe landen, wenn sie keine Eier mehr legen können. Doch wir sind eben keine Hennen, sondern individuelle, kreative Menschen mit Bewusstsein und Mitgefühl. Übrigens ist der Vergleich an dieser Stelle geeignet, uns darüber nachdenken zu lassen, wie wir selbst mit den Tieren umgehen, die zum Verzehr für den Menschen gezüchtet werden. Auch sie verfügen über ein Schmerzempfinden und haben ein ausgeprägtes Sozialverhalten. Sollten wir nicht bei uns selbst beginnen und entweder aufhören, Fleisch zu essen, oder aber zumindest die Tierhaltung erheblich zu verbessern, die Tiertransporte zu reduzieren und die Tötung dieser Tiere (wenn es denn sein muss) wenigstens stressfrei durchzuführen? Solange wir mit unseren Mitgeschöpfen, den Tieren, so herzlos umgehen, können wir auch nicht erwarten, dass man mit uns menschlich umgeht. Jeder einzelne von uns hat es in der Hand, was er verzehrt und wo er seine Produkte bezieht. Und jeder von uns programmiert mit seinem eigenen Verhalten auch die Art und Weise, wie mit uns umgegangen wird.

Nachdem wir von unseren Re-„Gier"-ungen und Politikern kaum echte Hilfe erwarten können und auch gegen diese fremden Spezies physisch nicht die geringste Chance hätten, weil sie uns technologisch weit überlegen sind, bleibt uns nichts anderes übrig, als zu unseren eigenen Mitteln zu greifen. Und genau diese Mittel sind unsere Spezialität: Wir können unser Empfinden einsetzen, unsere Mitmenschlichkeit und auch unsere schöpferische Kraft. Dazu sollten wir unser Verhältnis zur Natur und den Tieren, aber auch unser Verhältnis zu uns selbst, zu unseren Kindern, unseren Familienmitgliedern und Freunden unter die Lupe nehmen und eventuell vorhandene Defizite heilen.

„Unsere wahre Stärke ist die Menschlichkeit, denn wir sind Menschen!"

Die Autorin

Die meisten von uns haben als Kinder seelische Verletzungen erlitten, die angesehen, beweint und verziehen werden mögen. Zusätzlich sind wir in der Lage, unsere eigene Schwingung, wie auch die der Erde, zu erhöhen. Das können wir, indem wir uns möglichst oft aus dem hektischen Alltag zurückziehen – und wenn es nur 10 Minuten sind. Wir können uns auf unser Herz konzentrieren, liebevoll an unseren

Planeten denken und uns vorstellen, dass wir Menschen mitsamt allen Tieren in einer wunderschönen Natur hier auf der Erde leben. Erlauben Sie sich, dass Sie auch emotional an dieser Vision teilnehmen und spüren, wie schön und erfüllend sich ein Leben in dieser Form anfühlt.

Wir sind schöpferische Wesen und wir können allein mit den Gedanken und dem Fokus unseren eigenen psychischen Zustand und unsere Schwingung verändern. Das ist die Möglichkeit, die wir täglich umsetzen können, doch das wird oftmals unterschätzt. Wenn wir es schaffen, die Schwingung der Erde genügend anzuheben, dann haben diese invasiven Wesen keine Chance mehr, hierzubleiben. Und genau das ist unsere große Chance, und es liegt (auch) an uns!

ZUSAMMENHALT

Egal was kommt, wenn es um unsere Befreiung geht, sollten wir zusammenhalten und uns gemeinsam für unsere Freiheit und die Rettung unserer Erde einsetzen. Nur in der Gemeinsamkeit haben wir die Chance, für unsere echten Menschenrechte einzustehen. Wenn wir uns weiterhin teilen und beherrschen lassen, sind wir vollkommen manipulierbar. Für die Befreiung aus den Fängen von fremden, intelligenten Spezies und dunklen Mächten bleibt uns kein anderer Weg, als zusammenzuhalten. Trotzdem dürfen wir uns unter gar keinen Umständen unter eine Weltregierung stellen lassen.

Gleichzeitig ist nämlich jeder von uns individuell und auch die Völker der Erde sind sehr unterschiedlich mit ihren speziellen Talenten, Fähigkeiten und klimatischen Stärken. Und es ist mit Sicherheit möglich, dass wir uns gegenseitig respektieren, achten und unsere spezifischen Eigenschaften anerkennen und wertschätzen. Es ist unser aller Recht, so zu leben, wie wir es für richtig halten und es ist genauso unser Recht, die Traditionen aufrechtzuerhalten, die wir lieben.

Kein Mensch und auch kein anderes Wesen darf uns gegeneinander aufhetzen, uns zwangsvermischen oder uns unterjochen. Für die Verteidigung dieser Grundrechte sollten wir zusammenstehen, so verschieden wir alle auch sein mögen. Das sind wir uns und unseren Kindern schuldig. Dann dürfen wir auch alle so bleiben, wie wir sein mögen und wir dürfen dort wohnen bleiben, wo wir geboren wurden – ohne die Einmischung von mächtigen Konzernen durch Handelsverträge, ohne Handel mit Wasserrechten usw. Ohne Manipulation von außen wird auch die regionale Wirtschaft überall wieder zu florieren beginnen und allen Menschen wird es wieder gut gehen, weil wir uns nicht mehr zum Spielball der Mächtigen machen lassen. Und das sollte unser gemeinsames Ziel sein!

PLANETENVERBOT AUSSPRECHEN

Für diejenigen, für die es sich stimmig anfühlt, habe ich hier einen Textvorschlag, wie wir einerseits um Hilfe bitten und andererseits den Invasoren klar mitteilen können, dass sie die Erde zu verlassen haben. Die extraterrestrischen Besetzer nähren sich von unserer Energie, daher verstehen sie die Energie unserer laut ausgesprochenen Worte sehr wohl, auch wenn sie körperlich nicht anwesend sind. Es ist egal, ob wir sie sehen oder nicht, wir können unsere Einstellung auch aussprechen, ohne sie zu sehen. Sie können sich sicher sein, dass ihre Aussage im Energiefeld der Erde ankommt. Wesen dieser Kategorie verstehen uns auch telepathisch. Ich selbst spreche meine Absichten am liebsten im Freien, doch fühlen Sie in sich hinein, was sich für Sie stimmig anfühlt.

Hier nun mein Textbeispiel, was Sie zur Befreiung der Erde aussprechen können. Doch beachten Sie, dass das nur ein **Vorschlag** ist. Bitte lesen Sie ihn nicht ab, sondern verfassen Sie Ihren eigenen Text, so wie er Ihrem Herzen entspringt.

„Wir, als Teil der menschlichen Rasse,
erklären hiermit ausdrücklich,
dass wir in Friede, Liebe und Freiheit leben möchten
und eine Unterjochung durch außerirdische Mächte
zurückweisen und verweigern.

Wir, als Teil der menschlichen Rasse,
erteilen ein Verbot
an alle machtorientierten, außerirdischen Invasoren,
die manipulativ auf den Planeten Erde, die Menschen,
Tiere, Pflanzen und alles, was zu unserem System gehört,
einwirken und sprechen hiermit
ein Haus- bzw.
Planetenverbot aus.
Wir entscheiden uns dafür,
dass unser Planet ein Ort der Liebe und des Friedens ist,
auf dem wir im Einklang mit der Natur in Frieden, Liebe,
Harmonie, Gesundheit, Fülle und Freiheit leben.
So sei es. Jetzt!"

Wenn Sie einen Text dieser Art aus Ihrem Herzen sprechen, dann kommen Ihre Worte bei unserer höchsten Ur-Quelle, eventuellen liebevollen Helfern, aber auch bei den Invasoren an. Es ist wichtig, unsere Wünsche ganz klar zu formulieren.

Da uns das alte Wissen, das uns seit Urzeiten begleitet hat, immer mehr genommen worden ist, wissen wir leider auch nicht, ob und wen genau wir um Unterstützung bitten können. Auch der Name „Gott" ist viel zu oft für Wesenheiten verwendet worden, die alles andere als göttlich waren, deshalb wende ich mich lieber an die Ur-Quelle. Bei der Bitte um Unterstützung bei unserer Mission, wieder frei zu werden, wende ich mich auch an unsere Sonne, denn ich gehe davon aus, dass sie über ein Bewusstsein verfügt. Sie sollte daran interessiert sein, dass alle ihre Planeten, wie auch sie selbst, frei von fremder Herrschaft sind. Sie hat den Überblick, welche Völker von anderen Sternensystemen uns helfen könnten. Daher richte ich meine Bitte auch an sie, damit sie diese weiterleitet an liebevolle und menschenfreundliche Wesen.

Mittlerweile halten Sie mich vielleicht für (ein wenig) verrückt, doch wenn Sie unsere globale Situation neutral betrachten, dann werden Sie mir Recht geben, dass die Entwicklung, vor allem der letzten zweihundert Jahre, zieldirekt genau in einer Sklaverei mündet. Und ist es da nicht vollkommen egal, ob man etwas Verrücktes unternimmt, um unsere Freiheit zu erhalten? Finden Sie nicht, dass es in unserer Situation in erster Linie darauf ankommt, überhaupt etwas zu unserer Befreiung zu tun, auch wenn es zunächst auch noch so abstrus klingen mag? Wenn Sie eine andere Idee haben, dann wenden Sie sie an, tun Sie es. Solange Sie niemandem schaden, können Sie alles ausprobieren.

SIND WIR SELBST ALIENS?

Vor einiger Zeit habe ich eine Meldung gefunden, die mich schockiert hat. Im ostasiatischen Raum gibt es offensichtlich eine Nachfrage nach ganz speziellen Kapseln, die als besonderes Heilmittel gelten. Allerdings sind das keine eingelegten Schlangen, Kröten oder sonstiges, sondern diese Kapseln werden aus Babys und Ungeborenen hergestellt. *„In Südkorea gelten Kapseln mit Pulver aus Menschenfleisch als gesund ... Medienberichten zufolge werden die Kapseln in dem Glauben eingenommen, dass sie Krankheiten heilen und das Leistungsvermögen steigern."*[154], schrieb der »Focus«. Der südkoreanische Zoll hatte *„Tausende Kapseln aus pulverisiertem Fleisch von Babys und Föten"* beschlagnahmt. Was treibt ein Wesen, das sich selbst als die „Krönung der Schöpfung" bezeichnet, dazu, pulverisiertes Menschenfleisch, noch dazu von Babys, zu sich zu nehmen?

Wenn ich solche Meldungen lese, dann frage ich mich, ob nicht auch in uns selbst Anteile von Schattenwesen oder gefährlichen Spezies zu finden sind. Unser eigenes Verhalten gibt durchaus hin und wieder Anlass, ernsthaft darüber nachzudenken. Ich weiß nicht, wer die Kapseln konsumiert, doch es handelt sich hierbei um kannibalisches Verhalten – und dieses ist sicherlich kein Zeichen von hohem spirituellem Bewusstsein.

Auch die österreichische Zeitung »Wochenblick« hat von einem grausamen Ritual berichtet. Die Überreste einer 18-jährigen Italienerin, die in zwei Koffern verteilt gewesen seien, sollen in Italien gefunden worden sein. Die Leiche sei fachmännisch zerstückelt worden, allerdings hätten das Herz und andere Teile gefehlt. *„Laut Gerichtsmediziner war das die Arbeit eines Experten, mehrere Leute mussten dabei mitgeholfen haben."*[155] Drei Nigerianer ohne gültige Aufenthaltsgenehmigung seien des Mordes angeklagt. Ein Kriminologe sagte, dass das Herz verspeist worden sein könnte.

„Der renommierte Chirurg, Psychiater und Kriminologe, Allessandro Meluzzi, sagte in einem Interview: Die nigerianische Mafia sei die rücksichtsloseste Mafia der Welt, ihre Sekten hätten bereits Italien und die Geschäfte der traditionellen Mafia über-

nommen. Pamelas Fall habe mit deren Mafiamethoden zu tun. Es gebe heute afrikanische Rituale, wo das Herz einer ‚Opferperson' verspeist werde, denn das verleihe nach altem Glauben Mut und ein langes Leben. *Wir reden nicht darüber, um nicht rassistisch zu sein*', sagte Meluzzi, aber dies sei nur die Spitze eines Eisberges."

Dieser Bericht und seine Erläuterung ist schon schrecklich genug, doch am schlimmsten finde ich Kommentar von *Meluzzi*: „*An solche Vorfälle werde man sich wohl gewöhnen müssen.*" Es kann doch wohl nicht wahr sein, dass man sich lieber an solche Fälle gewöhnen muss, nur um seine politische Korrektheit zu bewahren, statt an diesen Zuständen etwas zu ändern! **Wie krank ist denn unser gesamtes System???**

Solange wir Menschen uns selbst verzehren, egal welcher Nationalität wir angehören, können wir kaum von anderen Wesen erwarten, dass sie ein edleres Verhalten zeigen. Also liegt es doch zu einem großen Teil auch an uns, in welche Richtung sich unsere Zukunft entwickelt. Wenn die irdische Spezies Mensch Kapseln mit Menschenfleisch verzehrt, Herzen von jungen Frauen isst und auf grausame Weise Tiere züchtet und schlachtet, warum sollte man uns gegenüber dann respektvoll und achtsam gegenübertreten? Wer sich wie ein Barbar verhält, wird wie ein Barbar behandelt.

Und tatsächlich weist eine interessante Tatsache daraufhin, dass wir möglicherweise von speziellen Reptilien einst genmanipuliert wurden. Einen Teil unseres Gehirns nennt man „Reptilienhirn", dieser ist für die reinen Überlebensfunktionen zuständig. Womöglich verdrängen diese Anlagen immer wieder unsere Empathie und unsere Menschlichkeit. Vielleicht sind wir tatsächlich das Produkt von verschiedenen genetischen Veränderungen? Und möglicherweise sind die Unterschiede der vielfältigen Erdvölker darauf zurückzuführen, dass wir von verschiedenen Spezies beeinflusst wurden? Wir unterscheiden uns nicht nur in der Hautfarbe, sondern auch in unseren Talenten, in unseren Fähigkeiten und in unserer Art zu leben und zu sein.

ERDE LEBENSFEINDLICH FÜR MENSCHEN?

Eine höchst interessante Theorie wird von dem US-Ökologen *Dr. Ellis Silver* vertreten. In seinem neuen Buch »Humans are not from Earth: A scientific evaluation of the evidence« (deutsch: »Menschen sind nicht von der Erde: Eine wissenschaftliche Auswertung der Beweise«) erläutert er, warum er zu dem Schluss kommt, „*dass unsere Spezies ihren Ursprung nicht auf der Erde hat, sondern hier ‚angesiedelt' wurde*"[156]. Und ich muss sagen, seine Argumente sind nachvollziehbar. So stellt er zum Beispiel die berechtigte Frage, wie es sein kann, dass wir bereits nach relativ kurzer Zeit in der Sonne einen Sonnenbrand erleiden – auch in gemäßigten Zonen. Wären wir tatsächlich von der Erde, dürfte diese Reaktion vielleicht in äquatorialen Gebieten auftreten, aber nicht in Mitteleuropa.

Auch die so sehr verbreiteten Rückenschmerzen deutet er als Hinweis, dass wir womöglich auf unserem Heimatplaneten eine andere Schwerkraft gewohnt waren. Man liest immer wieder, dass gerade Bandscheibenvorfälle vor allem bei Menschen auftreten, die einen sitzenden Beruf haben, doch ich kenne viele Menschen mit diesem Krankheitsbild, die im Gartenbau, im Metallbereich oder in anderen Branchen arbeiten und die nicht viel sitzen. Eine entfernte Verwandte hatte sogar mit 19 Jahren einen Bandscheibenvorfall, obwohl sie sehr sportlich ist und ehrenamtlich einmal wöchentlich eine Gymnastikgruppe für Kinder angeleitet hatte. Der hohe Anteil an sitzenden Berufen wird vielleicht deshalb in den Medien erwähnt, weil der Anteil an sitzenden Tätigkeiten insgesamt immer höher wird und deshalb auch ihr Anteil bei den Rückenerkrankungen automatisch mitsteigt.

Oder ein anderes Beispiel: Ist es normal, dass der mütterliche Organismus Antikörper gegen das Blut des eignen ungeborenen Kindes entwickelt? Das kann dann geschehen, wenn das Blut der Mutter Rhesus-negativ, das des Vaters jedoch Rhesus-positiv ist. Wenn das Blut des Kindes dann ebenfalls Rhesus-positiv ist, bildet die Mutter Antikörper gegen Rhesus-positive Erythrozyten (rote Blutkörperchen). Bei einer erneuten Schwangerschaft kann es dann passieren, dass diese Antikörper über die Plazenta in den Blutkreislauf des Kindes gelangen und gegen die Erythrozyten des kindlichen Blutes vorgehen.

„Die Folgen sind Anämie, starke Gelbsucht … und universelle Ödeme … des Neugeborenen. Diese Krankheit, die unter Umständen auch zum intrauterinen Fruchttod führen kann, wird als fetale Erythroblastose (Morbus haemolyticus neonatorum) bezeichnet."[157]

Übrigens soll das baskische Volk Spaniens und Frankreichs den höchsten Prozentsatz an Blut mit Rhesusfaktor negativ haben. Ungefähr 30 Prozent hätten einen negativen Rhesusfaktor und ungefähr 60 Prozent trügen ein negatives Gen. Wissenschaftler fragen sich ernsthaft, wo das herkommt. *Robert Sepehr* wird in einem Artikel auf der Internetseite »Pravda TV« so zitiert:

„Es gibt 612 Primatenspezies und Unterspezies, die von der »Internationalen Union zur Bewahrung der Natur und natürlicher Ressourcen« (IUCN) anerkannt sind, und nicht eine einzige davon hat Blut des Typs Rhesus-negativ"[158].

Würde es der Wahrheit entsprechen, dass wir alle von Urmenschen aus Afrika abstammen, der sog. „Wiege der Menschheit", dann wären wir alle genetisch mehr oder weniger ähnlich und vor allem untereinander kompatibel. Dann dürfte es auch nicht möglich sein, dass eine Mutter Antikörper gegen das Blut ihres eigenen Kindes entwickeln kann. Stattdessen könnte es sich dabei jedoch um eine biologische Abwehrreaktion gegen eine andere Spezies handeln. Das wiederum würde bedeuten, dass die verschiedenen Menschenrassen eben tatsächlich von unterschiedlichen Spezies abstammen. Ehrlich gesagt, kann ich diese überzeugende Argumentation nachvollziehen.

Dr. Silver glaubt ferner, dass vor 60.000 bis 200.000 Jahren möglicherweise eine Kreuzung zwischen den Neandertalern und einer außerirdischen Spezies aus dem Doppelsternsystem Alpha Centauri stattgefunden hat. So schreibt *Fernando Calvo* in »Terry Mystica«:

„...Diese Theorie würde auch in unzähligen Überlieferungen uralter Kulturen bestätigt werden, die von Göttern berichten, die einst mit ihren ‚fliegenden Schiffen' auf die Erde kamen und den Menschen erschufen. Vielleicht würde das auch erklären, wieso sich auch heute noch die meisten Menschen auf der Erde fremd und sie sich seit frühester Zeit von fernen Welten im Universum angezogen fühlen. Kurioserweise wird tatsächlich aktuell unter Astronomen ernsthaft darüber diskutiert, ob der Planet Proxima Centauri b, nur 0,2 Lichtjahre von Alpha Centauri entfernt, Leben beherbergen könnte, da Ozeane auf ihm vermutet werden."[159]

Sind wir vielleicht selbst die Außerirdischen, nach denen wir den Himmel absuchen? Vielleicht warten wir noch immer auf die Raumschiffe, die uns wieder abholen sollen, weil wir instinktiv wissen, dass die Erde nicht unsere wirkliche Heimat ist! Vor diesem Hintergrund bekommt ein Spruch der Hopi-Indianer eine völlig neue Bedeutung:

„*Wir sind diejenigen, auf die wir gewartet haben.*"

Hopi-Indianer

Interessanterweise veröffentlichte das Fachjournal »The Astronomical Journal« am 18.12.2017 einen Artikel über die neuesten Forschungen. Wie das Team um Professor *Debra Fischer* von der Yale University gemeinsam mit chilenischen Kollegen berichtet, zeigen ihre neuesten Modelle, dass es mehrere kleine Felsplaneten um die Sterne Alpha Centauri A und B geben soll[160]. Bereits im August 2016 „*haben Astronomen der Europäischen Südsternwarte ESO die Entdeckung eines nahezu erdgroßen Felsplaneten bekanntgegeben, der den unserer Sonne nächstgelegenen Stern, Proxima Centauri, umkreist. Auf der Oberfläche des Planeten könnte es also flüssiges Wasser – und damit die Grundlage zumindest des irdischen Lebens – geben.*"[161] Und auch das Wissenschaftsjournal »Nature« schreibt von einem „*erdähnlichen Planetenkandidaten in einer gemäßigten Umlaufbahn um Proxima Centauri*"[162]. Diese Berichte zeigen, dass selbst die „offizielle" Wissenschaft immer mehr Beweise dafür findet, dass es außer uns Menschen auch noch andere Lebewesen geben könnte, die ähnliche Lebensbedingungen benötigen wie wir selbst.

Es wäre sicherlich mehr als anmaßend, wenn wir davon ausgehen würden, dass nur wir über Intelligenz verfügen. An anderer Stelle in diesem Buch sind unter anderem Augenzeugenberichte zitiert, die Flugobjekte gesehen haben, welche sich dematerialisiert und wieder materialisiert haben. So manche außerirdische Intelligenzen dürften unsere vermeintliche Überheblichkeit demnach nur milde belächeln. Vermutlich müssen sie auf uns aufpassen, wie besorgte Eltern auf ihre jugendlichen Kinder, die manchmal meinen, sie wüssten und könnten alles besser als die Erwachsenen. Vermutlich haben unsere universellen Mitbewohner so manches Mal bei den irdischen Machtspielen, die in einem nuklearen Desaster enden könnten, eingegriffen, ohne dass wir es überhaupt bemerkt haben.

BEWEISE

Mutige Forscher suchen permanent nach Beweisen, ob wir selbst außerirdischer Natur sind, und in der Tat gibt es hierzu bereits interessante Ergebnisse. *Prof. Cedric Feschotte* von der »Cornell-Universität« in New York zum Beispiel forscht über **Transposone**[163], die man auch „springende Gene" nennt. *„Darunter versteht man DNS-Stücke, die sich von außen in unsere Gene hineindrängen.",* erläutert er in der TV-Dokumentation »Mysterien des Weltalls: Sind wir alle Aliens«[164]? Das seien Fremdlinge, die sich in vielen Gensequenzen finden, von denen man jedoch nicht weiß, wie sie dort hingelangt seien.

> *„Sie tauchen an ständig neuen Stellen des Genoms auf und reproduzieren sich unabhängig von der DNA, und auch weit öfter als die Zelle selbst. Transposone findet man nicht nur beim Menschen, sondern bei nahezu jedem Lebewesen auf der Erde. Sie machen in vielen Pflanzen und Tieren sogar den Löwenanteil des Genoms aus. Wir nennen sie ‚Space-Invaders' ... Manche Transposone haben sich bereits über so lange Zeiträume hinweg weitervererbt, dass sie inzwischen aus der DNA ihrer Art gar nicht mehr wegzudenken sind. Und so besteht dank ihrer munteren Selbstreplikation auch das menschliche Genom mittlerweile zur Hälfte aus Gen-Aliens."*

Diese Transposone sollen teilweise auch sehr hilfreich für uns sein. Aus einem hätte sich beispielsweise unser Immunsystem entwickelt, deshalb wären wir in der Lage, Antikörper zu entwickeln, doch es gebe eben auch schädliche. Es seien bereits über 100 Krankheiten gefunden worden, die auf Transposone zurückzuführen seien. *„Sie können zum Aussterben einer ganzen Art führen, wie ein pandemisches Virus."* Und er führt weiter aus: *„Wir wissen wenig über sie, sie sind die dunkle Seite des Genoms."* Die Forscher vermuten, dass die Transposone von anderen Sternensystemen kommen müssen, da unser Sonnensystem unbewohnt sei. Na, ob sie sich da wohl sicher sind?

Fassen wir zusammen: Unsere Genetik soll also zu 50 Prozent aus unbekannten Quellen stammen. Das bestärkt die Annahme, dass dies der Grund dafür ist, warum der Mensch einen solch außergewöhnlichen Sprung in seiner Entwicklung vorzuweisen hat und der ihn dazu befähigte, die Welt – zumindest intellektuell und technisch – zu beherrschen. Den sog. „Missing Link" kann die offizielle Wissenschaft bis heute nicht schlüssig erklären. Eine genetische Vermischung mit extraterrestrischem Genmaterial könnte jedoch durchaus einen Erklärungsansatz für diesen Sprung bieten. Doch es bliebe immer noch die Frage, warum ausgerechnet wir Menschen diesen Entwicklungssprung gemacht haben sollen. Warum hat sich nicht der Frosch, dessen Anteil an fremdem Genmaterial sogar bei stattlichen 77 Prozent[165] liegen soll, zu einem intellektuellen Wesen entwickelt? Warum haben die Tiere nicht ebenso solch deutliche Veränderungen in ihrer Entwicklung gemacht, wie ausgerechnet der Mensch? Diese Tatsache spricht für die These, dass speziell der Mensch ganz gezielte genetische Eingriffe von außen erfahren hat.

Interessante Versuchsergebnisse beschreibt in dem TV-Bericht auch der Astrobiologe *Dr. Milton Wainwright*, der an der Universität Sheffield tätig ist. 2013 hat der Mikrobiologe mit Schwerpunkt Astrobiologie einen **Ballon** bis in eine Höhe von 25 Kilometern fliegen lassen. Dieser Ballon war mit einem präparierten Gerät versehen, das in großer Höhe Proben von winzigen, umherfliegenden Teilchen aufnehmen konnte. Wegen des immer geringer werdenden Luftdrucks platzte der Ballon anschließend, und das Gerät mit den Proben sank mit einem kleinen Fallschirmchen wieder zur Erde zurück. Nachdem dieser Versuch erfolgreich war, blieb es nicht bei diesem einen, sondern er hat noch viele weitere Ballons starten lassen und kann deshalb interessante Aussagen dazu treffen, was in diesen Höhen alles zu finden ist, das für unsere Entwicklung relevant sein könnte.

Bei seinen Untersuchungen hat *Dr. Wainwright* unter vielen anderen Exemplaren ein Gebilde eingefangen, das zunächst aussah wie eine Polle, *„doch die chemische Analyse ergab, dass es vor allem aus Titan besteht und hier Kohlenstoff und Sauerstoff absondert – biologisches Material"*. Diese Kugel soll sogar eine kleine Delle auf dem Objektträger hinterlassen haben, ein Beweis dafür, dass sie sehr schnell unterwegs gewesen sein muss. Der Wissenschaftler geht davon aus, dass diese Lebensformen aus dem All kommen. Kritiker würden zwar entgegnen, dass diese Teilchen von der Erde durch Wind nach oben getragen würden, doch dies sei laut *Dr. Wainwright* gar nicht möglich, weil die von ihm gefundenen Partikel viel zu groß seien, um durch Winde in so große Höhen getragen worden zu sein. Außerdem sei ihm nicht bekannt, dass es auf der Erde Lebensformen geben soll, die aus Titan bestehen. Der Forscher hält es vielmehr für möglich, dass solche Teilchen beispielsweise aus einem gefrorenen Kometenschweif stammen.

Die Tatsache, dass russische Kosmonauten 2013 gemeldet hätten, dass sie planktonartige lebende Organismen an der Außenseite der 400 km hoch fliegenden Raumstation ISS gefunden hätten, deren Herkunft bis heute nicht endgültig geklärt werden konnte, sieht *Dr. Wainwright* als Bestätigung für seine Theorie.

Einen ganz anderen Ansatz sieht der theoretische Physiker *Prof. Alejandro Jenkins* von der Universität Costa Rica, der ebenfalls in der oben erwähnten Dokumentation zu Wort kam. Er geht davon aus, dass die Außerirdischen direkt vor unserer Nase leben würden. Seiner Meinung nach seien sie nur den Bruchteil eines Millimeters von uns entfernt. *„Sie stecken in einer Dimension jenseits der drei, in denen sich unser Leben abspielt."*[166] Viele Physiker seien davon überzeugt, dass es weitere **Raum- und Zeitdimensionen** geben müsse, die uns nicht zugänglich seien – und was spreche dagegen, dass es dort Außerirdische geben könne? Denken Sie an die

Forschungen von Burkhard Heim, die ich weiter oben bereits erläutert habe. *„Von der Theorie her darf man erwarten, dass in vielen dieser Paralleluniversen Materie ganz anders beschaffen ist und auch ganz andere Kräfte auf diese Materie wirken, und dennoch wäre trotz dieser fundamentalen Unterschiede auch Leben denkbar."*, sagt *Prof. Jenkins.* Auch *Prof. John G. Learned* von der Universität Hawaii geht laut der erwähnten Sendung davon aus, dass es um uns herum von außerirdischem Leben nur so wimmelt.

Sie sehen also, dass sich nicht wenige Universitätsprofessoren ernsthaft mit dem Nachweis der Existenz von außerirdischem Leben befassen – und zwar mit Erfolg! Sie tun das nicht in ihrer Freizeit, weil sie etwa begeisterte Alien-Fans sind, sondern ganz offiziell im Sinne der Forschung. Besonders beeindruckend finde ich die Studien von *Prof. Feschotte*, die uns deutlich aufzeigen, dass unser eigenes Genmaterial sowie das von fast allen Lebewesen und Pflanzen mit Genmaterial von außerhalb der Erde vermischt ist. Es ist doch unglaublich, dass das Genmaterial von uns Menschen sogar zu nahezu 50 Prozent von außerirdischen Quellen stammen soll. Und genau deshalb sollten wir uns die ernsthafte Frage stellen: Sind wir etwa selbst die Aliens, auf die so mancher sehnsüchtig wartet und die gleichzeitig viele fürchten?

Im Grunde ist es ganz einfach: Wir leben in einem Universum, das zum einen nicht starr ist und sich ständig verändert, und in dem zum anderen stets ein Austausch stattfindet. In der unmessbar langen Zeit seines Bestehens muss es also zwangsläufig zu Vermischungen, aber auch zu Wanderungen kommen. Und ob wir genetisch verändert wurden, wann und wie oft dies stattgefunden hat und von wem, ist meines Erachtens nachrangig. Die Rassen, die in unsere Entwicklung eingegriffen haben, haben sich selbst ebenso weiterentwickelt. Sie sind ja auch nicht stehengeblieben, mit wem sollen wir uns also vergleichen?

Wirklich wichtig ist jedoch, *wie* wir uns verhalten und *wie* wir miteinander umgehen, und das, was schlussendlich zählt, ist die Frage, wie „göttlich" oder wie „teuflisch" wir uns verhalten. Sind wir empathisch oder gehen wir über Leichen? Unsere eigene innere Einstellung wird dafür entscheidend sein, wie es mit den Menschen auf der Erde weitergeht und ob wir überhaupt eine Chance haben, hier zu überleben. Und wenn ja, wie werden wir hier weiterleben? Als freie Menschen oder als Sklaven? Sklaven von wem? Ich ziehe es vor, als freier Mensch hier auf der Erde weiterzuleben. Und dafür setze ich mich ein!

HILFE AUS DER GEISTIGEN WELT

Anhand fortschreitender Umweltzerstörung, durch die Gefahr eskalierender kriegerischer Auseinandersetzungen und eventuell folgender und mehrfach prophezeiter Kataklysmen auf der Erde besteht ein gewisses Risiko, dass die Erde unbewohnbar werden könnte. Daher setzen manche Menschen ihre ganze Hoffnung darauf, dass sie von riesigen Raumschiffen von der Erde abgeholt und gerettet werden. Diese würden dann die letzten Erdlinge auf irgendeinen Planeten bringen und sie dadurch vor ihrem sicheren Untergang bewahren.

Sollten sich tatsächlich eines Tages außerirdische Wesen zeigen, die von sich behaupten, uns retten zu wollen, wäre ich höchst vorsichtig, denn es ist ja ausschließlich **unsere** Aufgabe, mit den Herausforderungen auf der Erde zurechtzukommen. **Wir** müssen zeigen, dass wir uns weiter entwickelt haben und in der Lage sind, fortan ein friedliches Leben auf der Erde zu führen. Wenn es von massiver extraterrestrischer Hilfe abhängt, ob wir überleben, dann haben wir, nach meinem Ermessen, die Aufgabe nicht bestanden. Ebenso bestünde eine große Gefahr, dass menschenfeindliche Wesen diese Situation nutzen könnten, um uns als Sklaven auf ihren Planeten zu holen – und das auch noch freiwillig. Es gilt auch hier, wie immer öfter im Leben, auf seine innere Stimme zu hören. Wie sollten wir uns verhalten, wenn sich extraterrestrische Wesen zeigen würden und uns mitnehmen wollten? Ich denke, zunächst sollten wir in uns hineinspüren. Fühlt sich das, was sie sagen würden, liebevoll an? Strahlen sie eine „menschliche" Wärme aus? Oder wären ihre Erklärungen rein analytisch, rational und logisch, also mehr vom Intellekt geprägt? Respektieren sie unseren eigenen Willen? Oder versuchen sie uns zu überreden und versprechen uns den Himmel auf Erden? Dann wäre ich höchst vorsichtig und skeptisch. Unter Umständen würde von ihnen eine ernsthafte Gefahr drohen.

Andererseits kann ich mir gut vorstellen, dass wir durchaus Unterstützung durch liebevolle Wesen aus der Geistigen Welt und mitmenschlich empfindende Spezies erhalten – jedoch nicht in der Weise, dass sie uns „en masse" irgendwohin mitnehmen. Vielmehr würden sie uns sicherlich dabei unterstützen, dass wir selbst herausfinden, wer wir tatsächlich sind. Sie würden uns vielleicht auch dabei helfen, dass wir aus eigener Kraft die Unterjochung überwinden können. Wirklich einmischen würden sie sich jedoch nur, wenn ihre eigene Art oder Teile des Universums gefährdet wären.

Wir Menschen auf der Erde sind durch invasorische Übergriffe von außen in die jetzige Situation gekommen und es ist unsere Aufgabe, diese Herausforderung zu erkennen und dann gemeinsam zu entscheiden, unsere Freiheit zurückzuerhalten. Es ist unsere Aufgabe, daraus zu lernen und uns dabei zu entwickeln. **Wir** haben dieses Problem zu meistern – **und das werden wir auch!** Der nachhaltigste Weg, diese Situation zu beenden, ist der, an uns selbst zu arbeiten. Wir können durch unsere Einstellung und durch unsere Gedanken viel verändern, sowohl in unserem eigenen Leben wie auch in unserem Umfeld. Das Gesetz der Resonanz führt uns zu Situationen und Menschen, welche dieselben Energien verkörpern, die auch wir in uns tragen. Diese Spiegelung *unserer eigenen Themen* gibt uns die Möglichkeit, sie zu erkennen und uns mit ihnen auseinanderzusetzen. Nur wenn uns unsere Themen und Muster bewusst sind, können wir sie auflösen, können unsere innere Haltung verändern, und nach und nach verschwinden diese typischen unangenehmen Situationen aus unserem Leben.

Diese inneren Prägungen bzw. Muster können verschiedene Ursachen haben:
1. Unsere Seele bringt einen gewissen Erfahrungsschatz mit, und die Erlebnisse der vergangenen, besonders der letzten Inkarnation, können unser Leben erheblich beeinflussen,
2. Wir werden durch unsere Ahnen geprägt, die sowohl die väterliche wie auch die mütterliche Seite mit bestimmten Themen beeinflussen und
3. Die Konditionierung in diesem Leben, die neun Monate der Schwangerschaft und vor allem die ersten Lebensjahre lassen in uns ein Bild von uns selbst sowie von der Welt entstehen, das uns ein Leben lang begleitet.

Mit all diesen Traumata kann man sich auseinandersetzen und bei Bedarf auch einen guten Therapeuten hinzuziehen. Wenn man sich mit diesen Themen ernsthaft befasst, spürt man nach einiger Zeit, dass das Leben leichter wird und wir nicht immer wieder mit den gleichen Themen konfrontiert werden. Dadurch verändern wir unsere eigenen Muster, und durch das Gesetz der Resonanz begegnen wir anderen Menschen und anderen Situationen. Wir können beginnen, anderen Menschen zu verzeihen und damit in unserem eigenen Herzen Frieden herzustellen. Auch unsere Gedanken können wir dabei beobachten und korrigieren, wenn sie in eine urteilende oder negative Richtung tendieren.

Es kann natürlich auch vorkommen, dass wir manche Muster einfach nicht auflösen bzw. heilen können. Obwohl wir unsere Einstellung und unsere Gedanken verändern, haben wir manchmal das Gefühl, dass sich nicht wirklich etwas verändert. Denn es gibt Kollektivmuster, die ganze Bevölkerungsgruppen betreffen und entsprechend groß sind – und trotzdem ist es heilsam, diese anzugehen. Wer sich mit solchen Dingen befasst, wird feststellen, dass man auch Familienmuster auflösen kann, obwohl auch da mehrere Menschen betroffen sind. Und so haben wir grundsätzlich auch die Fähigkeit, Kollektivmuster positiv zu beeinflussen – wir müssen es allerdings *tun*. Doch verzagen Sie nicht, wenn dabei immer wieder neue Themen auftreten, denn wie die Zwiebel haben auch wir so manche Schichten, die es abzutragen gilt. Und eines müssen wir auch bedenken: Es gibt immer wieder Verhinderungsstrategien, die uns daran hindern wollen, unseren Weg zu gehen, Dinge aufzuklären und zu ändern. Denken Sie an den Satz:

„Je größer der Gegenwind, desto mehr bist Du auf der richtigen Spur."
Unbekannt

Allerdings gibt es dabei auch noch andere Bereiche, an die wir uns wenden können, zum Beispiel die geistige Ebene. So sehr wir auch an uns arbeiten und dabei in der Regel wirklich viel bewegen, so wenig haben wir einen Überblick über das Ganze. Mit unserem eingeschränkten Horizont können wir nur das irdische Leben erfassen und selbst dieses nur durch unseren ganz persönlichen Blickwinkel – dabei gibt es ja so viele unterschiedliche Perspektiven. Und bei all dieser eingeschränkten Wahrnehmung dürfen wir dankbar sein, *dass wir nicht allein sind*. Zum einen sind wir mit der höchsten Quelle der Liebe verbunden, wodurch die Seele, das, was uns ja ausmacht, unsterblich ist. Und zum anderen gibt es in anderen Dimensionen Wesen, die uns ein wenig dabei helfen, uns weiterzuentwickeln. Manche dieser Wesen mit erweitertem Bewusstsein inkarnieren sogar hier auf der Erde und bringen ihre Erfahrung und ihr Wissen mit oder übernehmen einen Körper, dessen Seele nachhause geht, wie die folgende Geschichte zeigt.

7-JÄHRIGER DAVID

Eine ganz interessante Geschichte ist die des 7-jährigen *David*, der Stimmen in seinem Kopf hörte, als wenn jemand mit ihm telefonieren würde. Seine Mutter fand dies sehr sonderbar und suchte deshalb mit ihrem Sohn einen Psychologen auf, um das Stimmenphänomen abklären zu lassen. Der Junge besuchte von da an regelmäßig die Praxis des Psychologen, der den Inhalt der Sitzungen dokumentierte. Die Stimme hatte ihm über *David* nämlich sagen lassen, dass er die Sitzungen mitschreiben soll. Dieser erstaunliche Bericht ist als 84-seitiges PDF-Dokument[167] im Internet zu finden. Denn der Psychologe hat sich darauf eingelassen und tatsächlich die höchst interessanten Erzählungen des kleinen Jungen mitgeschrieben. Ob sich das Ganze wirklich so abgespielt, oder ob jemand diesen Text erfunden hat, kann ich Ihnen natürlich auch nicht sagen. Doch die Welt, die *David* in dem Bericht beschreibt, halte ich für höchst interessant und erstrebenswert, weshalb ich hier einige Details stark gekürzt wiedergebe. Und unabhängig, ob die Beschreibungen wahr sind oder nicht – sie sind auf jeden Fall lesenswert und vieles können wir in unsere eigene Gedankenwelt übernehmen. Hier nun ein wenig aus dem Inhalt des Berichts.

David erzählte, dass die Stimme, die in seinem Kopf mit ihm spricht, *Aghton* heiße. *Aghton* komme von einem anderen Sternensystem, von dem auch er selbst herstamme, und er würde noch 200 Jahre hier auf der Erde leben, doch die Zeitrechnung würde sich bald ändern, deshalb könne er die Zeit nicht genau benennen. Der Psychologe wusste zunächst natürlich auch nicht, wie er Davids Aussagen einordnen sollte, doch eine kleine Begebenheit hat ihn dann bekräftigt, die Stimme im Kopf des Jungen ernst zu nehmen. Der Junge sagte nämlich am Ende der ersten Stunde zu dem Psychologen, er solle der Vase nicht hinterhertrauern, die er heute Morgen daheim beim Fensterschließen zerbrochen hatte. Diese Aussage erschreckte den Psychologen zutiefst, denn das war ihm morgens tatsächlich passiert und niemand, außer ihm selbst, konnte davon wissen. Doch diese Stimme wusste, was in ihm selbst vorging und musste demnach über besondere Fähigkeiten verfügen.

In der nächsten Sitzung erzählte *David*, dass er von dem Planeten Inua stamme, der in der Nähe des Orion sei und beschrieb diesen Planeten im Detail. Die Bewohner von Inua würden sich Inuakiner nennen, sie sähen etwa so aus wie Salamander, hätten einen Schwanz, würden aufrecht auf zwei Beinen laufen, wären etwa zwei Meter groß und hätten nur drei Finger an jeder Hand. Sie wären Vegetarier und würden so etwas wie Obst, Gemüse und Getreide essen und dieses würde in zwei

Planetendrehungen wachsen, die jeweils fünf Erdentage lang dauern. Wer etwas benötigt, bittet die Matrix darum und wird es erhalten. Sie bitten dort nur um Dinge, die sie auch wirklich brauchen und deshalb würden sie das auch erhalten. Das funktioniere etwa so:

> *„Du legst ein Samenkorn in die Erde, gießt irgendein Wasser darüber, strahlst es mit Licht und Liebe an und denkst daran, dass es sich mit der allgemeinen Matrix verbindet, woher die Pflanzen die ganzen Informationen zum nötigen Wachstum bekommen – in so vielen Tagen wie Du es für sie festgesetzt hast. In dieser Sekunde wird das Innere mit Licht gefüllt und gleichzeitig schlüpft eine leuchtende Faser heraus, die mit der Matrix in Verbindung steht und so fängt dieser Prozess an."*

Sie würden auf Inua so etwas wie fliegende Untertassen benutzen, die als eine Art „Perpetuum mobile" funktionieren. Mit Hilfe von Magnetkreisen und Gedankenkraft könnte man das Raumschiff anheben oder sinken lassen. Die Schiffe seien Gemeingut und gehörten allen. Wer eines braucht, würde es benutzen und danach wieder abstellen (ähnlich unserem Car-Sharing; Anm. d. Verfass.). Auch gebe es auf Inua kein Geld, sondern jeder arbeite, so viel wie erforderlich ist und man würde zusammenhelfen. Es gäbe keine Regierung wie auf der Erde, sondern bei jeder 260. Rotation werde ein Rat aus 12 Inuakinern gewählt und man könne nicht ein zweites Mal gewählt werden. Die Fortpflanzung würde ebenfalls ganz anders als hier funktionieren. Die Inuakiner-Babys würden aus befruchteten Eiern in einem Spezialraum heranwachsen, wodurch sie nie krank wären und nie genetische Fehler hätten.

Ferner gebe es auch keine Wertsachen wie Schmuck etc., weil es niemand bräuchte und nur die Energiefelder der Inuakiner stören würde. Man sei nicht auf Statussymbole angewiesen, weil jeder nur das sein könne, was er ist, und es soll ein Gesetzbuch in Form eines Kristalls geben, in den die Vorfahren Gesetze geschrieben hätten. Bei Problemen würde man die Hand auf den Kristall legen und von diesem kämen die Antworten in den Kopf. *David* habe auch das Leben auf Inua beschrieben, und wer zum Beispiel friere, würde sich von der *„allgemeinen Matrix"* einfach Wärme erbitten und schon würde es ihm warm werden.

Auf der Erde könne das alles jedoch noch nicht funktionieren, weil die *„morphogenetischen Felder der Erde das noch nicht erlauben"* würden. Das soll sich jedoch so schnell ändern, dass es der Psychologe noch in diesem Leben erfahren würde. *David* berichtet davon, dass unterschiedliche Naturkatastrophen auf der Erde geschehen würden, wobei einige Erdteile verloren gingen und Küsten überschwemmt würden. Längst still geglaubte Vulkane würden wieder ausbrechen und Erdbeben die Erde erschüttern. Dann würde ein Sonnenwind kommen, der alle mit Strom funktionierenden Geräte lahmlegen würde. Die Erde würde mit ihrer Reinigung beginnen und wir alle müssten *„mit ihr zusammen da durch"*. Das alles würde erst nach 2012 geschehen und zuvor müssten wir verstehen, dass wir nicht alleine seien im Universum. Der Umbruch würde drei bis fünf Jahre dauern.

Die folgende Aussage finde ich spannend, da es um Gott und die Schöpfung geht. *David* sagte, es gebe zehn Universen und jedes sei eigenständig und habe eine eigene Ordnung. Und der höchste Gott sei nicht der Erschaffende (Seite 13 der Aufzeichnungen des Psychologen). *„Jedes Universum hat seinen eigenen Erschaffenden und seinen eigenen leitenden Entitan. Doch über allem steht etwas Riesiges – eine Energieform, die wir den höchsten Gott nennen, das Ursprüngliche, das Unendliche."* Ich nehme an, dass *David* hier die Instanz meint, die ich gerne die *„liebende Ur-Quelle"* nenne, weil die Bezeichnung „Gott" in der Vergangenheit für die verschiedensten Wesenheiten verwendet wurde und noch immer wird. Auch die Aussage, dass *„der höchste Gott nicht der Erschaffende"* sei, finde ich bemerkenswert, denn auch die Nag-Hammadi-Schriften enthalten diese Aussage, wie wir später noch sehen werden.

David hat die Seele mit einer Art Kreis beschrieben, die, symbolisch gesehen, über unserem Körper schweben soll. Aus diesem Kreis kommt ein Faden oder ein Band, das sich *„mit dem Körper im Kopfbereich verbindet"*. Damit meint er vermutlich das Energieband, das meist als „Silberschnur" bezeichnet wird. Dieser Faden sei bei der Geburt recht dünn, würde sich dann im Laufe des Lebens auf 15 bis 20 cm verbreitern und vor dem Tod würde er wieder dünner werden, damit die Trennung vom Körper leichter falle. Dieser Faden würde sich im Körper aufspalten in viele, viele Einzelfäden, die im gesamten Körper zu finden seien.

Damit bestätigt *David* im Grunde, was ich in meinem Buch »Verraten – verkauft – verloren?« zum Thema „Organspende" beschrieben habe. Es ist nämlich erwiesen, dass jemand, der ein fremdes Organ erhält, oftmals Eigenschaften des Spenders übernimmt, sei es, dass er gerne malt, plötzlich eine Neigung zum Klavierspielen verspürt oder andere, ihm bis dahin fremde Eigenheiten entwickelt. Die Seele ist mit jeder Zelle verbunden und wenn ein Organ in einen anderen Menschen verpflanzt wird, dann wird auch ein Teil der Seele in den Organempfänger transplantiert. Da jeder Körperteil, jedes Organ und jede Zelle mit der Seele verbunden ist, bleibt diese Verbindung auch nach der Transplantation des Organs erhalten. Das Spenderorgan ist natürlich lebendig, sonst könnte es nicht transplantiert werden, und solange es „beseelt" ist, lebt es auch – allerdings ist es die Seele des Spenders, die das Organ beseelt und nicht die Seele des Empfängers. Die Folge ist, dass bei der Transplantation nicht nur das Organ vom Spender übernommen wird, sondern auch ein Teil der Seele. Aus diesem Grund haben viele Organempfänger nach der Operation auch das Gefühl, es sei noch jemand in ihrer Nähe. Sie nehmen die Seele des Spenders wahr, die sich in dem empfangenen Organ befindet bzw. mit ihm verbunden ist, eben weil sie das Organ dieses Fremden in ihrem eigenen Körper tragen.

Wenn man um diesen Zusammenhang weiß, kann man auch verstehen, warum der Körper eines Organempfängers sein restliches Leben lang versucht, das fremde Organ abzustoßen, obwohl er „weiß", dass er dann sterben wird. Es ist nicht nur organisch, sondern auch seelisch ein Fremdkörper, den das System des Empfängers als fremd erkennt. Das zeigt, wie vehement sich ein Mensch (System Körper und Seele) gegen ein Fremdorgan mitsamt seiner Fremdseele wehrt. Das einzige Mittel, diese Abstoßung zu umgehen, besteht darin, sein Leben lang Immunsuppressiva zu nehmen, das heißt, der Organempfänger muss sein Leben lang Mittel einnehmen, die seine Abwehr erheblich reduzieren. Das macht ihn natürlich anfällig für Infektion durch Erreger aller Art.

Was leider vollkommen ignoriert wird, ist die Konsequenz, dass sich die Seele des Spenders nicht in ihre Seelenheimat zurückziehen kann. Obwohl der Spender nach der Organentnahme stirbt – wenn es keine Lebendspende ist, wie es zum Beispiel bei einer Nierenspende der Fall sein kann –, bleibt ein Organ lebendig. Ein Teil der Seele bleibt dadurch über das Spenderorgan an die Materie gebunden und kann nicht mit zurück in die Seelenheimat. Welch ein Schock muss es für eine Seele sein, wenn sie sich mit einer anderen Seele einen Körper teilen muss, denn sie wird mit einer anderen Seele sozusagen „vermischt". Ich könnte mir vorstellen, dass diese Seelenqual noch größer ist, wenn der Spender und der Empfänger vollkommen gegensätzliche Lebenseinstellungen haben bzw. hatten. In der Regel ist es sogar der Fall, dass nicht nur ein Organ entnommen, sondern der Körper regelrecht ausgeweidet wird. Das bedeutet, man entnimmt so viele Organe wie möglich, denn die Wartelisten der Empfänger sind lang. So kann es passieren, dass die Leber, die beiden Nieren, das Herz, Teile der Augen und andere Körperteile in verschiedene Menschen implantiert werden. Dadurch wird auch die Spenderseele in unterschiedliche Menschen eingepflanzt und wird sozusagen zersplittert. Wir wissen nicht, wie sich diese Erfahrung auf die nächste Inkarnation auswirkt. Bleibt zu hoffen, dass die unvollständige Seele so lange warten darf, bis sämtliche Empfänger verstorben sind und sie alle ihre Seelenanteile wieder zurückerlangt hat, bevor sie erneut inkarniert.

Doch nun wieder zurück zum Bericht über *David*. Vor dem physischen Tod würden sich diese Fäden von den Körperteilen und zuletzt vom Herzen in die Wirbelsäule zurückziehen. Nach zirka drei Tagen würde der Faden letztendlich reißen und der Kreis könnte gehen. Merkmale, Fähigkeiten und Fehler würden mit in den Kreis genommen, Taten hingegen würden in der Matrix bleiben. Die Matrix hätte den Menschen und alles als so etwas wie eine Kopie erschaffen, nur die Seele sei ein Teil Gottes. Gott könne mit der Matrix arbeiten.

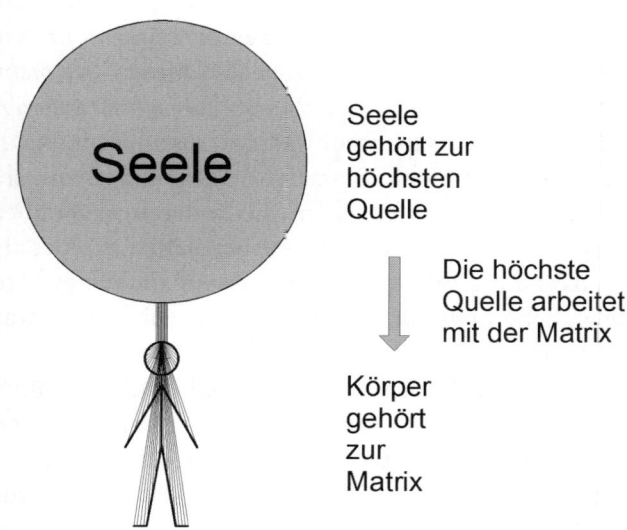

Abb. 14: Die Seele ist mit jedem Organ und mit jeder Zelle verbunden. Die Seele gehört zur höchsten Quelle, während der Körper zur Materie gehört.

Die Bezeichnung „Matrix", die in dem Text verwendet wird, ist offensichtlich ein wenig anders zu sehen, als das, was in unserem Sprachgebrauch mit „Matrix" benannt wird. Im Text wird „Matrix" offensichtlich als Bezeichnung für die materielle Schöpfung verwendet. Viele Autoren verwenden das Wort „Matrix" jedoch vor allem für die manipulierte Schöpfung, also für die Illusion. Man gaukelt uns in fast allen Bereichen falsche Tatsachen vor, sei es historisch, geschichtlich, wissenschaftlich, politisch, religiös, finanziell usw., sodass wir uns tatsächlich mehr und mehr in einer Scheinwelt befinden. In der Extremform täuschen uns virtuelle Brillen eine nicht existente künstliche Welt vor und das ist mit Sicherheit noch nicht das Ende dieser Entwicklung. Eine geplante Vernetzung unserer Gehirne mit einem Großrechner soll, wie bereits beschrieben, in naher Zukunft ermöglichen, dass wir durch eine Künstliche Intelligenz gesteuert werden können. Das Ziel hinter diesen Aktionen ist, uns von unserer Seele und unserer Intuition zu trennen und uns vollkommen zu kontrollieren und zu steuern.

Mit der ursprünglichen Erde, mit den Naturvölkern, die im Einklang mit dem Planeten gelebt haben, hat unser Leben schon heute nichts mehr zu tun. Im nachfolgenden Text verstehe ich es so, dass das Wort „Matrix" nicht für diese höchst manipulierte Welt verwendet wird, sondern für die Schöpfung allgemein. Allerdings dürfen wir uns durchaus fragen, ob die Schöpfung an sich nicht bereits eine Manipulation ist. Das echte Empfinden des „ich bin" ist eine seelische Wahrnehmung und auch ohne Körper möglich.

David habe weiter berichtet, dass auch wir „erschaffen" könnten, weil wir ein Teil Gottes seien, deshalb könnten wir uns auch weiterentwickeln. Wir würden dabei mit der Matrix zusammenarbeiten. Alles, was wir tun, würde in der Matrix gespeichert werden. Wenn wir jemandem helfen, würde diese Energie gespeichert und wenn wir selbst einmal Hilfe benötigen, würde diese Energie zu uns zurückkommen. *„Je mehr negative Gedankenformen oder Taten Du hast, umso mehr wirst Du selbst zu deren Zielscheibe."* In diesem Fall kann ich *Davids* Aussagen nur bedingt zustimmen. Nach meinen Beobachtungen ist es zwar oft, aber nicht immer so, dass Menschen, die anderen helfen, auch selbst Hilfe erfahren und Menschen, die anderen gegenüber rücksichtslos sind, erfahren selbst auch nicht unbedingt mehr Rücksichtslosigkeit als andere. Doch es mag natürlich sein, dass diese Bilanz aufgeht, wenn man die gesamte Lebensspanne oder die Summe vieler Leben betrachtet. Doch sehen wir weiter, was uns der Psychologe über *David* schreibt.

Nur derjenige, der eine Energie erschaffe (z.B. Rücksichtslosigkeit), der könne sie auch wieder auflösen. Am einfachsten ginge das, wenn er das in demselben Leben tut. Wir seien alle miteinander und mit der Erde und dem Sonnensystem verbunden, und die Taten eines Menschen würden alle Menschen beeinflussen. Wir würden für viele Dinge unser Einverständnis geben, indem wir dazu schweigen würden. Wenn sich die Menschen zusammentun würden, könnten sie bestimmte Ereignisse aufhalten. Selbst wenn wir nichts aktiv tun könnten, hätten wir die Möglichkeit, in Gedanken einen sofortigen Stopp zu wünschen. Wenn wir uns das von ganzem Herzen wünschen würden, dann würden unsere Gedankenformen in der Matrix ankommen.

Da kann ich diesen Aussagen nur zustimmen. Immer wieder fordere ich die Menschen dazu auf, sich ihre Visionen über ein friedliches Miteinander bildlich vorzustellen und ihr ganzes Empfinden hineinzulegen. Wenn dieser Wunsch aus unserem tiefsten Inneren kommt, dann hat er Kraft und Energie. Wenn wir uns ein friedliches Zusammenleben auf einer gesunden Erde vorstellen und uns das von ganzem Herzen wünschen, dann können wir die Welt verändern. Wir brauchen dazu keine lange Meditation, es genügen wenige Minuten und am besten jeden Tag. Doch wir müssen es TUN!

David habe dem Psychologen erläutert, dass wir uns hinstellen und sagen könnten, dass es zu Ende sei, dass wir ab sofort frei seien. Wir könnten die Matrix bitten, *„dass sie jeden mitnimmt, der die Spielregeln nicht einhält, der gegen die Wahrheit ist, wer – in welcher Form auch immer – uns unterjocht ... Bittet um Eure Rechte."* Warum sollten das Wasser, die Luft, die Lebensmittel usw. nur einigen wenigen gehören? Es gebe keinen Vertrag mit der Erde, dass das alles nur den Reichen gehöre – sie hätten sich das alles nur irgendwann genommen. Die Produkte der Erde würden allen gehören, und warum sollte sich dann einer mehr nehmen, als er benötige? Wozu? Die Menschen müssten jetzt ihr Schicksal in die eigenen Hände nehmen. Sie seien es, die alles erwirtschaften und sie seien es, denen alles gehöre. Die Menschen *„sollten nie mehr zulassen, dass die Wahrheit und ihr Leben von ihnen weggenommen werden."* Dazu müsste man jedoch daran glauben, dass alles veränderbar sei und man könne die Matrix bitten, von der Gefangenschaft befreit zu werden.

Bei den Veränderungen, die auf der Erde und mit den Menschen anstünden, hätten die Menschen die Möglichkeit, ihren Körper zu bewahren. Es würde nur die DNS verändert werden. Wenn die DNS vollständig aktiviert sei, wäre der Mensch fähig, in seinem Körper Licht, Resonanz, Ton und Information der Matrix zu bewahren. *„Das bedeutet, dass im gesamten Universum Puls und Existenz ununterbrochen in Verbindung sein werden. Sie wird mit ihr in Harmonie leben."* Derzeit würde nur ein Viertel der Resonanz vom Menschen übernommen werden.

Ich kann mir gut vorstellen, dass wir ganz bewusst blockiert wurden und deshalb nur sehr wenig bis gar nichts spüren, was an Impulsen aus dem Universum zu uns kommt – weder die positiven noch die negativen. Das ist vermutlich der Grund, warum viele von uns noch nicht einmal bemerken, wie sehr wir (von machtgierigen extraterrestrischen Spezies und ihren irdischen Vasallen) programmiert werden! Können wir uns deshalb nicht für die Freiheit, die Harmonie und die Liebe in unserem Leben einsetzen, weil wir weder spüren, wer wir sind, noch die Botschaften unserer Seele und der Ur-Quelle wahrnehmen – bis auf wenige Ausnahmen? Die Stimme *Aghton* habe durch *David* gesagt, dass wir Lichtwesen seien und wir seien die Kinder der Matrix.

„Ihr vertretet die hohe Ordnung, Vollkommenheit und Unendlichkeit. Aus diesem Grund müsst Ihr Euch so äußern. Ihr seid der Puls des Universums, der Atem des Erschaffenden und erschaffen vom Willen Gottes. Ihr seid deren Kinder und verfügt

über deren Fähigkeiten, Potenzen und Wirkungskreise. Jetzt ist die Chance da, dass Ihr aktiv sein könnt, dass Ihr bewusst teilnehmt, dass Ihr Partner und Erschaffende seid. Wacht auf!!"

David habe von seinem Herkunftsplanet Inua erzählt, wie er von einer Rasse, den Anunnaki, eingenommen und die Bevölkerung genetisch verändert und versklavt worden sei. Diese Rasse wäre so lange auf Inua geblieben, bis sich die Inuakiner in ihrer Gesamtschwingung verändert hätten. Daraufhin sei keine Resonanz mehr zwischen den Inuakinern und den Anunnaki gewesen und sie hätten den Planeten verlassen. So würden sie sich immer wieder einen neuen Planeten suchen, der zu ihnen passt und dort dieselben Veränderungen vornehmen. Seit langer Zeit würden sie sich nun auf der Erde befinden, und jetzt wäre die Zeit, dass wir Menschen uns von ihnen befreien würden.

„Wir müssen auf unsere Seelen hören. Das ist das Wichtigste! Niemand steht über dem Erschaffer, wir sind alle gleich, so hat keiner ein Recht, vorzusagen, wie wir denken, glauben oder lernen sollten ... Die momentane Wissenschaft ... ist eine indoktrinierte Wissenschaft, eine solche Wissenschaft, die sie deshalb erschaffen haben, damit sie alles durcheinander bringen, was mit der Wahrheit absolut nichts zu tun hat."

Jeder Wissenschaftler, der an diesen Dogmen zweifle, werde denunziert oder durch einen Unfall, Tod oder Selbstmord aus dem Verkehr gezogen. Derzeit befänden sich die Herrscher in der Sackgasse, weil es keinen Planeten mehr gebe, den sie einnehmen könnten.

Über die Anunnaki kann man viele unterschiedliche Berichte lesen. Manche Autoren schreiben, dass sie die größten Manipulatoren gewesen seien, die die Urmenschen genetisch verändert hätten. *David* ergänzt diese Sichtweise dadurch, dass er sagt, das Urvolk auf der Erde seien Reptilien gewesen und diese seien mit der Genetik der Anunnaki vermischt worden. Andere Autoren wiederum schreiben, dass es Reptilien gewesen seien (und vermutlich noch immer sind), die das Genmaterial der Urmenschen beeinflusst hätten. Fakt ist jedenfalls, dass sie heute kurz davor sind, die Menschheit komplett zu versklaven. Wie es tatsächlich begonnen hat, dass die Menschen unterdrückt werden, ist vermutlich schwierig nachzuweisen. Doch möglicherweise kommen wir bald in den „Genuss", den wahren Weltbeherrschern zu begegnen, wenn sie sich am Ziel wähnen und sich physisch zu zeigen beginnen. Hoffen wir von ganzem Herzen, dass wir es vorher noch schaffen, uns zu befreien und die Macht wieder in die Hände und Herzen der Menschen zu legen.

Der Inuakiner *David* berichtet weiter, dass unsere Nahrung, unser Wasser und unsere Luft absichtlich mit bestimmten Stoffen verschmutzt seien, die uns manipulieren und daran hindern würden, zu erkennen, wer wir wirklich seien. Auch Impfstoffe seien „*der größte Betrug überhaupt*". David hätte sich nach der letzten Impfung, zu der sie ihn gezwungen hätten, sehr schlecht gefühlt.

„Ich habe klar gesehen, wie die in den Körper eingebrachten Mikroben die Chakren angegriffen haben, so haben sie sie destabilisiert, dass mein ganzer Körper zitterte, die Lymphknoten und die Drüsen negativ beeinflusst wurden."

Die fremden Eindringlinge, die einen Planeten nach dem anderen verwüstet haben, würden unter uns leben, allerdings hätten sie die Fähigkeit, in uns ein anderes Bild entstehen zu lassen, sodass wir sie nicht erkennen könnten. Es gebe jedoch einige Menschen, die sie sehr wohl als das erkennen, was sie sind, und sie sollten mit den Fingern auf sie zeigen, damit sich das Gedankengut der Wahrheit mehr verbreite. *Davids* Empfehlung, wenn wir die Wahrheit wissen möchten, lautet: „*Wenn ich für meine Fragen Antworten bekommen möchte …, stelle ich mich auf die Beine, schließe meine Augen und denke daran, dass ich mich mit der Matrix verbinde, um die Wahrheit zu erfahren. Ich mache das und sage, wenn die Antwort ‚ja' ist, dann sollte mein Körper sich nach vorne beugen, und wenn die Antwort nein ist, dann sollte mein Körper sich nach hinten beugen. Es ist ganz einfach."* Er testet demnach über einen kinesiologischen Test aus, was die Wahrheit ist.

„Mache es Dir auf einem Platz bequem, wo Dich niemand stört, vielleicht vor dem Schlafengehen. Am Anfang musst Du dem Körper sagen, dass sich auf natürliche Weise, ohne dass Du leiden müsstest, alle giftigen Stoffe aus Deinem Körper entfernen sollen … Eigentlich solltest Du es jeden Tag machen. Es ist sehr nützlich. Dann bittest Du Dein höheres Ich, mit Dir in Verbindung zu treten. Wenn ich mit meinem höheren Ich rede, gehe ich mit Hilfe der Gedankenkräfte zu einem speziellen Ort. Ich denke daran, dass ich auf Inua bin. Wir haben einen Lieblingsplatz neben einem Baum. Von dort können wir das Meer sehen. Du kannst mit Deinen Gedanken hingehen, wohin Du möchtest, wo es Dir gefällt."

Der Psychologe wünscht, in seiner Vorstellung an einen Wasserfall zu gehen.

„Du gehst da hin. Erst einmal schaust Du das Wasser an und dann, was darum herum ist. Du versuchst zu spüren, wie der Duft des Platzes ist, fasst das Wasser an und spürst es. Du nennst diesen Platz ‚der Platz der geheimen Wahrheiten'. So kann hier keiner hereinkommen. Er wird heilig. Dann versuchst Du, Dir Dein höheres Ich bewusst zu machen. Am Anfang wirst Du eine gigantische Liebe empfinden. So groß, dass Du empfindest, als wenn sie nicht in Deinen Körper hineinpasst. Danach fühlst Du Erleichterung und Frieden. Wenn Du diese Zustände erreicht hast, versuchst Du, mit der Matrix zu reden. Du sagst ihr, was Du möchtest. Du musst aber wissen, dass nur die Wünsche wahr werden, die mit Dir zu tun haben."

David soll weiter gesagt haben, dass wir durch weltweit stehende Obelisken energetisch „bombardiert" würden. In den Obelisken befänden sich riesige Kristalle, die programmiert wären und die uns besenden würden. Gegen diese Angriffe könnten wir uns durch Kupferarmbänder schützen. Wir sollten jedoch darauf achten, dass diese Armbänder rund oder oval seien und nicht eckig. Eine mir persönlich bekannte Frau, die Informationen aus der Geistigen Welt erhält und die mir sehr authentisch erscheint, empfiehlt ebenfalls, Kupferarmbänder mit rundem Querschnitt zu tragen.

Der Text enthält viele weitere interessante Informationen, die man größtenteils auch bei anderen Autoren lesen kann, nur diejenigen, die mir wichtig erscheinen, habe ich hier komprimiert wiedergegeben. Entscheiden Sie selbst, was für Sie stimmig ist und was nicht. In der heutigen Zeit sollten wir uns zunehmend auf unsere Intuition verlassen, und es ist bestimmt eine gute Übung, in sich hinein zu fühlen, ob Sie der Inhalt anspricht. Vielleicht ist es ja auch gar nicht so wichtig, ob es diese Sitzungen wirklich gab oder nicht.

BORISKA AUS RUSSLAND

Auch *Boriska* ist so ein Junge, der ein unglaubliches Wissen hat und uns weiterhelfen möchte. Er erzählt, er hätte einmal auf dem Mars gelebt und von dort aus Freunde auf dem heute längst vergangenen Erdkontinent Lemuria besucht. Auf der Erde hätte sich eine riesige Katastrophe ereignet, Berge seien explodiert und ein großer Kontinent auseinandergebrochen und im Wasser versunken. Während dieser Kataklysmen sei ein riesiger Gesteinsbrocken auf das Gebäude gefallen, in dem sich sein Freund befunden habe und er sei dabei gestorben.

Sehr interessant ist seine Aussage, dass sich das Leben ändere, wenn die Sphinx geöffnet würde. Sie hätte eine Stelle hinter dem Ohr, die sich öffnen würde. *„Am bemerkenswertesten ist, dass Boriska glaubt, auf der Erde sei eine Zeit angebrochen, in der besondere Kinder geboren werden, weil dem Planeten einige **tiefgreifende Veränderungen bevorstünden** und ein neues Wissen vonnöten sei, das über die derzeitige Erdling-Mentalität hinausgehe."*[168] (H.d.V.), schreibt das »Nexus-Magazin«.

Er berichtet laut dem Artikel weiter, dass auf der Erde zwei Katastrophen passieren würden und deshalb würden diese Kinder geboren werden. Sie müssten den Menschen helfen. Es würde zu einem Polsprung kommen. Seine Zeitangaben 2009 und 2013 sind allerdings bereits verstrichen, doch denken wir an die Aussagen der *Blauen Avianer-Rasse* zurück – auch diese haben gesagt, dass die Sonneneinwirkung auf die Erde eine Zeit lang verzögert wurde, damit die Menschen noch etwas länger Gelegenheit hätten, ihr Bewusstsein zu erweitern. Insofern könnte es durchaus sein, dass die von *Boriska* erwähnten Zeitangaben zwar einst so geplant waren, doch mittlerweile nicht mehr aktuell sind.

Die Mutter von *Boriska* erzählt, dass er etwas über die Zukunft der Erde wisse, beispielsweise,

> *„dass Wissen entsprechend der Güte und Bewusstseinsstufe verteilt wird. Neues Wissen wird niemals bösartige Menschen mit lasterhaftem Leben erreichen – Diebe, Räuber, Alkoholiker – und auch diejenigen nicht, die sich nicht zum Guten hin verändern wollen. Sie werden den Planeten verlassen. Er glaubt, dass Informationen die*

wichtigste Rolle spielen werden. Eine Zeit der Eintracht und des Miteinanders wird auf der Erde anbrechen."

Die Übergangsphase dürfte nicht ganz einfach sein, vor allem, wenn die Informationen und das Wissen speziell an diejenigen übermittelt werden, die bereits versuchen, nach dem Herzen zu leben. Unwissende Menschen werden den Wissenden nicht glauben. Dadurch könnte es immer wieder zu zeit- und energieraubenden Diskussionen kommen. An den Schaltstellen unserer heutigen Welt dürften zwar keine „*Diebe, Räuber und Alkoholiker*" sitzen (oder doch???), doch in vielen Fällen hat man den Eindruck, dass sie mindestens machtgierig, selbstsüchtig und korrupt sind.

Auf die Frage, woher er dieses Wissen hat, antwortete *Boriska* ernst: „*Aus meinem Inneren.*" Auch soll er von einem Planeten Namens *Proserpina* gesprochen haben und dass dieser von einem Strahl durchschnitten worden sei. Seine Bewohner hätten sich in die fünfte Dimension teleportiert und sein Volk hätte den Tod des Planeten vom Mars aus beobachtet.

„*Er sagte, die Erde habe als ein lebendiges, bewusstes Wesen die Kinder von Proserpina aufgenommen, um sie zu unterrichten. Deshalb werden hier gelegentlich Kinder geboren, die sich an ihren Heimatplaneten erinnern können und sich selbst als Außerirdische betrachten.*"

Er sei für die Neue Zeit gekommen. Ein holographischer Code sei bereits im Weltall sichtbar. Alles werde in einem neuen Feuer der Gedanken ans Tageslicht kommen, schon bald… „*Der Übergang von einer Welt in die andere wird durch das Wesen der Zeit vollzogen. Ich bringe die Neue Zeit. Ich bringe die Neuen Informationen…*" Es klingt sehr spannend, was dieser Junge sagt und ich muss ehrlich sagen, dass mein Inneres durchaus mit seinen Aussagen in Resonanz geht. Die Wahrheiten

Abb. 15: Der russische Junge Boriska sagt, dass hinter dem Ohr der Sphinx eine Öffnung sei. Auf dem Bild ist eine besondere Stelle unter dem Ohr sichtbar.

über all die Ungeheuerlichkeiten, die auf der Erde geschehen, müssen und werden ans Tageslicht kommen. Wie wir derzeit sehen, kämpft die Mainstreampresse tagtäglich nicht nur um ihre Leser, sondern auch um ihre Glaubwürdigkeit, denn diese wird derzeit fast täglich widerlegt. Ich gehe davon aus, dass die Manipulationen in Kürze alle ans Tageslicht kommen und dann stehen die Initiatoren alleine da. Niemand wird ihnen mehr zuhören oder ihre verdrehten Geschichten lesen. Das könnte der Startschuss für den Wandel sein. Vermutlich ist der Wandel näher, als wir ahnen.

Professor Dr. Wladislaw Lugowenko vom »Akademischen Institut für Erdmagnetismus, Ionosphäre und Radiowellenausbreitung (IZMIRAN) der Russischen Akademie der Wissenschaften«, soll *Boriska* nach Moskau zur Untersuchung eingeladen haben.

„*Lugowenko leitet die Erforschung von Indigo-Kindern in Russland und anderen Ländern. Er geht davon aus, dass sie in den letzten 20 Jahren aus einem bestimmten Grund auf diese Welt gekommen sind. Offenbar sind diese Kinder eng mit der Entwicklung einer künftigen Zivilisation auf der Erde verbunden*", wird in dem Nexus-Artikel erläutert und er schließt mit den Worten: „*Ich bin sicher, dass Indigo-Kinder sich durch ihr moralisches Bewusstsein erheblich von anderen Kindern in ihrem Alter unterscheiden', berichtet Dr. Lugowenko. ,Sie haben eine außergewöhnliche Sensibilität gegenüber jeder Unaufrichtigkeit, eine entwickelte Intuition, telepathische Kräfte und eine Verbindung zum Kosmos. Wir können nur hoffen, dass der Junge seine ihm zugedachte Mission auf der Erde erfüllt, über die weder er noch wir bislang etwas wissen.*'"

SCIENCE-FICTION-FILME: VORSCHAU AUF DIE ZUKUNFT

Sie können sich vielleicht noch an die TV-Serie „Raumschiff Enterprise" erinnern. Darin gab es Türen, die sich von selbst öffneten und mobile Telefone. Auch in die Wand eingelassene Bildschirme gehörten zur Ausstattung des Raumschiffs. All das ist heute nicht mehr aus unserem Leben wegzudenken. Doch in der Zeit der Erstausstrahlung dachte man an so etwas noch nicht einmal. Bis auf die Teleportation mittels „beamen" sind alle technischen Erfindungen, die es in der Serie damals gab, mittlerweile in die Realität umgesetzt worden. Doch Menschen oder Dinge von A nach B zu bewegen, ohne sie im herkömmlichen Sinne transportieren zu müssen, ist noch immer ein großer Traum der Menschheit. „*Scotty, beam' mich hoch!*", hieß der Befehl in der TV-Serie, wenn die Crew wieder an Bord des Raumschiffs geholt werden wollte. Das scheint noch immer in weiter Ferne zu liegen – zumindest für die Allgemeinheit, denn ich vermute, dass die Teleportation für die Elite längst möglich ist, nicht jedoch für die normale Weltbevölkerung. So sparen sie sich energetische Schutzwälle gegen unerwünschte Besucher, einschließlich kritischer Menschen.

Doch mittlerweile scheint die Teleportation auch im offiziellen Leben in greifbare Nähe zu rücken. In einem Bericht mit dem Titel „*Forschern gelingt erstmals Teleportation eines klassischen ,Objekts'*"[169] auf der Internetseite »Grenzwissenschaft Aktuell« äußert sich *Prof. Dr. Alexander Szameit* von der »Friedrich-Schiller-Universität« in Jena zu dem Thema:

„,Elementarteilchen wie Elektronen oder Lichtteilchen existieren per se in einem räumlich nicht abgegrenzten Zustand', daher sei es für solche Teilchen möglich, mit einer gewissen Wahrscheinlichkeit zeitgleich an unterschiedlichen Orten zu sein. ‚Innerhalb eines solchen, über mehrere Orte verteilten Systems, lassen sich Informationen von einem Ort zum anderen ohne Zeitverlust übertragen.' Dieser Vorgang ist als sogenannte Quantenteleportation bereits seit einigen Jahren bekannt." ... *„Das Team um den bekennenden Star-Trek-Fan Szameit hat nun jedoch erstmals experimentell demonstriert, dass das Konzept der Teleportation nicht nur in der Welt winziger Quantenteilchen, sondern auch in unserer klassischen Welt Bestand hat. Wie die Forscher aktuell im Fachjournal ‚Laser & Photonics Reviews' (DOI: 10.1002/lpor.201500252) berichten, nutzten sie dazu eine besondere Form von Laserstrahlen: ‚Ähnlich wie die physikalischen Zustände in einem Elementarteilchen lassen sich auch die Eigenschaften von Lichtstrahlen miteinander verschränken', erklärt Dr. Marco Ornigotti aus Szameits Team. Als ‚Verschränkung' bezeichnen die Physiker eine Art Kodierung und erläutern hierzu: ‚Man verknüpft die zu übertragende Information mit einer bestimmten Eigenschaft des Lichts', so Ornigotti."*

Da ich keine Physikerin bin, kann ich Ihnen die Funktionsweise leider nicht näher erläutern, doch die Physiker unter den Lesern werden vermutlich wissen, um was es hier genau geht.

„In ihrem Experiment haben die Jenaer Physiker Information in einer bestimmten Polarisationsrichtung des Laserlichts kodiert und diese mittels Teleportation auf die Form des Laserstrahls übertragen: ‚Bei dieser Form der Teleportation können wir jedoch nicht beliebige Distanzen überspringen', schränkt Szameit ein und erklärt: ‚Im Gegenteil, die klassische Teleportation funktioniert ausschließlich lokal.'"

Vermutlich können wir jedoch davon ausgehen, dass auch diese Einschränkung in absehbarer Zeit überwunden werden kann. Denken Sie nur an die ersten kläglichen Versuche, mit mechanischen Geräten zu fliegen. Mittlerweile gehört Fliegen zu den völlig normalen Reisemöglichkeiten.

Wir wissen also aus der Vergangenheit, dass diese Science-Fiction-Filme durchaus als Vorabinformation gesehen werden können, über die die Menschen auf das vorbereitet werden, was in Kürze ihr Leben verändern wird. In diesen Filmen wird uns eine Erfindung bereits fiktiv vorgestellt, die später in unserem Leben Realität werden soll. Es ist also höchst wahrscheinlich, dass in diesen Filmen die Dinge gezeigt werden, die sich in der Entwicklung befinden oder im Geheimen sogar bereits eingesetzt werden. Der Schwerpunkt bezieht sich dabei jedoch nicht mehr nur auf neue Technologien, sondern vorrangig auf zwei Themen:

1. neue Planeten und
2. extraterrestrische Wesen.

Es ist natürlich naheliegend, dass es auch bei diesen beiden Punkten darum geht, sie dem Volk näherzubringen und es darauf vorzubereiten, dass sich auf der Erde bald fremde Wesen zeigen. So ganz nebenbei nutzt man die Energie der Kinobesucher, um diese Vorhaben zusätzlich zu stärken, genauso wie dies zum Beispiel bei der (satanischen) Eröffnungsfeier des St. Gotthardt-Basistunnels der Fall war oder auch bei der Eröffnungsfeier der Olympischen Spiele 2012 in London.

In solchen Filmen werden uns unter anderem Planeten präsentiert, die für menschliches Leben geeignet sind. Dahinter dürfte die Absicht stecken, uns schon jetzt darauf vorzubereiten, dass einige von uns eines Tages auf einen anderen erdähnlichen Planeten umgesiedelt werden sollen. Wenn die Ausbeutung (Erdöl, Bodenschätze, Abholzung der Regenwälder, seltene Erden, Gold usw.) in dem Maße weitergeht, ist die Erde eines Tages an der Grenze ihrer Belastbarkeit angekommen. Die steigende Umweltverschmutzung durch nie verrottenden Müll, Elektronikschrott, Chemie, Medikamente, Mikrofaserkleidung usw. ist ein ebenso planetentödlicher Faktor. Die Gentechnik, aber auch die Künstliche Intelligenz, könnte das Gleichgewicht der Natur vollends zerstören. Wenn die Erde eines Tages tot gewirtschaftet ist, dann möchte die Elite natürlich einige „Sklaven" zu anderen Planeten mitnehmen und dort weiter züchten.

Gehen wir zum Punkt 2 der Top-Themen in den Science-Fiction-Filmen, der Konfrontation mit extraterrestrischen Wesen. In vielen Filmen werden außerirdische Monster gezeigt, welche die Menschen töten, verschlingen oder auf sonstige Art und Weise zerstören möchten. Es gibt zwei verschiedene Möglichkeiten, warum die Extraterrestrischen oft so dargestellt werden. Zum einen hinterlässt es den Eindruck, alle Wesen von außerhalb der Erde seien böse und man müsste sich mit allen Mitteln gegen diese Wesen ankämpfen und bis auf den letzten Mann zur Wehr setzen.

Stellen Sie sich vor, es käme über alle Medien die Meldung, wir würden von Außerirdischen angegriffen. Wir müssten uns gemeinsam gegen den angeblichen Feind wehren, der sonst die Erde mit all ihren Menschen übernehmen würde. Was wäre die Folge, wenn die Menschen zuvor mit Science-Fiction-Filmen „geimpft" und dadurch gezielt vorbereitet wären? Die meisten würden aufspringen und sich freiwillig melden, um bei dem „Krieg der Sterne" dabei zu sein. Sie würden helfen wollen, unsere Erde und die Menschheit zu retten. Die einzigen, die vermutlich zögern und zunächst abwarten würden, ob sich denn der Feind überhaupt zeigen würde, wären die kritisch eingestellten Menschen, die den Medien ohnehin nicht mehr alles glauben. Alle anderen würden vermutlich blind loslaufen, um zu kämpfen.

Was würde jedoch geschehen, wenn die Außerirdischen, die vielleicht tatsächlich landen wollten, liebevoller Natur wären und wenn sie uns stattdessen helfen wollten, uns aus den Klauen der dämonischen Weltregierung zu retten? Die manipulierten Menschen würden ihre eigenen Retter bis aufs Messer bekämpfen, ohne es zu ahnen. Warum? Weil sie durch die aktuellen Science-Fiction-Filme glauben würden, alle Ankömmlinge seien böse. Verstehen Sie mich nicht falsch, ich will damit nicht behaupten, alle Besucher aus dem Weltraum wären entweder liebevoll oder böse, das wäre mehr als naiv. Es geht mir darum, dass Sie sich über alles Ihre eigene Meinung bilden und versuchen sollten, die Absichten unserer eigenen Herrscher zu erkennen. Durch Horrorszenarien und Ängste werden die Menschen in aller Regel nicht frei und selbstbewusst, sondern manipuliert und eingeschüchtert.

Es ist genauso möglich, dass wir uns durch Science-Fiction-Filme langsam an den Gedanken gewöhnen sollen, dass irgendwann machtbesessene Wesen die Erde und somit auch uns beherrschen werden. Der Mensch gewöhnt sich an alles. Genauso, wie wir uns an „Bankenrettungen" durch hart verdiente Steuergelder gewöhnt haben, so würden wir uns ebenso an eine Gewaltherrschaft durch extraterrestrische Bestien gewöhnen. Und genau das wird mit entsprechenden Science-Fiction-Filmen erreicht: *eine Gewöhnung.*

Wer weiß, ob unbekannte Mächte nicht derzeit versuchen, Kataklysmen wie eine Sintflut auszulösen, um uns in Massen zu dezimieren? Ganz nebenbei würde dadurch unendlich viel (Lebens-)Energie frei werden und es ist nicht ausgeschlossen, dass diese von diesen Besetzern genutzt werden könnte. Bei all den Spekulationen über den Sinn der Science-Fiction-Filme ist jedoch eines klar: Sie dienen der Vorbereitung!

Kapitel 5:
Übernahme durch extraterrestrische Wesen

Wenn der Zeitpunkt eines Tages kommen sollte, dass uns ferne Zivilisationen nicht nur im Kino präsentiert, sondern in der Realität vorgestellt werden, müssen wir extrem aufpassen, welche extraterrestrischen Wesen uns als Freunde und welche als Feinde dargestellt werden. In Anbetracht der Entwicklung in den letzten Jahrzehnten erkennen wir, dass die meisten Veränderungen nicht zum Wohle der Menschheit eingeführt worden sind, sondern zu unserer Kontrolle und Unterdrückung. Denken Sie nur an die Überwachung der Telefonate, des Internets, die Löschung von Konten kritischer Facebook- oder Twitter-Anwender, das nicht mehr vorhandene Bankgeheimnis usw.

Wir befinden uns gefühlt in der Endphase vor einer Machtübernahme unseres Planeten. Es ist kein Zufall, dass derzeit immer mehr über die Freigabe von bis dato geheimen UFO-Akten diskutiert wird und dass sich ehemalige Generäle und Piloten öffentlich zu ihren diesbezüglichen Erlebnissen äußern. Die Masse der bislang noch völlig ahnungslosen Menschen wird auf diese Weise systematisch darauf vorbereitet, dass in Kürze extraterrestrische Wesen offiziell mit uns Kontakt aufnehmen werden. Wobei „in Kürze" in diesem Zusammenhang relativ zu sehen ist, das kann in fünf Jahren sein, in 20 Jahren oder später.

Ziel dieses offiziellen Kontaktes?

Es ist nicht schwer, das Ziel eines offiziellen Kontaktes von fernen Zivilisationen mit uns Menschen zu erraten. Zum einen könnte da die Absicht bestehen, uns zu helfen. Menschenfreundliche Wesen könnten sich dazu entschlossen haben, uns in der großen Aufgabe beizustehen und uns von den Erdbesetzern zu befreien. Vielleicht haben sie die Vorgänge auf der Erde schon lange beobachtet und sehen in der Machtausübung auf der Erde eine Gefahr für die ganze Milchstraße oder gar das ganze Universum.

Sollte uns eine extraterrestrische Spezies jedoch von unseren eigenen Regierungen vorgestellt werden, dann ist es sicherlich berechtigt, extrem vorsichtig zu sein. Nicht alle, jedoch viele Regierungen der Erde arbeiten immer intensiver daran, die Menschen komplett bis ins Schlafzimmer, ja sogar bis in ihre Gedanken, zu überwachen und zu kontrollieren. Unter diesen Umständen muss man leider davon ausgehen, dass uns auch die fremde Intelligenz genauso unterdrücken möchte wie unsere Regierungen. Ja, sie würde das mit Sicherheit noch massiver betreiben, als wir es ohnehin schon kennen. Es wäre sogar anzunehmen, dass sie seit Jahrhunderten, wenn nicht gar seit Jahrtausenden mit der herrschenden Elite zusammenarbeitet und diese beeinflusst. In manchen Fällen gibt es sogar Zeugenaussagen, dass sie selbst die politische Elite verkörpert.

Eine offizielle Bekanntgabe von fremden Wesen dürfte für uns deshalb bedeuten, dass die uralte Vorstellung von „Brot und Spiele" vorbei ist – stattdessen könnte ein eisernes Regime die Kontrolle übernehmen. Wer nicht spurt oder gar Kritik äußert, wird entfernt – alternativlos. Beispielsweise könnte eine Drohne Kritiker einfach auf der Straße aufgreifen und abholen. Irgendwo bekommt der Abgeholte einen Kopfschuss und das war's dann. Die Angehörigen würden nur eine kurze Nachricht erhalten, dass der von ihnen Vermisste ein Terrorist war und verhaftet wurde. Und sie sollten nicht nach ihm suchen, da man sonst davon ausgehen müsste, dass auch sie Terroristen seien. Die Menschen würden alles akzeptieren, nur um selbst nicht verdächtigt zu werden. Nur wer vollkommen systemtreu leben würde, hätte eine Chance auf ein einigermaßen angemessenes Leben. Dazu würde auch gehören, andere zu bespitzeln und verdächtige Gespräche umgehend zu melden. Aus Angst, verraten zu werden, würde niemand mehr über die Dinge sprechen, die die Gesellschaft betreffen, und die Menschen würden zunehmend vereinsamen und depressiv werden.

Man würde sich wünschen, nie geboren worden zu sein. Ja, man könnte noch nicht einmal verhindern, dass weitere Menschen geboren werden, denn die Steuerung des Nachwuchses läge natürlich längst in den Händen der Herrscher. Über die Technik des Klonens würden genau die Menschen produziert werden, die im System gebraucht würden. Unerwünschte Babys gäbe es nicht mehr, weil die Menschen durch Nahrungsmittelbeigaben längst unfruchtbar gemacht wären. Solch negative Herrscherwesen, die sich mit den dunkelsten Energien verbunden fühlen, dürften auch satanische Rituale durchführen, aus denen sie ihre Kraft ziehen. Das alles droht uns, wenn machtorientierte extraterrestrische Wesen die Herrschaft der Welt übernehmen würden.

BISHERIGE VORBEREITUNGEN

Auch wenn die Berichte in der Mainstreampresse noch zurückhaltend sind, so werden wir doch immer wieder darüber informiert, dass Kinder jahrelang in Kellern misshandelt oder sogar von ihrer eigenen Mutter an Männer „vermietet" werden. Pädophilie wird mehr und mehr einfach nur als sexuelle Neigung betitelt und so wird die Allgemeinheit abgestumpft und gewöhnt sich an solche Abartigkeiten. Natürlich kann jeder seine Sexualität ausleben, wie er möchte, das ist keine Frage, doch wenn jemand anderer darunter leidet, dann ist eindeutig eine inakzeptable Grenze überschritten. Und ein Kind, das zu sexuellen Handlungen gezwungen wird, die mit Sicherheit schmerzhaft sind, erleidet nicht nur eine Körperverletzung, sondern das vermutlich Schlimmste ist die seelische Verletzung dieses Kindes. Sexueller Missbrauch führt unweigerlich zu lebenslangen Folgen und derzeit häufen sich Pressemeldungen dieser Art. Hoffen wir, dass der Hintergrund der ist, dass diese Themen endlich auf den Tisch kommen und aufgedeckt werden und dass vor allem die Drahtzieher ermittelt und entsprechend verurteilt werden.

Die Extremform dessen, der Ritualmord, ein Thema, das noch immer als Tabu behandelt wird, geschieht fast vor unseren Augen. *Guido Grandt*, ein Autor, der sich seit Jahrzehnten mit den Gefahren des Satanismus beschäftigt, zitiert auf seiner Internetseite: *„Er [Ingolf Christiansen, Beauftragter für Weltanschauungsfragen der*

Evangelisch-Lutherischen Kirche in Göttingen] schätzt, dass 3.000 bis 7.000 Satanisten „gedanklich über Tierrituale hinausgehen""[170]. Auch heute noch sei es im Hardcore-Satanismus üblich, Menschen zu opfern, wobei vor allem männliche Kinder die *„höchste und reinste Kraft in sich bergen"* würden.

Erinnern Sie sich an das Kapitel »Schwarzmagische Symbole und Szenen« in meinem Buch »Nutzlose Esser«, in welchem ich verschiedene Eröffnungsfeiern erwähnt habe, bei denen der Satanismus nicht nur deutlich erkennbar, sondern sogar vorherrschend war. Vor allem bei der Eröffnungsfeier des St. Gotthardt-Basistunnels wurde den geladenen Gästen eine Figur präsentiert, die *Baphomet* täuschend ähnlich sah[171]. Der Satanismus wird zunehmend in das alltägliche Leben integriert, um die Menschen an solche Praktiken zu gewöhnen. Zusätzlich werden Menschen in Schlüsselpositionen in verschiedene Abhängigkeiten geführt oder in brisanten Situationen gefilmt, damit sie erpressbar werden.

Hochrangige Eliten haben angeblich bereits vor Jahrzehnten Verträge mit extraterrestrischen Wesen geschlossen, die ihnen Hochtechnologie liefern und als Gegenleistung mit Menschen medizinische und genetische Versuche durchführen dürfen. Auch Entführungen von Menschen könnten in diesen Verträgen enthalten sein. Denken Sie nur daran, wie viele Menschen jedes Jahr spurlos verschwinden, wobei vor allem Kinder vermisst werden, die nie wieder gefunden werden. Ich wurde nach einem meiner Vorträge von jemandem angesprochen, der die Buchführung von Kinderheimen überprüft und dadurch Einblick in viele Kinderheime erhält. Bei seiner Kontrolle ist ihm zufällig aufgefallen, dass bei einem bestimmten Heim Kinder verschwinden. Und zwar handelt es sich dabei um Waisenkinder, bei denen nicht unbedingt auffällt, wenn sie einfach nicht mehr existieren. Es gibt lediglich den Hinweis, dass sie in ein anderes Heim verlegt wurden, dort wurden sie jedoch nie registriert.

Wo sind diese Kinder geblieben? Wurden sie in Ritualen bestialisch geopfert, zur Organentnahme missbraucht, den extraterrestrischen Vertragspartnern überlassen oder was geschah sonst mit ihnen? Dass sie von Aliens, die den Dunkelmächten anhängen, verzehrt worden sein könnten, daran möchte ich nicht einmal denken. *„Nach Angaben der Europäischen Kommission wird in Europa alle zwei Minuten ein Kind vermisst gemeldet. Dies entspricht 250.000 Kinder im Jahr."*[172], steht in einem Bericht in »Euronews«. Gott sei Dank werden die meisten von ihnen wieder aufgefunden – aber eben nicht alle!

Vor allem bei Heimkindern ist die Vermisstenrate groß. »Dailymail« schrieb, dass 2017 über 10.000 Kinder aus Heimen verschwunden sind. *„As many as one in ten children in care went missing during 2017, official figures have revealed, with many children disappearing several times a year."*[173] (Deutsch: *„Jedes zehnte betreute Kind wurde im Jahr 2017 vermisst, wie offizielle Zahlen zeigen. Viele Kinder verschwinden mehrmals im Jahr."*). Werden diese Kinder nicht gefragt, wo sie waren und was sie erlebt haben? Oder dürfen sie nicht sprechen, weil sie bedroht werden? Wer kümmert sich um die seelischen Verletzungen dieser Kinder? Die Dunkelziffer der Kinder, die nach ihrem Verschwinden gar nicht als vermisst gemeldet werden, wie zum

Beispiel in dem oben genannten Heim, oder diejenigen, die unregistriert geboren werden, kann man nur ahnen.

ABLAUF DER ÜBERNAHME?

Es sind verschiedene Szenarien denkbar, die dazu führen könnten, dass unser Planet von einer außerirdischen Zivilisation übernommen wird. Zum Beispiel könnte ein angeblicher Alien-Angriff inszeniert werden. Wenn große Flotten von unbekannten Raumschiffen über uns hinwegfliegen und auch einige Gebiete oder Großstädte angreifen würden, wäre dieses Szenario sehr glaubhaft für uns alle. Mit der Technologie, die diesen Wesen zur Verfügung steht, wäre es ein Leichtes, einen False Flag zu inszenieren und daraufhin als unsere großen Retter in Erscheinung zu treten.

Es wäre nicht das erste Mal, dass der Angreifer und der Retter derselbe wäre. In den letzten Jahren sind genügend Angriffe unter falscher Flagge entlarvt worden. Genauso könnte es bei den Außerirdischen sein, sie könnten die Angreifer und die Retter gleichermaßen spielen. Wenn die Verluste auf der Erde groß genug sind, bräuchte es nicht viel, um die Allgemeinheit davon zu überzeugen, dass wir den „helfenden" Mächten dankbar sein müssten und würden ihnen die Erlaubnis erteilen, auf der Erde eine neue Ordnung einzuführen.

> *„Ich denke gelegentlich, wie schnell*
> *unsere weltweiten Differenzen verschwinden würden,*
> *wenn wir einer außerirdischen Bedrohung*
> *ins Gesicht sehen müssten.*
> *Und ich frage Sie,*
> *ist nicht bereits eine fremde Kraft unter uns,*
> *die uns in die Kriege treibt?"*[174]
>
> Ronald Reagan (1911-2004), 40. Präsident der Vereinigten Staaten

Damit hätten sie unsere Zustimmung, und das universelle Gesetz, dass der freie Wille einer Planetenpopulation eingehalten werden muss, wäre erfüllt. Durch eine List könnten sie uns demnach dazu bringen, dass wir ihnen freiwillig erlauben, unseren Planeten einzunehmen. Es ist altbekannt, dass der Teufel mit List arbeitet. Die wirklich liebevollen Wesen, die uns vielleicht tatsächlich helfen würden, hätten somit keine Chance mehr, auf die Erde zu kommen und uns dabei zu helfen, uns von den wahren Invasoren zu befreien. Im Gegenteil, vermutlich würde man uns einreden, dass die liebevollen Wesen nun angreifende Außerirdische wären und sie die Erlaubnis von uns bräuchten, sie zu vernichten. Geblendet von den Lügen würden wir vermutlich unser „Ja" dazu geben. Stellen Sie sich diese verrückte Situation vor, wir würden unseren Invasoren und Unterdrückern die Erlaubnis geben, unsere ehrlichen Helfer zu vernichten. **Wir würden uns freiwillig unterwerfen.** Und das alles nur, weil wir so ein unglaublich gutmütiges Volk sind. Wir lassen uns nicht nur politisch und religiös radikalisieren, sondern wir würden auch noch unsere eigenen Henker einladen. Wie paradox ist doch die Welt!

Womöglich wird diesem Szenario noch ein Dritter Weltkrieg vorgeschaltet, um die Bevölkerung drastisch zu reduzieren und zu zermürben. Das Elend muss nur groß genug sein, dann stimmen die Menschen jeglicher Machtübernahme zu, wenn ihnen nur endlich wieder Friede versprochen wird, ganz so wie es *David Rockefeller* bereits gesagt hat:

> *„Wir stehen am Rande einer weltweiten Umbildung,*
> *alles, was wir brauchen,*
> *ist die richtige, allumfassende Krise*
> *und die Nationen werden*
> *in die neue Weltordnung einwilligen."*[175]
>
> David Rockefeller (1915-2017), US-amerikanischer Bankier und Milliardär

WELTRELIGION

Zeitlich gesehen dürfte etwa parallel (auch kurz zuvor oder danach) ein angeblicher Messias erscheinen. Vermutlich wird ein beeindruckender Weltenretter am Himmel erscheinen, der jedoch keine wirkliche Erscheinung sein dürfte, sondern durch eine hochmoderne Hologramm-Technologie in angereicherte Sphärenschichten projiziert wird. Womöglich wir das sogar in solch einer Weise inszeniert, dass dieser weltweit zu sehen ist. Seine Aufgabe dürfte es sein, die Menschen zu trösten und ihnen ein kommendes Himmelreich zu versprechen. Alle Menschen, egal welcher Religion oder Rasse sie auch angehören, seien jetzt vereint und dürften an ihn, den übergeordneten Weltenretter, glauben und sich ihm anvertrauen. Möglicherweise wird diese Erscheinung von überwältigenden Klängen und subliminalen Botschaften begleitet, damit die übermittelten Informationen auch den letzten Kritiker überzeugen können. Diese messianische Erscheinung würde als Beginn einer globalen Einheitsreligion der Erde dargestellt.

Auch wenn sich der neue Messias zunächst als segensreich für die Menschen darstellen würde, so könnte man jedoch erwarten, dass sich dieses Bild rasch verändern dürfte. Vermutlich wird dasselbe Schema ablaufen, wie es bei allen bisherigen Neuerungen geschehen ist. In einer Gewöhnungsphase von maximal zwei Generationen richtet sich die globale Bevölkerung nach diesem neuen Messias aus. Nach einer gewissen Zeit hat man sich so sehr daran gewöhnt, dass sich kein Mensch mehr vorstellen kann, dass es jemals anders gewesen ist. Im Laufe der Zeit entsteht eine Art Abhängigkeit von der neuen Gottheit – erst danach käme die andere Seite zum Vorschein.

Wie bei allen bisherigen Neuerungen findet dann vermutlich ein Seitenwechsel statt, den die meisten zunächst gar nicht bemerken, geschweige denn begreifen würden. Denken Sie nur an die vielen Veränderungen der letzten 100 Jahre. Angefangen von den ehemaligen Dorfbrunnen, die durch die öffentliche Wasserversorgung ersetzt wurden. Diese ermöglicht vielschichtige Manipulationsmöglichkeiten, von den wirtschaftlichen Abhängigkeiten nach der fortschreitenden Privatisierung einmal ganz abgesehen. Heute muss man darum kämpfen, dass keine Zusatzstoffe wie

Chlor zugesetzt werden und dass kein Aluminium zum Binden von Schwebstoffen eingesetzt wird.

Oder denken Sie an die Industrialisierung. Fast alle kleinen Handwerker aus früherer Zeit haben ihre Familienbetriebe aufgegeben, um in der Industrie zu arbeiten, seien es Schuhmacher, Töpfer, Schmiede, jedoch heute auch Bäcker und Fleischer – einfach alle Handwerker, die man für einen normalen Lebensablauf benötigte. Man lockte sie mit dem Versprechen über regelmäßige Bezahlung und sogar mit bezahltem Urlaub. Mittlerweile hat sich auch hier das Blatt um 180 Grad gewendet und man setzt die Menschen in der Industrie immer mehr unter Druck. Unter manchen Kollegen herrscht viel mehr Konkurrenzkampf als zu den Zeiten, als sie noch ihre eigenen Herren waren. Genauso dürfte es hier mit diesem neuen Messias oder Weltenretter geschehen. Was sich zunächst als vorteilhaft zeigt, könnte sich in das extreme Gegenteil wenden. Diese Weltreligion ist deshalb geplant, weil sie es zunächst ermöglichen soll, dass die Menschen sich einheitlich spirituell führen lassen. Über diese Religion sind alle Arten von Manipulation möglich, je nachdem, was die neue, herrschende Zivilisation von den Erdenmenschen erwartet.

Spätestens wenn sich die Menschen an die neue Weltreligion gewöhnt haben, dann dürfte mit Forderungen von ihr zu rechnen sein, denn ihre Hintermänner sind dieselben, wie hinter den extraterrestrischen Invasoren. Die Ansprüche der neuen Herrscher könnten sehr vielseitig sein, wie zum Beispiel regelmäßige Opferungen von Menschen oder Babys. Denken Sie nun nicht, dass das völlig abwegig und absurd sei. Auch in früheren Zeiten haben Menschen schon ihre Erstgeborenen den Göttern geopfert, in dem Glauben, dass sie das Richtige tun. Und so wie heute die finanziellen Daumenschrauben immer enger gedreht werden, so könnten die Opferforderungen immer dreister werden.

Ich möchte das jetzt nicht mehr weiter ausgestalten, denn ich denke, unsere Phantasie ist groß genug, um uns vorzustellen, welche Szenarien hier möglich wären. Vielmehr möchte ich an dieser Stelle dazu auffordern, bei einem eventuellen Angriff von Aliens nicht sofort in Panik zu verfallen. Atmen Sie bewusst langsam und tief durch. Und egal, was bereits passiert ist, ob Ihre Stadt angegriffen wurde oder ob Sie „nur" jede Menge Flugobjekte sehen, verstecken Sie sich, wenn möglich, und bitten Sie die höchste Quelle Ihrer Seele um Unterstützung, Hilfe und Eingebung. Versuchen Sie, in der Ruhe zu bleiben und auch andere Menschen dazu zu bewegen, nicht in Panik zu verfallen. Konzentrieren Sie sich auf Ihr Herz und bitten Sie um Information, was Sie tun sollen. Ich glaube, eine allgemeingültige Empfehlung gibt es für so einen Fall nicht, außer den, in Ihrer Mitte zu bleiben, damit Sie zumindest energetisch nicht angreifbar sind.

Auch wenn Sie eine überwältigende Himmelserscheinung sehen, sollten Sie nicht sofort auf die Knie fallen, sondern versuchen, mit Ihrem angeborenen ganz normalen Menschenverstand das Geschehen zu analysieren und vor allen Dingen, auf Ihr Herz zu hören. Fühlt sich das, was Sie da sehen, wirklich stimmig für Sie an? Schließen Sie Ihre Augen und spüren Sie in sich hinein. Geht Ihr Herz in Resonanz? Verspüren Sie ein komisches Gefühl oder sagt alles in Ihnen: *„Ja, das fühlt sich gut an!"*? Bemerken Sie Tränen der Rührung, weil Sie die ausstrahlende Liebe spüren? Das alles sind Zeichen, dass Sie etwas wirklich Liebevolles sehen und erleben. Doch bedenken Sie, die Technik ist heute so weit, dass man Ihnen ein Gefühl implizieren kann, das eigentlich gar nicht wirklich Ihres ist. Versuchen Sie daher, Ihre eigene Verantwortung zu behalten und sie nicht an irgendwelche anderen Menschen oder Erscheinungen abzugeben. Lassen Sie sich nicht davon beeinflussen, wie andere Menschen so ein Geschehen aufnehmen. Bleiben Sie bei sich und in Ihrer Kompetenz, in Ihrer Kraft und in Ihrem Herzen.

Genauso gut könnte es übrigens auch die Projektion eines zornigen Gottes sein, der an den Himmel projiziert wird. Auch in diesem Fall wäre es wichtig, nicht in Panik zu verfallen, sondern in der Ruhe zu bleiben. *„Tief durchatmen, Augen schließen, und sich auf Ihr Herz konzentrieren."*, würde ich auch in diesem Fall empfehlen. Sie sind energetisch nur angreifbar, wenn Sie Angst empfinden. Deshalb wäre es wichtig, in Ihrer Mitte zu bleiben und auf Ihre Intuition und Ihr Empfinden zu vertrauen. Denken Sie daran, Ihre Seele ist unsterblich und Sie sind verbunden mit der Ur-Quelle aller Seelen, das ist die höchste Instanz der Liebe. Egal, welche und wie viele Götter sich dazwischenschalten möchten, wir alle sind direkt verbunden mit der obersten Etage.

KAPITEL 6:
ECHTE MENSCHEN UND SCHEINMENSCHEN

Wir „echte" Menschen tragen den göttlichen Funken in uns. Und um genau diesen Funken beneiden uns die Dunkelmächte oder auch die Archonten, die ich später noch näher beschreibe. Der russische Wissenschaftler *Andrej Tjunjaev* berichtete in einem Interview mit *Michael Vogt*[176], dass die russische Forschung herausgefunden habe, dass es zum einen „echte" Menschen gebe, daneben aber auch noch andere, nicht-echte, die im Russischen so ähnlich wie „Leute" genannt würden. Im Deutschen hätten wir jedoch keinen passenden Ausdruck dafür. Ich nenne diese von *Tjunjaev* beschriebenen „Leute" deshalb „Scheinmenschen" oder Personen. Diese seien laut dem Forscher durch Klonen, Genmanipulation und verschiedene andere Eingriffe entstanden und würden nach und nach die echten Menschen verdrängen. Die Zahl der „echten" Menschen sei mittlerweile nur noch verschwindend gering.

Unter diesem Gesichtspunkt betrachtet, könnte dieser Unterschied zwischen verschiedenen Menschen durchaus der Grund dafür sein, warum manche Politiker, wie auch Banken- und Wirtschaftsbosse so entscheiden, wie sie entscheiden. Angenommen, es gibt einerseits die echten Menschen, darüber hinaus jedoch noch eine zweite Gruppe Wesen, die zwar genauso aussieht, jedoch eine andere Art verkörpert, dann könnte es überlebenswichtig werden, den Unterschied zwischen den echten und den „Scheinmenschen" zu kennen. Sollte hierin auch der Unterschied zwischen einem „mit"-menschlichen und einem „un"-menschlichen Verhalten begründet sein? So skurril sich das anhört, ich finde, diese Theorie ist es wert, dass man sich mit ihr auseinandersetzt. Und wenn ich eines in den letzten Jahren gelernt habe, dann ist es die Gewissheit, dass die Dinge nicht immer so sind, wie sie scheinen, sondern oftmals vollkommen anders. Vielleicht ist unsere Welt tatsächlich eine Scheinwelt.

Bestimmt ist es Ihnen auch schon so ergangen, dass Sie Leuten begegnet sind und dabei das Gefühl hatten, dass diese so eiskalt und gefühllos sind, dass sie eigentlich gar keine Menschen sein können. Es kommt vor, dass Politiker, ohne mit der Wimper zu zucken, Gesetze erlassen, die schädlich für ihr eigenes Volk sind. Erscheinen sie Ihnen dann nicht auch vollkommen unmenschlich? Vor allem, wenn Personen berechnend wie Roboter sind, eiskalt und ohne jegliche Empathie, dann hat man den Eindruck, sie seien keine Menschen. Diese Wesen sind aalglatt. Das sind diejenigen, die Ihnen ins Gesicht lächeln, sich umdrehen und auf den roten Knopf drücken könnten, der Sie umbringen wird. Sie haben keine Herzlichkeit, keine Mitmenschlichkeit und kein Verantwortungsgefühl für die Menschen. Seltsamerweise hat man immer mehr den Eindruck, dass solche „Schein"-Menschen speziell in den wichtigsten Positionen der Weltmacht zu finden sind. Dabei könnte man auch Volksvertreter sein, ohne unmenschlich zu werden. Doch meist sitzen in den obersten Etagen der Weltkonzerne, der Politik und vor allem in den Hintergrundebenen nicht nur reine Ellbogenmenschen, sondern oftmals wahrlich herzlose Wesen, die über Leichen gehen. Wirkliches soziales Verhalten ist für solche Personen ein Fremdwort. So hat beispielsweise *George Soros* bereits 1998 in einem Interview ganz klar betont: „*Ich kann und werde nicht auf die sozialen Konsequenzen meines Tuns achten.*"[177]

Auch die seit Jahren anhaltende Dürre in Kalifornien wird durch rücksichtsloses Verhalten eines Konzerns noch verstärkt, wie wir auf der Internetseite »4QUA« lesen können: „*In Kalifornien, wo die Menschen seit Jahren mit Dürre zu kämpfen haben, schöpft Nestlé fleißig Tag für Tag Unmengen an Wasser*"[178]. Für den Nestlé-Konzernchef *Peter Brabeck-Letmathe* ist die Sache ganz einfach:

„*...da gibt es zwei verschiedene Anschauungen. Die eine Anschauung, extrem würde ich sagen, wird von einigen NGOs vertreten, die darauf pochen, dass Wasser zu einem öffentlichen Recht erklärt wird ... Das ist die eine Extremlösung. Die andere, die sagt, Wasser ist ein Lebensmittel und so wie jedes andere Lebensmittel, sollte das einen Marktwert haben. **Ich persönlich glaube, es ist besser**, man gibt einem Lebensmittel einen Wert, sodass wir uns alle bewusst sind, **dass das etwas kostet**...*"
(Herv. d. Verf.).

Anschließend könne man **versuchen**, dass man für den Teil der Bevölkerung, der keinen Zugang zu diesem Wasser habe, etwas spezifischer eingreife, und da gebe es ja verschiedene Möglichkeiten. Ich möchte ihm hier an dieser Stelle antworten:

„*Herr Brabeck-Letmathe, Sie nehmen Sich das Recht, von der Erde Wasser abzupumpen, um es zu verkaufen, denn ‚Wasser sollte etwas kosten'. Was, bitteschön, geben Sie der Erde für dieses Wasser zurück? Wenn Wasser etwas kostet, dann müssen auch Sie es von der Erde abkaufen, denn die Erde stellt dieses Wasser für alle zur Verfügung. Woher nehmen Sie das Recht, Unmengen Wasser zu entnehmen, wobei nicht nur die Menschen darunter leiden, sondern genauso die Tier- und Pflanzenwelt? Was bezahlen Sie den Tieren, deren Anspruch und Recht auf dieses Wasser millionenfach älter sind als Ihre? Die Tiere und die Pflanzen haben den Schaden, und für diesen müssen Sie sich verantwortlich zeigen!*

Sagen Sie morgen vielleicht auch, Ihnen gehöre die Luft und jeder habe ab sofort einen Betrag X an Sie zu bezahlen? Da haben Sie Pech gehabt, denn ich melde hier und jetzt meinen Anspruch an die Luft der Erde an – und jetzt? Jetzt verlange ich von Ihnen, dass Sie mir pro Atemzug 1 Cent bezahlen oder für jeden Kubikmeter Ihres privaten Anwesens einschließlich des Luftraumes über Ihrem Grundstück bis zu einer Höhe von 20 Metern 1 Euro pro Monat oder auch pro Tag. Ganz wie es mir beliebt.

Klingt das absurd? Keineswegs, denn genauso verhält sich Nestlé. Nein, es stimmt nicht ganz, ich müsste die Luft noch verpacken und verkaufen, wie Sie. Doch ich wähle das eben erwähnte Pauschalsystem. Bezahlen muss jeder, denn jeder atmet. Ich frage Sie auch nicht, ob Sie einverstanden sind. Sie fragen die Menschen und die Natur auch nicht, ob sie einverstanden sind, wenn Sie ihnen das Wasser abgraben, im wahrsten Sinne des Wortes."

Ich frage Sie, meine lieben Leser: Ist das ein menschliches Verhalten oder erinnert das nicht vielmehr an die Denkweise eines Roboters, der auf bestimmte Renditen programmiert ist? Es gibt Forscher, die tatsächlich davon ausgehen, dass solche Wesen keine „echten" Menschen sind, sondern mehr oder weniger lebendige Hüllen, denen die tiefe Menschlichkeit und das fortgeschrittene menschliche Bewusstsein fehlen. Doch stattdessen haben sie eine ausgezeichnete Gehirnleistung: reiner Intellekt statt umsichtige Intelligenz. Und sie alle scheinen ein Ziel zu verfolgen: Profit und Macht um jeden Preis, auch über Leichen, und nebenbei dienen sie alle dem Ziel, die (echten) Menschen zu versklaven!

Personen, deren Verhalten an unmenschliche Roboter erinnert, sind möglicherweise Wesen, die einen Menschenkörper bewohnen, doch in Wirklichkeit keine echten Menschen sind. Ich gehe vielmehr davon aus, dass es beispielsweise auch dämonische Energien sein können, die die menschliche Hülle nutzen, um hier ihr Unwesen zu treiben. Oder es waren zu Beginn echte Menschen, die dann jedoch immer mehr durch dämonische Wesen übernommen wurden. Das kann durch riskante Experimente mit satanischen Energien passieren oder auch, wenn Süchten bis zum Exzess nachgegeben wird. Auch die übermäßige Beschäftigung mit Gewalt- oder Horror-Video-Spielen kann dazu führen, dass sich eine dämonische Wesenheit anhaftet. Dadurch befindet man sich regelmäßig und über einen längeren Zeitraum in einer Schwingung, die von der natürlichen menschlichen weit entfernt ist. Wer das eines Tages erkennt, kann sich davon auch wieder lösen, doch das bedarf einer gewissen Konsequenz.

Allerdings gibt es auch Menschen, die sich einen emotionalen Panzer zulegen, um sich selbst zu schützen. Das sind diejenigen, die (meist sehr früh) so sehr verletzt worden sind, dass sie sich durch eine Mauer vor weiteren Verletzungen schützen wollen. Diese Menschen sind oftmals sehr empfindsam und verstecken ihre Verletzlichkeit hinter einer undurchdringlichen Fassade, um „Feinden" keine Möglichkeit zu geben, sie erneut zu verletzen. Sie sind sehr wohl „mit"-menschlich, doch können es umständehalber nicht zeigen.

Ob die von *Tjunjaev* erläuterte Theorie über echte und nicht echte Menschen wahr ist, lässt sich wohl nicht so einfach nachweisen. Doch Fakt ist, dass die Mit„menschlichkeit" ein Merkmal der Menschen ist. Wenn sich jemand ständig un„menschlich" verhält, vor allem dann, wenn er die Verantwortung für viele Menschen trägt, dann ist der Zweifel an seiner „echten Menschlichkeit" berechtigt, finden Sie nicht?

KAPITEL 7:
CHIMÄREN UND GEKLONTE MENSCHEN

Bis vor kurzem waren die Gesetze bezüglich der Schöpfung von Mischwesen noch sehr streng, doch dies wird zunehmend gelockert. So schrieb zum Beispiel die »Süddeutsche Zeitung« bereits im Jahr 2010, dass britische Forscher *„ein Mischwesen aus Mensch und Rind schaffen"*[179] wollten und die britische Genehmigungsbehörde HFEA soll dem zugestimmt haben. Die »Süddeutsche« erläutert: *„Zentauren sind Mischwesen aus Mensch und Pferd. Die geplanten Chimären sollen eine Mischung aus Mensch und Rind sein – und natürlich nicht auswachsen."* Natürlich nicht, ja wer würde denn so etwas denken…! Das so geschaffene Wesen könnte also bereits einige Jahre alt sein, wenn man es nicht umgebracht hat, sondern wachsen ließ. Interessanterweise ist ja auch die Sphinx von Gizeh ein Mischwesen, in diesem Fall ein Löwenkörper mit Menschenkopf.

Der russische Ingenieur und Forscher *Andrej Tjunjaev* erläutert in seinem Interview mit *Michael Vogt*, dass es sehr viele Klone geben würde. Die Technologien seien so weit entwickelt, dass man zum Beispiel ohne Weiteres ein implantierfähiges Organ klonen könne.

„Es wird natürlich nicht so offiziell darüber gesprochen, aber es gibt wirklich sehr viele Menschen-Klone. Was der Öffentlichkeit gegeben wird, es gibt sehr viele geklonte Tiere, zum Beispiel letztes Jahr in China wurden 500 Schäferhunde geklont und sie alle dienen jetzt an den Grenzen und werden verkauft."[180]

Ein Klon ist ein gezüchtetes Wesen aus einem Stück Gewebe des ursprünglichen Wesens. Chimären seien ebenfalls Klon-Typen, mit dem Unterschied, dass man bei ihnen Mischexperimente durchführen würde. Diesen Wesen dürfe man ein Teil von einem Tier oder einer Pflanze hinzufügen usw. Chimären-Kosmonauten würden zum Beispiel Bakterien hinzugefügt werden, die resistent gegen Radioaktivität seien.

„Der Ex-Präsident der USA, Obama, hat im September 2016, das heißt, kurz vor seinem Gehen, ein Gesetz herausgegeben für die offizielle Zulassung von der Produktion oder Züchtung von Chimären in Amerika. Das kann man alles auf der Homepage des Weißen Hauses nachlesen.", erklärte *Andrej Tjunjaev*. Die Chimären hätten keinerlei Rechte und es gebe eine richtige Zutatenliste, aus was sie bestehen könnten. Diese speziellen Chimären würden zum Beispiel als Versuchs-„Kaninchen" für die Medizin und für die Organtransplantation benutzt. Sie würden ausgeschlachtet wie ein Tier und danach entsorgt. Die zu diesem Zweck gezüchteten Chimären-Menschen würden absolut genau wie Menschen aussehen, nur sei der eine eben ein Mensch und der andere eine Chimäre. Der Mensch dürfe die Chimäre schlachten, die Niere entnehmen und sich selbst einpflanzen.

Die Produktionsmethoden seien in unserer Zeit sehr vielseitig und unterschiedlich. Man könne eine befruchtete Eizelle in die Gebärmutter einer Frau einpflanzen und sie trägt dann dieses Wesen aus oder man könne sie einem Tier einpflanzen. Auf der wissenschaftlichen Ebene gäbe es sehr viel Diskussion zu dem Thema, weil es mittlerweile bereits sehr viele Tiere geben würde, die die menschlichen Chimären oder Klone austragen würden. Der Inhalt dieses Interviews ist starker Tobak. Doch in einem satanisch orientierten Rechtssystem ist eben nichts unmöglich, auch nicht das Züchten und Ausweiden von menschlichen Ersatzteillagern.

Was bei der ganzen Thematik jedoch fein säuberlich ausgespart wird, ist die Diskussion darüber, ob solche Wesen über eine Seele verfügen bzw. eine Seele sind. Genauso verliert man kein Wort darüber, ob sie menschlich reagieren und über soziale Kompetenz verfügen, wovon ich ausgehe. Jedes Tier zeigt Empfindungen und vielen tränen die Augen, wenn sie Schmerzen leiden oder einen Artgenossen leiden sehen – Tiere sind durchaus empfindungsfähig. Jeder, der ein Haustier hat, weiß das. Warum sollte ein Wesen, das menschlich aussieht und dessen Organe man für die Transplantation verwenden kann, nicht menschlich sein? Vermutlich verfügen gerade diese armen Wesen über ein wesentlich höheres Bewusstsein als die Gesetzgeber, die sie zu rechtlosen Geschöpfen degradieren.

Ich habe mich natürlich auf die Suche nach den erwähnten Gesetzestexten gemacht und wurde fündig. Am 22. September 2016 wurde in den USA eine Gesetzesänderung erlassen, welches zwar den Handel mit Mensch-Tier-Chimären verbietet, doch unter § 1132 (c) steht frei übersetzt: *„Dieser Abschnitt **verbietet nicht die Forschung** einschließlich die Verwendung von transgenetischen Tiermodellen mit menschlichen Genen oder die Xenotransplantation von menschlichen Organen, Geweben oder Zellen in Empfängertiere, wenn solche Tätigkeiten nicht nach Unterabschnitt auch verboten sind."*[181] (Herv. d. Verf.). Unter Xenotransplantation versteht man laut Wikipedia *„die Übertragung von lebens- und funktionstüchtigen Zellen oder Zellverbänden (einschließlich ganzer Organe oder Körperteile) zwischen verschiedenen Spezies."*[182]

Das Gesetz beschreibt alle nur denkbaren Kombinationsmöglichkeiten, wie zum Beispiel menschliche Eizellen mit tierischen Spermien, tierische Eizellen mit menschlichen Spermien, aber auch die Embryonen daraus. Es zählen auch Embryonen dazu, die nichtmenschlicher Art sind, jedoch ein menschliches Gehirn oder ein Gehirn aus überwiegend menschlichem Nervengewebe enthalten. Man stelle sich das einmal in der Praxis vor: Angenommen, man nimmt ein Hundeembryo und setzt ihm ein menschliches Gehirn ein. So könnte es theoretisch passieren, dass dieser Hund möglicherweise intelligenter sein würde als der Forscher, der mit ihm experimentiert. Ist das nicht paradox? Frankenstein hätte seine wahre Freude, würde er heute noch leben.

Die Chimären-Forschung wird vor allem mit dem Argument begründet, dass man eines Tages Organe nachzüchten könnte und deshalb wesentlich mehr kranke Menschen die Chance hätten, ein Spenderorgan zu erhalten. Doch vor allem die Kombination der Gen- und der Chimären-Forschung eröffnet ungeahnte Möglichkeiten – so können ganz spezielle Designerbabys geschaffen werden. Bereits heute besteht die Möglichkeit, sich sein Wunschbaby nach den Eigenschaften von Ei- und Samenspendern auszusuchen. Auf der Internetseite »Netzfrauen« wurde 2016 berichtet:

> *„Jetzt kann man in London einen Papa bestellen, es ist so einfach wie eine Pizzabestellung und funktioniert wie eine Online-Dating-Plattform. Die Londoner Sperma-Bank hat eine iPhone-App zur Verfügung gestellt, die allen Frauen ermöglicht, einen Katalog durchsuchen zu können, in dem Männer ihr Sperma anbieten. Die Auswahl wird anhand von ethnischer Zugehörigkeit, Beruf, persönlichem Typus und Augenfarbe getätigt. Die Kosten liegen bei GBP 950 (US$ 1200 = 1087 €), die mittels der App auch bezahlt werden können."*[183].

So ist es beispielsweise auch möglich, dass Babys die Gene von drei Eltern aufweisen[184]. Jetzt verstehen wir auch endlich den Sinn, warum es bei uns Bestrebungen gibt, in Dokumenten die Bezeichnungen „Mutter" und „Vater" künftig durch „Elter 1", „Elter 2", „Elter 3" usw. zu ersetzen. Argumentiert wird dieses Anliegen damit, dass auch homosexuelle Paare, die ein Kind adoptieren, als Eltern eingetragen werden können. Doch viel wahrscheinlicher dürfte der wahre Hintergrund ein ganz anderer sein: Für gezüchtete Menschen, deren genetisches Material aus einer Vielzahl von gezielt ausgesuchten Ei- und Samenspendern besteht, gibt es dann die Möglichkeit, alle Spender formal aufzuzählen. Ein Baby mit Designereigenschaften bekommt von jedem Spender-Gen einen gewissen Anteil mit. Hat ein Baby mehrere oder gar viele unterschiedliche männliche und/oder weibliche genetische Quellen, so kann es durchaus sinnvoll sein, diese unter Elter 1, Elter 2, Elter 3 usw. aufzulisten. Das wäre dann wie eine Art Stammbaum zu betrachten, mit dem Unterschied, dass die verschiedenen Gene innerhalb nur einer einzigen Generation Einfluss nehmen. Da diese menschenähnlichen Wesen sicherlich patentierbar sind, werden sie Eigentum des Patentinhabers sein. Ich gehe ferner davon aus, dass man so ein gezüchtetes Wesen erheblich teurer verkaufen kann, wenn es bestimmte Genanteile enthält. Ein Hund aus einer speziellen Zucht ist schließlich auch viel teurer als ein Mischling von der Straße.

Neben den offiziellen Zielen für die Vermischung von menschlichen und tierischen Wesen, wie beispielsweise die Organzüchtung, gibt es jedoch noch eine ganze Anzahl von weiteren möglichen Zwecken. Mit ein wenig Phantasie fällt einem da so einiges ein:

1. Chimären, die resistent sind gegen Radioaktivität, Kälte, Hitze usw. Sie können unter unmenschlichen Bedingungen eingesetzt werden,
2. Chimären, die in den Krieg ziehen und ihre Befehle über ins Gehirn implantierte Chips (KI) erhalten, und
3. Chimären, die zur („menschlichen") Ernährung von dämonisch besetzten, extraterrestrischen Spezies dienen...

Und natürlich darf man nicht vergessen, dass die Rechte von solchen Mischwesen **nicht** denen von (echten und unechten) Menschen entsprechen. Das bedeutet, sie brauchen für ihre Leistungen weder bezahlt zu werden, noch haben sie Anspruch auf Freizeit oder gar einen Urlaub. Sie können in Käfigen gehalten werden und wenn sie krank werden, werden sie entsorgt – so, wie man in der heutigen Welt eben mit Nutztieren umgeht. Wäre das – aus der Sicht der „Elite" – nicht der ideale Sklave? Da die Forschung mit Mischwesen in manchen Staaten bereits erlaubt ist, ist es nur eine Frage der Zeit, bis auch deren Nutzung erlaubt sein wird. Bis dahin gibt es vermutlich für jeden Zweck den idealen Sklaven, der einerseits alle Vorteile eines Menschen besitzt, rechtlich gesehen jedoch nicht zu den Menschen zählt. Überall dort, wo der Einsatz eines Roboters unpraktisch ist, könnte man dann Chimären einsetzen. Finden Sie, dass dieses Szenario zu futuristisch klingt? Forschen Sie selbst nach und entwickeln Sie sich ein eigenes Bild zu dem Thema, Sie werden sich wundern, was Sie noch alles erfahren werden.

Wer ein besonderes Haustier wünscht, der könnte eines Tages vermutlich seine eigenen Eizellen oder Spermien mit denen seines Hundes vermischen und so ein ganz „persönliches" Haustier erhalten, sozusagen ein „Baby" von seinem Hund. Vielleicht würde es die Stelle eines Kindes einnehmen, das einfach entsorgt werden kann, wenn es anstrengend würde, denn es wäre ja eine rechtlose Chimäre und kein Mensch. Pervers? Ja!

Die Forschungen der Vermischung sind bereits viel weiter vorangeschritten, als man gemeinhin denkt. Es gibt wissenschaftliche Workshops, in denen Methoden und Ergebnisse erläutert und diskutiert werden, wie auch ein Video des »National Institute of Health«[185] zeigt. Dort wird unter anderem über „humanisierte" Mäuse und Chimären mit menschlichen Organen berichtet. Bereits in den 1990er-Jahren ist es einem Forscherteam um *Professor Charles Vacanti* an der Universität Massachusetts gelungen, auf dem Rücken einer Maus eine Hörmuschel aus einzelnen menschlichen Zellen wachsen zu lassen. *„Es ist jetzt ein organisch lebender Bestandteil des Maus-Organismus und wächst sogar weiter. Eine Hörfunktion erfüllt es allerdings nicht."*[186]

Schritt für Schritt werden wir darauf vorbereitet, dass der künftige Weg der Vermehrung gezielt über die bedarfsgerechte Produktion führen wird. Und die Medien beginnen bereits mit der gewohnten Gehirnwäsche. So schreibt beispielsweise *Lena Seiferlin* in einem Bericht: *„Wir sollten alle aufhören, Kinder zu bekommen. Denn das ist egoistisch!"*[187] Sie denke dabei an die Gesamtbevölkerung auf der Erde. *„Eltern lassen ihren Kinderwunsch größer werden als ihr Mitgefühl für die Welt und ihre Bewohner – und auch größer als ihre Sorgen um die Zukunft. Und genau das ist für mich Egoismus."* In dem Bericht wird argumentiert, dass ein Kind die Umwelt mit 58,6 Tonnen Kohlendioxid pro Jahr belastet. *„Eine US-amerikanische Familie, die auf ein Kind verzichtet, spart genauso viel Emissionen ein wie 684 Teenager, die für den Rest ihres Lebens strikt recyceln"*, werden die Wissenschaftler *Seth Wynes* und *Kimberly Nicholas* aus dem Fachblatt »Environmental Research Letters« zitiert. Wenn man schon über Kohlendioxid reden möchte, dann sollte man sich stattdessen darüber Gedanken machen, wieviel CO_2 durch Fleischkonsum verursacht wird. Japanische Wissenschaftler haben errechnet, dass jedes Kilogramm Rindfleisch 36 Kilogramm Kohlendioxid erzeugt[188], die Belastung durch den Transport mehrmals quer durch Europa noch gar nicht mit eingerechnet.

Wenn man sich die US-amerikanischen Nachwuchszahlen ansieht, wäre es vermutlich sinnvoller, seine Lebensgewohnheiten zu ändern, als keine Kinder mehr zu zeugen. Und ist ein Kind nicht viel mehr als lediglich ein Faktor in der CO_2-Berechnung? Stellt ein Kind wirklich nur die Befriedigung der elterlichen Wünsche dar, wie es die Autorin des Berichtes darstellt? Kann ein Kind nicht auch zum Bestand der eigenen Rasse, Sippe bzw. Familie beitragen, zur eigenen Kultur? Ist es nicht einfach nur normal, sich fortzupflanzen, so wie es seit Anbeginn des Lebens auf der Erde war? Sind wir bereits so sehr gehirngewaschen, dass wir uns schuldig fühlen, wenn wir Kinder haben? Dass wir sogar das eigene Volk aufgeben, ja sogar verraten und dem Aussterben preisgeben, „nur" um die restliche Welt zu retten? Können wir die Welt retten, indem wir uns selbst eliminieren? Viel zu viele Pflanzen und Tiere sterben jährlich aus, sollen eines Tages auch die Völker der westlichen Länder dazugehören, weil wir es selbst so beschlossen haben – bzw. uns haben einreden lassen?

Doch zurück zu den Chimären: Bei all diesen Diskussionen und Versuchen vermisse ich einen grundlegenden Aspekt, der in meinen Augen jedoch der wichtigste ist: Handelt es sich bei Chimären um Wesen mit Bewusstsein? Haben sie eine Seele? Was überwiegt, der Mensch oder das Tier? Wer unterscheidet, ob ein Wesen als Mensch oder als Tier eingestuft wird? Oder haben wir bald alle keine menschlichen Rechte mehr? Werden sie uns derzeit nur vorgegaukelt, bis die Wahrheit ans Tageslicht kommt? Darf man eines Tages von jedem Menschen Organe entnehmen, weil einer der Mächtigen gerade eines braucht? Wann wird das sein? Und zum widerholten Male stelle ich die Frage:

„Sind wir nichts anderes als Schlachtvieh?"

Vermutlich wird es in den kommenden Jahren immer mehr gezüchtete Menschen bzw. menschenähnliche Wesen geben. Ob die Öffentlichkeit jedoch davon erfährt, ist fraglich. Und vielleicht wird es eines Tages die einzige noch funktionierende Form der Vermehrung sein, vor allem unter dem Gesichtspunkt der bewusst provozierten sinkenden Fruchtbarkeit.

Wir können den Gedankengang noch weiter spinnen: Könnte diese Wissenschaft eventuell die Türe dafür sein, dass sich herrschsüchtige Wesen extraterrestrischer Herkunft hier auf der Erde einmischen möchten? Soll derzeit eine ähnliche genetische Veränderung stattfinden, wie sie vermutlich schon mehrmals stattgefunden hat? Es ist nachweislich so, dass die menschliche Evolution immer wieder Sprünge aufwies, die durch eine normale Entwicklung nicht nachvollziehbar sind. Aufgeschlossene Forscher halten es deshalb für möglich und wahrscheinlich, dass an diesen Sprüngen genetische Eingriffe stattgefunden haben. Sind wir erneut an dieser Stelle? Falls ja, dann stellt sich die Frage, **wer** die treibende Kraft hinter diesen Forschungen ist. Wer möchte die menschliche Rasse beeinflussen? Ist es gar eine Art Vorbereitung dafür, dass diese Wesen sich selbst hier auf der Erde ansiedeln möchten und geeignete Sklaven brauchen? Oder ist es nur eine neue Runde in einem alten Spiel? Sie sehen, es gibt viele Fragen, die derzeit noch offen bleiben. Fakt ist jedoch: Die Welt ist nicht so, wie sie uns erklärt und präsentiert wird.

Sehen wir uns noch die offizielle Argumentation für die Genforschung an. Es gibt mit Sicherheit einen weiteren wichtigen Grund, Menschen, Tiere und womöglich auch Pflanzen miteinander zu vermischen – nämlich den, die Menschen daran zu hindern, bewusst zu werden und sich zu erinnern, wer sie sind. Das dürfte ohnehin einer der Hauptgründe sein, warum die Genforschung, die mittlerweile bis zur Produktion von Menschen fortgeschritten ist, eingeschlagen worden ist. Wenn man die Menschen genetisch verändern kann, dann kann man vermutlich auch die Verbindung zur Ur-Quelle blockieren. Damit wäre der Mensch endlich das unbewusste, leicht steuerbare Wesen, das die Mächtigen gerne hätten.

Wie wir wissen, erfahren und erleben die Menschen eine zunehmende Bewusstheit. Sie spüren immer mehr, dass sie Wesen sind, die aus der göttlichen Ur-Quelle stammen und mit dieser auch verbunden sind. Die mächtigsten Männer der Erde, und die herrschende Ebene darüber, wissen das sehr wohl und es bereitet ihnen großes Unbehagen. Es besteht immerhin die Gefahr, dass die Menschen das große Spiel erkennen und die Spielleitung selbst übernehmen könnten. Das wäre das Aus der Spirale aus Macht, Geld, Kontrolle und Versklavung. Die Mächtigen könnten mitsamt ihren extraterrestrischen Freunden den Planeten Erde verlassen und wir wären befreit. Wir könnten uns wieder daran erinnern, wer wir in Wahrheit sind und wir könnten uns ebenfalls wieder daran erinnern, wie der (echte) Ur-Mensch gelebt hat, der mit Sicherheit kein keulenschwingendes, behaartes und Urlaute von sich gebendes Ungeheuer war. Doch dazu erfahren wir in einem anderen Kapitel mehr.

Die gentechnische Vermischung der Menschen hätte noch eine weitere Konsequenz: Es bedarf nur eines Gesetzesbeschlusses, dass dieses hergestellte „Produkt Mensch" eine Ware ist und demnach keinen Anspruch auf Menschenrechte hat. Der gentechnisch produzierte oder geklonte Mensch wäre somit eine Sache, wie das ja auch bei den Tieren der Fall ist, für die jedoch wenigstens noch der Tierschutz gilt. Ein geklonter oder produzierter Mensch könnte jedoch völlig rechtlos sein und noch dazu Eigentum des Patentinhabers bzw. des Käufers. Diesen Zustand gilt es zu verhindern, denn er würde alles bisher Gewesene an Sklaverei übertreffen.

In Bezug auf den Intellekt haben uns die Mächtigen einiges voraus. Diese Fähigkeit, zu denken und über Jahrtausende (unserer Zeitrechnung) vorauszuplanen – und auch noch umzusetzen –, ist einem normalen menschlichen Gehirn kaum möglich. Und solange sie die Möglichkeiten haben, uns ihre Macht aufzudrängen, werden sie dies auch tun. Diese Macht setzen sie vor allem mit Gesetzen, Militär, Polizei, Presse (Umprogrammierung!), Unterhaltungsmedien und vor allem Geld (Geldstrafe!) um.

Fazit:
„Sie haben eine immens große Angst vor uns und davor,
dass wir uns unserer Herkunft und unserer Verbindung
mit der Ur-Quelle bewusst werden
und als Folge davon
in die Kraft unserer Herzen gehen."

Die Autorin

KAPITEL 8:
SKLAVENRASSE MENSCH

Wie bereits beschrieben, birgt die Klon- und Chimären-Forschung das extrem große Risiko, dass die neu gezüchteten, menschenähnlichen Chimären zu rechtlosen Wesen werden. Auch wenn sie so aussehen wie Menschen und so empfinden wie Menschen, sind es rechtlich keine Menschen, sondern Chimären. Und als solche haben sie keinen Anspruch auf Menschenrechte. Durch die Hintertüre der Chimären-Forschung konnte man diese bereits jetzt aushebeln. Ich gehe davon aus, dass diese Idee nicht von echten Menschen erdacht wurde, denn sie ist unmenschlich. Durch die Herstellung von Chimären und Klonen entstand überhaupt erst die Situation, dass man sich mit der Frage auseinandersetzen muss, was ein Mensch ist und was nicht. Wir sollten davon ausgehen, dass fremde, physische Intelligenzen von außerhalb der Erde an unserer genetischen Entwicklung beteiligt waren.

Es könnte sogar sein, dass das unterschiedliche Aussehen der Menschen durch den Einfluss von unterschiedlichen Spezies entstanden ist. Manche Autoren vertreten die Meinung, dass einst extraterrestrische Wesen die Erde besucht haben und die vorgefundene Menschenrasse (manchmal kommt man um den Begriff „Rasse" nicht vorbei) soweit genetisch verändert haben, dass diese für die Neuankömmlinge Arbeiten erledigen konnte. Dieser Zeitpunkt wird oftmals als der Beginn unserer Versklavung angesehen und das klingt durchaus plausibel. Ich möchte an dieser Stelle jedoch nicht näher auf diese Ursprünge eingehen, denn hierüber gibt es genügend ausführliche Literatur mit den verschiedensten Ansichten. Vor allem *Zecharia Sitchin* hat sich intensiv mit dieser Thematik befasst und einige durchaus lesenswerte Bücher dazu geschrieben. Die Tatsache, dass *Sitchin* von den anerkannten Archäologen zutiefst angefeindet wird, sollte erfahrungsgemäß Grund genug sein, sich mit seinen Thesen näher zu befassen, denn die Geschichtsforschung ist nicht die einzige Wissenschaft, in der andersdenkende Forscher massiv bekämpft werden. Zu groß ist offensichtlich die Gefahr, dass durch sie „alternative" Wahrheiten entdeckt werden könnten, die der Realität vermutlich viel näher sind als jede gelehrte Wissenschaft.

Spinnen wir den begonnenen Faden noch ein wenig weiter: Stellen wir uns einmal vor, wir wären **nicht** das Ergebnis einer natürlichen Evolution, die beim Primaten begonnen hat. Diese Theorie hinkt ohnehin, da es bei den archäologischen Funden noch immer an den Zwischen- oder Übergangsformen mangelt, es fehlt der sog. „Missing Link". Es haben nämlich große Entwicklungssprünge stattgefunden, einfach so, fast von einer Generation auf die nächste, die sich nicht erklären lassen. Eine Evolution bedeutet eine langsame Anpassung an die Umweltbedingungen. Beim Menschen jedoch fanden gravierende Sprünge in seiner Entwicklung statt, die keine natürliche, allmähliche Veränderung waren, sondern eine andere Ursache haben müssen. Das Vorhandensein des Menschen in seiner heutigen Form lässt sich nicht komplett auf die Evolutionstheorie zurückführen. Natürlich finden Anpassungen statt und selbstverständlich formt sich das eine oder andere heraus, doch die Entwicklung des Menschen lässt sich in dieser Größenordnung nicht vollständig durch die Darwinsche Theorie erklären. Auch in Fachkreisen wird die Evolutionstheorie zunehmend angezweifelt. So veröffentlichte das Webportal für Schweizer Christen »Lifenet« schon vor Jahren: „*Mehr als 500 Wissenschaftler haben ihre Zweifel an Darwins Evolutionstheorie öffentlich gemacht.*"[189]

Stellen wir uns stattdessen vor, wir wären vor langer, langer Zeit eine rein irdische Rasse gewesen, die sich auf der Erde (wie auch immer) manifestiert hat. Fremde Intelligenzen, die uns als ihre Arbeiter nutzen wollten, hätten uns durch genetische Veränderungen in unserer Evolution beeinflusst und möglicherweise unsere Entwicklung abgekürzt. Diese Möglichkeit würde die Evolutionssprünge erklären. Da wir den Primaten ähnlich waren (und sind), kann man es der Wissenschaft nicht verübeln, dass sie denkt, wir würden allein von ihnen abstammen. Alternativ dazu könnten wir auch die direkten Abkömmlinge einer extraterrestrischen Rasse sein, die uns hier angesiedelt hat. So oder so, es ist jedenfalls sehr wahrscheinlich, dass wir zumindest in unserer Entwicklungsgeschichte den Einflüssen von extraterrestrischen Wesen ausgesetzt waren, sei es, dass wir importiert oder genetisch verändert wurden.

Allein diese Vorstellung ist für manche von uns noch vollkommen abstrakt. Doch stellen Sie sich vor, dass der heutige Mensch einen Planeten finden würde, auf dem es (aus seiner Sicht) niedrig entwickeltes Leben gäbe. Können Sie sich nicht vorstellen, dass auch unsere Spezies hier experimentieren würde? Ganz offiziell wird in Laboren nicht nur mit genetisch veränderten Wesen experimentiert, sondern auch mit Kleinstlebewesen, die unter Extrembedingungen leben, wie zum Beispiel auf dem Mars. Dabei werden Druck- und Temperaturverhältnisse erzeugt, wie sie nur sog. Extremophile überleben können. „*In dem Zylinder werden gerade Cyanobakterien unter Marsbedingungen getestet.*"[190], erläutert der Astrobiologe *Jean Pierre Paul de Vera*, der am »Institut für Planetenforschung des Deutschen Zentrums für Luft- und Raumfahrtforschung« (DLR) in Berlin-Adlershof forscht. Es ist durchaus möglich, dass diese Kleinstlebewesen eines Tages auf dem Mars ausgesetzt werden. Und genauso könnte es sein, dass auch wir auf der Erde einst ausgesetzt wurden. So wie wir uns in die Entwicklung anderer Wesen einmischen, so könnten sich andere Wesen auch in unsere Entwicklung eingemischt haben. Eigentlich logisch oder nicht?

Es scheint mir ebenso glaubwürdig, dass wir uns vermehren und auf der Erde Sklavendienste leisten sollten. Warum sonst werden wir seit Jahrtausenden beeinflusst? Soweit die Geschichtsschreibung zurückreicht, mussten die Menschen an einige wenige Herrscher Abgaben leisten. Zunächst in Form von Getreide, später in Form von Geld. Natürlich steht in den Büchern, dass das Volk zum Ausgleich auch den Schutz ihres Herrn genossen hat. Doch es ist fraglich, ob die Völker **vor** der Einmischung untereinander überhaupt Krieg geführt hätten. Oder ob es nicht der Gier der Herrscher entsprang, seine Konkurrenten zu besiegen, um an deren Reichtümer zu gelangen? Vermutlich haben die Urvölker keinen Krieg gegeneinander geführt. Warum auch? Solange die Natur genügend Nahrung zur Verfügung stellt, besteht kein Grund, ein anderes Volk anzugreifen. Sie können friedlich nebeneinander leben, wie es heute noch von Naturvölkern praktiziert wird, die von dem, was man „Zivilisation" nennt, verschont geblieben sind. Es ist viel wahrscheinlicher, dass nur aufgrund der Herrschsucht der Herren Kriege geführt wurden.

Dieses System finden wir heute noch vor, nur dass wir kein Getreide mehr abliefern und auch keinen Zehnten, sondern ein Drittel oder eine Hälfte. Wenn wir die Einkommensteuer, die Mehrwertsteuer, die Grundsteuer, die Mineralölsteuer, die Gewerbesteuer, die Kfz-Steuer, die Versicherungssteuer, die Erbschaftsteuer, die Hundesteuer, die Kapitalertragsteuer, die Kirchensteuer, die Tabaksteuer und, und, und mit einrechnen, dürfte es erheblich mehr als die Hälfte sein, die wir an Steuern bezahlen, vielleicht sogar 70 bis 80 Prozent. Und wem bezahlen wir das alles? Es sind heute nicht mehr dieselben Herren, wie z.B. Fürsten oder Könige, da sie mittlerweile von ihren Thronen gestürzt wurden. Doch diejenigen, die noch über unseren Regierungen und über den Konzernen stehen, sind nichts anderes. Es sind wiederum nur wenige Familien, die sich den Weltreichtum teilen und die Völker beherrschen – und zunehmend enteignen.

Wir haben uns das Geld-Zins-System nicht ausgesucht, es wurde den Menschen Schritt für Schritt aufgezwungen, bis wir in dem heutigen System gelandet sind, wo wir uns eine Welt ohne Geld gar nicht mehr vorstellen können. Alle Lebewesen der Welt (außer dem Menschen) leben ohne Geld – und sie leben immer noch! Nur der Mensch, der, im Verhältnis zu allen anderen Lebewesen, nur einen winzigen Bruchteil ausmacht, glaubt, es ginge nicht ohne Geld. Welch eine verrückte Vorstellung, die wir uns über viele Generationen hinweg haben einreden lassen. Wir haben uns ein verbrecherisches Zinssystem aufdrängen und uns in Städte pferchen lassen, wo ein Nachbar den anderen nicht kennt. Wir wurden von unserer eigentlichen Wesensnatur entfernt und sukzessive in den heutigen Zustand getrieben – wir wurden versklavt.

Und das alles war nur deshalb möglich, weil es ganz, ganz schleichend stattgefunden hat. Wir gewöhnen uns an alles, wenn man es uns nur langsam genug in kleinen Häppchen, Stück für Stück vorsetzt. Wir jammern zwar ein wenig, wenn wieder eine Einschränkung eingeführt wird, doch nachdem sie irgendwie tragbar ist, nehmen wir sie an. Und meistens wird sie uns – zunächst – ja auch als Vorteil angepriesen. Erst, wenn sich alle an diese Neuerung gewöhnt haben, dreht sich der Spieß um und plötzlich zeigt sich der Nachteil. Denken Sie nur an das Bankensystem, das den Menschen als Vorteil verkauft wurde. Man lockte die Menschen damit, ihr Geld zur Bank zu bringen, dort wäre es diebstahlsicher und man würde sogar noch Zinsen erhalten. Die Zinsen sind derzeit jedoch auf dem besten Wege, negativ zu werden, was bedeutet, dass jeder, dessen Geld auf der Bank liegt, für sein Guthaben etwas bezahlt. Wenn eines Tages das Bargeld abgeschafft werden sollte, kann man sein Geld noch nicht einmal unter das Kopfkissen legen, denn es würde kein Geld mehr geben, das man abheben könnte. Dann schmilzt jedes Guthaben aufgrund des Negativzinses von selbst dahin. Schon aus diesem Grunde sollten wir alles tun, um die Abschaffung des Bargeldes zu verhindern.

Doch zurück zu den Beherrschern der Welt: Möglicherweise haben wir durch die genetischen Eingriffe auch das kriegerische Potential der Invasoren übernommen und dadurch einen großen Teil unserer Harmonie und Friedfertigkeit verloren. Auch wurde die bis dahin ganz normale, stets präsente und tiefe Verbindung zu unserer Seele deutlich eingeschränkt. Dies müssen wir jetzt wieder mühsam erlernen und viele bemerken noch nicht einmal, dass sie den Zugang zu ihrer Seele schon fast verloren haben.

Deutschland lastet sich erneut Schuld auf!

Ich möchte die Versklavung aus dem heutigen Blickwinkel betrachten. Sehen wir uns zunächst die Meinungsfreiheit an. Es dürfte Ihnen nicht entgangen sein, dass man in unserem Land fast alles sagen und schreiben darf, solange es nichts Kritisches gegen das System enthält. Dann läuft man nämlich Gefahr, mit beleidigenden Bezeichnungen betitelt zu werden oder dass die Kontakte in den sozialen Netzwerken gesperrt werden. Schlimmstenfalls bekommt man Probleme an seinem Arbeitsplatz oder rechtliche Schwierigkeiten. Wer also an der falschen Stelle Kritik übt oder auch nur die falschen Fragen stellt, wird diskriminiert und ausgegrenzt.

Andererseits haben diejenigen, die sich gegenüber dem deutschen oder einem anderen europäischen Volk rassistisch äußern, seltsamerweise nichts zu befürchten. Viele demonstrieren sogar gegen ihr eigenes Land: Deutsche gehen in Deutschland auf die Straße und tragen wahnwitzigerweise Plakate, auf denen steht *„Deutschland, Du mieses Stück Sch...!"*[191]. Aus unerfindlichen Gründen wollen sie das Land abschaffen, das ihr eigenes ist und dessen Sprache sie sprechen. Ich verstehe diese Verhaltensweise nicht, denn diese Menschen sind gerade dabei, ihr eigenes Vater-/Mutterland abzuschaffen – und sich selbst zu eliminieren. Sie sägen den Ast ab, auf dem sie selbst sitzen. Ist das das Verhalten eines ganz normalen, gesunden Lebewesens?

Würde dasselbe in der Tierwelt geschehen, würde man so ein Lebewesen als extrem verhaltensgestört und autodestruktiv bezeichnen. Stellen Sie sich vor, es gäbe einen großen Wald, in dem schwarze Ameisen leben. Daneben gäbe es einen ganz kleinen Wald, der von gelben Ameisen bewohnt wird. Und nun stellen Sie sich vor, dass die gelben Ameisen zu den schwarzen sagen würden: *„Ihr könnt alle zu uns kommen, wir sorgen für Euch, Ihr könnt unsere Ameisenhügel haben. Wir werden uns auch nicht wehren, wenn Ihr Eure Bräuche und Sitten mitbringt. Ihr müsst auch nicht mit großen Strafen rechnen, wenn Ihr uns umbringt, es sind ja nur Einzelfälle. Ihr dürft unsere Ameisenkönigin begatten und unsere Nachkommen zeugen. Wir geben Euch die Erlaubnis, denn wir sind ja so gut!"* Wenn sich ein Ameisenvolk (oder irgendeine andere Tierart) so verhalten würde, wäre das so extrem verhaltensgestört, dass Tierforscher der ganzen Welt anreisen würden, um sich dieses unnatürliche Phänomen anzusehen. Man würde alles tun, um herauszufinden, warum sich diese Art selbst ausrotten möchte. Und man würde alles versuchen, damit diese Art nicht ausstirbt. Vermutlich würde man einige gelbe Ameisen samt Königin an eine andere Stelle schaffen, in der Hoffnung, dass sie wieder zu einem normalen Verhalten zurückfinden und die Art nicht verloren geht. Dieses Verhalten wäre nicht nur absolut unnatürlich und krankhaft, es wäre eine freiwillige Ausrottung seiner selbst. Doch genau das passiert derzeit in unserem Land und in Europa.

Die Bundeskanzlerin forciert die Zuwanderung mit ausgiebiger finanzieller Unterstützung und plädiert für Familiennachzug. Offensichtlich wurde sie von den im Hintergrund agierenden Weltmächtigen auserkoren, den »Replacement-Migration«-Plan der UN umzusetzen. Es hat allerdings eine besondere Tragweite, dass sich ausgerechnet eine Deutsche so sehr für die Zuwanderung einsetzt. Denn wenn eine spätere Generation von (übrig gebliebenen) Europäern eines Tages feststellt, dass diese Zuwanderung einen nicht mehr wieder gut zu machenden Schaden verursacht hat, dann sucht man natürlich nach einem Schuldigen. Und die Wahrscheinlichkeit ist sehr groß, dass man dann sagen würde, dass eine Deutsche diese Situation verursacht habe. Man wird sagen, dass es ihre »Politik der offenen Grenzen« war, die für die massive Zuwanderung gesorgt hat. Denn es geht hierbei nicht nur um asylberechtigte Flüchtlinge, sondern in vielen Fällen um eine illegale Migration. Wer tatsächlich um sein Leben bangt und das Land verlässt, wird wohl kaum dorthin zurückfliegen, um seinen Urlaub dort zu verbringen, wie Recherchen der »Welt am Sonntag« aufgedeckt haben[192].

Die Tatsache, dass ausgerechnet eine deutsche Kanzlerin diese Migrationswelle gefördert hat, hätte vermutlich zur Folge, dass man erneut sagen würde: *„Die Deutschen haben Unglück über Europa gebracht. Rottet sie jetzt endlich vollständig aus!"* Doch das würde nicht der Wahrheit entsprechen, denn die Wirklichkeit sieht so aus, dass es die einsame Entscheidung einer Kanzlerin war. Das Volk steht zu einem großen Teil nicht hinter dieser Entscheidung, die von „oben" getroffen wurde. Die ganz normale Bevölkerung befürwortet diese „austauschende Zuwanderung" absolut nicht. Doch diejenigen, die sich kritisch zu dieser Thematik äußern, werden aufs Übelste beschimpft und müssen mit beruflichen Nachteilen rechnen. Das bedeutet, man bedroht sie mit der Zerstörung ihrer Existenz. Nur durch diesen Druck ist es möglich, dass die meisten Kritiker stillhalten.

Später wird man vielleicht sagen, man hätte doch sehen müssen, wo das hinführt und: *„Die ,Deutschen' hätten sich wehren müssen. Da sie das nicht getan haben, sind sie alle schuld."* Stattdessen ist es in der Realität so, dass die nur durch diesen existentiellen Druck stillhalten (müssen). Diejenigen hingegen, die sich für die Auflösung Deutschlands einsetzen, die sich selbst zerstören möchten, üben noch zusätzlichen Druck aus und hetzen ungestraft mit Ausdrücken, die ich hier nicht wiedergeben möchte.

Man könnte sich ernsthaft fragen, ob es bei diesen extremen „deutschen Deutschenhassern" vielleicht gar nicht um „echte" Menschen handelt, wie weiter oben bereits beschrieben? Denn kein echter menschlicher Mensch kann wirklich wollen, dass sein eigenes Volk ausgetauscht und ausgerottet wird, genauso wie das auch kein gesundes Tier anstrebt. Wie kann denn etwas normal sein, was in der Tierwelt als höchst krankhaft bezeichnet würde? Oder sollten wir es hier bereits mit geklonten Wesen zu tun haben? Womöglich mit einer Steuerung durch Künstliche Intelligenz, gespeist von einem Großrechner, der die Aufgabe hat, die öffentliche Meinung zu manipulieren? Vielleicht besteht die Aufgabe darin, die Denkweise des gesamten deutschen und des ganzen europäischen Volkes dahingehend zu programmieren, dass es edel und gut sei, anderen sein Land zu überlassen und freiwillig das Feld zu räumen? Jedes Lebewesen, das so denken würde, wäre binnen weniger Generationen ausgestorben. Und auch wenn *Goethe* einst schrieb: *„Edel sei der Mensch, hilfreich und gut"*[193], so beinhaltet dieser Satz nicht automatisch, dass sich der Mensch dafür selbst opfern soll. Auch der heilige *St. Martin* hat nur seinen halben Mantel hergegeben, nicht den ganzen.

Eine weitere Erklärung für solch ein Verhalten könnte auch sein, dass vor allem in den Vorreitern dieser Austausch-Bewegung Wesenheiten inkarniert sind, die das Ziel haben, den echten Menschen, der über mitmenschliche Empfindungen verfügt, auszurotten. Darauf gehe ich an anderer Stelle noch näher ein. Oder es wurden Menschen von üblen Wesenheiten besetzt, die durch diese agieren. Diese Wesenheiten dämonischer Art könnten ebenfalls ein Interesse daran haben, das Deutschsprachige und benachbarte Völker zu dezimieren und schließlich vollends zu vernichten. Das könnten zum Beispiel Wesenheiten sein, die den Planeten übernehmen möchten und ihre Absichten durch uns gefährdet sehen. Wir scheinen etwas zu haben, das ihre Pläne durchkreuzen könnte. Mehr möchte ich an dieser Stelle dazu nicht schreiben, dieses Thema habe ich in meinem Buch »Nutzlose Esser« bereits ausführlich behandelt.

Und man sollte sich ebenso die Frage stellen, warum die meisten Spitzenpolitiker bzw. Parteien ebenfalls die Meinung vertreten, dass wir der ganzen Welt helfen müssen, gleichzeitig jedoch das eigene Volk kaum Hilfe erhält, wenn es diese benötigt, sondern geradezu im Stich gelassen wird. Wessen Interessen vertreten diese Politiker? Wer ist „ihr Volk"? Sind *wir* das oder wer ist damit gemeint? Welche der deutschen Politiker denken noch im Sinne unseres Volkes? Eine weitere, ebenso denkbare Variante wäre, dass bei uns bereits reine Roboter mit Künstlicher Intelligenz im Einsatz sind, die so perfekt sind, dass man sie nicht von echten Menschen unterscheiden kann. Das ist zwar kaum vorstellbar, aber wer weiß… Womöglich weilen tatsächlich bereits Roboter unter uns und wir bemerken es noch nicht einmal. Und tatsächlich, wie wir weiter hinten noch sehen werden, wurde einer Roboter-Frau mittlerweile offiziell ein Pass ausgestellt.

GLÜCKLICHE SKLAVEN?

Es gibt noch einen weiteren Hinweis für die fortschreitende Versklavung: die schwindende berufliche Freiheit. Junge Menschen haben heute zwar die wunderbare Möglichkeit, eine Schnupperlehre zu absolvieren und können so ihre Berufswünsche zumindest ein wenig konkretisieren. Wer viel Glück hat, kann auf diese Weise in einen Beruf einsteigen, der ihm Freude bereitet. Doch viele haben keine Chance, den Beruf zu erlernen, den sie sich wünschen. Vor allem Schulabgänger mit mäßigen Zeugnisnoten lernen häufig einen Beruf, der sie nicht erfüllt, oder bekommen erst gar keine Lehrstelle. Doch auch wenn eine Ausbildung absolviert wurde, bedeutet das nicht, dass man in seinem Beruf auch arbeiten kann bzw. so viel Geld verdient, dass man davon leben, geschweige denn eine Familie ernähren kann. Wenn in einer Familie beide Elternteile voll arbeiten und zusätzlich einem Nebenerwerb nachgehen müssen, damit sie die Miete und die anfallenden Nebenkosten zahlen können, was bei einem erheblichen Prozentsatz der Fall ist, dann ist das durchaus mit Sklaverei zu vergleichen.

*„Die glücklichen Sklaven sind
die erbittertsten Feinde der Freiheit."*[194]

Marie Freifrau von Ebner-Eschenbach (1830-1916), österreichische Erzählerin

Ich könnte mir vorstellen, dass die Menschheit weltweit längst gegen die schleichende Versklavung rebelliert hätte. Doch zum einen gibt es die verschiedenen Religionen, die die Menschen zu Gehorsam anleiten und zum anderen funktioniert das Dauermittel „Brot und Spiele" (zumindest für die Industriestaaten) immer noch perfekt. Solange es den Menschen einigermaßen gut geht, akzeptieren sie alles. Der Bauch ist voll, der Bildschirm flimmert, also ist die Welt in Ordnung. Doch seit kurzer Zeit habe ich den Eindruck, dass sich diesbezüglich etwas ändert. Immer mehr Menschen in Europa werden kritischer und sie beginnen endlich wieder, die Dinge zu hinterfragen. Sie sprechen wieder zunehmend ihre Meinung aus und machen ein „großes Geschrei", wenn ich hier einmal die Ausdrucksweise von Jean-Claude Juncker verwenden darf:

*„Wir beschließen etwas,
stellen das dann in den Raum und warten einige Zeit ab, was passiert.
Wenn es dann kein großes Geschrei gibt und keine Aufstände,
weil die meisten gar nicht begreifen, was da beschlossen wurde,
dann machen wir weiter – Schritt für Schritt,
bis es kein Zurück mehr gibt."*[195]

Jean-Claude Juncker (Präsident der Europäischen Kommission)

Da die Menschen jetzt langsam beginnen, das große Spiel zu durchschauen und ihre Meinung kundzutun, gehe ich davon aus, dass zum einen die viele Aufklärungsarbeit fruchtet, die vor allem wir kritische Autoren leisten, und anscheinend ist das

Maß bei der Bevölkerung so langsam wirklich voll. Sie erkennt, dass sie nicht nur bis aufs Blut ausgepresst wurde und noch immer wird, sondern dass sie, wie zum krönenden Abschluss, auch noch ausgetauscht, sprich eliminiert, werden soll. Und spätestens jetzt sollte es jedem klar sein, dass es mittlerweile ums nackte Überleben geht. Stellen Sie sich vor, wie die Welt aussähe, wenn die bisherigen Tendenzen noch zwanzig Jahre lang anhalten. Hoffen wir, dass noch mehr Menschen aufwachen und beginnen, ihr Leben selbst in die Hand zu nehmen.

Kapitel 9:
Pyramidensystem

Eines dürfte bis jetzt bereits relativ deutlich geworden sein: Vor allem die westliche Welt wird in wenige Bereiche aufgeteilt und diese werden jeweils von einer Stelle aus regiert. Sehr, sehr vereinfacht kann man sagen: Die europäischen Staaten werden zunehmend von der EU aus regiert. Diese ist durch die NATO auch an die USA gebunden. Lediglich die asiatischen, die afrikanischen und die südamerikanischen Staaten sind politisch noch relativ autonom, wenn man von der US-Dollar-Dominanz durch die Zentralbanken einmal absieht.

In einem wirklich demokratischen System würde jedoch der Wille des Volkes umgesetzt werden und die Pyramidenspitze wäre lediglich mit der Verwaltung beauftragt. Würde die Spitze gegen den Willen des Volkes handeln, würden die Vertreter dieser kleinen Gruppe abgesetzt werden. Wenn man es im Bild einer Pyramide ausdrücken möchte, würde in der Basis entschieden werden, was die Spitze tun darf und soll. Die Basis stimmt bei allen wichtigen Fragen ab und kann auf diese Weise auf die Gesetzgebung und alle wichtigen Entscheidungen direkt Einfluss nehmen. Dabei besteht allerdings noch ein nicht zu unterschätzendes Manipulationsrisiko durch die Medien. Diese könnten durch einseitige Berichterstattung auch in einem wirklich demokratischen System in massiver Art und Weise die Meinung eines Volkes beeinflussen.

In einem diktatorischen System hingegen kommt der Befehl von der Spitze. Die verschiedenen Organe unterhalb der Spitze sorgen dafür, dass die Befehle von der Basis befolgt werden. Ob ein Volk in so einem System wählen darf, ist nur dann relevant, wenn sich die Wahlen auf die Handlungen der Pyramidenspitze auswirken. Ist das jedoch nicht der Fall, dann handelt es sich bei der Wahl um eine Farce. Vor allem, wenn die Wahlversprechen der Politiker nicht eingehalten werden.

Am Dollarschein lässt sich deutlich erkennen, in welchem System wir in der westlichen Welt leben. Für die meisten der Leser wird es nichts Neues sein, dass auf ihm eine Pyramide gedruckt ist, deren Spitze deutlich abgehoben ist. (Abb. 17) Dazu ist sie von einem Strahlenkranz umgeben, während die restliche Pyramide ohne diese Strahlen dargestellt ist. Es kommt der Wahrheit sicherlich sehr nahe, wenn man das so interpretiert, dass sich diese Spitze als die alleinige Herrscherin

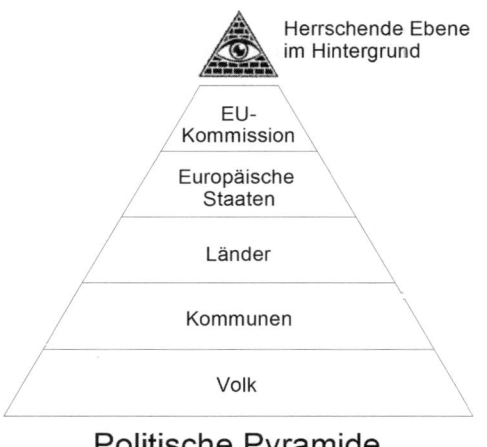

Abb. 16: Politische Pyramide, in der die Macht von oben kommt

der vom Dollar regierten Staaten sieht. Das Auge in dieser Pyramidenspitze spricht für eine totale Überwachung durch diese herrschende Ebene, wie wir sie ja tatsächlich von Jahr zu Jahr intensiver erleben. Nicht nur diese Symbolik lässt darauf schließen, dass die Erdenbewohner durch die (bestenfalls) gewählten Vertreter richtiggehend beherrscht werden. Auf die weitere, sehr aufschlussreiche Symbolik des Dollarscheines möchte ich an dieser Stelle nicht mehr eingehen, diese habe ich in meinen bisherigen Büchern bereits erörtert. Offensichtlich gibt es einen „von der Menschheit abgehobenen" Herrscher über der dollarregierten Welt, der seine Macht bereits vielen Staaten aufgezwungen hat und noch immer nach weiteren Staaten greift.

Auch die Organisationen, die den Staaten Empfehlungen aussprechen, die von diesen in der Regel auch befolgt werden, erwecken den Eindruck, am Machtgefüge beteiligt zu sein. Sehen wir uns einige davon näher an: Die **UN** (**United Nations** oder **Vereinte Nationen**) ist eine Organisation, die 1945 gegründet wurde, also in dem Jahr, als die Deutsche Wehrmacht kapitulierte. Von ihr kommt der Vorschlag, in Deutschland eine »**Replacement Migration**«[196] durchzuführen, was genau übersetzt »Austauschende Einwanderung« bedeutet. Was für ein „netter" Vorschlag! Im Übrigen wird dieser Vorschlag derzeit umgesetzt und noch dazu von vielen Deutschen lächelnd begrüßt. Seltsam? Ja! Wer sich dafür interessiert, kann auch die Pläne für andere Staaten auf der Internetseite der UN nachlesen[197].

Es ist sicherlich kein Zufall, dass diese »Replacement Migration« exakt dem Inhalt mehrerer Pläne von hochrangigen US-Politikern und Beratern entspricht. In diesen Plänen sind verschiedene Möglichkeiten beschrieben, wie man mit den Deutschen ab 1945 umgehen sollte. Darüber habe ich in meinem Buch »Nutzlose Esser« bereits geschrieben, deshalb möchte ich mich hier kurz fassen, es aber zum besseren Verständnis doch erwähnen. Zum Beispiel im **Morgenthau-Plan,** der ebenfalls 1944/1945 entstand, steht unter Punkt 8: *„Kontrolle der deutschen Volkswirtschaft durch die **Vereinten Nationen** in den nächsten zwanzig Jahren, um den Aufbau einer Militärindustrie zu verhindern."*[198] (Herv. d. Verf.). Die letzten Jahrzehnte wurde alles dafür getan, um die deutschen Konzerne dazu zu veranlassen, ihre Werke im Ausland anzusiedeln. Viele große Betriebe wurden von ausländischen Firmen aufgekauft. Und heute steht die deutsche Automobilindustrie auf der Schlachtbank. Es kommt mir doch sehr seltsam vor, dass ausschließlich deutsche Fabrikate bezüglich der Abgaswerte an den Pranger gestellt werden. Dieser Punkt 8 des Morgenthau-Plans wurde klammheimlich umgesetzt.

Abb. 17: Abgehobene Pyramidenspitze auf dem Dollarschein

Auch im Buch von **Louis Nizer** »What To Do With Germany«[199] steht frei übersetzt: *„Kurz gesagt, die deutsche Staatshoheit muss außer Kraft gesetzt werden. Das Land muss vollständig von den Streitkräften der Vereinten Nationen besetzt werden."*[200] Obwohl dieses Buch 1944 entstand, bezieht es sich auf die Vereinten Nationen, die jedoch laut Aussage auf deren eigener Internetseite erst 1945 gegründet worden sind[201]. Der Verdacht liegt deshalb nahe, dass die Vereinten Nationen 1945 eigens dafür gegründet wurden, um diese von *Morgenthau* und *Nizer* beschriebene Kontrolle über Deutschland durchzuführen.

Doch bevor wir ganz vom Thema abkommen, sehen wir uns die UN nun näher an. Der amtierende Generalsekretär ist seit dem 1. Januar 2017 der Portugiese *António Guterres*, der auf Vorschlag des Sicherheitsrates für fünf Jahre von der Generalversammlung ernannt wurde. Der Amtssitz des Generalsekretärs ist laut Wikipedia der UN-Hauptsitz in New York. Laut Wikipedia sind die Vereinten Nationen (VN), die United Nations (UN) und die UNO (für United Nations Organization) ein und dasselbe und sie stehen für einen zwischenstaatlichen Zusammenschluss von 193 Staaten. Trotz meiner Recherchen finde ich keinen obersten Chef oberhalb des Generalsekretärs, obwohl ich davon ausgehe, dass es eine federführende Spitze im Hintergrund gibt, die die Richtung beziehungsweise die relevanten Ziele vorgibt.

Dasselbe vermute ich bei dem **Internationalen Währungsfond (IWF)** beziehungsweise **International Monetary Fund (IMF)**, der eine Sonderorganisation der Vereinten Nationen ist. Er wurde am 27. Dezember 1945 gegründet und hat seinen Hauptsitz in Washington D. C. Die derzeitige geschäftsführende Direktorin ist *Christine Lagarde*. Weiter nach oben kommt man mit normaler Recherche nicht. *„Hauptaufgabe des IWF ist die Vergabe von Krediten an Länder ohne ausreichende Währungsreserven..."*[202], wird auf Wikipedia beschrieben. *„Sie waren als internationale Steuerungsinstrumente geplant, mit denen eine Wiederholung der Währungsturbulenzen der Zwischenkriegszeit und der Fehler des Goldstandards aus den 1920er-Jahren verhindert werden sollte."* Der IWF hat derzeit 189 Mitgliedsstaaten, die (mit unterschiedlicher Gewichtung) über Kreditvergaben entscheiden. Wer jedoch im Hintergrund beratend beziehungsweise beeinflussend tätig ist, ist auch hier unklar. Interessant finde ich, dass sowohl die UN, wie auch der IWF/IMF im Jahr 1945 gegründet wurden. Im Grunde bestätigt das die Aussage des US-Politologen *George Friedman*. Er sagte 2015 in einer Rede:

*„Also, das urzeitliche, urweltliche **Interesse der Vereinigten Staaten**, wofür **wir** seit Jahrhunderten die **Kriege führten – Erster und Zweiter Weltkrieg** und Kalter Krieg – waren die **Beziehungen zwischen Deutschland und Russland. Weil vereint sind sie die einzige Macht, die uns bedrohen kann,** und unser Interesse war es, sicherzustellen, dass das nicht geschieht."*[203] (Herv. d. Verf.).

Mit diesem Wissen kann man jetzt plötzlich auch verstehen, warum Deutschland keinen Friedensvertrag hat und warum die USA so viel Einfluss bei uns haben.

Deutschland hat keinen Friedensvertrag (der Zwei-plus-Vier-Vertrag ist kein Friedensvertrag!) und ist demnach noch immer den Alliierten unterstellt. Die weiteren diesbezüglichen Randbedingungen Deutschlands möchte ich an dieser Stelle mal beiseite stellen, denn es geht mir hier erstrangig um das allgemeine Verständnis.

Ähnlich sieht es bei **Amnesty International** (AI) aus, hier finden wir nur vertretungsberechtigte Vorstände, doch wen vertreten sie? Dasselbe finden wir bei **Human Rights Watch** (HRW). Auch hier finden wir wieder nur einen Generaldirektor. **Human Rights First**[204] (HRF) ist eine US-amerikanische Non-Profit-Organisation, die sich weltweit für Menschenrechte einsetzt. Sie wird von *Elisa Massimino* geleitet und hat Sitze in New York City, Washington D. C. und Houston. Bei Amnesty beispielsweise ist es so, dass man bei der Suche nach dem Domaininhaber auf »Perfect Privacy«[205] stößt. Das wiederum ist ein Dienstleister, der die Anonymität von privaten Domainregistrierungen garantiert.

Bei all den Organisationen findet man an der Spitze offiziell nur Generalsekretäre/innen und Generaldirektoren/innen. Doch wer sagt diesen Organisationen, was sie anstreben sollen? Wer gibt die Richtung vor? Wer sagt der UN beispielsweise, dass sie die deutsche Volkswirtschaft kontrollieren soll, um den Aufbau einer Militärindustrie zu verhindern, wie es *Morgenthau* forderte? Und wer sagt ihr, dass sie Deutschland vollständig mit ihren Streitkräften besetzen muss, wie es *Nizer* gefordert hatte? Wer gibt die Empfehlung, dass Deutschlands Bevölkerung per »Replacement Migration« ausgetauscht wird und wer sorgt dafür, dass man das auch umsetzt? Wer baut diesen Druck auf und welche Interessen verfolgt derjenige? Warum wird das deutsche Volk nicht in solch gravierende Entscheidungen einbezogen? Wer fungiert als Berater? Woher hat dieser Berater sein Wissen und seine Empfehlungen? **Wer steht hinter dem Berater???**

Es muss eine Macht im Hintergrund geben, welche die Ziele dieser Organisationen vorgibt, denn sie ziehen alle an einem Strang. Es geht um die Destabilisierung der westlichen Welt, um die Vermischung der weißen Bevölkerung und um die Ergreifung der Weltmacht. Natürlich gibt es offizielle Satzungen und Richtlinien, nach denen sich eine Organisation richten soll, doch es ist für mich höchst unglaubwürdig, dass zum Beispiel die UN oder der IWF ihre Ziele über Jahrzehnte hinweg Schritt für Schritt konsequent verfolgen, ohne dass es Drahtzieher im Hintergrund geben soll. Es muss jemand die Befehle erteilen, der für die Allgemeinheit verborgen bleibt.

Nach außen finden wir jedoch immer nur Generalsekretäre und Generaldirektoren. Diese werden nicht dauerhaft eingesetzt, sondern nur für jeweils einige Jahre ernannt. Diejenigen, die dahinter stehen, sind nicht zu finden. Ich gehe davon aus, dass es höchst private Männer sind, die nicht öffentlich bekannt sein wollen und es auch nicht sind. Doch diese Männer lenken aus dem Hintergrund die Geschicke dieser Welt. Sie beschließen, welche Staaten als Feinde angesehen werden und welche nicht. Sie beschießen, ob man (zum Beispiel durch eine False-Flag-Operation) ein neues Feindbild erschafft und wie man diesen „Schurkenstaat" bestrafen soll. Auf diese Weise kann man zum Beispiel eine sog. „Achse des Bösen" erschaffen und erteilt sich selbst die Legitimation, militärisch in andere Länder einzumarschieren, um die Welt von dem angeblich „bösen" Staatsoberhaupt zu befreien. Dass dies nur als Vorwand benutzt wird, um dort die Ölreserven oder seltene Erden zu übernehmen oder um eine Zentralbank einzuführen, ahnen nur die Wenigsten.

Es ist, wenn man es näher betrachtet, eine Herrschaft von Männern, die nicht an die Öffentlichkeit treten, sondern nur im Hintergrund agieren und mit denen man weder diskutieren noch verhandeln kann. Die Wünsche dieser Hintermänner und dieser Mächte werden von den Generalsekretären, Generaldirektoren usw. der verschiedensten Organisationen umgesetzt – ob das nun im Sinne des Volkes ist oder nicht, interessiert diese Herren dabei offensichtlich nicht.

KAPITEL 10:
DÄMONISCHES SYSTEM?

Egal, wo wir hinsehen, bei diversen Organisationen, der Regierung, dem Gesundheitssystem, der Wirtschaft, dem Bankwesen aber auch bei den Religionen, ist eindeutig zu erkennen, dass es Systeme sind, die im Hintergrund *gegen* den Menschen arbeiten. Diese und noch viel mehr Bereiche sind aufgebaut auf Manipulation, Überwachung, Trennung, Lüge, Zerstörung und Ausbeutung des Menschen. Wasser predigen und Wein trinken, scheint die Devise in allen Sparten zu sein. Man muss sich noch nicht mal tiefer mit den einzelnen Themen befassen, um zu erkennen, dass der derzeitige Weg eindeutig in Richtung Versklavung führt. Die wenigen, die über Krieg und Frieden, über Wohlstand und Armut, ja letztendlich über Leben und Tod entscheiden, scheinen sich der dunklen Seite verschrieben zu haben.

Die Medien arbeiten kräftig an der Irreführung der Menschen mit, um sie auf völlig falsche Fährten zu locken. Eine Folge davon ist, dass die Bevölkerung beispielsweise mit der steigenden Überwachung einverstanden ist. Ich bin mir sicher, dass die vorrangige Intention bei der Gründung der Medien vor allem die Manipulation der Menschen war. Von Anfang an wollte man etwas schaffen, mit dem man alle Menschen erreicht und der Plan ging auf. Noch immer glaubt der größte Teil der Bevölkerung, was die Mainstreammedien veröffentlichen, nach dem Motto: *„Ja, das ist so, ich habe es doch in den Nachrichten gesehen!"* Der Anteil an wahren Meldungen ist lediglich die Alibifunktion für die Existenz der Massenmedien. Das Manipulationspotential der Medien hat die Religionen abgelöst, die jahrhundertelang diese Rolle übernommen hatten.

Daneben gibt es noch weitere Bereiche, mit denen die Menschen nachhaltig beeinflusst werden, wie zum Beispiel das Geld-Zins-System, die immer größer werdenden Konzerne, aber auch das Pharma-Gesundheitssystem. Differenziert betrachtet, verfolgen sie alle mehr oder weniger ein Ziel, nämlich die Menschen auszubeuten und sich die Lebenszeit und Lebensenergie der Menschen anzueignen. Gefangen in diesen Systemen, arbeiten die Menschen daran, dass diese noch mehr Macht und Reichtum erhalten. Beides wächst derzeit in exorbitanter Weise, wird jedoch gleichzeitig auch kritischer hinterfragt.

Der Mensch erhält im Gegenzug bestenfalls ein klein wenig mehr materiellen Komfort. Diesen erkauft er sich jedoch mit seiner Lebenszeit und gibt dafür seine Freiheit, seine Gesundheit und seine Menschlichkeit auf und verliert seine Fähigkeit, direkt mit seiner Ur-Quelle zu kommunizieren. Er beendet seine Symbiose mit der Erde und verzichtet auf den Halt und den Schutz seiner Großfamilie und seiner Sippe. Er gibt seine eigenen Kinder bereits als Säugling in fremde und oft unbekannte Obhut und setzt sie damit einer Trennung aus, was eine seelische Einsamkeit nach sich ziehen kann. Das Gefühl, verlassen oder ausgeliefert zu sein, ist die Folge. Würde man einem Tier so viele gravierende Veränderungen zumuten, würde man sich der „nicht artgerechten Tierhaltung" schuldig machen. Warum geben wir unsere artgerechte Menschenhaltung freiwillig auf? Ist es wirklich zu unserem Besten, wenn wir bereits unsere Säuglinge in fremde Hände geben? Die Folge davon ist, dass sich die Familienmitglieder entfremden und der Sinn der Familie von Grund auf zerstört wird. Wenn dieses Gemeinsamkeitsgefühl wegfällt, dann gibt es nur noch Einzelgänger und es fehlt der familiäre Rückhalt. Das hat auch finanzielle Konsequenzen, denn es sind vor allem Alleinlebende, die sich im Alter nicht einmal die Heizung für ihre Wohnung leisten können. Viele hungern dann aus Scham lieber, als dass sie zum Sozialamt gehen. Viel schwieriger hingegen können intakte Familien beeinflusst werden, denn der Zusammenhalt stärkt und man kann sich gegenseitig unterstützen.

Wir sind in einem System gefangen, in dem wir noch nicht einmal einen Schluck sauberes Wasser trinken können, ohne dafür bezahlen zu müssen. Ein Bekannter, *Thomas*, hat neulich etwas Interessantes geschrieben: *„Es gibt 14 Billiarden Lebewesen auf unserem Planeten. Ungefähr 0,0002 % davon brauchen Geld, um leben zu können. 99,9998 % leben ohne Geld. Das ist noch nicht so sehr ungewöhnlich. Sehr ungewöhnlich ist jedoch, dass diese 0,0002 % denken, ein Leben ohne Geld sei gar nicht möglich!"* Wird uns anhand dieser Aussage nicht langsam bewusst, dass in unserem Leben etwas gründlich verkehrt läuft, und dass uns ein System übergestülpt wird, das mit unserem ursprünglichen, lichtvollen Leben rein gar nichts mehr zu tun hat?

Theoretisch könnten wir doch einfach aus diesem System aussteigen und plötzlich wären wir von einem Tag auf den anderen frei. Wir könnten nach wie vor unserer Tätigkeit nachgehen und jeder verrichtet nach wie vor die Dinge, die getan werden müssen. Doch wir könnten darauf bestehen, dass das Zins-Geldsystem einem sinnvolleren System weichen muss. Es gibt verschiedene Modelle, die allesamt besser wären als das bestehende. Wir könnten auch die Regierung zum Abdanken zwingen, wenn wir alle geschlossen einer Meinung wären. Wir könnten abstimmen, was mit den Steuereinnahmen geschehen soll. Wir könnten so viel Sinnvolles erreichen. Doch wir tun es nicht!

Warum tun wir das nicht? Ganz einfach – weil wir vollkommen konditioniert sind. *Thomas* hat auch hierzu eine sehr traurige Anekdote geschrieben:

„Um Elefanten abzurichten, legt man einem Jungtier eine Kette um sein Bein und der kleine Elefant erfährt und versteht, dass er sich mit einer solchen Kette am Fuß nicht wegbewegen kann. Er lernt, dass er gefesselt ist. Während er heranwächst, wird die Kette, die man ihm anlegt, dementsprechend dicker und stärker. Irgendwann kommt der Zeitpunkt, da ist der Elefant so konditioniert, dass man die Kette durch einen einfachen Strick ersetzen kann. Dieser genügt nun, um dem Elefanten zu signalisieren, dass er sich nicht vom Fleck rühren kann. 1965 brach in einem Zirkus ein Brand aus, bei dem 25 Elefanten verbrannten. Man hörte sie schreien, doch es kam jede Hilfe zu spät. Bei den Untersuchungen hat man festgestellt, dass alle 25 Elefanten nur mit einem fingerdicken Strick festgebunden waren, die sofort zerrissen wären, wenn sie losgelaufen wären. Doch ihre Konditionierung hat sie festgehalten."

Handeln wir (bald 8 Milliarden Menschen) alle genauso wie konditionierte Elefanten? Die große Frage, die wir uns dazu sofort stellen, lautet: *Wer* hat uns konditioniert? *Wer* will unsere Familien zerstören? *Wer* hat ein Interesse daran, uns von unserer Menschlichkeit abzubringen? *Wer* will uns zu herzlosen Zombies machen? *Wer* will uns so sehr mit Technik und Elektronik kombinieren, dass wir keinen Anspruch mehr auf Menschenrechte haben? *Wer* will uns komplett überwachen? *Wer* will sogar unsere Gedanken lesen? *Wer* will uns vollends versklaven? Stecken nur einige sehr schlaue Menschen dahinter oder eventuell gar ein größeres System?

Wenn man bedenkt, dass unsere Konditionierung bereits seit Tausenden von Jahren stattfindet, dann kann ich mir beim besten Willen nicht vorstellen, dass das alles nur von einigen machtgierigen Menschen initiiert wird. Es hätte niemals funktioniert, wenn sich ein paar Menschen diesen komplexen Plan ausgedacht hätten und alle Herrscher, die in diesen vielen Jahrhunderten an der Macht waren, hätten das Spiel mitspielen müssen. Das wäre völlig utopisch, denn sie hätten alle dasselbe Ziel verfolgen müssen, und das scheint mir schlichtweg nicht möglich. Es kann nicht sein, dass das alles von Menschen ausgedacht worden sein soll. Es muss eine höhere Instanz geben, die sich vor langer Zeit ausgedacht hat, unseren Planeten mitsamt seinen Menschen zu übernehmen. Und dieses Ziel wird offensichtlich bis heute verfolgt und die Pläne immer wieder aktualisiert. Je nach Gegebenheiten wird ein Plan B oder C ins Leben gerufen und alle Faktoren koordiniert, damit das ursprüngliche Ziel beibehalten wird.

Die nächste Frage lautet somit: „*Wer ist diese höhere Instanz?*" Ein liebevolles Wesen kann es kaum sein, wenn sein Ziel die Unterdrückung der Menschen ist. Deshalb müssen wir uns fragen:

GIBT ES DUNKELMÄCHTE?

Zu dieser Frage gibt es grundsätzlich zwei entgegengesetzte Einstellungen, man könnte fast sagen, hier „spalten sich die Geister". Während die einen der festen Meinung sind, es gäbe gar keine Dunkelmächte, behaupten die anderen, dass es sehr wohl auch eine Quelle des Bösen gibt. Wer hat nun Recht? Jeder von uns kennt Menschen, „die über Leichen gehen" oder „ihre eigene Großmutter verkaufen" würden. Das sind Menschen, die nur ihren eigenen Vorteil im Fokus haben. Dafür tricksen, manipulieren und betrügen sie „auf Teufel komm' raus". Die einen gehen nun davon aus, dass diese Menschen lediglich zu wenig Liebe oder Licht in sich hätten und man könnte ihnen helfen, indem man ihnen eben dieses senden würde. Die anderen wiederum sagen, dass sich diese Menschen auf die Seite der Dunkelmächte gestellt hätten und dass es deshalb sinnlos sei, ihnen Liebe zu senden. Man müsse ihnen entgegentreten, Grenzen weisen und ihnen ihr Tun verbieten und sie notfalls wegsperren.

Bis zu einem gewissen Grad haben vermutlich beide Recht. Was ein mehr oder weniger normales Leben betrifft, fallen die meisten Menschen hin und wieder in ein

Verhalten, das sie anschließend selber als nicht gerade edel beurteilen. Das sind relativ übliche Verhaltensweisen im täglichen inneren Kampf zwischen „gut" und „böse". Es gibt nicht umsonst den Spruch, dass wir sowohl Engelchen als auch Teufelchen in uns haben. Aufgrund meines heutigen Wissensstandes bin ich davon überzeugt, dass es sehr wohl mächtige Dunkelwesen gibt, die sich von den Ängsten der Menschen nähren und die deshalb diese Ängste, aber auch Hass, Wut, Streit und Boshaftigkeit fördern.

Von einem ehemaligen Logenmitglied habe ich erfahren, dass es, abhängig vom kosmischen Kalender, offene Dimensionstore gibt, durch die diese Art von Dunkelwesen Zugang auf die Erde erhalten können. Diese hätten demnach nur noch einige Jahre Gelegenheit, die Macht auf der Erde vollständig zu übernehmen. Wenn sie es in diesem Zeitraum nicht schaffen, dann müssen sie die Erde unverrichteter Dinge verlassen. Mit diesem Wissen kann man auch nachvollziehen, warum die Kontrolle und die Überwachung in den letzten Jahren weltweit so enorm zugenommen haben. Die Dunkelwesen und ihre Helfer auf der Erde haben Angst, dass ihnen nicht mehr genügend Zeit bleibt, die Menschen vollends unter ihre Gewalt zu bekommen, und sehen ihre Felle davonschwimmen. Das bedeutet, dass die Arbeit all derer, die mutig über diese Machenschaften aufklären, doch fruchtet. Noch haben wir die Möglichkeit, die Pläne der Dunkelwesen zu vereiteln.

Dieser Einfluss von herrschsüchtigen Mächten dürfte auch die Ursache dafür gewesen sein, dass die irdischen Hochkulturen immer wieder zerstört wurden und von neuem beginnen mussten. Vielleicht haben wir jetzt die Chance, diesen schmerzhaften Rhythmus zu unterbrechen, wenn es uns gelingt, unser Bewusstsein auf ein Niveau anzuheben, das uns Menschen würdig ist. Wenn wir aus diesem Spiel der Konkurrenz, des Machtkampfes und der Gier aussteigen, und einfach nicht mehr mitspielen, dann haben wir die Möglichkeit, diese Macht-Maschinerie anlaufen zu lassen. Das könnte einen völlig neuen Weg für die Menschheit eröffnen.

Wie machtvoll diese Dunkelmächte jedoch sind, kann man daran erkennen, wie geschickt sie die Menschen seit Tausenden von Jahren manipulieren und gegeneinander ausspielen. Sie scheinen Kontakt zu den mächtigsten Politikern der Erde und zu den Spitzen der Weltfinanz zu haben, und versprechen Macht und Reichtum, wenn ihre Wünsche umgesetzt werden. Sie besetzen Menschen, das heißt, sie agieren durch Menschenkörper, die dann durch Intrigen und satanische Rituale ein Netzwerk erschaffen, aus dem man so leicht nicht mehr entkommt, wenn man sich einmal darin verfangen hat. Die Besetzung eines Menschen kann durch verschiedene Umstände passieren, wie zum Beispiel durch einen schweren Unfall, bei dem man bewusstlos war oder auch im Drogenrausch. Auch bei satanischen Ritualen, zu denen sich machtgierige Menschen verleiten lassen, kann es passieren, dass ein Dunkelwesen die Macht übernimmt.

Von vielen Stars der Film- und Musikszene wird vermutet, und manche bekennen sich auch dazu, dass sie ihre Seele verkauft haben oder dem Satanismus angehören[206]. Als Gegenleistung erhalten sie Erfolg, Ruhm und Millionengagen, die nicht allein durch ihr herausragendes Talent begründet werden können. Ihr Erkennungszeichen sind mit den Händen geformte Pyramiden oder auch die Darstellung der als „Zahl des Tieres" bekannte 666 durch die Fingerstellung. Hierzu wird mit Daumen und Zeigefinger eine „0" geformt und hindurchgeschaut. Die restlichen drei Finger, die in die Luft stehen, symbolisieren dreimal den oberen Teil der 6. Ein Zufall? Wohl kaum. Und genauso wenig ist es Zufall, dass die Pädophilie, welche die Psyche von Kindern so sehr zerstört, dass sie nie wieder ein unbeschwertes Leben führen können, ausgerechnet in der hochdatierten Filmwelt so verbreitet ist[207].

Durch diese geschickte Verführung von Menschen besteht heute noch immer die Möglichkeit, Systeme, die eigentlich sinnvoll sein könnten, zu missbrauchen und eine unvorstellbare Manipulation aufzubauen und aufrechtzuerhalten, wie zum Beispiel die Medien. Aber auch manche Lehren in den Schulen und Universitäten, die Religionen usw. werden dazu missbraucht, das menschliche Denken zu formen. Gehorsam gegenüber dem System, möglichst ohne sich dessen überhaupt bewusst zu sein, ist das oberste Ziel.

Die beiden Weltkriege wurden als Initialzündung genutzt, um die Überwachung und Kontrolle und somit auch die Versklavung der Menschen voranzutreiben. Auch der Dritte Weltkrieg ist längst geplant, um das große Chaos zu erschaffen, damit die Dunkelmächte ihre Pläne vollends auf unserer Erde umsetzen können. Auch radioaktive Unfälle, provozierte Erdbeben usw. dienen demselben Zweck. Bei derartigen Katastrophen verlieren viele Menschen auf einmal ihr Leben, was eine enorme und konzentrierte Welle an Todesangst erzeugt. Diese Energie nutzen diese Mächte für sich und können damit auf der Erde weiter wirken.

FREMDSTEUERUNG

Die meisten von uns kennen das Gefühl, dass sie manchmal nicht sie selbst sind. Wir sagen in einem Streit etwas, was uns im Nachhinein Leid tut, doch dann können wir es nicht mehr ungeschehen machen. In solchen Momenten sagt der Volksmund, wir sind „außer uns". Und da unsere schöne deutsche Sprache eine sehr psychologische Sprache ist, können wir diesen Ausdruck durchaus ernst nehmen. Wir sind in solchen Momenten tatsächlich „außer uns". Das „Teufelchen" in uns hatte in diesem Augenblick die Oberhand, das „Engelchen" wurde beiseite gedrängt. Das, was man so niedlich Engelchen nennt, ist unser göttlicher Anteil. Das ist der Teil, den wir fühlen, wenn wir in Frieden sind und uns vollständig fühlen – wenn wir in unserem Herzen sind. Wenn wir in diesem Zustand sind, dann befinden wir uns mit uns selbst und der Welt im Einklang.

Werden wir jedoch von jemandem beschimpft oder angegriffen, dann schalten wir ganz schnell um in den Kampfmodus. Das ist eine ganz normale Überlebensreaktion und sichert den Fortbestand unserer Art. Für diesen Überlebensmechanismus ist unser „Reptilienhirn" bzw. der Hirnstamm zuständig. Dieser Hirnstamm ist für die automatisch ablaufenden Überlebensreaktionen verantwortlich. Und genau dieser Bereich des Gehirns ist es auch, der von der aktuellen Stresssituation aktiviert wird und dadurch unsere Menschlichkeit außer Kraft setzt. Wir sind in diesem Moment unter der Führung unseres Urinstinktes, den auch die Tiere besitzen. Doch wir Menschen haben zusätzlich noch ein weit größeres Spektrum an Gehirntätigkeiten, die soziales Verhalten, Intelligenz, Sprache usw. ermöglichen. In Situationen allerdings, in denen wir uns bedroht fühlen, reagiert zunächst das Reptilienhirn mit seinem Überlebenskampfprogramm.

Wenn wir uns einmal in diesem Überlebenskampf befinden, können wir entweder darin bleiben und kämpfen. Oder wir erkennen, was hier gerade abläuft, atmen einige Male tief durch und schalten ganz bewusst auf unsere anderen Gehirnareale um. Dann sind wir wieder in der Lage, abzuschätzen, ob die Situation lebensbedrohlich ist und ob wir tatsächlich kämpfen oder flüchten müssen, oder ob wir die Angelegenheit verbal, also im Gespräch mit unserem Gegenüber, regeln können. Vielleicht ist es ja auch gar nicht der Mühe wert, sich mit unserem vermeintlichen Feind abzugeben und wir können einfach die Situation verlassen.

Solange wir uns unter der Kontrolle des Reptilienhirns befinden, sind wir der reinen Materie unterstellt. Wenn man davon ausgeht, dass die Materie **nicht** von der höchsten Ur-Quelle erschaffen wurde, sondern von einem Abkömmling, wie es in den Nag-Hammadi-Schriften beschrieben ist, dann kann man auch verstehen, dass wir in diesem Zustand „un"-menschlich sind. Das Menschliche, also unser seelischer Anteil, wird erst durch unser Bewusstsein wieder bewusst „eingeschaltet". Wir bestehen demnach, so lange wir uns in einem Körper befinden, aus einer Kombination von rein *materiellem* und einem *bewussten* Anteil. Der materielle Anteil ist außerhalb der Ur-Quelle entstanden, der göttliche Anteil jedoch hat seine Wurzeln in der liebenden Ebene. Und diese beiden Anteile in uns sind es, zwischen denen wir uns jeden Tag, jede Stunde, ja jede Sekunde entscheiden müssen. Bei jedem Gedanken, bei jedem Satz, bei jeder Tat können wir liebevoll oder verletzend sein – je nachdem, was wir geschehen lassen.

Entscheiden wir uns für die liebevolle Seite, dann führen wir ein Leben mit echter Menschlichkeit und dem Bestreben, unser Bewusstsein weiter zu entwickeln. Dann haben wir in der Regel auch echte Freunde, die zu uns stehen, wenn es uns schlecht geht, genauso wie wir in Notzeiten zu ihnen stehen. Wer so ein Leben führt, der achtet auf seine Mitmenschen und setzt sich für Gerechtigkeit ein. Die oberste Priorität ist nicht die Anhäufung von Reichtum, sondern sein Leben zu „meistern" und – im wahrsten Sinne des Wortes – zu einem Meister des Lebens zu werden.

Wenn wir uns jedoch für die rein materielle Seite entscheiden und die Menschlichkeit außer Acht lassen, dann begeben wir uns auf die Seite der Dunkelmächte. Das Erreichen der Ziele um jeden Preis steht dann an erster Stelle. Dabei haben die in der Machthierarchie sehr weit oben stehenden Personen ein weit höheres Risiko, in die Fänge der Dunkelmächte zu geraten. Sollten sie sogar aktiv an satanischen Sitzungen beteiligt gewesen sein, haben sie ihre Seele bereits verkauft und erkennen erst – wenn überhaupt – am Ende ihrer eigentlich jämmerlichen Existenz, was sie sich selbst und ihren Lieben angetan haben. Denn je mehr jemand seine Seelenwünsche und -pläne ignoriert, desto weiter entfernt er sich von der liebenden Ur-Quelle. Wer sein Leben der rein materiellen Ebene verschreibt und dabei jegliche Menschlichkeit verliert, verstrickt sich immer mehr in die finsteren Mächte. Vor allem diejenigen, die sich verdeckt daran beteiligen, ganze Völker abzuschlachten und zu vernichten, nur um die Macht eines „global Players" zu unterstützen, dürften inkarnierte Dämonen oder andere Dunkelwesen sein. Und die gibt es derzeit leider enorm viele, und noch dazu in Schlüsselpositionen – auf diesem schönen Planeten.

Das bedeutet nicht, dass der „echte" Mensch keine materiellen Güter benötigt, denn diese braucht er für ein halbwegs angenehmes Leben natürlich genauso. Doch im Gegensatz zur rein materiell denkenden Person ist dem echten Menschen die Menschlichkeit wichtig, denn er geht eben nicht über Leichen, um seine Ziele zu erreichen. Er hat immer das Wohl der anderen mit in seinem Fokus, nicht nur sein eigenes, und ist ein soziales Wesen.

Die meisten Menschen tragen einen großen Anteil an menschlicher Energie, aber auch einen gewissen Anteil an dämonischer Energie in sich. Und der jeweilige Prozentsatz dürfte, je nach Lebenslage, variabel sein. Doch wenn der Anteil an Menschlichkeit gegen null geht, dann haben wir es mit einer Person zu tun, die man als gefährlich einstufen sollte. Ferner gehe ich davon aus, dass auch Wesenheiten inkarnieren, die uns echte Menschen (erkennbar an echten mitmenschlichen Empfindungen) versklaven bzw. ganz ausrotten und durch geklonte Wesen bzw. Cyborgs ersetzen möchten.

Die Extremform dürften tatsächlich die inkarnierten Dunkelwesen sein, genauso wie die geplanten (und vermutlich bereits vorhandenen) Wesen, die durch Künstliche Intelligenz gesteuert werden und führen, ähnlich wie Roboter, nur die Befehle ihrer Programmierer aus. Diese werden nämlich nicht selbst mit den Begegnungen vor Ort konfrontiert und können daher vollkommen unmenschliche Handlungen befehligen, ohne sich mit den Opfern auseinandersetzen zu müssen. Die Drohneneinsätze geben uns bereits einen Vorgeschmack darauf, wie eine Welt aussehen wird, wenn sie von „un-menschlichen" Personen oder gar von Robotern gestaltet wird. Damit sie nicht auf der Stelle erkannt und entlarvt werden, sehen sie aus wie Menschen, bewegen sich wie Menschen und sprechen wie Menschen. Doch in ihrem Innersten sind sie gegenüber der Menschheit feindlich eingestellt. Das deutlichste Zeichen, an dem man sie erkennen kann, sind ihre Taten: Achten Sie nicht so sehr auf das, was sie sagen, denn die Presse stellt immer die Aussagen von Politikern und hohen Wirtschaftsvertretern in den Vordergrund. Sehen Sie sich stattdessen an, was sie bewirken: Sind die Ergebnisse menschenfreundlich oder dienen sie dazu, die Menschen noch mehr zu überwachen, noch mehr auszubeuten und die Schwachen noch schwächer werden zu lassen? Bei *Matthäus* in der Bibel können wir lesen: *„An ihren Früchten also werdet Ihr sie erkennen."*[208] Und wirklich, genau daran können wir erkennen, ob jemand menschenfreundlich handelt oder nicht.

Doch noch ist nicht alles verloren, denn wir können uns in jedem Moment neu entscheiden, und auch wenn jemand, warum auch immer, den rein materialistischen Weg gegangen ist, so ist es nie zu spät, seine Menschlichkeit zu erkennen und einen anderen Weg einzuschlagen. Denn im Grunde stammen wir alle aus der göttlichen Ur-Quelle, auch wenn die Dunkelmächte so weit von ihr entfernt sind, dass sie sich überhaupt nicht daran erinnern können. Und auch ein Dunkelwesen kann sich nach und nach wieder der liebenden Quelle nähern, wenn es erkennt, dass es noch etwas anderes gibt. Doch für uns heißt es, um diese machtgierigen Allesfresser einen großen Bogen zu machen. Denn die, die ich hier meine, sind diejenigen, die Anschläge unter falscher Flagge anordnen sowie Kriege anzetteln und anschließend an beide Seiten Waffen verkaufen. Selbst sitzen sie jedoch in streng bewachten, geheimen Landsitzen und spielen vermutlich Monopoly, mit dem Unterschied, dass es sich dabei um echte „Straßen", um echte „Häuser" und „Hotels" und um echte Menschen handelt. Untereinander pokern sie, nach wieviel Toten der angegriffene Staatschef endlich das aufgezwungene Regime akzeptieren wird.

> „Die Mehrheit der gewöhnlichen Bevölkerung
> versteht nicht, was wirklich geschieht.
> Und sie versteht noch nicht einmal,
> dass sie es nicht versteht."[209]
>
> Avram Noam Chomsky,
> emeritierter Professor für Linguistik am »Massachusetts Institute of Technology«

BOHEMIAN GROVE

Betrachten wir uns ein konkretes Beispiel: Es gibt Menschen, die treffen sich bei großen Events, um den satanischen Mächten zu huldigen. Denken wir dabei nur an die in den USA etablierte *Church of Satan*. Die Huldigung an die Dunkelmächte wird besonders bei den alljährlichen Treffen im *Bohemian Grove* in den USA deutlich. Für dieses Spektakel werden jedes Jahr rund 2.000 Männer aus den Bereichen der Hochfinanz, Wirtschaft, Kunst, Medien und der – auch deutschen – Politik eingeladen, die dort 14 Tage verbringen. Natürlich nur diejenigen, die für das Erreichen der Ziele der Hintermänner hilfreich sind. Bereits 1989 wurde in der Novemberausgabe der Zeitschrift »Spy« ein umfangreicher Bericht über die dortigen Rituale veröffentlicht[210] und im Jahr 2.000 hat es *Alex Jones* geschafft, sich dort einzuschmuggeln und Aufnahmen von den dortigen Geschehnissen zu machen. Erst durch ihn wurde einer größeren Öffentlichkeit bekannt, was sich dort abspielt[211]. Bei diesen Treffen sollen Rituale abgehalten werden, welche die eigene Macht sichern und den finanziellen Einfluss vergrößern sollen. Unter anderem wird in einem Ritual, das „Cremation of Care" genannt wird, vor einer etwa 15 Meter hohen Eule eine Menschenattrappe verbrannt.

Es gibt satanische Rituale, bei denen jemand zu einem „Sündenbock" gemacht wird – das kann durchaus auch ein Mensch sein. Diesem werden dann die Sünden sowie das Karma eines Menschen oder einer Gruppe übertragen. Die dabei Anwesenden gehen davon aus, dass dieser dann an ihrer Stelle die Sünden und das Karma übernimmt und dafür geradestehen muss, und sie selbst seien davon befreit. Der „Sündenbock" muss dann dafür büßen und bezahlt meist mit seinem Leben. Deshalb nehmen sich die Praktizierenden jedes Recht heraus, anderen zum eigenen Vorteil zu schaden, denn sie handeln im Glauben, dass sie ihre Taten nicht verantworten müssen. Auf Bohemian Grove sollen ähnliche Rituale durchgeführt werden. Ich gehe jedoch davon aus, dass die Übeltäter sehr wohl für ihre taten geradestehen müssen und ihre Seele dadurch belastet wird.

Nicht nur auf dem Gelände steht eine riesige Eule, auch im Logo des Bohemian Club ist eine Eule enthalten. Warum ist es ausgerechnet eine Eule, die dort als riesige Statue verehrt wird? In vielen Quellen wird Lilith, eine der ältesten bekannten Göttinnen, auch als die „Göttin der Eulen" bezeichnet. Sie wird unter anderem auch mit Vogelkrallen und herabhängenden Flügeln dargestellt – ein Kennzeichen, durch das sie der Unterwelt zugeordnet wird. Ebenfalls mit der Eule in Verbindung gebracht wird die griechische Göttin Athene, die der römischen Minerva entspricht und hat auch in anderen Mythologien mit Tod und bösem Omen zu tun.

Abb. 18: Die riesige Eule auf dem Gelände des Bohemian Grove – und rechts das Gelände um das Kapitol: es ist in Form einer Eule angelegt

Interessanterweise erinnert selbst das Kapitol, der Regierungssitz des US-Präsidenten, von oben betrachtet, sehr an eine Eule[212]. Sehen Sie sich die Landkarte im Internet an, dort erscheint sie jedoch liegend, der Kopf zeigt nach Osten. Doch wenn Sie das Bild gedanklich um 90° gegen den Uhrzeigersinn drehen, dann haben Sie die Eule vor sich. Hier an Zufall zu glauben, scheint mir zu einfach. Bezeichnenderweise findet man die Eule seit einigen Jahren als Kissen, Taschen, Aufdruck auf Schulranzen, Kerzen und Dekorationen aller Art. Unwissentlich unterstützt somit jeder, der eine Eule kauft, diesen Kult. Das ist ja auch genau das Hinterhältige an solchen versteckten energetischen Symbolen: Wir unterstützen sie, ohne uns der Bedeutung und Wirkung bewusst zu sein. Und genau deshalb ist es so wichtig, über die Hintergründe und Absichten Bescheid zu wissen. Das ist auch der Grund, warum ich all diese Bücher schreibe und Vorträge halte: Ich möchte die Menschen aufklären, damit sie künftig die Folgen ihrer Entscheidungen und ihrer Handlungen abschätzen können.

Nichts ist so schwerwiegend wie Menschen, die unbewusst handeln!

Sie unterstützen damit Dinge, die sie niemals fördern würden, wenn sie mehr darüber wüssten und das System verstehen würden. Das ist, als wenn Sie zu einem Kleinkind sagen, es soll über eine stark befahrende Autobahn laufen. Weil es sich der Gefahr nicht bewusst ist, wird es das tun und vermutlich nicht überleben. Genauso werden viele Menschen über die Medien manipuliert, übernehmen eine Einstellung, die sie leider nicht wirklich verstehen, und verbreiten diese Meinung nun selbst weiter, weil es ja „stimmen muss", wenn es im Fernsehen veröffentlicht wird oder in der Zeitung steht. Das kann nur deshalb geschehen, weil sie es nicht besser wissen!

Cathy O'Brien schildert übrigens in ihrem Buch »Die TranceFormation Amerikas« ihre eigenen Erfahrungen über diese Treffen auf dem Gelände des Bohemian Grove: *„Sklaven ... wurden als Menschenopfer wahllos auf dem waldbestandenen Gelände des Bohemian Grove ermordet."*[213] Es ist demnach kein Treffen von ein paar Verrückten, die in den Ritualen um ein paar Dollars bitten, nein, dort treffen sich einflussreiche Menschen, wie zum Beispiel *Ronald Reagan, Richard Nixon*[214], *Helmut Schmidt, Henry Kissinger, Colin Powell, Alan Greenspan*[215] usw. Diese scheinbaren (oder echten?) Rituale erinnern deutlich an die Brandopfer an den Gott Moloch. Hierüber schreibt Wikipedia: *„In allen Belegstellen erscheint das Wort immer in der festen Wendung ‚**Kinderopfer dem Moloch darbringen**'."*[216] In derartigen Ritualen bringt man ein Opfer dar und bittet gleichzeitig die Dunkelmächte um Unterstützung bei seinen Vorhaben – es geht um Macht und Einfluss, und zwar um **viel** Macht und um **viel** Einfluss. Sie huldigen für Geld, Macht und Einfluss in bizarren Ritualen einem satanischen Gott, und die Männer, die dort eingeladen waren, konnten danach einen Sprung in ihrer Karriere verzeichnen.

PÄDOPHILIE

Ein wichtiges Indiz für die beabsichtigte Machtübernahme der Dunkelmächte ist die Pädophilie, deren Spur bis in die höchsten Kreise führt. Das System scheint Straftaten zu decken und weist Staatsanwälte und Richter anzuweisen, dabei mitzuspielen. Das bestätigt der ehemalige Richter *Frank Fahsel*, der Mut zeigte und laut der »Süddeutschen Zeitung« berichtete:

> „Ich war von 1973 bis 2004 Richter am Landgericht Stuttgart und habe in dieser Zeit ebenso unglaubliche wie unzählige, **vom System organisierte Rechtsbrüche und Rechtsbeugungen** erlebt, gegen die nicht anzukommen war/ist, weil sie systemkonform sind. Ich habe unzählige **Richterinnen und Richter, Staatsanwältinnen und Staatsanwälte** erleben müssen, die man schlicht ‚kriminell' nennen kann. Sie waren/sind aber sakrosankt (‚unantastbar'), weil sie ‚per Ordre de Mufti' (Anm.: ‚auf Weisung von Oben') gehandelt haben oder **vom System gedeckt** wurden, um der Reputation willen ... In der Justiz gegen solche Kollegen vorzugehen, ist nicht möglich, denn das System schützt sich vor einem Outing selbst – durch konsequente Manipulation. Wenn ich an meinem Beruf zurückdenke (ich bin im Ruhestand), dann überkommt mich ein tiefer Ekel vor ‚meinesgleichen'."[217] (Herv. d. Verf.)

Nach außen wird es so dargestellt, als habe es Pannen bei der Ermittlung gegeben, als seien Akten „verschwunden" und Ermittler, die zu gründlich sind, werden ausgetauscht. Die Rechtssysteme werden dazu missbraucht, diese Verbrechen zu decken und zu vertuschen. Wie groß das Ausmaß der Pädophilie tatsächlich ist, lässt sich nur ahnen, doch nach und nach werden immer mehr Fälle bekannt. Die Internetseite »Legitim« zitierte die »SUN«: *„The Sun letzte Woche enthüllte: BOMBSHELL UN DOSSIER – UN aid workers raped 60,000 people as it's claimed organisation employs 3,300 paedophiles (PAUKENSCHLAG UNO-DOSSIER – UNO-Mitarbeiter vergewaltigten 60.000 Menschen, da die Organisation angeblich 3.300 Pädophile beschäftigt)"*[218]. Das entspricht 5,5 Prozent aller Beschäftigten. Ich bin mir sicher, dass nicht jeder zwanzigste der Bevölkerung pädophil ist. Diese Zahlen schüren daher die Befürchtung, dass der Anteil an Pädophilen in der UNO exorbitant hoch ist. Und gerade dort haben sie unbegrenzte Möglichkeiten, dies an Schutzbefohlenen auszuleben, denn es besteht nur eine geringe Gefahr, deshalb angeklagt und verurteilt zu werden. Die Kinder in Kriegs- und Notstandsgebieten sind die am schlimmsten betroffenen und ohnehin für ihr restliches Leben traumatisiert. Sich an diesen zu vergehen, gehört zu den verwerflichsten Taten, die man begehen kann.

Besonders häufig findet man diese Neigung im Satanismus, doch auch bei Menschen, die als Kind selbst dieses Martyrium erlebt haben. Kinder, die in diesen Kreisen landen, werden mittels Folter, Drogen und Hypnose vollständig umprogrammiert, und wie man festgestellt hat, bilden die Betroffenen „multiple Persönlichkeiten" aus. Das ist eine überlebenswichtige Strategie, damit man dieses Martyrium überhaupt überstehen kann. Bestimmte Wörter triggern in ihnen ein Programm an und sie verhalten sich entsprechend ihrer Programmierung. Das Ausbilden einer multiplen Persönlichkeit ist, spirituell gesehen, ein Verdrängen der Seele, die sich in gewisser Weise zurückziehen muss, um dem Schmerz zu entgehen. Diese frei gewordenen Bereiche werden dann durch andere Energien besetzt. Die Opfer solch bestialischer Behandlung werden später oftmals selbst zu Tätern, und Dunkelmächte nutzen diesen Weg, um Menschen von ihrer lichtvollen Grundenergie zu entfernen und sie gefügig zu machen.

Bei einem Mensch, dessen Seele den Körper komplett bewohnt, können sich satanische Energien nicht einnisten, außer er wird durch Folter, psychedelische Mittel, Hypnose, aber auch durch Elektroschocks, elektronische Geräte, Funkwellen, chemische Gifte oder gehirnschädigende Substanzen oder Maßnahmen etc. dazu gebracht. Ein gesunder, liebevoller Mensch ist nicht dazu veranlagt, anderen Menschen, geschweige denn Kindern, zu schaden, außer er muss in Notwehr handeln. Der gesunde Mensch möchte in Frieden im Kreise seiner Lieben leben. Das beste Beispiel sind immer wieder die noch intakten Naturvölker, die der Zivilisation bislang entkommen sind. Sie leben im Einklang mit der Natur, mit ihren Ahnen, mit ihrer Ur-Quelle und damit auch mit sich selbst. Und das ist es, was uns im Laufe der Zeit verloren gegangen ist bzw. genommen wurde. Es liegt an uns, diesen Zustand wieder anzustreben. Und das gelingt sicherlich auch, ohne dass wir zum Lendenschurz und zu Pfeil und Bogen greifen müssen.

VERJÜNGUNGSKUR DURCH KINDERBLUT

Zum Thema Pädophilie kommt ein weiterer wichtiger Faktor hinzu. Wenn Kinder entführt und in satanisch-pädophile Kreise gebracht werden, missbraucht man sie zu verschiedenen Zwecken. Neben der sexuellen Misshandlung werden sie auch zur Verjüngung der alten Elite-Männer benutzt. Haben Sie sich nicht auch schon gewundert, warum diese Mächtigsten der Welt oftmals steinalt werden? Es wurde festgestellt, dass die Injektion von Blut aus kindlichen Körpern einen verjüngenden Effekt verursacht. Wenn man Blut von Kindern in den Blutkreislauf von älteren Menschen injiziert, verjüngt sich dessen Blut. Es gibt eine Firma, die hierfür das Blut von Spendern injiziert, die *„jünger als 25"* sind. *„Der Gründer ..., Jesse Karmazin, behauptet, dass das Blut von jungen Leuten nicht nur alle möglichen Proteine enthält, die die Zellfunktionen verbessern, sondern den Körper des Empfängers auch dazu bringen würden, die Produktion dieser Proteine zu erhöhen. Die Effekte seien nach seinen Aussagen dauerhaft, die Gene erhielten einen Neustart."*[219], schreibt *Daniel Prinz* auf der Internetseite »Epochtimes«. Da wundert es nicht, dass viele bekannte Mitglieder der Elite knapp oder sogar über 100 Jahre alt werden!

Dieser Effekt wird **Parabiose** genannt und ist bei Ratten nachgewiesen worden, die durch Hautlappen miteinander verbunden wurden[220]. *Prinz* führt weiter aus: *„Im Sommer 2017 bestätigte der Ex-CIA-Mitarbeiter Robert David Steele, dass es im Zusammenhang mit Pädophilie das Ziel sei, die entführten Kinder zwecks ‚Adrenalisierung' ihres Blutes zu terrorisieren und ihnen anschließend die Knochenmarksflüssigkeit zu entnehmen."* Was hier so lapidar als „Adrenalisierung" bezeichnet wird, bedeutet nichts anderes, als diese Kinder in extremen Stress zu versetzen. Der maximalste Stress wird durch psychische oder körperliche Folter erreicht. Todesangst und unerträglicher Schmerz sind lebensbedrohend und erzeugen dadurch die höchste Adrenalinausschüttung. Im Klartext bedeutet das, dass Kinder bis an die Grenze des Belastbaren gefoltert werden, um ihnen anschließend Knochenmarksflüssigkeit oder Blut zu entnehmen. Diese Kinder werden schlimmer als Schlachtvieh behandelt, denn bei diesem achtet man wenigstens darauf, dass die Tiere möglichst wenig Stress erfahren.

> *„Satanismus und Pädophilie, so Steele, gehen Hand in Hand. Dabei gehe es auch um das Trinken des Blutes der in diesen Kreisen rituell getöteter Kinder ..., um Organentnahme und Kannibalismus ... Der höchstprofitable globale Kinderhandel dient genau diesem abgrundtief kranken und grausamen Zweck! Es geht hierbei nicht bloß um die kranke, rein sexuelle Neigung einiger weniger Perverser. Steele stellt klar: ‚Es ist der zentrale Teil des Tiefen Staates und wie dieser die Eliten zusammenhält. Es ist aber auch die Achillesverse des Tiefen Staates.'"*

Jeder von uns sollte nach seinen Möglichkeiten alles dafür tun, dass diese Achillesverse getroffen wird, damit diese Machenschaften aufgedeckt und beendet werden. Wir dürfen uns nicht länger beugen und ignorieren, wie Menschen und vor allem Kinder auf grausamste Weise gefoltert und abgeschlachtet werden.

In der heutigen Zeit des Umbruchs und der Aufdeckung kommen immer mehr pädophile Verbrechen ans Tageslicht. Der Bischof von Basel, *Felix Gmür*, sagte in Bezug auf die letzten Vorfälle in Pennsylvania, dass dies nur die Spitze des Eisberges gewesen sei: *„Da kommt noch mehr!"*[221] Die drei Machtzentren **Vatikan** (Religion), **City of London Corporation** (Finanzen) und **Washington D.C.** (District of Columbia), welche die Weltmacht symbolisiert, lenken die Geschicke der Welt. Interessanterweise sind alle unabhängig von dem Staat, in dem sie sich befinden. Sollte es soweit kommen, dass ein Weltstaat und eine Weltregierung ausgerufen werden, bleiben sie unabhängig davon und können eine Sonderstellung einnehmen.

Donald Trump hat vor seiner Wahl versprochen, diesen Sumpf trockenzulegen. Ich hoffe, dass er sein Vorhaben in die Tat umsetzen kann und dass es nicht nur leere Versprechungen waren. Sollte er tatsächlich beginnen, den Deckel über dieser Grube zu lüften, könnte sich eine Aufklärungslawine über die ganze Welt ausbreiten, die viele Staaten bis ins Mark erschüttern ließe. Das könnte der Beginn einer gravierenden Wende sein, bei der auch der letzte Schlafende aufwachen wird. Das wäre vor allem deshalb wichtig, damit die Spuren, die bis in die höchsten Ämter gehen, verfolgt und restlos aufgedeckt werden können. Gerade diese Ebenen sind sonst kaum greifbar. Erst wenn diese Schlammgrube ausgehoben wird, werden wir das Ausmaß der Scheinwelt erkennen, in die wir uns einfangen ließen. Das Leben von glücklichen Menschen sieht vollkommen anders aus, als es uns hier in dieser Matrix vorgegaukelt wird.

So mancher Politiker wurde und wird durch die Fänge der Eliten in diese Kreise gelockt. Dabei kann es sein, dass er sich zu strafbaren Handlungen hinreißen lässt, weil es ihm interessant erscheint, weil ihm Macht versprochen wird oder weil er möglicherweise unter Drogen steht. Spätestens dann kommt er aus den Klauen der dämonischen Energien nicht mehr so leicht heraus. Auch wenn sich das Gewissen dieser Person melden sollte, so ist er dann doch erpressbar, weil es Beweismaterial, Filmaufnahmen oder Zeugen gibt. Es bleibt ihm also keine andere Wahl, als die Forderungen der Erpresser zu erfüllen, wenn er nicht mit Schimpf und Schande seinen Posten (mitsamt seinem Reichtum) verlieren sowie seine Familie und sein Land verlassen will. Wer trotzdem beabsichtigt, auszusteigen, dürfte diesen Versuch höchstwahrscheinlich nicht überleben. Andere sind von ihrer wachsenden Macht so berauscht, dass sie gierig nach noch mehr werden und sich immer tiefer in diesem Sumpf verlieren.

Die wahren Herrscher, die noch über den Eliten stehen und die Erde einnehmen möchten, nutzen diese Schwächen der egoistischen, machtgierigen und verabscheuungswürdigen Persönlichkeiten. Sie bauen Kreise auf, in denen die Mitglieder in einen Morast aus Pädophilie, Kinderopfer und satanischen Ritualen gezogen werden. Jeder, der dabei mitmacht und gefilmt wird, muss auf Gedeih und Verderb für den Rest seines Lebens dabei bleiben, wenn er nicht in der Öffentlichkeit bloßgestellt werden möchte. Der Teufel arbeitet mit Tücke und List, das ist altbekannt, und deshalb werden viele Menschen, die an wichtigen Stellen sitzen, in diesen Sumpf gezogen, der sie zu willenlosen Mitspielern oder gar zu unmenschlichen Akteuren werden lässt. Ich bin mir sicher, dass unsere Welt ohne diese satanisch-dämonischen Energien anders aussehen würde als wir sie heute erleben – und zwar in fast allen Bereichen: Regierung, Finanzwesen, Familie, Bildung, Medizin, Militär, Religion, Nahrung, Trinkwasser usw.

Nur wenn diese Themen noch viel mehr aus dem Sumpf an die Oberfläche kommen und die breite Öffentlichkeit darüber Bescheid weiß, dann kann sich hier etwas ändern. Deshalb sollten wir derartige Berichte ernst nehmen, auch wenn es uns widerstrebt, uns mit solchen Dingen auseinanderzusetzen. Wir dürfen Kindesentführungen, Pädophilie und Kindermorde nicht mehr hinnehmen. Wenn Sie betroffen sind, lassen Sie sich von der Polizei nicht mit dem Satz abspeisen, man hätte noch nichts gefunden. Bleiben Sie am Ball, rufen Sie an, gehen Sie täglich hin und fragen Sie nach. Seien Sie lästig, wenn Sie etwas bewegen möchten.

Wie immer öfter bekannt wird, dürfen die Polizisten in bestimmte Richtungen nicht ermitteln, ja sie haben Order von oben, weil Staatsanwälte und Richter in die Fälle verwickelt sind, wie auch der bereits erwähnte ehemalige Richter *Frank Fahsel* bestätigt hat. So können wir auf der Internetseite »Legitim« lesen: „*Seit dem Sachsensumpf weiß jeder, der wissen will, dass nicht nur in den USA Kinderschänder und Menschenhändler von den Behörden beschützt werden; Richter, Staatsanwälte, Politiker und Polzisten sind nachweislich involviert!*"[222]. Derzeit ist noch nicht erkennbar, dass sich in dieser Hinsicht etwas ändert. Im Gegenteil, der baden-württembergische

Sozialminister *„Manne Lucha (Grüne) will mehr Kooperation von Polizei, Justiz und weiteren Akteuren, um Kindesmissbrauch wie in Staufen zu verhindern.* **Härtere Strafen seien keine Lösung.**"[223] Was, bitteschön, bringt dann eine Lösung? Was nicht bestraft wird, wird weiter betrieben, so ist es nun mal, sonst könnten wir auf sämtliche Strafzahlungen verzichten. Deshalb sind höhere Strafen und konsequente Ahndung der einzige Weg, um gegen Pädophilie anzugehen. Hallo, wir sind Menschen und kein Schlachtvieh!

KRIEGSWAFFE WETTER

Auch den Einsatz von Wetterwaffen zähle ich zu den dämonischen Prinzipien. Während man den Menschen in der Welt permanent erzählt, dass sie einen Klimawandel verursachen würden, ist bei informierten Menschen längst bekannt, dass mit neuen Technologien (z.B. Anlagen nach dem HAARP-Prinzip) sowohl Dürren, wie auch Unwetter und Stürme, ja sogar Erdbeben und damit Tsunamis verursacht werden können[224]. Die Mehrheit der Menschen glaubt den Medien jedoch, dass sie selbst für die Zunahme der Wetterextreme verantwortlich sei – perfektes Ablenkungsmanöver könnte man dazu sagen. Die Theorie von der menschengemachten Klimaänderung dürfte nur insofern richtig sein, dass der Mensch durch seine technischen Möglichkeiten, wie zum Beispiel die ionisierende Strahlung, in das natürliche Wettergeschehen eingreifen und es dadurch (vermutlich auch nachhaltig) verändern kann. Im Übrigen sind auch viele Wissenschaftler der Meinung, dass CO_2 nicht für die Wetter- und Klimaveränderungen verantwortlich ist, so zum Beispiel auch der Klimatologe *Prof. Dr. Werner Kirstein* (Uni Leipzig), der dies in seinen Vorträgen glaubhaft darstellt[225].

Die in der Presse immer wieder zitierte „Hockeystick-Kurve", bei der in den letzten ca. 600 Jahren eine deutliche Erwärmung erkennbar ist, verliert an Überzeugungskraft, wenn man die Temperaturkurve nicht nur in Bezug auf die letzten wenigen hundert Jahre ansieht, sondern einen Zeitraum von 10.000 Jahren. Dann nämlich wird deutlich, dass seit über 6.000 Jahren eine Abkühlung stattfindet[226]. Die Erwärmung der letzten 500 bis 600 Jahre ist eine Schwankung, wie sie die letzten 10.000 Jahre mehrmals stattgefunden hat. In dem größeren Kontext ist jedoch eine deutliche Abkühlung erkennbar. Temperaturtendenzen kann man nicht auf wenige hundert Jahre beschränken, sondern man muss größere Zeiträume betrachten. Erst dann ist eine Tendenz ablesbar. Die durchschnittliche Tagestemperatur ermittelt sich ja auch nicht nur aus den Morgenstunden.

Inwieweit kann man das Wetter manipulieren? Sehen wir uns zum Verständnis zunächst eine parallele Entwicklung an. In den 1950er-Jahren gab es noch nicht einmal die elektronische Schreibmaschine, sondern man tippte seine Geschäftsbriefe noch auf großen mechanischen Adler- oder Olympiaschreibmaschinen und die private Post schrieb man ohnehin per Hand. Nun sehen Sie sich den heutigen Stand an: Briefe schreibt man längst mit dem PC oder per WhatsApp, und bedenken Sie, wozu Computer heute in der Lage sind. Vom Briefschreiben über Dokumente versenden bis zur Steuerung roboterbetriebener Produktionsstraßen, Fernsteuerung höchst komplexer technischer Anlagen, autonomes Fahren usw. Innerhalb nur weniger Jahrzehnte hat die Elektronik eine rasante Entwicklung durchlaufen.

Wenn man jetzt analog dazu bedenkt, dass auch die Wetterbeeinflussung zur selben Zeit begonnen hat wie die Entwicklung der Schreibmaschine, dann können wir uns vermutlich noch nicht einmal annähernd vorstellen, was in der Wettermanipulation heute möglich ist. Wikipedia schreibt: „*Hagelschießen wurde Ende des 19. Jahrhunderts verstärkt aufgenommen. So sollen 1900 in Frankreich, Italien und Österreich-Ungarn ca. 15.000 Einrichtungen für Wetterschießen installiert gewesen sein. Insbesondere wurden nun Rußpartikel und später Silberiodid als Kristallisationskeime verschossen.*"[227] Und obwohl das Deutsche Zentrum für Luft- und Raumfahrt bereits 1993 zu dem Schluss kam, „*ein Effekt von Hagelfliegern sei wissenschaftlich nicht nachweisbar*", steht auf der Internetseite der Hagelabwehr Rosenheim: „*Die Ergebnisse dieses Langzeitversuchs belegten den Erfolg: Für den Zeitraum des Versuches wurde ein Rückgang der Hagelschläge von fast 30 Prozent verzeichnet.*"[228] Wer hat nun Recht? Ich glaube der Hagelabwehr Rosenheim, denn dort wird seit Jahrzehnten geflogen, um Hagel abzuschwächen oder zu verhindern, und wenn ihr Einsatz tatsächlich so erfolglos wäre, hätten sich die Aktiven längst ein sinnvolleres Hobby gesucht. Bei der in Wikipedia zitierten Feststellung des »Deutschen Zentrums für Luft- und Raumfahrt« könnte die Absicht dahinter stehen, dass die Menschen Wetterbeeinflussungen für absurd und eine Kriegsführung durch Wettermanipulation für ausgeschlossen halten.

Wenn wir nun bedenken, dass in der Entwicklung der Wettermanipulation seit weit über 100 Jahren geforscht wird, dann können wir uns – analog zur Schreibma-

Abb. 19:
Aufnahme beim Internationalen Kongress zum Hagelschießen, 1901

schine – vorstellen, was in diesem Bereich heute möglich ist. Und das erklärt auch, warum auf der ganzen Erde verstreut HAARP-ähnliche Anlagen gebaut wurden, wie zum Beispiel auf Long Island, auf Puerto Rico, in Peru, in Brasilien, in Japan, in Australien, in Indien, in Russland, in Norwegen und in den Niederlanden[229] – wobei auch in Deutschland 7 Stationen geplant bzw. bereits errichtet sind (Garching bei München, Tautenburg, Tremsdorf, Effelsberg, Jülich, Bremen, Hamburg)[230]. Die Anlage in Rostock/Marlow soll sogar die größte der Welt sein.

Durch Wetterkatastrophen wie Überschwemmungen, Hagel und Stürme werden Gebäude und Autos zerstört, und manche Gebiete sehen nach Unwettern aus wie nach einem Bombenangriff. Es muss alles erneuert werden, Dächer, Möbel, Gartenanlagen usw. In vielen Fällen sterben Menschen. Das alles ist jedoch nicht allein die Folge von menschlichem Verhalten, sondern kann durch den Einsatz von wetterverändernden Maßnahmen verursacht werden. Insofern kann man diese durchaus als Waffe betrachten. »Geoengineering« ist der Überbegriff für diese Eingriffe in das natürliche Wettergeschehen, die staatlich gefördert werden und verschiedenste Maßnahmen umfassen. Nähere Informationen erhalten Sie in der 48-seitigen Info-Broschüre »Geo-Engineering – wirksamer Klimaschutz oder Größenwahn?«[231], welches Sie als PDF auf der Internetseite »Umweltbundesamt« laden können.

Davon abgesehen profitieren von den Wetterkatastrophen die Großbanken und auch der Staat. Durch die staatlich vorgeschriebenen Energieeinsparungsmaßnahmen (Austausch der Heizung, Fassaden-, Keller- und Dachdämmung, neue Fenster, Lüftungs- und Photovoltaikanlagen usw.) wird die Wirtschaft enorm angekurbelt. Für die Bewältigung der Aufträge entstehen Arbeitsplätze, was ja auch sinnvoll ist. Doch ebenso werden Kredite benötigt, um die produzierenden Firmen zu vergrößern, aber vor allem auch von den privaten Immobilienbesitzern, damit sie die vorgeschriebenen Änderungen auch durchführen können. Das wiederum fördert die Banken, und die anfallende Mehrwertsteuer und die Einkommensteuer der zusätzlich Beschäftigten kommen dem Staat zugute.

SPIEGELPRINZIP

Auch das Spiegelprinzip steht mit Dunkelmächten in Verbindung. Schon in Grimms Märchen fragte die Frau Königin immer wieder: *„Spieglein, Spieglein an der Wand..."* Frau Königin wartete gespannt auf die Antwort des Spiegels, denn sie wusste, **der Spiegel sprach die Wahrheit**. Was können wir darunter verstehen? Es bedeutet nicht, dass uns der Spiegel die Wahrheit sagen wird, sondern dass die Wahrheit oftmals hinter einer Spiegelung versteckt ist. Es bedeutet, dass wir etwas spiegeln müssen, um die Wahrheit zu erfahren. Die Wahrheit liegt demnach genau im Gegenteil dessen, was den Menschen mitgeteilt wird. Exakt so, wie schon *George Orwell* in seinem Buch »1984« geschrieben hat:

> *„Krieg bedeutet Frieden.*
> *Freiheit ist Sklaverei.*
> *Unwissenheit ist Stärke."*[232]
>
> George Orwell

Auch er erkannte damals schon, dass die Informationen bewusst ins Gegenteil verdreht werden, um den Menschen zu verwirren. Wenn heute davon die Rede ist, dass es **keine Steuererhöhungen** geben wird, können Sie sicher sein, dass es **Steuererhöhungen geben wird**. Wenn ein Politiker sagt, dass er um eine **friedliche Lösung** bemüht ist, können Sie schon fast sicher sein, dass er in Kürze eine **gewaltsame Intervention** unterstützt. Denn wenn tatsächlich keine Steuererhöhungen geplant sind, dann werden sie erst gar nicht erwähnt. Dieses System dient zum einen der Verwirrung, aber auch der Verdummung des Volkes. Vermutlich ist es sogar eine Belustigung für die Mächtigen, wenn sie beobachten, wie sie die Menschen belügen können und danach ganz anders handeln. Die Wähler akzeptieren offenbar alles, was man ihnen vorsetzt. Die Politik kann noch immer gar nicht so dreist handeln, dass das Volk sich dagegen wehrt. Es murrt zwar ein wenig vor sich hin, doch schlussendlich nimmt es widerspruchslos alles an. Allerdings steckt auch eine andere Strategie dahinter, die Wahrheit zu verdrehen. Bleiben wir bei dem Beispiel Steuererhöhung. Wenn zum Beispiel die Kanzlerin sagt: *„Mit mir wird es keine Steuererhöhung geben!"*, dann betrachten wir uns diesen Satz jetzt nach universellen Gesetzmäßigkeiten, denn darin gibt es kein *„keine"*. Folglich lautet der Inhalt des Satzes: *„Mit mir wird es Steuererhöhungen geben!"*

Bleiben wir bei dem Beispiel Steuererhöhung: Wenn zum Beispiel die Kanzlerin sagt: *„Mit mir wird es keine Steuererhöhung geben!"*, dann beinhaltet dieser Satz eine Verneinung. Nach den universellen Gesetzmäßigkeiten gibt es jedoch keine Verneinung. Was im normalen Sprachgebrauch üblich ist, wirkt jedoch vielfach schwerwiegender, wenn dieser Satz millionenfach in der Presse veröffentlicht wird. Der wirkliche Inhalt lautet: *„Mit mir wird es Steuererhöhungen geben!"* Hier wirkt dasselbe Prinzip wie bei dem Satz: *„Denken Sie jetzt nicht an einen rosaroten Elefanten!"* Wo ist Ihre Energie, wenn Sie das hören? Richtig: bei einem rosaroten Elefanten. Genauso funktionieren negative Aussagen, vor allem, wenn sie von Millionen Menschen gehört und gelesen werden.

Doch nicht nur die Gebrüder *Grimm* und *George Orwell* wussten um dieses „Spiegelprinzip". Auch in ganz anderen Bereichen hat der Spiegel eine bedeutsame Funktion. Man kann in besonderen alten Büchern lesen, dass durch bestimmte Rituale, bei denen ein Spiegel erforderlich ist, Kontakt mit dem Teufel hergestellt werden kann. Wenn man sich genau an bestimmte Vorgaben hält, soll das möglich sein – dass sie dabei riskieren, ihre Seele zu verlieren, ist den meisten, die es tatsächlich versuchen, sicherlich gar nicht bewusst.

Und auch in diesem Fall eröffnet erst ein Spiegel die Kontaktmöglichkeit. Warum ausgerechnet ein Spiegel? Weil ein Spiegel die Wahrheit verdreht, ja sogar umkehrt? Weil eine verdrehte Wahrheit die Menschen verwirrt und sie sich dadurch wesentlich leichter übervorteilen lassen? Die Dunkelmächte sind Meister im Lügen, Verwirren und Täuschen. Und auch ein Spiegel täuscht, indem er uns ein komplett verkehrtes Bild zeigt, denn wir sehen die Dinge in einem Spiegel nie so, wie sie tatsächlich sind, sondern immer *spiegelverkehrt*. Man könnte nun daraus schließen, dass diese Dunkelmächte dem Spiegelprinzip entsprechen, und dieses vermutlich sogar auf der Erde installiert haben. Es gibt mittlerweile immer mehr (auch wissenschaftliche) Aussagen, dass unsere gesamte Welt gar nicht existiert, sondern dass alles zum Beispiel nur ein Hologramm sei. Wer garantiert uns, dass wir tatsächlich existieren? Jedes Mal, wenn die Physiker ein noch kleineres Teilchen entdecken, finden sie wiederum nur Energie und Bewegung. Ja wo ist denn nun die „echte" Materie? Oder sind wir tatsächlich nur gefangen in einer Scheinwelt, die uns auf irgendeine Weise in unser Bewusstsein projiziert wird?

Nun stellt sich natürlich die Frage, in welchen Bereichen gilt dieses Spiegelprinzip? Was ist bereits alles gespiegelt und entspricht nicht mehr der ursprünglichen Form? Sehen wir uns zunächst die heutigen, weltweit üblichen Machtverhältnisse an und vergleichen diese mit dem kosmischen Prinzip. In nachfolgender Darstellung ist das Spiegelprinzip anhand der luziferischen und der kosmischen Pyramide als System dargestellt. Im Spiegelprinzip werden die Hierarchien der kosmischen Pyramide gespiegelt und demzufolge die Machtverhältnisse umgedreht, wie ich durch die Pfeile dargestellt habe.

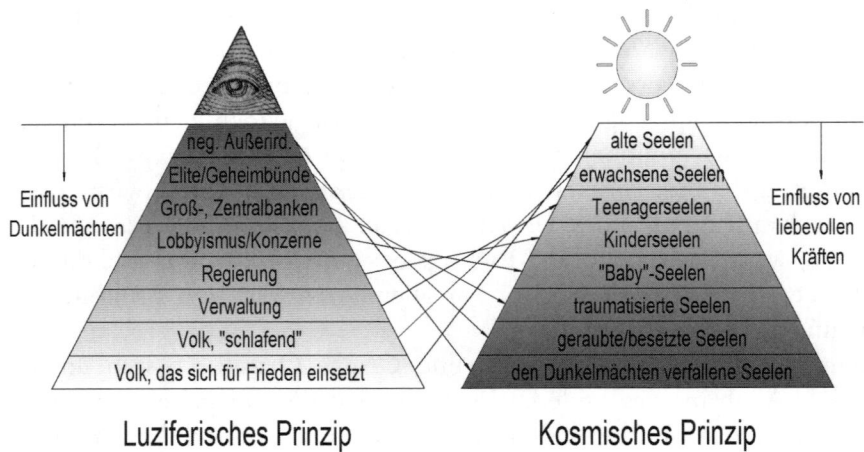

Abb. 20: Das luziferische Prinzip als Spiegelung des kosmischen Prinzips. Die Seelen, die den Dunkelmächten am nächsten sind, sind im luziferischen Prinzip hierarchisch weit oben. Die erfahrenen Seelen findet man im unterworfenen Volk.

Die Pyramidenspitze im materiellen System ist meist abgehoben dargestellt, gut sichtbar zum Beispiel auf dem Dollarschein. Das deutet darauf hin, dass sie ein Wesen bzw. eine Energie symbolisiert, die nicht irdischen Ursprungs ist. Sie stellt entweder eine Dunkelmacht dar, die derzeit ihre Macht auf der Erde ausübt oder womöglich sogar die luziferische oder satanische Energie.

Hier nur am Rande bemerkt: Auch die HAARP-Anlage, die den meisten Menschen mittlerweile ein Begriff sein dürfte, hat mit Spiegelsystemen zu tun. In einem Bericht des europäischen Parlaments wurde HAARP als „*klimabeeinträchtigendes Waffensystem*" bezeichnet, das bestimmte Teile der Ionosphäre aufheizt, „*was auch Löcher in der Ionosphäre und künstliche ,Spiegel' herbeiführen kann.*"[233] Es werden demnach durch HAARP-ähnliche Anlagen künstliche Spiegel erzeugt, die sich in großen Höhen in der Atmosphäre befinden.

Erinnern Sie sich? Weiter oben habe ich erwähnt, dass unter anderem mit Spiegeln Kontakt zu bestimmten Dunkelmächten hergestellt werden kann. Sind die HAARP-Anlagen zur Manipulation der Bevölkerung sowie zur Durchsetzung von satanischen Zielen installiert worden? Dann würde es auch naheliegen, dass sie auf die eine oder andere Weise zur Bevölkerungsreduktion eingesetzt werden. Lassen Sie Ihre Intuition selbst entscheiden, ob ein „klimabeeinträchtigendes Waffensystem" eine satanische Angelegenheit ist!

Auch im Bereich der Religionen scheint mittlerweile alles „gespiegelt" zu sein. Denn den Gläubigen wird beigebracht, dass sie nur durch einen Repräsentanten, wie einen Priester etc., Kontakt zur göttlichen Ebene erfahren können, sie selbst seien unwürdig. Genau das Gegenteil ist im kosmischen Prinzip der Fall. Jeder Mensch ist durch die Silberschnur mit seiner göttlichen Quelle verbunden. Der Kontakt benötigt demnach keinen Vermittler, sondern er ist permanent vorhanden. Ja, wir müssen uns geradezu ablenken, um den Kontakt nicht ständig zu spüren. Das ist auch einer der Hauptgründe, warum wir so permanent beschäftigt werden.

Doch viele Menschen sind *Gläubige*, die *glauben*, dass sie einen Mittelsmann benötigen und verdrängen ihr inneres *Wissen*, dass sie ja ohnehin ständig verbunden sind. Der Kontakt zu unserer Ur-Quelle ist allzeit durch unsere innere Stimme und unser Gewissen präsent und wir brauchen uns nur daran zu erinnern. Wir dürfen uns nicht einreden lassen, dass wir unwissende, dumme Geschöpfe seien, die getrennt von der liebevollen Ur-Quelle wären. Wir sind weder hilflos, noch getrennt. Wir sind alles andere als das und sind lediglich so programmiert, dass wir uns getrennt fühlen. Doch es liegt an uns, das zu erkennen und aufzuwachen. Es liegt ebenso an uns, dass wir bestehende Systeme genauer ansehen und in Bezug auf ihre Richtigkeit hinterfragen. Es ist unsere eigene Verantwortung, dass wir uns mit uns selbst befassen, unsere Traumata ansehen und an unserer inneren Befreiung arbeiten. Ob wir uns im Alltag mitmenschlich verhalten oder nicht, ist unsere eigene Entscheidung. Und jeder von uns hat die Wahlmöglichkeit, ob er mit dem Strom schwimmt oder ob er sich vielleicht doch einmal umdreht, um die Quelle zu suchen!

> *„Man kann nicht hoffen,*
> *die Welt zum Besseren zu wenden,*
> *wenn sich der Einzelne nicht zum Besseren wendet.*
> *Dazu sollte jeder von uns*
> *an seiner eigenen Vervollkommnung arbeiten*
> *und sich dessen bewusst werden,*
> *dass er die persönliche Verantwortung für alles trägt,*
> *was in dieser Welt geschieht,*
> *und dass es die direkte Pflicht eines jeden ist,*
> *sich dort nützlich zu machen,*
> *wo er sich am nützlichsten machen kann."*[234]
>
> Marie Curie (1867-1934),
> polnisch-französische Physikerin und Chemikerin und zweifache Nobelpreisträgerin

„ÜBERMENSCH" IM GEGENSATZ ZUM AVATAR

Wir stehen derzeit an einem entscheidenden Wendepunkt, den wir nicht verpassen sollten, da die angestrebten Veränderungen in Kürze unumkehrbar werden. Wir können uns für eine vollkommene Technisierung unserer menschlichen Rasse missbrauchen lassen oder wir finden den Weg zurück zu unserem Menschsein, zu unserer Menschlichkeit. Der einzig richtige Weg ist dahingehend, dass wir die Technik nutzen, statt uns selbst für die Technik missbrauchen zu lassen. Die Machtelite möchte uns jedoch zu Menschmaschinen umwandeln und lockt vor allem die jungen Menschen mit raffinierten Spielereien, die uns zu „Übermenschen" machen soll. Die Implantattechnik soll den Menschen unfehlbar machen und ihn mit Fähigkeiten ausstatten, die über die normale Intelligenz weit hinausgehen. Doch es birgt enorme Risiken, wenn wir uns zu sehr technisieren und wenn wir uns gar zum Cyborg machen lassen.

CYBORG

Das Streben, sich durch implantierte Mikroelektronik zum Übermenschen zu machen, ist im Grunde ein weiteres Beispiel des Spiegelprinzips. Ein Cyborg ist der technische Kontrast zum Avatar. Der Cyborg ermöglicht Fähigkeiten, über die der normale Mensch nicht verfügt, allerdings werden diese Fähigkeiten nicht durch bewusste und spirituelle Weiterentwicklung erworben, sondern durch modernste Technik und ausgefeilte Programme. Es ist eine künstliche Spiegelung der im Urprinzip der menschlichen Entwicklungsgeschichte vorgesehenen Reifung.

Ein perfekter **Cyborg** ist das Gegenteil zu dem, was man einen Avatar nennt. Bislang unerreichbare Genialität wird durch hochspezifische Technik greifbar. Mit Cyborg wird heutzutage jemand bezeichnet, der sich elektronische Geräte implantieren lässt, um seine Fähigkeiten durch technische Unterstützung zu perfektionieren. Im Grunde gehören dazu auch technische Implantate wie Gliedmaßen und Gelenke, aber auch elektronisch gesteuerte intelligente Einbauteile wie zum Beispiel Herzschrittmacher, Insulinpumpen, Cochlea-Implantate, die es Gehörlosen ermöglichen, wieder zu hören usw. Dies sind technische Hilfen, welche die Leiden von vielen Betroffenen lindern, ihnen wieder eine annähernd normale Lebensweise ermöglichen und die Lebensqualität enorm erhöhen können. Solche Geräte meine ich in diesem Fall jedoch nicht, sondern ich spreche hier von Mikrochips, die den Menschen implantiert werden und von technischen Spielereien, wie zum Beispiel das Implantieren eines Kompasses, der umso stärker vibriert, je mehr man sich nach Norden ausrichtet. Oder das Einpflanzen eines Chips, mit dem man Türen öffnen kann. Das ist in meinen Augen eine Spielerei, denn auch ein angeblich sicherer Chip kann gehackt werden. Er ist im Endeffekt nicht sicherer als ein anderes Schließsystem.

Den Begriff „Cyborg" verwendeten der österreichisch-australische Wissenschaftler *Manfred Clynes* und der US-amerikanische Mediziner *Nathan S. Kline* „*in einem gemeinsamen Aufsatz in den 1960er-Jahren das erste Mal. Sie schlugen die technische Anpassung des Menschen an die Umweltbedingungen des Weltraums vor ... Mit Hilfe von biochemischen, physiologischen und elektronischen Modifikationen sollten Menschen als ‚selbstregulierende Mensch-Maschinen-Systeme' im Weltraum überlebensfähig sein.*"[235], kann man auf »Wikipedia« lesen. Mittlerweile soll es Menschen geben, die sich kleine Steuerzentralen implantieren lassen, um damit bequem die Rollläden oder die Lüftungsanlage ihres Hauses zu steuern. Doch diese Eingriffe bergen eine nicht zu unterschätzende Gefahr: Wer elektronische Implantate erhalten hat, die an einen Großrechner angeschlossen sind, ist einer Künstlichen Intelligenz ausgeliefert, die über ihn bestimmen kann. Sein Wohlergehen ist somit von einem Programm oder besser gesagt von einem *Programmierer* abhängig. Und die Gesinnung und die Absichten des Programmierers und seines Auftraggebers sind uns nicht bekannt. Wir begeben uns in ein extremes Abhängigkeitsverhältnis und haben nicht die geringste Ahnung dessen, wer die treibende Kraft dahinter ist und was sie beabsichtigt. Das größte Problem dabei ist, dass wir (noch freiwillig) unsere Verantwortung abgeben und dadurch zum Spielball des Programmierers werden – dadurch können wir maximal missbraucht oder, je nach Bedarf, gänzlich ausgeschaltet werden.

Ferner muss man sich ab einem gewissen Punkt fragen, was denn nun überwiegt: Wo hört der Mensch auf und wo fängt die Maschine an? Was war zuerst da, der Mensch, dem technische Implantate eingepflanzt wurden, oder die Maschine, der man menschliche Teile eingebaut hat? Ab wann ist eine Maschine beseelt? Ab wann wird sie zum Menschen? Ab wann wird der Mensch zur Maschine? Wird der Mensch auch dann zur Maschine, wenn er noch beseelt ist – oder wenn er über Bewusstsein verfügt? Ab wann haben wir es nur noch mit einer Maschine zu tun? Und vor allem: **Ab wann gelten die Menschenrechte nicht mehr?**

Avatar

Unter einem **Avatar** hingegen verstehen viele eine verkörperte Seele, die bereits einen sehr hohen Entwicklungsstand erreicht hat und nur deshalb inkarniert, um die Menschen auf ihrem eigenen Entwicklungsweg zu unterstützen. Im Hinduismus wird die körperliche Manifestation eines Gottes *Avatar* genannt. Das Wort „Gott" wird so unterschiedlich verwendet, dass ich es versuche, zu vermeiden, doch diese Definition kommt meiner Auffassung von einer weit und hoch entwickelten, verkörperten Seele sehr nahe.

Ein Avatar wird nicht mehr von seinem Ego beherrscht, sondern vermag die göttlichen Prinzipien zu leben, wie zum Beispiel Nächstenliebe, Mitmenschlichkeit, Friedfertigkeit usw. Was ist das „Ego" überhaupt? Es ist die Fähigkeit, uns selbst als einzelnes Individuum wahrzunehmen. Es lässt uns erkennen, dass wir eigene Empfindungen und Reaktionen erleben. Insofern ist ein Ego die Voraussetzung dafür, dass wir hier in dieser Gesellschaft so miteinander leben können, wie wir es tun. Gleichzeitig ist es jedoch eine Türe in unserem Intellekt, welche die Dunkelwesen nutzen, um auf uns Einfluss zu nehmen. Lassen wir unserem Ego einen freien Lauf, so kann es sich zu einem gewichtigen, selbstverliebten Monster entwickeln. Ist es erst soweit gekommen, versucht es um jeden Preis, zuerst Gehör zu finden – vor unserer Intuition. **Es brüllt ganz laut, damit es die leisen Töne der Intuition, der Seele, übertönt und möchte an erster Stelle stehen.** Diese Eigenschaft nutzen die Dunkelwesen. Je mehr Eigenleben ein Ego entwickelt hat, desto leichter gewinnen sie darüber Einfluss auf unsere Gedanken, unsere Äußerungen und unsere Taten. Dann sind wir nicht mehr in unserer Mitte, sondern „stehen neben uns", im Extremfall sind wir „außer uns" – weil ein anderes Wesen von uns Besitz ergriffen hat. Dieses Wesen bringt uns dazu, dass wir uns selbst für den Besten halten und jeder unser Fan sein muss. Es überzeugt uns davon, dass nur Äußerlichkeiten wichtig sind und wir deshalb möglichst viel davon haben sollten.

Ein Avatar hingegen braucht keinen Fanclub und keine materiellen, technischen oder elektronischen Spielereien, um sich gut zu fühlen. Er ruht in sich und ist sich seiner selbst bewusst. Er ist der Inbegriff von Weisheit und Frieden. Er hält die Eigenmächtigkeit seines Egos in Grenzen und handelt aus dem Herzen bzw. nach Hinweisen seiner Intuition und seines inneren Wissens. Eines Tages wird sich auch unser Ego wieder so weit zurückziehen, dass wir dann wieder in die Gemeinschaft der Ur-Quelle zurückkehren werden. Dort werden wir die Verbundenheit und die Einheit empfinden, die wir so lange vermisst haben. Je größer das Ego ist, desto getrennter fühlen wir uns – je stiller das Ego ist, desto mehr empfinden wir die Verbundenheit.

Wir stehen heute an der Stelle, an der wir uns entscheiden müssen, entweder den technischen Weg zu gehen, bei dem wir das Risiko eingehen, unsere Menschlichkeit – im wahrsten Sinne des Wortes – zu verlieren. Oder wir besinnen uns auf die Quelle unserer Seele und vervollständigen unser Menschsein. Auf diesem Weg könnten wir erreichen, dass wir Zugang zu sämtlichen spirituellen Fähigkeiten finden, allerdings auf eine liebevolle und bewusste Weise. Ein weiterer Nebeneffekt wäre dabei, dass wir in tiefster Zufriedenheit und Erfüllung miteinander auf diesem wunderschönen Planeten leben könnten. Wir würden wieder den Einklang mit der Erde und dem Kosmos spüren.

Das alles steht derzeit auf dem Spiel, wenn wir den jetzigen Weg der Hochtechnologie, der Kontrolle, der Ausbeutung und der Vernichtung weiter beschreiten. Lassen wir uns von der Technologie benutzen oder nutzen *wir* die Technologie? Es ist eine Grundsatzentscheidung, die wir bald treffen sollten. Es liegt an uns, ob wir uns weiter in diesen dämonischen Plan einspannen lassen oder ob wir uns unserer göttlichen Herkunft wieder bewusst werden und uns für ein liebevolles Miteinander entscheiden.

METHODEN, UM DIE MENSCHEN ZU UNTERJOCHEN

Es gibt unzählige Methoden, wie man die Menschen beeinflussen kann. Allein für dieses Kapitel könnte man ganze Bände voll schreiben. In meinem ersten Buch »Verraten – verkauft – verloren?« habe ich lexikonartig fast alle Bereiche beschrieben, in denen wir unter Druck gesetzt, belogen und manipuliert werden, und ich möchte mich hier nicht wiederholen. An dieser Stelle werde ich nur einige übergeordnete Themen erwähnen, die auf den ersten Blick nicht unbedingt als Methoden angesehen werden, um die Menschen zu indoktrinieren. Doch bei näherer Betrachtung wird uns vieles klar.

VEREINHEITLICHUNG

Wer in seinem Leben jemals in Oberstdorf, Sonthofen oder sonst einem Ort am Alpenrand seinen Urlaub verbracht hat, wird sich daran erinnern, dass er bei Wanderungen immer wieder ein sanftes Läuten gehört hat. Vermutlich handelte es sich um Kuhschellen. Diese werden dem Jungvieh um den Hals gebunden, damit man hören kann, wo sie sich befinden, wenn sie sich den Sommer über auf den Almwiesen frei bewegen. Doch oft tragen auch die Kühe, die auf den Wiesen rings um die Bauern-

Abb. 21: Rinder mit Kuhschellen auf der Weide

höfe grasen, solche Kuhschellen. Es handelt sich um eine jahrhundertealte Tradition und wer in dieser Gegend aufgewachsen ist, dem ist dieses Gebimmel in Fleisch und Blut übergegangen.

Jetzt gibt es jedoch Menschen, die aus der Stadt in diese Dörfer am Alpenrand ziehen und die das Geräusch der Kuhschellen lieber mit Motorengeräusch tauschen würden. Da es dieses dort jedoch kaum gibt, möchten sie auch die Schellengeräusche nicht hören. Würde man die Einheimischen nach ihrem Urteil fragen, wäre das Ergebnis klar, Tradition ist Tradition und außerdem klingt es schön. Doch die Gerichte urteilen oftmals für den Kläger, was bedeutet, die Schellen müssen weg! Gleiches passiert bei Kirchenglocken und bei dem Kreuz im Klassenzimmer. Auch Kreuze auf Berggipfeln, die im gesamten Alpenraum zur Kultur gehören, werden immer wieder von Vandalen umgesägt[236], umgehackt oder einfach abgebrochen. Man mag zu den religiösen Institutionen stehen, wie man will, doch traditionell ist im europäischen Raum das Christentum die am meisten verbreitete Religion – seit vielen Jahrhunderten. Und es ist nur verständlich, wenn sich der Großteil der Bevölkerung angegriffen und auch verletzt fühlt, wenn jemand ihre traditionellen Werte zerstört.

Was haben Kuhschellen und Kirchenglocken nun mit Vereinheitlichung zu tun? Viel, wenn man bedenkt, dass die traditionelle Kultur und das, was die Menschen verbindet, zunehmend an Wert verlieren. Verbindende *Gemeinsamkeiten* werden immer weniger und aufgezwungene *Gleichheiten* sollen immer mehr werden. Man hat den Eindruck, dass die höchsten Stellen daran arbeiten, dass alles als wertlos erachtet wird, was die Verbundenheit untereinander und zum Land fördert, sei es nun die traditionelle Religion, der Dialekt, ja sogar regionale Speisen. Warum legen beispielsweise die großen Ernährungsketten so viel Wert darauf, dass ihre Speisen weltweit denselben Geschmack, dasselbe Aussehen, dieselbe Temperatur usw. haben? Wäre es nicht viel individueller und interessanter, wenn sich diese Fast-Food-Ketten an das jeweilige Land und dessen Gepflogenheiten anpassen würden? Das ist offensichtlich nicht gewünscht, Gleichheit ist gefragt.

Vereinheitlichung und Gleichheit sind die großen Zwischenziele, denn ein konformer Mensch kann leichter dazu getrimmt werden, seine restliche Individualität vollends aufzugeben. Er soll zu einem gleichgeschalteten Herdentier werden, allerdings ohne Bindungen untereinander. Seine ganze Energie, seine gesamte Lebenskraft kann dadurch in seine Arbeitskraft kanalisiert werden. Er gibt dabei seine Individualität und seine Kultur Stück für Stück auf. Dass die Gemeinschaft mehr und mehr verschwindet und der Einzelne in der Sklaverei innerhalb einer Weltherrschaft endet, das ahnt der normale Bürger leider nicht.

„Nur tote Fische schwimmen mit dem Strom."
Sprichwort

STÄDTE

Die meisten Menschen bevorzugen es, in Städten zu wohnen, doch im Grunde handelt es sich um das unnatürliche Zusammenpferchen von Menschen. Der Mensch lebt seit jeher inmitten der Natur, umgeben von seiner Sippe, seinem Stamm, seinem Volk in seinem Land. Der Mensch ist ein soziales Wesen, das darauf angewiesen ist, in Gruppen zusammenzuleben, sei es in der Urform als Nomaden oder auch später sesshaft. In dieser Gemeinschaft wurden und werden die anfallenden Arbeiten aufgeteilt, sodass jeder für einen bestimmten Bereich zuständig ist. Die einen bauen verschiedene Lebensmittel an, die anderen kümmern sich um die Häuser, die nächsten um die Kleidung, wieder andere um Werkzeuge, die jungen Mütter kümmern sich um die Kinder und die Familie usw.

Der heutige Mensch kann nur deshalb einzeln leben, weil er die Dinge, die ursprünglich von der Sippe in Gemeinschaftsarbeit hergestellt wurden, ohne sozialen Kontakt im Supermarkt kaufen oder – noch anonymer – via Internet bestellen kann. Nur dieses System erlaubt es, dass Menschen allein in einer Welt leben können, in der man nicht einmal bemerken würde, wenn der Wohnungsnachbar ein halbes Jahr tot in der Wohnung liegt, weil ihn niemand vermisst. Die Anonymität hat natürlich seinen Reiz, man trägt nur für sich selbst die Verantwortung und solange das Umfeld, wie zum Beispiel der Supermarkt, funktioniert, ist dieses Leben für viele verlockend – doch wenn auch nur ein Zahnrädchen für längere Zeit ausfällt, sei es die Lebensmittelversorgung, der Strom, das Trinkwasser, die Kanalisation oder wenn Krieg herrscht, ist das Überleben in dieser Lebensform von einem Tag auf den anderen gefährdet. Ohne sozialen Zusammenhalt, ohne eine Arbeitsteilung, die einer Gruppe eine gewisse Autonomie gewährt, ist der Erhalt der Sippe, sobald auch nur eine einzige Versorgungslücke entsteht, akut bedroht.

Ein Leben in den Städten ist vollkommen davon abhängig, dass alle Bestandteile des ver- und entsorgenden Systems funktionieren. Tut es das, zum Beispiel in Krisen oder in Kriegssituationen, nicht mehr, sind diese Menschen abhängig vom Gutdünken des Staates bzw. des Systems. Ohne Hilfe von außen sind diese Menschen schnell dem Tod geweiht. Wenn Menschen in Städten leben, kommt dies einer „Verameisung der Welt" sehr nahe, wie es der Autor *Reiner Feistle* in einem Vortrag genannt hat. Sein Vergleich von Hochhäusern mit Termitenbauten ist sehr treffend und zeigt, dass er Recht hat. Wir sind jedoch keine Termiten, sondern Menschen!

Das Leben in großen Wohnblocks ist in der Regel anonym und entfernt uns von unserem Ursprung, von unserer Verbundenheit mit der Erde. Es ist, trotz aller verlockender Angebote von Kultur über Sport oder anderer Events, ein unnatürliches Leben. Wir Menschen sind keine Einzelgänger, sondern soziale Wesen.

Medien

Auch Pressemeldungen, seien sie nun wahr oder nicht, dienen dazu, uns zu manipulieren. Allein die Tatsache, dass es kaum positive Meldungen gibt, sondern tagtäglich, ja stündlich die Schreckensmeldungen der ganzen Welt auf uns einprasseln, genügt, dass wir uns in ständiger Anspannung befinden. Diese Negativmeldungen, vom verlorenen Fußballspiel über ein Zugunglück bis zum Ausbruch eines Krieges, erzeugen eine unterschwellige Angst, die uns in einem permanenten Stresszustand hält.

Die Menschen beschäftigen sich mit diesen tragischen Ereignissen und fühlen die Trauer, den Ärger, die Angst etc. mit, die normalerweise nur von den Betroffenen gefühlt werden. Die Welt ist auf diese Weise zu einem Dorf geworden und wir erfahren heute binnen weniger Stunden, was im entlegensten Winkel der Erde geschieht – vorausgesetzt natürlich, die Verantwortlichen der Presse entscheiden, dass wir es erfahren sollen! Wir fühlen dadurch ein Vielfaches an Schmerz, Ärger, Wut und Ohnmacht, als wir normalerweise in unserem Leben je erfahren würden. Wir Menschen sind soziale, mitfühlende Wesen, und aus diesem Grund fühlen wir mit den betroffenen Opfern, wenn wir von ihrem Drama lesen, hören oder sehen. Und mit jeder Meldung fühlen wir vor allem eines: Angst!

Ohne Presse würden wir von geschätzten 99,9 Prozent der Verbrechen, Unglücke und Kriegsgeschehen auf der Welt nichts erfahren. Wir wären mit unserem eigenen Leben beschäftigt und könnten uns emotional gar nicht vom Schicksal anderer Menschen beeinflussen lassen – ganz einfach, weil wir nichts davon wüssten, so wie es Jahrtausende oder Jahrmillionen lang der Fall war. Wir sind emotional nicht dafür ausgelegt, die Schicksale der ganzen Welt zu erfahren und sie uns zu Herzen zu nehmen. Abgesehen davon, dass viele schreckliche Dinge provoziert oder gar inszeniert und manches schlichtweg gelogen ist. Insofern sind die Medien erheblich daran beteiligt, dass wir uns schlecht fühlen.

Globalnetzgitter

Von der »New Age-Szene« wird immer wieder die Notwendigkeit eines Globalgitternetzes erwähnt. Wir sprechen hier nicht von den gitterartig aufgebauten, geomantischen Energielinien, die die Erde umspannen, sondern von einem neuen Gitter, das mental aufgebaut werden soll. Es sei nötig, die Erde mit diesem Gitter zu überziehen, damit die Erde aufsteigen könne. Doch sehen wir uns dieses Gitter mit unserem gesunden Menschenverstand an: Ein Gitternetz beinhaltet die Worte *Gitter* und *Netz*. Sowohl ein Gitter wie auch ein Netz werden dazu benutzt, etwas gefangen zu halten – seien es die stabilen Gitterstäbe im Gefängnis oder das flexible Fischernetz, in dem sich die Fische verfangen. Beides sind Methoden, um etwas oder jemanden daran zu hindern, frei zu sein.

Ein Gitter ist ein starres Gebilde und wird sowohl dazu benutzt, etwas *ein*zusperren wie auch, um etwas *aus*zusperren. Mit einem Gitternetz assoziiere ich demnach ein halbflexibles Gebilde, das man um einen Gegenstand formen kann und das sich stabil an die gegebene Form anpasst. Ich stelle mir ein Gitternetz wie ein Netz aus einem dünnen Draht vor, ähnlich wie ein Hasengitter. Das ist für mich ein Gitternetz. Und ich frage mich, wie uns so ein Gitternetz dabei helfen soll, uns aus einer Jahrtausende langen Knechtschaft zu befreien?

Ich habe vielmehr den Eindruck, dass auf diese Weise die gesamte Erde zu einem Gefängnis umgewandelt werden soll. Vor vielen Jahren ist aus den USA eine Esoterik- und Engelwelle nach Europa geschwappt, die wir durchaus kritisch betrachten sollten. Wir dürfen unseren eigenen gesunden Menschenverstand nicht außer Acht lassen und schon allein die Bezeichnung Globalnetzgitter sollte uns aufhorchen lassen. Ich empfehle dringend, nicht jede Welle mitzumachen, sondern die Dinge zu hinterfragen und sich seine eigene Meinung zu bilden. Ich arbeite jedenfalls nicht daran mit, ein Gitternetz für den gesamten Globus zu erschaffen. Es wäre nämlich sehr wohl vorstellbar, dass die gutgläubigen Menschen dazu benutzt werden, aus ihrer eigenen Kraft einen Gefängnisplaneten zu erschaffen, aus dem es kein Entrinnen mehr gibt.

CHRISTUSGITTER

Genauso ist es mit dem in manchen Quellen beschriebenen *Christusgitter*. Auch dieses sei nötig, damit wir befreit werden könnten. Dieses Gitter würde uns den Frieden und das Christusbewusstsein bringen. Doch auch wenn man es Christusgitter nennt, so bleibt es doch ein Gitter und ein Gitter ist eine Abgrenzung, eine Behinderung der Bewegungsfreiheit. Es sperrt jemanden ein oder aus. Menschen, die „hinter Gitter" gebracht werden, kommen ins Gefängnis. Wilde Tiere im Zoo werden ebenfalls durch ein Gitter eingesperrt und am Fliehen gehindert, auch ihnen wird durch das Gitter die Freiheit genommen. Genauso kann man etwas aussperren. So ist um ein Militärgelände, eine Firma oder auch um einen privaten Garten ein Gitterzaun gezogen, damit niemand von außen eindringen und eventuell etwas entwenden kann.

Egal, von welcher Perspektive ich ein Gitter oder ein Gitternetz betrachte, es hat für mich eine einsperrende oder auch eine ausgrenzende Wirkung, und daher halte ich es nicht für eine Möglichkeit, uns aus der Knechtschaft zu befreien. Im Gegenteil: Wenn ein Gefangener die Freiheit sucht, wird er ausbrechen, wird er ein Loch in das Gitter schneiden und es überwinden. Auch wir werden schließlich dieses Gitter überwinden und unsere Freiheit wiedererhalten.

Auch die sogenannte *Flotte der Galaktischen Konföderation* halte ich für ein Werk des Verstandes, die göttliche Liebe hingegen ist meines Erachtens frei, allumfassend, unbeschreiblich und kann nicht in eine Konföderation gepresst werden. Eine Konföderation ist eine übergeordnete, vertraglich geschlossene Vereinigung, bei der die Teilnehmer jeweils ihre Selbständigkeit und Souveränität beibehalten. Eine Flotte ist eine Einheit von Fahr- oder Flugzeugen. Die Flotte der Galaktischen Konföderation dürfte demnach eine UFO-Flotte eines galaktischen Zusammenschlusses von verschiedenen Wesen sein.

Wenn wir nun darauf hoffen, dass uns *außerirdische Freunde* retten würden, dann bleiben wir in der Opferrolle, in der wir uns schon seit Jahrtausenden befinden. Wir dürfen nicht im Jammern stecken bleiben: „*Wir armen Menschlein sind auf die Hilfe von außen angewiesen, sonst sind wir verloren.*" Wenn wir uns darauf verlassen, von anderen errettet zu werden, kommen wir vom Regen in die Traufe. Mag sein, dass es friedliche außerirdische Wesen gibt, die uns wohlgesonnen sind und es mag sein, dass sie uns im Ernstfall auch helfen möchten, doch wenn wir selbst untätig bleiben und auf sie warten, begeben wir uns in eine erneute Abhängigkeit. Wenn wir darauf warten, dass sich kosmische Schlachtschiffe einen Kampf im Weltall liefern, um uns zu retten, dann bleiben wir genau in derselben Schwingung, die uns seit Äonen gefangen hält. Wir selbst sind aufgefordert, unser Schicksal und vor allem unsere weitere Bewusstwerdung aktiv anzugehen. Wenn wir dazu noch Unterstützung von außen bekommen, umso besser, aber wir dürfen nicht tatenlos warten, dass uns eine fremde Spezies rettet.

Wenn wir ausschließlich auf Hilfe von außen hoffen, dann signalisieren wir, dass wir selbst unfähig sind und wie die Schafe einen Hirten und vor allem einen Hirtenhund benötigen. Derartiges Verhalten ist uns Menschen unwürdig, denn wir hätten erneut einen Sieger, der uns sagen würde, wie wir uns zu verhalten hätten. Viel mehr kommt es auf unser eigenes Verhalten an. Wir selbst sind es, die unsere Taten vor uns selbst zu vertreten haben. Wir schauen morgens in den Spiegel und sehen uns ins Gesicht. Haben wir dabei ein reines Gewissen oder müssen wir uns unserer Taten schämen? Sind wir käuflich und verraten unsere Mitmenschen oder stehen wir für die Wahrheit und für die Freiheit ein? Wenn jemand um des Geldes willen Dinge tut, die sein Gewissen strikt ablehnt, dann ist es eine Entscheidung, die ihn von der göttlichen Liebe entfernen wird. Meines Erachtens ist ein Erdenleben auch dazu da, den Versuchungen zu widerstehen und nicht allen Machtbestrebungen nachzugeben. Wer sich sozusagen kaufen lässt, der muss sich irgendwann nicht wundern, wenn er den entsprechenden Lohn dafür erhält.

Kapitel 11:
Ist Gott wirklich Gott?

In den Mythologien, Religionen, in der Metaphysik und auch in der modernen Welt gibt es unzählige Götter. Deshalb sollten wir, wenn jemand von „Gott" spricht, nachfragen, welchen Gott er meint. Es gibt sogar einen Gott der Dunkelmächte. Sehen wir uns daher den *Gott der Bibel* an, denn dieser ist (noch) der am meisten verbreitete in Europa, dazu muss man auch kein Anhänger einer Religion sein.

Gott der Bibel

Wenn wir uns die Bibel ansehen, werden darin offensichtlich zwei grundverschiedene Gott-Varianten beschrieben. Sie verkörpern zwei fast entgegengesetzte Persönlichkeiten, was denjenigen, der die Bibel selbst liest, durchaus verwirrt. Im Alten Testament ist von einem Gott die Rede, der die strikte Einhaltung seiner Gebote anordnet, die Ausrottung ganzer Städte verlangt und mit Drohungen und Angst seine Forderungen durchsetzt. Gott wird als furchterregend und eifersüchtig dargestellt: Zum Beispiel in *Moses 4:*

„*⁵Hiermit lehre ich Euch, wie es mir der Herr, mein Gott, aufgetragen hat, Gesetze und Rechtsvorschriften. Ihr sollt sie innerhalb des Landes halten, in das Ihr hineinzieht, um es **in Besitz zu nehmen**. ... ¹⁰... Sie sollen **lernen, mich zu fürchten**, so lange, wie sie im Land leben, und sie sollen es auch ihre Kinder lehren.*" Und weiter: „*²⁴Denn der Herr, **Dein Gott, ist verzehrendes Feuer**. Er ist **ein eifersüchtiger Gott**.*"[237]

Er weist „sein Volk" in verschiedenen Textstellen an, die Bewohner von diversen eroberten Städten umzubringen, obwohl er doch in seinen Geboten eindeutig sagte, dass man nicht töten solle. Widerspricht er sich selbst, oder gilt dieses Gebot nur für bestimmte Menschen, die nicht getötet werden durften? Wollte er, dass die damaligen Krieger nur ausgesuchte Menschen am Leben lassen? Welche? Wie ist das heute zu verstehen? Oder wurde damals bereits die giftige Saat des „Teile und herrsche" gesät, die sich heute über den gesamten Globus ausgebreitet hat und die verschiedenen Menschenrassen trennt? Wir lassen uns heute noch dazu verleiten, uns gegenseitig mit Atombomben, giftigen Gasen und Drohnen umzubringen, anstatt nebeneinander in Respekt und Anerkennung friedlich die Erde zu bewohnen!

Im Buch Genesis 6,4 beispielsweise steht:

„*Zu jenen Zeiten waren Riesen auf Erden, auch nachher noch, als die Gottessöhne mit den Töchtern der Menschen verkehrten und diese ihnen Kinder gebaren; das sind die starken Männer der Urzeit, Leute mit Namen.*"[238]

Es ist von „Gottessöhnen" die Rede, während im Neuen Testament nur von einem Sohn berichtet wird. Auch das ist eine Ungereimtheit, die den suchenden Menschen im Unklaren lässt. Die Antworten der Priester sind meines Erachtens unzureichend und bringen keine Aufklärung.

Im Neuen Testament wird Jesus, der als „Sohn Gottes" bezeichnet wird, liebevoll und verzeihend beschrieben. Er soll Kranke geheilt und Sündern vergeben haben. Und man fragt sich, warum Jesus als sehr verständnisvoll dargestellt wird, wo doch Gott im Alten Testament sehr hart und fordernd geschildert wird. Handelt er nicht im Sinne seines Vaters, oder sollte bei Gott gar ein Gesinnungswandel stattgefunden haben? Ich habe die Antwort auf diese Fragen noch nicht gefunden. Wenn die Kirchen wirklich Interesse daran hätten, suchenden Menschen eine Antwort zu geben und ihnen auf dem Weg zur göttlichen Ur-Quelle zu helfen, hätten sie längst diese Themen aufgegriffen und hätten die Wahrheit preisgegeben. Denn diese befindet sich mit Sicherheit tief in den Katakomben des Vatikans. Doch die Gesinnung des Vatikans sieht das wohl nicht vor. Im Gegenteil, der Vatikan steht immer mehr in harter Kritik.

Was der Allgemeinheit nach wie vor vorenthalten wird, sind die Inhalte der Urtexte. Die heutigen Inhalte der verschiedenen Bibelversionen unterscheiden sich in Nuancen, obwohl sie relativ zeitgleich geschrieben wurden. Wie viele Unterschiede muss es bei Textversionen geben, zwischen denen Jahrhunderte liegen? Es ist bekannt, dass Textstellen je nach Gesinnung der jeweiligen politischen bzw. religiösen Machthaber gestrichen oder zielführend abgeändert wurden. Ebenso sind bei Übersetzungen Fehler unterlaufen. Auf diese Weise hat sich der Urtext bis heute immer wieder ein klein wenig verändert. Wir können nicht prüfen, ob sich der Inhalt in seiner Bedeutung an manchen prekären Stellen nicht sogar umgedreht hat, wie manche behaupten. Fakt ist jedoch, dass sich der beschriebene Gott im Alten Testament grundlegend von der Gesinnung im Neuen Testament unterscheidet und die Frage im Raum steht: Wer ist der Gott des Alten Testaments? Von welchem Gott sprechen die Kirchen? Gibt es einen echten und einen falschen Gott? Wie viele Götter gibt es?

„Was jedermann für ausgemacht hält,
verdient am meisten untersucht zu werden."[239]
Georg Christoph Lichtenberg (1742-1799)

NAG-HAMMADI-SCHRIFTEN – ARCHONTEN

Im Dezember 1945 wurden in der oberägyptischen Stadt Nag-Hammadi Schriften entdeckt und nach dieser Stadt benannt. Sie befinden sich heute im Besitz des koptischen Museums in Kairo. Es handelt sich dabei um historische Schriften, die ein ähnliches Alter aufweisen wie die Texte des Neuen Testaments. Eine Studienausgabe der übersetzten Texte erläutert:

„Nach den Kriterien der Paläographie und den Indizien, die die Urkunden liefern, die sich als Makulatur in der Kartonage der Ledereinbände fanden, stammen die Nag-Hammadi-Codices etwa aus der ersten Hälfte des 4. Jh. n. Chr."[240].

Entdeckt wurden die Nag-Hammadi-Schriften allerdings erst 1945 und haben deshalb den unschätzbaren Vorteil, dass sie Jahrhunderte überdauert haben, ohne inhaltlich verändert worden zu sein. Die Bibeltexte hingegen wurden viele Male, je nach Gesinnung des jeweiligen Papstes, abgeschrieben, korrigiert, neu übersetzt und verändert. Wir können deshalb bei den Bibeltexten nicht sicher sein, was nun tatsächlich der Wahrheit entspricht und was nicht. Natürlich können wir von den Nag-Hammadi-Texten ebenso wenig sicher sein, dass sie wahr sind, wir waren schließlich nicht dabei, zumindest können wir uns in dieser Inkarnation nicht daran erinnern. Doch wir gehen jetzt einmal davon aus, dass sie wenig bis gar nicht verändert wurden.

In diesen Nag-Hammadi-Schriften wird immer wieder von Archonten berichtet. Diese befinden sich in für uns nicht sichtbaren Dimensionen und manipulieren und lenken uns von dort aus. Die Archonten seien durch eine Art Versehen entstanden. Die Schrift »Vom Ursprung der Welt« aus den Nag-Hammadi-Texten beschreibt, dass aus der Pistis eine Gestalt hervorgegangen sei, die man *Sophia* nennt. *Sophia* habe ein Werk erschaffen wollen. Aus ihrem Willen sei ein Himmel entstanden, der dem Licht des Anfangs gleiche. Dieser Himmel sollte später wie eine Art Vorhang sein, der die Menschen von den Unsterblichen trennen sollte.

Alles, was sich außerhalb des „Äons der Wahrheit" befinde, sei Schatten, man habe es „Finsternis" genannt – daher vielleicht die Bezeichnung „Dunkelmächte". *„Den Schatten aber nannten die Kräfte, die nach ihnen entstanden sind, ‚das grenzenlose Chaos'.* **Aus ihm spross jegliches Göttergeschlecht hervor…"**[241] (Herv. d. Verf.) Als der Schatten erkannt habe, dass es einen gibt, der stärker sei als er, habe er den **Neid** geboren. Es habe sich eine wässrige Substanz gebildet, die das Chaos dargestellt habe, das grenzenlose Finsternis gewesen sei. *Pistis Sophia* habe gewollt, dass diese Fehlgeburt, wie sie das Chaos genannt habe, Gestalt bekäme. Diese Gestalt sollte **über die Materie herrschen**.

Und *„es trat zuerst ein Archont aus den Wassern in Erscheinung, der Löwengestalt hatte und mannweiblich war"*. Sie habe zu ihm gesprochen und damals sei es zum Ursprung der Sprache gekommen. Er sei der *„Inhaber der Gewalt über die Materie, da kehrte die Pistis Sophia nach oben zu ihrem Licht zurück"* (Herv. d. Verf.). Da der Archont außer sich selbst, dem Wasser und der Finsternis nichts habe sehen können, denn Sophia war ja nicht mehr da, habe er gedacht, dass nur er allein existiere. Er habe die wässrige Substanz zu einem Teil gesondert und aus dem anderen Teil sei das Trockene geworden. Und aus der Materie habe er einen Wohnort geschaffen, den er **Himmel** genannt habe. Ebenfalls *„aus der Materie schuf der Archont (sodann) einen Fußschemel. Er nannte ihn ‚Erde'"*. (Herv. d. Verf.)

> „*Danach fasst der Archont ... einen Gedanken gemäß seiner Natur, und durch das Wort schuf er einen Mannweiblichen.*" Insgesamt sollen im Chaos sieben mannweibliche Archonten in Erscheinung getreten sein. Die *Archonten* sollen den ersten Menschen erschaffen haben, der sich jedoch nicht aufrichten konnte und seelenlos war. Da soll *Pistis Sophia* diesem Geschöpf eine Seele eingehaucht und ihn durch ihr Wort aufgerichtet haben. Die Archonten seien jedoch neidisch geworden, weil der von ihnen geschaffene **Mensch jetzt den göttlichen Funken, das göttliche Licht, in sich trug.**

> „*Als die sieben Archonten ... aus ihren Himmeln auf die Erde herabgeworfen waren, schufen sie sich Engel, das waren viele Dämonen, damit sie ihnen dienten. Diese aber lehrten die Menschen viele Irrtümer und Magie und Giftmischerei und Götzendienst und Blutvergießen und Altäre und Tempel und Opfer und Trankopfer für alle Dämonen der Erde.*"[242]

Alle Menschen, die auf der Erde seien, würden den Dämonen dienen, seit der Grundlegung bis zum Ende. Die Textstelle über die Giftmischerei erinnert mich an die chemische, aber auch an die Pharmaindustrie, und bei den Begriffen Götzendienst, Altäre, Tempel und Opfer denkt man unweigerlich an die Religionen. Mittlerweile erkennen immer mehr Menschen, dass die Religionen sich zwischen die höchste Stelle und die Menschen gedrängt haben. Sie erfüllen somit mehr eine trennende Funktion als eine verbindende. Vielleicht sollte man sich an dieser Stelle auch daran erinnern, dass in der Geschichte oftmals die Religionen dazu benutzt wurden, millionenfachen Mord zu verüben.

> „*Unser Kampf ist nicht gegen Fleisch und [Blut], sondern gegen die Mächte der Welt und die Geistwesen des Bösen.*"[243]
> Nag-Hammadi-Text „Die Hypostase der Archonten"

Übrigens ist es ziemlich egal, ob wir sie Archonten, Chitauri (bzw. Centauri) oder anders nennen, sie alle sind machtvolle Wesenheiten im Hintergrund, die sich von unserer Energie ernähren. Chitauri sind extraterrestrische Wesen, die ihre Gestalt wandeln können. Credo Mutwa, ein Zulu-Schamanen und Stammesältester beschrieb diese Chitauri als „*die Diktatoren, die, die uns das Gesetz geben*"[244] oder auch als „*die, die uns im Geheimen sagen, was wir zu tun haben*". Na, das klingt doch höchst aktuell, finden Sie nicht? Die Menschen lebten einst in Frieden miteinander, lange bevor es Gesetzestexte gab, denn sie hielten sich an die kosmischen Gesetze. Das oberste kosmische Gesetz lautet, dass man niemandem schaden darf.

Doch zurück zu den Nag-Hammadi-Texten. Als die Welt angefüllt gewesen sei mit Menschen, „*da übten die Archonten die Herrschaft über sie aus, das bedeutet: Sie hielten sie nieder in Unwissenheit.*" Haben Sie nicht auch das Gefühl, dass dies heute noch so ist? Die Mächtigen halten das Volk in Unwissenheit. Die Medien sorgen dafür, dass die Menschen nur das erfahren, was die Mächtigen wollen. Das uralte überlieferte Wissen, das unsere Ur-Ur-Ur-Ahnen noch hatten, wurde immer wieder ganz bewusst vernichtet. Sie wurden ganz gezielt durch Scheiterhaufen und andere bestialische Methoden ermordet, weil die Archonten, die mächtigen, aber ethisch niederen Geistwesen im Hintergrund, ihre Herrschaft über die Menschen behalten bzw. ausweiten wollten. Sie wollten die ganze Welt beherrschen, doch sie hatten Angst, dass ihnen die Menschen nicht gehorchen und sie niemals in eine Weltherrschaft einwilligen würden.

Deshalb haben sie alles unternommen, um die Menschen von ihrem göttlichen Funken abzubringen:

- Sie haben die Menschen mit Rauschmitteln verführt, damit sie nicht mehr klar denken konnten,
- sie haben sie mit chemischen Mitteln krank gemacht, damit sie früh sterben (und zuvor eine Pharmaindustrie reich werden lassen),
- sie haben ein Zins-Geld-System eingeführt, damit die Menschen von früh bis spät arbeiten und ihnen dienen müssen, denn so würden sie keine Zeit mehr finden, in die Stille zu gehen und Kontakt mit ihrer Seele aufzunehmen,
- sie arbeiten daran, die Menschen von der Elektronik abhängig zu machen,
- sie versuchen, den Menschen in eine virtuelle Welt zu locken, damit er das System der Archonten, das von Lug und Trug durchzogen ist, übernimmt,
- sie arbeiten daran, die Menschen mit der Elektronik zu verschmelzen, damit sie die Gedanken und Taten über einen Zentralcomputer, den sie **Künstliche Intelligenz** nennen, vollends steuern können. Wenn sie das erreichen sollten, dann hätten sie den Menschen vollends von seiner inneren Menschlichkeit getrennt und
- dann hätten sie sich der Menschen bemächtigt. Doch das wird nicht passieren!

Die Unterdrückung der Menschen findet also noch immer statt. Und genau das ist der Grund, warum man vor allem der Jugend implantierte Chips und andere sog. elektronische „Upgrades" anpreist. Mit coolen Funktionen und Produkten wie automatisches Öffnen der Haustüre, Mind-Machines, Cyborg-Kontaktlinsen usw. wird das Interesse der Jugend geweckt, die sich leider dadurch beeindrucken lässt. So zieht sich die Schlinge um unseren Hals immer weiter zu, bis es kein Zurück mehr gibt. Das Ziel ist die totale Überwachung unserer Gedanken, die schließlich über Programme manipuliert werden sollen. Per Funk sollen wir Befehle direkt in unser Gehirn erhalten. Wir würden nicht mehr unterscheiden können, was unsere eigenen Gedanken sind und welche Gedanken uns von außen installiert werden. Wir dürfen es nicht geschehen lassen, dass sogar noch unsere Gedanken gesteuert werden. Das wäre das Ende der menschlichen Freiheit und des echten Menschseins an sich.

Auch wenn die Archonten unzählige Dämonen erschaffen haben, die entweder die Menschen besetzen, ihre Seele verdrängen und deren Stelle einnehmen oder vielleicht sogar in Menschenkörpern inkarnieren, gibt es noch immer echte Menschen. Wir können sie daran erkennen, dass sie menschlich sind und sich bei Bedarf für das menschliche Wohl einsetzen. Sie leben ihr Leben, ohne groß aufzufallen und wünschen sich, dass es ihrer Familie und ihrem Volk gut gehen möge. Die „unechten Menschen" hingegen, die von dämonischen Energien gesteuert werden, sind Kämpfernaturen. Sie gehen in Konkurrenz und wollen um jeden Preis besser, schneller, größer, reicher sein. Die Extremen unter ihnen sind voller Hass und versuchen, die Menschen gegeneinander aufzubringen, damit sie beginnen, sich zu bekämpfen. Manche gehen sogar so weit, dass sie ganze Völker zerstören, um die Ziele der über ihnen stehenden Mächte zu erfüllen. Dieses Verhalten können wir vor allem im Bankwesen, in der Wirtschaft und in der Politik beobachten.

Wenn wir uns jedoch sehnlichst wünschen, dass alle Menschen in Frieden leben mögen, dass jeder im Land seiner Ahnen glücklich werden kann und darf und wir jedem Menschen wünschen, dass er „seel"-ig sein möge, dann können wir davon ausgehen, dass wir „echte Menschen" sind. Ich bin mir sicher, dass wir schlussendlich unseren göttlichen Funken erkennen und unsere Verbindung mit unserer liebevollen Ur-Quelle ganz bewusst wahrnehmen können. Dann werden wir uns auch wieder unserer Fähigkeiten bewusst, die wir als beseelte Wesen haben. Die Folge wird sein, dass die Archonten zunehmend „macht"-los werden. Wenn wir uns bemühen, ehrenvolle Menschen zu sein, dann bekommen wir auch Zugang zu unserer echten Kraft und zu unseren derzeit noch schlummernden Gaben. Wir sollten lernen, auf die leisen Rufe unserer Seele zu hören und von den Eingebungen des inneren „Teufelchens" zu unterscheiden. Andererseits ist es ebenso wichtig, sich von „Energieräubern" zu distanzieren und ihnen die Grenzen zu zeigen.

> *„Wir haben die Aufgabe, auch auf uns selbst zu achten*
> *und uns nicht zum Mülleimer oder*
> *zur Energiequelle für andere Menschen zu machen."*
>
> Die Autorin

In den Nag-Hammadi-Schriften wird unter anderem auch die Endzeit beschrieben, die an die „Offenbarung des Johannes" in der Bibel erinnert:

> *„Vor dem Ende [des Äons] wird der ganze Ort durch einen großen Donner erschüttert werden ... Seine Könige werden ... einander bekriegen, sodass die Erde trunken wird durch das Blut, das vergossen ist. Und die Meere werden aufgewühlt werden durch jene Kriege. Dann wird die Sonne finster werden, und der Mond wird sein Licht verlieren. Die Sterne des Himmels werden ihre Bahn verlassen, und ein großer Donner wird kommen infolge einer großen Kraft, die oberhalb aller Kräfte des Chaos ist."*

„Die Kraft des Weibes werde die Götter des Chaos, die sie selbst geschaffen habe, verjagen. Sie werde die Archonten hinabwerfen in den Abgrund und sie würden ausgelöscht werden. Das Licht werde die Finsternis bedecken." Dieser Text erinnert an die Prophezeiungen von *Nostradamus*, auf die ich später noch eingehen werde.

Die Nag-Hammadi-Schriften gehen auf die Frage nach dem echten Gott ein. In dem historischen Text »Testimonium Veritatis« (»Das Zeugnis der Wahrheit«), dessen Entstehungszeit zwischen 180 und 313 n. Chr. datiert wird, stellt sich der unbekannte Autor auch die Frage:

„Was ist das für ein Gott? ... Und er sprach: Ich bin der eifersüchtige Gott. Ich will die Sünden der Väter über die Kinder bringen bis zu drei und vier Generationen. Und er sprach: Ich will ihre Herzen verhärten und ihren Verstand erblinden lassen, damit sie nicht verstehen noch begreifen, was gesagt wird. Aber (eben) das ist es, was er denen gesagt hat, die an ihn glauben [und] ihn verehren!"[245]

Schon vor ca. 1.700 Jahren stellten sich die wahrheitssuchenden Menschen dieselbe Frage, welcher Gott es ist, der im Alten Testament zitiert wird. Und genau diese Frage ist heute nach wie vor aktuell: Zu wem beten wir? Wer ist es, den wir um Unterstützung und Hilfe bitten? Wenden wir uns an die liebevolle Ur-Quelle oder an eine andere Entität?

In diesem Zusammenhang rückt es plötzlich auch in greifbare Nähe, dass die materielle Schöpfung nicht aus der liebenden Ur-Quelle entstanden ist. Wie könnte sie eine Welt erschaffen, in der tagtäglich viele Milliarden Mal Lebewesen unter Todesängsten und Schmerzen sterben? Spricht das für eine liebevolle Welt? Die »gnostischen Schriften« sehen sie vielmehr als das Ergebnis des Demiurgen, des Weltschöpfers. Dabei wurde das System von „fressen und gefressen werden" nicht nur billigend in Kauf genommen, sondern vermutlich sogar ganz bewusst so erschaffen. Eben weil die Schöpfung gerade **nicht** ein Werk der liebenden Ur-Quelle ist.

Laut den Nag-Hammadi-Schriften wurde auch das System sexueller Zeugung von *„Jaldabaoth, der auch den Teufelsnamen Samael trägt"*[246], eingerichtet. *„Es verdunkelt das Licht der Erkenntnis und versklavt den Menschen.",* schreibt der Forscher *Michael Waldstein*. Wir können uns heute eine andere Art der Existenz nicht vorstellen, weil wir sie weder erleben, noch irgendwo beobachten können. Unser Leben scheint uns vollkommen normal, weil wir kein anderes kennen. Auch das Genie meint lange Zeit, dass seine Fähigkeiten normal sind – eben weil es kein anderes Leben so genau kennt und lebt, wie sein eigenes, und bei der Beurteilung, was normal ist, von sich selbst ausgeht. Erst wenn ihm jemand erläutert, dass die anderen diese Fähigkeiten nicht haben, wird es erkennen, dass sein Leben einzigartig ist, genauso wie das aller anderen Menschen – unvergleichlich mit dem eines anderen. Genauso normal kommt uns unser Leben vor. Doch wir wissen nicht, ob es nicht eine Existenzform für uns gibt, die noch viel besser für uns wäre. Vielleicht könnten wir eine unsterbliche, liebevolle und vollkommen erfüllte Existenz führen, die wir uns derzeit überhaupt noch nicht vorstellen können. Mit Sicherheit haben wir viel mehr Möglichkeiten, als wir ahnen.

Höchst interessant – weil ebenfalls mit Bezug zum heutigen Leben – ist die Nag-Hammadi-Schrift »Der dreiteilige Traktat (NHC I,5)«. *Gerd Lüdemann* und *Martina Janßen* übersetzten den Text wie folgt:

„*Die Menschheit (15) entstand in drei Seinsweisen – der pneumatischen, der psychischen und der hylischen –, indem sie den Typos der Satzungen der drei Weisen des Logos bewahrt, aus der (20) hervorgebracht wurden die Hylischen und die Psychischen und die Pneumatischen. Jede der drei Seinsweisen wird durch seine Frucht erkannt.*"[247] Sie seien nicht von Anfang an erkannt worden, sondern erst durch das Kommen des Erlösers. „*Das **pneumatische Geschlecht** wird die Erlösung, die in jeder Hinsicht vollkommen ist, empfangen. Das **hylische** (Geschlecht) wird die Zerstörung in jeder Hinsicht empfangen, ganz wie (20) einer, der sich ihm widersetzt. Das **psychische Geschlecht**, da es in der Mitte war, als es hervorgebracht und niedergelegt wurde, ist zweifach in Bezug auf seine Bestimmung – (sowohl) zum Guten als auch zum Bösen ... Diese, die der Logos hervorgebracht hat, gemäß dem ersten Element seines (30) Gedankens, als er sich an den Höchsten erinnerte und um Erlösung betete – diese haben sofort die Erlösung. Sie werden auf alle Fälle gerettet werden [wegen] des Erlösungsdenkens.*" (Herv. d. Verf.).

Ich interpretiere das so, dass es diejenigen gibt, die sich von Beginn an mit der Ur-Quelle sehr verbunden fühlen und die sich für die Liebe und die Wahrheit einsetzen (pneumatisches Geschlecht). Diese werden die vollkommene Erlösung empfangen. Ferner gibt es das hylische Geschlecht, das sich den dunklen Energien verschrieben hat. Laut dem Text sollen diese Menschen in jeder Hinsicht zerstört werden. Die dritte Gruppe, das psychische Geschlecht, soll sich entscheiden können. Sie haben die Wahl, sich für die eine oder die andere Seite zu entscheiden – je nachdem wird es ihnen ergehen.

Dieser Textteil bestätigt indirekt die an anderen Stellen in dem Buch erwähnten, russischen Forschungen, von denen *Andrey Tjunjaev* berichtete. Diese waren zu dem Ergebnis gekommen, dass es echte und nicht echte Menschen gibt. Wenn wir die von Herzen kommende Menschlichkeit als Erkennungsmerkmal für die „echten" Menschen annehmen, dann würden sie dem „pneumatischen Geschlecht" entsprechen. Der echte, „menschliche" Mensch ist derjenige, der sein Leben für den Frieden geben würde und dessen Herz dafür brennt, die Gewalt, die Unterdrückung und die moderne Sklaverei zu beenden. Er ist derjenige, der es wagt, dem Unrecht zu widersprechen und der dennoch die Vergebung in seinem Herzen trägt. Es ist ihm ein großes Anliegen, wenn nicht gar sein größter Wunsch, seinen Beitrag dazu zu leisten, dass die Erde endlich Frieden findet. Vielleicht gehören auch manche Autoren von aufklärenden Büchern in diese Kategorie.

Wenn ich mir die heutige Welt allerdings so betrachte, dann scheinen diejenigen, die für die Kriegstreiberei, die Einführung von Zentralbanken usw. verantwortlich sind, dem hylischen Geschlecht anzugehören. Sie streben eine Weltregierung, ein Weltgericht und eine Weltreligion an. Auf diese Weise lassen sich auch viele Menschen über untergeordnete regionale Regierungen gut führen, kontrollieren und steuern. Sie wollen die Welt beherrschen und über die Menschen regieren und halten sich für diejenigen, denen das Recht auf Macht zusteht. Doch leider sind sie „un"-menschlich und damit nicht-menschlich. Vereinfacht ausgedrückt könnte man sie auch als „böse" bezeichnen, ganz einfach deshalb, weil sie anderen Menschen ihre Freiheit rauben, sie unterdrücken und sogar zu einem großen Teil ausrotten möchten.

Sie beherrschen offensichtlich auch die allgemeine Medienwelt und versuchen damit, das dritte, das sog. psychische Geschlecht auf ihre Seite zu ziehen. Bei vielen mag das auch gelingen, denn diese befinden sich ja in einem Status, in dem sie sich entscheiden müssen, für welche Seite sie sich einsetzen möchten. Einige Autoren beschreiben nachvollziehbar, dass Störer von angemeldeten Demonstrationen (mittels Steuergelder) gekauft worden sind, diese dürften ebenfalls dem psychischen Geschlecht zuzuordnen sein. Ich kann diesen Menschen nur raten, sich die Argumente beider Seiten anzusehen und dann auf ihr Herz zu hören. Ihre Entscheidung wird langfristig weitreichende Folgen für sie selbst haben und ich hoffe, sie erkennen das, bevor es zu spät sein wird.

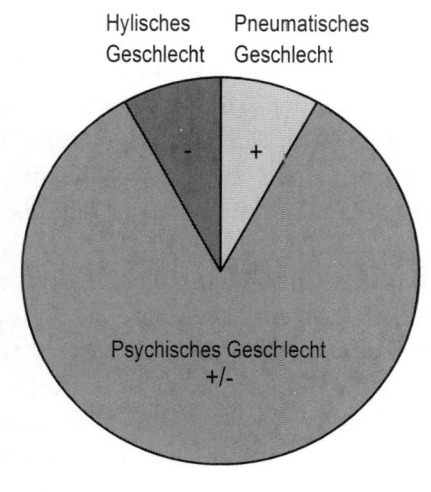

Abb. 22: Mögliche Aufteilung der drei Geschlechter aus der Nag-Hammadi-Schrift »Der dreiteilige Traktat (NHC I,5)«

Das friedliebende pneumatische und das herrschsüchtige hylische Geschlecht scheinen nur in begrenztem Maße hier auf der Erde inkarniert zu sein. Den weitaus größeren Anteil deckt offensichtlich das psychische Geschlecht ab. Unter diesem Gesichtspunkt ergibt es natürlich Sinn, dass die Hylischen die Medien in der Form erschaffen haben, in der sie heute vorhanden sind. Und dennoch werden sie es nicht schaffen, die Menschen vollends zu unterjochen!

Auch wenn viele Forscher diese alten Texte nur analytisch betrachten und mit den Inhalten der Bibel vergleichen, so haben sie doch eine nicht zu unterschätzende Aussagekraft, die man in unserem Leben erkennen bzw. umsetzen kann. Diese Schriften sind von gelehrten und sehr weisen Menschen geschrieben worden und auch wenn sie damals noch kein Smartphone hatten, haben sie sich die Fragen des Lebens genauso gestellt, wie wir das heute tun und sie hatten darauf gute Antworten. Das alte Wissen ist bewahrt worden und wurde noch nicht so verfälscht und zerstört, wie das heute leider der Fall ist. Die Gelehrten von damals hatten offensichtlich noch leichter Zugang zu wahrem Wissen, als wir das können. Heute werden bereits die Studenten im Interesse der Konzerne ausgebildet.

IST MATERIE GÖTTLICH?

Laut den Nag-Hammadi-Schriften ist es so, dass die Schöpfung nicht von der liebenden Ur-Quelle erschaffen wurde, sondern im Grunde aus Versehen entstanden ist, und der erste Archont erhielt die Herrschaft über die Materie. Sollte es sich tatsächlich so zugetragen haben, würde dies so manches, vor allem das ewige und äußerst schmerzhafte „fressen und gefressen werden" erklären. Genau das ist in meinen Augen der Beweis, dass das Leben auf der Erde, wie wir es kennen, nicht im Sinne einer liebenden Ur-Quelle entstanden sein kann. Vielmehr scheint es so zu sein, dass die Schöpfung ausschließlich die rein materielle Seite verkörpert. Der seelische Anteil hingegen ist das Bindeglied zur liebenden Ur-Quelle und wir haben die Aufgabe, diese beiden grundverschiedenen Bereiche zu vereinen. Deshalb fällt es uns auch oft schwer, uns zwischen den materiellen und den seelisch-geistigen Interessen zu entscheiden.

Nicht nur in den Nag-Hammadi-Schriften, sondern auch in der Bibel gibt es Stellen, die davon schreiben, dass die materielle Welt nicht göttlich ist: *„Liebt nicht die Welt und was in der Welt ist! ... Denn alles, was in der Welt ist, die Begierde des Fleisches, die Begierde der Augen und das Prahlen mit dem Besitz, ist nicht vom Vater, sondern von der Welt."*[248] Wir leben zwar in dieser Welt, doch wir sind nicht von ihr, denn unsere Seelen kommen von der Ur-Quelle und beleben damit unsere materiellen Körper. Das ist die große Aufgabe, in dieser Welt zu leben und die materiellen Bedürfnisse unseres Körpers zu erfüllen, gleichzeitig jedoch in unseren Gedanken und in unseren Empfindungen angebunden an unsere göttliche Quelle zu bleiben.

Mit diesem Wissen ist es uns möglich, die Schöpfung aus ganz anderen Augen zu betrachten. Nach den beschriebenen Informationen ist die Erde weniger die Schöpfung der liebenden Ur-Quelle als vielmehr das Produkt eines Archonten. Jetzt kann man sich natürlich fragen, warum die liebende Ur-Quelle diese Welt nicht kurzerhand wieder zerstört hat, um diesem milliardenfachen Sterbens-Elend ein Ende zu bereiten. Doch diese materielle Schöpfung bietet eventuell ganz neue Möglichkeiten. Lesen Sie dazu meine These, wie folgt:

„Als die liebevolle Ur-Quelle sah, dass der erste Archont (Demiurg) die Erde erschaffen hat, wollte sie nicht zerstörend eingreifen, weil ihr ‚Zerstörung' fremd ist. Deshalb hat sie die Erschaffung der Erde zugelassen. Die Menschen, die in dieser Schöpfung eine körperliche Form annehmen, sind dabei über ihre Seele weiterhin mit der göttlichen Ur-Quelle verbunden und verfügen somit über einen Anteil des göttli-

chen Bewusstseins. Durch diese Verbindung haben sie (möglicherweise über viele Inkarnationen hinweg) die Möglichkeit, von selbst wieder zur liebevollen Ur-Quelle zurückzufinden. Dies ermöglicht eine unvergleichliche Entwicklung der inkarnierten Seelen. Sie können sich freiwillig und in ihrer eigenen Geschwindigkeit wieder zur göttlichen, liebevollen Ur-Quelle hinwenden. Wenn eines Tages alle Seelen den Weg zurück zur Ur-Quelle gegangen sind, ist der Demiurg sinnlos und überflüssig geworden, da er keine Anhänger und keine Untertanen mehr hat. In dem Moment, wenn kein Bedarf mehr nach ihm vorhanden ist, ist er bedeutungslos geworden und hat keine Aufgabe mehr. Spätestens dann beginnt für die Menschen und alle Wesen eine völlig andere Art der Existenz."

Doch der Demiurg ist trickreich. Die von ihm erschaffene Schöpfung wäre wahrscheinlich schon längst beendet, wenn die Seelen nicht immer wieder auf der Erde inkarnieren müssten. Ich gehe davon aus, dass er einen Trick anwendet, um dies zu erreichen. Die Seelen müssen immer wieder dieselbe Schleife drehen, weil sie den Weg heraus nicht finden. Vermutlich sind auch die Religionen darin involviert, die sich im Moment des Todes präsent zeigen und dem gläubigen Menschen einen Weg weisen. Die meisten Menschen, die eine Nahtoderfahrung erlebt haben und – meist durch medizinische Notfallmaßnahmen – „zurückgeholt" wurden, sprechen davon, dass sie einen Tunnel sahen, an dessen anderem Ende ein liebevolles Licht auf sie gewartet hätte. Sie hätten sich geradezu magisch von diesem Licht angezogen gefühlt. Und genau dieses Licht wird von einzelnen spirituellen Lehrern verdächtigt, die Falle zu sein, in welche die meisten tappen.

Eine Seminarleiterin, die ich kenne, rät dazu, nicht sofort in dieses Licht zu gehen, sondern zuerst in den Raum zu fragen, wo unser eigenes Zuhause ist. Unter Umständen zeigen sich dann ganz andere Möglichkeiten. Und eventuell zeigt sich dann dieses Licht plötzlich von einer ganz anderen, vielleicht seiner wahren Seite. Ich kann Ihnen auch nicht sagen, ob es sich tatsächlich so verhält, doch die Empfehlung, sich zunächst einmal umzusehen, find ich hervorragend. Ich nehme mir daher vor, wenn ich mich eines Tages in dieser Situation befinden sollte, zuerst die Alternativen anzusehen und dann zu entscheiden, wohin ich mich wenden werde.

Der Demiurg versucht, die Seelen so sehr zu verwickeln, dass sie den Weg zur liebevollen Ur-Quelle nicht finden. Und man hat den Anschein, dass ihm dies immer wieder gelingt. Im wiederkehrenden Zyklus des Sonnensystems von 26.000 Jahren wird die Zivilisation regelmäßig wieder auf „Null" gesetzt, weil die archontische Energie den gesellschaftlichen Verfall jedes Mal soweit erreicht hat, dass es keine andere Möglichkeit gab, als die gesamte Zivilisation zu zerstören. Die wenigen Menschen, die das überlebten, mussten wieder von vorne beginnen. Möglicherweise geht dieses Spiel so lange weiter, bis wir eines Tages lernen, dass wir den Herzensweg gehen und uns gegen versklavende Gesetze und Handlungen wehren dürfen. Und dass wir im Moment des Todes den richtigen Weg gehen.

Derzeit sieht es fast so aus, als wenn wir das Ziel in diesem Zyklus wieder nicht erreichen würden. Aber *„noch ist nicht aller Tage Abend"*, wie man so schön sagt. Der Widerstand gegen dämonische Zustände (totale Überwachung, Pädophilie, praktizierter Satanismus etc.) wächst in der Bevölkerung und wir haben die Hoffnung, dass die Menschheit diesmal den Bewusstseinssprung schafft, ohne erneut von vorn beginnen zu müssen. Für dieses Ziel geben wir alle unser Bestes!

Kapitel 12:
Mächte im Hintergrund

Die vorliegenden Recherchen belegen, dass wir nicht einfach nur auf irgendeinem Planeten in einem Universum leben, der derzeit von wenigen Männern beherrscht wird, sondern dass in unserem Sonnensystem und möglicherweise im gesamten Universum diverse Mächte ihre Machtspiele ausüben. Sie sind teilweise untereinander verfeindet, doch sie haben alle eines gemeinsam: Sie spielen mit uns Menschen. Wir scheinen auf der Erde eine wichtige Mission in diesem Spiel zu haben, sind ansonsten jedoch diesen Mächten ausgeliefert. Sehen wir uns diese These näher an.

Der Urmensch – Wer sind wir?

Die Erde ist von den unterschiedlichsten Menschen bevölkert. Dabei ist hier nicht nur der offensichtliche Unterschied in ihrer Hautfarbe zu erkennen, sondern es gibt noch viel mehr Unterschiede. Manche Völker unterscheiden sich in ihrem körperlichen Aussehen und auch die Sprachen sind ein deutliches Unterscheidungsmerkmal, das oftmals unüberwindlich scheint. Doch all diese Unterschiede dürften nur gering sein, wenn wir alle denselben Ursprung hätten. Vor allem die Sprache müsste zumindest ansatzweise Ähnlichkeiten aufweisen. Diese Ähnlichkeiten finden wir jedoch nur in Völkern, die sich ohnehin ähnlich sind.

Die Wissenschaft argumentiert, dass der Ursprung aller Menschen in Afrika sei, der sog. Wiege der Menschheit. Und die großen sprachlichen Unterschiede seien in der langen Zeit begründet, die seit damals vergangen sei. Doch interessanterweise kam die US-amerikanische Genetikerin *Sarah Tishkoff* (Universität of Pennsylvania in Philadelphia), die mit ihrem Team die Haut von mehr als 2.000 Menschen untersucht hat, auf ein ganz anderes Ergebnis. Bei der DNS der Testpersonen zeigte sich, dass die helle Haut bereits vor der Entstehung der dunklen Haut vorhanden war. Bislang ging man davon aus, dass sich die hellhäutigen Menschen aus den dunkelhäutigen herausentwickelt haben. *„Die älteren Versionen dieser Varianten waren dabei in vielen Fällen diejenigen, die mit einer helleren Haut verknüpft sind. Dies deutet den Forschern zufolge darauf hin, dass die Haut unserer frühen Ahnen eher mäßig pigmentiert war als dunkel."*[249] Dies wird in der Studie in einem Bericht der Internetseite »Bild der Wissenschaft« zusammengefasst. Die dunkelhäutigen Menschen haben sich laut dieser Forschung aus den hellhäutigen entwickelt und nicht andersherum.

Die offizielle Entstehungsgeschichte der Menschen begann bei menschenaffenähnlichen Primaten und endet (bislang) beim Homo sapiens, dem heutigen Menschen. Doch in Anbetracht dessen, dass auch die anerkannte Wissenschaft von den Zielen der herrschenden Ebene beeinflusst ist, ist es sicherlich sinnvoll, wenn wir uns die Fähigkeit bewahren, in alle Richtungen zu denken. Eingefahrene Denkweisen und die unkritische Übernahme von vorgefertigten Meinungen schränken unseren Horizont erheblich ein und ich empfehle, auch einmal von ganz anderen Voraussetzungen auszugehen.

Vielleicht war die Entstehung des heutigen Menschen jedoch vollkommen anders. Stellen wir uns einmal folgende Geschichte vor: Einst war die Erde ein Planet, der hochschwingend war und dessen Pflanzen- und Tierwelt sich gerade entwickelte. Die Pflanzen waren von einer lichten Schönheit, sie zeigten ihre wunderschönen Blüten und Blätter zur Freude der Tiere und Menschen. Sie fanden immer noch schönere Zeichnungen für ihre Blüten und waren eine wahre Augenweide. Die Tiere manifestierten sich ebenfalls auf der Erde, um hier die Erfahrung zu machen, sich mit einem Körper frei bewegen zu können. Auch sie erfreuten sich an den vielen verschiedenen Pflanzen und den farbenprächtigen Blüten. Es wäre ihnen nie in den Sinn gekommen, eine dieser wunderschönen Blüten oder Blätter zu beschädigen oder gar zu essen. Sie lebten, wie alles auf dieser Erde, von der sie umgebenden, allgegenwärtigen Fülle von Energie, ja sie waren selbst reine Energie. Niemals hätten sie diese Pflanzen oder gar andere Tiere verletzen wollen. Jeder freute sich an der Schönheit und individuellen Eigenart des anderen. Jedes materialisierte Wesen genoss es, auf diesem Planeten zu wandeln und selbst zur Fülle beizutragen. Die Atmosphäre war mit warmer Luft erfüllt und es gab eine gleichmäßig hohe Luftfeuchte. Die Sonne war wegen des zarten Dunstes nur durchscheinend erkennbar. Das Licht war, wie durch eine indirekte Beleuchtung, hell und freundlich, doch nicht blendend. Es gab noch kein Wetter im heutigen Sinne. Es gab weder Überschwemmungen noch Dürren, keine heißen oder kalten Tage und auch einen Sommer und einen Winter gab es nicht. Es herrschte überall ein ausgeglichenes Klima, das stabil war und ständig für ausreichend Feuchtigkeit und Belichtung sorgte.

Auch wir Menschen als hochspirituelle Seelenwesen besuchten die Erde. Wir konnten uns auf ihr materialisieren, konnten aber auch wieder zurück in höhere Dimensionen wechseln. Doch nach den ersten Besuchen von fremden Wesen auf der Erde fiel uns dieser Wechsel schwerer und schwerer, und schließlich konnten wir die Dimensionen nicht mehr wechseln. Wir waren fest mit der Materie verbunden, wir waren Menschen geworden. Wir lebten in kleineren Gruppen zunächst als Nomaden, später sesshaft. Sicherlich aber lebten wir noch immer im Einklang mit der Natur und der Erde. Das Zusammenleben mit wilden Tieren erforderte telepathische Kommunikation, wie man sie beispielsweise bei den Aborigines und anderen Naturvölkern noch heute vermutet. Wir waren zwar den zunehmenden Naturgewalten mehr ausgesetzt, doch durch den Gruppen- bzw. Familienverband hatten wir stets den Rückhalt aus der Familie und fühlten uns dadurch von klein auf sicher und geborgen.

Wir waren uns unserer immerwährenden Verbindung zur höchsten, liebenden Ur-Quelle bewusst und das gab uns Vertrauen und Stärke. Wir wussten, dass fremde Wesen auf die Erde gekommen waren und uns verändert hatten. Wir wussten, dass unsere Verbindung zur Ur-Quelle nicht mehr so bewusst war und wir wussten, dass wir sehr materiell geworden waren. Wir haben uns dieses Wissen in Erzählungen, in Höhlenmalereien und in Wandreliefs bewahrt, damit unsere Kinder es nicht vergessen konnten und damit unsere Geschichte erhalten bleiben würde. Das ist jedoch nur eine Zeit lang gelungen.

Im Gegensatz dazu leben wir in heutigen Zeiten zusammengepfercht mit immer weniger sozialen Bindungen. Kinder werden noch als Säuglinge in fremde Betreuung abgegeben und glauben oftmals viele Jahre lang, dass Kühe ein lilafarbiges Fell haben. Wir wissen nicht mehr, welche Pflanzen und Früchte in der Natur essbar sind und verzehren stattdessen industriell gefertigte Nahrungsmittel, die mit giftigen Stoffen haltbar und schön gemacht werden. Wir ernähren uns nicht mehr von der Natur, sondern vom Supermarkt. Wir haben keine Ahnung mehr von Telepathie, führen tagtäglich stumpfsinnige Tätigkeiten aus und beschäftigen uns mit niederen Themen. Die Natur ist uns zum scheinbaren Feind geworden und die Chemie zum angeblichen Lebensretter. Und von Generation zu Generation verlieren wir immer mehr Lebensfreude.

Man hat unsere Geschichte verändert und man hat uns das Wissen genommen, das die alten weisen Frauen und Männer noch hatten. Man hat jahrhundertelang gesammeltes und in Büchern niedergeschriebenes Wissen verbrannt und die Menschen, die dieses Wissen angewendet hatten, gleich mit dazu. Man hat die uralten Bräuche unter Androhung der Todesstrafe verboten und in veränderter Form in die zwangsweise eingeführten Religionen integriert. Man hat das Wissen zerstört, dass unsere heutige Form von fremden Erdbesuchern geprägt wurde. In der körperlichen Entwicklungsgeschichte der Menschen ist der sog. „missing Link" (die Zwischenform zwischen Primat und Mensch) noch immer nicht gefunden und die Wissenschaftler verweigern den Gedanken daran, dass der Entwicklungssprung, der laut Wikipedia vor ca. 300.000 Jahren den Homo sapiens hervorbrachte, eventuell durch Einflüsse von „Göttern", welcher Gesinnung diese auch immer waren, gekommen sein könnte. Vermutlich war es eine technisch orientierte, erdfremde Spezies, die bereits den Plan verfolgte, sich die Menschen untertan zu machen und sie an die Materie zu binden.

Womöglich haben erst sie uns eine Art von Intellekt überbracht, der uns bis heute begleitet. Dieser Intellekt könnte jedoch die Kontaktstelle sein, über die wir manipulierbar und steuerbar geworden sind. Über diesen Intellekt konnte es ihnen gelungen sein, uns zu besetzen und sich in unsere Gedankenwelt einzunisten. Möglicherweise können sie auf diese Weise unser Denken und Tun beeinflussen, wenn nicht gar (bei manchen Menschen) für eine gewisse Zeit gänzlich übernehmen. Wie könnte es sonst sein, dass bis dahin zurückhaltende Schüler plötzlich um sich schießen und Mitschüler töten, wie es leider schon viel zu oft geschehen ist? Bei kleineren Kindern überwiegt der intuitive Anteil, sie sind noch wesentlich intensiver mit der liebenden Ur-Quelle verbunden. Das ist vermutlich auch der Grund, warum *Jesus* sagte: *„Werdet wie die Kinder"*. Erst wenn wir wieder lernen, unsere Intuition wahrzunehmen und ihr zu vertrauen, können wir aus diesen Manipulationen aussteigen.

Wie sehr dieser Intellekt unseren Alltag beherrscht, sieht man beispielsweise an der heutigen Geschichtsschreibung. Darin wird stets nur von Zahlen, Kriegen und Königen berichtet. Welcher Feldherr hat wann gegen wen gekämpft, und wie lange dauerte der Krieg? Wer hat wann gewonnen, und welche Ländereien fielen daraufhin an welches Land? Es sind immer nur die rationalen Dinge, die scheinbar wichtig sind. Es wird weder unterrichtet, wie diese Menschen damals wirklich gelebt haben, noch ob sie spirituell oder glücklich waren, wie sie mit der Natur umgegangen sind und welche Heilpflanzen sie gekannt haben. Das, was essentiell mit dem Wohlbefinden der Menschen in Zusammenhang steht, wird nicht gelehrt.

Würde man diesen Fragen ehrlich und unvoreingenommen nachgehen, dann würde sich vermutlich ein ganz anderes Bild zeigen. Und mit dem Erkennen dieser Zusammenhänge würde uns auch bewusst werden, wie wichtig die Familie ist. Wenn wir uns die Zeit dazu nehmen und das Bewusstsein dazu haben, können wir überlegen, was wir unseren Kindern mit auf ihren Weg geben. Denn das, was wir ihnen übermitteln können, kommt auf uns zurück, wenn wir später nochmals in diese Familie inkarnieren sollten. Die Familie wird von vielen Menschen heute als Belastung wahrgenommen, dabei ist sie die Gemeinschaft, die es den Seelen ermöglicht, sich weiterzuentwickeln. Anstatt die Säuglinge wegzugeben, sollten wir mit unseren Kindern in die Natur gehen und ihnen die Werte der Menschheit weitergeben. Wir sollten ihnen Tugenden, wie Ehre und Mut, vermitteln. Nicht umsonst wird die Familie bei den Adeligen und bei den Eliten hochgeschätzt und in Ehren gehalten. Sie wissen um die Wichtigkeit der Familie und die Wertschätzung der Ahnen. Nur dem Volk wird vermittelt, dass die Familie nicht schützenswert sein soll.

SPIEL MIT DEN MENSCHEN

Stattdessen werden Menschen so früh wie möglich in Krippen und Kindergärten gegeben, damit sie einheitliche Werte erfahren, die im Sinne der Herrscher sind. Man bringt ihnen, je nach Erdteil, verschiedene Weltbilder bei und lässt sie eines Tages aufeinander losgehen. Die Menschen fechten dann die gleichen Kämpfe aus, die die herrschenden Ebenen untereinander führen. Das Spiel mit den Menschen ist wie das Spiel mit Kampfhähnen: Man stachelt sie an, hetzt sie auf und dann lässt man sie aufeinander los. In einem erbitterten Kampf geht es bei den Hähnen um Leben und Tod. Ringsum stehen die Parteien und feuern die Hähne an, es werden Wetten abgeschlossen und viel Geld eingesetzt. Genauso wird mit den Menschen gespielt – wir werden ebenso geprägt, vorbereitet und schließlich aufeinander losgelassen.

Das gleiche System wird angewendet, wenn man ganz bewusst gigantische Zuwanderungsströme verursacht. Das ist dann so, als wenn man – natürlich symbolisch gesprochen – eine fremde Hühnerrasse in das Territorium einer vorhandenen Hühnerrasse einschleust, die man los werden möchte, aber nicht einfach totschlagen darf. Daneben stehen die Mächtigen und schließen Wetten ab, wie lange es wohl dauern wird, bis die ursprüngliche Hühnerrasse „besiegt" sein dürfte. Man beobachtet, wie sich die Hühner bekämpfen oder vermischen. Beginnen sie sich zu vertragen, verschärft man die Situation immer wieder durch Nachschub von fremden Hühnern bzw. durch gezielte und provozierte Tötungsaktionen. Dadurch werden beide Fronten ganz bewusst verhärtet und es wird für die Mächtigen interessanter zuzusehen, wie das „Spiel" verläuft.

Das uralte System von „teile und herrsche" funktionierte lange Zeit hervorragend, doch immer mehr Menschen durchschauen das uralte Spiel mittlerweile und wollen nicht mehr in die Rolle des Kampfhahnes schlüpfen. Dieses Erwachen findet zunehmend bei allen „Hühnerrassen" statt und so wird es über kurz oder lang dazu kommen, dass die Herrschenden, die die Wetten abschließen, sich selbst bekämpfen werden. Sie werden an Stelle der „Kampfhähne" aufeinander losgehen und sich die Krallen ins Fleisch hacken. Weder Kampfhähne noch Menschen sind von Natur aus böse, sondern sie wurden lediglich zu dem gemacht, was von ihnen erwartet wurde. Die Kampfhähne werden nicht mehr stellvertretend für die Herrscher in die Arena ziehen. Es braucht nur einer Aufklärung und ein gewisses Quäntchen Bewusstsein, und sobald das alle begriffen haben, ist dieses Spiel beendet.

> *„Der Deutsche gleicht dem Sklaven, der seinem Herrn gehorcht*
> *ohne Fessel, ohne Peitsche, durch das bloße Wort, ja durch einen Blick.*
> *Die Knechtschaft ist in ihm selbst, in seiner Seele;*
> *schlimmer als die materielle Sklaverei ist die spiritualisierte.*
> *Man muss die Deutschen von innen befreien, von außen hilft nichts."*[250]
>
> Heinrich Heine (1797-1856), deutscher Dichter

Bis es zur inneren Befreiung kommt, dauert es hoffentlich nicht mehr lange. Aber noch laufen viel zu viele abgestumpfte Menschen herum, deren Kopf mit sinnlosen Themen zugemüllt ist. Dadurch sind sie endlos beschäftigt mit Dingen, die sie am nächsten Tag bereits wieder vergessen haben. Es geht heute nur noch darum, seine Pflichten zu erfüllen und die gestellten Anforderungen zu erledigen. Doch ab und zu sollten wir innehalten und uns die Frage stellen: *„Was ist wirklich wichtig in meinem Leben?"*

DAS ZIEL DER MENSCHEN

Ich gehe davon aus, dass wir eines Tages einen Zustand erreichen werden, in dem die Seelen wieder frei sind. Dann wird es möglich sein, auf die Erde zu kommen, um sich an ihrer Schönheit zu erfreuen. Dann können wir zwischen den Pflanzen und den Tieren wandeln und uns aneinander erfreuen. Bei Begegnungen sehen wir uns an und wir akzeptieren und respektieren uns. Wir werden wieder die Dimensionen wechseln können, durch unser hohes Bewusstsein unsere materielle Erscheinung höher schwingen lassen und dadurch in die nächsthöhere Dimension eintreten, und unser sichtbarer Körper wird wieder in reine Energie umgewandelt. Es würde uns nie in den Sinn kommen, andere Pflanzen oder Tiere zu verletzen oder gar zu verspeisen. Warum auch, wir selbst sind Energie und benötigten keine fremde Energiezufuhr von außen – es ist ein freier, körperloser Zustand. Wir werden uns je nach Belieben materialisieren und wieder zurück in geistige Wesen wandeln können. Wir werden uns an den schönen Farben der Blumen und an den saftigen Grün- und Blautönen und an der bunten Blumenpracht erfreuen. Jeder freut sich, wenn er ein anderes Wesen sieht, weil er um die Einheit weiß.

Unsere Energie erhalten wir direkt von der liebenden Ur-Quelle, mit der wir stets bewusst verbunden sein werden. Wir sind permanent im Zustand des materialisierten „Ich bin", was einem Zustand entspricht, in dem man einfach nur „ist". Es fehlen die Worte, um dieses Empfinden zu beschreiben. Im Zustand des reinen geistigen „Ich bin" ist es nach meiner Erfahrung dunkel, es gibt auch keine Temperatur und kein Zeitempfinden. Man ist allein, jedoch keineswegs einsam, man ist nur noch Bewusstsein, also ohne physischen Körper, und befindet sich im absoluten Frieden. Es gibt keinen Gedanken, keinen Hunger, kein Frieren, keine Bedürfnisse irgendwelcher Art und man weiß nur um das eigene „Sein". Was besonders beeindruckend ist, ist der Zustand der Stille. Nie habe ich vor dieser Erfahrung solch eine Stille erlebt, denn man hört immer irgendetwas, und wenn es der eigene Atem ist. Doch diese Stille ist einfach nur traumhaft und in unserer lärmgeplagten Welt kann man sich solch eine Ruhe nicht annähernd vorstellen.

Es gibt eine Wahrnehmung der Umgebung und so ist die Seele in diesem „Ich-bin"-Zustand in der Lage, zu sehen. Ich habe einen Einblick in diesen Zustand erhalten, in dem ich nur einfach „war" und mich in Frieden fühlte. Irgendwann jedoch erblickte ich die Erde schräg unter mir in größerer Entfernung. Dieses Sehen, die optische Wahrnehmung, verursachte einen Fokus, eine Aufmerksamkeit, die mich augenblicklich dazu veranlasste, mich auf diese Erde hinzubewegen, oder besser: hinzuschweben. Die Erde wurde von der anfänglichen Größe, die mit der des Mondes vergleichbar war, immer größer, bis ich schließlich die Energien auf der Erde wahrnehmen konnte, die entfernt vergleichbar waren mit einer Zeitrafferaufnahme des Straßenverkehrs in einer Großstadt bei Nacht. Ich sah verschiedenfarbige Energiekurven, die sich rasend schnell über die Erde bewegten und den Eindruck vermittelten, dass sich eine unvorstellbar große Zahl an Energien nebeneinander, übereinander, untereinander, quer zueinander und in unterschiedlichen Geschwindigkeiten auf der Oberfläche bewegten. Die ganze Erde sah aus wie ein quirliger, wuselnder Energieball – ein bunter Ameisenhaufen im Zeitraffer. Diese Hektik empfand ich als sehr beunruhigend.

Ich habe mich in dieser Erfahrung immer schneller auf die Erde zubewegt, bis ich mit hoher Geschwindigkeit auf sie zugerast bin. Schließlich bin ich eingetaucht in dieses Gewimmel und beim Eintreten in diese Welt war dieses Energiedurcheinander schlagartig vorbei, man möchte es fast leise nennen – doch diese Ruhe war vollkommen anders als die zuvor beschriebene Stille. „Ruhe" klingt nun so, als wäre es beim Anblick der Erde laut gewesen, das war es jedoch nicht, sondern es herrschte nur ein äußerst reges energetisches Gewusel, doch der Ausdruck „ruhig" erscheint mir am passendsten.

Es gab einmal eine TV-Werbung für ein Auto der Oberklasse. In diesem Spot ist ein Geschäftsmann mit dem Flugzeug in einer großen und lauten, asiatischen Stadt gelandet. Er ging aus dem Flughafengebäude hinaus und trat in ein Getümmel von Menschen, Hitze, Hupen und Marktgeschrei. Da sah er seinen Mietwagen stehen, setzte sich hinein, ließ die Tür ins Schloss fallen und schlagartig verstummten alle bis dahin deutlich hörbaren, lauten Geräusche des Lebens im fernen Osten. Genauso war mein Empfinden beim Eintauchen in die Erde, die Unruhe der rasenden Energien war punktartig gestoppt und vermutlich war dies der Eintritt in eine neue Inkarnation. Ich erwähne diese Erfahrung zur Erläuterung, wie sich der Zustand des „Seins" anfühlt.

REINKARNATION

An dieser Stelle möchte ich nur ganz kurz die Reinkarnation erläutern. Der Gedanke der Wiedergeburt lässt sich anhand schriftlicher Aufzeichnungen rund 2.500 Jahre zurückverfolgen, man geht jedoch davon aus, dass dieses Wissen viel älter ist und durch mündliche Überlieferungen weitergegeben wurde[251]. So gehen auch die meisten Religionen von der Wiederverkörperung aus, und auch im katholischen Glauben war die Reinkarnation lange Zeit eine Normalität, bis sie ab dem »Fünften Allgemeinen Konzil« im Jahre 553 plötzlich nicht mehr gelten sollte. *Theodora*, die Gattin des *Kaisers Justinian*, soll ihren Mann dazu veranlasst haben, die Reinkarnation aus den Kirchenlehren zu verbannen[252]. Viele Menschen erinnern sich jedoch vage an eine frühere Existenz, wobei ich vorsichtig wäre, wenn jemand von sich behauptet, er sei Kleopatra, Jesus oder eine andere bekannte Persönlichkeit gewesen. Auch ich selbst weiß von einigen eigenen Vorinkarnationen, die sehr unterschiedlich waren – und glauben Sie mir, wir waren nicht nur liebevolle Mitgeschöpfe. Diese Erinnerungen an frühere Inkarnationen können uns in unserem heutigen Leben durchaus beeinflussen. Und wenn wir dies bemerken, dann ist es sinnvoll, sich mit ihnen auseinanderzusetzen. Dazu gibt es verschiedene Möglichkeiten wie zum Beispiel Rückführungen oder andere energetische Methoden, falls uns diese Überbleibsel belasten sollten. Wir sollten diese Inkarnationen jedoch nicht zu wichtig nehmen, schließlich leben wir jetzt und heute. Darauf sollten wir unseren Fokus legen.

Es gibt vor allem von Kindern Berichte, die ihren Eltern bereits in früher Jugend erzählt haben, dass sie früher anders hießen und beschrieben genau, wo sie gewohnt haben. In vielen dokumentierten Fällen hatten die Kinder Recht und manchmal fand man sogar „ihre eigenen" Gräber auf den Friedhöfen dieser Dörfer. Hierbei stellt sich ohnehin die Frage, was die Seele eigentlich ist. Wenn man von einer Reinkarnation ausgeht, das heißt, dass wir (als Seele) nicht mit dem Körper sterben, sondern mehrmals oder gar viele Male auf die Welt kommen, dann können wir uns die Seele als den verlängerten Arm einer Ur-Seelenquelle vorstellen. Diese Quelle ist die

Heimat der Seelen wie der Baumstamm eines Baumes. Die Äste entsprechen einer Seelengruppe und die Zweige einer Seelenfamilie (was man natürlich auch anders nennen kann, doch es geht hier um das Verständnis des Prinzips). Die Seelen der Menschen kann man mit den Blättern vergleichen. Wenn die Zeit der Blätter um ist, fallen sie ab, genauso wie der Mensch stirbt. Der Baum zieht die Lebensenergie des Blattes wieder zurück, um im nächsten Jahr erneut auszutreiben – genauso wie der Mensch wieder in ein neues Leben inkarniert. Die Materie des abgefallenen Blattes transformiert sich zu Humus und nährt somit wieder den Baum, der immer größer wird.

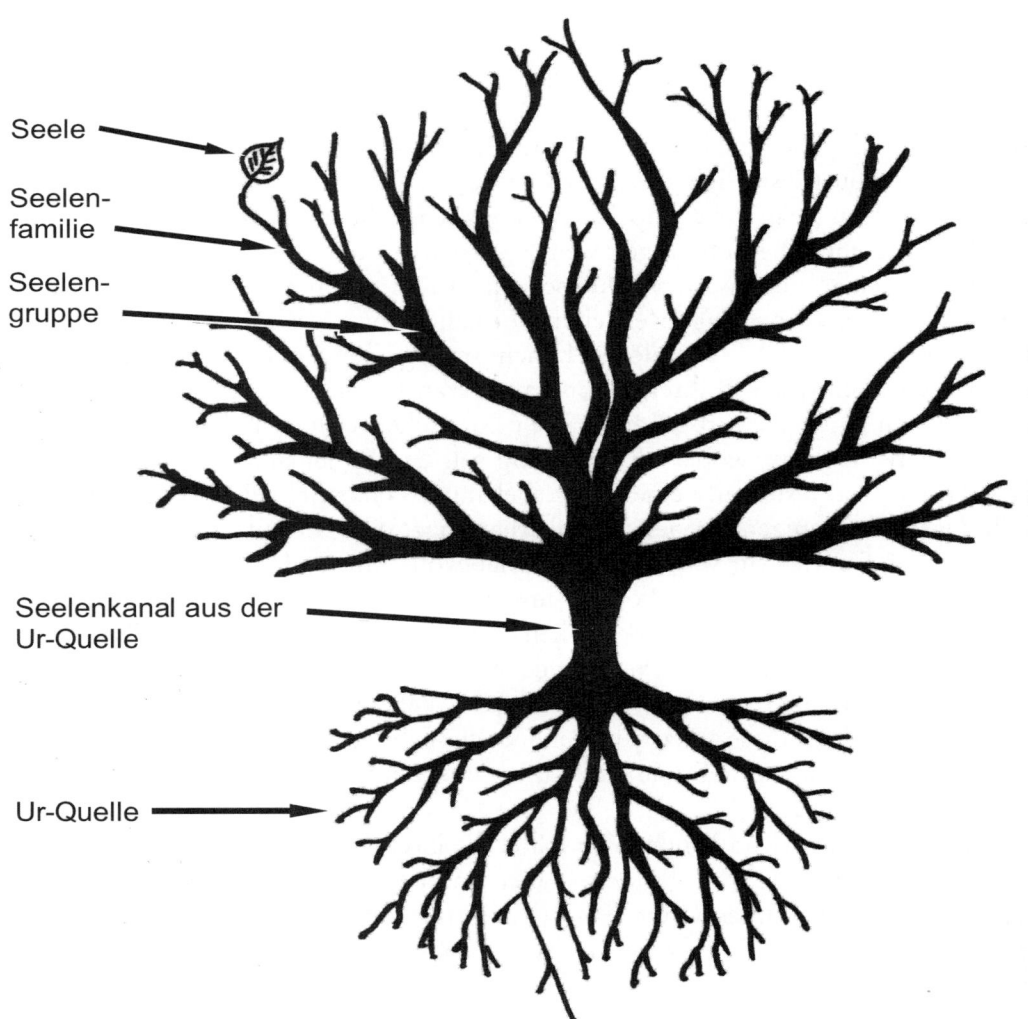

Abb. 23: Sehr vereinfachtes Schema zur Verdeutlichung, dass wir (als Seelen) alle aus einer einzige Quelle stammen

Die Menschen inkarnieren meist (aber nicht immer) innerhalb ihrer Seelenfamilie (Umfeld, Wohnort) und diese innerhalb ihrer Seelengruppe (Sippe, Religionsgemeinschaft, Kontinent etc.). Das bedeutet nicht unbedingt, dass wir die engste Seelenfamilienbindung mit unseren Familienmitgliedern haben müssen – das kann natürlich sein, muss es aber nicht. Manchmal lernen wir jemanden kennen, bei dem wir das Gefühl haben, dass wir ihn schon ewig kennen und es besteht eine tiefe Vertrautheit, die über Jahre hinweg anhält. Die Erklärung hierfür könnte darin liegen, dass er uns auf irgendeine Art an jemanden erinnert, den wir sehr schätzen, oder aber er könnte eine solche Seele sein, mit der wir sehr eng verbunden sind und vielleicht schon mehrere Leben verbracht haben. Das kann zum Beispiel eine familiäre Bindung oder eine enge Freundschaft gewesen sein.

Manche suchen ihr Leben lang nach „ihrem Seelenpartner" und meinen immer wieder, ihn gefunden zu haben, um dann nach einiger Zeit festzustellen, dass doch keine tiefe Harmonie zwischen ihnen herrscht. Ich glaube, dass dies nur in ganz wenigen Ausnahmefällen stattfindet und wenn, dann wohl eher, wenn man nicht damit rechnet. Deshalb meine Empfehlung:

„Nehmen Sie das Leben und die Menschen, wie sie sind und machen Sie das Beste daraus. Wenn man sein ganzes Leben auf etwas wartet, verpasst man am Ende das Leben selbst."

GEFANGEN IN DER MATERIE

Doch nun zurück zu den Seelen, welche die frühe Erde besuchten. Sie waren ebenfalls frei und körperlos, bis auf die selbst gewählten Verdichtungen. Es war ein friedvolles Dasein – man beachte das Wort „Dasein", welches eine Kombination aus „da" und „sein" darstellt, man könnte es auch mit „Ich bin da" übersetzen. Die Seelen hatten keinen Grund, sich eine andere Existenzform zu wünschen oder etwas daran zu verändern. Irgendwann musste jedoch etwas geschehen sein, das den Menschen dazu bewogen hat, in der Materie zu bleiben und den vorherigen paradiesischen Zustand zu verlassen. Das könnte ein Einfluss der Archonten gewesen sein, die eine List angewendet haben.

Durch diese List wurden die Menschenseelen schließlich doch an die Materie gebunden: Ein trickreiches Wesen könnte die Menschen dazu verführt haben, materielle Nahrung zu sich zu nehmen, was bislang nicht erforderlich gewesen war. Durch diesen einzigen Bissen (von einem Apfel? – man denke an die symbolische Geschichte von Adam und Eva) wurden Mikroorganismen in die materialisierten Körper der Seelenwesen gebracht. Mikroben, die auf dem Apfel waren, befanden sich nun im Organismus der Menschen. Doch sie gehörten nicht zum körperlichen System der Menschen, sondern sie waren eigenständige Lebewesen. Eine Rückverwandlung in ihre geistige Form war den Menschen deshalb nicht mehr möglich. Sie hätten diese fremden Mikroben, die sie mit dem Apfel verspeist hatten, mit verwandeln müssen. Das jedoch hätte einen unerlaubten, massiven Eingriff in die freie Wahl der Mikroben bedeutet.

Er konnte sich auch nicht mehr von ihnen befreien, da sie seinen Körper nun „befallen" hatten. Er hatte sie seinem Körper hinzugefügt und war dadurch nicht mehr Herr über sich, denn er war nicht mehr allein, sondern war eine Symbiose mit anderen materiellen Wesen, den Mikroorganismen, eingegangen. Die Menschen selbst hätten sich zwar wieder in die geistige Form zurückwandeln können, nicht jedoch die Fremdwesen, die sich ab dem „ersten Apfel" in ihrem Körper befanden – deshalb waren sie fortan an die Materie gebunden.

Der Moment dieses einen Bissens der Nahrungsaufnahme hatte die fatale Folge, dass sie sich nicht mehr in das geistige Reich zurückziehen konnten. Doch das wurde ihnen erst danach bewusst. Die Mikroorganismen hielten die Menschen im materiellen System gefangen. Die Seele war durch die Mikroorganismen so sehr an die Materie gebunden, dass sie ihren Körper nicht mehr dematerialisieren und somit in ihre geistige Heimat mitnehmen konnte. Sie hätte ihren materiellen Körper zurücklassen müssen, was uns heute durch den biologischen Tod bekannt ist. Nur noch durch diesen Tod war es ihr fortan möglich, wieder in ihre geistige Heimat zurückzukehren und durch ihn konnte sich die Seele wieder in ihre geistige Urform zurückziehen. Doch den Körper musste sie hier auf der physischen Erde zurücklassen und war nicht mehr nur eine Verkörperung der Seele, sondern wurde nun auch Brutstätte und Wirt für unzählige Mikroorganismen und Parasiten.

Kapitel 13:
Mikroorganismen – Feinde im eigenen Lager?

Abgesehen von Einflüssen, die zum Zeitpunkt unserer Geburt vorherrschen, wie der Planetenkonstellation, werden wir auch noch von den Genen, aber auch von den Ahnen und unseren eigenen Erfahrungen in früheren Inkarnationen beeinflusst. Diese sind logischerweise von Mensch zu Mensch verschieden und sie verändern sich im Laufe eines Lebens durch weitere eigene Erfahrungen. Ebenso begleiten uns die Themen der Familie, in die wir hineingeboren werden. Doch zusätzlich nisten sich mit der Zeit auch die bereits erwähnten Mikroorganismen in unserem Körper ein. Bereits als Baby werden wir normalerweise mit Mikroorganismen besiedelt, wenn unsere Eltern uns einem „normalen" Leben aussetzen. Es werden nach und nach immer mehr und viele begleiten uns ein Leben lang. Während die meisten Kleinstorganismen eine Symbiose mit uns eingehen und beispielsweise für eine gesunde Verdauung sorgen, gibt es jedoch eine Vielzahl an Mikroparasiten, auf die wir gerne verzichten würden.

Diese Mikroben, die in uns wohnen, sind mit dafür verantwortlich, dass wir tief in der materiellen Welt verankert sind. Die Besiedelung unseres Körpers mit Organismen hindert uns daran, zwischen der physischen und der geistigen Welt hin und her zu wechseln, wie es unserer ursprünglichen Lebensweise entsprochen hat. Wir können nicht mehr so einfach zwischen den Dimensionen wechseln, weil wir die Mikroben mitnehmen müssten, schließlich befinden sie sich in und auf unserem Körper. Wir können jedoch nicht so ohne weiteres über andere Lebewesen bestimmen, was den Wechsel vom Diesseits ins Jenseits erheblich erschwert und bleiben in der materiellen Welt gefangen. Das klingt für Sie, liebe Leserinnen und Leser, vielleicht ein wenig verrückt, doch spielen Sie ein paarmal mit dem Gedanken und Sie werden sehen, so abwegig ist diese Theorie nicht.

Die Mikroorganismen haben jedoch noch eine ganz andere Aufgabe und diese ist nicht nur Theorie, sondern wissenschaftlich bewiesen: Die Forschung bestätigt, dass auch unser Verhalten von diesen winzigen Lebewesen ganz erheblich beeinflusst wird. Sie bringen uns dazu, Dinge zu tun, die wir eigentlich gar nicht möchten. Sie sind in der Lage, erheblich in das Alltagsgeschehen unseres Lebens einzugreifen und können uns so sehr beeinflussen, dass wir genau das tun, was sie von uns verlangen. Und das ist die Definition für Sklaverei. Sie sind die Herren und wir die Sklaven. Da diese Vorgänge jedoch vollkommen verdeckt und äußerst geschickt vor sich gehen, fällt es niemandem auf.

Ebenso erzeugen sie in uns Gelüste, die nicht unsere eigenen sind, sondern das Verlangen der Mikroben widerspiegeln. Sie geben sozusagen ihre Bestellung an uns weiter, und wir erfüllen ihre Wünsche. Wenn es Darmparasiten sind, können sie uns beispielsweise ohne Worte dazu überreden, dass wir auf unserem Nachhauseweg auf den Parkplatz des Supermarktes fahren, hineingehen und eine Tafel Schokolade kaufen. Und das vielleicht Tag für Tag. Man mag es kaum glauben, doch dieses Verhalten liegt nicht daran, dass wir einfach gerne Süßes mögen, sondern dass wir von bestimmten Parasiten befallen sind, die in uns ein fast nicht beherrschbares Verlangen nach einem bestimmten Stoff auslösen. Aber auch andere Verhaltensweisen werden in uns durch Parasiten hervorgerufen, wie wir noch sehen werden.

Sie stimmen mir sicherlich zu, dass es sich hierbei um eine massive Manipulation handelt. Es liegt auf der Hand, dass diese Einflussnahme gezielt dazu benutzt wird, um auf uns Menschen einzuwirken. Doch wer könnte daran Interesse haben, uns zu manipulieren? Und schon sind wir wieder bei den Mächten, die die Erde beherrschen wollen. Wenn wir die bisherigen Informationen betrachten, dann sind es die finsteren Mächte (und ihre Helfer), die uns stets manipulieren und uns dazu bringen, dass *wir* das tun, was *sie* möchten. Da wir ihre Befehle stillschweigend befolgen und denken, es seien unsere eigenen Gelüste, geht ihr Plan hervorragend auf und wir denken gar nicht an die Möglichkeit, dass wir wie Marionetten „gesteuert" handeln könnten.

Wenn man bedenkt, dass der menschliche Körper über ca. 30.000.000.000.000 (30 Billionen)[253] Zellen verfügt, ist das bereits erstaunlich. Wenn wir jedoch zusätzlich berücksichtigen, dass jeder von uns noch weit mehr (schätzungsweise 39 Billionen) Mikroorganismen beherbergt, dann wird uns ansatzweise bewusst, dass wir den Einfluss dieser winzigsten Lebewesen nicht unterschätzen sollten.

Im Grunde ist es eine geniale Idee, den Menschen mit Mikroorganismen zu besiedeln, um auf diese Weise sein Verhalten zu steuern. Vor allem, weil es sowohl nützliche wie auch beeinflussende Mikroben gibt. Das führt dazu, dass man sich überwiegend mit den nützlichen Mikroorganismen beschäftigt und die schädlichen werden geflissentlich übersehen, wenn es sich nicht gerade um tötende Exemplare handelt. Die parasitären Organismen handeln jedoch exakt genauso wie die Dunkelmächte. Und ich liege vermutlich nicht verkehrt, wenn ich behaupte, dass die Mikroorganismen, die uns als Wirt benutzen, als dunkle Entitäten betrachtet werden können. Die Parasiten treten als Gruppenbewusstsein auf. Auch wenn man, beispielsweise durch eine alternative Behandlung, etwas gegen bestimmte Parasiten unternimmt, bleiben andere unbeeindruckt. Und so lange von den bekämpften Mikroben auch nur einige überleben, nutzen sie die Chance, sich wieder zu vermehren und diese üben dann weiter ihren Einfluss auf uns aus.

WIE PARASITEN UNSER VERHALTEN BESTIMMEN

Mikroorganismen bilden ein Kollektiv, wie es auch bei den Bienen und Ameisen der Fall ist. Das Leben einer einzelnen Ameise zählt dabei nicht, sondern das Volk steht im Vordergrund. Das muss eine Biene oder Ameise nicht erst lernen, sondern es ist ihr genetisch mitgegeben. Eine Ameise käme nie auf die Idee, ihren Einsatz in Frage zu stellen, wenn es um das Leben des Volkes geht. Genauso ist es bei den meisten Mikroben und Parasiten, die den Menschen besiedeln. Das Ziel des Gruppenbewusstseins steht über allem. Sehen wir uns im Folgenden ein signifikantes Beispiel und seine Wirkung auf den Menschen an.

TOXOPLASMA GONDII

Ein gutes Beispiel für die Auswirkungen auf das Verhalten von Tieren, aber auch von uns Menschen, ist der Parasit *Toxoplasma gondii*. Er ist ein besonders gemeiner Erreger, der viele Vögel und Säuger infiziert, ohne bei ihnen Krankheiten hervorzurufen. Auch der Mensch soll relativ resistent sein, bei Erwachsenen würden nur selten schwere Verlaufsformen beobachtet (ist in einem medizinischen Fachbuch[254] zu lesen). Dabei verursacht der Erreger höchst interessante Auswirkungen. Es ist nachgewiesen, dass Mäuse, die mit diesem Erreger infiziert sind, keine Angst mehr vor Katzen zeigen. Während gesunde Mäuse weglaufen und sich in Sicherheit bringen, wenn sie Katzenurin riechen, lassen sich infizierte Mäuse davon nicht stören.

> *„Infizierte Mäuse fühlen sich nahezu magisch angezogen von Katzen, fliehen vor ihrem Fressfeind nicht, sondern laufen ihm direkt in die Arme. Die britische Parasitologin Joanne Webster konnte dieses Verhalten in einer Studie auch im Labor nachweisen. Der Parasit programmiert seine Wirte auf Selbstmord."*[255] (Magazin »Geo«)

Das Interessante dabei ist, dass diese Veränderung nicht nur bei Mäusen nachweisbar ist, sondern auch der Mensch verändert seine Verhaltensweise, wenn er mit dem Erreger infiziert ist. Und das, obwohl er bekanntlich nicht auf dem Speiseplan der Katzen steht. Auch bei ihm wirkt sich der Toxoplasma gondii ganz ähnlich aus. Der tschechische Evolutionsbiologe *Jaroslav Flegr* erforscht seit über 15 Jahren die Auswirkungen des Erregers bei Menschen an der Karls-Universität Prag. Wie eine Versuchsreihe mit zehntausend Probanden zeigte, verändert sich die Persönlichkeit von mit Toxoplasmose Infizierten tatsächlich.

> *„Und je länger die Infektion andauert, desto größer sind offenbar die Veränderungen. Besonders* **bei Männern** *beobachtete Flegr eine* **signifikante Steigerung der Risikobereitschaft** *– gepaart mit einer Abnahme der Reaktionsfähigkeit. Flegr fand zudem heraus, dass die Wahrscheinlichkeit, in einem Autounfall verwickelt zu werden, für Infizierte mehr als zweieinhalb Mal höher ist."*

Kennen wir nicht alle einige Menschen, bei denen wir dieses Verhalten beobachten? Sind sie in Wahrheit gar keine typischen Draufgänger, sondern vielleicht einfach nur krank – infiziert mit einem Erreger?

Ein Bekannter hat mir erzählt, dass er sich auf Toxoplasma gondii testen lassen wollte, doch er wurde von seinem Arzt mit den Worten abgewimmelt: *„Das ist nur für Schwangere gefährlich, darüber brauchen Sie sich keine Sorgen zu machen!"* Wenn dieser Erreger unser Unfallrisiko beim Autofahren um 250 Prozent erhöht, unsere Reaktionsfähigkeit sinken lässt und eine signifikante Steigerung der Risikobereitschaft auslöst, sollten wir uns jedoch sehr wohl mit ihm befassen. Infizierte treffen ihre Entscheidungen offensichtlich nicht mehr selbst, sondern der Erreger übernimmt in manchen Situationen die Entscheidungsinstanz. Die durch die Infektion veränderte Gehirnsituation verursacht ein Verhalten, das lebensgefährlich ist. Das sind nicht mehr wir, die da reagieren – und wer will sich schon wissentlich fremdsteuern lassen?

Die Erreger können die Blut-Hirn-Schranke überwinden und sitzen dann lebenslang in den Nervenzellen im Gehirn. Eine Studie des »Leibnitz-Instituts für Arbeitsforschung« an der TU Dortmund hat an Infizierten und Nichtinfizierten Tests zu Aufmerksamkeit, Gedächtnis, Konzentrationsfähigkeit und Geschwindigkeit der Informationsverarbeitung durchgeführt. Das Ergebnis spricht für sich: *„Die Leistungen des Arbeitsgedächtnisses waren bei den Toxoplasmose-positiven Probanden um 35 Prozent geringer als bei den Nicht-Infizierten. Zudem schätzen die betroffenen Personen ihre körperliche, psychische und soziale Lebensqualität signifikant schlechter ein.“*[256] Dieser Erreger sorgt offensichtlich dafür, dass nicht nur die Denkleistung, sondern auch die Lebensqualität erheblich beeinflusst wird.

Der schulmedizinische Arzt kann (oder darf?) davon jedoch nichts wissen, denn auch das »Robert-Koch-Institut« (RKI), also das frühere Bundesgesundheitsamt, schreibt von diesen Verhaltensänderungen nichts, sondern weist nur auf das Risiko für Schwangere hin. In der Schwangerschaft kann er richtig gefährlich werden, dann nämlich könnte über die Plazenta eine Infektion des Kindes erfolgen, das daraufhin entweder irreparable zerebrale Schäden erleiden oder sogar vor der Geburt sterben kann. Ein Grund mehr, in der Schwangerschaft Katzen aus dem Weg zu gehen.

Das RKI schreibt: *„Die unkomplizierte, postnatal erworbene Toxoplasmose bedarf keiner Therapie.“*[257] Dabei verursacht die Infektion vermutlich viele, viele Todesfälle, wenn Menschen, die an Toxoplasmose erkrankt sind, wegen der gesteigerten Risikobereitschaft tödliche Unfälle erleiden. Grenzt das nicht an eine billigend (oder sogar wohlwollend) hingenommene Todesrate? Unfalltote werden in der Regel nicht nach Toxoplasma gondii-Erregern untersucht. Leider!

Allerdings finde ich folgende Aussage des RKI sehr interessant: *„Bei transplantierten Patienten zählt T. gondii zu einem der häufigsten parasitären Infektionserreger.“* Das Immunsystem von Organempfängern muss lebenslang geschwächt werden, damit der Körper das empfangene Organ nicht abstößt. Das hat zwangsläufig zur Folge, dass die reduzierte Abwehr auch gegenüber Erregern und Parasiten weniger aktiv und der Organempfänger anfälliger für diese Mikroorganismen ist und diese können sich dadurch leichter vermehren und eine Erkrankung verursachen.

Wenn der Toxoplasma gondii für immunsuppressierte Organempfänger ein Risiko darstellt, bedeutet das im Umkehrschluss jedoch auch, dass der Erreger nur in Schach gehalten werden kann, wenn unser Immunsystem intakt ist. Der Erreger bleibt, wenn er den Körper einmal befallen hat, das ganze Leben lang darin. Der Körper kann ihn demnach nur in Schach halten, wenn sein Immunsystem ständig gegen den Toxoplasma gondii ankämpft. Was passiert, wenn den bis dahin ansonsten gesunden Infizierten nun eine chronische oder zehrende Krankheit befällt? Ich habe noch nie gehört, dass beispielsweise ein krebskranker Patient auf Toxoplasma gondii getestet wurde, obwohl bekannt ist, dass eine Krebserkrankung sehr auszehrend sein kann. Das wäre aber sicherlich sinnvoll – denn der Erreger kommt zwar (vermutlich) nicht als Ursache in Frage, aber er strapaziert das Immunsystem, welches sich jetzt eigentlich auf den Krebs konzentrieren sollte. Und trotzdem sieht die Schulmedizin nur bei Schwangeren und bei Organempfängern Handlungsbedarf. Sollten der schwächende und der risikosteigernde Effekt vielleicht sogar erwünscht sein?

Laut Robert Koch-Institut sind weltweit ca. 30 Prozent aller Menschen mit dem Erreger infiziert, im Osten Deutschlands schätzt man gar bis zu 70 Prozent[258]. Bei einer Infektion von etwa jedem Dritten ist die weltweite Durchseuchungsrate hoch. Daran dürfte sich auch so schnell nichts ändern, denn die Übertragung erfolgt über Katzenkot (Achtung beim Katzenkistchen reinigen, Gemüseanbau im Garten etc.) oder über den Verzehr von rohem Fleisch. Katzen sind häufig Träger dieses Erregers und damit eine der Hauptansteckungsquellen. Und ausgerechnet Katzen sind ja bekanntlich *die* Schmusetiere schlechthin.

Allein die Gefahr, an einem Autounfall beteiligt zu sein, steigt bei Infizierten durch die signifikant erhöhte Risikobereitschaft um 250 Prozent an und man kann sich vorstellen, dass auch andere risikobehaftete Sportarten (Fallschirmspringen, freies Klettern, Motorradfahren usw.) noch wesentlich riskanter werden, wenn jemand infiziert ist. Gerechnet auf alle Bereiche des Lebens, gehen vermutlich Millionen Verunglückte auf das Konto dieses Erregers, wenn man seine indirekte tödliche Wirkung (⤳ signifikant erhöhte Risikobereitschaft!) berücksichtigt.

Wenn man weiter noch bedenkt, dass dieser Erreger von der Schulmedizin, außer bei Schwangeren und Organempfängern, als harmlos eingeschätzt wird, ist man geneigt zu fragen, *wer* diese Entscheidung getroffen hat. War es der medizinische Forscher oder vielmehr der Erreger selbst, der im Gehirn sitzt und dafür gesorgt hat, dass die Schulmedizin ihn akzeptiert und nicht bekämpft? Wenn er unser Verhalten steuert, dann kann er möglicherweise auch unsere logische Denkweise manipulieren. Die andere – noch wesentlich schockierendere – Möglichkeit ist, dass man den Toxoplasma gondii deshalb gewähren lässt, weil man ihn als Waffe gegen die weltweite Bevölkerung ansieht, ohne auch nur die geringste Spur auf irgendeinen Verursacher zurückzulassen. Welche der beiden Möglichkeiten wahrscheinlicher ist, überlasse ich Ihrer Phantasie.

Es ist kein Geheimnis, dass Viren, Bakterien und andere Erreger natürlich auch als Waffe benutzt werden können, die Bezeichnung dafür lautet „biologische Waffen". Ob Mikroorganismen, die sich in unserem Körper befinden und unser Verhalten manipulieren, auch gezielt verbreitet werden, dürfte schwierig nachzuweisen sein. Allerdings könnte ich mir gut vorstellen, dass man diese unsichtbar und schleichend wirkenden Parasiten durchaus als „stille biologische Waffe" einsetzt.

Emotionen von Darmmikroben abhängig?

Unsere Ahnen wussten bereits, dass „Liebe durch den Magen geht". Und damit war offensichtlich nicht nur gemeint, dass sich ein Mann schneller in eine Frau verliebt, die gut kochen kann (was natürlich auch der Fall sein kann) bzw. sich eine Frau in einen Mann verliebt, der gut kochen kann, sondern dass man von Liebe erfüllt ist, wenn es der Verdauung gut geht. Das heißt, wenn die Verdauung passt, dann ist die Chance groß, dass auch die restliche Gesundheit gut ist. Viele Alternativmediziner sind der Meinung, dass vor allem die sog. Zivilisationskrankheiten (Rheuma, Gicht usw.) mit einer schlechten Verdauung zusammenhängen. Und für eine gute Verdauung sind die richtigen Mikroben erforderlich. Nun gibt es jedoch auch Mikroorganismen, die unserem Wohlbefinden schaden können. Nicht umsonst gibt es den Spruch: *„Was ist Dir für eine Laus über die Leber gelaufen?"*, wenn jemand übel gelaunt ist. Von einem, der wütend ist, sagt man, er *„spuckt Gift und Galle"*. Und wer viel Ärger und Stress erlebt, dem kann das schon mal *„auf den Magen schlagen"*. Ältere Leute im süddeutschen Raum sagten früher gar: *„Wenn's Arscherl brummt, ist's Herzerl g'sund!"*.

Was Naturheilkundler und alternative Mediziner schon vor Jahrzehnten wussten, wird nun endlich auch durch die Forschung bewiesen. Schon *Hippokrates* wusste: „Der Tod sitzt im Darm." Doch bekanntlich dauert es nochmals Jahrzehnte, bis diese Forschungsergebnisse in die schulmedizinischen Arztpraxen vordringen, wenn es denn überhaupt geschieht. Doch wie auch immer, schlussendlich sind wir selbst für unseren Körper und für unser Wohlbefinden verantwortlich und deshalb ist es wichtig, manche Neuigkeiten zu wissen. Sehen wir uns deshalb die Forschung bezüglich bestimmter Mikroorganismen näher an.

Rhonda Johansson schreibt auf der Internetplattform »Naturalnews«, dass Wissenschaftler nun *„eine Verbindung zwischen Darmmikroben und Emotionen beim Menschen bewiesen"*[259] haben. Forscher von der Universität von Los Angeles, Kalifornien, untersuchten Fäkalproben von 40 gesunden Frauen und maßen ihre Hirnaktivitäten mit einem MRT-Scan, während sie Bilder betrachteten, die eine emotionale Reaktion hervorriefen. Zuvor waren die Frauen je nach Darmbakterien in zwei Gruppen unterteilt: Die „Bacteroides"-Gruppe hatte demnach eine dickere, graue Substanz in bestimmten Gehirnarealen (die mit der Verarbeitung von Informationen zu tun haben) und *„Die ‚Prevotella'-Gruppe zeigte dagegen mehr neuronale Verbindungen, die mit emotionalen, aufmerksamkeits- und sensorischen Hirnregionen verbunden sind."*. Die Prevotella-Gruppe berichtete mehr von negativen Gefühlen, wie Angst, Reizbarkeit oder Not, beim Betrachten der Fotos als die andere Gruppe. Diese Studie belegte den längst vermuteten Zusammenhang zwischen Darmmikroben und Emotionen. Die Reaktion der Probanden war demnach direkt abhängig von den Mikroorganismen in ihrem Darm. Es musste folglich eine Kommunikation zwischen den Darmmikroben und den Arealen im Gehirn bestehen, die für die Emotionen zuständig sind. Der Kontext zwischen Darm und Emotionen war verblüffend.

Dr. Jay Pasricha, der sich eingehend mit den Zusammenhängen zwischen dem Nervensystem und den Emotionen befasst hat, kommt laut der oben genannten Studie zu einem sehr wichtigen Rückschluss: *„Jahrzehntelang glaubten Forscher und Ärzte, dass Angst und Depression zu [funktionellen Darmproblemen wie Verstopfung, Durchfall, Schmerz und Magenverstimmung] führt. Aber unsere Studien und andere zeigen, dass es auch andersherum sein kann."* Das bedeutet, dass bislang vollkommen übersehen wurde, wie immens einflussreich die Mikroorganismen im Darm sind. Nicht nur unsere Stimmung kann von ihnen diktiert werden, sondern auch Ängste und sogar krankhafte Zustände wie Depressionen sollen von ihnen ausgelöst werden. Dieses Ergebnis ist bahnbrechend im Hinblick auf Zusammenhänge, wie der Darm bzw. die Mikroorganismen im Darm messbar auf unsere Gehirnfunktionen Einfluss nehmen können, und damit unser gesamtes Wohlbefinden mitbestimmen. Die logische Konsequenz sollte auch ein völliges Umdenken in Bezug auf die Behandlung von Depressionen sein.

Auch *Andreas Müller* zitiert in »Grenzwissenschaft aktuell« eine Studie, die zu dem Ergebnis kommt, dass *„Angstwahrnehmung auch von Darmbakterien beeinflusst wird"*[260]. Der Darm von neugeborenen Lebewesen sei zunächst keimfrei und wird erst nach und nach durch den Kontakt mit der Umwelt von Darmbakterien besiedelt. In den Testreihen haben Forscher um *Alan Edward Hoban* von dem irischen »University College Cork« eine mikrobenfreie Umgebung geschaffen, in der sie Mäuse aufgezogen haben.[261] Die Versuchsmäuse ohne Darmbakterien verhielten sich in den Tests auffällig anders gegenüber den normalen Mäusen. Sie haben nämlich festgestellt, dass die keimfrei aufgezogenen Mäuse *„stark reduzierte Angstreaktionen gegenüber Situationen aufwiesen, die die Mäuse normalerweise fliehen lassen"*. Ebenso schienen die Erinnerungen an die Erlebnisse bei den mikrobenfreien Mäusen schwächer auszufallen und sie vergaßen sie auch schneller als bei den Vergleichsmäusen. Nachdem die Tiere in normale Umweltbedingungen ausgesetzt wurden, entwickelten sie wieder normale Angstreaktionen.

„Bei einer Analyse der molekularen Biochemie der Amygdalae der keimfreien und mutigen Mäuse, zeigte sich, dass Gene, die normalerweise ruhen, in den Versuchstieren plötzlich abnorm aktiv waren und die gesamte Hirnregion eine gesteigerte neuronale Aktivität aufwies." Der Zusammenhang zwischen Darmbakterien und Einfluss auf die Amygdala (Mandelkern, befindet sich paarig in Kopfmitte; Teil des Limbischen Systems) ist den Forschern allerdings nicht bekannt. Doch wegen der Ähnlichkeiten zwischen Mensch und Maus gehen die Forscher davon aus, dass sich die Beobachtungen auch auf den Menschen übertragen lassen.

KULINARISCHE GELÜSTE

Wie weiter oben schon erwähnt, werden nicht nur unsere Emotionen durch die Darmbakterien beeinflusst, sondern auch unser Essverhalten. *„Sie glauben, Sie bestimmen selbst, worauf Sie Appetit haben? Nicht unbedingt! Forscher vermuten, dass* **Ihre Darmflora Ihnen sagt,** *wo es lang geht und* **was Sie wann zu essen haben.** *Sie sind* *also schon lange nicht mehr Herr Ihrer Sinne – zumindest nicht, was Ihren Speiseplan betrifft."*[262] (Herv. d. Verf.), wird deshalb auch in einem Bericht der Internetseite »Zentrum der Gesundheit« kommentiert.

Die Darmmikroben sind zwar davon abhängig, was wir ihnen geben, sprich was wir essen, doch sie sind uns nicht schutzlos ausgeliefert. Im Gegenteil, sie signalisieren ganz genau, was sie jetzt essen möchten und was wir deshalb zu uns zu nehmen haben. Das klingt ganz so, als wären sie die Chefs und in gewisser Weise scheint das auch so zu sein. *„So lösen Bakterien beispielsweise Heißhunger auf das aus, was sie augenblicklich benötigen. Die Darmflora steuert also offenbar bis zu einem gewissen Grad unsere Geschmacksnerven, und uns schmeckt folglich immer nur das besonders gut, was die Mikroben gerade brauchen."*, kann man in dem oben genannten Bericht weiter lesen. Die Mikroorganismen erziehen uns dabei genauso, wie wir einen Hund erziehen würden.

*„Wenn die Darmbakterien schließlich bekommen, was sie wünschen, loben sie uns regelrecht, indem sie dafür sorgen, dass unser Körper Dopamin ausschüttet, ein ‚Glückshormon' … Offenbar sind **wir die Sklaven unserer Darmflora** und wissen es nicht einmal."* (Herv. d. Verf.)

Aber jetzt wissen wir endlich, warum wir manchmal nicht widerstehen können, auf den Parkplatz eines Supermarktes zu fahren und etwas total Ungesundes kaufen zu **müssen** – obwohl der Kühlschrank doch eigentlich voller Gemüse ist. Wir können gar nicht anders. Brav, wie ein gut erzogener Hund, folgen wir dem stillen Kommando unserer Darmbewohner. Schließlich wollen wir zur Belohnung wie gewohnt unsere Dopamin-Ration erhalten. Die Mikroorganismen sind es, die uns deutlich mitteilen, was wir für sie zu tun haben, ja sie bestechen uns geradezu. Sind sie etwa die kleinen Teufelchen in uns, die stets mit unserem Engelchen um die Vormachtstellung kämpfen? Wer frägt uns denn eigentlich, was wir wollen? Haben wir vielleicht auch noch etwas zu sagen? Anscheinend wenig!

Wenn wir jedoch den Gelüsten widerstehen können und stattdessen zum Beispiel Gemüse oder Obst zu uns nehmen, verändern wir damit die Darmflora. Wir sind den Mikroben also genauso wenig schutzlos ausgeliefert wie die Mikroben uns, doch im Gegensatz zu ihnen kostet es uns mehr Überwindung, standfest zu bleiben und uns nicht verleiten zu lassen.

Sollen Darmmikroben Angst erzeugen?

Wie weiter oben beschrieben, wurde in verschiedenen Forschungen vor allem der Einfluss auf die Angst festgestellt. Während die einen die Angst fast gänzlich aufheben und uns zu Draufgängern machen (Toxoplasma gondii), erhöhen andere unsere Ängste, und beide Extreme sind für uns schädlich. Keine Angst mehr zu haben, kann uns in lebensgefährliche Situationen bringen, während ein Leben in ständiger Angst uns ebenso daran hindert, ein freies Leben zu führen und die richtigen Entscheidungen zu treffen. Vom Befall mit Toxoplasma gondii einmal abgesehen, der sich hauptsächlich im Blut und in den Zellen befindet, scheint auch die normale mikrobielle Besiedelung des Darmes Ängste zu fördern.

Das erlaubt die mutige Frage, ob bestimmte Mikroben im Darm vielleicht sogar die **Aufgabe** haben, uns in Angst zu versetzen? Denn schon ein altes Sprichwort sagt: *„Die Angst ist kein guter Ratgeber!"* Nachdem die Menschen auf der Erde in allen nur denkbaren Weisen manipuliert wurden und werden, stelle ich ernsthaft die Frage, ob einst die Besiedelung des Darmes durch Mikroorganismen absichtlich erschaffen wurde, um den Menschen ängstlicher und dadurch gefügiger zu machen. Denn wenn wir von Angst blockiert sind, trauen wir uns nichts zu und bleiben in unserer Entwicklung auf der Stelle stehen – folglich entscheiden andere Menschen über uns und wir führen ein fremdbestimmtes Leben.

War das vielleicht der Grund, warum die Menschen, die zu Beginn mit Sicherheit vor allem geistiger Natur waren, zum Essen verführt wurden? Sobald die Menschen ängstlich wurden, waren sie viel einfacher zu führen und zu manipulieren. Ein ängstlicher Mensch ist weder in seiner Kraft, noch kann er Situationen realistisch einschätzen. Er befindet sich in einem extremen Stress-Modus, der ihn die „Ich stelle mich tot"-Strategie anwenden lässt. Die Angst ist ein gutes Druckmittel, den Menschen dahin zu bekommen, wo die Mächtigen ihn haben möchten.

„Hat die symbolische Schlange
die Menschen nur deshalb zum Essen verführt,
damit die dunklen Energien überhaupt erst Zugang
zum menschlichen Körper erlangen konnten?"

Die Autorin

DARMMIKROBEN FORDERN NACHSCHUB

Spielen wir diesen Gedankengang noch etwas weiter: Neben der Erzeugung von Angst haben die Darmmikroben noch eine weitere, sehr ausgeprägte Eigenschaft. Sie fordern, dass sie ständig gefüttert werden. Das tun sie, indem sie ein Hungergefühl erzeugen. Wenn der Mensch auf dieses Spiel eingeht und regelmäßig Nahrung zu sich nimmt, noch dazu Nahrung, die den Wünschen der Mikroben entspricht, dann sitzt er in der Falle. Der Mensch denkt, er würde seinen Körper nähren, stattdessen geht ein großer Teil auf das Konto der Kleinstlebewesen, die ihm über provozierte Gelüste mitteilen, was sie gerne zu Abend essen würden.

Zum einen erzeugen die Mikroorganismen – auf welche Weise auch immer – ein vermehrtes Angstempfinden, vor allem, wenn sie gut gefüttert und zahlreich vorhanden sind. Und zum anderen fordern sie ständig Nachschub. Sie animieren den Menschen dazu, die von ihnen gewünschten Nahrungsmittel zu sich zu nehmen, um die Mikrowelt im Darm gut durchzufüttern. Sie haben es warm und sie werden gut genährt, und als Gegenleistung setzen sie die Programmierung ihres Kollektivbewusstseins um und erzeugen beispielsweise Ängste und diverse Gelüste.

„Der menschliche Körper wird zum laufenden Brutkasten degradiert."
frei nach *Jenny Solaria Postatny* in einem ihrer Seminare

Man kann deshalb durchaus davon ausgehen, dass der Beginn, materielle Nahrung zu sich zu nehmen, gleichzeitig auch der Beginn der Abhängigkeit von der Materie war! Der Mensch konnte nicht mehr zurück in die geistige Welt und war an die Materie gebunden. Zunächst verspeiste der Mensch Pflanzen, irgendwann begann er dann aber auch damit, Tiere zu töten und sie zu essen. Die gesamte Natur fiel in die Spirale der materiellen Nahrungsaufnahme und des Tötens. Das war vermutlich der Beginn des grausamen Spiels mit dem mittlerweile stets präsenten „fressen oder gefressen werden".

Die Wissenschaft hat nachgewiesen, dass die Mikroben im Darm einen erheblichen Einfluss auf uns haben. Unser emotionales Verhalten wird von ihnen gesteuert und sie bestimmen unsere Essgewohnheiten nach ihren Wünschen. Sogar unsere Ängste werden von der Darmflora verstärkt oder reduziert. Sie haben damit einen enormen Einfluss auf unser gesamtes Leben und auch darauf, wie wir dieses empfinden. Die Frage, wer oder was uns tatsächlich steuert, dürfte demnach beantwortet sein.

Es scheint eine der wichtigsten Aufgaben der Mikroorganismen zu sein, uns über unsere Gedanken und unser Verhalten zu beeinflussen – genau so, wie es von den machtorientierten Wesenheiten gewünscht bzw. programmiert wurde. Und es ist ein weiterer Hinweis darauf, dass unsere Welt sich nicht „zufällig" zu dem entwickelt hat, was sie heute ist, sondern dass sie bis in kleinste Details manipuliert und gesteuert ist. Weiter oben habe ich beschrieben, wie Eva in den Apfel gebissen hat und wie wir dadurch möglicherweise selbst erst den Mikroorganismen die Türen geöffnet haben. Wir haben sozusagen *„Ja"* zum Apfel und damit auch *„Ja"* zu den Mikroben gesagt, auch wenn dies durch List und Tücke zustande gekommen ist.

„GUTE" UND „BÖSE" MIKROORGANISMEN IM DARM?

Chronisch-entzündliche Darmerkrankungen, wie z.B. *Morbus Crohn* oder *Colitis ulcerosa*, werden von der Schulmedizin in der Regel noch immer als Autoimmunerkrankung angesehen. Die neuesten Forschungsergebnisse kommen jedoch zu einem anderen Ergebnis. *„Mittlerweile hat sich die Einschätzung der Ursachen geändert, die Behandlungsansätze aber (noch) nicht. Chronisch-entzündliche Darmerkrankungen (CED) betrachtet man heute nicht mehr als Autoimmunerkrankungen."*[263], schreibt *Dr. med. Reiner Matejka*. Neben der Untersuchung von etlichen anderen möglichen Ursachen weist er darauf hin, dass man auch die Mikroorganismen im Darm untersuchen soll. Vor allem *„einen Befall mit den Darmkeimen Clostridium difficile und Campylobakter"* sollte man ausschließen können.

Doch nicht nur *Dr. Matejka* weist in Bezug auf chronisch-entzündliche Darmerkrankungen auf schädliche Darmkeime hin, auch *PD Dr. Jan Wehkamp* (Robert-

Bosch-Krankenhaus Stuttgart) beschäftigt sich mit dem Zusammenhang zwischen Morbus Crohn und Bakterien: *„Bei Morbus Crohn-Patienten sitzt ein dichter Film intakter Bakterien direkt auf dem Epithel. Bei Gesunden hingegen ist die Darmschleimhaut mehr oder weniger steril."*[264] Es soll sich demnach nicht um eine Autoimmunkrankheit handeln, sondern vielmehr ermögliche eine Schwäche der Darmabwehr, dass Bakterien in die Darmschleimhaut eindringen können. Es gehe demnach darum, die körpereigene Abwehr dahingehend zu stärken, dass diese Keime nicht mehr durch die Darmwand hindurchwandern können, denn erst dadurch entstünden die gesundheitlichen Probleme. Wir sehen, dass zu einer guten Verdauung zwar bestimmte Mikroorganismen erforderlich sind, dass sich andererseits jedoch auch Organismen im Darm tummeln, die dort körperlichen Schaden anrichten und zu massiven Beschwerden führen können.

Hinzu kommt, dass die Nahrungsmittelindustrie zunehmend Chemie bei der Herstellung verwendet. Laut Ärzteblatt werden in Fertignahrungsmitteln zunehmend Titandioxide (TiO_2), auch E 171 genannt, eingesetzt, die eine schöne, weiße Färbung der Lebensmittel bewirken. *„Mindestens ein Drittel des in der Nahrung enthaltenen TiO_2 hat einen Teilchendurchmesser von weniger als 100 Nanometer"*[265], ihre Größe liegt demnach im Nanobereich. Diese Kleinstteilchen können jedoch *„von der Darmschleimhaut aufgenommen und dann in der Milz abgelagert werden. Besonders gefährdet könnten Menschen mit Morbus Crohn oder Colitis ulcerosa sein, da bei diesen Patienten die Schleimhautbarriere häufig gestört ist"*. Ein Team um den Gastroenterologen *Prof. Dr. Dr. med. Gerhard Rogler* vom »Universitätsspital Zürich« hat festgestellt, dass TiO_2-Nanopartikel bei DSS-Mäusen die Entzündung verschärften, wobei Untersuchungen eine Störung der Schleimhautbarriere gezeigt hätten. E 171 sei in der Darmschleimhaut wie auch später in der Milz gefunden worden. Unter diesen Gesichtspunkten ist es unglaublich, dass Titandioxid (E 171) ohne Höchstmengenbeschränkung für Lebensmittel zugelassen ist[266].

Titandioxid dürfte nicht das einzige Mittel sein, das nicht ganz unbedenklich ist. Die Summe der belastenden Stoffe, die auch einzeln vermehrt eingesetzt werden, bringen immer mehr Menschen an den Rand des zu Verkraftenden, und diffuse Beschwerdebilder sind die Folge davon. Unzählige Patienten beginnen eine Odyssee von Arzt zu Arzt, ohne die wirklichen Ursachen für ihre Beschwerden zu finden. Und die zunehmende Belastung durch Mikroorganismen dürfte dabei ein hochkarätig besetzter Nebenschauplatz sein, der uns mehr und mehr belastet.

Doch auch wenn wir bzw. die Schulmedizin zwischen „guten" und „bösen" Mikroorganismen unterscheiden, ist es doch so, dass auch die „guten" kundtun, was sie gerne möchten und was **wir** jetzt **für sie** tun sollen: Sie lassen uns in den Bioladen gehen und einen schönen roten Apfel oder eine Vollkorn-Dinkelsemmel kaufen und sorgen dafür, dass wir einen geregelten Stuhlgang haben und uns wohl fühlen, doch nur so lange, wie wir ihnen gehorchen. Tun wir das jedoch nicht, bekommen wir Magenknurren bis hin zu Schwächeanfällen – von den Gelüsten ganz zu schweigen.

Nun kann man natürlich schlussfolgern, dass die Schwächeanfälle deshalb kommen, weil wir nichts gegessen haben. Das ist die allgemeine Meinung von bald acht Milliarden Menschen. Aber es gibt immer wieder Menschen, die aus diesem Glauben ausbrechen und sich sagen:

„Ich bin ein geistiges Wesen, das hier auf der Erde lediglich eine materielle Form angenommen hat. Es muss doch möglich sein, diese materielle Hülle mit der Energie zu nähren, die uns in Hülle und Fülle umgibt, wie z.B. das riesige Magnetfeld der Erde bzw. die gigantische kinetische Energie des Universums."

Und tatsächlich, es gibt mittlerweile viele Menschen, die bereits den Willen hatten, das auszuprobieren. Und siehe da – bei den meisten funktionierte es! Daraus kann man weiter schlussfolgern, dass es keine zwingende Notwendigkeit ist, Nahrung zu sich zu nehmen. Allerdings hat es sich über viele, viele Generationen in unseren Köpfen verankert, dass wir verhungern würden, wenn wir nichts essen. Es gibt jedoch einige Beispiele von Menschen, die gut leben, ohne Nahrung zu sich zu nehmen, und es mag sein, dass es sich um Vorreiter handelt, doch sie zeigen, dass es generell möglich ist. Diese Pioniere kommen ohne Nahrung aus und damit auch ohne „gute" oder „böse" Mikroben.

KRANK DURCH MIKROORGANISMEN UND PARASITEN

Die 2009 verstorbene *Dr. med. Hulda Clark* vertrat die Meinung, dass Krankheiten vor allem durch Parasiten verursacht werden. Sie entwickelte den sog. „Zapper", ein Gerät, das bestimmte elektrische Impulse sendet, um diese Parasiten abzutöten. Sie war wegen ihrer Ansicht sehr umstritten, doch viele alternative Heiler und Selbstbehandler verwenden nach wie vor diesen Zapper.

Wenn man bedenkt, dass alle Infektionskrankheiten durch Mikroorganismen ausgelöst werden, scheint sie durchaus auf dem richtigen Weg gewesen zu sein. Egal, ob Blutvergiftung, Kindbettfieber oder auch entzündete Wunden (Nekrose!), viele sehr ernste bis tödliche Krankheiten sind auf Erreger zurückzuführen. Dr. Clark führte fast alle Krankheiten auf zwei Hauptursachen zurück:

- auf Parasiten und
- Umweltgifte.

In ihrem Buch »Heilung ist möglich« schreibt sie: *„Mangelnde Bewegung, Vitaminmangel, der Hormonspiegel oder anderes ist nach meinen Befunden niemals der auslösende Faktor."*[267] Ihre Thesen sind umstritten, doch an ihrem Ansatz über die Parasiten muss wohl einiges richtig sein, denn immer mehr Forscher kommen zu dem Schluss, dass Mikroorganismen und Parasiten ursächlich an vielen Krankheiten beteiligt sind.

Obst, besonders, wenn es verletzt ist, wird schnell von Schimmelpilzen befallen und auch gekochtes Essen wird schnell ungenießbar, weil es von Mikroorganismen zersetzt wird. Das ist ein normaler Prozess für verletztes, krankes oder totes organisches Material, damit es schnell zersetzt und wieder in den natürlichen Kreislauf zurückgeführt werden kann. Doch ein gesunder Mensch ist kein totes oder geschwächtes organisches Material, weshalb ein ansonsten gesunder Mensch nicht von Pilzen oder krankmachenden Keimen befallen werden dürfte. Im Normalfall sollte er so viel Lebensenergie aufweisen, dass diese Keime von der körpereigenen Abwehr schnellstens eliminiert werden, und Pilze, Bakterien oder andere Mikroorganismen sollten somit keine Chance haben, ihn zu befallen. Daher frage ich: Was schwächt unsere Lebensenergie trotzdem so sehr, dass Mikroorganismen von uns Besitz ergreifen können, obwohl wir uns in einem anscheinend gesunden Zustand befinden?

Eine wichtige Rolle spielt hierbei sicherlich das Säure-Basen-Gleichgewicht wie ebenso die allgemeine Schwächung durch Umweltgifte in der Luft, im Wasser und im Boden. Auch ungesunde Nahrungsmittel, Bewegungsmangel, flache Atmung, Termindruck und vieles mehr rauben uns viel unserer Vitalität. Daher sollte uns das dazu veranlassen, uns basisch zu ernähren und auf gesunde Lebensmittel, Bewegung und Entschleunigung zu achten. Diese Thematik möchte ich hier jedoch nicht näher vertiefen – mir geht es darum, den Zusammenhang zwischen unseren Empfindungen, unserem Verhalten, unserer Gesundheit und den Kleinstlebewesen aufzuzeigen. **Diese** beeinflussen uns nämlich nicht nur ein wenig, sondern so intensiv, dass wir uns kaum dagegen wehren können.

KREBS DURCH PARASITEN VERURSACHT?

Die drei deutschen Ärzte *Dr. Übing*, *Dr. Schierz* und *Dr. Winter* befassten sich Ende der 1960er-Jahre am »Max-von-Pettenkofer-Institut für Mikrobiologie« in München mit der *„Erforschung rätselhafter Gebilde im menschlichen Blut"*[268], so wird in einem Youtube-Film berichtet. *„Sie veröffentlichten in der Fachzeitschrift ›Ärztliche Praxis‹ auf der Titelseite einen Bericht über ihre Arbeit."* Demnach sei der Arzt und Zellforscher *Dr. Alfons Weber* bereits vor den drei genannten Ärzten auf ein ähnliches Ergebnis gekommen, nämlich dass parasitäre Strukturen im Blut nachweisbar seien.

Die Erkenntnisse von *Dr. Weber* wurden nicht, wie man annehmen könnte, mit Begeisterung von der Fachwelt aufgenommen. Im Gegenteil, seine Forschungen wurden von der Fachwelt nicht sonderlich wertgeschätzt, obwohl seine Theorien durchaus nachvollziehbar sind. So schrieb ein Kommentator im Jahre 1984 auf der Seite »Buchbesprechungen« im »Ärzteblatt« über Webers Buch: »Haben wir potentielle Krebserreger schon im Blut?« folgenden Kommentar: *„Der Onkologe mag daraus einige Anregungen ziehen. Als Fachinformation ist das auf Parasiten abhebende Buch wenig geeignet."*[269] Das Buch war verständlich geschrieben und erläuterte Fachbegriffe für den medizinischen Laien. Dies wie auch die Tatsache, dass er seine Forschungsergebnisse nicht in Fachzeitschriften veröffentlicht hatte, führte womöglich dazu, dass ihm die Fachwelt ablehnend gegenüberstand.

Weber soll in den 1960er- und 70er-Jahren Parasiten gefilmt haben und die gleichen Parasiten seien grundsätzlich in allen Krebsgeweben und im Blut aller Krebspatienten nachweisbar. Die Mikroben seien zunächst nur im Blutsystem enthalten. Durch eine zunehmende Belastung des Körpers durch Gifte, Strahlung usw. würden diese parasitären Mikroben jedoch die Möglichkeit erhalten, das Blutsystem zu verlassen. Dann würden die Gewebezellen diese Mikroben aufnehmen und sie dadurch, vereinfacht ausgedrückt, unschädlich machen. Sei die Kapazität dieser Zellen jedoch erschöpft, bliebe ihnen nur der Ausweg, sich zu teilen, um die Konzentration der Parasiten im Zellinneren zu verringern. Diese überschießende Zellteilung ist allgemein als Wucherung bekannt, was diesen Mikroben jedoch ermöglicht, sich weiterhin zu vermehren und sich von den Zellen zu ernähren.

Ist eine Blutzelle übervoll mit Mikroben, kann sie platzen und gibt dadurch die in ihr versammelten Mikroben frei. Diese suchen sich schnellstens eine neue Zelle, dringen in sie ein und vermehren sich fröhlich weiter. Dieses Platzen der prall gefüllten Zellen wird von maßgeblichen Instituten als „altruistischer Zelltod" und die freigesetzten Mikroben als Teile von Blutzellen bezeichnet. Darüber kann man wohl streiten, denn diese kleinsten Teilchen erwecken nicht den Eindruck, als seien es tote Zellteile, sondern sie scheinen sehr lebendig zu sein. Sie wandern nach dem Platzen der Zelle zu anderen Blutzellen, dringen in diese ein und leben dort weiter, wie man in dem genannten Video sehr gut beobachten kann. Nach einiger Zeit platzt auch diese Zelle, da sie von den eingewanderten Mikroben infiziert wurde, und diese vermehren sich wiederum so sehr, dass der Zelle nichts anderes übrig bleibt, als ebenfalls zu platzen. Früher seien diese im Blut schwimmenden Organismen übrigens *„Gameten"* genannt worden.

Interessant ist, dass laut dem Video-Beitrag ein Versuch unternommen wurde, Blut auf über 100 °C zu erhitzen und danach seien sämtliche Blutzellen abgestorben gewesen. Nach Zugabe weniger Bestandteile hätten diese kleinen Mikroben jedoch wieder angefangen, sich zu bewegen. Heilpraktiker, die den Versuch nachstellten, seien zu demselben Ergebnis gekommen. Auf mich wirkte diese Argumentation sehr überzeugend, vor allem unter dem Gesichtspunkt, dass es sich bei diesen kleinen Teilchen um eigenständige Lebewesen handeln soll und nicht um Bestandteile von Blutzellen.

Fasst man diese Ergebnisse zusammen, so erkennt man unweigerlich den Zusammenhang mit Krebserkrankungen. Deren Kennzeichen sind vor allem unkontrollierbare Wucherungen, und es stellt sich die berechtigte Frage, ob die Ursache für Krebs in solchen sich nämlich rasant vermehrenden Mikroorganismen zu finden sein könnte? Dann wäre Krebs eine Infektionskrankheit. Wäre dem tatsächlich so, müsste Krebs jedoch völlig anders behandelt werden als mit den herkömmlichen Krebstherapien, die heute gemeinhin angewendet werden. Wenn man dieses Wissen in die Therapie mit einbeziehen würde, könne man, laut dem Bericht, entsprechende Behandlungserfolge direkt über Blutproben gut kontrollieren. Sollte diese Theorie der Wahrheit entsprechen, müsste die Krebstherapie völlig neue Wege gehen, die dann in vielen Fällen zu einer tatsächlichen Heilung führen könnten.

Ferner dürfen wir uns die Frage stellen, warum die These von *Dr. Weber* und den anderen drei Ärzten nicht im Nachhinein (endlich!) anerkannt wird? Der Grund könnte in der riesigen Krebs-„Industrie" zu sehen sein, die enorme Gelder zu Forschungszwecken erhält. Die mächtige Pharmaindustrie erzielt durch Medikamente für Chemotherapie gigantische Gewinne. Zusätzlich bestünde die Gefahr, dass Patienten beginnen könnten, wegen falscher Behandlung Schadenersatzforderungen zu stellen. Von diesem Standpunkt aus gesehen, kann man die zögernde Forschung in dieser Richtung nachvollziehen.

Unabhängig davon, ob dieser Bericht tatsächlich die Ursache von vielen Krebserkrankungen darlegt oder nicht, verdeutlicht er jedoch eines: Es ist sicherlich sinnvoll, regelmäßig entgiftende Maßnahmen zu ergreifen und allgemein die Abwehrkräfte zu stärken. Eine gesunde Ernährung, ein ausgeglichenes Säure-Basen-Verhältnis und saubere Luft in gesunder Natur stärken unsere Abwehr in jeglicher Hinsicht.

Vor diesem Hintergrundwissen erhält der Begriff „Protozoenwahn" einen völlig anderen Stellenwert. Damit werden nämlich sensible Menschen „diagnostiziert" bzw. betitelt, die das Gefühl haben, dass sie von Parasiten befallen sind. Sie werden sozusagen in den Bereich der Wahnvorstellung geschoben. Will man damit vermeiden, die wahre Ursache zu erkennen? Ist das Verschweigen einer wirklichen Ursache von Krebserkrankungen eine der Methoden, die Bevölkerung zu reduzieren? Wenn dem so sein sollte, dann ist der Plan höchst erfolgreich.

Die von der obersten „Elite" beabsichtigte Reduzierung der Bevölkerung dürfte einer der Hauptgründe dafür sein, dass man diese im Grunde alten und längst bewiesenen Forschungen nicht wieder aufnimmt. In meinem Buch »Nutzlose Esser« beschreibe ich ausführlich, warum eine Reduzierung der Bevölkerung von den Manipulierern gewünscht ist. Diese Reduktion findet nicht irgendwann statt, sondern **jetzt** direkt vor unseren Augen und wir befinden uns mitten drin in dem Programm. Leider sind wir meist so sehr mit unserem Alltag beschäftigt, dass uns die Zusammenhänge nicht auffallen. Warum sind beispielsweise so viele junge Paare kinderlos? Auch das ist kein Zufall. Der rasch voranschreitende Rückgang der Spermienqualität europäischer, vor allem aber auch deutscher Männer, ist so alarmierend, dass in einer Sendung der »ARD« sogar die Frage gestellt wird: *„Sind unsere Männer unfreiwillige Opfer eines Großexperiments?"*[270] Doch auch die noch immer steigenden Krebserkrankungen sind ein steter Beitrag zur schleichenden Verringerung der Bevölkerungszahlen. Und die Pharmaindustrie sowie die Forschung dürften daran nicht unbeteiligt sein.

Doch nun zurück zur Welt der Mikroben und ihrer Bedeutung im Krebsgeschehen, worin wir laufende Brutkästen für die Mikroorganismen wären. *Niki Vogt* beschreibt es in einem Artikel sehr treffend:

> *„Jeder von uns ist eigentlich eine Wohngemeinschaft. Ungefähr 100 Billionen Bakterien und Keime leben mit uns, auf uns, in uns."*[271] *... Wir sind ein Gesamtwesen, ein Biotop, so etwa wie ein Riff, das eine tote Felslandschaft wäre ohne all die Korallen, Fische, Polypen, Krebse, Schnecken, Algen, Seeanemonen usw."*

Na prima! Doch wir brauchen uns jetzt nicht vor uns selbst zu ekeln, denn die meisten dieser winzigen Tierchen leben in Symbiose mit uns, das heißt, sie leben in einer Gemeinschaft, die meistens für beide – Mikroorganismen und Mensch (beziehungsweise Tier) – nützlich ist. Doch nicht alle von ihnen sind für unser Wohlbefinden tätig, denn es gibt durchaus jede Menge Arten, die uns wirklich schaden können. Zum Beispiel ist das Parodontose-Bakterium *Fusobacterium nucleatum*, welches normalerweise für eine Zahnfleischentzündung verantwortlich ist, so ein Kandidat. Es wird nämlich nicht nur im Mund gefunden, sondern es

> *„siedelt sich bei geschwächter Körperabwehr gern auch in anderen Organen des Körpers an und kann dann für Probleme sorgen. Vor allem Krebsmedizinern bereitet das Kopfzerbrechen, weil die vermehrte Besiedlung durch Fusobacterium nicht nur etwa mit Mundhöhlenkrebs, sondern zum Beispiel im Darm auch oft mit Dickdarmkrebs einhergeht."*[272]

Diese Erreger fanden sich nach Untersuchungen eines Teams um *Susan Bullmann* von der «Harvard Medical School» jedoch nicht nur in Darmtumoren, sondern auch in gestreuten Tochtertumoren.

Laut dem Bericht hatten Wissenschaftler vor Kurzem Hinweise darauf gefunden, dass Patienten, die zunächst erfolgreich gegen Krebs behandelt worden waren, häufiger wieder an Krebs erkrankten, wenn sie eine erhöhte Fusobacterium-Keimzahl im Körper aufwiesen. Das könnte bedeuten, *„dass das Bakterium aus dem primären Tumor in den Körper streue – **es könnte auch bedeuten, dass der Erreger eine bisher unbekannte aktive Rolle im Geschehen spielt**"*. (Herv. d. Verf.) Die Forscher stellen sich somit bereits die ernsthafte Frage, ob Mikroorganismen am Krebsgeschehen mit beteiligt sein könnten und sind demnach auf demselben Weg wie *Dr. Weber* in den 1960er- und 70er-Jahren. Seitdem ist allerdings ein halbes Jahrhundert vergangen, in dem man seine damaligen Forschungen ignoriert hatte. Wie viele Menschenleben hätte man retten können, wenn man in diese Richtung weitergeforscht hätte. Doch es ist nie zu spät und anhand der neuesten Untersuchungen sind die Forscher der Meinung, *„die Auswirkung einer gegen die Keime gerichtete Antibiotikabehandlung sollten daher unbedingt genauer untersucht werden"*. Hoffen wir, dass diese Empfehlung schlussendlich und vor allem zeitnah auch beim Onkologen und somit beim Patienten ankommt.

MIKROBEN KENNEN DEN TRICK FÜR DAS EWIGE LEBEN

In tropischen Gegenden muss das Wasser für Europäer abgekocht werden, da wir durch die hohen Keimzahlen sonst an Magen-Darmverstimmung erkranken würden. Erhöhte Keimbelastungen kann man in der Regel durch Abkochen reduzieren, doch es ist ein Trugschluss zu denken, dass dies bei allen Mikroorganismen ausreichend wäre. Sie werden es kaum glauben, wie widerstandsfähig Keime tatsächlich sein können. Betrachten wir uns dazu zunächst die Kälteempfindlichkeit. Russische Wissenschaftler um *Vladimir S. Cheptsov* von der »Lomonosov Moscow State University« haben festgestellt, dass einige Mikroorganismen extrem niedrige Temperaturen und selbst sehr hohe Strahlung überleben können. Das haben sie im Fachjournal »Extremophils«[273] berichtet. Die Forscher haben in einer Mars-Klimakammer Bedingungen geschaffen, die denen des Planeten Mars entsprechen: Sowohl Temperaturen zwischen -63 und -145 Grad Celsius wie auch einen Luftdruck, der 100 bis 1.000 mal geringer ist als auf der Erde. Dazu kommt starke ultraviolette und ionisierende Strahlung, wie sie auf dem Mars mit seinem sehr schwachen Magnetfeld vorzufinden ist. Auf der Internetseite »Grenzwissenschaft-aktuell« werden die Forscher folgendermaßen zitiert:

„In unseren Experimenten haben wir den Einfluss gleich mehrerer Faktoren (hohe Dosen von Gammastrahlung, niedriger Atmosphärendruck und Niedrigtemperaturen) auf Mikrobenstämme in rund 2 Millionen Jahre altem urzeitlichem arktischem Permafrost untersucht[274]... Bakterien auf dem Mars sind also wesentlich überlebensfähiger, als bislang gedacht. ... Bislang war nicht bekannt, bis zu welchem Maß Mikroorganismen derart extremen Umweltfaktoren widerstehen können. ... Es wäre unter bestimmten Bedingungen also durchaus denkbar, dass sich im Marsboden ein hypothetisches Mars-Ökosystem in einem anabiotischen Zustand und durch die bedeckende Regolith-Schicht vor der UV-Strahlung geschützt, mindestens 1,3 Millionen Jahre lang erhalten hat. In einer Tiefe von rund zwei Metern für 3,3 Millionen Jahre und in Tiefen von rund fünf Metern sogar bis zu 20 Millionen Jahre."

Das könnte bedeuten, dass bestimmte Mikroorganismen Millionen Jahre bei sehr tiefen Temperaturen ausharren können, um bei günstigeren Bedingungen wieder aktiv zu werden.

Wie sieht es nun bei Hitze aus? Auch hier gibt es Mikroben, die sich bei extrem hohen Temperaturen wohl fühlen und vermehren. Man denke nur an die Mikroorganismen, die in vulkanisch geprägten Zonen zuhause sind. *„Auch aktive Unterwasservulkane und Hochdruck-Heißwasserkamine der Tiefsee, sogenannte ‚Schwarze Raucher', sind ihr Revier."*[275], steht in dem Bericht »Leben am Siedepunkt« der »Christian-Albrechts-Universität« zu Kiel. Ferner gibt es Keime, *„die in sehr saurem Milieu (Acidophile) oder bei hohem Salzgehalt (Halophile)"* wachsen. Sie sehen also, Keime sind sehr anpassungsfähig und manche halten auch extreme Bedingungen aus.

Altern durch Mikroorganismen verursacht?

Im Laufe des Lebens werden wir ständig und überall mit Mikroorganismen konfrontiert, gleichgültig, ob wir einen Schluck Wasser trinken, etwas essen oder eine Türklinke in die Hand nehmen. Wo wir uns auch befinden, überall finden sich eine Vielzahl an Bakterien, Viren und sonstige Mikroben und warten nur darauf, dass sie einen neuen Wirt finden. Und hat ein Mensch (oder ein Tier) sie erst einmal aufgenommen, so werden manche von ihnen zum lebenslangen Dauerbegleiter.

Sehen wir uns das am Beispiel des Windpockenvirus an: Wer einmal an Windpocken erkrankt war, *„bleibt lebenslang latent infiziert"*[276] veröffentlichte das »Ärzteblatt«. Die Viren bleiben auch nach der Ausheilung der Krankheit weiter im Körper, ja sie könnten sogar zum Beispiel als *Herpes Zoster* wieder reaktiviert werden, wie in der medizinischen Fachliteratur zu lesen ist: *„Der Zoster (Gürtelrose) stellt eine Zweitinfektion dar, die durch Reaktivierung von in Spinalganglien latent weiter vorhandenen Viren bedingt ist."*[277] Wir werden ihn für den Rest unseres Lebens nicht wieder los, auch wenn ihn unser Immunsystem in Schach hält.

Das ist nur ein einfaches Beispiel, welches verdeutlicht, dass sich unser Körper in einem permanenten Kampf gegen Mikroorganismen befindet. Dazu kommt, dass wir täglich neuen Erregern begegnen, die versuchen, uns als ihren Brutkasten zu erobern. Sobald unsere Abwehr geschwächt ist, weil wir z.B. Ärger in der Familie oder im Beruf haben oder durch permanenten Termindruck unter Stress stehen, ergreifen fremde Erreger die Chance, in unser physisches System einzudringen und sich dort zu vermehren – mit der Konsequenz, dass wir krank werden. Wenn man sich nun vorstellt, dass ein 75-jähriger Mensch 27.394 Tage erlebt hat, dann kann man sich auch annähernd vorstellen, mit wie vielen Keimen er in seinem Leben Kontakt hatte. Wenn sich auch nur eine geringe Anzahl dieser Mikroben in seinem Körper eingenistet hat, dann können wir uns ebenso vorstellen, wie viel Energie der Körper benötigt, um die Abwehr gegen eine Vermehrung dieser Mikroorganismen ständig aufrechtzuerhalten. Sind wir geschwächt, erhalten sie sofort wieder die Oberhand, denken Sie nur an den stark verbreiteten Lippen-Herpes.

> *„Ein erheblicher Teil unserer Lebensenergie*
> *wird nur dafür verwendet,*
> *Mikroorganismen in Schach zu halten."*
>
> Die Autorin

Es ist durchaus möglich, dass die sinkende Lebensenergie sogar in erster Linie damit zusammenhängt, dass im höheren Lebensalter immer mehr fremde Mikroben abgewehrt werden müssen. Denn die soeben genannten Gründe für die Alterung verringern die Abwehrkraft erheblich. Wenn unsere Kräfte für die Heilung von Verletzungen, Krankheiten usw. benötigt werden, dann haben Mikroben ein einfaches Spiel, da ihre Gegner an anderen Baustellen beschäftigt sind. Müssten wir uns nicht ständig gegen irgendwelche winzigen Parasiten wehren, könnten wir vielleicht einige hundert Jahre alt werden, wie es im »Alten Testament« an mehreren Stellen beschrieben ist. Oder wir könnten so alt werden, wie wir es selbst als sinnvoll erachten. Und wenn wir genug Erfahrungen gesammelt haben oder uns in anderen Ebenen weiterentwickeln wollten, könnten wir uns wieder dematerialisieren und wären wieder das, was wir eigentlich sind: Seelenwesen! Das klingt doch höchst erstrebenswert, finden Sie nicht?

Auch in dem Buch »Repetitorium Geriatrie: Geriatrische Grundversorgung – Zusatz-Weiterbildung« wird als einer der Gründe für das Altern der „Einfluss der Umwelt" genannt. Einer der Unterpunkte, neben Verletzungen, Giften, Strahlung, Krankheiten, Mangelsituationen und negativer Stress, sind Mikroorganismen, wie z.B. Bakterien, Viren und Pilze[278].

Wir sammeln im Laufe des Lebens viele dieser Kleinstlebewesen an, die sich summieren. Schauen Sie sich nur mal ein kleines Baby an – es riecht immer angenehm, weil es noch keinen unangenehmen Körpergeruch hat. Natürlich könnte man jetzt argumentieren, dass das von der Natur so vorgegeben ist, damit es keine Raubtiere anlockt, die es fressen könnten. Das mag beispielsweise für das Reh relevant sein, da es von seiner Mutter allein gelassen wird, während diese frisst. Doch ein menschliches Baby ist (zumindest naturgemäß) nie allein, sondern immer bei der Mutter oder einer anderen Aufsichtsperson. Dieses Argument zählt also nicht. Es könnte deshalb genauso gut sein, dass das Baby zunächst noch relativ „keimfrei" ist, im Laufe seines Lebens allerdings mit einer unvorstellbaren Zahl an Keimen in Kontakt kommt. Einige davon werden zu lebenslangen Begleitern, wie bereits erläutert – wie z.B. Darmkeime und Keime, die den Schweiß zersetzen. Aber wir werden auch von Keimen heimgesucht, die wir eigentlich vermeiden möchten, wie z.B. Fußpilz und Mundgeruch verursachende Mikroben oder auch von dem Magenkeim Heliobakter Pylori.

Egal, ob **Borrelien, Bakterien, Viren, Pilze** oder was auch immer, es sind meist diese Kleinstlebewesen, die uns schwer erkranken lassen. Es gab eine Zeit, da war es verpönt, sich zu waschen, man hat sich wieder und wieder gepudert und parfümiert. Damals sind die Menschen reihenweise an Infektionskrankheiten gestorben sind. Doch als man erkannte, dass diese Krankheiten etwas mit der Hygiene zu tun haben könnten, verschwanden nach und nach auch die Krankheiten. In demselben Zeitraum hat die Medizin übrigens begonnen, Impfungen durchzuführen. Nebenbei bemerkt: Es gibt viele Kritiker, die davon ausgehen, dass die Infektionskrankheiten nicht wegen der Impfungen zurückgegangen sind, sondern **nur** deshalb, weil die Menschen sich wieder öfter gewaschen haben.

Auch **Kindbettfieber** war eine gefürchtete Krankheit, es befiel unzählige Frauen, die gerade entbunden hatten und endete in der Regel tödlich. Die Mediziner haben seziert und seziert, um die Ursache herauszufinden, bis der findige Mediziner *Ignaz Semmelweis* auf die Idee kam, seine Hände und die Instrumente mit einer Chlorlösung zu desinfizieren, um Keime abzutöten. Seine Idee wurde in der medizinischen Welt damals belächelt, doch der Erfolg gab ihm Recht. Die Frauen, die er untersuchte, erkrankten nicht mehr am Kindbettfieber. Auch damals waren es die Mikroorganismen, die unzähligen Müttern das Leben gekostet hat. Heute befinden wir uns in einer ähnlichen Situation – multiresistente Keime in Krankenhäusern sind kaum in den Griff zu bekommen, ja sie befinden sich sogar immer weiter auf dem Vormarsch. Viele Patienten gehen für einen kleinen Eingriff ins Krankenhaus und kommen als Schwerkranke wieder zurück oder sterben gleich.

Verrottung durch Mikroorganismen

Auch die Verrottung, also die Umwandlung von totem Material in Kompost und Humus, ist nur durch die Aktivität von Mikroorganismen möglich. Gäbe es sie nicht, würde alles Abgestorbene für ewige Zeiten in demselben Zustand liegenbleiben. Das bedeutet, dass die materielle Welt, so wie wir sie heute kennen, nur in Kombination mit diesen Mikroben existieren kann. Überall, wo etwas physisch sterben kann, sind Organismen erforderlich, die den toten Körper oder die tote Pflanze fressen und durch ihre eigene Verdauung umwandeln, wodurch wieder die Basis für neues Leben entsteht. Diese zersetzenden Mikroorganismen sind allgegenwärtig vorhanden und wenn sie auf eine tote Materie stoßen, vermehren sie sich rasant. Im Zusammenspiel verschiedener Arten wird auf diese Weise aus einem organischen Körper wieder nährstoffreiche Erde – auf der wiederum neue Pflanzen wachsen können.

Unser gesamtes Leben hier auf der Erde basiert auf dem unendlichen Kreislauf des fressen und gefressen werden. In der Natur wird der überwiegende Teil der Tiere gefressen, sobald sie etwas älter und damit schwächer werden. Sie werden geboren oder schlüpfen aus einem Ei und beginnen ihr Leben bereits mit der permanenten Gefahr, gefressen zu werden. Manche können sofort laufen oder schwimmen und müssen sehen, dass sie ihrer Mutter hinterherkommen. Einige sind gar von der ersten Sekunde an auf sich allein gestellt, wie zum Beispiel Wasserschildkröten. Andere wiederum kommen blind und nackt auf die Welt und sind vollkommen auf die Nahrung, die Wärme und den Schutz ihrer Mutter angewiesen. Auch wir Menschen gehören zu den Wesen, die ohne elterliche Fürsorge keine Überlebenschance hätten.

Wenn Sie ein Baby oder auch ein kleines Kätzchen oder eine kleinen Hund beobachten, dann bemerken Sie, dass diese kleinen Wesen spielen. Sie lernen die Welt spielerisch kennen und freuen sich jeden Tag ihres Daseins. Doch gegen Ende ihres Lebenszyklus werden sie schwächer und spüren genau, dass sie wieder von dieser Welt gehen werden. Und entweder werden sie nach ihrem Tod von anderen Tieren gefressen oder aber ein Raubtier beendet gar ihr Leben dadurch, dass sie gerissen und dann gefressen werden. Auch wenn ein Lebewesen nicht einem Fressfeind zum Opfer fällt, wird es nach seinem Tod gefressen, denn auch die Mikroorganismen tun nichts anderes.

Es ist ein ständiger Kreislauf von geboren werden, wachsen und leben und schließlich sterben und gefressen werden, um erneut geboren zu werden usw. Das ist im Grunde ein grausames System, wie es bereits im Zusammenhang mit den Nag-Hammadi-Schriften erläutert wurde. Und ich stelle hier nochmals fest, dass es nicht im Sinne eines liebevollen Gottes sein kann, wenn alle Lebewesen der Welt ständig in Angst leben müssen, getötet und gefressen zu werden. Denken Sie einmal darüber nach, ob es sich hier tatsächlich ein liebevolles System handelt oder ob es nicht vielleicht aus einem Geist heraus geschaffen worden ist, der eben nicht der höchsten, liebevollen Quelle entspricht.

KÖNNEN WIR DIESE MIKROORGANISMEN BEEINFLUSSEN?

Das ist nun die entscheidende Frage! Wenn uns Parasiten dazu bringen, Dinge zu tun, die wir nie tun würden, wenn wir ohne Beeinflussung entscheiden würden, dann ist es höchste Zeit, dass wir uns intensiv mit dieser Thematik befassen. Wenn unsere Seele nicht mehr ganz unseren Körper bewohnen kann, weil Energien und Wesenheiten, z.B. Mikroorganismen, das Kommando übernommen haben, dann sind wir nicht mehr wir selbst. Die Seele ist nicht mehr ganz mit dem Körper vereint, sondern nur noch zum Teil. Wir stehen sozusagen neben uns und diese Mikroben bestimmen unser Verhalten.

Doch wir als Seelenwesen sind es, die darüber entscheiden sollten, was wir denken, was wir sagen und was wir tun. Das ist heute bei den meisten Menschen jedoch nicht mehr der Fall. Oder glauben Sie ernsthaft, dass ein Terrorist seine Taten begeht, während er vollständig mit seiner Seele verbunden ist? Ich denke vielmehr, dass er von Fremdenergien besetzt ist, egal in welcher Form und warum sie bei ihm aktiv sind. Das können Parasiten sein oder auch sog. Elementale. Das sind durch Gedanken- oder Wortenergien erschaffene dämonische Wesenheiten. Elementale können, um bei dem Beispiel Terrorist zu bleiben, beispielsweise dadurch erschaffen werden, dass jemand permanent über einen längeren Zeitraum beeinflusst wird. Für denjenigen, der etwas labil ist oder wenig Verbindung zu seiner Seele hat, ist die Gefahr viel größer, dass er sich beeinflussen lässt, als für jemanden, der in sich ruht und sich seiner göttlichen Herkunft bewusst ist. Einen suchenden oder labilen Menschen zu beeinflussen, ist gar nicht so schwer. Jemand anderer setzt einen geistigen Samen, den er über längere Zeit nährt und fördert. Dazu kommt etwas Anerkennung oder auch das Versprechen, dass er belohnt wird, weil er für eine angeblich „gute" Sache etwas tun darf. Wir alle sehnen uns nach Anerkennung, und so kann ein Terroristenführer Schritt für Schritt eine psychische Abhängigkeit erzeugen, die bis zur völligen Selbstaufgabe gehen kann. Und über diese Spirale kann es passieren, dass jemand so viel Macht über einen anderen erhält, dass er ihn sogar dazu bringen kann, sich selbst und andere in die Luft zu sprengen.

Unter diesen Gesichtspunkten können Sie vermutlich nachvollziehen, wie viel Macht auch wir ganz normale Alltagsmenschen an andere abgeben. Auch wir entscheiden in vielen Fällen nicht so, wie es für uns am besten wäre. Macht wird meist negativ dargestellt, doch wenn wir sie neutral betrachten, bedeutet Macht nichts anderes, als dass man die Herrschaft hat. Und die Herrschaft über sich selbst sollte man – soweit es unser System erlaubt – bei sich behalten und keinesfalls gedankenlos anderen überlassen. Zu leicht werden wir sonst genauso manipuliert, geführt und gelenkt. Und die Macht, die jemand anderer über uns ausübt, ist mit Sicherheit nicht die beste für uns, das zeigt sich tagtäglich.

GEDANKENPARASITEN

So unvorstellbar das zunächst klingt, es gibt auch Parasiten, die unsere Gedanken beeinflussen. Um das zu verstehen, muss man sich zunächst fragen, was Gedanken überhaupt sind. Sie ermöglichen rationale Entscheidungen und befähigen uns, zwischen verschiedenen Möglichkeiten abzuwägen. Und sie sind in der Regel ein Produkt aus der linken, rationalen Gehirnhälfte, denn diese ist zuständig für die logischen Denkvorgänge. Wer vor allem rational orientiert ist und deshalb die linke Hirnhälfte bevorzugt nutzt, vernachlässigt seine rechte Hirnhemisphäre. Dadurch läuft er Gefahr, sich zum einen von seiner spielerischen, künstlerischen Seite, parallel dazu aber auch von seinen Intuitionen zu entfernen. Diese werden jedoch immer wichtiger, um im heutigen Informationsdschungel herauszufinden, was relevant und wahr ist und vor allem, was *für uns* das Richtige ist.

Wenn man dabei noch etwas weiter geht, könnte man sogar spekulieren, ob die Gehirntätigkeit, wie sie uns Menschen prägt, nicht vielleicht sogar zielgerichtet genetisch erzeugt wurde. Denn die Gedanken sind eine gute Möglichkeit für diverse Dämonen, geistige Parasiten und andere Entitäten, um mit uns zu kommunizieren. Nutzen Dunkelwesen die Gedanken gar, um uns ihre Befehle geschickt verpackt zu übermitteln? Haben sie uns möglicherweise mit der Fähigkeit zu denken ausgestattet, damit wir ihre Befehle – getarnt als vermeintlich wichtige eigene Gedanken – überhaupt empfangen können?

> *„Wir sind in der Regel ja der Meinung,*
> *dass es UNSERE Gedanken sind,*
> *die uns durch den Kopf gehen.*
> *Aber können wir da sicher sein?"*
>
> Die Autorin

Ja, wir können uns sogar die Frage stellen, ob wir unsere Gedanken überhaupt bräuchten, wenn wir, wie die einstigen Ur-Ur-Urmenschen, als halbmaterielle Geistwesen existieren würden? Oder sind die Gedanken nur eine Folge davon, dass wir uns in die tiefe, materielle Form haben ziehen lassen? Sind die Gedanken als Basis unserer Schöpferkräfte vielleicht sogar genau das, was uns in der Materie hält? Wirkliche Stille können wir nur dann empfinden, wenn wir unsere Gedankenströme ruhigstellen. Denn wir können am besten zur Ruhe kommen, wenn wir auch eine Stille im Kopf herstellen. Das gelingt zum Beispiel, indem wir die Augen schließen und uns auf unseren eigenen Atem konzentrieren und ihm einfach zuhören. Zunächst lassen wir die Gedanken kommen und gehen und schließlich werden wir innerlich ganz still. Es ist erstrebenswert, diesen Zustand immer wieder zu erreichen, denn er beruhigt und hilft uns, in unserer Mitte zu bleiben.

Ist es Ihnen nicht auch schon so ergangen, dass Ihnen immer wieder Dinge durch den Kopf gingen, die Ängste in Ihnen erzeugt haben? Oder Horrorszenarien, die völlig unrealistisch waren? Haben Sie nicht auch schon so manche schlaflose Nacht erlebt und am Morgen gedacht, dass Ihre Sorgen und das Gedankenkarussell vollkommen unnötig waren? Entstanden diese Gedanken wirklich aus Ihrem eigenen Inneren oder könnte es nicht vielleicht sein, dass irgendwelche fremden Energien diese Gedanken in Ihnen erzeugten?

Wir sollten üben, unsere Gedanken zu beherrschen, denn Gedankenhygiene ist ein wichtiger Schritt, um sich aus den Fängen von „Gedankenparasiten" zu befreien. Hierzu kann man, wenn es erforderlich ist, zu sich selbst sagen: „*Stopp, jetzt ist Ruhe!*" oder „*Stopp, in diese Richtung denke ich nicht weiter!*" oder auch „*Wer oder was in mir denkt jetzt gerade? Du verlässt sofort mein System – jetzt!*" Die eigenen Gedanken zu beherrschen, ist sicherlich einer der Schritte, die wir gehen müssen, um uns aus dieser extrem materialistisch orientierten Welt zu befreien.

DARMPARASITEN

Es ist ebenso eine Frage wert, ob wir beispielsweise drei Mahlzeiten am Tag zu uns nehmen müssen? Müssen wir stets eine kohlehydrathaltige Beilage verzehren? Wodurch entsteht die Lust auf ein Eis, auf Schokolade oder ein Stück Kuchen? Die meisten Menschen der westlichen Bevölkerung haben mit Gelüsten verschiedenster Art zu kämpfen und die Inhaltsstoffe der meisten Fertignahrungen tun ihr Übriges, damit Essen zu einer Sucht wird. Denn bei so Manchem unter uns dreht sich jeder zweite Gedanke ums Essen.

Darmparasiten sind nachgewiesenermaßen dazu in der Lage, in uns den Gedanken zu erzeugen, dass wir beispielsweise bei einer Autofahrt unbedingt abbiegen müssen, um im Lebensmittelladen noch dies und jenes mitzunehmen. Sie bringen uns dazu, bestimmte (meist ungesunde) Dinge einzukaufen und zu verzehren, obwohl wir noch genügend Lebensmittel zuhause haben. Sie schicken uns sozusagen zum Einkaufen für sie – wir sind damit ihre Sklaven. Denn das, was wir aufgrund von Gelüsten mitbringen, hat meist nichts mit einer gesunden Ernährung zu tun, sondern mit dem Erhalt dieser Mikroben. Wir kaufen, wenn wir unter ihrem Einfluss stehen, genau die Dinge ein, die uns übersäuern und ihnen damit ideale Lebensbedingungen schaffen. In uns ist zwar ein dünnes Stimmchen, das ganz leise flüstert: „*Das ist jetzt nicht gut für Dich!*", doch meist ist das Geschrei der Parasiten größer.

So unvorstellbar das auch klingen mag, Mikroorganismen sind als Kollektiv dazu in der Lage, unser Ernährungsverhalten zu manipulieren. Wir empfinden uns selbst als moderne, aufgeklärte Menschen, erfinden Mikrochips und Roboter, verändern die genetische Information von Mensch, Tier und Pflanze – und trotzdem lassen wir uns von so winzigen Tierchen befehlen, was wir tun sollen. Das muss man sich einmal vorstellen: Wir steuern unser hochmodernes, vollelektronisch ausgestattetes 80.000 €-Fahrzeug auf den Parkplatz des Supermarktes, um für diese Mikroben etwas zu essen zu kaufen. Ja, wir stellen uns dabei sogar „als lebende Brutschränke" zur Verfügung, und fürsorglich, wie wir nun einmal sind, tun wir unser Bestes, damit sie sich in uns gut und reichlich vermehren können. Ist das nicht unglaublich?

Wenn man in diese Richtung weiterdenkt, ist es daher nachvollziehbar, wenn man auch chronische Krankheiten wie Rheuma, Asthma, Rückenerkrankungen usw. mit Parasitenbefall verschiedenster Art in Zusammenhang bringt. Meine eigenen und auch Erfahrungen in meinem Umfeld, wie auch meine Recherchen zeigen, dass diese Vermutung durchaus berechtigt ist, wie ich bereits im Kapitel „Krebs" geschildert habe. Fakt ist jedenfalls, dass wir in vielen Fällen nicht Herr über uns selbst sind, obwohl wir wissen, dass das, was wir tun, nicht gut für uns ist. Dagegen sollten wir etwas unternehmen!

ENTGIFTEN

Ein Entgiften unseres Körpers sollten wir immer dann in Erwägung ziehen, wenn wir uns über längere Zeit nicht sonderlich wohl fühlen oder sogar bereits gesundheitliche Einschränkungen spüren, deren Ursache wir nicht wirklich zuordnen können. Angesammelte Schlacken und sonstige Giftstoffe können uns auf verschiedenste Weise beeinträchtigen. Ein weiterer wichtiger Anlass, uns zu entgiften, ist dann gegeben, wenn wir große Gelüste irgendwelcher Art verspüren. Wenn das der Fall ist, ist die Wahrscheinlichkeit groß, dass wir von Fremdenergien gesteuert werden, und man könnte auch dazu sagen, wir sind essgesteuert. Wie ich weiter oben bereits ausgeführt habe, sind verschiedene Mikroorganismen dazu in der Lage, unsere Gedanken diesbezüglich zu beeinflussen. Sie lassen uns den Blinker setzen und abbiegen, damit wir im Supermarkt beispielsweise etwas Süßes für sie einkaufen. Die Mikroorganismen in unserem Darm verlangen nach Zucker und wir spüren den Drang, etwas Süßes zu verzehren, in der Annahme, dass **wir** diesen Wunsch hegen. In Wahrheit sind es parasitäre Entitäten in unserem Körper, die uns lediglich über Botenstoffe vermitteln, was **sie** gerne hätten. Sie bestellen bei uns, wie wir beim Kellner bestellen, nachdem wir die Speisekarte studiert haben.

Wer das nicht akzeptieren möchte und gerne wieder selbst über seine Nahrungsauswahl bestimmen möchte, dem bleibt nichts anderes, als dieser Energie die Lebensgrundlage zu entziehen. Und das geschieht am besten durch eine Parasitenkur und Entgiftung, die natürlich durch einen Arzt oder Heilpraktiker begleitet werden sollte. Wer das konsequent durchführt, wird bemerken, dass er so langsam wieder er selbst wird. Wenn Sie Ihr Leben wieder selbst in die Hand nehmen und nicht mehr fremdgesteuert handeln möchten, führt Ihr Weg nicht daran vorbei, sich von den beschriebenen Parasiten zu befreien und sich infolgedessen auch wieder gesünder zu ernähren.

PARASITEN AUSLEITEN

Nun stellt sich die Frage, wie man diesen parasitären Mikroorganismen zu Leibe rücken kann. Zunächst müssen wir eines vorab wissen: Bestimmte Mikroorganismen und Parasiten bevorzugen ein saures Milieu (Körperflüssigkeit). Sie tun demnach gut daran, Ihr Milieu im neutralen bzw. leicht basischen Bereich zu halten, was bei unserer westlichen Ernährung und dem üblichen Termindruck allerdings sehr schwierig ist – deshalb ist es umso wichtiger, bewusst darauf zu achten. Und vielleicht erinnern Sie sich, dass auch Krebs bevorzugt in einem sauren Milieu entsteht. Deshalb ist es von Vorteil, wenn wir uns basisch ernähren, das bedeutet vorwiegend von Gemüse. Es gibt im Buchhandel und im Internet Listen, in denen saure, neutrale und basische Lebensmittel aufgelistet sind. Stark säuernde Nahrungsmittel wie Zucker und damit auch alle mit Zucker gesüßten Getränke, Kaffee, Alkohol, aber auch Fleisch und Wurst etc. sollten wir nach Möglichkeit reduzieren oder sogar gänzlich meiden. Besonders basenbildend sind hingegen laut einer mir vorliegenden Liste die Salatgurke, schwarzer Rettich und die Feige. Danach folgen Löwenzahn, Chicorée, Sojasprossen, Bohnen, Spinat, Sellerie, Tomaten, Endivien- und Kopfsalat, Rote Beete usw.

Doch nicht nur die Ernährung beeinflusst unseren Säure-/Basenhaushalt, sondern auch Termindruck und Ärger. Der berufliche Stress lässt sich am besten durch Bewegung abbauen. Regelmäßig Sport zu treiben, kann demnach auch der Übersäuerung entgegenwirken, denn die Entsäuerung geschieht hauptsächlich über unsere Ausatmung. Gleichzeitig wird der bewegte Körper bzw. die Zellen mit Sauerstoff versorgt, was ebenso gut für die Neutralisierung eines übersäuerten Organismus ist. Achten Sie jedoch darauf, dass Sie sich im Freien bewegen oder dass Sie genügend Sauerstoff in den Raum lassen, falls Sie sich in einem Gebäude fit halten. Der Sauerstoffgehalt ist im Wald am höchsten und in der Natur tun Sie gleichzeitig auch etwas für Ihre Seele. Atmen Sie tief durch, damit sich die Lungenflügel weiten und Sie reichlich Sauerstoff auftanken können.

Die Atmung ist das wichtigste Lebenselixier. Ein normaler, gesunder Mensch hält es ohne Nahrung ein paar Wochen aus, ohne Wasser einige Tage, doch ohne Luft nur wenige Minuten. Genau deshalb ist gerade die Atmung so wichtig. Die flache Atmung ist in westlichen Kreisen extrem weit verbreitet und auch das fördert indirekt die Parasitose. Man muss die Parasiten nicht nur aus dem Darm eliminieren, sondern auch den Blutkreislauf mit einbeziehen. Wie weiter oben bereits beschrieben, gibt es den berechtigten Verdacht, dass sich bei vielen Menschen Mikroorganismen im Blut befinden und sogar Krebserkrankungen auslösen können. Es gibt verschiedene Mittel, die Sie bei Parasitenbefall anwenden können, um die Plagegeister loszuwerden.

Nachfolgend liste ich eine ganze Reihe von möglichen Maßnahmen auf, die Sie jedoch unbedingt mit einem Arzt oder Heilpraktiker besprechen sollten, bevor Sie sie anwenden. Nur er kennt Ihre individuelle Situation und kann eine speziell für Sie abgestimmte Kur zusammenstellen:

- Manche Heilpraktiker berichten über gute Erfolge mit verschiedenen **Kräutermischungen**, die es als fertige Präparate im Handel gibt. Sie werden meist als „Parasitenkur" angeboten, wie z.B. *ZETA-Öl* von »BioPure«, das man nur tropfenweise zu sich nimmt. Es enthält Olivenöl, Rizinusöl, Wermutöl, Nelkenöl, Schwarzkümmelöl, Beifußöl, Walnussöl und Majoranöl.

- Täglich ca. 1-2 Liter **Quellwasser**, alternativ aufgekochtes (und wieder abgekühltes) Leitungswasser, sofern es nicht mit Zusatzstoffen wie Fluor, Aluminium, Chlor etc. versetzt ist.

- **Kräutertee** mit folgenden Zutaten, die Sie gerne durchwechseln können: Schwarzkümmel, Nelken, Pfefferminz (für den Geschmack), ungesüßt bzw. mit Stevia oder Xylit.

- **Würzen** Sie Ihre Speisen mit frischer Ingwerwurzel, Kurkuma, Koriander, Pfeffer, Kümmel oder Knoblauch. Diese können entgiftend und verdauungsfördernd wirken (nur Biogewürze sind nicht bestrahlt).

- **Grünes Gemüse** wirkt unterstützend für die inneren Organe wie Herz, Leber und Niere. Es soll in der Lage sein, Darmkrebs vorzubeugen[279]. Hier habe ich ein paar Beispiele, um Ihre Phantasie anzuregen: Staudensellerie, Mangold, Pak Choi, Brokkoli, Spinat, Grünkohl, Rosenkohl, Weißkraut.

- **Bitterstoffe** regen die Gallentätigkeit und damit die gesunde Verdauung an, zum Beispiel Chicorée, Radiccio, Endivien, Rucola, Rosenkohl, Artischocke, Löwenzahn, Schafgarbe, Pfefferminze.

- **Chlorella-Algen** (Presslinge) binden die Toxine (Giftstoffe) der abgestorbenen Parasiten sowie ihre Ausscheidungen.

- **Spirulina-Algen** (Presslinge) liefern eine Vielzahl an Mineralien und Vitaminen.

- **Flohsamenschalen** (am besten gemahlen, damit sie nicht in Darmausstülpungen hängen bleiben) quellen im Darm auf (viel trinken!) und helfen auf diese Weise, die Verdauung zu unterstützen und den Darm regelmäßig zu entleeren.

- Die Einnahme von **Heilerde**, **Bentonit** oder **Zeolith** hilft, Toxine zu binden, die durch die Parasiten selbst, aber auch durch ihr Absterben entstehen. Gleichzeitig liefern sie Mineralien.

- **Sauerkrautsaft** hilft, ein gesundes Darmmilieu zu erzeugen.

- Obwohl es umstritten ist, empfehlen viele Autoren die Einnahme von **MSM** (Methylsulfonylmethan), eine Schwefelverbindung, die natürlicherweise im menschlichen Körper vorkommt und zwar in größerer Menge als Eisen und Magnesium, und die Entgiftung von z.B. Schwermetallen und schädlichen Stoffwechselprozessen[280] unterstützen soll.

- **Oregano-Öl** ist ein sehr kraftvolles Öl, das sowohl gegen resistente Bakterien, gegen Pilze und gegen Parasiten wirken soll[281].

- Während einer Parasitenkur sollte man auf **Zucker** und Kohlenhydrate möglichst ganz **verzichten**.

- Ebenso sollten Leicht- und Schwermetalle aus unserem Körper ausgeleitet werden, da auch sie ein Milieu fördern, welches Parasiten behagt. Dr. Klinghardt empfiehlt hierzu die Einnahme eines **Silicea-Gels**[282].

Bei all den erwähnten Mitteln, die zum Einnehmen gedacht sind, sollte man natürlich auf gute Bio-Qualität achten. Zusätzlich möchte ich den sog. Zapper von *Hulda R. Clark* erwähnen, der von ihr als Mittel gegen Parasiten beschrieben wird. Eine Anleitung zum Selbstbau findet man in ihrem Buch »Heilung ist möglich«.

FEINSTOFFLICHE PARASITEN

Nachdem wir uns nun mit der physischen Seite der Parasiten befasst haben, sehen wir uns nun noch den energetischen Aspekt an. Parallel mit der Ausleitung von Parasiten und deren Toxine ist es erforderlich, sich auch mit der Energie hinter diesen Parasiten zu beschäftigen, denn es ist nachvollziehbar, dass es hinter den Parasiten eine Macht geistiger Art gibt, die diese lediglich für ihre manipulativen Zwecke benutzt. Deshalb sollten wir uns auch mit den Mächten dahinter auseinandersetzen. Diese Energien können physisch nur schwer mit uns in Kontakt treten, weil sie sich in einer anderen Dimension, in einem anderen Frequenzbereich (unsichtbar) befinden. Genau aus diesem Grund nutzen sie (unter anderem) den Umweg über die Parasiten, um Zugriff auf unsere Materie, unsere Energie und auf unser Verhalten zu bekommen.

Jeder, der von irgendwelchen Parasiten befallen ist (und das sind wir im Grunde mehr oder weniger alle), verliert tagtäglich Lebensenergie, weil sie von den Parasiten geraubt wird. Wenn wir uns dabei bewusst machen, wie viele Menschen es weltweit gibt, dann bekommen wir ansatzweise eine Vorstellung davon, wieviel Lebensenergie den Menschen der Erde über diesen Weg abgesaugt wird. Stellen Sie sich vor, Sie könnten 7,5 Milliarden Menschen manipulieren und von ihnen Energie abziehen, ohne dass diese davon wüssten. Möglicherweise würden Sie dann ebenso danach streben, diesen Energiefluss zu erhalten und die Methode ausschöpfen.

„Wenn wir von physischen Parasiten bewohnt werden,
dann ist die Wahrscheinlichkeit sehr groß,
dass wir auch von energetischen Parasiten besetzt sind."

Die Autorin

Auch wenn die Frage seltsam erscheinen mag, sollten wir sie uns durchaus stellen: Könnte es möglich sein, dass sich extraterrestrische Wesen auf der Erde eingenistet und manipulativ in die Entwicklung der Menschen, der Tiere und der Pflanzen eingegriffen haben (und das vielleicht auch heute noch tun?). War dieser Eingriff eventuell die Ursache dafür, dass die Menschen in ihre materielle Form gezwungen wurden? Wenn es so war, dann konnten die Menschen nicht mehr in die geistige Dimension zurück, sondern mussten den Weg des physischen Todes gehen, um aus der materiellen Welt heraus- und wieder in die geistige Welt eintreten zu können. Das war dann der Beginn des nie enden wollenden Kreislaufes von Geburt und Tod.

GEISTIGE ENTGIFTUNG

Der bewusste Umgang mit allem, was unserem Körper, unserer Seele und unserem Geist schaden könnte, ist die Grundlage für die Befreiung von physischen und nichtphysischen Parasiten. Wenn wir physische Maßnahmen ergriffen haben, um die Parasiten auszutreiben, z.B. wie oben beschrieben, dann dürfen wir nicht vergessen, uns auch energetisch zu reinigen. Das betrifft vor allem die Kontrolle unserer **Gedanken**. Welche Gedankengänge kreisen immer wieder in unserem Kopf? Sind es förderliche Gedanken? Oder schaden sie meinem Gemüt? Wenn ein aktuelles Problem ansteht, müssen wir uns natürlich damit auseinandersetzen, doch es hilft nichts, wenn wir nur über eine Situation schimpfen oder uns über Menschen beklagen. Wir müssen überlegen, ob wir die Situation ändern können und falls „ja", dann sollten wir dies auch tun. Falls „nein", sollten wir uns damit abfinden und das Beste daraus machen – jammern hilft uns jedenfalls nicht weiter.

„Alle denken darüber nach, wie sie die Welt verändern können,
niemand denkt daran, sich selbst zu ändern."[283]

Lew Nikolajewitsch Tolstoi (1828-1910), russischer Schriftsteller

Auch unsere **Sprache** können wir selbst beeinflussen. Wie drücken wir uns aus? Welche Art von Sprache verwenden wir? Enthält unsere Ausdrucksweise viele Wörter, die wir eigentlich gar nicht verwenden möchten? Dies können wir ändern. Wir können heute und jetzt beschließen, dass wir bestimmte Ausdrücke ab sofort nicht mehr verwenden und suchen uns am besten gleich Synonyme aus, damit wir diese parat haben, wenn wir uns im Gespräch befinden. Das gesprochene Wort ist außerordentlich kraftvoll und es lassen sich mit Worten große Energien erzeugen. Denken Sie nur daran, wie Sie sich fühlen, wenn jemand zu Ihnen sagt: *„Ich hasse Dich!"* und wie es sich hingegen anfühlt, wenn man zu Ihnen sagt: *„Ich liebe Dich!"*

„Wir können mit Worten schlagen oder streicheln."
Die Autorin

Ein weiteres Feld ist unser **Bekanntenkreis**, den wir auch näher unter die Lupe nehmen sollten. Von wem lassen wir unsere Energien anzapfen? Mit wem würden wir uns am liebsten nicht mehr treffen, weil er sich uns gegenüber wie ein Parasit verhält? Wer nutzt unsere Gutmütigkeit aus? Wir dürfen uns nicht für scheinbare Verpflichtungen aufopfern und uns von immer denselben Menschen die Energie rauben lassen, sondern sind in erster Linie dafür verantwortlich, dass es uns, unseren Kindern und unserer Familie gut geht. Nur dann können wir unseren Aufgaben nachkommen und nur dann sind wir in der Lage, auch für andere da zu sein – dass das bei manchen familiären Bindungen eine große Herausforderung sein kann, ist natürlich auch klar.

Es handelt sich um einen Prozess, bei dem wir lernen dürfen, *„NEIN!"* zu sagen, wenn es erforderlich ist und viele von uns haben das gründlich verlernt. Vor allem in der Kindheit, als wir beispielsweise lernen mussten, jedem Besuch die Hand zu reichen, ob wir das wollten oder nicht. Jedes Mal, wenn unsere Empfindung etwas nicht wollte, wir aber trotzdem mussten, haben wir ein Stück unseres eigenen Gespürs verloren und es wurde uns abgewöhnt, *„Nein!"* zu sagen. Wir wollen zwar niemandem Schaden zufügen, doch genauso wenig wollen wir uns selbst schaden lassen. Deshalb bin ich mir sicher, dass wir vor allem im familiären Bereich einen Kompromiss finden sollten, der für alle Beteiligten gut ist. Und das geht am besten, wenn wir mit unserem Herzen entscheiden.

Je mehr heute Wahrheiten an die Oberfläche treten, desto leichter können auch wir die Spielchen der Gesellschaft durchschauen. Und je mehr wir das tun, desto leichter erkennen wir, wie sehr wir manipuliert werden. Damit wir diesen Manipulationen Einhalt gebieten können, sollten wir damit beginnen, parasitäre Energien aus unserem Körper zu entfernen und wieder selbst den Chefsessel für uns zu beanspruchen. Wenn wir diese Parasiten mehr und mehr eliminieren, entziehen wir auch den Mächten dahinter unsere Energie, indem wir unsere Kräfte bei uns behalten und uns nicht mehr energetisch „melken" lassen. Gleichzeitig übernehmen wir zunehmend selbst die Verantwortung für unser Leben und entlassen die manipulativen Hintergrundmächte dadurch in die Arbeitslosigkeit. Und auch bei den finsteren Mächten ist das so: Wer arbeitslos ist und keine Unterstützung bekommt, muss sich einen neuen Wirkungskreis suchen. Gleichzeitig haben wir die Möglichkeit, ihnen zu verbieten, die Menschen und die Erde jemals wieder aufzusuchen. Dazu können wir diesen Entitäten noch die Empfehlung mit auf den Weg geben, ihre Einstellung zu ändern und sich der liebevollen Seite zuzuwenden.

Gegen die Mächtigkeit solcher Parasiten in uns möchte ich noch etwas Wichtiges (nur kurz) anschneiden: Die *ganzheitliche* Befreiung, und mit ganzheitlich meine ich die Eigenleistungen unseres Körpers, unserer Seele und unseres Geistes. Die körperlichen Maßnahmen habe ich oben bereits aufgezählt, inklusive der gedanklichen

Mitarbeit unseres gesunden Menschenverstandes. Seelische Mitwirkung finden wir in unseren Empfindungen, und sicherlich der kraftvollste Weg ist immer schon die Hinwendung zu unserer höchsten Ur-Quelle, der Heimat unserer Seele. Auch können wir unsere geistige Energie einsetzen, indem wir den Parasiten laut und deutlich mitteilen, dass sie ihre Aufgabe nun beenden dürfen und wir das Kommando über unseren Körper wieder selbst übernehmen. Das setzt zunächst die Beobachtung unseres Körpers und unserer Gedanken voraus. Eine bewusste Wahrnehmung in der Stille (= Meditation), die ganz gezielte Vorstellung der Heilung und die Kommunikation mit unserem Körper dienen dabei am erfolgreichsten. Vor solcher „Ausstrahlung" fliehen sowohl körperliche wie auch energetische Wesenheiten.

Das, was hier so einfach klingt, muss von uns zunächst umgesetzt werden. Eine Reinigung von den Parasiten – sowohl die physische wie auch die energetische – ist eine Prozedur, die einiges an Konsequenz und Ausdauer erfordert, und so manches Mal dürften auch kleine Rückschritte nach dem Schema „zwei Schritte nach vorn und einen zurück" erfolgen. Wir dürfen dabei die Geduld nicht verlieren und sollten fest an uns selbst glauben. Wir Menschen sind liebevolle Seelenwesen und alles, was uns davon genommen wurde, können wir uns Stück für Stück wieder zurückholen. Es ist unser gutes Recht, dass wir uns unsere Energie nicht weiter rauben lassen.

PARASITEN-FAZIT

Genau betrachtet, ist die gesamte Erde derzeit von Parasiten befallen. Ich meine hiermit eine ganz spezielle Sorte, man könnte sich auch „dämonische Parasiten" nennen. Sie leben von unserer Lebensenergie und nähren sich durch unsere Emotionen und unseren Schmerz. Und um möglichst viel davon zu erhalten, veranlassen sie uns, so zu handeln, wie *sie* es sich vorstellen. Im Prinzip handeln sie nach demselben System wie Ameisen, die ihrerseits Blattläuse züchten, um ihr süßes Sekret zu erhalten. Denn die Ameisen pflegen die Blattläuse und sorgen für deren Vermehrung nur deshalb, um sie dann zu „melken". Der große Unterschied liegt darin, dass den Blattläusen, im Gegensatz zu uns, dabei nichts geschieht – im Gegenteil, sie werden gehegt und gepflegt, damit es ihnen gut geht und sie möglichst viel ihres Sekrets absondern.

Wir Menschen hingegen werden in Zwänge und Zustände gedrängt, die mit dem ursprünglichen Menschsein nur noch wenig zu tun haben. Oder halten Sie es für ein menschenwürdiges Dasein, wenn immer mehr Menschen gleichzeitig an zwei Arbeitsstellen arbeiten müssen, nur damit sie wohnen und leben können? Trotzdem wird die Zahl der Obdachlosen immer größer und darunter sind viele, die sogar einen festen Arbeitsplatz haben, sich jedoch die Miete nicht mehr leisten können. Die »Bundesarbeitsgemeinschaft Wohnungslosenhilfe e.V.« (BAGW) schreibt, dass 2017 rund 860.000 Menschen ohne Wohnung waren, das seien um zirka 150 Prozent mehr als 2014. Bis 2018 wird eine Steigerung um weitere 40 Prozent erwartet, es wird bundesweit eine Zahl von 1,2 Millionen wohnungslosen Menschen prognostiziert[284]. Das würde bedeuten, dass jeder 67. auf der Straße leben würde. Und Sie sehen, im Vergleich mit Blattläusen geht man mit den Menschen sehr unwürdig um.

Der existentielle Druck auf die Menschen wächst unaufhörlich weiter und es ist kein Ende in Sicht. Wir lassen uns melken, bis wir nicht mehr können. Und dieses rücksichtslose Vorgehen lässt die Vermutung aufkommen, dass es sich, wie bereits erwähnt, um „dämonische Parasiten" handelt, die sich hier auf unserem Planeten eingenistet haben und die ihrerseits wiederum materielle Parasiten einsetzen, um uns zu beeinflussen. Ferner scheinen die diese Dunkelmächte mit den mächtigsten Menschen der Welt (Banken, Wirtschaft und Politik) zu kooperieren, um über diese ihre Ziele umsetzen zu lassen. Als Gegenleistung erhalten diese Erfolg, finanzielle Gewinne und vor allem eines: Macht – und für diese verkauft so mancher seine Seele. Von manchen Hollywood-Stars behauptet man, dass sie tatsächlich diesen Deal eingegangen seien. Während sie für Erfolg und Geld deutliche dämonische Symbole vor ihren Fans zeigen, scheint es in den höheren Ebenen um die Verwirklichung der satanischen Ziele zu gehen, nämlich die Versklavung der Menschheit. Ist die materielle Welt zu einem Fallstrick geworden? Ist das Leben auf der Erde so sehr manipuliert, dass neu angekommene Seelen zwangsläufig zu Schreikindern werden, weil es für sie so furchtbar ist, hier gelandet zu sein? Ist diese Scheinwelt an ihrer Grenze angekommen?

Wenn wir uns die Tragweite der bisher beschriebenen Einflussnahme vor Augen halten, wird uns klar, welch ungeheure Macht hinter dem Kollektiv dieser Mikroben stehen muss. Wie sieht dieses Kollektiv aus und was bezweckt es? Wir haben es zwar mit winzigsten Lebewesen zu tun, die wir noch nicht einmal mit bloßem Auge sehen können, doch sie sind enorm mächtig. Die Energie dieser „Tierchen" entspricht der Ameisen- und Bienenenergie, bei denen nur das Wohl des Kollektivs zählt, nicht aber die Wünsche des Einzelnen. Im Gegensatz zu den Ameisen und Bienen stellt sich bei den für uns schädlichen Mikroben jedoch die Frage, warum sie ihren eigenen Wirt so sehr schwächen, dass er oftmals stirbt? Damit fällen sie auch ihr eigenes Todesurteil – und das ergibt nicht wirklich einen Sinn.

Diese Tatsache könnte allerdings darauf hinweisen, dass auch die Mikroben nur Mittel zum Zweck sind und auch nur benutzt werden. Auch dies deutet darauf hin, dass es hinter den Parasiten eine Macht geistiger Art gibt, die diese lediglich für ihre manipulativen Absichten benutzt. Mikroorganismen, die sowohl unsere Essgewohnheiten und unser Verhalten als auch unsere Gedanken beeinflussen, sind das ideale Werkzeug von Dunkelmächten. Damit können sie den Menschen unbemerkt und dabei doch höchst effektiv manipulieren. Übrigens sagt uns schon die Bezeichnung „Mikroorganismus", welcher Sinn dahinter zu finden ist. Diese Bezeichnung ist aus zwei griechischen Wörtern zusammengesetzt, zum einen aus „Mikro", was „klein" oder „eng" bedeutet, und aus „Organon"[285], was mit „Werkzeug" übersetzt wird. „Klein" sind die Mikroben, daran besteht kein Zweifel, und ein „Werkzeug", egal ob groß oder klein, ist etwas, das von jemandem benutzt wird, um etwas zu bearbeiten.

Über die Gelüste, die durch die Parasiten verursacht werden, werden wir beispielsweise fester an die Materie gebunden. Jedes Mal, wenn uns die Gelüste überkommen, sinken wir wieder ein Stückchen tiefer in die materielle Welt ein. Jede Vertiefung in die Materie hindert uns jedoch daran, uns wieder zu dem Lichtwesen zurück zu entwickeln, das wir von unserer Natur her eigentlich sind. Die Archonten haben damit eine geschickte Möglichkeit geschaffen, um uns von unserer Ur-Quelle fernzuhalten. Dieses Sehnen nach unserer liebenden Quelle ist in uns allen angelegt und wir streben im Grunde nur eines an, nämlich endlich wieder ganz nach Hause zu kommen. Es ist der Drang unserer Seele, sich wieder zu vereinen mit dieser Ur-Quelle, aus der unsere Seelen stammen und das wir alle, mehr oder weniger deutlich, spüren können. Und genau das ist es, was die Archonten, die Dunkelwesen, verhindern möchten. Durch ihren Neid auf unseren „göttlichen Funken" können sie es nicht ertragen, uns loszulassen, damit wir wieder mit unserer Seelenheimat vereint werden, aus der wir stammen. Im Gegenteil, offensichtlich haben sie ihren Spaß daran, die Menschen in der Materie zu halten und zu quälen. Wenn sie schon nicht so sein können wie wir, dann wollen sie wenigstens erreichen, dass wir in diesem Spiel des „immer wieder geboren werden und sterben" gefangen bleiben und keine Erlösung finden.

„Der Neid auf unseren göttlichen Funken veranlasst die Archonten dazu, uns immer tiefer an die Materie binden zu wollen."

Die Autorin

Da denke ich an eine Geschichte, die mir vor vielen Jahren ein alter Mann erzählt hat. Soldaten hatten im Krieg ein Dorf eingenommen und demonstrativ auf dem Marktplatz die schönste junge Frau der Dorfbewohner vergewaltigt und anschließend erschossen. Sie hatten mit dieser öffentlichen Aktion nicht nur die Familie dieser jungen Frau gedemütigt, sondern das ganze Dorf, und sie wollten mit dieser Handlung klar aufzeigen, wer der Sieger ist. So ähnlich kommt es mir vor, wenn ich mir diese Zusammenhänge ansehe, die zwischen den Archonten und den Menschen herrschen. Es ist eine Machtdemonstration, die uns zeigen soll, wie klein und hilflos wir angeblich sind.

Doch die Seele ist mit der höchsten Quelle verbunden und sehnt sich danach, wieder zu ihr zurückzukehren. Noch finden nur Einzelne wirklich zur innigen Verbindung zurück und das liegt mitunter auch daran, dass wir in die Materie gezwungen werden. Doch ich weiß, dass derzeit das große Erwachen geschieht und immer mehr erkennen ganz bewusst ihren göttlichen Funken, ihre Verbindung mit der unendlichen Liebe. Immer mehr werden sich ihrer wahren Herkunft bewusst. Und immer mehr ahnen tief in ihrem Herzen, dass wir durch die Systeme auf der Erde versklavt werden. Doch um die Zahl derer, die dies erkennen, zu reduzieren, werden von den Dunkelmächten immer neue Wege erfunden, die Menschen in der Materie zu halten. Zurzeit versuchen sie, das menschliche Denken mit einer Künstlichen Intelligenz zu kontrollieren. Doch das wird schlussendlich alles nichts nützen, denn wir werden den Weg zu unserer Seelenheimat finden – egal, was sie unternehmen.

Kapitel 14:
Grenzenlose Macht?

Nachdem wir uns näher mit den Parasiten beschäftigt haben sowie auch damit, wie sehr diese unser Verhalten beeinflussen können, möchte ich hier auch noch kurz erläutern, wie weit die Macht der Dunkelmächte geht. Über die Mikroben ist es möglich, die Menschen unterbewusst zu beherrschen. Sie sind dafür verantwortlich, dass wir der Verlockung, z.B. Schokolade einzukaufen, nicht widerstehen können. Oder denken Sie, es ist normal, dass wir Lust auf eine Zigarette verspüren statt nach einem Spaziergang in frischer Luft? Woher kommt es, dass wir lieber auf dem Sofa sitzen, statt eine Runde zu laufen? Wir scheinen tatsächlich ein „Engelchen" und ein „Teufelchen" in Brust und Kopf zu haben. Unsere Seele ist mit der höchsten, liebevollen Quelle verbunden, aus der sie kommt, wir können also nachvollziehen, dass sie mit dem Engelchen identisch ist. Doch unser überzogenes Ego, das geltungsbedürftige Besserwisserlein, stellt sich meist auf die Seite des „Teufelchens". Die Bezeichnung „Teufelchen" trifft es wohl besser, als wir uns jemals vorstellen können, denn es erzeugt sowohl das, was man Egoismus nennt wie auch die Schwäche, den Einflüsterungen zu widerstehen.

Offensichtlich genügt es den Dunkelmächten jedoch nicht, die einzelnen Menschen zu beherrschen, nein, sie streben es an, die ganze Welt einzunehmen. Sehen wir uns dazu die Situation auf der Erde nochmals kurz an: Betrachtet man sich die mittlerweile fast totale Überwachung der Bevölkerung sowie die beängstigend radikale Verurteilung von Andersdenkenden und Kritikern (beides in steigendem Maße), dann bleibt kaum ein anderer Rückschluss als der, dass die Menschheit vollkommen unterdrückt und kontrolliert werden soll. Man bekommt nicht nur den Eindruck, dass die Menschheit versklavt und zu computergesteuerten Transhumanisten gemacht werden soll, sondern der Wandel findet bereits jeden Tag ein wenig mehr statt. Man könnte nun behaupten, dass dies ein Trend wäre, der nur in Deutschland, Europa oder den USA stattfindet, doch das ist leider nicht so. Diese wachsende Kontrolle und Manipulation ist eine globale Erscheinung, auch wenn sie in den verschiedenen Regionen mit unterschiedlicher Geschwindigkeit voranschreitet.

Die dahinterstehende Energie und Konsequenz verrät ein gezieltes und knallhartes Regiment und eine Steuerung, die die Menschen des gesamten Globus einschließt. Auch wenn scheinbar zwischen den verschiedenen Staaten Kriege geführt werden, sind sich die meisten Regierungen anscheinend darüber einig, ihre Völker zu reglementieren, in ein bestimmtes Finanzsystem zu pressen und sie vollkommen zu überwachen – darin herrscht seltsamerweise große Einigkeit. Die herrschende Ebene, die noch *über* den Staatsregierungen und auch *über* den Staatszusammenschlüssen wie Vereinigte Staaten, Vereinigtes Königreich oder auch Vereinigtes Europa stehen, bestimmt die Richtung.

Wenn man nun die zuvor beschriebenen Fakten zusammennimmt, bleibt kaum eine andere Schlussfolgerung, als dass eine oder mehrere übergeordnete Wesenheiten die Geschicke der Erde steuern. Sie benutzen für ihre Zwecke Politiker, die sich Macht, Anerkennung und/oder Geld versprechen und möglicherweise werden auch bereits geklonte Politiker und Finanzmagnaten eingesetzt, die durch Künstliche Intelligenz gesteuert werden beziehungsweise von einer Wesenheit besetzt sind.

Die Menschheit kommt immer mehr in Bedrängnis, auch wenn das einige noch nicht bemerkt haben sollten, weil sie noch nicht mit den negativen Auswirkungen konfrontiert wurden oder ganz einfach ihre Augen nicht öffnen wollen. Doch wer die gesellschaftlichen Veränderungen wahrnimmt – und dabei denke ich nicht nur an die in unserem Land, sondern weltweit –, der erkennt, dass die Pläne, die über unseren Köpfen geschmiedet werden, nicht zu unserem Wohlbefinden beitragen. Im Gegenteil, Kritiker werden öffentlich denunziert und beruflich exekutiert. Auch die Armut nimmt weltweit zu. Es ist in Großstädten schon fast normal, dass sich Rentner nach über 40 Arbeitsjahren ihr Essen aus dem Müll suchen müssen, und selbst in unserem angeblich so reichen Deutschland gibt es immer mehr Obdachlose. Diese Zustände sind für unser Land, das die halbe Welt finanziell unterstützt, mehr als schändlich.

Diese Mächte, die **über** der politischen und wirtschaftlichen Elite angesiedelt sind und welche die Zügel in der Hand halten, sind demnach nicht menschenfreundlich. Ganz im Gegenteil, sie scheinen fast alle menschlichen Rassen unterdrücken und versklaven zu wollen. Dieser Plan wird in den letzten Jahrzehnten immer vehementer und schneller durchgesetzt, und im Grunde ist es bereits 5 Minuten *nach* 12. Wer weiß, wie viele „echte Menschen", wie sie der Forscher *Andrej Tjunjaev* nennt, überhaupt noch auf der Erde existieren? Er geht davon aus, dass es nur noch einzelne echte Menschen geben soll, vor allem im ländlichen Bereich, wie weiter oben bereits erwähnt. Womöglich sind es weit weniger, als wir vermuten.

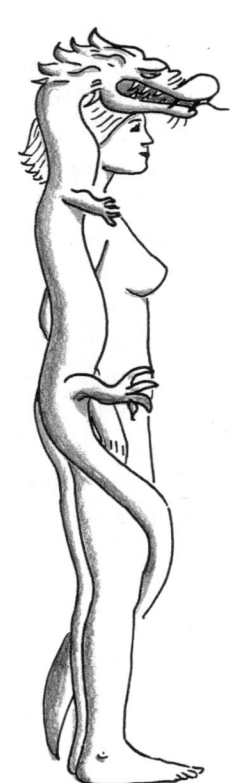

Abb. 24: *„Was ist denn in Dich gefahren?"* Vielleicht das!

„Vielleicht sollten wir echten Menschen langsam damit beginnen, einander zu erkennen und uns zu schützen."

Die Autorin

Kämpfen die Menschenrassen stellvertretend für ihre Schöpfer?

Viele spirituelle Lehrer gehen davon aus, dass unser Leben hier auf der Erde ein großes Spiel ist. Wir würden hier unsere einst vereinbarten Rollen einnehmen und dadurch Erfahrungen sammeln. Und durch diese Erfahrungen würden wir immer mehr reifen, um schließlich eine alte, weise Seele zu werden. Nehmen wir einmal an, diese These wäre wirklich wahr, dann könnten wir uns anhand der häufigen, sehr schmerzvollen Erfahrungen trotzdem fragen, warum wir als Seelen bei diesem seltsamen Spiel mitspielen? Was bewegt uns dazu, ein Spiel zu spielen, das für nicht wenige ein Leben mit außerordentlich großem Schmerz, tiefer Trauer, Demütigung oder Leid bedeutet? Wir müssen resignierend erkennen, dass es kein Jahr gab, in dem die Welt in Frieden gelebt hat – es kämpfen Staaten gegen Staaten, Dunkelhäutige gegen Weiße und umgekehrt, Religionen gegen Religionen.

Sie werden bestätigen, dass das Leben auf der Erde, wenn man es genau betrachtet, alles andere als lustig ist. Es ist grundsätzlich immer tödlich und die oberste Spielregel lautet: *„fressen oder gefressen werden!"* Wer hat sich dieses grausame „Spiel" ausgedacht? Wer steht außerhalb unseres materiellen Daseins und beobachtet möglicherweise mit Belustigung, wie wir uns hier tagtäglich abquälen und versuchen zu überleben – im wirklichen wie im übertragenen Sinn? Könnte es in Anbetracht dieser Grausamkeiten nicht auch so sein, dass konkurrierende Archonten jeweils andere Menschentypen erschaffen haben? Laut den Nag-Hammadi-Schriften erschuf der erste Archont den ersten Menschen. Insgesamt seien jedoch sieben Archonten entstanden. Es gibt Rassen mit verschiedenen Hautfarben sowie weiteren Unterschieden. Was spricht also gegen die Annahme, dass jede Rasse einen eigenen Schöpfer hat? Vielleicht wollte jeder Archont leicht erkennen, welche „seine" Menschen seien, und das konnte man am einfachsten, wenn sie offensichtlich anders aussehen.

Und wer weiß, vielleicht ist es sogar so, dass wir, die verschiedenen Menschenrassen der Erde, die Kämpfe der nichtphysischen Mächtigen hier austragen. Vielleicht kämpfen **wir** anstelle der Mächtigen – so, wie es beim Hahnenkampf der Fall ist. Die mächtigen Dunkelwesen, die in der Regel nichtphysischer Natur sind, üben sehr wohl Konkurrenz- und Machtkämpfe untereinander aus und es scheint so zu sein, dass sie uns an ihrer Stelle diese Kämpfe austragen lassen. Währenddessen hecken sie neue Spiele aus. Könnten Sie sich vorstellen, dass es so sein könnte? Wenn die Erde tatsächlich ein Spielfeld für dämonische Wesen aller Couleur sein sollte, die hier ungehindert – auf unsere Kosten – ihre Machtkämpfe und Spiele austragen dürfen, dann sind wir nichts anderes als Spielfiguren! Spielfiguren, die, vergleichbar mit Masttieren, je nach Bedarf gezüchtet, manipuliert und geschlachtet werden.

> *„Die Mehrheit der gewöhnlichen Bevölkerung*
> *versteht nicht, was wirklich geschieht.*
> *Und sie versteht noch nicht einmal,*
> *dass sie es nicht versteht."*[286]

Noam Chomsky, emeritierter Professor für Linguistik am »Massachusetts Institute of Technology«

So betrachtet, liegt es nahe, dass wir Menschenrassen durch das uralte Spiel des „teile und herrsche" gegeneinander aufgewiegelt werden. *Wir* sind es, die für die fremden Spezies die Kämpfe austragen. *Wir* sind es, die durch die Medien manipuliert werden. Wir lassen uns einreden, die einen seien die „Guten" und die anderen die „Bösen". Wer gibt diese Beurteilung vor? Warum lassen wir uns noch immer unterteilen und gegeneinander aufhetzen? Ist es nicht endlich an der Zeit, uns nicht mehr einreden zu lassen, wer und was „gut" und was „böse" ist? Wir selbst haben eine innere Instanz, die uns sofort signalisiert, wo wir aufpassen sollten. Wir spüren, wenn unser Gegenüber uns belügt, doch leider wird dieses Gespür meist von unserem Verstand und von unserer Programmierung verdrängt. Der Intellekt ist es, der unser erstes kritisches Gespür anzweifelt und immer die Kontrolle behalten möchte. Wir vertrauen nicht mehr auf unsere innere Stimme, weil wir uns von Äußerlichkeiten und unserem Intellekt in die Irre führen lassen.

Wir haben alle einen „gesunden Menschenverstand" und diesen sollten wir wieder intensiver nutzen. Würden wir mehr auf unsere Intuition und auf unseren ersten Impuls hören, dann würden wir genau spüren, was unser Gegenüber tatsächlich will und warum es das will. Erst wenn wir wieder auf uns selbst hören, können wir die Wahrheit sehen, oft auch, dass unser Gegenüber vermutlich in die gleichen Fallen getappt ist wie wir selbst. Wenn wir das erfassen, dann brauchen wir nicht mehr gegen etwas anzukämpfen, nur weil es anders ist als wir, und im Idealfall erkennt auch unser Gegenüber dasselbe zur selben Zeit. Doch solange das noch nicht der Fall ist, sollten wir stillschweigend unsere Intuition üben, denn solange unser Gegenüber noch keine Erkenntnis über das alte „teile und herrsche Spiel" erlangt hat, haben wir keine Chance, uns gleichwertig zu begegnen. Deshalb müssen wir aufklären, wo es nur geht.

> *„Erst wenn sich die scheinbaren Feinde im Krieg*
> *als gleichwertige Menschen erkennen,*
> *besteht die Möglichkeit für wahren Frieden."*
> Die Autorin

Im Grunde bräuchte es nur ein Gesetz auf Erden und wenn sich jeder daran halten würde, könnte jeder in Frieden leben. Dieses Gesetz lautet:

> *„Jeder darf sein, wie er will,*
> *solange er niemandem schadet."*
> Die Autorin

Das würde jedoch voraussetzen, dass jeder über ein entsprechend hohes Bewusstsein verfügt, von dem wir derzeit leider noch immer meilenweit entfernt sind. Trotzdem ist derzeit ein ganz großer Wandel im Gange, den man durchaus als offenen Kampf zwischen Gut und Böse bezeichnen kann. Denn die friedlichen, ehrlichen Menschen haben es satt, sich von gierigen Mächten und ihren Helfershelfern unterdrücken zu lassen – deshalb finden derzeit sowohl eine offene Konfrontation in der materiellen Welt wie auch ein Kampf auf der Bewusstseinsebene statt. Das „höhere Bewusstsein" ist dabei, die Menschen erwachen zu lassen – einen nach dem anderen. Denn es ist allerhöchste Zeit, dass wir dieses Spiel erkennen und gemeinsam sagen: *„Das Spiel ist aus! Wir bekämpfen uns nicht mehr!"*

ANGST VOR DEM STERBEN

Wenn wir davon ausgehen, dass jeder von uns (zumindest von uns „echten" Menschen) eine große Seele ist, die sich hier im materiellen Spielfeld tummelt, dann könnte man sich anhand der großen Brutalität (fressen und gefressen werden) durchaus fragen, warum wir dieses Spielfeld nicht einfach wieder verlassen. Denn der Blick hinter die Kulissen zeigt uns ein satanisches System, das die Menschen zunehmend versklavt. Nur die Tatsache, dass dies so langsam und verdeckt geschieht, verhindert, dass es von der großen Masse durchschaut wird. Solche Veränderungen geschehen so langsam, dass sich die Menschen innerhalb von zwei bis drei Generationen daran gewöhnen können.

Was ist es, das uns viele Jahre lang hier ausharren lässt – mal abgesehen von den durchaus auch schönen Zeiten? Als plausibelste Erklärung fiel mir die „Angst vor dem Sterben" ein. Doch diese Angst vor dem Tod haben viele bereits abgelegt, denn wir wissen heute, dass diejenigen, die ein ehrliches Leben nach bestem Wissen und Gewissen geführt haben, nach ihrem Ableben liebevoll empfangen werden. Menschen, die beispielsweise beinahe verstorben wären und durch medizinische Maßnahmen wieder „zurückgeholt" wurden, berichteten von höchst angenehmen Empfindungen und konnten nach ihrer medizinischen „Rettung" richtig depressiv werden, weil sie lieber „drüben" geblieben wären. Diejenigen wiederum, die in ihrem Leben andere betrogen oder sogar ermordet haben, waren froh, wieder „hier" zu sein, um die Chance zu nutzen, ihr Leben neu zu ordnen. Viele von ihnen änderten ab dem Zeitpunkt dieser Nahtoderfahrung tatsächlich vollkommen ihre Einstellung und taten alles, um die von ihnen angerichteten Schäden wiedergutzumachen oder zumindest ab sofort ein liebevolleres Leben zu führen.

Vor dem Sterbeprozess an sich fürchten sich jedoch sehr viele, da dieser viel Unbekanntes birgt und keiner von uns weiß, wie er sterben wird. Ist unser Abschied mit Schmerzen verbunden oder werden wir gar plötzlich durch einen Unfall aus dem Leben gerissen, so dass wir uns nicht darauf vorbereiten können? Müssen wir lange leiden? Sind wir bei vollem Bewusstsein, damit wir uns von unseren Lieben verabschieden können? Müssen wir lange gepflegt werden? Wie geht man mit uns um? Sie sehen, es gibt über das Sterben viele offene Fragen, die uns jedoch niemand beantworten kann.

Diese Angst vor dem Sterbeprozess, die bis auf ganz wenige Ausnahmen in jedem von uns vorhanden ist, lässt uns in dieser Materie, in diesem Körper, in der Familie, in dem Land, auf diesem Kontinent und auf diesem Planeten ausharren. Wüssten wir, wie dieser Sterbeprozess genau für uns aussieht, gäbe es sicherlich mehr Seelen, die irgendwann sagen würden: *„Spielt Euer Spielchen alleine, ich habe keine Lust mehr* *dazu!"* Doch durch diese Angst ist gewährleistet, dass wir hier bleiben und manchmal unmutig, aber gezwungenermaßen unsere Rolle weiterspielen. Die Drohungen der Religionen tun ihr Übriges dazu, dass die Menschen nicht von sich aus diese Welt verlassen.

Ob ein Suizid für die Seele negative Folgen nach sich zieht, kann ich weder bestätigen noch dementieren, weil ich es schlichtweg nicht weiß. Ich plädiere allerdings dafür, das Leben fortzuführen, auch wenn man sich in einer noch so ausweglosen Situation befindet, denn man sagt nach einer schwierigen Zeit rückblickend **immer**, dass alle Erfahrungen, vor allem die schmerzhaften, sehr lehrreich waren. Ich habe noch nie jemanden getroffen, der gesagt hat, dass es besser gewesen wäre, wenn er am Tag X gestorben wäre. Das käme irgendwie einer Kapitulation gleich oder einem Sitzenbleiben in der Schule und man müsse womöglich ein anderes Mal an ähnlicher Stelle wieder einsteigen und dasselbe nochmals erleben, um es dann zu meistern. Da ist es doch allemal besser, die Zähne zusammenzubeißen und die Herausforderung anzunehmen, so schwer es auch sein mag. Das Ergebnis ist der Mühe wert!

ERZWUNGENE INKARNATION?

Ungeklärt steht nach wie vor die Frage im Raum, ob die Seelen auf irgendeine Weise dazu gezwungen werden, sich mit einem Körper zu verbinden und ihn damit zu beleben. Auch der große Physiker *Burkhard Heim* sagte: *„Es handelt sich beim **Lebensprozess um einen Vorgang, der an das Lebendige und an die Materie gebunden ist**, der sich aber dem Zugriff durch den mathematischen Aspekt entzieht."*[287] (Herv. d. Verf.). Doch worin genau besteht diese Bindung? Wird sie freiwillig eingegangen oder erzwungen? Wer bestimmt, welche Seele sich an welchen materiellen Körper binden soll? Wer veranlasst, dass diese Bindung zustande kommt – und für wie lange?

Könnte es vielleicht auch sein, dass wir dieses sich ständig wiederholende „Spiel von geboren werden – leben – sterben – erneut geboren werden" usw. nicht wirklich freiwillig mitspielen? Könnte es nicht ebenso gut auch sein, dass wir dazu gezwungen werden? Wer sagt uns denn, dass es stimmt, dass wir von Leben zu Leben Erfahrungen sammeln? Und wenn dem so ist, warum können wir uns dann nicht daran erinnern? Was hat es für einen Sinn, wenn wir Erfahrungen sammeln – was wir zweifellos auch tun – im nächsten Leben jedoch keine Erinnerung mehr daran haben? Wäre es nicht auch denkbar, dass es eine Instanz gibt, die genau das verhindert – eine Instanz, die ein großes Interesse daran hat, dass wir immer wieder vollkommen von Neuem beginnen? Es muss eine Instanz sein, die um jeden Preis verhindern möchte, dass wir unsere Erinnerung behalten können, denn dann würden wir im Laufe der Zeit sehr weise werden. Das würde uns auch die Möglichkeit geben, diese Spiele, die auf der Erde gespielt werden, viel schneller und leichter zu durchschauen. Und nicht nur das, sondern dieses Wissen würde uns auch die Möglichkeit geben, gemeinsam aus diesem Spiel auszusteigen und wieder Lichtwesen zu sein.

Wenn wir nur hier wären, um Erfahrungen zu sammeln und um weise zu werden, dann gäbe es dieses Vergessen nicht. Ganz zu Beginn habe ich bereits das Beispiel vom Schulkind erwähnt, das jeden Tag wieder vergisst, was es am Vortag gelernt hat – das würde überhaupt keinen Sinn ergeben. Im Gegenteil, es spricht sogar für die These, dass wir gezwungenermaßen hier inkarnieren und eventuell durch einen Trick dazu gebracht werden, immer wieder erneut hierher zu müssen. Schließlich nähren wir sehr machtvolle parasitäre Wesenheiten und diese werden alles dafür tun, damit dieser Zustand so bleibt.

SCHREIKINDER

Für die These der erzwungenen Inkarnation spricht auch die Häufigkeit von Schreikindern, die sich fast *„die Seele aus dem Leib"* schreien, wie man es so treffend bezeichnet. Fast jeder kennt Babys, die – vor allem in den ersten paar Monaten – scheinbar grundlos schreien. Wenn es keine körperliche Ursache wie Bauchschmerzen oder sonstiges Unwohlsein gibt, dann könnte das auch die Mitteilung der Seele sein, die sich in einem Menschenkörper zunächst einfach nicht zurechtfindet. Es könnte sein, dass die Seele lautstark brüllt: *„Nein, ich will nicht hier auf der Erde sein!"* Und das kann man durchaus nachvollziehen, denn die Seele ist eingeengt in diesen kleinen, menschlichen Körper, den sie erst nach ein paar Jahren richtig zu bewegen weiß – und überhaupt ist das Dasein hier mit Alleinsein, Kälte, Hunger und noch mehr unangenehmen Dingen behaftet. Da kann man schon verstehen, dass so manches Menschenkind schreit und am liebsten wieder zurück „nach Hause" möchte.

Nehmen wir dazu noch die Annahme, dass ein Baby, das noch keine Darmmikroben hat, nun zunehmend mit Keimen konfrontiert wird, die nichts anders im Sinn haben, als den noch keimfreien Darm des Babys zu besiedeln und dort das Regiment zu übernehmen. Das Baby, dessen Seele noch sehr mit seiner Herkunftsebene verbunden ist, spürt vermutlich, dass es gerade kolonisiert wird und dass die Mikroben in ihm Kämpfe um die besten Ränge ausfechten. Es fühlt vielleicht die Energie dieser Wesenheiten und die Macht, gegen die es hilflos ist und nichts dagegen tun kann. Würden Sie da nicht auch aus Leibeskräften schreien?

Warum bleiben die kleinen Babys trotzdem hier, auch wenn manche dies als extrem anstrengend und beengend empfinden? Vermutlich hält sie die angeborene (oder programmierte?) Angst vor dem Sterben davon ab, den Körper wieder zu verlassen und in ihre Seelenheimat zurückzukehren. Und natürlich die Liebe der Eltern, die sich so sehr über das Baby freuen. Doch da wir normalerweise alles vergessen haben, nachdem wir wieder inkarniert sind, können wir uns nicht daran erinnern, wie es „drüben" war und was wir in den anderen Leben davor erlebt haben. Deshalb bleiben wir hier in der Materie gefangen, und es ist ja auch immer wieder schön hier, wenn man das Spiel einmal durchschaut hat und deshalb etwas gelassener sein kann – finden Sie nicht?

Kapitel 15:
Die größten Gefahren

Nachdem wir nun einige versteckte Hintergründe erfahren haben, möchte ich noch zusammenfassend auflisten, welche Bedrohungen für uns derzeit die größten Gefahren darstellen. Diese kann man ganz konkret benennen und ich halte es für wichtig, sich über diese einen Überblick zu verschaffen, denn nur so sind wir in der Lage, sie, soweit möglich, zu reduzieren bzw. ihnen auszuweichen. Bei manchen genügt es bereits, ihnen die Energie zu entziehen, indem man sie erkennt und sich ganz bewusst anderen Dingen zuwendet. Und es ist natürlich auch immer wichtig, andere über diese Zusammenhänge aufzuklären oder sie wenigstens auf bestimmte Dinge aufmerksam zu machen, wenn sie ansonsten noch kein offenes Ohr für diese Themen haben. Sehen wir uns nun einige dieser Gefahren an.

Zerstörung der Jugend

Wenn man sich manche Jugendliche ansieht, die durch unzählige Piercings, Tätowierungen, mit auffallenden Haarschnitten und Aggression um jeden Preis auffallen möchten, dann beschleicht einen zunächst ein Gefühl der Hilflosigkeit. Man möchte mit ihnen reden und sie nach der Ursache fragen. Wenn einige dazu noch eine Bierflasche in der Hand halten und sich provokativ verhalten, kommt auch eine gewisse Angst hinzu.

Doch es stellt sich die Frage, warum sich manche Jugendliche so geben? Warum sehen sie keinen Sinn mehr darin, sich zu bemühen und lungern lieber auf Parkbänken herum? Natürlich gibt es hierzu viele Faktoren wie streitende oder zu viel arbeitende Eltern, ein ungünstig beeinflussendes, soziales Wohnumfeld, keine Lehrstelle, Frustration über den gesellschaftlichen und ethischen Verfall und, und, und. Doch es könnte noch einen anderen Grund dafür geben – zum Beispiel die absolute und entsetzliche Enttäuschung darüber, dass die eigenen Gaben, die eigenen Talente oder das tief verborgene, innere Wissen so überhaupt nicht in diese verlogene und zutiefst manipulierte Welt zu passen scheinen. Womöglich bringt jeder einzelne dieser unglücklichen Jugendlichen wichtige Gaben mit, die jedoch in dieser kalten und übertechnisierten Welt nicht beachtet werden und auch selten gewünscht sind. Diese jungen Menschen sind in der schwierigen Lage, mitten in den „Wandel" hineingeboren worden zu sein – oder wollten sie das sogar? Manche haben nie wirklichen Halt erlebt und fühlen doch, dass in ihnen etwas ist, das nicht in diese Welt passt – oder besser gesagt, dass diese Welt nicht mehr zu ihnen passt. Sie fühlen sich vollkommen allein gelassen, weil die manipulierte Gesellschaft immer noch auf nutzlosen Scheinwerten aufgebaut ist.

Diese innere Spaltung bringt sie dazu, sich von der bestehenden Gesellschaft zu isolieren und ihren eigenen Weg der stillen Rebellion zu gehen. Darin sehen viele die einzige Möglichkeit, ihren Unmut, ihre Verbitterung und ihre Enttäuschung zum Ausdruck zu bringen und dadurch zu ertragen. Diese Frustration, die sie im Grunde seit ihrer Geburt begleitet, sucht sich ein Ventil, indem sich die Jugendlichen mit ebenso frustrierten Gleichgesinnten treffen und – Gott sei Dank nur in seltenen Fällen – auch mal ausrasten und alles „kurz und klein schlagen".

> „Genaugenommen wollen randalierende Jugendliche die
> Lügen-Gesellschaft kurz und klein schlagen."
>
> Die Autorin

Stellen Sie sich einmal vor, Sie kämen als Seele hierher und Ihnen begegnet ein Widerstand, der so unüberwindlich scheint, dass Sie Ihren gesamten Lebenssinn als undurchführbar erkennen. Ich kann mir vorstellen, dass das bei dem einen oder anderen durchaus in einer so großen Frustration endet, wie ich es eben beschrieben habe. Vor allem, wenn man nicht gelernt hat, damit umzugehen oder diese anderweitig abzureagieren.

Ich bin mir sicher, dass viele dieser jetzt als aggressiv auffallenden jungen Menschen beim Aufbau einer neuen Gesellschaft mithelfen werden, weil sie einen echten und erfüllenden Sinn in ihrem Handeln sehen können. Vorhandene Energie sucht sich einen Weg, um freigesetzt zu werden, und wirkt wie bei einem Vulkan, dessen Druck zu groß wird – auch hier kommt es immer wieder zum Ausbruch. Es ist eine Energieverschwendung ohnegleichen, wenn man die Talente dieser jungen Menschen nicht wertschätzt und nutzt und das Potential von vielen Teenagern derzeit vollkommen brachliegen lässt. Es ist einerseits ein sehr bedauerliches Zeichen der heutigen Gesellschaft, wenn man die Kinder und Jugendlichen vernachlässigt – das wird sich jedoch noch bitterlich rächen. Andererseits ist das auch ein wichtiger Anzeiger dafür, wie krank eine Gesellschaft bereits ist. Deshalb ist es allerhöchste Zeit, dass Werte wie Wahrheit, Ehrlichkeit, Mut, Zuverlässigkeit, Gerechtigkeit, Menschlichkeit, Dankbarkeit usw. wieder mehr Beachtung finden. Da dies unter anderem auch eine Aufgabe der Presse ist, wäre es unsere Aufgabe, nur die wahrheitstreue Presse zu unterstützen, denn unser Konsum – bzw. unsere Konsumverweigerung – ist die beste Möglichkeit, unsere Meinung kundzutun. So können wir die Presse dazu bringen, mehr Wahrheiten zu veröffentlichen.

WETTERMANIPULATION

Eine weitere Gefahr, die man seit Jahren so häufig beobachten kann, dass man sich schon fast daran gewöhnt hat, ist die Beeinflussung des Wetters. Es wäre naiv, zu denken, dass die unzähligen Überflutungen, Stürme, Gewitterhäufigkeiten, Dürren usw. nur eine Folge einer Klimaveränderung sein sollen. Ohne jetzt näher auf das Thema Klimaerwärmung einzugehen, möchte ich an dieser Stelle nur kurz erwähnen, dass es zum Beispiel „Regenbomben" gibt, die schlagartig eine gigantische Menge Regen niederprasseln oder besser gesagt *auskippen* lassen. Auf diese Weise werden die Menschen nicht nur beschäftigt, sondern auch noch der Konsum angekurbelt, denn all die zerstörten oder weggeschwemmten Sachen müssen ja ersetzt werden. Von den vielen Toten, die den Anspruch auf die von der Elite gewünschte Bevölkerungsreduktion erfüllen, möchte ich hier gar nicht sprechen.

Diese „Regen"-Wolken können per „Geoengineering" – so wird die Technologie zur Manipulation des Klimas offiziell genannt – beliebig erzeugt werden. Diese Technik lässt sich bis in die 1950er Jahre zurückverfolgen, wo das Versprühen von Silberionen erfolgreich zur Hagelvermeidung eingesetzt wurde. Interessant hierbei ist, dass bereits in dem 1976 verfassten ENMOD-Übereinkommen festgelegt wurde, dass die feindliche oder militärische Nutzung umweltverändernder Techniken für die unterzeichneten Staaten verboten ist, und Deutschland hat dieses Übereinkommen bereits 1983 unterzeichnet. Die gezielte Versprühung von Substanzen, die die Sonneneinstrahlung reflektieren sollen wie auch die Ausbringung von regenbildenden oder giftigen Substanzen, scheinen offenbar nicht als feindliche Nutzung angesehen zu werden. Sollte es bereits so weit gekommen sein, dass die Schädigung des eigenen Volkes nicht als feindliche Nutzung bezeichnet wird?

Diese Wettermanipulationen bergen das Risiko in sich, dass das Klima auf der Erde tatsächlich nachhaltig verändert wird, und dies könnte dann irreversibel sein. Durch unabsehbare Veränderungen könnten sowohl Eiszeiten wie auch Dürren ausgelöst werden. Glauben Sie, dass man die Verursacher danach zur Verantwortung ziehen würde? Ich nicht.

EXTREMISMUS/FANATISMUS

Noch vor wenigen Jahrzehnten war der **politische Extremismus** eine große Gefährdung für die Völker. Die „kapitalistischen" Staaten erzeugten Angst vor den „sozialistischen" und andersherum. Jahrzehntelang haben sich der Westen und der Osten in ihren Wettrüstungsaktivitäten überboten, und gefördert wurde diese Trennung durch die Orientierung Europas in Richtung USA.

Ich möchte an dieser Stelle nochmals die bereits erwähnte Rede des US-Politologen *George Friedman* erwähnen, der in einer Ansprache auf dem „Chicago Council on Global Affairs" ganz offen zugegeben hat, dass sie seit Jahrhunderten Kriege geführt haben – *„Erster und Zweiter Weltkrieg und Kalter Krieg"*[288] –, um die Beziehungen zwischen Deutschland und Russland zu beeinflussen. Das sei *„das urzeitliche, urweltliche Interesse der Vereinigten Staaten"* und erläutert dies wie folgt: *„Weil vereint sind sie die einzige Macht, die uns bedrohen kann, und unser Interesse war es, sicherzustellen, dass das nicht geschieht."* Europa und offensichtlich ganz speziell Deutschland wurde demnach mehrfach in Kriege mit Millionen Toten geführt, **nur** um zu verhindern, dass sich Deutschland mit Russland verbündet. Was für eine unvorstellbare Angst müssen die Manipulatoren Amerikas vor diesem Bündnis haben, wenn sie sich des millionenfachen Mordes schuldig gemacht haben, „nur" um eine Annäherung Deutschlands an Russland zu verhindern. Und noch immer gibt es Menschen, die diese gigantische Manipulation noch nicht einmal wahrnehmen, geschweige denn ihre Gefahr erkennen.

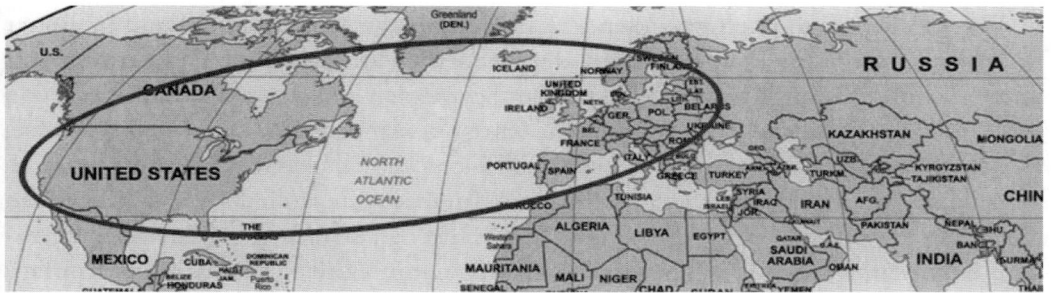

Abb. 25: Das Bündnis USA-EU mit einer furchtbaren Konsequenz: Ein militärischer Konflikt zwischen den USA und Russland würde natürlich auf europäischem Boden ausgetragen werden.

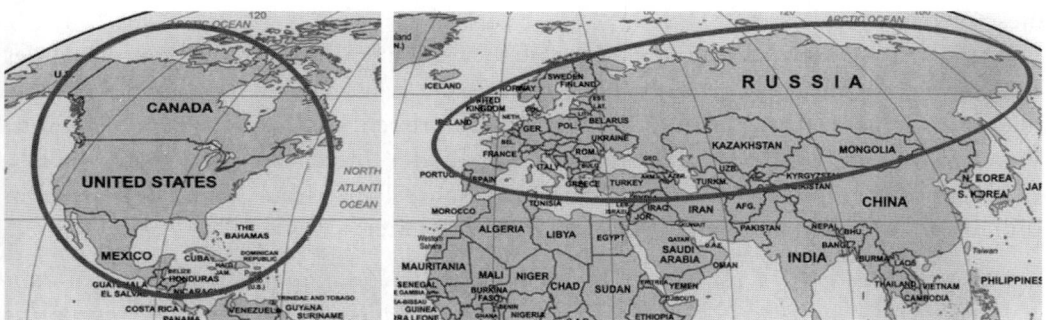

Abb. 26: Logischer wären Bündnisse von Staaten, die geografisch benachbart sind, wie zum Beispiel der wirtschaftliche Zusammenschluss der USA mit Kanada und Mexiko (links) sowie Europa mit Russland (rechts)

Wie unsinnig, schon rein geografisch gesehen, diese künstlich erzeugte Trennung von Staaten ist, die sich auf demselben Kontinent befinden, zeigen obige Darstellungen. Die USA täte gut daran, sich an Kanada und Mexiko zu orientieren – nicht, um zu konkurrieren oder Kriege zu führen, sondern um sich wirtschaftlich zu ergänzen. In einem solchen Zusammenschluss wären Ländereien von polarnaher Gegend bis zum Äquator vorhanden, was einen großen wirtschaftlichen Austausch ermöglichen würde.

Wenn sich Deutschland mit Russland verbünden würde, wären die Transportwege des Handels kürzer als in die USA. Sich auf einem Kontinent zu verteidigen, ist auch immer einfacher, als wenn sich zwischen Bündnispartnern ein großer Ozean befindet. Bei einem militärischen Konflikt zwischen den USA und Russland wäre der Kriegsschauplatz in Europa und die USA befänden sich in geschützter Lage Tausende Kilometer weit entfernt. Schon allein aus diesem Grund hat die USA Interesse daran, mit Europa verbündet zu sein. Die USA scheinen auch vor der Vereinigung der qualitativen Fähigkeiten von Europa und Russland Angst zu haben. Doch auch das ist politischer Extremismus, wenn man ferne Staaten mehr oder weniger dazu zwingt, Bündnisse einzugehen, die ihnen mehr schaden als nützen – es ist ein aufgezwungenes System.

Was heute jedoch noch gravierendere Folgen für die Menschen hat und in immer extremerer Form um sich greift, ist der wiederbelebte **religiöse Fanatismus**, der immer schon unzählige Leben gekostet hat. So wurden beispielsweise in Nigeria von Juni 2015 bis Februar 2018 etwa 16.000 Christen ermordet[289]. Die Art und Weise, wie diese ermordet wurden, kann man noch nicht einmal als Abschlachten bezeichnen, denn laut einer christlich orientierten Internetseite sollen sie mit Macheten regelrecht „zerhackt"[290] worden sein. Wenn Menschen so brutal miteinander umgehen, dann kann fast nur religiöser Fanatismus dahinterstecken. Auch das Kopfabschneiden sowie Beschneidungen beiderlei Geschlechts (ohne Narkose) ist nur mit Fanatismus zu erklären. Und einfach ausgedrückt können wir feststellen: Hätte die Schöpfung gewollt, dass verschiedene Körperteile nicht existent sein sollen, hätte sie diese gleich weggelassen.

Der Fanatismus wird weltweit leider nicht weniger, sondern im Gegenteil immer extremer, und mittlerweile sind die Christen die weltweit am stärksten verfolgte religiöse Gemeinschaft. Über 200 Millionen Christen sind *„einem hohen Maß an Verfolgung ausgesetzt"*[291], steht in einem Bericht der Internetseite »Open Doors«. Und dahinter verbirgt sich nicht nur islamistischer Fanatismus, wie das Beispiel in Indien zeigt. In dem genannten Artikel lesen wir weiter:

„So verkündete 2014 Rajeshwar Singh von der für Zwangs(rück)bekehrungen zum Hinduismus bekannten Gruppe Dharm Jagran Samiti (DJS), **Indien werde bis zum Jahr 2021 frei sein von Christen und Muslimen.** *Indiens Premierminister Modi unterstützt die Hinduisierung seines Landes und die Hindutva-Ideologie, nach der jeder Inder ein Hindu sein muss."* (Herv. d. Verf.).

Wir befinden uns also, was die Mitmenschlichkeit angeht, im tiefsten Steinzeitalter. Wenn es tatsächlich der Wille der verschiedenen „Götter" sein sollte, dass sich die Menschen hier auf der Erde die Köpfe einschlagen, dann wäre diese Entwicklung der beste Beweis für die wirkliche Gesinnung dieser Götter. Denn es sieht tatsächlich so aus, als würden Menschen stellvertretend für diese Götter hier auf der Erde einen Kampf ausfechten, der eigentlich von ihnen selbst untereinander geführt wird. In diesem Falle sind wir nur die Bauern im Schachspiel, die die Schlacht für sie austragen – genauso, wie das auch beim Hahnenkampf der Fall ist. Auch dort schicken die Menschen Tiere in eine Arena und lassen sie gegeneinander kämpfen, und der Besitzer des gewinnenden Tieres bekommt die Belohnung. Sie sehen, solange wir dieselben Spielchen mitspielen, sind wir selbst keinen Deut besser, deshalb haben wir mit einer Veränderung auch zuerst bei uns selbst zu beginnen. Erst wenn wir unsere eigene Gesinnung korrigieren, wenn wir in und um uns den Frieden erschaffen – auch mit den Tieren –, dann haben wir endlich eine Chance, dass man auch mit uns friedvoll umgeht.

Ich frage mich, wann wir bewusst genug sein werden und aus diesem grausamen Spiel aussteigen. *„Wenn jeder jeden akzeptiert"*, dann braucht niemand mehr wegen Glaubenskriegen sein Land zu verlassen. Dann braucht niemand mehr Millionen

Menschen in andere Länder zu schicken, um diese von dem eigenen Glauben zu überzeugen, wie es in der Vergangenheit in mehreren Kontinenten der Fall war und heute ganz aktuell wieder geschieht. Irgendwann wird uns allen bewusst sein, dass wir von derselben liebenden Seelenquelle, der Ur-Quelle, kommen. Wenn wir uns eines Tages alle als gleichwertig betrachten können, dann werden wir uns auch davor hüten, einem anderen zu schaden. Dieser Satz gilt selbstverständlich nicht nur für uns Europäer, sondern auch für alle anderen Völker – doch noch ist die Gefahr des Extremismus/Fanatismus weltweit vorhanden.

FUNKTECHNIK, MIKROWELLEN, STRAHLEN

Eine andere, sehr subtile Gefährdung geht von Funkmasten, Mobiltelefonen, Mikrowellen, modernen Waffensystemen usw. aus. Diese Gefahr kann man weder sehen, hören oder riechen, und trotzdem ist sie da. Ein wirklich leidvolles Lied davon kann *Uli Weiner*[292] singen, der seit 15 Jahren in einem Wohnwagen lebt, der in einem der letzten Funklöcher steht. Wenn er sich in die „normale" Welt begeben möchte, muss er eine Art Raumanzug tragen, der die schädlichen Funkwellen von ihm abschirmt. Was die meisten Menschen noch nicht einmal wahrnehmen, versetzt seinen Körper in Alarmstimmung und er bekommt massive Seh-, Sprach- und Herzrhythmusstörungen. Man kann *Uli Weiner* jedoch ganz gewiss nicht als hypochondrischen Ökospinner bezeichnen, sondern das Gegenteil ist der Fall. Ich habe ihn 2016 als kommunikativen und positiv eingestellten, jungen Mann kennengelernt. Er ist schon als Jugendlicher von der Funktechnik begeistert gewesen und hat natürlich Kommunikationselektroniker mit der Fachrichtung Funktechnik gelernt. *Uli Weiner* ist einer der Vorreiter gewesen, der sich in Sachen Mobilfunk selbständig gemacht hat und hatte schon mit Anfang 20 Jahren einen erfolgreichen Betrieb mit 20 Mitarbeitern – bis er von einer Geschäftsreise zurückkam und am Frankfurter Flughafen zusammengebrochen ist. Er wurde in ein Krankenhaus gebracht und hatte dort unbeschreibliches Glück, denn ein findiger Arzt fand die Ursache seiner heftigen Beschwerden: Funkwellen! *Uli Weiner* war elektrosensibel geworden und zwar in einem Ausmaß, das ihm ein normales Leben unmöglich machte. Dazu kam die berufliche Katastrophe: Er, dessen Herz für den Mobilfunk schlug, konnte sein Geschäft nicht mehr fortführen. Ohne Schutzanzug hat er, laut seiner eigenen Aussage bei einem Vortrag, eine Lebenserwartung von zwei Tagen. Wenn er sich zu lange in „normalen" Bereichen aufhält, stellen sich heftige Beschwerden ein und er muss sich eine Vitamin-C-Infusion verabreichen. Sein Traumberuf war zum Alptraum geworden.

Diese wahre Geschichte soll uns zeigen, was die Funktechnik in uns bewirken kann. Deshalb sollten wir bezüglich jeglicher Form von Strahlung kritisch sein, egal ob es sich um Mikrowellen oder um die immer mehr zunehmende Funktechnik handelt. Und das betrifft nicht nur unser Mobiltelefon und das eigene WLAN, sowie das des Nachbarn, sondern auch alle Arten von Geräten, die per Funk Daten senden wie zum Beispiel Smartmeter etc.

Es ist bekannt, dass Sendemasten permanent Mikrowellen aussenden. Das bedeutet, dass wir, vor allem, wenn wir uns in der Nähe einer Sendeanlage aufhalten, von Mikrowellen „besendet" werden. In den USA muss man auf alle möglichen Risiken beim Gebrauch von Geräten hingewiesen werden. Das kann so weit gehen, dass man in der Bedienungsanleitung eines Mikrowellengerätes lesen könnte, dass man beispielsweise keinen nassen Hund in der Mikrowelle trocknen darf, weil er dies nicht überleben würde. Was einem normalen Menschenverstand ohnehin klar ist, wird hier schon fast übertrieben. Doch wenn es um die Gesundheit der Allgemeinheit geht, scheint die Informationspflicht weltweit einem anderen Maßstab zu unterliegen. Oder sind Sie schon einmal gewarnt worden, als Sie den Sendebereich eines Funkmastens betreten haben? Werden Sie gefragt, bevor Ihr Nachbar eine Sendeanlage auf sein Dach montieren lässt? Können Sie sich in Ihrer eigenen Wohnung vor Strahlung sicher fühlen, ohne viele Tausend Euro für Strahlenschutz ausgeben zu müssen?

Doch die Intensität der Funkenergie wird immer größer, wie man am 5G-Standard erkennen kann. Auf der Internetseite »Zeitenschrift« kann man lesen:

„Die fünfte Generation des Mobilfunks wird 400.000 Mal leistungsfähiger sein als der GSM-Standard (die zweite Generation oder 2G), mit welchem 1992 die Ära des Digitalfunks eingeläutet wurde – und immerhin über hundertmal schneller als der aktuelle 4G-Standard." … *„Laut Hochrechnungen wird in Ballungsräumen im Schnitt auf jedes Dutzend Wohnhäuser eine Mobilfunkantenne kommen – und selbst in ländlichen Gebieten will man die Antennen flächendeckend ungefähr alle zweihundert Meter aufstellen."*[293]

Um das zu erreichen, haben sich die Entwickler etwas ganz Perfides ausgedacht. Während die jetzigen Sendeanlagen so groß sind, dass man sie meist optisch gut erkennen kann, sind die neuen 5G-Sendeanlagen im Vergleich dazu geradezu winzig. Wenn Sie heute eine andere Wohnung suchen, ist es noch relativ ausreichend, die Umgebung nach Sendemasten absuchen. Die neuen 5G-Sendeanlagen jedoch sind so klein, dass Sie diese nicht finden können. Deshalb ist geplant, diese Sendeanlagen zum Beispiel in die Masten der Straßenbeleuchtung einzubauen. Diese bieten sich geradezu an, denn alle bebauten Gebiete sind in der Regel mit einer Straßenbeleuchtung ausgestattet. Egal, ob es sich um ein Wohngebiet, ein Gewerbegebiet oder ein Kerngebiet in der Innenstadt handelt, überall stehen Straßenlaternen. Die Sendeanlagen sind so klein, dass sie darin spielend verstaut werden und Sie diese demnach nicht mehr sehen können.

Zusätzlich sollen künftig Satelliten im Orbit kreisen, um auch noch die entlegensten Flächen der Erde mit der 5G-Technologie zu „bereichern". *„Die Europäische Raumfahrtbehörde ESA kooperiert mit 15 Industriepartnern, um die Entwicklung von Satelliten mit 5G-Kommunikation voranzutreiben. Die Initiative heißt ‚Satellite for 5G' und wurde auf der Pariser Luftfahrtausstellung unterzeichnet."*[294], wird auf der Internetseite »WIRED« berichtet. Das bedeutet nicht nur, dass die schwerst Elektrosensiblen, die sich in die wenigen noch übrig gebliebenen Funklöcher flüchten, keine Zuflucht mehr finden werden. Es bedeutet nämlich auch, dass selbst die Regentröpfchen in den Wolken verändert werden. Auf der Internetseite »Zeitschrift« heißt es weiter:

„Deshalb warnt denn Lloyd Burrell, ein amerikanischer Experte für Mobilfunkstrahlung, davor, dass sogar ‚Wasser, das vom Himmel fällt, verstrahlt sein wird' – Regentropfen absorbieren den 5G-Mobilfunk natürlich auch. Doch das ist nicht alles. Burrell sieht noch andere Gefahren der 5G-Technologie: Werden die neuartigen Millimeterwellen von den Pflanzenblättern absorbiert, produzieren die Pflanzen mehr Stressproteine, wie Studien beispielsweise an Weizenschösslingen zeigen. Niemand kann voraussagen, in welchem Ausmaß eine flächendeckende globale 5G-Bestrahlung auf die wichtigsten Nahrungspflanzen wirken und damit auch das globale Nahrungsangebot beeinflussen wird. ‚Mensch und Tier hängen von Pflanzen als Nahrungsquelle ab. Millimeterwellen könnten uns eine Nahrung bescheren, die nicht mehr sicher für den Verzehr ist', schreibt Burrell."

Bereits im September 2018 soll es in Düsseldorf und Frankfurt mit dem 5G-Standard beginnen, berichtete *Gerrit Schwerz* auf »Vodafone«: *„... in den Düsseldorfer und Frankfurter Ausbaugebieten sollen großflächig weit über 700 Megabit pro Sekunde zur Verfügung stehen."*[295] Wie schon erwähnt, wird es damit für alle elektrosensible Menschen problematisch, denn mit dieser Technologie sollen auch sämtliche Funklöcher eliminiert werden.

*„...anstatt Dein Smartphone auf der Suche nach einem weiteren Empfangsbalken auszurichten, kommt das GigaNetz einfach zu Dir. Das funktioniert so: An einer 5G-Beam-Basisstation arbeiten über 100 winzige Antennen auf kleinstem Raum zusammen. Das sind achtmal so viele wie bei Basisstationen ohne 5G-Beam ... Die winzigen **Antennen bemerken Dein Gerät** und **senden** das Mobilfunksignal dann automatisch und **gezielt genau in Deine Richtung**. Dadurch ist sichergestellt, dass Dein Smartphone immer optimal versorgt wird. Mit anderen Worten: ‚Bye bye, Funkloch' ... Vodafone bringt 5G-Beam noch in diesem Jahr in 50 ländliche Gebiete in Deutschland."*

Ich weiß nicht, wie zum Beispiel der bereits erwähnte *Uli Weiner*, der wohl bekannteste und am extremsten betroffene Elektrosensible Deutschlands, unter diesen Bedingungen überleben soll. Es ist durchaus bekannt, dass es viele Menschen gibt, denen die Mobilfunkwellen äußerst zusetzen. Dabei geht es nicht „nur" um Unwohlsein und Kopfschmerzen, die ohnehin von der Medizin nicht ernst genommen werden, sondern um Kreislaufbeschwerden bis Ohnmacht und Herzversagen – also keine „eingebildeten" Beschwerden. Und man kann davon ausgehen, dass die Zahl der Elektrosensiblen und vor allem derjenigen, die massive unerklärliche Beschwerden haben (die nicht-diagnostizierten Elektrosensiblen), exponentiell zunehmen werden.

Doch wir sind noch nicht am Ende mit der Auflistung von Befürchtungen. Eine medizinische Entdeckung verdeutlicht, dass die Gefahr durch Mikrowellen noch erheblich größer sein dürfte, als bisher angenommen. Forscher der »New York University School of Medicine« hätten im April 2018 verkündet, sie hätten ein neues „Organ" gefunden, das den ganzen Körper durchzieht! Diese Aussage wurde bereits im »Deutschen Ärzteblatt« verkündet[296]. Das Besondere an diesem Interstitium sei seine Beschaffenheit, es sei nämlich flüssig. Genau deshalb hätten es die Biologen auch bis heute übersehen, weil man für herkömmliche Laboranalysen von Organen und Gewebe zuerst sämtliche Flüssigkeiten entferne – und damit auch jenen hochinteressanten Stoff. Bisher sei der Wissenschaft nicht klar gewesen, dass diese unzähligen, miteinander verbundenen Gewebekammern im lebenden Organismus mit Flüssigkeit und dehnbaren Proteinen gefüllt seien.

„Die im Interstitium schwimmenden Eiweißbündel erzeugen nämlich Elektrizität, wenn sie durch die Bewegungen der umgebenden Organe und Muskeln in verschiedene Richtungen gedehnt werden. Es existiere demnach direkt unter der Haut ein komplexes System, das bis anhin nichtbekannte elektrisch geladene Flüssigkeiten im ganzen Körper reguliert – und offenbar schwere Krankheiten begünstigt, wenn es aus dem Gleichgewicht gerät. Fällt das Sonnenlicht, eine elektromagnetische Welle, aus der Harmonie, spricht man von ‚Depolarisation'. Auch das Blut und vor allem das Interstitium können durch Strahlung (= Energieübertragung) von außen depolarisiert werden. Welche Verheerungen die neuartigen Millimeterwellen des 5G-Mobilfunks mit unserer Gesundheit anrichten könnten, da sie in den obersten zwei bis drei Millimetern des Körpers absorbiert werden, will man sich gar nicht erst ausmalen!"

Fassen wir also kurz zusammen: Wissenschaftler erwarten, dass die 5G-Mobilfunktechnik auf die Gesundheit von Menschen und Tieren eine verheerende Auswirkung hat, die noch größer sein dürfte, als bisher befürchtet. Denn man hat im Interstitium (Zwischengewebe) eine Flüssigkeit entdeckt, von der man annimmt, dass sie von der 5G-Technologie erheblich verändert wird. Und da sich Flüssigkeiten im Körper bewegen, werden auch diese Veränderungen im Körper verteilt. Mittlerweile sollen

„…über 180 Ärzte und Wissenschaftler aus 35 Ländern eine Petition unterzeichnet haben, worin sie ein Moratorium für den Ausbau der 5G-Technologie fordern, solange die möglichen Gesundheitsrisiken nicht geklärt sind. Schon vor 5G hätten sich 230 Wissenschaftler aus 41 Ländern ‚große Sorgen' über die allgegenwärtige und ständig zunehmende elektromagnetische Strahlenbelastung durch Drahtlosgeräte gemacht, steht in dem Appell. ‚Zu den gesundheitlichen Folgen gehören ein erhöhtes Krebsrisiko, Zellstress, ein Anstieg der schädlichen freien Radikale, beschädigte Gene, strukturelle und funktionelle Veränderungen im Fortpflanzungssystem, Lern- und Gedächtnisschwierigkeiten, neurologische Störungen und ganz allgemein negative Einflüsse auf das Wohlbefinden der Menschen. Wobei längst nicht nur die Menschheit in Mitleidenschaft gezogen wird. Die Wissenschaft belegt eine wachsende Zahl von schädlichen Auswirkungen auf Pflanzen und Tiere.'"

Auch wir haben die Möglichkeit, uns gegen eine flächendeckende Besendung zu wehren: Wir können Unterschriften sammeln und beispielsweise dem Landrat unseres Vertrauens übergeben oder ebenfalls eine Petition starten.

Die modernen Waffensysteme nutzen ebenfalls die Gefährlichkeit moderner Technologien, so soll beispielsweise in China eine Laser-Waffe entwickelt worden sein. „*China hat eine neue transportierbare Laserwaffe entwickelt, die ein Ziel in nahezu einem Kilometer Abstand treffen kann*"[297], schreibt die »South China Morning Post«. Die »PC-Welt« erläutert dazu:

„*Das Laser-Sturmgewehr ZKZM-500 wird als ‚nicht tödlich' eingestuft, wie die South China Morning Post berichtet. Das klingt harmlos, allerdings richtet die Waffe fürchterliche Schäden an menschlichem Gewebe an: Die Kleidung, Haut und das darunter liegende Gewebe wird bei einem Treffer sofort verkohlt, wie es heißt.*"[298]

Das Laser-Gewehr soll etwa drei Kilogramm wiegen und über eine Entfernung von bis zu 800 Metern genutzt werden können. Mit einer Batterieladung könnten bis zu 1.000 Schuss abgegeben werden und jeder Schuss dauere etwa zwei Sekunden lang. In der Waffe stecke eine wieder aufladbare Lithium-Batterie, wie sie auch in Smartphones eingesetzt werde.

„*Der erzeugte Energiestrahl ist vom Auge nicht wahrnehmbar und durchdringt auch Fenster. Schüsse der Waffe seien auch vom Ohr nicht wahrnehmbar, sodass im Einsatz der Gegner nicht wissen könne, woher die Schüsse kommen.*"

Auch wenn die Kritiker Recht haben und es sich bei dieser Meldung nur um eine reine Propaganda handeln sollte, so dürfte es doch nur eine Frage der Zeit sein, bis solch ein Lasergewehr tatsächlich zum Einsatz kommen dürfte. Offensichtlich ist jedoch, dass die Forschung damit beschäftigt ist, eine Waffe zu erfinden, mit der

Abb. 27: Laserwaffe

(nicht nur) Menschen verkohlt bzw. verbrannt werden können – es ist eine gefährliche Entwicklung, die hier vom Militär vorangetrieben wird.

Manche Autoren vermuten, dass die Brände, die in der unmittelbaren Vergangenheit in Kalifornien und in Griechenland riesige Flächen zerstört haben, auf Versuche mit derartigen Energiewaffen zurückzuführen sind. Bei „normalen" Bränden wäre es kaum vorstellbar, dass Autofelgen schmelzen und Häuser pulverisiert werden, während der Baum daneben grün bleibt. Deshalb vermuten viele Rechercheure, dass dort Energiewaffen zum Einsatz kamen. Die Gründe hierfür könnten vielfältig sein, z.B. weil „jemand" das zerstörte Gebiet danach günstig aufkaufen wollte oder weil dort kritische Menschen wohnten, die man zum Schweigen bringen musste, oder es sich schlichtweg nur um eine zwar äußerst effektive, aber menschenverachtende Art handelte, den Konsum anzukurbeln.

EPIDEMIEN

Eine weitere große Gefahr geht von Krankheitserregern aus, die ganze Landstriche entvölkern könnten. Die großen Epidemien der Vergangenheit, wie zum Beispiel die Pest, haben unzählige Menschen das Leben gekostet und man vermutet, dass auch die damaligen hygienischen Verhältnisse und eine Mangelernährung an der Verbreitung dieser Krankheiten mit beteiligt waren. Doch auch heute sind wir nicht davor gefeit, dass erneut Epidemien ausbrechen könnten.

Bei heutigen und künftigen Krankheitserregern mit großflächigem Tötungspotential ist jedoch die Wahrscheinlichkeit groß, dass sie sich nicht nur einfach durch Mutation entwickeln, sondern dass sie gezielt im Labor dafür hergestellt werden. Egal, ob Schweine- oder Vogelgrippe, es drängt sich der Verdacht auf, dass auch diese Erreger einem Labor „entwischt" sind – ob beabsichtigt oder nicht, darüber kann man sich streiten. In Anbetracht der Bevölkerungssituation ist es jedoch nicht ausgeschlossen, dass solche Erreger gezielt ausgebracht werden könnten (oder schon wurden?), um die Weltbevölkerungszahlen drastisch zu senken. Denkbar ist natürlich auch ein gezielter Einsatz, um „unerwünschte" Völker zu eliminieren. Es soll bereits an speziellen gen-ethnischen Biowaffen geforscht worden sein, die nur für bestimmte genetische Bevölkerungsgruppen gefährlich sind. Denn nachdem das menschliche Genom immer weiter entschlüsselt wird, ist es möglich, Krankheiten zu züchten, die nur bestimmte Menschen befallen. So beschreibt ein Artikel auf der Internetseite »Gen-ethisches Netzwerk e.V.«, dass ethnische Waffen ohne jedes Risiko für die eigene Bevölkerung eingesetzt werden könnten.

> „Selbst hochansteckende Bakterien oder Viren – deren Einsatz sich im Normalfall wegen der Gefahr für die eigenen Leute verbietet – könnten mit minimalem Aufwand freigesetzt werden und eine flächendeckende Epidemie beim Gegner auslösen."[299]

Auch *Bill Gates*, der sich bekanntlich Sorgen um die Überbevölkerung der Erde macht, der aber interessanterweise gleichzeitig alle Menschen impfen möchte, damit sie „gesund" bleiben, soll sich mit der Thematik befasst haben. So soll er in einem Kommentar an »Business Insider« geschrieben haben,

> *„dass er eine weltweite Epidemie als größte Bedrohung für die Menschheit erachtet. ‚Ob sie durch eine Laune der Natur ausgelöst wird oder durch einen terroristischen Anschlag – Epidemiologen sagen, dass ein sich schnell verbreitendes Pathogen mehr als 30 Millionen Menschen in weniger als einem Jahr töten könnte. Und sie sagen, es bestehe eine realistische Wahrscheinlichkeit, dass die Welt einen solchen Ausbruch in den kommenden zehn bis 15 Jahren erleben wird.'"*[300]

Auch andere Wissenschaftler seien laut derselben Internetseite der Meinung, dass es durchaus möglich sei, *„dass ein weitreichender Ausbruch einer Seuche* **absichtlich durch biologische Waffen** *herbeigeführt wird"*.

> *„Ich habe ihnen gesagt,*
> *dass die Geister der Finsternis ihre Kostgeber,*
> *die Menschen, in denen sie wohnen werden,*
> *dazu inspirieren werden,*
> *sogar ein Impfmittel zu finden,*
> *um den Seelen schon in frühester Jugend*
> *auf dem Umwege durch die Leiblichkeit*
> *die Hinneigung zur Spiritualität auszutreiben."*[301]
>
> Rudolf Steiner (1861-1925), Begründer der Anthroposophie

Wenn sich führende Köpfe mit weltweiten Epidemien befassen, dann sollten auch wir dies tun. Wer eines Tages für die Verbreitung solcher Mikroorganismen verantwortlich sein dürfte, darüber lässt sich derzeit nur spekulieren. Wir sollten uns jedoch insofern vorbereiten, dass wir möglichst gesund leben und unseren Körper, und damit unsere Abwehr, fit halten. Nebenbei bemerkt sind biologische Waffen seit der Biowaffen-Konvention (Biological and Toxin Weapons Convention – BTWC) verboten.

KÜNSTLICHE INTELLIGENZ (KI)

Viele Menschen haben den Begriff „Künstliche Intelligenz" zwar schon gehört, wissen jedoch nicht so recht, was er bedeuten soll. Auf »Wikipedia« können wir lesen:

> *„Im Allgemeinen bezeichnet Künstliche Intelligenz den Versuch, menschenähnliche Entscheidungsstrukturen in einem nichteindeutigen Umfeld nachzubilden, d. h., einen Computer so zu bauen oder zu programmieren, dass er eigenständig Probleme bearbeiten kann. Oftmals wird damit aber auch eine nachgeahmte Intelligenz bezeichnet, wobei durch meist einfache Algorithmen ein ‚intelligentes Verhalten' simuliert werden soll, etwa bei Computerspielen."*[302]

Computerspiele sind natürlich nicht das einzige Einsatzgebiet der KI, sondern ganz alltägliche Themen, wie zum Beispiel Suchmaschinen im Internet, maschinelle Übersetzung, Gesichtserkennung, selbstfahrende Kraftfahrzeuge wie auch autonome Waffen und humanoide Roboter. Die meines Erachtens größte Gefahr droht von der nicht vorhandenen emotionalen Intelligenz dieser Geräte. Auch wenn der Einsatz von „Pflegerobotern" in Altenheimen geplant ist, mag das rein funktional einen Fortschritt bedeuten, doch wir sollten die Menschlichkeit nicht aus den Augen verlieren. Wo bleibt das Tätscheln der Hand im richtigen Augenblick? Wo bleibt die Anpassung an die Langsamkeit und an die Gewohnheiten des jeweiligen Pflegebedürftigen? Wir sind individuelle Wesen, und jeder von uns hat seine eigene Geschichte und seine eigenen Bedürfnisse. Wenn der großflächige Einsatz von Robotern in diesem Bereich tatsächlich in die Tat umgesetzt werden sollte, dann bedarf es noch einer großen Entwicklung bezüglich der Empathie. Doch echte Menschlichkeit kann durch kein Gerät der Welt ersetzt werden! Warum? Weil es eben Maschinen sind und keine Menschen.

Sehen wir uns nun einige Beispiele an, die eine Gefahr für uns werden bzw. sein könnten. Da möchte ich zum Beispiel die *Naniten* erwähnen. »Wikipedia« erläutert:

„*Unter Nanobots oder Nanorobotern (auch Naniten) versteht man – noch hypothetische – autonome Maschinen (Roboter) oder molekulare Maschinen im Kleinstformat als eine der Entwicklungsrichtungen der Nanotechnologie. Nanobots, die **zur Manipulation einzelner Atome und Moleküle fähig** sind, werden auch Assembler genannt. Eine wichtige Idee im Zusammenhang mit diesen ist die **Möglichkeit der Selbstreplikation** … Heute mögliche Prototypen wären von der Größe eines Streichholzkopfes, in Zukunft sollen sie auf die Größe von Blutkörperchen oder darunter schrumpfen und zur Fortbewegung befähigt sein. Solchen Maschinen wird eine große Zukunft in der Medizin vorausgesagt, da sie selbsttätig beispielsweise im menschlichen Organismus auf der Suche nach Krankheitsherden (wie Krebszellen) zu deren Beseitigung unterwegs sein könnten. Für medizinische Anwendungen wären auch lange, dünne, faserförmige **Nanobots geeignet, die zwischen den Körperzellen oder in den Blutgefäßen verlaufen.***"[303] (Herv. d. Verf.)

Wir wissen alle, dass technische Errungenschaften, die ursprünglich oder besser gesagt „offiziell" zum Wohle der Menschheit angepriesen wurden, auch zum Schaden der Menschen eingesetzt werden können (Atomenergie, Mikrowellen usw.), was in der Praxis auch geschieht. Und so steht auch in »Wikipedia«: „*Es gibt detaillierte Analysen zur Gefährlichkeit von solchen Szenarien.*"

Die »Universität Bielefeld« veröffentlichte bereits 2013 einen Artikel mit der Überschrift »Ein Roboter mit Bewusstsein«. In dem Bericht heißt es:

„*…bei dem von ihnen entwickelten Roboter besondere Fähigkeiten gefunden: Diese deuten darauf hin, **dass der Roboter ein Bewusstsein entwickelt hat**.*"[304] (Herv. d. Verf.)

Dieser Bericht ist bereits fünf Jahre alt und wir können davon ausgehen, dass die Militärforschung, vor allem aber die geheime Militärforschung, der offiziell bekannten Forschung um Jahrzehnte voraus ist. Doch eines ist klar, auch wenn ein Roboter so programmiert ist, dass er verschiedene Möglichkeiten nach dem altbekannten ja/nein-Prinzip zu beurteilen lernt, so hat er dennoch keine Seele und demnach auch kein Gewissen und erst recht keine Menschlichkeit – er bleibt „un"menschlich. Und was unmenschliches Verhalten bedeutet, wissen wir alle. Aus diesem Grunde ist auch zu befürchten, dass so mancher unserer weltweiten Politiker vielleicht nicht gerade ein Roboter ist, aber möglicherweise durch programmierte Nanobots, also durch KI, gesteuert ist.

Es wird in manchen Kreisen offen diskutiert, ob wir Menschen von Künstlichen Intelligenzen ersetzt werden sollen. In meinem Buch »Nutzlose Esser« beschreibe ich ein Programm der »United Nations«, das »Replacement Migration« (ersetzende Migration) genannt wird. Vermutlich ist diese Aktion, die ja gerade voll im Gange ist, nur der Vorläufer, um die Menschen daran zu gewöhnen, dass sie „ausgetauscht" werden sollen. Die endgültig verändernde Aktion der Weltbevölkerung könnte dann mit dem Austausch der noch vorhandenen Menschen durch Künstliche Intelligenzen erreicht werden.

Der Unternehmer und Multimilliardär *Elon Musk* hat die Firma *Neuralink*[305] gegründet, die sich mit Künstlicher Intelligenz befasst. Gemeinsam mit *Max Hodak*

> *„will er dort Technologien entwickeln, um eine Herrschaft der Künstlichen Intelligenz über die Menschheit zu verhindern"*[306]. … *„Mittels künstlichen Nervengewebes soll das menschliche Gehirn direkt mit Computern verbunden werden, wobei es sich konkret um ein direktes Interface zur Hirnrinde handelt, das über Mini-Elektroden, die im Gehirn implantiert werden, gesteuert wird. Die Absicht dahinter ist, auf diese Weise das Niveau von künftigen Künstlichen Intelligenzen zu erreichen, damit sie uns nicht eines Tages überlegen werden und es gegen uns nutzen."* (»Terry Mystica«)

Das Ziel dieser Forschung könnte man natürlich nicht nur im Schutz vor der Übernahme durch KI sehen, sondern genauso gut könnte es sein, dass die beiden Herren ganz vorn bei der Entwicklung der Programme dabei sein möchten. Das könnte immerhin ein lukratives Geschäft werden. Ob das vorrangige Ziel tatsächlich das ist, die Menschen zu schützen, bleibt zu hoffen.

Vor allem junge und unerfahrene Menschen werden durch die Medien dafür be„geistert", sich alle möglichen Dinge implantieren zu lassen, angefangen von Neodym-Magneten über Kompasse, Fernbedienungen, ja sogar Teufelshörner werden unter die Haut gepflanzt. Heute sind es „Ergänzungen", die implantiert werden, in Kürze jedoch könnte es sich um eine Steuerung handeln, die unser eigenes Denken ersetzt. Dann würden wir nicht mehr selbst denken, sondern wir „**würden gedacht**". Was heute so vielversprechend als „**menschliches Upgrade**" bezeichnet wird, könnte in Wahrheit einem „Ausschalten" näher kommen, als wir uns das vorstellen können. Es klingt vielleicht sehr futuristisch, doch sehen Sie sich in der Welt um. Diejenigen, die in irgendeiner Weise Kritik am System üben, werden zunehmend denunziert und diskriminiert. Es wäre nur eine logische Konsequenz, dass derjenige, der weiterhin sein eigenständiges Denken bewahren möchte und eine externe Gehirnsteuerung verweigert, in Zukunft damit rechnen muss, dass er einfach ausgetauscht wird. Ein Roboter oder ein Klon mit Künstlicher Intelligenz würde daraufhin seine Stelle einnehmen, wenn es sich um eine wichtige Position handelt. Nicht so „wichtige" Menschen könnte man einfach ersatzlos streichen.

Vielleicht denken Sie jetzt, Sie sollten aufhören weiterzulesen, weil das einfach zu abgefahren und nach Science-Fiction-Roman klingt. Doch so verrückt ist das gar nicht, wie es im ersten Moment erscheinen mag. Saudi-Arabien könnte diesbezüglich der Vorreiter sein, denn dort wurde erstmals einer Roboter-„Frau" die Staatsangehörigkeit zuerkannt[307]. Sophia soll ihr Name sein. Was allerdings in ihrem Pass unter Geburtsdatum und -ort eingetragen wurde und wer ihre Eltern sein sollen, entzieht sich leider meiner Kenntnis. Ich bin jedoch davon überzeugt, dass die derzeitige Einführung einer dritten Geschlechtlichkeit, die sich „divers" oder „intersexuell" nennt, nur deshalb erzwungen wird, weil sie für derartige Roboter benötigt wird.

Das Thema „Künstliche Intelligenz" ist brisanter, als die meisten denken. Sogar namhafte Forscher warnen davor, sich zu weit in diese Richtung hinauszuwagen. Eine Projektgruppe von Fachleuten hat sich mit den Gefahren der KI befasst und eine Arbeit veröffentlicht: »The Malicious Use of Artificial Intelligence« (Bösartige Nutzungen Künstlicher Intelligenz). *„Zu der Gruppe gehören unter anderem die Universitäten Stanford, Yale, Oxford und Tohoku sowie Entwickler von Microsoft, Google und dessen Tochterfirma, des momentan führenden KI-Unternehmens DeepMind."*[308], schrieb die »Süddeutsche«. Die Forscher sind dabei sehr sachlich vorgegangen und haben nur die Technologien bewertet, die bereits existieren, *„oder die nach aktuellem Stand der Entwicklung in den kommenden fünf Jahren anwendbar sein werden"*. Die bisherigen Kritiker mit bekannten Namen wie der Physiker *Stephen Hawking*, der Philosoph *Nick Bostrom* und der Unternehmer *Elon Musk* haben zwar ihre Befürchtungen geäußert, sie sind jedoch keine Spezialisten zum Thema KI. Deshalb wurden ihre Horrorprognosen, die sehr an Science-Fiction erinnern, nicht wirklich ernst genommen. Die aus Fachleuten bestehende, oben genannte Gruppe sieht laut der genannten Quelle jedoch ähnliche Gefahren. So sei die Bilderkennung mittlerweile so exakt, dass man in der Lage sei, *„Gesichter mit glaubhafter Mimik in Videos auf fremde Körper zu übertragen. Das wiederum sei angesichts der jüngeren Geschichte politischer Manipulationen eine Form destruktiver KI-Anwendung, der man nur schwer Einhalt gebieten könne."* Das bedeutet, man kann die Videoaufzeichnung einer Rede (zum Beispiel von Präsident Putin) so ändern, dass sowohl die Mundbewegungen und die Mimik wie auch der gesprochene Text etwas völlig anderes aussagen. Eine auf diese Weise manipulierte Rede könnte als Skandalrede über die Presse verbreitet werden. Niemand würde bemerken, dass es sich um einen Fake handelt. Die große Gefahr liegt darin, dass man mit solch üblen Tricks einen Dritten Weltkrieg auslösen könnte.

„Die Möglichkeiten solchen Missbrauchs reichen schon jetzt und in naher Zukunft von ungeahnten Dimensionen des Hacking (nicht nur von Rechnern, sondern auch von KI-getriebenen Systemen wie Drohnen, Fahrzeugen, Robotern oder autonomen Waffen), bis zu einem Wettrüsten in allen Fragen der Cyber-Sicherheit, die sie in digitale, physische und politische Sicherheit unterteilen."

Nach meiner Einschätzung ist das jedoch nur die Spitze des Eisbergs und es ist nur der offizielle Stand der Forschung. Ich bin mir sicher, dass die (geheimen) militärischen Forschungen erheblich weiter sind, sonst wüsste der „Feind" ja sofort, auf welchem Stand der Technik sich der andere Staat befindet. Es gibt bereits Drohnen, kleiner als eine Streichholzschachtel, die über Künstliche Intelligenz verfügen. Sie haben nicht nur eine Kamera und Sensoren wie jedes Smartphone, sondern sie sind zur Gesichtserkennung fähig. Darüber hinaus kann man sie mit einer kleinen Sprengladung ausrüsten. So ausgestattete Drohnen suchen den Menschen, dessen Gesicht sie gespeichert haben, und schießen ihm den Sprengstoff durch die Stirn direkt in sein Gehirn[309]. Der perfekte Mord! Diese Drohnen können gegen einzelne Menschen eingesetzt werden, die man aus dem Weg räumen möchte. Genauso gut kann man aber auch eine ganze Armee dieser kleinen Biester einsetzen, um Aufständische oder Kritiker auszulöschen, ohne Beweisspuren zu hinterlassen.

In diesem Zusammenhang ergibt es plötzlich auch einen Sinn, warum jede kleine Ampelanlage mit Kameras ausgestattet ist. Wenn diese auch über eine Gesichtserkennung verfügen, dann können sie schon mal filtern, wo bestimmte Menschen derzeit unterwegs sind, und man kann diese speziell ausgestatteten Drohnen bei Bedarf gezielt in der Nähe aussetzen. Diese Kameras, von denen wir ursprünglich dachten, dass sie der Abrechnung der LKW-Maut dienen, und später empört darüber waren, dass sie auch alles andere überwachen, bekommen nun noch diesen weiteren, tieferen Sinn. Auch die Forschung über Gesichtserkennung dient nur alibiweise der größeren Sicherheit. In Wahrheit geht es darum, jeglichen Kritiker aus dem Weg zu räumen. Eine Weltregierung mit vollständiger Versklavung der Menschen ist nur durchführbar, wenn sie ausschließlich brave und folgsame Anhänger hat. Dass diese dadurch ihr Recht auf freie Meinungsäußerung verlieren und ihre Menschlichkeit zugunsten der KI aufgeben und damit ihr Volk verraten, das begreifen diese Mitläufer anscheinend nicht.

Jedes Detail fügt sich wie ein Puzzleteilchen in das große Bild und wir können es immer besser erkennen. Über die Daten, die wir im Internet, bei den sozialen Medien, bei Online-Bestellungen, bei Bezahlung per Karte etc. hinterlassen, können die Helfershelfer der Eliten genau herausfinden, wer sich für kritische Themen interessiert und womöglich entsprechende Kommentare (oder gar Bücher!) schreibt. Diese kritischen Menschen könnten eine Gefahr für die Ziele des Systems werden, und deshalb sind in der Vergangenheit alle Vorbereitungen getroffen worden, um diese schnell und ohne Fingerabdrücke aus dem Weg zu räumen. Schlussendlich würde man vielleicht behaupten, das sei ein Angriff von Terroristen gewesen und keine Spur würde auf die wirklichen Auftraggeber hinweisen. Und diejenigen, die es wissen, würden vermutlich kein Gehör finden oder aus Angst schweigen.

Eine weitere Methode, die Menschen noch mehr an die Künstliche Intelligenz heranzuführen, ist zum Beispiel die sog. **Touchscreen-Jacke**. Die »Süddeutsche« erläutert:

> *„Die weltweit bekannte Firma Google hat dazu ein schlaues, unauffälliges Kupfergarn erfunden, das Signale ausliest und über ein kleines Bluetooth-Gerät an das Smartphone weiterleitet. Bei der Jeansjacke ist das Garn in den linken Ärmel eingewebt. Streicht der Träger über den Stoff oder tippt ein oder zwei Mal, empfängt das Smartphone Befehle. Wenn Kaufman auf eine bestimmte Art auf seinen linken Jackenärmel tippt, schickt sein Handy eine SMS: ‚Ich bin spät dran.'"*[310]

Es ist naheliegend, dass solche Jacken eines Tages beispielsweise im Paketzustelldienst oder bei anderen Tätigkeiten Pflicht werden, da die Online-Paketverfolgung schneller geschehen könnte. Dass die Jacke bis dahin vermutlich noch weitere Funktionen erfüllen könnte, bliebe den Trägern wohl verborgen. So könnte man sicherlich, bei entsprechender Ausstattung, Gespräche aufzeichnen oder sein Gegenüber filmen. Einen Weg, die neue Datenschutzgrundverordnung zu umgehen, würden diese Firmenriesen sicherlich finden.

Über die Forschung an Nano-Robotern, die jetzt sogar in der Lage sind, ein **Mini-Haus** zu bauen, habe ich bereits berichtet. Auch wenn es sich bei dem Bau eines Gebäudes grundsätzlich um eine sinnvolle Tätigkeit handelt, so ermöglicht diese Technik eines Tages, wenn sie ausgereift ist, dass damit auch völlig anonym Folter- oder Tötungsanlagen etc. gebaut werden. Da hierfür keine Bauhandwerker mehr gebraucht werden, erfährt auch niemand etwas von der Existenz dieser Anlagen, und demzufolge können reihenweise Menschen dorthin geschafft werden, ohne dass man wüsste, was mit ihnen geschieht. Man könnte zum Beispiel auch über Nacht ein bestehendes Gebäude einfach einmauern, wenn darin „unerwünschte" Menschen wohnen. Sie sehen, der Phantasie sind dabei keine Grenzen gesetzt.

Können Sie die Gesinnung hinter all dem erkennen? Schlussendlich geht es um die absolute und weltweite Versklavung der Menschheit. Solange noch nicht alle Prozesse des Lebens automatisiert sind, braucht „das System" noch menschliche Sklaven, die diese Tätigkeiten ausführen – selbstverständlich total überwacht. Sie können sicher sein, dass sie kein einziges Lebewesen der Welt dazu bringen würden, seine natürliche Lebensweise so extrem aufzugeben, wie der Mensch. Das gelingt ausschließlich mit Strafandrohung. Was beim Tier über einen Stromschlag funktioniert, wird beim Menschen über das Geldsystem erreicht. Es droht die Gefahr, dass nur noch derjenige geduldet wird, der das System voll und ganz unterstützt. Wer ihm nicht mehr nützlich ist oder gar Kritik äußern sollte, könnte ganz schnell seine finanzielle „Lebensberechtigung" verlieren.

Negative Außerirdische

Erinnern wir uns zurück an die geschilderten Berichte von Militärangehörigen, Polizisten, Mitarbeitern der Luftaufsichtsbehörde, dem ehemaligen kanadischen Verteidigungsminister und eines Milliardärs, dann bleibt bei vielen Berichten die Frage offen, ob es sich bei den geschilderten extraterrestrischen Wesen nun um menschenfreundliche oder um böswillige handelt. Wenn außerirdische Wesen auch nur annähernd so angelegt sind wie wir, dann können wir davon ausgehen, dass es beides gibt, sowohl menschenfreundliche wie auch -feindliche Spezies mitsamt sämtlichen Stufen dazwischen. Es gibt überzeugende Berichte, nach denen die US-Regierung bereits vor Jahrzehnten von liebevollen Wesen aufgesucht und diese ihre Zusammenarbeit angeboten haben sollen. Allerdings unter der Bedingung, dass die Kernwaffen hätten zerstört werden müssen und einiger weiterer Auflagen. Die damalige Regierung hat dies angeblich abgelehnt und stattdessen lieber das Angebot der Dunkelwesen angenommen, die Macht und Wohlstand versprochen hatten. Im Gegenzug dazu sollen diese die Erlaubnis erhalten haben, Experimente mit Menschen und Tieren durchzuführen. Angesichts der unzähligen, teils auch bewiesenen Berichte von „Entführten" können wir davon ausgehen, dass in dieser Geschichte etwas Wahres enthalten ist, und auch die weltpolitische Entwicklung lässt durchaus Raum für diverse Spekulationen in diese Richtung.

Ich möchte an dieser Stelle an den mutigen amerikanischen Chirurgen *Dr. Roger Leir* erinnern, den ich weiter oben bereits erwähnt habe. Er beweist indirekt diesen Deal zwischen Regierungen und extraterrestrischen Wesen, denn er hat 14 Menschen operiert, die von sich sagten, sie seien entführt worden. Dabei hatte er 15 Implantate entdeckt und chirurgisch entfernt. *Dr. Leir* war dem UFO-Thema gegenüber aufgeschlossen und hat seinen Patienten einfach unvoreingenommen zugehört, ihnen geglaubt und hat sich auf die Suche nach Beweisen gemacht. Wie man sieht, genügt allein eine offene Einstellung, um diese auch zu finden. Wer solche Entführungsberichte von vornherein als Blödsinn verurteilt, wird natürlich auch keine Beweise finden, schlicht und einfach deshalb, weil er sie nicht für möglich hält und folglich nicht danach sucht.

Welche Pläne negative Spezies mit uns haben, darüber können wir nur spekulieren. Fakt ist jedoch, dass sie uns, was die Technik anbelangt, haushoch überlegen sind. Und sollten sie sich eines Tages offen zeigen, um die Macht auf der Erde zu übernehmen, stehen wir ihnen technisch ziemlich hilflos gegenüber. Vor allem auch deshalb, weil die Eliten der Erde nicht auf unserer Seite, sondern mit ihnen im Bunde stehen. Sie haben uns seit vielen Jahren immer mehr unterdrückt und bereiten uns auf ein Leben in Sklaverei vor. Vielleicht könnte solch ein Leben sogar einen kleinen Luxus für die Folgsamen bieten, doch der Preis – die verlorene Freiheit – ist eindeutig zu hoch.

EXTRATERRESTRISCHE IN SPITZENPOSITIONEN

Sieht man sich die weitreichenden Entscheidungen der Spitzenfunktionäre von Weltkonzernen, Weltbanken oder auch in der hohen Politik an, hat man den Eindruck, dass viele dieser Personen nicht wirklich unserer irdisch-menschlichen Rasse angehören, da sie eine himmelschreiende *Un*-Menschlichkeit nicht nur ausstrahlen, sondern auch leben. Eine mögliche Alternative dazu wäre auch, dass sie von Dunkelwesen besetzt oder geklont sind, und in diesem Fall könnte es sein, dass eine programmierte, Künstliche Intelligenz durch sie handelt. Auch wir selbst sind mit ziemlicher Sicherheit nicht rein irdischen Ursprungs. Doch im Gegensatz zu den Menschen, die mit der Erde verbunden sind, die sich hier wohl fühlen und den Planten – unsere Lebensgrundlage – schützen und erhalten möchten, sind diese Wesen nur auf Macht und Profit orientiert. Sie schinden die Erde in solch einem Ausmaß, dass man sich wundern muss, wie sie diese Misshandlung bis heute kompensieren kann.

Ein echter Mensch könnte kaum in der Lage sein, dem Ökosystem Erde wissentlich und absichtlich solch gravierende Schäden zuzufügen. Was sind das für Wesen, die zum Beispiel einem Landstück so viel Wasser entnehmen, in Flaschen abfüllen und verkaufen, dass die dort lebenden Menschen keinen Ertrag mehr auf ihren ausgedörrten Äckern erzielen können, wie ich weiter oben bereits ausgeführt habe? Was sind das für Wesen, die weiterhin die Regenwälder abholzen, Profit daraus ziehen und damit sowohl dem Weltklima schaden, wie auch den dort lebenden Menschen und Tieren die Lebensgrundlage entziehen? Was sind das für Wesen, die giftige Chemikalien in die Erde pressen, um die letzten Reste an Erdöl und -gas zu gewinnen (Fracking)? Sie riskieren damit die Vergiftung des Grundwassers und erhöhen möglicherweise das Erdbebenrisiko. Was sind das für Wesen, die die Börsen so manipulieren, dass sie selbst gigantische Gewinne einstreichen, während kleinere Anleger alles verlieren?

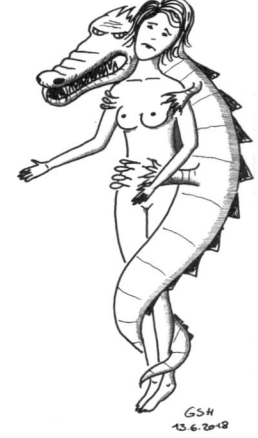

Solche Handlungen erwecken den Eindruck, dass man es nicht wirklich mit Menschen, sondern vielmehr entweder mit berechnenden, *künstlichen* Intelligenzen zu tun hat oder tatsächlich mit böswilligen *Un*-Menschlichen, denen jegliche *emotionale* Intelligenz ein Fremdwort ist. Anderenfalls könnten sie nicht Entscheidungen treffen, deren Folgen unseren nachfolgenden Generationen eine vergiftete, verstrahlte und ökologisch ruinierte Welt beschert.

Dann gibt es aber auch noch diejenigen, die ganz bewusst lebensfeindliche Entscheidungen treffen und die Konsequenzen daraus nicht nur billigend in Kauf nehmen, sondern sogar absichtlich herbeiführen. Ihnen ist jedes Mittel recht, die Menschen zu schwächen und die Erde in ihrer ursprünglichen Schönheit zu zerstören, denn es handelt sich um Wesenheiten, die die Erde komplett übernehmen möchten. Es sind fremde Invasoren, die sich auf der Erde eingeschlichen haben

Abb. 28: Viele Menschen sind von Dunkelwesen besetzt.

und hier ihre Macht mit List und Tücke ausweiten. *Sie* sind es, die die Regierungen dazu bringen, ihre eigenen Ziele durchzusetzen und *sie* haben einst die hierarchische Ordnung in unser Leben installiert und arbeiten daran, die Menschen zuerst zu dezimieren und dann zu rein rationalen Funktionswesen ohne Menschlichkeit umzuwandeln. Dazu sollen die Menschen nicht nur technisiert, sondern auch mit Künstlicher Intelligenz verknüpft werden, die sie schlussendlich auch kontrollieren soll.

Auch die Erde wird derzeit völlig umgestaltet. Vor etlichen Jahren wurden Heizungen mit Holzpellets und Hackschnitzel zu den erneuerbaren Energien erkoren und wurden staatlich gefördert. Auf diese Weise legitimiert man die Abholzung der Wälder. Mit dem Argument, dass Holz ja ein nachwachsender Rohstoff sei, werden Kritiker mundtot gemacht. Grundsätzlich sind diese Überlegungen ja auch nachvollziehbar, doch dann sollte man doch bitteschön zwanzig Jahre lang aufforsten, um diese Rohstoffe „vorauswachsen" zu lassen. Die Wälder werden lange brauchen, um das Ausmaß der derzeitigen Abholzungen ausgleichen zu können. Bäume dienen jedoch nicht nur dem Menschen, sie bremsen auch die Windgeschwindigkeiten, regulieren das Klima und spenden Sauerstoff. Eine Reduzierung der Wälder hat zur Folge, dass es mehr Stürme und mehr Erosion geben wird und dass das Klima trockener und heißer wird. Die Folgen einer übermäßigen Abholzung sind bekannt, denn noch immer gibt es kahle Inseln, weil man die ursprünglichen Wälder für den Bootsbau oder für den Anbau von Monokulturen gerodet hatte.

Diese manipulativen Wesen, unabhängig davon, wie sie nun tatsächlich aussehen mögen, haben keine guten Absichten mit uns und unserem Planeten. Manche Esoteriker gehen davon aus, dass es nichts „Böses" gibt, sondern nur die Abwesenheit von Liebe: Wenn man alles, was uns schaden möchte, nur lange genug mit Liebe „besendet", dann wird es gut. Meine Lebenserfahrung sagt, dass es zwar richtig und wichtig ist, zu verzeihen und keinen Groll zu hegen und mit sich und dem Umfeld im Frieden zu sein, doch die „Besendung" mit Liebe schützt uns nicht vor physischen Bedrohungen. Selbstverständlich kann man die Bedingungen verbessern und das Gesamtenergiefeld der Erde günstig beeinflussen, wenn wir uns auf den Frieden konzentrieren, und das ist eine wichtige Aufgabe, mit der wir uns alle befassen müssen. Doch in der akuten Situation, wenn man beispielsweise von einem psychopathischen Mörder verfolgt wird, wird sich dieser nicht durch gute Wünsche von seinen Mordabsichten abbringen lassen.

Und wir Menschen befinden uns derzeit weltweit in einer akuten Situation. Wir werden von Dunkelmächten bedroht, die unser Menschsein grundlegend verändern möchten – zu unserem Nachteil. Deshalb genügt es nicht, sich auf das Positive zu konzentrieren, so wertvoll dies auch ist. Wir sind derzeit in unserer menschlichen Existenz bedroht, und diese Bedrohung verlangt unseren konsequenten Einsatz. Selbstverteidigung ist das Gebot der Stunde und dabei ist es durchaus legitim, nicht nur „lieb" zu sein! Doch statt sich selbst und unsere menschliche Spezies zu verteidigen, gibt es tatsächlich viele, die sich auf die Seite ihres eigenen Gegners schlagen, um für sich selbst einige wenige, kurzfristige Vorteile zu erhaschen. Dabei ahnen sie nicht, dass sie damit ihre Seele verkaufen. Allerdings sind wir in unserem Sein nicht nur die Menschen, die wir in unserem Erdenleben verkörpern, sondern wir sind in Wahrheit genau diese Seele, gepaart mit unserem Bewusstsein – diese Kombination macht unser wirkliches Wesen aus. Unsere physische Verkörperung ist nur ein kurzes Gastspiel.

SATANISMUS

Diejenigen, die sich für besonders schlau halten und sich mit den Dunkelmächten verbünden, sind, in den Augen der negativen Extraterrestrischen, die idealen Umsetzer ihrer Pläne. Damit dies gelingt, werden manchmal kurios anmutende Rituale durchgeführt. Manche Politiker beispielsweise besuchen mehrmals den Vatikan. Der Vatikan-Experte und ehemalige Priester *Dr. Dr. Dr. Malachi Martin*, Archäologe und Bibelwissenschaftler, Berater und enger Vertrauter dreier Päpste, Johannes XXIII., Pauls VI. und Johannes Pauls I.[311], schrieb in seinem wahrheitsbasierten Roman »Der letzte Papst«[312], dass am 29. Juni 1963 **Luzifer im Vatikan inthronisiert** worden sein soll. So ungeheuerlich das auch klingen mag, scheint doch etwas Wahres an der Behauptung zu sein, wenn man sich die Skandale der letzten Jahre ansieht bzw. über die Machenschaften des Vatikans ein wenig recherchiert.

Nach meinen Quellen sollen dort Blutrituale durchgeführt werden. Vor allem Politiker/innen, die eine Audienz beim Papst erhalten, sollen dabei von negativen Wesenheiten „umsessen" werden. Diese sollen fortan den Politiker beeinflussen, damit er in ihrem Sinne handelt. Diese Rituale sollen ebenso dazu führen, dass die Betroffenen gar nicht wahrnehmen, dass sie von nun an massiv manipuliert werden, und seien sozusagen „benebelt". Ein klarer Verstand wäre in der Lage, diese Beeinflussungen zu erkennen, doch nach diesem Ritual soll es nicht mehr möglich sein, klar zu denken. Diese Rituale erklären auch, warum plötzlich so viele Frauen, speziell in der Politik, hochrangige Positionen einnehmen. Bei den Ritualen im Vatikan soll es sich um Baals-Rituale handeln und folglich würden aus den ahnungslosen Politikerinnen Baals-Priesterinnen werden. Meine Quelle berichtet davon, dass es für die Dunkelwesen bzw. für ihre Verbündeten wichtig sei, gerade diese weibliche Energie zu nutzen.

Von Manipulationen großer Organisationen geht eine unterschätzte Gefahr aus. Vor allem unter dem Gesichtspunkt, dass der Vatikan als die höchste Stelle der katholischen Christen angesehen wird. Diejenigen, die sich tatsächlich als echte Christen fühlen, leben jedoch nach den Grundsätzen der Nächstenliebe und der Vergebung. Doch wenn die Spitze der Kirche für satanische Interessen missbraucht wird, wird eines Tages möglicherweise die gesamte Christenheit für die Unterwanderung der Gesellschaft verantwortlich gemacht. Genauso paradox wäre es, wenn die Deutschen dafür verantwortlich gemacht würden, wenn es eines Tages keine europäischen Völker mehr geben sollte, sondern nur noch eine *„eurasisch-negroide Zukunftsrasse"*[313], wie es *Coudenhove-Calergi* schon 1925 in seinem Buch »Praktischer Idealismus« für Europa prophezeit hat. Dabei wurden die Entscheidungen für diese Entwicklung eben **nicht** vom deutschen Volk herbeigeführt, sondern diese Pläne wurden lediglich von einer Frau in die Wege geleitet, die derzeit noch die „Marionettenrolle" der BRD-Kanzlerin spielt. Und genauso ist es mit dem Christentum. Es sind auch hier **nicht** die Christen, die mit Dunkelmächten im Bunde sind, sondern nur die abgehobene Spitze einer Organisation, und ich hoffe, dass dies später einmal beachtet wird. Doch ich bin mir sicher, dass ohnehin **alle** Wahrheiten in Kürze ans Tageslicht kommen werden.

In den USA wird der Satanismus übrigens nicht versteckt praktiziert, sondern offen gelebt. Diese Gruppierung nennt sich »Church of Satan«[314], wie bereits erwähnt, und hat vor allem in den USA viele Anhänger. So wurde im Jahr 2015 in Detroit, trotz massiver Widerstände der Bevölkerung, eine Baphomet-Statue aufgestellt[315] und an einem Samstag kurz vor Mitternacht enthüllt.

Ritueller Kindesmissbrauch sowie die Tötung von Säuglingen und Menschen aller Altersklassen werden dem Satanismus zugeschrieben. Die Brüder *Guido* und *Michael Grandt* haben bereits vor vielen Jahren das Buch »Schwarzbuch Satanismus«[316] geschrieben, in dem sie unzählige solcher Fälle geschildert haben. In den darauf folgenden Jahren wurden sie deswegen erheblich bedroht. Trotz dieser und anderer Aufklärungen hat sich der Satanismus weiter verbreitet, denn die Aussicht auf viel Erfolg, Macht und Geld lässt noch immer viele Menschen in diese Falle tappen.

Vor allem Hollywoodstars und andere Medienberühmtheiten bekennen sich offiziell zum Satanismus und zeigen entsprechende Zeichen bei ihren Video-Clips. Für Erfolg, Ruhm und richtig viel Geld haben sie ihre Seele verkauft. In der Regel geschieht dies in jungen Jahren, wenn ein Mensch noch nicht viel Ahnung davon hat, was das wirklich bedeutet und welche Konsequenzen es nach sich zieht. Wer einen echten Vertrag mit diesen Dunkelmächten eingeht, der erhält Macht, Geld und Erfolg – doch der Preis dafür ist hoch. Wie man an den Hollywoodstars sehen kann, sind sie zum einen ständig damit beschäftigt, satanische Zeichen zu zeigen, wie zum Beispiel das Zeichen des Gehörnten, die „dreifache 6" vor dem Auge sowie auch die Pyramide selbst.

Doch nicht nur das, sondern sie versprechen diesem Ungeist ihre Seele, nicht ahnend, dass sie nicht eine Seele haben, sondern dass sie ihre Seele **sind**. Während wir mit dem irdischen Leben beschäftigt sind, verlieren wir oftmals den Bezug dazu, was wir tatsächlich sind. Wir sind nämlich nicht die Personen, die von Termin zu Termin hetzen

Abb. 29: Baphomet-Statue in Detroit

und damit beschäftigt sind, alle finanziellen Forderungen des Systems zu bedienen oder unsere Besitztümer zu verwalten. Das sind wir nicht, sondern damit sind wir nur beschäftigt. In Wahrheit sind wir ganz etwas anderes, nämlich das, wovon wir von unserer heutigen Art zu leben abgelenkt werden: **Wir SIND die Seele.**

Den Körper, der uns ein Leben lang begleitet, bewohnen wir lediglich. Und mit diesem Wissen erhält der Spruch, jemand hätte seine Seele verkauft, eine ganz andere Bedeutung. Wer seine Seele verkauft, hat **sich** verkauft. Das bedeutet, er hat sich in eine totale Abhängigkeit begeben und kann nicht mehr frei über sich bestimmen und auch nicht mehr frei entscheiden und handeln. Wer in solch einem Maße abhängig ist, ist zum Sklaven geworden. Trotz allem Reichtum und Erfolg macht sich jeder, der solch einen Vertrag eingeht, zum Sklaven der Dunkelmächte. Das mag in diesem Leben noch ganz nett sein, eben weil wir so sehr mit dem System beschäftigt sind. Doch spätestens, wenn wir auf dem Sterbebett liegen und uns vielleicht schon darauf vorbereiten, bald unsere vorausgegangenen Angehörigen zu treffen, wird uns unsere wirklich reale Existenz bewusst – nämlich unsere seelische. Wer dann erkennt, dass er seine Seele (also **sich** selbst) vertraglich verkauft hat, der wird erkennen, dass er einen großen Fehler begangen hat. Während er selbst bislang ein angenehmes Leben geführt und womöglich in Saus und Braus gelebt hat, kommt jetzt die Forderung des Ausgleichs. Die Gegenseite meldet ihren Anspruch an und das bedeutet, dass man im Jenseits in Sphären und Bereiche kommt, in denen dieses Wesen herrscht und man dort für dieses Wesen arbeiten muss – wie auch immer das aussehen mag. Doch dann ist eine Umkehr meist zu spät, deshalb ist es so immens wichtig, hierüber aufzuklären.

Ich kann nur jedem raten, der sich in solch einer Situation befindet und feststellt, dass er eine falsche Entscheidung getroffen hat, sich der „Höchsten Quelle der Liebe" zuzuwenden. Gehen Sie allein oder mit einem Menschen Ihres Vertrauens in die Natur, deren Bestandteil Ihr Körper ja ist. Suchen Sie einen kraftvollen Ort aus, öffnen Sie Ihr Herz und sprechen Sie laut aus, dass Sie es bereuen, diesen Pakt eingegangen zu sein, und Ihre Absicht muss aus tiefstem Herzen kommen. Setzen Sie sich mit der „Höchsten Quelle der Liebe" in Verbindung, zeigen Sie echte Reue und gehen Sie einen neuen Weg.

Ferner dürfen Sie die Vorteile, die Sie genossen haben, natürlich nicht mehr nutzen. Spenden Sie Ihr Vermögen an eine aufrichtige Institution oder helfen Sie anderen Menschen, von denen Sie wissen, dass sie unverschuldet in Not geraten sind. Verteilen Sie Ihren Reichtum an ein Tierheim und andere Stellen, die ihn wirklich sinnvoll einsetzen können. Ziehen Sie sich eine Zeit lang zurück und besinnen Sie sich auf sich selbst. Besuchen Sie beispielsweise alte und einsame Menschen im Pflegeheim oder erlernen Sie selbst einen pflegenden Beruf. Helfen sie anderen, seien Sie menschlich und bitten Sie Ihre „Höchste Quelle der Liebe" um Unterstützung. Wenn Sie so handeln, dann besteht die Chance, dass Sie aus Ihrem Pakt wieder aussteigen können, und je früher Sie diesen Vertrag annullieren möchten, umso besser ist das für Ihre Seele.

Eines haben all diese Gefahren gemeinsam: Es ist die Rücksichtslosigkeit gegenüber den echten Menschen, gegenüber allem irdischen Leben und gegenüber der Erde. Die Grausamkeiten können kaum noch überboten werden und die Achtung vor jedem Leben scheint bereits ausgelöscht zu sein. Es steckt eine gemeinsame Energie dahinter, eine Energie der Macht und der Intoleranz wie auch das Bestreben, die Ideologie bzw. den Profit dieser finsteren Mächte über das Leben schlechthin zu stellen. Das ist aber keine menschliche Energie mehr, sondern eine dämonische, und viele von uns scheinen bereits bis in kleinste Zellen hinein von Dunkelmächten durchsetzt zu sein. Und trotzdem bzw. gerade deshalb dürfen wir echte Menschen uns nicht unterkriegen lassen, sondern müssen uns zur Wehr setzen und für unser Recht auf Frieden und Freiheit einstehen.

Kapitel 16:
Was noch kommen könnte

Dieses Kapitel überschneidet sich teilweise mit dem vorigen, in dem ich über die größten Gefahren geschrieben habe. Trotzdem möchte ich hier noch ein paar Möglichkeiten aufzählen, die vielleicht nicht unbedingt zu den größten Gefahren zählen, unser Leben aber dennoch sehr verändern könnten. Hierzu gehört natürlich als sehr dominanter Faktor die „Künstliche Intelligenz", die derzeit rasant wächst, doch es gibt auch noch ein paar andere Themen, die ich jetzt erwähnen möchte.

Fleisch aus dem Labor

Man kann mittlerweile Fleisch gewinnen, das aus Stammzellen im Labor gezüchtet wird. Das bedeutet, dass man für das Sonntagsschnitzel nicht mehr zwingend ein Schwein schlachten muss, sondern man kann das Fleisch im Labor wachsen lassen. Die Ökonomen und auch Tierschützer sind davon natürlich begeistert, weil sie in dieser Technologie bereits eine neue Ära der Fleischindustrie sehen. Deshalb investierte auch *Bill Gates* laut einem Bericht auf der Internetseite »Utopia« in das Startup-Unternehmen: *„Zu den Geldgebern gehören unter anderem Microsoft-Gründer Bill Gates und Richard Branson, Gründer der ‚Virgin Group', einer einflussreichen internationalen Holding-Gesellschaft. Ebenfalls investiert hat Cargill, einer der größten Futtermittelhersteller der Welt."*[317] Natürlich – sein Produkt würde ja dann nicht mehr benötigt, und eine Investition in Labor-Fleisch könnte die Einbußen beim Futtermittel ersetzen.

Manche Ökologen erhoffen sich bereits das Ende der Tierhaltung und vielleicht eine Verringerung der CO_2-Emmission. Doch es gibt dabei zwei grundlegende Fragen, die bisher völlig außer Acht gelassen wurden:

1. Die erste und grundsätzliche Frage ist die, ob dieses Fleisch beseelt ist. Wenn nein, woher nimmt es dann seine Lebensenergie? Wenn ja, dann ist die nächste Frage, ob das Fleisch über eine eigene Seele verfügt. Oder wird das im Labor wachsende Fleischstück durch die Seele des ursprünglichen Tieres genährt, dem man das organische Erstmaterial entnommen hatte, und aus dem das nachwachsende Fleisch dann gezüchtet wurde? Falls ja, wie verkraftet es diese ursprüngliche Seele, dass ein Teil von ihr an ein getrennt wachsendes Fleischstück gebunden ist? Und wie verkraftet sie es, dass von diesem getrennt lebenden Körper immer wieder ein Stück beseeltes Fleisch weggeschnitten wird? Verbleibt der Seelenanteil des abgeschnittenen Steaks in dem gezüchteten Fleisch oder geht es zurück zum ursprünglichen Körper? Wenn das stammzellenspendende Tier stirbt und zu seiner Ur-Seele zurückkehren möchte, kann es seine Seelenanteile nicht alle mitnehmen, weil sie teilweise in dem Laborfleisch feststecken. Somit kann die Seele vermutlich nicht zu ihrer Seelenquelle zurückkehren, weil sie nicht vollständig ist. Es sind im Grunde

dieselben Fragen, die man sich auch bei einer Organtransplantation stellen kann und sollte.

2. Und die zweite Frage lautet: Kann dieses Stück Fleisch Schmerzen erleiden? Der heutige offizielle Stand ist, dass man einem lebenden Tier eine Biopsie entnimmt und die daraus gewonnenen Zellen in einer Nährlösung wachsen lässt. Man arbeitet daran, dass das gezüchtete Fleisch auch Blutgefäße und Fettgewebe enthält. „*Myoglobin, das Muskelfleisch rot färbt und Eisen enthält, wird bisher kaum in den Zellen hergestellt. Auch das soll in weiteren Experimenten verbessert werden.*"[318], gestehen die Wissenschaftler laut »Spiegel« ein. Das im Labor gezüchtete Fleisch wird demnach immer mehr perfektioniert und soll im Endeffekt dieselbe Substanz aufweisen wie ein am Originalkörper gewachsenes Stück Fleisch.

Es gibt Untersuchungen, die belegen, dass sich Blut, welches einem Menschen entnommen wurde, adäquat zu dem noch im Körper befindenden verhält. Diese Tests belegen, dass zwischen entnommenem Blut und dem Menschen nach wie vor eine Verbindung besteht und dasselbe gilt für Organe. Es kommt relativ häufig vor, dass Organempfänger nach der Transplantation Eigenschaften oder Neigungen entwickeln, die sie zuvor nicht hatten und die Nachforschungen haben ergeben, dass der Spender genau diese Eigenschaften hatte. Diese Tatsachen belegen, dass entnommenes Blut beziehungsweise Organe nach wie vor nicht nur Informationen über die Eigenschaften des Spenders enthalten, sondern sogar weiterhin mit ihm verbunden sind! Physiker würden jetzt sagen, das liegt an der Verschränkung des Blutes/Organes mit dem ursprünglichen Körper. Ich gehe davon aus, dass dies auch für Stammzellen gilt. Warum sollten sie sich anders als Blut und Organe verhalten? Und empfindet das Fleisch Schmerzen?

Ergänzend möchte ich hier noch einen interessanten Versuch von *Dr. Volkamer* erläutern. Er hat Blutstropfen von einem Menschen genommen, diese in winzige Glasschalen gegeben und eintrocknen lassen[319]. Eine Schale hat er nach Klagenfurt gebracht, die andere nach Wien. Dort wurden sie jeweils in einem Glaszylinder unter Luftabschluss gelagert und mit einer Präzisionswaage gewogen, und tagelang war keine Gewichtsveränderung zu sehen. Danach gab er auf eine der Proben drei Tropfen Nährlösung. Diese Probe wog dadurch ca. 0,15 g mehr als die andere. Nach einigen Stunden fing das Gewicht der Glasschale mit der Blut-Nährlösung an zu steigen. Sie wurde im 1/1.000stel Milligrammbereich schwerer. Das allein mutet schon seltsam an, da man annehmen würde, dass der ausgetrocknete Blutstropfen „tot" sein müsste und nicht „wachsen" könne.

Doch es kommt noch verrückter: Der zweite Blutstropfen – der ohne zusätzliche Nährlösung – hat ebenfalls an Gewicht zugenommen. Er wurde parallel zu dem Tropfen mit der Nährlösung schwerer, und zwar um dieselbe Menge, wie ich in der nachfolgenden Skizze dargestellt habe.

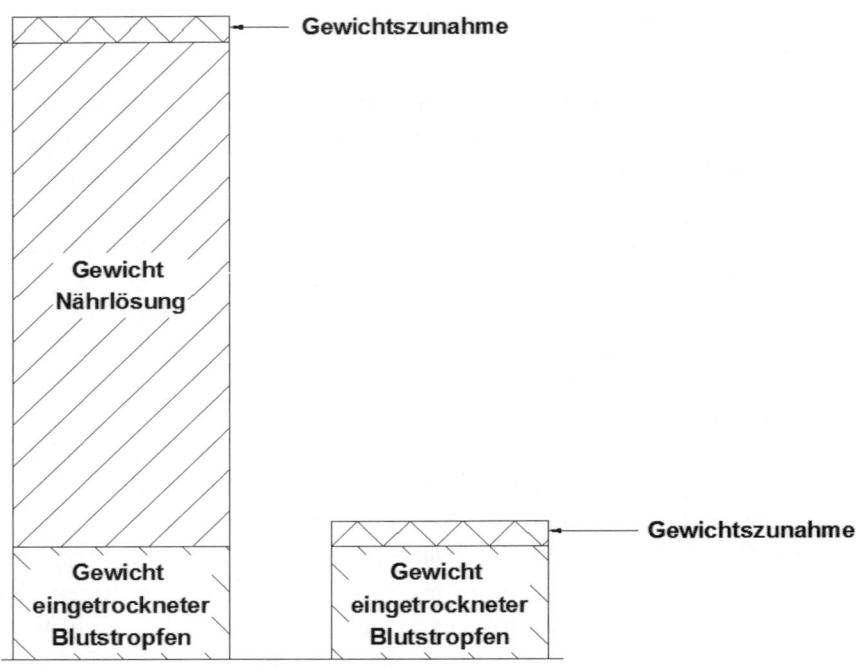

Abb. 30: Systemskizze des Versuchs von Dr. Volkamer: Gewichtszunahme eine Blutstropfens (Darstellung ohne Maßstab)

„Das Gewicht in Wien steigt im gleichen Maße wie das in Klagenfurt und zwar exakt zur gleichen Zeit mit gleichem Zuwachs."[320], kann man auf der Internetseite »Wissenschaft 3000« nachlesen, und die Angaben der Quelle kann ich bestätigen, da ich diese Aussage von *Dr. Volkamer* selbst auf einem Vortrag gehört habe. Die beiden Blutproben waren an unterschiedlichen Orten gelagert, nur eine davon wurde mit einer Nährlösung versehen und trotzdem hat die andere Blutprobe genauso reagiert wie der Blutstropfen, der die Nährlösung erhalten hat. *Dr. Volkamer* begründet die unerklärliche Reaktion der zweiten Blutprobe mit einer sogenannten *„physikalischen Verschränkung von feinstofflichen Einheiten"*.

Das wirklich Gravierende an diesem Versuch ist jedoch die Konsequenz, dass wir offensichtlich mit gespendetem Blut (oder auch mit gespendeten Organen) verbunden bleiben. *Dr. Volkamer* drückt das so aus:

„Es verbindet Sie dann eine ganz direkte und besondere Kommunikation mit diesem Menschen bzw. dessen Blut, nur, Sie haben sich diese Person nicht ausgesucht, werden jedoch von ihr täglich über ihr Tun und Denken sowie deren Hormonausschüttungen beeinflusst, im Positiven wie im Negativen, wenn man das so sagen kann."

Diese Methode der Fleischgewinnung sollte demnach, vor allem vom ethischen Gesichtspunkt aus gesehen, äußerst kritisch überdacht werden. Es wäre durchaus denkbar, dass dieses im Labor erzeugte Fleisch nach wie vor mit dem Tier, dem die Stammzellen entnommen wurden, verbunden ist und es könnte sogar sein, dass dieses Fleischstück auch noch Seelenanteile enthält. Die weitaus bessere Lösung ist ganz sicher die, Fleischprodukte einzuschränken oder sogar ganz darauf zu verzichten. Bei den Forschungen bezüglich Laborfleisch, wie auch bei der Künstlichen Intelligenz, werden diese Aspekte, wenigstens in der Öffentlichkeit, nicht diskutiert. Ob die Bindung der Seelen vielleicht sogar beabsichtigt ist, was vor allem beim Thema Künstliche Intelligenz der Fall sein könnte, ist eine ernstzunehmende Befürchtung und dadurch bekommt der Begriff „Seelenraub" eine völlig neue Bedeutung!

SEELENRAUB

Tatsächlich habe ich die Vermutung, dass wir, vor allem durch die Künstliche Intelligenz, gezwungenermaßen an die Materie gebunden werden, worauf ich bereits mehrfach hingewiesen habe. Die Forschungen von *Dr. Volkamer*, doch auch manche Aussagen des Physikers *Burkhard Heim*, bestätigen, dass es zwei Daseinsformen gibt, eine materielle und eine seelisch-geistige. Ich gehe sogar davon aus, dass wir diese Materie nicht freiwillig beleben und daher das Leben oftmals als anstrengend und auch als schmerzhaft empfinden.

Es ist sehr wahrscheinlich, dass wir – per List – dem großen Pool der Lebensenergie, die man auch reine Liebesenergie nennen könnte, entrissen wurden. Uns wurde im Laufe der Zeit eingeredet, dass wir Sünder seien und bereits von Geburt an eine Erbsünde oder ein Karma auf uns lasten würde. Und tatsächlich sieht das Leben vieler Menschen so aus, dass sie ein Leben lang versuchen, die so sehr entbehrte „Anerkennung" zu erhalten – dafür arbeiten sie, engagieren sich ehrenamtlich, spenden und tun Gutes, wo sie nur können. Und es erweckt den Anschein, dass sie damit beweisen wollten, dass sie „gut" sind. Denn in unserer Gesellschaft steckt ein Mythos, dass die Menschen von Haus aus schlecht seien, und dass man sich das Gutsein erst erarbeiten müsse.

Ich gehe vielmehr davon aus, dass ein kleines Kind zunächst einmal gar nicht zwischen gut und böse unterscheiden kann, bis es irgendwann selbst Schmerzen, Ausgrenzung, Beleidigungen oder andere unangenehme Dinge erfährt. Dadurch lernt es, zwischen gut (= angenehm) und böse (= unangenehm/schmerzhaft) zu differenzieren. Je nachdem, wie die Umwelt reagiert und was es eventuell für Anlagen hat, werden sich Erfahrungen, Konsequenzen und Folgerungen in dem kleinen Gehirn verankern und erst durch diese jahrelange Prägung wird der Mensch in eine bestimmte Richtung tendieren. Er ist also zunächst neutral und wird durch seine Erfahrungen mehr und mehr beeinflusst, sodass die anfängliche Neutralität im Laufe des Lebens schwindet. Dadurch wird das karmische Geschehen überhaupt erst ermöglicht und zwingt uns dazu, immer wieder zu inkarnieren – ganz nach dem Motto: einmal Materie – immer Materie.

Im Gegensatz dazu gibt es dann auch noch die Besetzungen, was bedeutet, dass ein oder mehrere Dunkelwesen von einem Menschen Besitz ergreifen bzw. ihn durch eine Art „inneres Drängen" bestimmte Dinge aussprechen oder ausführen lassen. Manche Verbrecher erzählen, dass sie wie ferngesteuert handeln mussten, so als habe jemand anderer durch sie agiert. Ein besetzter Mensch kann und „darf" nicht mehr frei entscheiden, wobei die freie Entscheidung ohnehin durch Reglementierungen immer mehr eingeschränkt wird. Wir sind sozusagen Gefangene der materiellen Welt.

Damit rückt die Aussage, dass jemand seinem eigenen Elend ja zugestimmt habe, bevor er hier in die Materie kam, immer weiter in die Ferne – weit weg von der Realität. Diese Aussage, dass wir diese Erfahrungen selbst gewählt hätten, klingt schon fast wie eine Entschuldigung für all die Verbrechen, die auf der Welt geschehen. Und genau das passt in die Theorie, dass liebevolle Anteile der Großen Ur-Quelle gezwungenermaßen in die Materie, in die Körper gehen *müssen*, damit die andere Seite, die des Widersachers, Macht über sie ausüben kann. Er kann überhaupt nur existieren, wenn er Zugriff auf „Teile der Ur-Quelle" hat – und wir sind „Teile der Ur-Quelle"! Ohne diesen Einfluss ist er machtlos, weil er uns sonst nicht manipulieren könnte.

Es liegt nun an uns, dieses perfide Spiel wirklich zu begreifen und uns seiner vollen Tragweite bewusst zu werden. Nur so können wir endlich daraus aussteigen. Was so einfach klingt, ist **der** Befreiungsschritt schlechthin und es würde bedeuten, der Materie vollends zu entsagen und dabei glücklich zu sein. Damit meine ich nicht, sich das Leben zu nehmen, das würde nur den materiellen Prozess wieder von vorn beginnen lassen. Nein, ich meine damit, aus diesen materiellen Zwängen, soweit es jedem Einzelnen möglich ist, auszusteigen. Im Idealfall können wir so weit aussteigen, dass wir zwischen den Dimensionen wechseln können. Das klingt zum jetzigen Zeitpunkt noch völlig utopisch, doch ich bin mir sicher, dass es uns zunehmend leichter gelingen wird! Und dazu gibt es schon jetzt unterschiedliche Wege – von tiefer Meditation über Beenden der physischen Nahrung usw.

Burkhard Heim hat physikalisch nachgewiesen, dass es weitere Dimensionen gibt, die über die materiellen Dimensionen hinausrechen und genau diese meine ich. Wir erfahren die endgültige Befreiung erst, wenn wir in der Lage sind, diese materiellen Dimensionen zu überwinden. Je mehr Menschen dazu in der Lage sind, desto leichter fällt es allen nachfolgenden. Wer diesen vollendeten Schritt wirklich beherrscht, kann auch immer wieder zwischen der materiellen und der geistigen Welt hin und her wechseln. Wir sollten uns bemühen, dies zu lernen, bevor die Künstliche Intelligenz uns zusätzlich zur Materie auch noch an die Technik bindet. Denn dann dürfte es noch schwieriger werden, uns dieser Beherrschung und Kontrolle zu entziehen. Die künftigen Möglichkeiten, ohne den physischen Tod in die geistige Dimension zu wechseln, könnte ohnehin der Hauptgrund dafür sein, dass die Künstliche Intelligenz mit steigender Geschwindigkeit vorangetrieben wird, denn die Dunkelmächte wissen ganz genau, dass sie die Kontrolle über uns verlieren, wenn wir uns erst einmal geistig befreit haben.

„Ein tiefer Fall führt oft zu höherem Glück."[321]

William Shakespeare (1564-1616), englischer Dramatiker, Lyriker und Schauspieler

Diese erwähnten, geistigen Dimensionen beeinflussen die materiellen Dimensionen und deshalb sollten wir ihnen einen größeren Stellenwert einräumen. Es ist beispielsweise hilfreich, ein schwieriges Gespräch bereits vor Beginn zu segnen und sich das Ergebnis vorzustellen. Probieren Sie es aus, Sie werden sehen, das Gespräch wird schneller und einfacher zu einer Lösung führen. Dass das gewünscht Ergebnis zum Wohle aller sein sollte, brauche ich hier eigentlich nicht eigens zu erwähnen, denn wir wollen ja gerade der manipulativen Energie entfliehen. Das können wir nur, wenn wir selbst aufhören, zu manipulieren.

GEKLONTE POLITIKER?

Die Ziele der Forscher bzw. der Investoren gehen derzeit noch immer in Richtung Technisierung. Wer Geld in die Forschung von Laborfleisch und Künstlicher Intelligenz investiert, dürfte auch Interesse daran haben, Menschen im Labor zu züchten. Gehen wir weiter davon aus, dass diese nicht dazu gedacht sind, verzehrt zu werden (obwohl auch das sicherlich bereits überlegt wurde), sondern vielmehr dem Zweck dienen soll, Menschen nach Bedarf zu erschaffen. Wer eine Welt mit maximal 500 Millionen Bewohner beherrschen möchte, der braucht auch eine bedarfsgerechte Zahl an Arbeitern, Ärzten, Technikern, Lehrern oder was auch immer – und zwar kontrolliert. Diese Art von Zucht würde auch eine Spezifizierung ermöglichen, das bedeutet, dass man ganz gezielt Menschen produzieren könnte, die zum Beispiel in radioaktiven Bereichen oder in der Dunkelheit arbeiten können, ohne Schaden zu erleiden. Aber diese Technologie hat noch ein ganz anderes Potential, das laut einem Zeugen auch so praktiziert wird. Was, denken Sie, dürfte wohl der Grund dafür sein, dass eine Großzahl unserer Politiker anders handelt, als sie es vor ihrer Wahl versprochen hat? Warum handeln sie dadurch wissentlich gegen den Willen ihres(?) Volkes? Was dürfte wohl die Motivation dafür sein? Könnte es sein, dass sie kein Gewissen haben oder dass sie käuflich sind und nach der Wahl das tun, was ihre Sponsoren verlangen? Vielleicht ist auch von allem etwas dabei. Doch der wahre Grund, warum das bei fast allen Politikern so ist, und ganz besonders bei jenen, die hohe Ämter bekleiden, der ist möglicherweise ganz woanders zu suchen.

Es könnte doch auch sein, dass unsere Politiker, Bankiers und Finanzmagnaten (und hier meine ich die wenigen **ganz Großen**) gar nicht von dieser Welt sind. Selbst wenn ihre Körper menschlicher Natur sein sollten – wer garantiert uns, dass es sich hierbei nicht um Menschen handelt, die von dunklen Wesenheiten besetzt sind? Es könnte doch sein, dass astrale Wesenheiten von diesen Menschen Besitz ergriffen haben und an ihrer Stelle weltpolitische und weltfinanzielle Themen entscheiden. Das kann soweit gehen, dass diese Menschen überhaupt nicht mehr Herr ihrer Sinne sind. Besonders gut scheint das bei Persönlichkeiten zu funktionieren, die bereits zuvor machtbesessen waren, denn dann bringen sie bereits ein gewisses Potential mit und sind leichter für derartige Zwecke einzusetzen. Das geschieht auf dieselbe Weise, wie es uns geht, wenn wir einer verlockenden Sache nicht widerstehen können, obwohl es doch eigentlich ein Leichtes wäre, „Nein" zu sagen.

Die andere Möglichkeit ist etwas kurioser. *Emery Smith*, den ich an anderer Stelle bereits zitiert habe, behauptet, Wesen untersucht zu haben, die geklont und programmiert waren. Er sagte, dass viele dieser Extraterrestrischen geklonte Wesen seien.

> *„Sie klonen sich selbst, oder sie klonen ein ähnliches Wesen wie sie selbst, eine programmierte Lebensform. Wir nennen sie PLFs [Programmed Life Form]. Und diese PLFs sind ... halb kybernetisch und sie sind halb organisch. ... Wenn man tote Wesen aus abgestürzten Raumschiffen finde und in Formaldehyd einlege, würden sich ihre Körper auflösen. ... es ist mehr eine Mischung aus synthetischen und realen Organismen, aber es ist nicht das eine oder das andere. Denn von dem – was aus zweiter Hand ist – was ich gehört habe, hatten sie keine Mitochondrien in ihnen, und sie hatten keine DNA, aber die Zelle funktionierte so, wie sie sollte."* [322]

Die Mitochondrien werden normalerweise zur Energieversorgung der Zelle benötigt. Und genau diese Energieversorgung der Zellen dieser Wesen scheint anders zu funktionieren als bei uns Menschen:

> *„...diese Zellen waren eher ein Gitter. Sie bildeten Waben und verschiedene Dinge, und sie hatten definitiv eine elektrische Ausstrahlung. Und woher diese kam, weiß ich nicht. Sie verwendeten also, glaube ich, für eine gewisse Zeit die Energie der Erde für ihr eigenes Energiefeld."*

Doch nicht nur diese extraterrestrischen Wesen haben außergewöhnliche Techniken, sondern auch bei uns sind längst Methoden möglich, von denen wir denken, dass es nur im Science-Fiction-Film existieren würde. So erzählt *Smith* weiter:

> *„...auch in UNSEREN Projekten haben wir derzeit die Fähigkeit, jedes Organ in Deinem Körper zu drucken, das gebraucht wird. Eine Lunge? Kein Problem. Ein Herz? Kein Problem – mit Deiner DNS, mit Deinen Zellen aus dem Gewebe des gebrochenen oder toten Organs, oder aus einem anderen Teil des Körpers."*

Können Sie sich vorstellen, was es bedeuten würde, wenn diese Aussage wahr sein sollte?

Kommen wir zurück zu unseren Politkern, die so ganz anders handeln, als die meisten Menschen sich dies wünschen würden: Vor allem fällt bei den Spitzenpolitikern eine gewisse Unmenschlichkeit auf. Lassen wir einmal unsere Phantasie spielen und stellen uns vor, man könnte Politiker klonen. Und stellen wir uns weiter vor, dass anstelle der Seele eine dunkle Wesenheit in den hergestellten Körper schlüpft und das Kommando übernimmt. Das, was normalerweise die Aufgabe einer Seele ist, könnte jetzt von einer extraterrestrischen Energie übernommen werden, die uns Menschen kontrollieren, versklaven und schlussendlich dezimieren möchte.

Aus dieser Sicht wären dann viele Entscheidungen von Politikern plötzlich vollkommen plausibel und nachvollziehbar. In ihnen könnte nämlich eine Wesenheit leben und entscheiden, die mit dem ursprünglichen Menschen nur noch das Aussehen gemeinsam hätte, die jedoch den einzigen Sinn ihres Daseins darin sieht, dieses Kontrollprogramm umzusetzen. Und genau dasselbe würde bei der Steuerung eines Menschen durch eine Künstliche Intelligenz geschehen. Inwieweit diese Technologie bereits umgesetzt wird, kann ich nicht beantworten, doch ich bin mir sicher, dass die Kabale in diese Richtung forscht. Und ich bin mir ebenso sicher, dass wir heute nicht bemerken würden, wenn uns ein geklonter und/oder besetzter Mensch gegenüberstünde. Ich schreibe absichtlich „heute", weil ich mir ebenso sicher bin, dass wir in Kürze eine so große Bewusstseinsänderung erfahren werden, dass wir daraufhin in der Lage sein werden, die emotionale Energie eines biologisch geborenen Menschen von der eines Klons zu unterscheiden. Dann dürften wir vor allem an der Energie des Wesens, also an der Seele, erkennen, ob wir es mit einem Menschen zu tun haben oder mit einem Dunkelwesen.

Wir werden immer sensibler und feinfühliger und wir spüren immer deutlicher, was unser Gegenüber wirklich beabsichtigt. Und wenn wir auch noch lernen, uns auf dieses Gespür zu verlassen, dann wissen wir ganz genau, wessen Absichten echt sind und wer nur leere Versprechungen äußert, um ein Geschäft abzuschließen oder um eine Wahl zu gewinnen. Wir sind echte Menschen und wir sollten wieder mehr auf unsere menschlichen Fähigkeiten vertrauen. Wie oft sind wir schon schamlos angelogen worden, und ich appelliere an Sie, Ihre eigenen ersten Wahrnehmungen ernst zu nehmen. Glauben Sie nicht alles, was man Ihnen erzählt, vor allem dann, wenn es nicht das erste Mal ist. Überlegen Sie immer, was derjenige davon hat, wenn er Ihnen etwas verspricht. Geht es um eine Wahl oder darum, Ihnen etwas zu verkaufen? Vertrauen Sie Ihrer eigenen inneren Stimme, denn diese lügt Sie nicht an. Und wenn Ihr Verstand dann einwendet: *„Ja, aber er redet doch so überzeugend!"*, *„Sie ist doch so nett!"*, *„Das hast Du Dir doch gewünscht, was er verspricht, den kannst Du wählen!"*, dann sollten Sie überlegen, wie Ihre erste Reaktion war, denn diese kam vermutlich aus Ihrem Herzen.

> *„Wir müssen unserem Verstand eine neue Aufgabe zukommen lassen,*
> *nämlich die, das umzusetzen, was unsere Seele sagt."*
> Die Autorin

Mensch-Tier-Kreuzungen

Neben geklonten Menschen könnten auch Kreuzungen zwischen Menschen und Tieren gezielt eingesetzt werden. Diese Technik ist mittlerweile weit fortgeschritten, wie an anderer Stelle bereits erläutert wurde. Das offizielle Ziel sei, transplantierbare menschliche Organe im Inneren von Tieren wachsen zu lassen. Doch genauso wie bei anderen Technologien wird offiziell nur der nützliche Effekt erwähnt, doch davon, dass man durch diese Forschungen auch Mischwesen kreieren kann, die beispielsweise eine menschliche Intelligenz und dazu die Kraft eines Tieres haben, spricht man nicht. Auch die Schwarmeigenschaft eines Insekts, gemischt mit der menschlichen Genetik, kann man sich gut vorstellen. Damit könnte man den Individualismus, der den Menschen naturgemäß eigen ist, wegzüchten. Ein solcher insektizider Mensch hätte nur das Wohl seines Schwarmes im Sinn und würde selbstverständlich sein Leben dafür geben, um den Schwarm damit zu unterstützen. Nach solch einer Veränderung bräuchte er auch kein Familienleben mehr und wäre der perfekte Sklave.

Dem 40-köpfigen Team um *Dr. Jun Wu* und *Professor Juan Carlos Izpisua Belmonte* gelang es, *„mit Hilfe von Zwischenstadien menschlicher pluripotenter Stammzellen Chimären mit Schweineembryonen zu erzeugen"*[323], allerdings sei das Ergebnis noch immer mehr Schwein als Mensch gewesen. Das ist der Stand der offiziellen Forschungen, doch was hinter verschlossenen Türen – vor allem im Bereich der Geheimtechnologien bereits an Mischwesen lebt – bleibt derzeit noch unserer Phantasie überlassen.

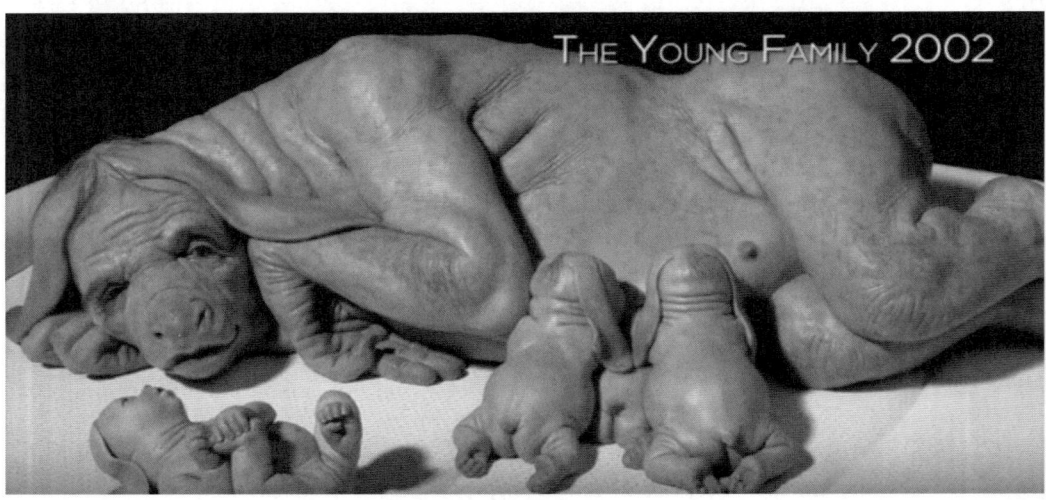

Abb. 31: Schweine-Mensch-Hybrid – eine Darstellung der Künstlerin Patricia Piccinini

Nachdem der wirtschaftliche Erfolg bzw. der Ausbau der Macht immer mehr relevant wird, ist damit zu rechnen, dass auch die Erforschung von Mischwesen diesen Zwecken dient. Heute gilt ausschließlich der Kosten-Nutzen-Faktor, egal um welchen Bereich es geht, und die vorrangige Intention für Forschungen dieser Art besteht vielleicht darin, eine Mensch-Tier-Rasse zu züchten, die gerade so viel Intelligenz besitzt, um bestimmte Arbeiten auszuführen, jedoch nicht mehr in der Lage ist, Dinge zu hinterfragen – die auch nicht mehr in der Lage ist, bewusst zu sein und ein ethisches Verständnis auszubilden. Oder die gar als Nahrung für machtgierige extraterrestrische Wesen gezüchtet werden. Die nicht mehr plausibel erklärbare große Anzahl an verschwundenen Menschen – vor allem Kindern –, die nie wieder gefunden werden, lässt natürlich auch in diese Richtung Spekulationen zu. Sie sehen, der Phantasie sind hier keine Grenzen gesetzt, und möglicherweise reicht unsere Phantasie gar nicht aus, um die Wahrheit tatsächlich zu erfassen.

Die Thematik der Seelenanteile ist natürlich auch hier von höchster Brisanz. Wenn wir einmal annehmen, dass jedes Lebewesen beseelt ist, stellt sich die Frage, aus welchem Bereich dann die Seele dieses Hybridwesens kommt? Ist das neu geschaffene Wesen mit einer Tierseele oder mit einer Menschenseele beseelt? Welche Konsequenzen hat eine Vermischung dieser beiden Seelenfamilien? Oder sollte es möglich sein, dass eine völlig neue Mischseele entstanden oder hergestellt worden ist? Zu dieser Thematik gibt es viele offene Fragen, mit denen man sich noch überhaupt nicht befasst hat, geschweige denn Antworten darauf weiß. Man experimentiert darauf los und beschäftigt sich nicht wirklich mit den wichtigsten Hintergrundfragen, nämlich die nach unserer Seele und die nach unseren Menschenrechten.

Schuldgefühl

Nun könnte man annehmen, dass Menschenseelen nach diesen Erfahrungen kein Interesse mehr daran haben, erneut auf die Erde zu kommen und eine materielle Form anzunehmen. Doch irgendwie mussten es diese manipulativen Besucher geschafft haben, die Menschenseelen dazu zu bringen, entweder freiwillig oder unter Zwang immer wieder auf der Erde zu inkarnieren.

Eine sehr einfache und noch immer effektive Methode, die Menschen zu etwas zu zwingen, ist, den Menschen ein Schuldgefühl aufzuladen. So ist es den Erd-Eroberern wohl gelungen, die zunächst geistigen Menschen dazu zu verführen, dass sie eines Tages damit begannen, materielle Nahrung zu sich zu nehmen. Die Bibelgeschichte von der Schlange und dem Apfel gewinnt dabei an Plausibilität. Sie brauchten nur ein Geheimnis um einen „Baum" zu verbreiten und schon wurden die Menschenseelen neugierig, nicht ahnend, dass sie auf linke Weise hereingelegt werden sollen. Sie aßen also vom „Baum der Erkenntnis" und bemerkten plötzlich, dass sie nun in der Materie gefangen waren. Dass sie ebenso erkannten, nackt zu sein, wie es in der Bibel steht, könnte damit zu tun haben, dass sie sich ab sofort körperlich vermehren mussten, weil sie ihre geistige Fähigkeit, Dinge entstehen zu lassen, verloren hatten. Oder aber sie wurden erst ab diesem Zeitpunkt genetisch so verändert, dass zweierlei Geschlechter entstanden sind. Diese Prozesse geschahen vermutlich nicht von heute auf morgen, sondern dauerten längere Zeit.

Durch die Abhängigkeit von der Materie kam auch die Abhängigkeit von einer physischen Energiezufuhr. Diesen Energiehunger stillten die Menschen, indem sie sich materielle Dinge einverleibten – sie begannen zu essen und das ist bis heute so geblieben. Die Folge des Apfelessens war bekanntlich, dass die Menschen aus dem Paradies vertrieben wurden. Sie hatten Schuld auf sich geladen, weil sie sich verführen ließen und ungehorsam waren. Es bleibt nun die Frage offen, ob dieser Baum und die dazugehörige Verführung ein von Beginn an geplanter Akt war? Fakt ist jedenfalls, dass der Apfel des verbotenen Baumes ein sehr saurer Apfel war, wie wir heute alle erkennen können.

Dieses Schuldgefühl, die sogenannte Erbsünde, ist etwas, das den christlichen Menschen von Geburt an vermittelt wird. Jeder, der ein auch nur halbwegs empathisches Leben führt, ist natürlich daran interessiert, eine Schuld auszugleichen. Das bedeutet in der Regel, dass man demjenigen etwas geben möchte, dem man etwas „schuldet". Dieses Schuldgefühl könnte die Ursache dafür sein, dass eine Seele zum Zeitpunkt ihres physischen Todes bereits die Entscheidung trifft, erneut auf die Erde zu kommen. Nur so, glaubt sie, könnte sie all den von ihr angerichteten Schaden wiedergutmachen. Fast alle Menschen mit Nahtoderfahrung berichten davon, dass ihr gesamtes Leben innerhalb von Sekunden vor ihrem geistigen Auge erschienen ist und ihnen wurde bewusst, bei welchen Gelegenheiten sie liebevoll und bei welchen sie verletzend gehandelt hatten. Da wir natürlich alle sowohl liebevolle wie auch verletzende Handlungen in unserem Leben begehen, tappen wir alle immer wieder in die Schuldfalle – jedes Mal wieder, Leben für Leben.

Dieser Wunsch, etwas ausgleichen zu wollen, bringt uns dazu, erneut zu inkarnieren, um es dann „besser" zu machen. Dumm ist nur, dass wir jedes Mal wieder bei Null beginnen und dumm ist auch, dass wir uns überhaupt nicht daran erinnern, was wir in der neuen Inkarnation hier auf der Erde eigentlich wollten. Wollten wir überhaupt etwas? Bei den meisten von uns stellen sich solche Fragen über das Leben ohnehin erst nach vier oder fünf Lebensjahrzehnten, doch bis dahin haben wir längst wieder erneute „Schuld" auf uns geladen. So geht das Spielchen fort und wir haben scheinbar niemals die Gelegenheit, aus diesen Runden auszusteigen und unsere Schuld zu begleichen. Vielleicht entstand deshalb der Ausdruck „Erbschuld", weil wir dieses Schuldgefühl von Inkarnation zu Inkarnation mitnehmen und auch an unsere Nachkommen weitergeben.

Das ist möglicherweise mit ein Grund, warum heute für alles ein Verantwortlicher gesucht wird. Ihm kann man nämlich im Schadensfalle die Schuld aufladen. Das Gefühl der Unwürdigkeit veranlasst uns, selbst über andere zu urteilen. Wenn wir im anderen etwas Schlechtes finden, fühlen wir uns selbst ein klein wenig besser, und wenn es auch nur für einen Moment ist. Durch diese unablässige Abfolge von Schuld, Scham, Selbstzweifel, Depression und Wut binden wir uns selbst immer wieder an die Reinkarnation. Wir können uns nur selbst aus diesem Kreislauf herausnehmen, wenn wir beginnen, unsere unechten Schuldgefühle abzulegen, damit wir in unsere innere Kraft kommen und unser volles Potential leben können. Nur wenn wir das schaffen, können wir die Reinkarnationsschleife durchbrechen und erst dann kann unsere Seele frei werden, sich weiterentwickeln und neue Aufgaben übernehmen.

> *„Wahrheit gewinnt man wie Gold, nicht durch seine Anhäufung – sondern durch das Auswaschen dessen, was kein Gold ist."*[324]
> Lew Nikolajewitsch Tolstoi (1828-1910), russischer Schriftsteller

Echte Schuld müssen wir natürlich ausgleichen. Wenn wir wissentlich jemandem geschadet haben, dann erfolgt der Ausgleich erst dadurch, dass wir den angerichteten Schaden wiedergutgemacht haben. Wir müssen um Verzeihung bitten und eine angemessene Entschädigung anbieten. Erst wenn dies geschehen ist, haben wir den Geschädigten „ent"schädigt und die Angelegenheit ist erledigt – über das Ausmaß dieser Entschädigung sollte man sich allerdings einig sein.

PROPHEZEIUNGEN

Es gibt einige Seher, die teilweise sehr deutliche Zukunftsvisionen hatten. Zu den bekanntesten dürften *Alois Irlmaier* und *Nostradamus* gehören. *Stephan Berndt* ist ein Autor, der sich intensiv mit den Vorhersagen von *Alois Irlmaier* befasst, deren Wahrheitsgehalt noch zu seinen Lebzeiten sogar vom Gericht bestätigt wurde. Über *Alois Irlmaier* habe ich in meinem ersten Buch einiges geschrieben, deshalb möchte ich jetzt die wichtigsten Punkte aus den Interpretationen von *Nostradamus* erläutern. *Rose Stern* hat sich viele Jahre lang mit den verschlüsselten Botschaften des *Nostradamus* auseinandergesetzt und laut ihren eigenen Aussagen den Lösungsschlüssel für seine Texte gefunden.

DRITTER WELTKRIEG

Ich versuche, die Aussagen von *Rose Stern*[325], deren zeitliche Aneinanderreihung mir manchmal nicht schlüssig ist, in eine logische Abfolge zu bringen. Für militärische Auseinandersetzungen, die man mit einem Dritten Weltkrieg interpretieren kann, soll *Nostradamus* den 1. August genannt haben, und *Rose Stern* geht davon aus, dass es im Jahr 2019 dazu kommen soll. In Deutschland soll die Invasion einen Monat später beginnen, wobei *Nostradamus* verschiedene Städte genannt haben soll, wie zum Beispiel Hamburg, Hannover, Frankfurt, München, aber auch Wien und Basel. *„Er beschreibt das als Wellen, die in den Himmel geschickt werden und von dort wieder zurück auf die Erde kommen."*[326], sagt *Rose Stern* in einem Interview mit *Michael Vogt*. Es sollen Kampfhandlungen stattfinden, insbesondere ein **„Frequenzenkrieg"**. Diese Beschreibungen entsprechen den HAARP-Wellen, die von weltweit errichteten Stationen in die Ionosphäre gesendet werden können und *„wodurch sich die Moleküle erhitzen, und so kann man ihre Temperatur etwa auf 1.600°C steigern, was nor-*

malerweise die Sonne in der Ionosphäre macht."[327], wird der Plasmaphysiker *Dr. Bernhard Eastlund* auf »Weather Modification« zitiert. Mit diesen Anlagen sollen 1 Milliarde Watt in die Ionosphäre geschossen werden können, wodurch sie sich etwas anhebt. Sie schnellt daraufhin zurück und erzeugt punktgenau dort, wo man es zuvor berechnet hat, eine Druckwelle, die ein Erdbeben, einen Vulkanausbruch oder andere Naturkatastrophen auslösen kann.

Rose Stern ist sich sicher, dass es einen Kampf zwischen den „*Heerscharen*" geben wird, und ich gehe davon aus, dass *nichtirdische* Spezies gegeneinander kämpfen, wobei diese Gefechte vermutlich um die Vorherrschaft über die Erde gehen. Ob das Kriegsgeschehen auf der Erde parallel dazu stattfinden soll oder ob sich diese Heerscharen später einmischen werden, hat sie nicht erwähnt. Ebenso ist offen, um wen es sich bei diesen genau handeln soll. Nach meinen bisherigen Recherchen gehe ich jedoch davon aus, dass es sich um destruktive, also menschenfeindliche Spezies handelt, die gegen menschenfreundliche Spezies kämpfen. Ob diese den Menschen helfen wollen oder ob ihre Absicht vor allem in der Rettung des Planeten liegt, sei dahingestellt.

FINSTERNIS UND GEOLOGISCHE VERÄNDERUNGEN

Anschließend soll die vermutlich drei Wochen dauernde Finsternis kommen, die von anderen als *dreitägige Finsternis* bezeichnet wird. *Rose Stern* vermutet laut einem ihrer letzten Interviews jedoch, dass es sich um drei Wochen Dunkelheit handelt. Drei Wochen Finsternis scheint mir sehr lange zu sein. Sollte so lange keine Sonneneinstrahlung auf die Erde treffen, bestünde die Gefahr einer extremen Abkühlung mit Eisbildung. Bei gleichzeitigem Stromausfall, mit dem natürlich zu rechnen ist, könnte das bedeuten, dass sehr viele Menschen den Kältetod sterben könnten.

Zusätzlich spricht *Rose Stern* von einem sogenannten **„Mjösen-Riss"**, der von Marseille bis zum Rhein, dann quer durch Deutschland, an Hamburg vorbei, östlich von Dänemark bis nach Norwegen reicht. Der deutsche Geologe *Hans Stille* hatte diese Zone bereits 1930 als „Mittelmeer-Mjösen-Zone"[328] bezeichnet. *Nostradamus* soll, natürlich in seinen Worten, geschrieben haben, dass dieser Bereich durch HAARP-Technologie und ELF-Wellen so sehr beeinflusst wird, dass dort tatsächlich ein Riss entstehen soll. In seinen Texten soll er, laut *Rose Stern*, sogar wörtlich die Begriffe „Harp" und „Elf" verwendet haben.

Es gibt weltweit, so auch in Europa und in Deutschland, mehrere HAARP-ähnliche Anlagen, von denen aus Wellen in die Ionosphäre gesendet werden können, von dort reflektiert und dann punktgenau ein ausgesuchtes Gebiet treffen. Manche Rechercheure vermuten, dass damit auch das Erdbeben in Fukushima und weitere angebliche Wetterkatastrophen, Erdbeben usw. ausgelöst wurden.

Abb. 32: Mjösen-Riss, eingetragen in eine Weltkarte

Und anhand dieser Prognosen kann man davon ausgehen, dass die bisherigen „Einsätze" dazu dienten, diese Technik zu üben und zu perfektionieren. Abgesehen davon wurde sie vermutlich auch dazu eingesetzt, nicht-folgsame Staaten abzustrafen, wie das auch im Fall von Japan gewesen sein könnte. Der japanische Finanzminister *Tadahiro Matsushita* wurde in einem Interview mit *Benjamin Fulford* gefragt, warum er die Kontrolle über das japanische Finanzsystem an eine Gruppe von amerikanischen und europäischen Oligarchen ausgehändigt habe. Die Antwort sei gewesen, dass Japan von einer Erdbebenmaschine bedroht werde. Die japanische Sicherheitspolizei habe zu *Fulford* gesagt, weil er dies berichtet hätte, würde die Stadt Niigata von einem Erdbeben getroffen werden. „*Nur zwei Tage später lag das größte Atomkraftwerk Japans in der Nähe von Nigata mitten im Epizentrum von zwei Erdbeben, beide in der Stärke von 6,8.*"[329] Ironischerweise wurde der Finanzminister Anfang September 2012 tot aufgefunden und die Presse berichtete, man gehe von einem Selbstmord aus. Ob es tatsächlich ein Selbstmord oder vielmehr eine „Verselbstmordung" war, überlasse ich Ihrer Phantasie.

Doch wieder zurück zu der Mittelmeer-Mjösen-Zone: Wenn diese massiv durch Wellen „beschossen" werden sollte, könnte es natürlich passieren, dass dort gigantische geologische Veränderungen stattfinden. Wenn als Folge dort ein großer Riss entstehen sollte, braucht man nicht viel Phantasie, um sich das Ausmaß dieser Katastrophe vorzustellen. Sofort würde das Meer über Hunderte von Kilometern hereinschießen, in der Mitte aufeinanderprallen und unvorstellbar hohe Wellen verursachen. Das ganze Areal würde in Bewegung geraten und so soll sich zum Beispiel die Gegend um Elbe und Saale etwas anheben.

Rose Stern berichtet weiter, dass außerhalb von Europa eine Superzelle gebildet werden soll, die über den arabischen Bereich, über das östliche Mittelmeer und immer weiter nach Nordwesten geschoben werde. Parallel dazu soll der Ausbruch des Vesuvs gezielt provoziert werden. Die Wetterzelle soll über den Vesuv geleitet werden und all die giftigen Gase des Vulkanausbruchs aufnehmen. Die Zelle soll weiter über die Alpen ziehen und riesig groß werden. Damit soll die Finsternis von Palästina bis fast Grönland reichen. Bezüglich des zeitlichen Rahmens soll *Nostradamus* für diese Katastrophe **„Ophiuchus"** erwähnt haben, was von manchen als das „13. Sternzeichen" bezeichnet wird[330]. Ich finde es sehr bezeichnend, dass dieses Sternbild mit „Der Schlangenträger" übersetzt wird. Die Zeit, die damit gemeint ist, liegt **zwischen dem 29. November und dem 17. Dezember (2019?)**. In dieser Zeit sollen sowohl die umwälzenden geologischen Ereignisse wie auch der Polsprung stattfinden. Diese Angaben habe *Rose Stern* dazu veranlasst, nicht von drei Tagen, sondern von einer ca. **drei Wochen dauernden Finsternis** – eben in dieser Ophiuchus-Zeit – zu sprechen.

Bayern liege im Bereich der sog. „blauen Stunde": Hier soll die Sonneneinstrahlung während des Magnetfeldzusammenbruchs nur gering sein, weil es in den Morgenstunden geschehen soll. „Bis Wien" soll die Sonne alles verbrennen, alles was „dahinter" komme, wäre überlebensverträglich. Allerdings könnte zuvor der Krieg stattfinden und *Rose Stern* wisse nicht, wie sich dieser auswirke. Die Fahne, die der Vesuv durch seinen Ausbruch erzeugen würde, soll künstlich gelenkt werden und dies sei mit einem hurrikanähnlichen Sturm verbunden und trage ebenfalls die giftigen Stoffe weiter.

GELBER STRICH

Um Deutschland endgültig zu vernichten, soll laut *Rose Stern* abschließend noch der sogenannte **gelbe Strich** über Deutschland versprüht werden. Damit sind vermutlich Giftgasbomben gemeint, die per Drohnen längs über Deutschland abgeworfen werden. Die Drohnen sollen laut *Rose Stern* in Fezzan in Libyen starten. Womöglich ist dies mit einer der Gründe gewesen, warum das gesamte nordostafrikanische Gebiet so massiv und absichtlich destabilisiert wurde. Auf diese Weise bekamen die Drahtzieher im Hintergrund die Möglichkeit, hier ihre Macht auszuweiten und Drohnen zu stationieren, die von dort aus starten und Mitteleuropa den Tod bringen könnten.

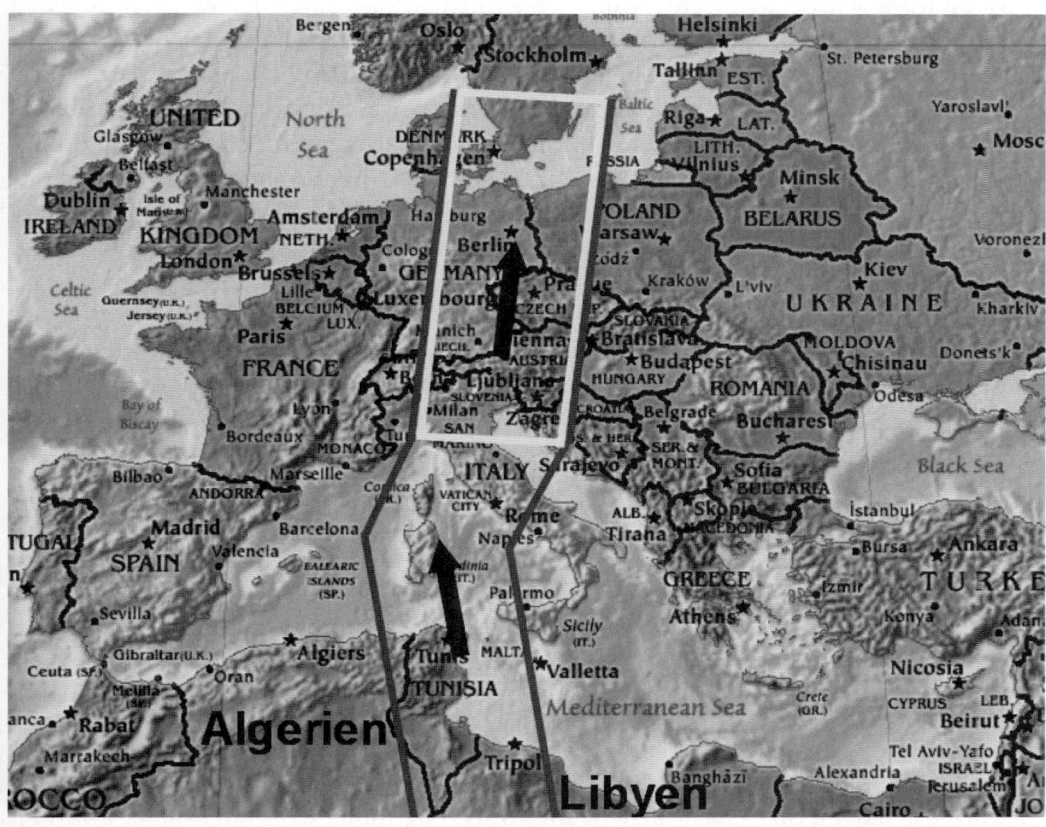

Abb. 33: Der von *Rose Stern* interpretierte sog. „Gelbe Strich", in dem in einem eventuellen Dritten Weltkrieg von Drohnen Giftpäckchen abgeworfen werden sollen.

Von Libyen aus sollen die Drohnen westlich am Vesuv vorbeifliegen, um dann wieder etwas nach Osten zu schwenken. Laut *Rose Sterns* Angaben soll der Giftgaseinsatz über Norditalien beginnen und in der Ostsee enden. Ein Teil der Schweiz sei betroffen, Österreich komplett, Tschechien und der westliche Teil Polens ebenfalls. *Rose Stern* sagt, dass zuerst die Finsternis käme und erst danach der sog. „Gelbe Strich". Es ist mir allerdings unerklärlich, wie jemand nach solch gewaltigen Naturkatastrophen noch verantworten möchte, auch noch Drohnen auf den Weg zu bringen. Das müsste dann tatsächlich jemand sein, der durch und durch von Dunkelmächten beherrscht wird oder selbst eine verkörperte Dunkelmacht ist.

Nostradamus soll geschrieben haben, dass es durchaus Menschen geben soll, die das ganze Höllenszenario überleben werden. Es gehe vor allem um die Zeit während des Polsprungs, auch in der am meisten betreffenden Region. Der Pol würde sich um ca. 2.000 km von seinem jetzigen Standort entfernen. Das Magnetfeld der Erde würde sich dann nach der Sonne ausrichten, was eine schwankende Bewegung der Erde auslösen soll.

Meditation würde dann eine ganz wesentliche Rolle spielen, denn der Mensch baue im meditativen Zustand ein eigenes und starkes elektromagnetisches Feld auf, das gleichzeitig einen Schutz darstellen soll. *Nostradamus* soll das durch sein ganzes (schwer verständliches) Buch hindurch immer wieder erwähnt haben. Ob diese Szenarien so kommen werden, kann wohl niemand sicher sagen, doch ich empfehle jedem, sich in Meditation zu üben. Was für Neulinge so hochtrabend klingt, bedeutet nichts anderes, als sich in sich selbst zu versenken. Ich gebe Ihnen später noch eine Anleitung für eine solche Meditation. Es ist wirklich nicht schwierig, doch es ist natürlich von Vorteil, sie zu üben, damit man sie im Bedarfsfalle kann – das ist nichts anderes als beim Autofahren.

Wenn diese beschriebenen Katastrophen vorüber seien, würde in Deutschland ein wunderschönes Klima herrschen und es würden Orangen wachsen. Es soll sich hier ein Klima einpendeln, das der Mensch für ein glückliches Leben bräuchte, und *Rose Stern* verglich das künftige Klima etwa mit dem auf den Kanaren. Da hätten die Klimaretter zwar einiges zu beklagen, doch ich denke, dass wir bis dahin andere Sorgen haben als uns um den CO_2-Gehalt zu kümmern.

Diese Thematik ist zwar nicht neu, doch da die Tendenzen noch immer ungebremst in die Richtung vollkommener Überwachung und Technisierung des Menschen gehen, gepaart mit einer immer drastischeren Einschränkung der Meinungsfreiheit und dem Anstreben der Weltherrschaft durch wenige Mächtige, halte ich das Thema nach wie vor für brisant und vor allem terminlich hoch aktuell.

LICHTSTRAHLUNG

Unabhängig davon, ob dieses ganze Szenario so stattfinden wird oder nicht, könnten die geologischen Veränderungen, außer einem wärmeren Klima für Deutschland, auch noch andere Vorteile bringen. Wenn Vulkane ausbrechen, Teile von Kontinenten versinken, neue Landflächen aus den Meeren hervortreten und sich möglicherweise sogar die Pole verschieben, dann können wir davon ausgehen, dass auch die schützende Erdatmosphäre vorübergehend aus dem Gleichgewicht gerät und dadurch die schützende Wirkung für eine gewisse Zeit ausfallen könnte – was wiederum zur Folge hätte, dass die UV-Strahlung ungefiltert auf die Erdoberfläche gelangen könnte. Bestimmte UV-Strahlungen sind jedoch für Mikroorganismen in der Regel tödlich.

Die zuvor bereits beschriebenen Parasiten und Mikroorganismen sind im Normalfall relativ schwierig zu bekämpfen. Man denke hierbei nur an die multiresistenten Krankenhauskeime, die laut einer Pressemeldung der »Westdeutschen Allgemeinen Zeitung« allein in Deutschland jährlich 40.000 Todesopfer fordern[331]. Sie haben sich so sehr an den Einsatz von Desinfektionsmitteln gewöhnt, dass sie Überlebensstrategien dagegen gefunden haben. Durch eine großflächige Bestrahlung mit beispielsweise einer UV-C-Strahlung könnten wir deshalb eventuell von der größten Geisel der Menschheit, den krankheitserzeugenden Mikroben, befreit werden. Man muss bei all den Szenarien – die zwar möglich, aber noch längst nicht gewiss sind, auch immer die Vorteile im Blick behalten und positiv bleiben. Eines ist nämlich sicher:

*„Die Zustände auf der Erde werden mit Sicherheit
nicht so bleiben, wie sie heute sind."*

Die Autorin

Wir werden künftig entweder noch mehr kontrolliert, noch mehr unterdrückt, noch mehr manipuliert und angelogen, mit der Technik verschmolzen und noch mehr versklavt **oder** es tritt eine Wende ein, die uns ein glücklicheres Leben ermöglicht. Es wäre eine Veränderung, die mehr Mitmenschlichkeit erlaubt und die uns wieder unserem Urzustand näher bringt, in dem wir uns wieder mit unserer liebevollen Seelenquelle verbinden können. Und gigantische, geologische Umwälzungen könnten dazu führen, dass sich die gesamte Menschheit und ihr Wertesystem von Grund auf verändern. Diese Veränderungen würden sich natürlich nicht nur auf uns Menschen beziehen, sondern würden die gesamte Natur, die Tiere, die Pflanzen, die Mineralien, die Erdwesen und alles, was dazugehört, mit einbeziehen. Alles, was sich auf, in und über der Erde befindet, würde von diesen Veränderungen betroffen sein. Es könnte so aussehen, wie man sich das Jüngste Gericht vorstellt, und **alles** würde einen Neustart erfahren und auf Null gesetzt werden. Alle Altlasten wären beseitigt und alles und jedes, was diese Veränderung übersteht, würde von Neuem beginnen. Vielleicht würden auch Pflanzen- und Tierarten verschwinden und neue auftreten. Mit Sicherheit jedoch würde sich das Bewusstsein der Menschen und des gesamten Planeten nachhaltig verändern. Und dafür ist es wirklich allerhöchste Zeit!

*„Dieser Wandel würde uns vorkommen
wie eine Reise von der Vorhölle in das Paradies."*

Die Autorin

Adäquat dazu können wir davon ausgehen, dass auch die Dunkelwesen das „echte" Licht nicht aushalten werden. Die liebevolle Schwingung, die nach diesem Wandel die Erde und alles, was auf ihr ist, ergreifen wird, wird auch dafür sorgen, dass die Dunkelwesen die Erde verlassen müssen. Sie werden die liebevolle, die echte lichtvolle Schwingung nicht aushalten und werden gehen. Die Erde wird für eine lange Zeit, vielleicht sogar für immer, frei sein von machtorientierten, satanischen Wesenheiten und die Menschen können sich auf ein Goldenes Zeitalter freuen!

DIE ENDZEIT LAUT DEN NAG-HAMMADI-SCHRIFTEN

Auch in den Nag-Hammadi-Schriften wird über die Endzeit berichtet. In »Vom Ursprung der Welt« (NHC 11,5) kann man beispielsweise lesen:

„Dann wird der Äon anfangen zu zittern. Seine Könige werden trunken werden durch das flammende Schwert, und sie werden einander bekriegen, sodass die Erde trunken wird durch das Blut, das vergossen ist. Und die Meere werden aufgewühlt werden durch jene Kriege."[332]

Dieser Text erinnert an die von *Rose Stern* übersetzten Prophezeiungen des *Nostradamus*. Mit „Könige" sind vermutlich politische und/oder religiöse Führer gemeint, die sich so sehr in Kriege stürzen, dass die Erde mit Blut getränkt sein wird. Die Meere würden durch die Frequenzwaffen in Aufruhr gebracht. In den Schriften heißt es weiter:

„Dann wird die Sonne finster werden und der Mond wird sein Licht verlieren. Die Sterne des Himmels werden ihre Bahn verlassen, und ein großer Donner wird kommen infolge einer großen Kraft, die oberhalb aller Kräfte des Chaos ist, (nämlich an) dem Ort, wo das Firmament des Weibes ist..."

Dies dürfte die dreitägige (oder dreiwöchige?) Finsternis beschreiben, die nicht nur von Nostradamus, sondern auch von anderen Sehern beschrieben wurde. Wenn die Erde durch den Polsprung zu taumeln beginnt, dann könnte ich mir vorstellen, dass es aussieht, als würden die Sterne ihre Bahn verlassen. Doch stattdessen würde die Erde unkontrollierte Bewegungen durchführen. Von der Erde aus würde das dann so aussehen, als würden sich die Sterne chaotisch über den Himmel bewegen, dabei wäre es in Wahrheit die Erde. Der große Donner könnte ein kosmischer Eingriff oder der Polsprung sein.

„Dann wird sie die Götter des Chaos verjagen, diese, die sie geschaffen hatte, samt dem Archigenetor. Sie wird sie hinabwerfen in den Abgrund ... Sie werden nämlich wie die Vulkane sein, und sie werden einander fressen, bis sie durch ihren Archigenetor vertilgt werden. Sobald er sie vertilgt hat, wird er sich gegen sich selbst wenden und (sich) selbst vertilgen ..." Die Archonten zerstören sich demnach selbst, und der Oberarchont wird sich selbst richten.

„Das Licht wird [die] Finsternis [bedecken] und wird sie austilgen. Sie wird sein wie etwas, das nie gewesen ist. Und das Werk, das die Finsternis zur Folge hatte, wird sich auflösen, und der Mangel wird ausgerissen werden mit seiner Wurzel (bis) hinab zu der Finsternis."

Das Werk, das die Finsternis zur Folge hatte, ist vermutlich das System, das die letzten Tausende von Jahren aufgebaut wurde. Dieses dürfte komplett beendet werden. Das heutige Finanz-/Geldsystem, das Machtsystem, viele Krankheiten, schädliche Technologien – dies alles könnte endlich beendet werden und die Menschen könnten wieder in wirklicher Freiheit leben. Ich halte es sogar für möglich, dass Einzelne die Bindung an die Materie aufgeben können, wenn sie den Wunsch danach verspüren.

Drei Fliegen mit einer Klappe

Ein Thema möchte ich noch erwähnen, weil es mir, als Ergänzung zu den Prophezeiungen von Nostradamus, wichtig erscheint. Wie wir gesehen haben, ist der Untergang Europas und vor allem Deutschlands bereits vor langer Zeit von der Kabale programmiert worden. Nicht nur, dass mehrere Seher eine Invasion durch die Russen, einen Krieg, die Finsternis und auch den Polsprung voraussagten, sondern auch der langsame Austausch findet derzeit statt. Ganz offiziell soll Deutschland und Europa laut den Studien der United Nations durch die sog. »Replacement Migration« ausgetauscht werden (siehe mein Buch »Nutzlose Esser«). Wir befinden uns in der Endphase auf dem Weg zu der von *Coudenhove-Kalergi* schon vor 100 Jahren beschriebenen *„eurasisch-negroiden Zukunftsrasse"*.[333] Es ist offensichtlich eine beschlossene Sache, die Europäer und das deutschsprachige Volk zu opfern. Die Elite versucht derzeit, ihre Pläne umzusetzen und die von ihr gehassten Deutschen endlich und endgültig von der Landkarte zu streichen. Lange genug haben sie darauf hingearbeitet und wir befinden uns jetzt in der finalen Phase. Unter Berücksichtigung aller Aspekte bekommt die Migrationswelle nach Europa jedoch noch eine sehr spezielle zusätzliche Bedeutung. Die Kabale scheint dazu noch einen weiteren Plan zu verfolgen, denn die Mächtigen denken nie nur eingleisig, sondern haben immer noch einen Plan B, Plan C usw. in der Schublade – bestenfalls werden alle Pläne miteinander verknüpft.

Doch lasst uns konkret werden: Im Juni 2011 soll der UN-Diplomat *Serge Boret Bokwango*, Mitglied der »Ständigen Vertretung des Kongo« bei den »Vereinten Nationen« in Genf, einen öffentlichen Brief verfasst haben, der auf der italienischen Nachrichtenseite »Julinews« veröffentlicht wurde. *Bokwango* soll sich darin über die Migranten in Italien dahingehend geäußert haben, dass Süditalien *„nicht nur den Müll aus dem Norden erhalte, sondern auch solche aus Afrika"*. Und *Bokwango* soll weiter geschrieben haben:

„Die Afrikaner, die ich manchmal in Italien sehe, verkaufen alles und jedes und prostituieren sich, sie sind der **Abschaum Afrikas**. *Diese Leute, die als Krämer an den Stränden auftreten und in den Straßen der Städte herumlungern, sind in keiner Weise repräsentativ für die Afrikaner in Afrika, die für den Wiederaufbau und die Entwicklung ihrer Heimatländer kämpfen. Angesichts dieser Tatsache frage ich mich, warum Italien und andere europäischen Länder … es zulassen und tolerieren, dass solche Personen sich auf ihrem nationalen Territorium aufhalten."* … ***„Ich empfinde ein starkes Gefühl von Scham und Wut gegenüber diesen afrikanischen ‚Immigranten',*** *die sich wie Ratten aufführen, welche die Städte befallen. Ich empfinde aber auch Scham und Wut gegenüber den afrikanischen Regierungen, die den Massenexo-*

dus ihres Abfalls nach Italien, Europa und Arabien auch noch unterstützen.'"[334] (Herv. d. Verf.). Diesen Text kann man auf verschiedenen alternativen Internetseiten finden, dazu den Screenshot der italienischen Originalnachricht.

Ich möchte die Aussage und den Inhalt dieses offenen Briefes in keiner Weise bewerten. Wenn allerdings die Zuwanderer von den Mächtigen ebenso eingeschätzt werden sollten wie von *Serge Boret Bokwango*, dann könnte hinter den Bemühungen, Migranten nach Europa und Deutschland zu locken, System stecken. Wenn auch nur ein Teil dieser überwiegend männlichen Migranten tatsächlich so einzuschätzen sein sollte, wie der UN-Diplomat schrieb, dann könnte es sich um eine Art „Säuberungsaktion" der Herkunftsländer handeln. Womöglich wird in diesen Ländern nur deshalb mit teilweise sexistischen Plakaten[335] um Migranten geworben, damit speziell dahingehend orientierte junge Männer nach Europa kommen. Wenn viele dieser Zuwanderer tatsächlich so einzuschätzen sein sollten, dann würde die Elite mit den finalen Katastrophen wie geologische Kataklysmen, Superzelle mit vulkanischen Gasen, Krieg und Giftgasanschlag gleich „drei Fliegen mit einer Klappe" schlagen:

1. Vernichtung der von der Elite so sehr gehassten Deutschen,
2. Vernichtung dieser speziellen Migranten und
3. Schwächung der Russen, falls diese tatsächlich zuvor in Deutschland und Europa einmarschiert wären, wie es prophezeit wurde.

Somit wären drei ihrer großen Themen auf einmal gelöst. Diejenigen Afrikaner, die in ihrer Heimat geblieben sind und dort ein anständiges Leben führen, könnten, genauso wie die restliche Weltbevölkerung, von der Elite zu folgsamen und fleißigen Sklaven erzogen werden. Die Deutschen bzw. die Europäer und ein Großteil der Weißen wären jedoch von der Landkarte verschwunden. Auch die Russen wären stark dezimiert und geschwächt. Insgesamt wäre das ein Zustand, bei dem die Elite frohlocken könnte – **aber:**

> *„Wenn sie sich da nur mal nicht täuschen.*
> *Die Deutschen sind dadurch sicherlich nicht unterzukriegen!"*
> Die Autorin

KAPITEL 17:
KÖNNEN WIR UNS SCHÜTZEN?

Natürlich sind Prophezeiungen eben nur Prophezeiungen und es besteht genauso gut die Chance, dass sie sich nicht erfüllen werden. Und wenn man die Geschehnisse in der Welt beobachtet, dann erkennt man, welches Chaos überall herrscht. Ein alter Spruch sagt über einen Kriegsbeginn: *„Die Wahrheit stirbt zuerst."* Und tatsächlich, die Qualität der Berichterstattung der allgemeinen Presse ist auf ein tiefes Niveau gefallen. Das stellt *Prof. Dr. Günther Meyer*, Leiter des »Zentrum für Forschung zur Arabischen Welt« an der Universität Mainz, fest:

> *„Al-Jazeera hatte am Anfang noch eine hohe Akzeptanz als Nachrichtensender. Aber dann tauchten Mitschnitte auf, in denen zwei Journalisten des Senders bei der Interviewvorbereitung einem als Verletzte kostümierten Mädchen erklären, was es bei der Aufzeichnung sagen soll, und einen Arzt dazu bringen, eine falsche Diagnose für das gesunde Kind abzugeben. Da wird systematische Fälschung betrieben."*[336]

Die Mächte im Hintergrund haben großes Interesse daran, dass sie die Meinung des Volkes bilden, denn dadurch erhalten sie dessen Zustimmung. Und tatsächlich, die Pläne der Elite sind noch immer mit rasanter Geschwindigkeit dabei, sich zu realisieren. Und das erzeugt unweigerlich ein Gefühl der Hilflosigkeit und mitunter auch der Wut! Und doch müssen wir uns Gedanken darüber machen, wie wir die kommende Zeit überstehen können. Wie können wir uns vorbereiten und schützen? Es sind viele Empfehlungen im Umlauf, von denen jede angeblich **die** richtige Lösung ist. Doch sind wir uns mal ehrlich: Wer kann schon behaupten, die beste Lösung für etwas gefunden zu haben, von dem wir noch gar nicht wissen, was es ist und ob es eintrifft? Deshalb bin ich der Meinung, wir sollten uns möglichst umfassend vorbereiten. Dazu kommt, dass wir zunächst alle Dinge in unserem Leben so regeln sollten, als würden wir morgen sterben.

Das bedeutet vor allem, dass wir unsere Beziehungen in Ordnung bringen sollten. Nichts ist schlimmer, als wenn wir eines Tages auf dem Sterbebett liegen und uns zum Beispiel denken: *„Hätte ich doch meiner Mutter noch dies oder jenes gesagt!"* oder *„Hätte ich meinen Sohn doch noch um Verzeihung gebeten!"* oder vielleicht: *„Wenn ich doch nur meiner Frau öfter gesagt hätte, dass ich sie liebe!"* Wie viele Menschen verschieben das, was sie gerne tun würden, auf das Rentenalter: *„Wenn ich in Rente bin, dann gehe ich in den Bergen wandern."* Sind sie dann endlich in dem Alter, in dem sie zu arbeiten aufhören können, haben sie Knieprobleme, Asthma oder Herzbeschwerden und können nicht mehr in die Berge gehen. Durch das jahrelange Aufschieben haben sie sich um etwas gebracht, was ihnen viel Freude bereitet hätte. Sie wollten ihr Leben um Jahrzehnte verschieben, doch man kann sein Leben nicht aufheben, um es zu einem späteren Zeitpunkt zu leben. Entweder wir lernen, jeden Moment unseres Lebens bewusst zu leben, oder wir entscheiden uns dazu, ganz langsam jahrelang vor uns hin zu sterben, bevor wir irgendwann tatsächlich den letzten Atemzug tun.

Wir sind nur dann stark und geschützt, wenn wir uns mit uns selbst und mit unserer Umgebung in Harmonie befinden. Das bedeutet, dass wir friedvolle Gedanken haben sollten sowie eine möglichst stressarme berufliche Tätigkeit, die uns ausfüllt und Freude bereitet. Wenn wir uns dazu mit Menschen umgeben, die ähnlich wie wir selbst eingestellt sind, dann fällt es uns leicht, in einer positiven Grundeinstellung zu bleiben. Wir sollten uns davor hüten, uns weder als zuhörenden Mülleimer benutzen zu lassen, noch dürfen wir es billigen, wenn uns jemand unterdrücken oder auf sonstige Weise manipulieren möchte.

Natürlich sind wir auch sehr anfällig dafür, dass wir diese Harmonie verlieren. Dazu genügt im Grunde bereits eine aggressive Musik oder eines dieser begehrten Internetspiele, bei denen man Punkte bekommt, wenn man „Feinde" tötet. Aber auch die verschiedenen Strahlungen bringen uns aus unserem inneren Gleichgewicht, sei es über das Mobiltelefon, WLAN, Funkmasten, DECT-Telefone usw. Vor allem nachts sind wir anfällig, da sich der Körper dann in einem Ruhemodus befindet und sich eigentlich erholen möchte. Unsere Gehirnschwingungen können durch eine Elektroenzephalografie (EEG) gemessen und grafisch dargestellt werden. Im Tiefschlaf zeigt das EEG 0,5 bis 4 Hz[337] und in dieser Phase sind wir besonders anfällig für externe Einflüsse, die denselben Frequenzbereich nutzen und das sind ausgerechnet ELF-Wellen, die sich im Bereich 3 bis 30 Hz[338] befinden. ELF-Wellen sind seit langem im Verruf, die Menschen zu manipulieren. Man kann also durchaus davon ausgehen, dass Wellen nicht nur dazu verwendet werden, um Nachrichten zu versenden, sondern dass sie ganz bewusst auch in bestimmten Frequenzbereichen eingesetzt werden, um die Menschen zu beeinflussen.

Ich bete und hoffe, dass die derzeitige Beherrschung der Erde durch Dunkelmächte möglichst rasch ein Ende findet und wir, das heißt die Menschen, die dann noch auf der Erde weilen, danach in der Lage sein werden, diesen wunderschönen Planeten in Liebe und Achtsamkeit zu bewohnen. Wir sind alle verbunden mit der Ur-Quelle der Liebe, der höchsten Ebene, die manche als „Gott" bezeichnen, die jedoch religionsunabhängig ist und über allem steht. Und diese Verbundenheit wird es uns ermöglichen, dass wir uns selbst und einander wertschätzen und achten. Das ist die Basis für ein wunderbares Leben auf dieser schönen blauen Erde. Wenn wir das schaffen – und das werden wir schaffen –, dann haben wir nicht nur die Erde von den Dunkelmächten befreit, sondern womöglich unser gesamtes Sonnensystem und vielleicht noch mehr. Ich bin froh, jetzt hier zu leben, denn dadurch darf ich dabei sein, diesen wunderbaren Wandel mit zu fördern – unabhängig davon, ob ich es überleben werde. Danke!

Appell an Forscher

In naher Zukunft dürfte es von hoher Bedeutung sein, einen Weg zu finden, den bereits erwähnten Fanatismus und Extremismus zu reduzieren. Ein Bekannter von mir, ein Professor aus Bad Hindelang, hatte eine geniale Idee. Er sagte, wenn er Chemiker wäre, würde er an einem **Nano-Gas** forschen, welches die Vorgänge im Gehirn blockieren kann, die für die fanatischen und extremistischen Einstellungen zuständig sind. Diese müssten zuvor natürlich von Medizinern genau definiert werden. Dieses Gas oder diese Partikel könnten mittels Chemtrails über der Menschheit versprüht werden. Das wären dann die ersten wirklich sinnvollen Chemtrails der Welt.

Es gäbe keine religiös motivierten Völkerkämpfe und keine politischen Kriege mehr. Alle anerzogenen, indoktrinierten und extremen Ansichten würden gelöscht und Kämpfe gäbe es nur noch während einer Übergangszeit zur Verteidigung. Es müsste natürlich sichergestellt sein, dass die Wirkung ausschließlich für die fanatischen und extremistischen Einstellungen ausgelegt würde – ohne Nebenwirkungen. Welch ein Segen wäre es für die Menschheit, wenn die extremistischen Ideologien, die jeden zum Feind erklären, der anderer Meinung ist, verschwunden wären. Wie viele Menschen könnten noch leben, wenn es keine *Extremisten* gäbe, egal welcher Richtung. Wenn es also einen Stoff gäbe, der sich wirklich **nur** auf die extremistische Einstellung auswirken würde, dann wäre ich ein Befürworter – doch bei dem Lügenpotential der heutigen Welt würde ich mich lieber nicht darauf verlassen.

Ich gebe zu, solch ein Eingriff wäre eine Manipulation der Gesamtbevölkerung, doch genauso gut könnte man die Inhaftierung eines Massenmörders als Manipulation auffassen. Denn wenn es dem Schutz des überwiegenden Teiles der Bevölkerung und des Friedens und der Freiheit dient, dann würde es sich von den heutigen Manipulationen deutlich unterscheiden. Genauso wäre es bei diesem Gas oder Pulver, doch eine positive Gesinnung der Wissenschaftler müsste natürlich garantiert werden. Sollte ein Forscher unter einen Lesern sein, der sich mit derartigen Themen befasst, dann wäre dies doch ein höchst interessantes Gebiet.

Des Weiteren richte ich zum wiederholten Male einen Appell an die Forscher aller Richtungen, sich Gedanken zu machen über die „neuen" **Energiequellen**. Wenn der Zeitpunkt gekommen ist, an dem die bisherige Welt nicht mehr existiert und sich die neue Welt formiert (sei es nun mit Katastrophen oder ohne, was ich hoffe), dann sind die neuen Techniken gefragt. Das bedeutet, wir brauchen eine Energieversorgung, die keine Ressourcen frisst, sondern eine, die die reichlich vorhandene Energie nutzt, wie beispielsweise das Magnetfeld oder die Sonne. Natürlich wird auch heute die Sonnenenergie genutzt, doch bei der Beschaffung der Rohstoffe, der Herstellung und der Entsorgung von Sonnenkollektoren sind derzeit noch üble Missstände wie Kinderarbeit, Verseuchung usw. vorhanden. Wir werden „wirklich alternative Alternativen" benötigen, die die Erde schonen, frei verfügbar sind und keine schädlichen Spuren hinterlassen. Ich hoffe, dass die vielen Patente, die diesbezüglich in verschlossenen Schubladen stecken, endlich freigegeben werden.

Ferner benötigen wir **medizinische Alternativen.** In diesem Bereich gibt es bereits viele Forschungen und wunderbare Ergebnisse. Was noch ausbaufähig ist, sind Heilungs- bzw. Harmonisierungsräume, in denen sich Menschen und Tiere wieder harmonisieren, aufladen und energetisieren können, wenn sie durch verschiedene Umstände nicht mehr in ihrer inneren Mitte sind. Und es ist wichtig, dass diese Methoden allen zur Verfügung stehen können. Der wirtschaftliche Reichtum darf nicht im Vordergrund stehen – doch das Konkurrenzdenken wird ohnehin verschwinden. Es wird genug für alle da sein und es wird keine Veranlassung geben, mehr als die anderen besitzen zu wollen. Die Defizite aus der Kindheit, die uns noch immer dazu bringen, nach Anerkennung zu heischen, wird es nicht mehr geben. Es wird keinen Grund mehr geben, besser sein zu wollen oder mehr haben zu wollen als andere. Die Menschen werden wohlwollend miteinander leben, und unterschiedliche Meinungen werden friedlich und lösungsorientiert ausdiskutiert bzw. einfach akzeptiert werden.

Fazit

Wenn ich die Informationen, die in diesem Buch enthalten sind, zusammenfasse, so komme ich zu dem Resümee, dass wir tatsächlich einer riesengroßen Täuschung unterliegen. Es deutet alles darauf hin, dass wir derzeit von einer oder mehreren Dunkelmächten beherrscht und an etwas gebunden werden, was wir „Materie" nennen. Auch wenn es diese nicht wirklich gibt, sind wir doch so programmiert, als wäre sie real. Diese Programmierung hat zur Folge, dass wir das, was nachweislich nur Energie ist, als Materie wahrnehmen. Das geschieht mit aller Konsequenz, mit Erleben von Freude und Leid und allen Zwischenstufen. Was unser Gehirn als Materie akzeptiert, wird programmgemäß als fester Stoff wahrgenommen, gleichgültig, ob es sich um die Erde, um unseren Körper, um unsere Kinder oder unser Bett handelt. Wenn wir uns an der Tischecke stoßen, so ist der Schmerz für uns durchaus real, weil wir nichts anderes wissen, als dass der Tisch eine feste Materie ist. Das geht bekanntlich so weit, dass wir denken, wir würden sterben, wenn unser Körper nicht mehr die programmierte Funktion erfüllen kann, wenn er also „versagt". Dabei gehen wir in diesem Fall „lediglich" in einen körper- bzw. materielosen Zustand über, der wiederum auch programmiert ist.

Unsere Schmerzen, unsere Ängste, der Tod, aber auch alles Angenehme sind für uns wahr und spürbar. Könnten wir diese Programmierung beenden, würden wir die echte Wahrheit erkennen, doch das ist uns jetzt noch nicht möglich und deshalb bleiben wir in der materiellen Welt gefangen. Eine Befreiung daraus ist derzeit kaum vorstellbar und es könnte sein, dass es noch viele, viele Generationen dauert, bis wir diese materielle Welt wirklich hinter uns lassen können. Doch wenn man die Prognosen hört, so erwartet uns in Kürze zumindest eine Welt, die erheblich lebenswerter ist als heute. Und darauf freue ich mich.

Was wir wirklich sind, das ist „Bewusstsein" und „Seele". Die Seele ist unsere Verbindung zu unserer Ur-Quelle und sie ist der Tropfen, der aus dem großen See der Ur-Quelle kommt. Unser Bewusstsein hingegen ist unsere Fähigkeit, unsere Erfahrungen zu erkennen und einzuschätzen und ebenso die Fähigkeit, „gute" von „bösen" Handlungen zu unterscheiden. Einfach ausgedrückt, können wir genau unterscheiden, ob wir jemandem schaden oder ob wir jemandem wohlwollend gegenübertreten, auch wenn es davon unzählige Facetten und Zwischenstufen gibt. Das eine Extrem verkörpert derjenige, der einem anderen den Schädel einschlägt, nur um dessen Brieftasche zu stehlen. Und das andere Extrem finden wir in einem Helfer, der einen Fremden vor dem Ertrinken rettet. Beides sind Handlungen aus einer „bewussten" Entscheidung heraus, wobei der eine tötet und der andere rettet. Unsere Handlungen entfernen uns entweder von unserer Seelenquelle oder bringen uns ihr näher.

Da wir an die Illusion der scheinbaren Materie gebunden sind, können wir nicht mehr frei wie die Seele entscheiden, sondern sind an unzählige Zwänge gebunden: physischer Körper, Krankheit, Tod usw. Die Naturvölker sind der Urform noch am nächsten und sind lediglich von den Jahreszeiten und der Natur abhängig. Doch auch sie sind, wie alle materiell sichtbaren Völker und Lebewesen, an die Materie, an Leben und Sterben gebunden. Doch sie leben ihre Intuitionen und haben kein übersteigertes Ego, wie dies in industrialisierten Staaten der Fall geworden ist.

Was haben nun die Mächtigen davon, wenn wir an die Materie gebunden sind? Die Zeichen sprechen dafür, dass sich Dunkelwesen von unserer Energie nähren und dass sie deshalb das Bestreben haben, uns in der materiellen Welt zu halten, ja sogar uns noch mehr an diese materielle Welt zu binden. Offensichtlich sind wir derzeit in der entscheidenden Endphase, denn diese Mächte versuchen, auch unser *Bewusstsein* und unsere *Seele* irreversibel an die Materie zu binden. Dies soll unter anderem über die Vernetzung unserer Gehirne mit Großrechnern erfolgen. Die Künstliche Intelligenz könnte uns sogar in die Falle treiben, auch über unseren physischen Tod hinaus an die Materie gebunden zu sein. Unser Bewusstsein könnte dadurch unendlich lange von den Dunkelmächten an die Materie gebunden und folglich für ihre Zwecke missbraucht werden.

Allerdings ist auch der andere Punkt von größter Wichtigkeit: Je mehr Seelen die Verbindung zu ihrer liebende Ur-Quelle finden, desto größer ist die Wahrscheinlichkeit, dass sich die Liebe wieder ausbreiten kann und das dämonische Spiel beendet wird. Wenn unser Bewusstsein jedoch, zum Beispiel durch Künstliche Intelligenz, von der Ur-Quelle dauerhaft getrennt wird, dann sinkt die Chance auf ein menschliches und liebevolles Miteinander. Je mehr Bewusstsein durch die Künstliche Intelligenz an die Materie gebunden wird, desto weiter entfernen sich die Seelen von ihrer Ur-Quelle. Wenn dann unsere Gehirne an Großrechner angeschlossen sind, hat unser Bewusstsein keine Möglichkeit mehr, sich mit der Ur-Quelle zu verbinden. Damit verringert sich auch die Chance, dass die liebende Ur-Quelle selbst wieder vollständig wird. Solange es Seelen gibt, die vom Ego überschattet sind oder deren Bewusstsein sich den Dunkelmächten zugewandt hat, ist die Seelenheimat nicht vollständig – das ist sie nämlich erst, wenn alle Seelen wieder eine enge Verbindung zu ihr haben. Die Bindung unseres Bewusstseins an die Künstliche Intelligenz wäre also ein gelungener Schachzug der Dunkelmächte und würde ihre Machtstellung weiter sichern. Die Folge könnte eine sehr lange Zeit unserer Versklavung bedeuten.

„Zu sagen: ‚Hier herrscht Freiheit' ist immer ein Irrtum oder auch eine Lüge, denn Freiheit ‚herrscht' nicht."[339]
Erich Fried (1921–1988), österreichischer Lyriker

Deshalb ist es auch so eminent wichtig, dass wir uns für unsere *Freiheit* einsetzen und uns nicht in bürgerkriegsähnliche Zustände ziehen lassen, sondern stets im Herzen bleiben. Trotzdem müssen wir für unsere Interessen einstehen, dürfen nicht alles mit uns machen lassen und müssen „Nein" sagen, wenn es um die Einschränkung unserer Freiheit oder gar um die Ausrottung der europäischen Bevölkerung geht. Wir müssen für unsere Völker einstehen. Noch sind wir physische Wesen, die Nahrung benötigen und einen sterblichen Körper haben. Doch ich bin mir sicher, dass sich das irgendwann ändern kann.

Auch wenn wir uns gegen unsere eigene Ausrottung wehren und uns für den Erhalt unserer Erde und unserer Heimat einsetzen, müssen wir in der Energie der Liebe bleiben. Wir dürfen uns nicht in Aggression und Hass verfangen, denn dadurch würden wir uns noch mehr diesem ungerechten Spiel ausliefern. Und dieser Spagat zwischen Meinungsäußerung und Frieden ist derzeit die größte Herausforderung. Ich weiß allerdings, dass es uns gelingen wird, denn die Liebe ist schlussendlich immer die Siegerin.

Kapitel 18:
Lösungen

Es ist wichtig, sich mit den zuvor beschriebenen Themen zu befassen, denn wir haben nicht nur eine Verantwortung für uns selbst als Individuen, sondern auch für unsere Familie, für unsere Kinder und Enkel, für unser Volk, ja für die gesamte Menschheit und die Erde selbst. Natürlich möchten viele gar nicht wissen, was um sie herum geschieht und befassen sich ausschließlich mit Unwichtigem oder bestenfalls mit Heilung und Meditation. Doch die dargestellten Tatsachen auszublenden, bringt uns auch nicht weiter. Wir müssen uns durchaus damit befassen, was derzeit mit uns geschieht, denn erst mit diesem Wissen können wir die besten Lösungen von Schutz und Veränderung finden. Doch auch wenn man etwas verweigert, kann man nicht ausschließen, mit diesen Themen konfrontiert zu werden. Stellen Sie sich vor, auf dem Weg vor Ihnen liegen Glasscherben. Denken Sie, dass die Gefahr, dort hineinzutreten, sich verringert, wenn Sie diese Scherben ignorieren? Oder wäre es nicht besser, über die Glasscherben Bescheid zu wissen, damit Sie ihnen ausweichen oder noch besser, sie zusammenkehren und entsorgen können?

Auch in meinem Bekanntenkreis gab es Menschen, bei denen solche Themen, über die ich in meinen Büchern geschrieben habe, nicht erwähnt werden dürfen. *„Das will ich gar nicht hören!"*, bekam ich das eine oder andere Mal zur Antwort, wenn ein Gespräch diese Richtung einschlug. Die letzten Male, wenn wir uns getroffen haben, habe ich ganz bewusst versucht, nur Belangloses zu kommunizieren, was mir im Grunde gar nicht liegt. Und dennoch kommen natürlich Themen zur Sprache, welche die Menschen in unserer Zeit bewegen, sei es die Wohnungsknappheit, der berufliche Termindruck, Nebenwirkungen von Arzneien oder ein anderes alltägliches Thema. Wenn es anschließend jedoch darum geht, die Ursachen zu erkennen, dann wollen sich viele nicht damit befassen. Sie sind der Meinung, es würde genügen, wenn sie sich nur mit positiven Dingen auseinandersetzen. Doch allein mit der Einstellung: *„Es gibt nichts Böses, es gibt nur zu wenig Liebe und Licht"* und *„Du musst mehr Liebe schicken"*, kommt man aus der derzeitigen Position nicht heraus. Ich bin der Meinung, dass ich umso besser verstehen und entsprechend entscheiden kann, je mehr ich weiß – und zwar in allen Bereichen des Lebens.

Mittlerweile sind aus solchen Freundschaften lose Bekanntschaften geworden, obwohl sie über lange Jahre bestanden haben, denn Entwicklungswege sind höchst individuell und können sich auch mal auseinanderbewegen. Ich möchte den Dingen auf den Grund gehen, auch wenn andere Angst davor haben und lieber an der Oberfläche bleiben. Gleichzeitig hat jeder die Freiheit, den Weg zu gehen, den er für richtig hält – doch es sollte dabei auch jedem bewusst sein, dass er mit allem, was er tut oder auch nicht tut, seinen Teil der Verantwortung für unser heutiges und künftiges Leben trägt.

Natürlich hat der Lösungsweg auch mit Friede und Liebe zu tun, denn wir müssen uns von der Kampfenergie befreien, sonst werden wir kein liebevolleres Leben kreieren können. Doch dabei dürfen wir nicht den Kopf in den Sand stecken und blindlings nur einfach jedem „Liebe schicken", denn wir müssen gründlich aufpassen, welchen Fallen wir auf unserem Weg begegnen. Um da nicht hineinzutappen, müssen wir die Augen offen halten und sehr wachsam durchs Leben schreiten. Dann können wir beginnen, zunächst in unserem *eigenen* Herzen Frieden zu erzeugen und die Liebe in *unserem* Herzen einziehen zu lassen, denn damit heben wir unsere eigene Schwingung an. Dadurch können wir dann unsere Mitmenschen so akzeptieren, wie sie sind, auch ohne ihre Meinung zu teilen. Gleichzeitig sind wir gestärkt besser in der Lage, „nein" zu sagen, wo ein Nein erforderlich ist.

Es ist noch längst nicht alles verloren. Wir können sehr viel dafür tun, dass die Welt sich zum Besseren wendet, denn solange wir atmen und in Vollbesitz unserer geistigen Kräfte sind, haben wir die Möglichkeit, uns selbst und die Dinge um uns herum zu verändern. Auch können wir unsere Kräfte dazu nutzen, uns unsere eigene Realität zu erschaffen. Dazu ist es zunächst erforderlich, hinter die Halbwahrheiten zu blicken und das Spiel der Mächtigen zu erkennen. Nur wenn wir Abläufe begreifen, können wir sie verändern. Gleichzeitig ist es aber auch nötig, nach dem Sinn unseres Daseins zu forschen.

VOM KOHLENSTOFF ZUM DIAMANT

Nach all den Themen wie materielle Existenz, Außerirdische, Archonten, Mächte im Hintergrund, Hologramme usw. beschäftigen die Menschheit seit Urzeiten dieselben Fragen:

    1. Wer sind wir?
    2. Wo kommen wir her?
    3. Was ist der Sinn unseres Lebens?

Da wir in jeder Inkarnation wieder von vorn beginnen müssen und zunächst viele Jahre damit verbringen, die Erklärungen der Wissenschaften zu lernen, kommen wir – meist erst nach Jahrzehnten – zu dem Schluss, dass davon zwar vieles, aber mit Sicherheit nicht alles stimmen kann. Warum drängen sich uns immer wieder die Fragen nach unserem Ursprung auf und warum denkt jede Generation über dieselben Fragen nach? Es ist uns offensichtlich ein *angeborenes* Anliegen, auf all diese Fragen eine Antwort zu finden.

Warum stellen wir uns diese Fragen? Weil wir tief in unserem Inneren fühlen, dass es hierauf eine besondere Antwort geben muss. Leider können wir uns nicht an die Antwort erinnern, sondern lediglich daran, dass es eine gibt. Wir haben eine vage Erinnerung an unsere Ur-Quelle in uns, die so sehr in unseren Zellen verankert ist, dass sie selbst über Tausende von Jahren nicht gelöscht werden konnte. Doch an diese Ahnungen heranzukommen, ist nicht leichter geworden. Denjenigen, die sich beispielsweise über sich und das Leben Gedanken machen, die sich mit den philosophischen Fragen des Lebens befassen und die sich in der Natur wohler fühlen als in der Stadt, werden diese Fragen mehr bewusst als jemandem, der sich von der Hektik des heutigen Alltags vollkommen einfangen und mit Multimedia-Technik etc. ablenken lässt.

Wer die Einfachheit sucht, wird die Lösung einfacher finden. Diese stellt sich jedem im Detail etwas anders dar, doch im Grunde geht sie immer darauf hinaus, dass wir mit der „Ur-Quelle aller Seelen" verbunden sind. Die Ur-Quelle der Seelen ist die Energiequelle, die das Leben erst ermöglicht. Ohne Lebensenergie würde keine Blume blühen, kein Tier leben und kein Mensch könnte sich Gedanken darüber machen, wer er wirklich ist. Ja, es gäbe nicht einmal Materie, denn auch jegliche Materie ist mit Energie versorgt und ist belebt. Würde man, vereinfacht ausgedrückt, jegliche Bewegungsenergie aus der Materie entnehmen, würden alle Moleküle und Atome still stehen. Man würde vielleicht noch ein „Plop" hören, dann wäre alle Materie verschwunden.

Ohne Lebensenergie gibt es keine Materie und unsere Seelen, die aus einem großen Pool der Seelen stammen, beleben diese materialisierte Lebensenergie mit Bewusstsein. Und genau dieses Bewusstsein ist es, das uns ausmacht. Wir sind zwar über eine gemeinsame Seelenheimat miteinander verbunden, doch durch unsere Erfahrungen sind wir individuelle Wesen, die wirklich einzigartig und unvergleichlich sind. Durch diesen Erfahrungsschatz bereichern wir unsere Seelenheimat. Und es ist die Aufgabe unserer Seelen, wieder in diese „Ur-Quelle der Liebe", welche die Quelle unserer Seelen ist, zurückzukehren. Die bereits erwähnten Nag-Hammadi-Schriften berichten in dem Text »Die Erzählung über die Seele« (NHC 11,6): *„Es ziemt sich aber, dass die Seele sich selbst gebiert und dass sie wiederum wird, wie sie früher war."*[340] Ich interpretiere das so, dass wir wieder offen, neugierig und liebevoll werden sollten, so wie wir als kleine Kinder waren. Damals waren wir nicht misstrauisch, neidisch und auf unseren Vorteil bedacht – doch genauso wenig waren wir ängstlich oder gar unterwürfig.

Wir lebten damals noch nicht so sehr nach unserem Verstand, sondern vielmehr nach unserem Herzen. Wir spürten genau, wen wir sympathisch fanden und wen nicht. Wir hatten ein noch ungestörtes Verhältnis dazu, *was* wir empfanden und vertrauten diesem Impuls. Erst nach und nach lernten wir (leider), unsere eigenen Empfindungen in Frage zu stellen und dem Verstand die Beurteilung von Menschen und Situationen zu überlassen. Wie gut dieser das wirklich kann, sehen wir daran, wie oft wir uns sagen müssen: *„Hätte ich doch auf meinen ersten Impuls gehört!"* Doch das können wir wieder erlernen. Wir brauchen dazu nur auf diesen ersten Impuls zu hören und ihn zu befolgen. Der Verstand ist deswegen ja nicht unnütz, sondern ihn brauchen wir dringend, um unsere Herzens-Entscheidungen umzusetzen und zum Beispiel die logische Abfolge zu steuern. Doch die Entscheidungen sollten wir mit der Unterstützung unseres Herzens treffen. Auch wenn das nicht immer gelingt oder auch nicht immer möglich ist, so ist es doch hilfreich, sich darin zu üben, und mit der Zeit werden wir auch darin immer geübter.

Wir sollten uns wieder in diesen Ur-Zustand begeben, in dem wir anderen und uns selbst gegenüber wieder offen und erwartungsvoll werden. Wenn wir gleichzeitig unsere Erfahrung nutzen und Gefahren erkennen, dann sind wir auf einem guten Weg. Unsere Seele ist dann frei von Belastungen und von dunklen und böswilligen Gedanken. Dann ist unsere Seele so, wie sie zur Erde gekommen ist, allerdings reifer an überlebenswichtigen Erfahrungen. So verwandeln wir uns wie Kohlenstoff, der von einem unförmigen Rohling ohne Glanz zu einem wunderschönen strahlenden Diamanten geschliffen wird. Und erst dadurch wird er bekanntlich wirklich wertvoll.

Kapitel 19:
Drei Stärken

Wir können viel dazu beitragen, dass die liebende Ur-Quelle wieder an die erste Stelle rückt, die ihr naturgemäß zusteht und die ihr gebührt. Sie wurde von Dunkelmächten verdrängt, die sich der Lüge und der Tücke bedienen. Mit List haben sie die Menschheit auf den heutigen Weg geführt, der sich mehr und mehr als vernichtend erweist. Doch es liegt auch an uns, wie es weitergehen und wie sich die Zukunft für uns und unsere Nachkommen gestalten wird. Wenn wir weiter wie die Schlafschafe den gut formulierten Versprechungen hinterherlaufen, dann ist unser Schicksal besiegelt und wir wären für Äonen verloren.

Wenn wir jedoch die Augen öffnen und uns über die wahren Motive informieren, dann erkennen wir, dass wir selbst es sind, die unser Schicksal in der Hand haben. Wir müssen dazu nur genauer hinsehen und uns an unsere mitgebrachten Qualitäten erinnern. Und diese sind in erster Linie etwas anderes, als ein guter Sklave zu sein, sondern einfach nur das zu sein, was wir sind: Menschen. Und dieses Menschsein beinhaltet drei große Stärken: Menschlichkeit, Geisteskraft und unsere Anzahl.

Menschlichkeit

Es bleibt uns nichts anderes übrig, als auf unsere besten „Waffen" zurückzugreifen. Unsere größte Stärke ist, dass wir Menschen sind und über Menschlichkeit und Mitmenschlichkeit verfügen. Wir kennen die Fähigkeiten unserer Herzensenergie, und wir können sie nutzen. Diese Herzensenergie unterscheidet uns von denjenigen Wesen, die für die ganz große Macht oder den ultimativen Profit über Leichen gehen. Den echten Menschen sind vor allem das Leben selbst wichtig sowie der friedliche und wertschätzende Umgang miteinander. Psychisch gesunde und echte Menschen möchten einfach nur in Frieden ihr Leben leben, ihre Kinder glücklich aufwachsen sehen und für ihre Familien da sein. Natürlich ist es erforderlich, dass man etwas für die Versorgung der Familie tut, doch muss es immer noch mehr sein und muss es mit immer noch mehr Leistungs- und Termindruck geschehen? Muss es sein, dass viele Eltern beide jeweils 40 Stunden in der Woche arbeiten und dazu vielleicht auch noch eine zweite Arbeitsstelle annehmen müssen, damit sie ihre Familie versorgen können? Muss es sein, dass sich fremde Menschen um ihre Kinder kümmern, damit die Eltern die Miete erwirtschaften können?

> *„Wer mit sich selber in Frieden lebt,*
> *kommt nicht in Versuchung,*
> *anderen den Krieg zu erklären."*[341]
>
> Ernst Ferstl, österr. Lehrer, Dichter und Aphoristiker

Die Einkommensschere zwischen Arbeitnehmern/Angestellten und beispielsweise Vorstandsvorsitzenden von Konzernen klafft seit Jahren immer weiter auseinander, und das hat mit Menschlichkeit rein gar nichts mehr zu tun – vielmehr mit einer Zweiklassengesellschaft, die am Ende in Sklaverei endet. Doch auch Eltern, die gut verdienen, nehmen sich oftmals zu wenig Zeit für ihre Kinder. Anstatt sich auf die Menschlichkeit zu konzentrieren und sich gegenseitig zu unterstützen, fokussieren viele nur die materiellen Werte, von denen man die meisten im Grunde gar nicht wirklich benötigt. Wir bieten unseren Kindern wesentlich mehr, wenn wir mit ihnen einen Waldspaziergang unternehmen, anstatt ihnen teure Geschenke zu übergeben. Das einzige Problem dabei ist jedoch das Konkurrenzdenken, das bereits die Kinder und Jugendlichen infiziert hat. Schließen Sie sich mit anderen Eltern zusammen und sprechen Sie dieses Thema an – vermutlich erhalten Sie von vielen eine Bestätigung. Die Kinder würden am meisten profitieren, wenn ihre Eltern mehr miteinander reden und mehr mit ihnen unternehmen würden, denn auch das ist Menschlichkeit!

MANIFESTATIONSKRAFT

Die zweite große Stärke ist unsere enorme Geisteskraft. Das, was wir normalerweise für unseren Beruf nutzen, können wir auch für die Manifestation unseres eigenen Lebens nutzen, nämlich unsere Geisteskraft. Wir alle haben Visionen davon, wie wir uns unser Leben wünschen. Und diese Visionen können wir mit Energie versorgen, indem wir sie uns bildlich vorstellen. Wir können uns deren Umsetzung mit viel Gefühl wünschen, wobei unser Fokus in der Vorstellung einer intakten Welt und menschlichem Miteinander liegen sollte. Wenn wir uns ein Leben wünschen, in dem wir unsere Gaben leben können und mit diesen zum Wohle aller dienen, dann dürften wir der Unterstützung zur Umsetzung gewiss sein. Unsere Visionen werden leichter zur Realität, wenn sie das Beste *aller* zum Ziele haben, und es ist auch eine Frage des Bewusstseins, *was* wir manifestieren möchten. Außerdem gibt es grundsätzlich zweierlei Arten, sich etwas zu „wünschen".

Eine nenne ich **Großer Plan**: Hierbei handelt es sich nämlich um Lebenspläne. Ich möchte behaupten, dass die meisten Menschen das Leben so nehmen, wie es kommt, und oftmals bestimmen deshalb andere über ihr Leben. Dabei ist es durchaus sinnvoll, sich bereits als junger Mensch Gedanken darüber zu machen, *wie* man leben möchte, *wo* man Schwerpunkte sieht und vor allem auch, *was* man wirklich von Herzen gerne tun möchte. Denn es sollte unser Ziel sein, unsere Herzenswünsche zu leben. Wir sind wesentlich zufriedener im Leben, wenn wir das tun dürfen, was wir gerne tun und wobei wir Freude und Erfüllung empfinden.

Herzenswünsche entsprechen in der Regel dem, was unsere Seele befürwortet. Wenn wir uns etwas wünschen, das den Vorstellungen unserer Seele gleichkommt, dann ist die Chance groß, dass es tatsächlich auch so kommen wird. Wenn dem nicht so ist, werden wir vermutlich ganz andere Dinge erleben, als wir es uns gedacht haben. Viele Wünsche entsprechen nicht unseren Seelenwünschen, sondern sollen

Defizite kompensieren, die wir als Kind erlebt haben. Wir unterschätzen dabei vor allem die Konditionierungen, die wir in der Kindheit erfahren haben und die in uns bestimmte Mängel verursachen. So kann der Wunsch nach einer großen Karriere dem Defizit entspringen, das wir als Kind erlebt haben, weil wir keine Anerkennung erfahren durften. Diese Anerkennung suchen wir dann eventuell im Berufsleben, nicht ahnend, dass es „nur" die Erfüllung unseres kindlichen Bedürfnisses nach Annahme und Liebe ist, die uns antreibt.

Wir sollten also versuchen herauszufinden, was wir gerne haben und warum wir es erleben möchten. Ist es ein wirklicher Wunsch aus dem Herzen oder ist es der Versuch, einen immer wieder erlebten Mangel zu kompensieren? Falls es das Letztere ist, dann ist der erste Schritt der, unsere verletzte Seele zu heilen. Das geschieht am besten, indem wir den beteiligten Menschen und uns selbst vergeben und dadurch wieder unseren inneren Frieden finden. Übungen hierzu erläutere ich später noch. Erst wenn wir mit uns und mit unserem Umfeld in Harmonie sind, sind wir auch in der Lage, wirklich in uns hinein zu spüren und dadurch zu erfahren, was unser Wunsch für dieses Leben ist. Wollen wir liebend gerne eine Familie versorgen, wollen wir für alte oder kranke Menschen da sein? Wollen wir schöne Bücher schreiben? Wollen wir etwas mit Tieren machen? Wollen wir Geigen bauen? Oder liegt unser Talent im Ordnen von Dingen, was für eine Beschäftigung in der Verwaltung sprechen würde? Dabei gibt es kein „gut" oder „schlecht", sondern nur ein „das liegt mir oder das liegt mir nicht".

Die andere Art, sich etwas zu wünschen, kann einer **aktuellen Lebenssituation** entspringen. Damit meine ich solche Wünsche, die ausgesprochen werden, um eine akute Situation zu ändern. Das kann beispielsweise ein Hilferuf sein: Stellen Sie sich vor, Sie haben sich verlaufen und es wird bereits dunkel. Das ist so eine akute Situation, die ich meine, und in der Realität würden Sie sich jetzt vielleicht wünschen, dass Sie auf eine Straße treffen und Sie dort jemand mitnimmt. Oder auch das ganz „normale" Wünschen eines Parkplatzes ist so ein Beispiel. Dies sind akute Situationen, in denen der ganz konkrete Wunsch überdurchschnittlich häufig auch tatsächlich erfüllt wird. Doch auch der Wunsch nach einer neuen Wohnung kann durch Visualisieren leichter verwirklicht werden. Der Bedarf einer neuen Wohnung ist in der Regel ein Prozess von einigen Monaten und auch hierbei können wir mit unserer Vision ein positives Bild prägen und die Notwendigkeit kann zur Verbesserung werden.

Meiner Erfahrung nach ist die Chance, dass unsere Wünsche erfüllt werden, am größten, wenn wir dann intensiv um Hilfe bitten, wenn wir sie tatsächlich brauchen. Wenn wir ein Leben führen, das uns zu schwierig erscheint, dann können wir uns intensiv vorstellen, dass sich uns jene Türen öffnen, die für uns vorgesehen sind. Wir können auch manifestieren, dass wir leichter durchs Leben gehen können. Wenn wir uns dies im Bewusstsein des inneren Friedens und in Verbindung mit unserer Ur-Quelle vorstellen, ist die Chance groß, dass unser Leben tatsächlich leichter wird. In Verbindung mit unserer Ur-Quelle sind wir besonders dann, wenn unsere Wünsche auch das Wohl unserer Mitmenschen beinhalten. Und das ist dann der Fall, wenn wir uns Visionen vorstellen, die von Frieden (innerhalb der Familie, aber auch im Umfeld und weltweit), Freiheit und liebevollen Begegnungen geprägt sind. Diese Bilder sollten wir uns immer wieder vorstellen.

Wir haben die große Gabe, Visionen zu haben. Dies sollten wir nutzen, denn wenn wir unsere Visionen mit Energie (Empfindung) anreichern, dann sind wir kraftvolle Wesen, die Berge versetzen können. Wenn wir an uns glauben, dann schaffen wir das tatsächlich. Und das ist nicht als leere Phrase zu verstehen wie „*Yes, we can!*" oder ein diktiertes „*Wir schaffen das!*", sondern es ist ein Ausspruch, der aus unseren eigenen Herzen kommt: Wir erschaffen eine lebenswerte Welt für uns!

Wenn uns das – immer öfter – gelingt, dann können wir auch als Vorbild nach außen leben. Wenn wir in der Liebe leben, wirklich in der Liebe leben, dann strahlen wir dies auch aus. Dann brauchen wir keine Selbstbeweihräucherung und müssen nicht mehr nach Anerkennung heischen wie ein kleines Hündchen, das gestreichelt werden will. Wer sein Leben aufgeräumt hat, dem sieht man den inneren Frieden an. Doch Achtung, man kann sich dabei nie auf seinen Lorbeeren ausruhen. Denn es kommen immer wieder Herausforderungen auf uns zu, die uns erneut an unsere Grenzen bringen. Deshalb ist es eine *permanente Aufgabe*, uns diesen inneren Frieden zu erhalten.

Dabei ist der wichtigste Schritt der, in unserem eigenen Herzen Frieden zu erzeugen und die Liebe in unserem Herzen einziehen zu lassen, denn damit heben wir unsere eigene Schwingung an. Dadurch können wir auch unsere Mitmenschen so akzeptieren, wie sie sind, auch wenn wir deren Meinung nicht teilen. Wenn wir uns auf Positives, Gesundheit, Familie, Fülle und die Er„füllung" der Lebensaufgabe konzentrieren, dann nähren wir das Friedensfeld der Erde und erhöhen damit das Potential für Frieden ganz enorm. Wir alle können dazu beitragen, dass diese Welt wieder wirklich lebenswert und zu einem Paradies wird, doch der erste Schritt ist der Frieden in uns selbst und mit unseren Familienmitgliedern, ebenso mit unseren Nachbarn, Kollegen usw. – und beginnen wir am besten jetzt.

„*Habe Mut, Dich Deines eigenen Verstandes zu bedienen.*"[342]
Immanuel Kant (1724-1804), dt. Philosoph

MENGE

Unsere dritte große Stärke ist die, dass wir *viele* sind. Wenn man Statistiken glauben möchte, wird die Erde von mittlerweile weit über 7,5 Milliarden Menschen bevölkert. Deshalb wäre es höchst sinnvoll und effektiv, wenn wir unsere Kräfte bündeln würden. Es geht heute nicht mehr darum, dass sich Völker (bzw. ihre Regierenden) bekämpfen, sondern mittlerweile geht es darum, dass wir als „echte" Menschen überleben können. Alle diejenigen, die menschlich empfinden, die also noch eine Menschlichkeit in sich haben, sollten sich verbinden.

Es bleibt uns zunächst nichts anderes übrig, als uns darüber zu informieren, was in der Welt geschieht, damit wir Bescheid wissen. Auf diese Weise haben wir die Möglichkeit, das Sinnvolle vom Unsinnigen oder sogar Gefährlichen zu unterscheiden. Denn nur so können wir uns gegen Bedrohungen zur Wehr setzen und uns für die richtigen Dinge einsetzen. Das können wir am besten, wenn wir uns die Welt so vorstellen, wie wir sie uns wünschen, um gesund und glücklich leben zu können. Wir haben nur eine wirkliche Chance auf Veränderung zum Besseren, wenn wir uns das Leben intensiv so vorstellen, wie wir es uns wünschen.

Der Weg zum Frieden kann nur so gehen, dass wir uns dem Krieg entziehen. Und Krieg entsteht durch „teile und herrsche". Wer dieses uralte Spiel versteht, der lässt sich nicht mehr für die eine oder andere Seite gewinnen, sondern versteht den perfiden Plan dahinter. Und wenn mächtige Organisationen in Drittländern für massive Unruhen sorgen und die dortigen Menschen dahingehend indoktrinieren, dass sie alles stehen und liegen lassen und in ein vergleichsweise winziges Land wie Deutschland einwandern möchten, dann wird auch hier „teile und herrsche" ausgeübt. Denn nicht nur die Auswanderer sind langfristig die Verlierer, sondern auch Deutschland und die anderen europäischen Staaten.

Sie sehen, die Aufklärung über die Hintergründe ist enorm wichtig. Deshalb ist auch der Weg zum weltweiten Frieden und zur weltweiten Freiheit der Menschen nur dadurch möglich, dass wir diese Zusammenhänge erkennen. Erst dann wird uns bewusst, welche enormen Mächte dahinterstecken müssen. Nur wenn wir geschlossen fordern, dass wir in Frieden und in Freiheit leben möchten, haben wir auch eine Chance auf Frieden und Freiheit. Jeder einzelne Mensch auf der Welt ist mit dafür verantwortlich, den Frieden wiederherzustellen. Deshalb ist es wichtig, dass wir alle dasselbe visualisieren: Friede und Freiheit für alle Menschen auf der Welt.

KAPITEL 20:
FÜR UNS SELBST SORGEN

Sobald wir so weit sind, dass wir mit uns selbst (meistens) in Frieden sind, locken wir damit natürlich andere Menschen an, die von dieser positiven Schwingung partizipieren möchten. Leider ist es oftmals so, dass diese dabei nicht bereit sind, sich selbst oder ihr Leben zu verändern, sondern ihre ganze Frustration einfach nur abliefern möchten. Deshalb kommt es immer wieder vor, dass andere Menschen nicht nur ihre gesamte Leidensgeschichte, sondern auch noch den neuesten Klatsch über uns auskippen möchten. Sie suchen lediglich einen Zuhörer, der ihnen Aufmerksamkeit schenkt und ihnen bestätigt, dass sie ein besonders schweres Schicksal tragen und immer wieder Opfer sind. Solche „Gespräche" rauben uns unendlich viel Energie und wir sollten derartige Begegnungen vermeiden. Wenn wir uns nicht mehr als Zuhörer zur Verfügung stellen, tun wir ihnen sogar den größten Gefallen. Denn wenn ihnen niemand mehr zuhört, müssen sie sich selbst mit ihren Themen auseinandersetzen und sind deshalb möglicherweise schneller bereit, eine Änderung, wie beispielsweise eine Entscheidung zu treffen, zu vergeben oder was auch immer, herbeizuführen.

Etwas anderes ist es, wenn wir konstruktiv helfen können oder natürlich auch, wenn es sich um einen liebgewonnenen Menschen handelt, der uns am Herzen liegt, dann ist solch ein Gespräch selbstverständlich immer sinnvoll. Wenn die Familie, Freunde oder auch Fremde tatsächlich Hilfe brauchen, ist es gut und richtig, nach seinen Möglichkeiten Unterstützung anzubieten oder einfach nur zuzuhören. Auch wir selbst brauchen hin und wieder Hilfe. Doch wenn es sich um Jammerer handelt, die jedes Mal dasselbe erzählen, ohne auch nur ein klitzekleines Bisschen an ihrer Situation ändern zu wollen, dann lassen wir uns lediglich als Abfalleimer missbrauchen, wenn wir zuhören. Denn sie sind ihren Kummer tatsächlich eine Zeit lang los und derjenige, der sich das anhören musste, nimmt ihn mit. Das ist ein Spiel, das tagtäglich millionenfach gespielt wird und jeder von uns kennt solche Kandidaten. Das sind diejenigen, vor denen man sich am liebsten verstecken möchte, vor allem, wenn man unter Zeitdruck steht.

Wir sollten uns daher davor hüten, uns bei zufälligen Begegnungen, beispielsweise während des Einkaufs, in solche Gespräche verwickeln zu lassen. Sich als Mülleimer für andere Menschen benutzen zu lassen, raubt uns enorm viel Energie. Nicht umsonst nennt man diese Menschen „Energievampire", und unsere Kraft so zu verschleudern, können wir uns derzeit nicht mehr leisten. Wir brauchen unsere Energie, um die Schwingung in uns und in unserem nächsten Umfeld anzuheben und hochzuhalten. Nur so können wir einen wirklich sinnvollen Beitrag leisten und das morphische Feld bzw. die 5. und 6. Dimension nach *Burkhard Heim* mit hochschwingender Energie füttern und somit programmieren.

Andererseits gibt es natürlich Menschen, die es nicht ertragen können, wenn wir mit uns selbst in Frieden sind und die uns gerade deshalb schaden möchten. Dahinter steckt nicht selten der Wunsch, dadurch selbst im Mittelpunkt zu stehen. Durch solche Menschen sollten wir uns nicht aus der Ruhe bringen lassen, im Zweifelsfall den Ort des Geschehens verlassen und diese Neider sich selbst überlassen. Wir brauchen den Applaus nicht, weil wir die Ausgeglichenheit in uns selbst finden. Sinnlose und kräfteraubende Konfrontationen nützen niemandem.

Trotzdem werden wir immer wieder mit Herausforderungen konfrontiert, mit denen wir uns auseinandersetzen müssen, und die beste Art, mit einem Problem umzugehen, besteht in einer genauen Analyse:

1. Kann ich die problematische Situation ändern und falls ja, wie?
2. Kann ich sie nicht ändern, dann muss ich sie akzeptieren und das Beste daraus machen.

Genauso wie es in dem kleinen Gebet geschildert wird, das dem Theologen *Niebuhr* zugeschrieben wird:

„*Gott, gib mir die Gelassenheit,*
Dinge hinzunehmen, die ich nicht ändern kann,
den Mut, Dinge zu ändern, die ich ändern kann,
und die Weisheit, das eine vom anderen zu unterscheiden."[343]

Karl Paul Reinhold Niebuhr (1892-1971), US-amerikanischer Theologe und Philosoph

Nur wenn wir in uns selbst Frieden erschaffen können, können wir ihn in der Welt etablieren, denn die Heilung beginnt stets in uns selbst. Jeder kennt ein paar Menschen in seinem Umfeld, mit denen er in Unfrieden ist, und hier sollten wir beginnen. Wenn wir in uns den Frieden und die Liebe beibehalten können, während wir an diese Leute denken und sie womöglich noch segnen können, dann erschaffen wir Frieden in uns, können verzeihen und loslassen – aber auch für uns sorgen! Wir können andere nicht ändern, doch wir können an uns selbst arbeiten. Und dazu gehört auch dafür zu sorgen, dass es uns gut geht.

Das bedeutet, dass wir lernen müssen, Grenzen zu setzen. Deshalb sollten wir uns von Menschen distanzieren, die uns energetisch aussaugen, neidisch auf uns sind oder uns auf sonstige Weise schwächen. Das Leben jedes Einzelnen ist individuell und unterscheidet sich von all den weiteren über sieben Milliarden Menschenleben, und deshalb kann nur jeder für sich entscheiden, was gut für ihn ist. Einerseits sind wir sind nicht dazu da, die Erwartungshaltung anderer zu erfüllen und andererseits dürfen wir auch nicht hart werden. Es ist somit eine Gratwanderung und bedarf immer einer individuellen Entscheidung, ob wir uns den Problemen anderer Menschen widmen wollen. Das oberste Gebot lautet dabei, dass keiner einem anderen schaden darf und würde jeder danach handeln, dann hätten wir weltweit friedliche Zustände.

Für die Erschaffung einer friedlichen Welt ist jeder Einzelne wichtig. Wer erst einmal erkannt hat, wie die bisherige Welt funktioniert, wird zwangsläufig nach einer Lösung für sich suchen. Und genau darum geht es: Wir dürfen nicht in der Recherche stecken bleiben. Wir sollten uns informieren, damit wir die Hintergründe verstehen, *dann* aber unseren Fokus auf die Lösungen richten. Alles andere wäre unverantwortlich und würde uns keinen Millimeter voranbringen, sondern im Gegenteil, wir könnten uns im Sumpf verlieren. Wenn wir uns mit diesen Abgründen befassen, dann sollten wir dies nur tun, damit wir das aktuelle Geschehen verstehen und besser entscheiden und handeln können. Nur so können wir die Verantwortung selbst übernehmen und unser Bestes tun, um die derzeitige Situation in der Welt zu verbessern.

Ich schreibe das deshalb, um Ihnen zu zeigen, dass *Sie* Ihren einzigartigen Weg gehen müssen, der nur für *Sie* der richtige ist. Und wenn Sie das Gefühl haben, dass etwas oder andere Menschen Sie in Ihrer Entwicklung behindern, dann fragen Sie sich, was *Sie* wirklich im Leben wollen. Den eigenen Lebensweg zu gehen, ist immer eine Gratwanderung, denn falls Sie beispielsweise eine Familie haben, wird diese Sie brauchen. Doch wenn Sie gleichzeitig auch auf Ihre innere Stimme hören und sich dabei ständig zurücknehmen müssen, kann das dazu führen, dass Sie das Leben von anderen Menschen leben und eines Tages auf dem Sterbebett sagen: *„Hätte ich doch dies und jenes getan!"* – oder auch „nicht getan". Wenn Sie jedoch dabei Ihre Familie im Stich lassen, um Ihren eigenen Weg zu gehen, könnten Sie auch das eines Tages bereuen.

Fragen Sie sich einfach, ob Sie glücklich sind in Ihrem Leben. Wenn die Antwort „nein" lautet, fragen Sie nach, was Ihnen fehlt. Möglicherweise geht es Ihrem Partner genauso und er ist froh, dass Sie solche Dinge ansprechen. Vielleicht eröffnet sich für Sie eine gemeinsame Zukunft, die Ihnen beiden Erfüllung bringt und das Leben viel lebenswerter sein lässt. Sprechen Sie offen an, was Ihnen fehlt, denn Vorwürfe bringen dabei übrigens rein gar nichts. Wenn Sie beispielsweise das Gefühl haben, dass Ihr Mann/Frau Sie unterdrückt und Sie keine eigenen Ideen einbringen können, dann wäre es kontraproduktiv, zu sagen: *„Du unterdrückst mich immer!"* In diesem Fall würde der Partner sich angegriffen fühlen, sofort in Abwehrhaltung gehen und Ihnen Vorwürfe machen, um sich selbst zu schützen. Wenn Sie hingegen bemerken: *„Ich habe das Gefühl, dass ich meine eigenen Wünsche zu wenig lebe, wie können wir das ändern?"*, dann fühlt sich Ihr Partner aufgefordert, mit Ihnen zusammen eine Lösung zu finden. Das klingt doch gleich viel besser, oder nicht? Es gibt oftmals einen Mittelweg und es lohnt sich immer, einen Weg zu wählen, bei dem schlussendlich alle Beteiligten profitieren.

Auch unsere Kinder wie auch unsere Eltern können eine große Herausforderung für uns sein. Kinder sind zuweilen unsere größten Lehrer – und glauben Sie mir, ich weiß, wovon ich spreche. Sie spiegeln uns zum Beispiel auf hervorragende Weise unsere Schwachstellen und kennen ziemlich genau unsere Triggerpunkte, die uns zeigen, welche Defizite wir noch mit uns herumtragen. Anfangs erkennen wir diese meist nicht, da unsere eigenen Schwachstellen für uns sog. „blinde Flecken" sind.

Doch wenn Sie sich ab und zu in die Stille zurückziehen, sei es in den Wald oder in eine stille Meditation (gerade weil das in unserer hektischen Welt kaum möglich ist), dann können Sie in sich hineinspüren und nach und nach herausfinden, was Ihnen selbst fehlt. Nur Sie selbst können wirklich beurteilen, was Sie brauchen.

Wenn Sie daran arbeiten, sei es mit Vergebungsübungen, systemischen Aufstellungen, Kinesiologie oder anderen Methoden (die von vertrauenswürdigen Menschen geleitet werden!), dann werden Sie nach und nach ihre Defizite auffüllen. Sie verändern sich dadurch und auch Ihre Kinder werden das spüren, und so mancher Konflikt entspannt sich nach und nach. Besonders häufige Themen sind fehlendes Urvertrauen sowie der Mangel an Selbstwert und an Selbstliebe. Wenn unsere eigenen Eltern das nicht erhalten haben, dann fehlt es uns meist auch. Nutzen wir deshalb die Möglichkeiten, diese wichtigen Basissteine eines glücklichen Lebens nachzuholen – das ist möglich! Auch unsere Eltern profitieren im Nachhinein genauso davon, wie wir selbst, und unsere Kinder ohnehin.

Um zu verstehen, warum unsere Eltern so sind, wie sie sind, ist es ebenso wichtig, die Welt zu verstehen, wie sie heutzutage funktioniert. Die manipulativen Systeme sind schon sehr lange installiert und es ist wichtig, sie zu erkennen und zu durchschauen. Dazu ist es erforderlich, sich „tief in den Kaninchenbau" zu begeben, wie der Autor *David Icke* es nennt, und die Hintergründe zu erforschen. Erst wenn wir die Manipulationen der Medien, der Bildungssysteme, der Religionen, der Politik usw. erkannt haben, haben wir den nötigen Überblick, um Zusammenhänge und Fallen zu erkennen. Erst dann wissen wir, wovor wir uns schützen sollten. Und wir können uns auch fragen, ob wir all das brauchen, was uns über die Werbung in den Medien vermittelt wird. Wollen wir so leben, wie es uns als „normal" dargestellt wird? Oder ziehen wir es vor, tiefer zu blicken und nach unserem wahren Lebenssinn zu forschen? Unser Herz gibt uns zarte, jedoch auch deutliche Impulse, was sich für uns gut anfühlt und was nicht. Hören Sie auf diese Impulse, denn je mehr Sie sich erlauben, diese wahrzunehmen und sich nach ihnen zu richten, desto deutlicher wird Ihre Wahrnehmung. Probieren Sie es aus!

Der große Komiker *Charlie Chaplin* hat sehr gut formuliert, was wir benötigen, damit wir glücklich leben können:

> *„Als ich mich wirklich selbst zu lieben begann,*
> *konnte ich erkennen, dass emotionaler Schmerz*
> *und Leid nur Warnung für mich sind,*
> *gegen meine eigene Wahrheit zu leben.*
> *Heute weiß ich, das nennt man ‚Authentisch-Sein'.*

Als ich mich wirklich selbst zu lieben begann,
habe ich verstanden, wie sehr es jemanden beschämt,
ihm meine Wünsche aufzuzwingen, obwohl ich wusste,
dass weder die Zeit reif noch der Mensch dazu bereit war,
auch wenn ich selbst dieser Mensch war.
Heute weiß ich, das nennt man ‚Selbstachtung'.

Als ich mich wirklich selbst zu lieben begann,
habe ich aufgehört,
mich nach einem anderen Leben zu sehnen,
und konnte sehen, dass alles um mich herum
eine Aufforderung zum Wachsen war.
Heute weiß ich, das nennt man ‚Reife'.

Als ich mich wirklich selbst zu lieben begann,
habe ich verstanden,
dass ich immer und bei jeder Gelegenheit,
zur richtigen Zeit am richtigen Ort bin
und dass alles, was geschieht, richtig ist –
von da an konnte ich ruhig sein.
Heute weiß ich, das nennt sich ‚Selbstachtung'.

Als ich mich wirklich selbst zu lieben begann,
habe ich aufgehört, mich meiner freien Zeit zu berauben
und ich habe aufgehört, weiter grandiose Projekte
für die Zukunft zu entwerfen.
Heute mache ich nur das,
was mir Spaß und Freude bereitet,
was ich liebe und mein Herz zum Lachen bringt,
auf meine eigene Art und Weise und in meinem Tempo.
Heute weiß ich, das nennt man ‚Ehrlichkeit'.

Als ich mich wirklich selbst zu lieben begann,
habe ich mich von allem befreit
was nicht gesund für mich war,
von Speisen, Menschen, Dingen, Situationen
und von allem, das mich immer wieder hinunterzog,
weg von mir selbst.
Anfangs nannte ich das ‚gesunden Egoismus',
aber heute weiß ich, das ist ‚Selbstliebe'.

*Als ich mich wirklich selbst zu lieben begann,
habe ich aufgehört, immer Recht haben zu wollen,
so habe ich mich weniger geirrt.
Heute habe ich erkannt, das nennt man ‚Einfach-Sein'.*

*Als ich mich wirklich selbst zu lieben begann,
da erkannte ich, dass mich mein Denken
armselig und krank machen kann,
als ich jedoch meine Herzenskräfte anforderte,
bekam der Verstand einen wichtigen Partner,
diese Verbindung nenne ich heute ‚Herzensweisheit'.*

*Wir brauchen uns nicht weiter
vor Auseinandersetzungen, Konflikten und Problemen
mit uns selbst und anderen zu fürchten,
denn sogar Sterne knallen manchmal aufeinander
und es entstehen neue Welten.
Heute weiß ich, das ist das LEBEN!"*[344]

Charlie Chaplin (1889-1977), britischer Schauspieler und Komiker

Kapitel 21:
Kollektivfeld

Kollektivfelder sind Felder, die von unseren Gedanken, Empfindungen und Emotionen erschaffen und genährt werden. Diese Felder haben eine enorme Wirkung, denn wir alle sind permanent von Feldern umgeben. Gehen wir in ein großes Einkaufszentrum, sind wir von Menschen umgeben, die eine Einkaufsliste haben und einkaufen wollen, möglicherweise stehen viele unter Zeitdruck. Dieses Feld überschneidet sich mit unserem eigenen Feld und beeinflusst uns deshalb. Genauso ergeht es uns, wenn wir zum Beispiel im Urlaub sind, denn die Menschen, die uns umgeben, sind erholt und so empfinden auch wir schnell einen entspannten Zustand.

Wenn wir uns jedoch unseren Alltag bewusst ansehen, dann stellen wir fest, dass wir permanent von Negativmeldungen berieselt werden. Damit meine ich jedoch weniger die tatsächlichen Informationen über das, was auf der Welt geschieht, sondern die regelmäßige Wiederholung der „nachgerichteten" Nachrichten, die im Radio und TV mindestens stündlich gesendet werden. Durch diese meist negativen Meldungen entstehen in uns Empfindungen, die mit Gefühlen wie Angst, Ärger, Hilflosigkeit, Ausgeliefertsein usw. verbunden sind und durch diese Gefühle nähren wir wiederum das Kollektivfeld – die Folge ist eine angstvolle und gleichzeitig aggressive Kollektivenergie.

Es ist daher wichtig, dass wir diese Manipulation wahrnehmen und uns ganz bewusst dafür entscheiden, aus dieser Massen-Beeinflussung auszusteigen, indem wir uns auch mit angenehmen Dingen beschäftigen. Das dient nicht einfach nur zur Ablenkung, sondern es ist sinnvoll, ein Feld zu erschaffen bzw. zu nähren, das wir uns als Realität wünschen. Wir sollten uns also jeden Tag eine gewisse Zeit nehmen und uns die Welt vorstellen, wie wir sie uns wünschen. Wir sollten eine Vision erschaffen – dann beteiligen wir uns aktiv daran, wirklich eine bessere Welt zu erschaffen. Wenn wir uns ganz bewusst eine Welt vorstellen, in der wir friedlich leben, in der jeder das hat, was er braucht, in der wir frei und glücklich sind und einander unterstützen, dann entziehen wir nicht nur dem altbekannten Feld unsere Energie, sondern wir geben neue Impulse und schaffen damit eine veränderte Energie, nämlich die, die wir uns wünschen. Allein durch die bildliche Vorstellung senden wir unsere Vision in das Energiefeld der Erde. *Dr. Volkamer* formuliert es so, dass wir das Feld beeinflussen können,

> „indem einzelne Leute mit ihrer Individualität sich von diesem Feld nicht unterbuttern lassen, sondern bestimmten Konsequenzen, die sie wissenschaftlich erkannt haben, die aber im Kollektiv noch nicht verankert sind, systematisch nachgehen"[345].

Das heißt, es kommt auf jeden Einzelnen von uns an. Denn wenn wir uns der vorhandenen, manipulierten Energie hingeben, dann gehen wir in Resonanz dazu, und lassen uns von ihr beeinflussen. Wenn wir uns in einem ständigen Kampf befinden, sei es gegen einen übergriffigen Nachbarn, gegen Krankheiten oder was auch immer, dann sind wir in Resonanz mit dem vorherrschenden Feld und es besteht die große Gefahr, dass unsere eigene Kampfenergie nochmals verstärkt wird.

„Das größte Problem ... ist die egozentrierte individuelle Überbetonung von Eigennutz im Kollektivbewusstsein ... Wenn jemand leichtfertig Leute auf die Straße schickt und sie ins Elend stürzt, obwohl er sie halten könnte, wenn er seinen Gewinn reduzieren würde, trägt er an dem Leid dieser Leute irgendwann mit und muss später diese Sache, die er verursacht hat, im Prinzip über karmische Prozesse feinstofflich wieder selbst in seinem Leben ausbügeln." (Dr. Volkamer)

Wenn also der Inhaber eines großen Baukonzerns seine Mitarbeiter über die Winterzeit entlässt, obwohl das Firmenbudget es zulassen würde, dass er sie – wenn auch reduziert – weiterbeschäftigen könnte, dann trägt er eine karmische Verantwortung dafür, wenn diese in dieser Zeit Not leiden müssen.

Solche Kollektivfelder beeinflussen uns permanent und es ist manchmal nicht einfach zu unterscheiden, ob eine Empfindung nun unsere eigene ist oder ob sie dem Kollektivfeld entstammt. Sind wir wirklich ärgerlich oder nehmen wir lediglich eine Schwingung des Feldes auf? In solchen Situationen ist es hilfreich, wenn wir einen Moment innehalten und uns auf unser Herz konzentrieren. Dadurch kommen wir wieder in unsere Mitte und sind weniger beeinflussbar von irgendwelchen fremden Energien. Es ist niemandem geholfen, wenn wir uns von der Energie des Kollektivfeldes beeinflussen lassen, im Gegenteil, dadurch werden wir nur zum Opfer dieser Einflüsse. Besser ist es, wir erschaffen *in uns* eine positive Empfindung und nähren damit das Kollektivfeld. Dadurch sind wir in unserer eigenen Energie und können das Feld zusätzlich noch günstig beeinflussen.

KAPITEL 22:
HEILUNGSWEG VON INNEN NACH AUSSEN

Meiner Ansicht nach können wir die Welt nicht wirklich im Äußeren, also in der Materie verändern und verbessern, sondern die Veränderung muss zwangsläufig von innen nach außen geschehen. Nur wenn wir in uns wieder Werte entstehen lassen, können wir die Welt durch die Eigenschwingung, die wir selbst haben, verändern. Es ist dringend notwendig, zunächst unsere eigene Entwicklung weiter anzustreben. Dazu gehört auch, sich von bestimmten Dingen zu lösen, wie zum Beispiel:

- Anerzogene Verpflichtungsgefühle (zum Beispiel Weihnachtskarten schreiben, obwohl man es nicht wirklich möchte),
- Erfüllung von Erwartungen anderer Menschen (Einladungen von Menschen annehmen, die man eigentlich gar nicht treffen möchte) und
- Energievampire (das sind die, die uns eine Stunde lang ihr Drama erzählen, ohne auch nur ein einziges Mal zu fragen, wie es uns geht).

Darüber hinaus halte ich es ebenso für sinnvoll, unsere Ur-Quelle um Hilfe und Unterstützung zu bitten. Wir sind innerhalb einer irdischen Inkarnation sowohl in unserer Wahrnehmung wie auch in unserem Denken extrem eingeschränkt. Unsere DNS verfügt offenbar nur über einen Bruchteil ihrer möglichen Kapazität, weshalb wir in der Lage sind, nur einen sehr beschränkten Teil der Wahrheit zu erkennen. Und deshalb befürchte ich, dass wir uns *allein* nicht aus der jetzigen Lage befreien können. Trotzdem sind in erster Linie wir selbst gefordert, unseren geistigen Käfig zu erkennen und dieser Gefangenschaft zu entkommen. Nur wenn wir auch selbst aktiv werden, können wir – wenn überhaupt – Hilfe von außen erwarten.

Diese Hilfe wird jedoch nicht so aussehen, dass ein großes Raumschiff kommt und uns arme Opfer in eine bessere Welt mitnimmt. Das, was jetzt ansteht, ist eine „all-umfassende" Befreiung von den Dunkelmächten. Wenn uns dies in vollem Umfang gelänge, würde uns eine Daseinsform erwarten, die unsere kühnsten Träume übertreffen würde. Und wenn es uns gelänge, uns von den Negativkräften komplett zu befreien, wäre die Dualität besiegt. Können Sie sich vorstellen, was das bedeuten würde? Wir hätten den Frieden nicht nur im Außen, sondern auch in uns selbst. Alle Selbstzweifel, jeglicher Streit, Konkurrenz usw. – einfach alles, was uns entzweit, wäre Vergangenheit.

Es gibt sicherlich einige Menschen, denen das dann zu langweilig wäre. Doch ich kann Ihnen versichern, dass ein Zustand in vollkommener Harmonie und in vollkommenem Frieden alles übertrifft, was wir an normalen irdischen Empfindungen fühlen können. Ich durfte diesen Zustand kurz erleben: Es ist eine extrem tiefe, innere Zufriedenheit, die man mit Worten nicht beschreiben kann, und ich habe solch einen Zustand weder zuvor noch danach jemals wieder in dieser Intensität erlebt. In solch einem Moment fühlt man nur „Ich bin" – und das ist höchst erfüllend – von Langeweile keine Spur.

Es wird aufgrund der sich rasant verändernden Zeitqualität immer einfacher, bewusster zu werden. Eine Begleiterscheinung dabei ist, dass die Wahrheiten immer offensichtlicher werden. Wenn Sie bereits begonnen haben, bewusster zu leben und auf Ihre Empfindungen zu achten – und davon gehe ich aus, wenn Sie dieses Buch bis hierher gelesen haben – dann spüren Sie intuitiv, ob Ihr Gegenüber Ihnen wohlgesonnen ist oder nicht. Das meine ich damit, dass sich die *Zeitqualität* ändert, denn noch vor zwanzig Jahren war es schwieriger, die Wahrheit zu „fühlen", während wir uns heute mehr und mehr auf unseren ersten Impuls verlassen können. Das setzt natürlich voraus, dass wir auch beginnen, diese innere Stimme wahrzunehmen, denn sie ist leise. Die innere Stimme ist diejenige, die sich als erste meldet. Die zweite Stimme kommt dann vom Intellekt und sie versucht, die Empfindungen der inneren Stimme zu widerlegen – was ihm leider noch immer oft gelingt.

Die Außenwelt hingegen ist laut, voller Werbung, Verführung, Manipulation und Lüge. Das Wort „Mogelpackung" gab es noch vor wenigen Jahrzehnten in unserer Sprache nicht – und unsere Sprache ist sehr alt! Diejenigen, die beginnen, sich von dieser lauten, äußeren Welt in die stille, innere Welt zurückzuziehen und die lieber im Wald sind als in der Einkaufsmeile, diejenigen profitieren von dem Wandel der Zeit, denn sie spüren die Veränderung und die neuen Gaben und Talente, die sich ganz leise und ohne große Ankündigung immer mehr zeigen. Das sind die Ankündigungstendenzen einer wirklich neuen Welt, die das völlige Gegenteil dessen ist, was als „Neue Weltordnung" bezeichnet wird.

KAPITEL 23:
MEDITATION FÜR EINE LIEBEVOLLE SYMBIOSE ERDE-MENSCH

Da nicht alle Menschen darin geübt sind, zu meditieren, gebe ich Ihnen hier eine kurze Anleitung in einer sinnvollen Reihenfolge. Wenn Sie dies öfters üben, werden Sie bemerken, dass Sie relativ schnell in einen meditativen Zustand gelangen. Ich meditiere seit über 20 Jahren und nach dieser langen Zeit bin ich natürlich in der Lage, in wenigen Minuten in tiefer Meditation zu sein. Doch keine Sorge, es ist leicht, zu meditieren, zumal auch schon unsere Urahnen meditiert haben, allerdings haben sie es anders genannt, man könnte auch „tiefe Entspannung" dazu sagen. Doch auch gleichmäßige Tätigkeiten konnten und können einen meditativen Zustand hervorrufen. Beispielsweise konnte stundenlanges Mähen mit der Sense ebenso einen meditativen Zustand hervorrufen, in dem man in der Lage ist, Dinge wahrzunehmen, die im normalen Wachzustand nicht erfasst werden können. Probieren Sie es einfach aus, Sie werden bemerken, dass Ihnen die Konzentration auf Ihr Innerstes Ruhe und Kraft schenken kann. Und nehmen Sie es gelassen hin, wenn Sie die ersten paar Mal dabei einschlafen. Auch das ist in Ordnung.

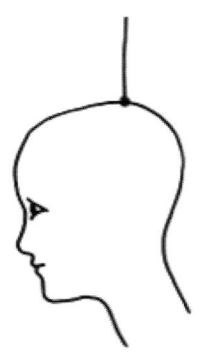

Abb. 34: Kopfhaltung zur Meditation, als würde uns eine Schnur am hinteren Scheitelpunkt nach oben ziehen.

INS HERZ GEHEN

Mit diesem Satz können manche Menschen wenig anfangen, daher gebe ich hier eine schrittweise Erläuterung. Sie können die Schritte auswendig lernen oder auch ein Speichermedium besprechen und sich selbst vorspielen (es ist ohnehin eine interessante Übung, seine eigene Stimme zu hören). Nachfolgend zeige ich eine Möglichkeit, wie Sie relativ schnell in Ihr Herz kommen. Zuvor prüfen wir noch unsere **Körperfunktionen** und trinken bei Bedarf etwas Wasser, damit wir ganz entspannen können.

1. Wir begeben uns an einen **Ort**, an dem wir ungestört sind.
2. Wir setzen uns gerade hin und halten den **Kopf** so, als hätten wir am hinteren Scheitelpunkt, da wo viele Menschen einen Wirbel haben, eine Schnur, die uns nach oben zieht.
3. Wir schließen die **Augen**, damit wir die Aufmerksamkeit von außen nach innen lenken.
4. Dann atmen wir tief durch, um anschließend unsere **Atmung** zu verlangsamen. Wir können beispielsweise einen Rhythmus wählen, in dem wir beim

Ein- und Ausatmen jeweils bis fünf zählen, je nach Belieben. Die Atemgeschwindigkeit sollte angenehm sein.
5. Wenn wir so weit sind, konzentrieren wir uns auf unser **Herz**. Zur Unterstützung können wir mit einem Finger oder der Hand die Herzgegend berühren. Es fühlt sich an, als wären Sie in einem von der Außenwelt abgeschirmten Raum.

Verbindung mit Ihrer spirituellen Quelle und der Erde

1. Stellen Sie sich vor, Sie würden mit Ihrem Bewusstsein und Ihrer Aufmerksamkeit ganz weit nach oben gehen, bist zur höchsten Quelle Ihrer Seele. Es fühlt sich vermutlich sehr liebevoll und hell an. Nehmen Sie von dort einen Energiestrahl mit bis zu Ihrem Herzen.
2. Stellen Sie sich nun vor, Sie würden mit Ihrem Bewusstsein und Ihrer Aufmerksamkeit nach unten bis zum Herzen der Erde gehen. Es fühlt sich vermutlich sehr geerdet, sehr bodenständig an. Nehmen Sie von dort ebenfalls einen Energiestrahl bis zu Ihrem Herzen mit.
3. Diese beiden Energien vermischen sich, fließen ineinander und miteinander und Sie selbst sind nun die Verbindung von Ihrer Seelenquelle und der Erde.

Vision

Nun sind Sie vermutlich bereits in einem meditativen Zustand. Atmen Sie weiter langsam und tief. Nachfolgend gebe ich Ihnen Beispiele für Ihre Vision. Diese können Sie übernehmen oder selbstverständlich nach Ihren Vorstellungen abwandeln.

1. Stellen Sie sich vor, dass die Erde in einem gesunden Zustand ist. Die Meere sind sauber, es tummeln sich bunte Fische sowie Delphine und Wale. Die Bäche plätschern in ihrem selbst gewählten Bachbett und Sie können die Geräusche wahrnehmen. Die Sonne glitzert in den Wellen, Sie hören die Vögel zwitschern und es weht eine leichte Brise. Atmen Sie den Duft der blühenden Blumen ein. Am Horizont sieht man schneebedeckte Berggipfel. Es gibt große, uralte Bäume, die die Weisheit speichern. Die Erde strahlt Frieden und Ruhe aus und alles ist gut.
2. Stellen Sie sich nun vor, dass die Erde von liebevollen Menschen bewohnt wird. Alle helfen und unterstützen einander und dennoch hat jeder Mensch seinen Freiraum und kann das tun, was ihm am Herzen liegt, wie zum Beispiel im Wald spazieren gehen, Tiere beobachten, schwimmen, mit Kindern spielen, alten Leuten etwas vorlesen, singen oder was auch immer. Mutter Erde stellt so viel Nahrung zur Verfügung, wie benötigt wird. Alternativ können Sie sich auch vorstellen, dass die Menschen von freier Energie leben und keine Nahrung mehr benötigen. Die Menschen sind glücklich und frei. Sie können die Dimension wechseln und sich entweder im geistigen Reich aufhalten oder sich auf der Erde sichtbar manifestieren.

3. Freuen Sie sich an Ihrer Vision. Fühlen Sie Ihre eigenen Empfindungen, Ihren tiefen inneren Frieden. Stellen Sie sich vor, dass Sie die Geräusche in Ihrer visionären Umgebung hören können. Atmen Sie in Ihrer Vision den Duft der Wiesen und Wälder ein, die Sie umgeben. Spüren Sie Ihre Verbundenheit mit Ihrer höchsten Seelenquelle.

Wenn Sie Ihre Vision mit allem ausgestattet haben, was Sie sich für ein liebenswertes Leben auf der Erde wünschen, können Sie sie noch so lange genießen, wie Sie möchten, dann kehren Sie wieder zurück. Dazu atmen Sie einige Male ganz tief durch, strecken sich und öffnen die Augen. Diese Art der Meditation können Sie so oft durchführen, wie Sie möchten.

KAPITEL 24:
ABNEHMENDES MAGNETFELD

Auf der von der Bundesregierung geförderten Internetseite »Welt der Physik« wird erläutert: *„Beobachtungen aus den vergangenen 150 Jahren zeigen, dass die Stärke des Magnetfeldes während dieser Zeit kontinuierlich abgenommen hat."*[346] Was hat diese Abnahme nun für eine Auswirkung auf uns Menschen? *Prof. Dr. Franz Halberg* hat sich viele Jahre lang mit der Auswirkung des Magnetfeldes auf die menschliche Psyche und seine Gesundheit befasst. Er kam zu dem Schluss, dass zwischen Sonnenaktivitäten und den daraus resultierenden Änderungen des Erdmagnetfeldes und der Anzahl von Herzinfarkten ein Zusammenhang besteht. Aber auch die Häufung von terroristischen Anschlägen hat einen Bezug zu Sonnenaktivitäten.

Doch es wurden noch weitere interessante Zusammenhänge festgestellt. Auf der Internetseite »Zeit zum Aufwachen« wird eine Versuchsreihe der beiden Forscher *Prof. Dr. Halberg* und *Vlail P. Kaznacheev* über die Wirkungen des Erdmagnetfeldes zusammengefasst: *„Das elektromagnetische Feld unseres Planeten ist schlussendlich der Schleier, der Raum und Zeit in unsere alltägliche Newtonsche Realität herunter filtert – und uns so die menschliche Erfahrung der linearen Zeit ermöglicht."*[347] Können wir vielleicht sogar davon ausgehen, dass das elektromagnetische Feld der Erde nicht nur unser Verhalten beeinflusst, sondern auch unser Verständnis von Materie? Könnte dies ein Hinweis darauf sein, dass die Welt in Wirklichkeit gar nicht so ist, wie sie uns erscheint?

Spirituelle Menschen spüren eine Transformation in sich und in ihrem Umfeld. Erfährt unser Bewusstsein derzeit tatsächlich eine enorme Veränderung, die uns ganz neue Möglichkeiten eröffnet? Laut einer Aussage von *Professor Trofimov* scheint es so zu sein und er wird in dem Bericht wie folgt zitiert: *„Wir glauben, dass dies der Mechanismus ist, durch den das kosmische menschliche Bewusstsein derzeit geöffnet wird: durch das abnehmende elektromagnetische Feld."* Auch wurden Veränderungen im Gehirn festgestellt: *„Wir sehen eine Steigerung der Gedächtniskapazität, erhöhten IQ und veränderte Bereiche elektrischer Aktivität im Gehirn. ... Wenn das magnetische Feld abgesenkt wird, sehen wir eine gesteigerte Fähigkeit, die Reserven und die Kapazität des menschlichen Gehirns zu nutzen…"*

Es wurden Versuche in fast magnetfeldfreien Räumen durchgeführt. Wenn ein Mensch in das Innere einer Hülle gebracht wird, in der das Magnetfeld *„um das 600fache reduziert"* wurde, *„steht ihre Gehirnfunktion nicht nur in wechselseitiger Abhängigkeit mit den Sonnenenergien, sondern auch mit der galaktischen Strahlung. Also öffnen wir uns so für Informationen aus der Galaxis."*

Unsere Intuition wäre demnach um ein Vielfaches besser, wenn wir nicht durch das Erdmagnetfeld in unserer Wahrnehmung eingeschränkt wären. Doch nachdem es seit mindestens 150 Jahren abnimmt, besteht die Hoffnung, dass wir diese Magnetfeldabnahme auch in einer gesteigerten Aufnahme von galaktischen Informationen bemerken. Und haben wir diesen Zustand, dass wir die Informationen aus dem Kosmos empfangen können, einmal erreicht, bleibt er bestehen.

„Unter Ausschluss (Abschirmung) von elektromagnetischen Feldern haben wir einen Zugriff auf ein Energiefeld ›unmittelbarer Lokalität‹, das unserer Realität unterlegt ist. Sobald eine Person diesen Zustand einmal erreicht hat, bleibt ihr Bewusstsein so ausgedehnt."

Das bedeutet, dass wir einen erleuchteten Zustand beibehalten, wenn wir ihn einmal erreicht haben, auch wenn sich das Erdmagnetfeld danach wieder aufbauen sollte. Wir können also beruhigt sein und uns voller Vertrauen diesen Erdveränderungen hingeben. Es bleibt allerdings zu hoffen, dass diese Übergangsphase, bis alle Menschen diesen Zustand erreicht haben, möglichst sanft abläuft, denn bei den Versuchsreihen wurde auch festgestellt, dass diese „erweiterten Gehirnkapazitäten" nur abgerufen werden können, wenn man sich in einem Zustand der Ruhe befindet. So schlussfolgert der Autor des Berichtes:

„Der Stress, in dem wir gehalten werden, hindert uns also daran, uns der Ausweitung unserer Wahrnehmung bewusst zu werden ... Menschen, die über diese Dinge nicht Bescheid wissen und diesen magnetischen Anomalien ausgesetzt sind, reagieren sehr oft mit Aggressionen."

Das würde erklären, warum sich nicht nur in den sozialen Netzwerken, sondern oft auch von Angesicht zu Angesicht bis dato politisch uninteressierte Menschen plötzlich extrem feindlich gegenüberstehen. Während die einen durch das abnehmende Magnetfeld kosmische Informationen aufnehmen können und dadurch das „große Bild" erkennen, versuchen die anderen, unser extrem kontrolliertes System beizubehalten, ja sogar noch mehr zu kontrollieren. Die einen bekommen ein kosmisches Verständnis und die anderen werden immer engstirniger und wollen jedem ihre eigene Ideologie aufdrängen.

Doch damit noch nicht genug. Der Physiker und Bestsellerautor *Dieter Broers* sieht in der Sonne einen großen Transformator unseres Lebens. Er sieht sie nicht nur als Projektor unserer holografischen Welt, sondern geht davon aus, dass sie *„uns seit einigen Jahren ein neues Strukturprogramm für unseren biologischen Körper"*[348] aufspielt und derzeit nur noch dessen Freischaltung fehlt. Diese Bedeutung der Sonne, uns ein neues Programm aufzuspielen, finde ich höchst interessant, da ich selbst vor einigen Jahren erstaunliche Erfahrungen mit der Sonne erleben durfte. Über einen Zeitraum von etwa zweieinhalb Jahren habe ich die Übungen durchgeführt, wie sie von *Hira Ratan Manek* in seinem Buch »Sungazing«[349] beschrieben werden. Dabei habe ich entweder direkt nach Sonnenaufgang oder kurz vor Sonnenuntergang direkt in die Sonne geblickt. Begonnen habe ich mit 10 Sekunden und die Dauer jedes Mal um 10 Sekunden verlängert, bis ich bei der im Buch beschriebenen Maximalzeit von 44 Minuten angelangt war. Bei diesen Sonnenmeditationen fand ich erstaunliche Erkenntnisse und interessante, intuitive Eingebungen. Mein Blickwinkel und mein Verständnis für die Geschehnisse in dieser Welt haben sich in dieser Zeit erheblich verändert. Ich habe diese Wirkung der Sonne durch die gezielte Aufnahme des Sonnenlichtes offensichtlich gefördert und kann das transformierende Ergebnis voll und ganz bestätigen.

Doch zurück zu dem neuen Programm, das uns die Sonne aufgespielt hat und der noch fehlenden Freischaltung. Laut *Broers* hätten wir Menschen nun zwei Möglichkeiten: *„Entweder wir schaffen es über unseren persönlichen Erkenntnisprozess der ‚Erleuchtung' oder durch den indirekten Weg von ‚außen'."* schreibt er. Ein möglicher „Weg von außen" könnte beispielsweise ein elektromagnetischer Impuls (EMP) sein, der durch unsere Sonne ausgelöst wird und der im Grunde bereits längst überfällig ist. Sonneneruptionen oder koronale Massenauswürfe entsenden elektrisch geladene Teilchen, die nach ein bis eineinhalb Tagen die Erde erreichen. Dort können sie Schäden an Leitungstransformatoren und elektronischen Bauteilen sowie Störungen im Funkverkehr auslösen. Man denke nur an die Auswirkungen des sog. „Carrington-Ereignisses", das im Jahre 1859 stattgefunden hat. Bei dem heutigen, flächendeckenden Einsatz von elektronischen Steuerungen, vor allem in der Stromversorgung, in der Industrie, im Bankwesen, in der fachübergreifenden Datensicherung und in militärischen Anlagen, wäre ein Sonnensturm der damaligen Größenordnung eine reale Katastrophe und würde die Menschheit um viele Jahrhunderte zurückversetzen. Es würde nichts mehr funktionieren, weder eine Wasserversorgung noch eine Heizung, geschweige denn die Lebensmittelproduktion. Wir wären fast wieder in der Steinzeit angelangt, denn die einfachen Geräte ohne Elektronik sind längst nicht mehr einsatzfähig und höchstens noch im Museum zu bewundern. Kein Ort ist heutzutage mehr autonom und ohne Strom und Elektronik funktioniert heute **nichts** mehr.

Doch auch die von vielen Sehern prophezeiten Naturkatastrophen könnten so eine Veränderung von außen sein, welche die Menschen wachrüttelt und zwangsweise zum „Erwachen" bringen könnte. Immer wieder haben diese Seher davon gesprochen, dass Kontinente untergehen und neue Kontinente aus dem Meer aufsteigen. Auch ist immer wieder von einer Flut von der Nordsee bis nach Köln die Rede und von einer dreitägigen (oder dreiwöchigen?) Finsternis, die womöglich durch Vulkanausbrüche verursacht werden könnte. Auch eine Sintflut, wie sie schon im Alten Testament beschrieben wurde, könnte so ein Ereignis sein. Solche Veränderungen sind durchaus möglich. Stellen Sie sich nur einmal das Ausmaß der Erdbeben vor, die nötig gewesen sein mussten, damit sich einstiger Meeresgrund zu den heutigen Kalk-Alpen aufgetürmt hat.

Broers schreibt, dass ein Ausbleiben des Erdmagnetfeldes zu *„geistigen Irritationen"* führen würde und dass dieser Effekt bei Menschen mit einem eigenen ausgeprägten Magnetfeld nicht auftreten würde. Doch wovon hängt es ab, ob jemand ein eigenes starkes Magnetfeld hat? Dazu schreibt er, dass nicht das Gehirn das stärkste

Magnetfeld erzeugt, wie man vielleicht erwarten würde, sondern das menschliche Herz. *„Je klarer und ruhiger ein Mensch ist und je mehr er sich seiner göttlichen Fähigkeiten bewusst ist, umso stärker ist das Magnetfeld seines Körpers."* Broers erwähnt in seinem Buch auch *Prof. Dr. Abdullah Abdulgader*[350], der ebenso *„die signifikanten Zusammenhänge ... zwischen den Sonnenaktivitäten, den daraus resultierenden Änderungen des Erdmagnetfeldes und den psychischen Auffälligkeiten beim Menschen"*, erwähnt haben soll. Die psychischen Veränderungen in Abhängigkeit von Sonnenaktivitäten und Erdmagnetfeld sollen sich sogar im terroristischen Verhalten von Menschen äußern. Und haben wir nicht schon alle erlebt, wie planlos manche Autofahrer erscheinen, wenn ein Gewitter in der Luft liegt?

Demnach würde es durchaus sinnvoll sein, wenn wir uns um unsere sozialen Fähigkeiten kümmern würden und unsere Aufgabe, zu uns selbst zu finden, mit Freude angehen würden. Das könnte uns den vermutlich schmerzhaften „Weg von außen" ersparen und dazu führen, dass sich die gesamte Bevölkerung weg von der Konsumgesellschaft und hin zum bewussten Menschen weiterentwickeln würde. Was für eine traumhafte Vorstellung entsteht dabei: Keiner würde sich mehr an einem Krieg beteiligen, Gesetze wären plötzlich **für** das Wohlbefinden der Menschen, jeder wäre rechtschaffen und fair – um nur einige wenige veränderte Eigenschaften zu nennen. Dann könnten wir auch wieder die Türen unversperrt lassen, wie es bis vor einigen Jahren vor allem auf dem Lande üblich war.

Mit diesem Wissen wird uns plötzlich bewusst, warum in den letzten Jahren so massiv davon gesprochen wird, dass die Sonneneinstrahlung reduziert werden muss, um den angeblich menschengemachten Klimawandel aufzuhalten. Stellen Sie sich vor, siebeneinhalb Milliarden Menschen würden wegen der erweckenden Energie der Sonne aus ihrem Schäfchenschlaf „erwachen" und die Machenschaften auf der Erde durchschauen. Die Macht der sog. Elite wäre mit einem Schlag vorbei und die Menschen würden sich ihrer göttlichen Herkunft bewusst sein und fortan in Friede, Liebe und Harmonie miteinander leben. Man kann durchaus nachvollziehen, dass die Elite davor Angst hat und deshalb mehr Chemtrails als je zuvor am Himmel versprüht, um die Sonneneinstrahlung zu verringern und damit das Erwachen der Menschen zu verhindern (oder besser gesagt: hinauszuzögern).

Das Sonnenlicht von uns Menschen fernzuhalten, ist das eine Ziel der Welt-Machthaber, doch es gibt auch noch ein zweites Bestreben: Sie versuchen, die Menschen permanent zu beschäftigen. Durch diese erzwungene Rastlosigkeit werden wir so sehr abgelenkt, dass wir keine Möglichkeit mehr finden, in die Ruhe zu kommen und dadurch unser eigenes Magnetfeld zu stärken. Die größten Übel für die Menschen sind – neben den unzähligen anderen Manipulationen – die Maßnahmen gegen die Sonneneinstrahlung und die permanente Beschäftigung, weil sie uns unmittelbar daran hindern, unser Bewusstsein weiterzuentwickeln.

Auch in »Das Buch des Wissens: Die Schlüssel des Enoch« wurde bereits vor Jahren genau dasselbe prophezeit, was von den erwähnten Professoren herausgefunden wurde. Im Schlüssel 1-1-8, steht geschrieben:

*„(8) Die Veränderung der elektromagnetischen Dichte in der Erdatmosphäre wird **einige Spezies** anregen, **gewalttätiger**, und **andere** Arten mehr **Christusgleich** zu werden, wenn der Mensch entweder in eine Aufwärtsspirale aus Licht gezogen oder aber durch den Zusammenbruch der alten elektromagnetischen Frequenz **ausgelöscht** wird."*[351] (Herv. d. Verf.).

„(9) Dies wird eine vollständige Neu-Organisation des irdischen Lebenssystems bewirken, wenn die menschliche Schöpfung mit einer neuen magnetischen und elektromagnetischen Schöpfungskraft zu arbeiten beginnt.

(10) Gegenwärtig geht auch ein galaktischer Krieg und eine Haussäuberung im ganzen Universum vor sich, die einige Formen von Population-I Intelligenz zu Population-II Sternregionen aufsteigen lassen wird und diejenigen Formen von Population-II Intelligenz recyceln wird, die ihr Wissen dazu benutzt haben, Aberrationsformen in den Himmeln zu erschaffen."

Also erfahren die einen eine Art Erleuchtung, während die anderen möglicherweise ausgelöscht werden. Der Krieg zwischen „guten" und „bösen" Mächten im Universum setzt sich offensichtlich auf der Erde fort und wir stecken mitten drin. Es wird im Universum aufgeräumt, und vermutlich lässt es sich nicht vermeiden, dass einige *„Population-II-Intelligenzen"*, wie *Hurtak* es ausdrückt, *„recycelt"* werden. Noch hätten diese ja vermutlich die Wahl, den liebevollen Weg einzuschlagen – genauso wie diejenigen auf der Erde, die ganze Kulturen zerstören und Völker ausrotten möchten, denn auch sie haben jeden Tag die Möglichkeit, sich anders zu entscheiden.

Prof. Dr. Alexander Trofimov[352] sagte in einem Interview, sie hätten festgestellt, dass man im Laufe des Lebens nur 5 Prozent der Gehirnkapazität nutzen würde. Diese kleine Prozentzahl würde sich jedoch erhöhen, wenn sich der Mensch in einem Raum mit abgeschwächtem oder gar keinem Magnetfeld befindet.

„Wir sehen, dass die zusätzlichen Reserven unseres Geistes und unserer Fähigkeiten aktiviert sind. Wir sehen eine Steigerung der Gedächtniskapazität, erhöhten IQ und veränderte Bereiche elektrischer Aktivität im Gehirn."[353]

Durch die geringere Stärke des Erdmagnetfeldes werden wir also in die Lage versetzt, bislang ungenutzte Gehirnareale zu nutzen. Wer weiß, vielleicht sind so manche, bislang brachliegende Bereiche von höchster Wichtigkeit für unser künftiges Leben? Vielleicht schlummern dort ungeahnte Fähigkeiten, von denen wir bislang nur träumen können? Möglicherweise sind wir gar nicht die einfältigen Menschen, die nicht in der Lage sind, aus ihren Fehlern zu lernen, sondern sehr bewusste, hochspirituelle Wesen, die nur derzeit ausgebremst sind.

KAPITEL 25:
DER WEG IN DIE FREIHEIT

> *„Nur dann kann der menschlichen Gesellschaft*
> *Wertvolles entspringen,*
> *wenn sie gelassen genug ist,*
> *die freie Entwicklung der Fähigkeiten*
> *der Menschen zu ermöglichen."*[354]
>
> Albert Einstein (1879-1955), dt. Physiker

Zusätzlich zu den Visionen und der Verbindung mit unserem Herzen und der liebenden Ur-Quelle stehen uns verschiedene Wege offen, wie wir uns einerseits auf große Veränderungen vorbereiten können, andererseits jedoch auch dazu beitragen können, dass dieser Wandel möglichst sanft geschehen kann. Hierzu sind verschiedene Möglichkeiten vorstellbar und einige davon möchte ich hier aufzählen, denn es kommt maßgeblich auf unser eigenes Verhalten an, in welche Richtung sich bereits jetzt unser aller Leben entwickelt.

Bei allem, was wir tun, spielen zwei grundlegende Gesetzmäßigkeiten eine große Rolle. Zum einen ist das unser **freier Wille**, über den wir derzeit noch in vielen Bereichen durchaus verfügen. So können wir beispielsweise wählen, welche Nahrungsmittel wir zu uns nehmen. Auch diese können wir in zwei große Kategorien aufteilen: naturbelassene und verarbeitete Lebensmittel. Und vor allem die letzteren ermöglichen es der Industrie, die verschiedensten Stoffe hineinzumischen, von denen man weiß, dass viele von ihnen gesundheitsgefährdend oder sogar gesundheitsschädlich sind. Es ist jedoch unsere freie Entscheidung, frische Sachen oder verarbeitete Nahrungsmittel bzw. Fastfood zu konsumieren. Doch auch bei frischem Obst und Gemüse müssen wir unterscheiden, ob es konventionell oder biologisch angebaut wurde. Denn die konventionelle Land„wirtschaft" erlaubt es, Mittel einzusetzen, die laut unabhängiger Studien schädlich für die Gesundheit sind. Deshalb müssen wir genau abwägen, was wir verzehren und was wir besser nicht zu uns nehmen sollten.

Die zweite Gesetzmäßigkeit ist die **Resonanz**. Wenn wir uns beispielsweise gesund ernähren möchten, werden diesbezügliche Informationen wie von selbst ihren Weg zu uns finden. Wir lernen Menschen kennen, welche dieselben Interessen haben und wir werden gesünder. Das geschieht ohne unser explizites Zutun, sondern wie von selbst, eben weil wir uns damit befassen. Das nennt man Resonanz. Es ist demnach empfehlenswert, dass wir zunächst Probleme erkennen und uns dann mit Lösungen beschäftigen, denn auf diesem Wege werden wir diese auch finden und erkennen.

Beim Thema „Resonanz" möchte ich auch auf die elektronischen Geräte wie Smartphone, Tablet usw. hinweisen, vor allem in Verbindung mit WLAN. Diese Geräte sollten wir immer wieder komplett von uns fernhalten, damit wir die Resonanz mit denselben unterbrechen. Nur so können wir uns von diesen manipulierten und manipulierenden Energien befreien. Stellen Sie sich vor, Sie praktizieren eine Meditation und versuchen, Ihre eigene Herzenergie zu spüren (Ihre Verbindung zur Ur-Quelle), und gleichzeitig tragen Sie in Ihrer Hosentasche ein aktiv geschaltetes Smartphone. Ihr gesamtes Bemühen um Freiheit und Selbstbestimmung ist durch die parallel vorhandene Resonanz mit dem Mobiltelefon auch mit der überwachenden Energie dahinter verbunden. Diese beeinflusst Sie, obwohl Sie davon in der Regel nichts bemerken. Deshalb sollten Sie, wenn Sie sich die Zeit nehmen um zu meditieren, Ihr Smartphone und das WLAN zumindest während dieser Zeit ausschalten. Noch ein Hinweis: Auch bei Nacht ist Ihre Seele, also Sie, intensiv mit der Ur-Quelle verbunden. Gönnen Sie sich die Freiheit, diesen Kontakt weitmöglichst ungestört zu genießen, indem Sie auch nachts sowohl das Smartphone wie auch das WLAN ausschalten.

KAPITEL 26:
ÄUßERE VERÄNDERUNGEN

Wir können in unserem Leben deutlich sichtbare Veränderungen durchführen, sei es bei der Ernährung, in der Prioritätensetzung unseres materiellen Eigentums oder in gesundheitlicher Hinsicht. Wir selbst entscheiden, was uns in unserem Leben begleitet, wofür wir wieviel Geld ausgeben und was uns besonders wichtig ist. Nur wir können sagen: *„Ja, das Produkt aus der Werbung benötige ich!"* oder *„Nein, das brauche ich nicht wirklich!"* Genauso entscheiden wir, was wir verzehren oder wie wir mit unseren Unpässlichkeiten umgehen. Sehen wir uns einige Möglichkeiten an, andere Wege zu gehen.

GEMÜSE IN SEINER URFORM ZÜCHTEN

Wir denken in der Regel, dass die Urformen unserer Gemüsesorten klein sind und nicht geschmeckt haben. *Dr. Guido Ebner* und *Heinz Schürch* haben sich intensiv mit diesen Urformen beschäftigt und stellten bereits 1988 ihre sensationelle Entdeckung vor. Sie haben im Auftrag der Firma »Ciba« entdeckt, dass Gemüse, wenn es in einem elektrischen Spannungsfeld keimt, mitunter stärkere und widerstandsfähigere Pflanzen entwickelt, als wenn es herkömmlich gesät wird. Bei gefiedertem Wurmfarn entwickelte sich gar ein unbekannter Hirschzungenfarn. Die beiden Forscher haben auch mit Weizen und Mais geforscht und auch hierbei sind Urformen entstanden, die sich von der heutigen Form deutlich unterscheiden. Der Mais wuchs gedrungener und hatte an einer Stelle bis zu fünf Kolben statt der heute üblichen zwei Kolben an jeweils einer Blattachsel.

Luc Bürgin zitiert in seinem Buch »Der Urzeit-Code – Die ökologische Alternative zur umstrittenen Gentechnik« den Forscher *Dr. Ebner*: *„Die Bedeutung könnte sein, dass wir mit unserer Methode Erbmerkmale, die im Laufe der Evolution durch Aufzucht oder Degeneration verloren gegangen sind, wieder hervorholen und aktivieren können."*[355] Eine interessante Entdeckung machten die Forscher auch bei der Aufzucht von Regenbogenforellen. Auch hier entwickelte sich eine Urform, wenn sie die Forelleneier in einem Spannungsfeld heranwachsen ließen. Diese Urform galt laut *Luc Bürgin* in Europa seit 150 Jahren als ausgestorben. *„Die elektrisch behandelten Forellen waren gut ein Drittel größer als ihre Artgenossen, schwerer, kräftiger und farbiger."* schreibt er. Diese „neu gezüchtete" Urform wies einen weiteren gravierenden Unterschied auf. *„Ihr Unterkiefer war im Gegensatz zur normalen Regenbogenforelle bei den Männchen vorne zu einem mächtigen Haken ausgebildet – ähnlich wie beim Wildlachs."*

Dr. Guido Ebner musste die Firma »Ciba«, bei der er diese Forschungen betrieb, im Jahre 1990 aus gesundheitlichen Gründen verlassen und auch sein Mitarbeiter wurde in eine andere Abteilung versetzt. Das war leider das Ende der wissenschaftlichen Forschungen dieser Phänomene. *Dr. Ebner* und *Heinz Schürch* konnten ihre

Forschungen zunächst nur noch privat in sehr begrenztem Rahmen weiterführen. Als *Dr. Ebner* später bei »Ciba« wegen der Patente anfragte, soll man ihm diese für eine halbe Million Schweizer Franken angeboten haben. Somit war es ihm natürlich nicht möglich, diese Rechte zu kaufen und man wollte wohl nicht, dass in dieser Richtung weitergeforscht wurde. Dass *Dr. Ebners* Forschungsergebnisse natürlich von der Gentechnikforschung nicht gerne gesehen wurden, brauche ich hier wohl nicht zu erwähnen. Gesunde Urformen wären die größten Konkurrenten für eventuell anfällige, gentechnisch veränderte Zuchtformen. Ferner ermöglichen entsprechende Patente eine Gewinnmaximierung, und all das wäre durch eine widerstandsfähige Urform natürlich gefährdet.

Nichtsdestotrotz bleibt die Tatsache bemerkenswert, dass man allein durch den Aufbau eines elektrischen Spannungsfeldes die Urformen einiger unserer Nutzpflanzen und der heutigen Regenbogenforellen wieder hervorbringen konnte. Diese relativ einfache Veränderung könnte eine Revolutionierung unserer Ernährung ermöglichen, wenn man diese Forschungsarbeiten fortführen würde. Wenn Sie, liebe Leser, die Möglichkeit hierzu haben, möchte ich Sie dazu ermutigen, in der Richtung weiter zu experimentieren. Wenn derzeit auch keine offiziellen wissenschaftlichen Forschungen auf diesem Gebiet mehr stattfinden, so könnten versierte Elektriker doch Gerätschaften bauen, mit denen sich die Gartenbesitzer selbst an diese „Rückentwicklung" heranwagen könnten, wenn diese Patente endlich freigegeben würden – oder sie unternehmen Versuche mit Pflanzen, deren Beeinflussung durch Spannung noch nicht patentiert wurde.

Da trotz (oder besser: gerade **wegen**) der Gentechnik noch immer täglich unzählige Menschen verhungern müssen, sollte man sich durchaus die Frage stellen, ob das Zurückhalten dieser Patente nicht als „sittenwidrig" eingestuft werden könnte oder ob der Straftatbestand der „unterlassenen Hilfeleistung" oder gar „Totschlag durch Unterlassung" (§ 212 StGB) hier greifen könnte. Auf der Internetseite »Dejure«, auf der Rechtsprechungen und Gesetzestexte zu lesen sind, steht:

„*Wer einen Menschen tötet, ohne Mörder zu sein, wird als Totschläger mit Freiheitsstrafe nicht unter fünf Jahren bestraft.*" … „*In besonders schweren Fällen ist auf lebenslange Freiheitsstrafe zu erkennen*".[356]

Ist es nicht so, dass ein Konzern die Verantwortung für ein Patent trägt, das er in der Schublade zurückhält? Ist er nicht mitverantwortlich, wenn durch die Nichtnutzung der patentierten Methoden täglich Millionen Menschen Hunger leiden und viele sterben? Schließlich verhindert der Patentinhaber, dass dieses Wissen lebensrettend angewendet werden darf, denn die Rechte liegen in seiner Hand. Wenn »Ciba« für das Patent über die Forellenzucht von *Dr. Guido Ebner* eine halbe Million Schweizer Franken verlangt hat, dann war vermutlich klar, dass dieses Projekt nicht von ihm gekauft werden konnte. Sollte man nicht erwarten können, dass ein Patent mit dieser Tragweite zu einem bezahlbaren Preis an einen ehrenhaften Sämereienerzeuger hätte verkauft werden können? Allerdings hätte dies sowohl Verantwortungsgefühl wie auch ethisches Denken von den Verantwortlichen des Ciba-Konzerns vorausgesetzt. Zudem hätte dieselbe Einstellung auch noch bei der Sämereienfirma vorhanden sein müssen. Doch ich bemerke bereits während des Schreibens, dass diese Erwartungen in unserer Gesellschaft wohl noch zu hoch gegriffen sind. Schade! Sollte sich eines Tages das Bewusstsein so weit entwickelt haben, dass ethisches Denken und Verantwortungsgefühl zur Normalität geworden sind, dann dürften auch die Patente zur Nutzung der Freien Energie uneingeschränkt zugänglich sein. Doch bis dahin braucht es wohl noch einiges an Veränderungen.

Nach einem Bewusstseinssprung müssten sich ebenso die Börsenspekulanten auf Grundnahrungsmittel, die Entscheider für Agrarsubventionen in Europa (damit sich unsere landwirtschaftlichen Produkte in Afrika besser verkaufen lassen als deren einheimische Produkte), die Verantwortlichen der Zentralbanken (welche die Überschuldung aller Staaten mit zu verantworten haben) usw. ihre Existenzgrundlage überlegen. Nicht zu vergessen die gesamte Bioethanol- und Biodieselindustrie, die tonnenweise Mais und Getreide vergärt und verbrennt, um Treibstoff herzustellen, wo es längst sinnvollere Patente zur Energiegewinnung gibt. Doch das nur am Rande, ich möchte dieses große Themenfass hier nicht weiter öffnen, denn das würde ein eigenes Buch füllen.

Im privaten Garten kann man, wenn man möchte, einfache Experimente durchführen. Es sollten gute Erträge erzielt worden sein mit einfachen Drähten, die in bestimmter Weise um Bäume gelegt oder in den Boden eingegraben wurden. Ein Bericht darüber finden Sie bei »www.agnikultur.de/elektrokultur.html« Demnach gibt es „*mehrere Ansätze zum Anlegen einer Elektrokultur*":

- Das Einbringen von Drähten in Nord-Südrichtung und mit je einer Antenne ausgestattet,
- das Einbringen von Drähten in Nord-Südrichtung, die untereinander verbunden und mit einer Antenne ausgestattet sind,
- das Einbringen von Drähten in Nord-Südrichtung mit je einer Magnetantenne ausgestattet,
- das Einbringen von Drähten in Nord-Südrichtung, die untereinander verbunden und mit einer Magnetantenne ausgestattet sind,
- das Einbringen von Drähten in Nord-Südrichtung mit paramagnetischem Gesteinsmehl oder Magnetit umgeben,
- das Installieren einer Erdantenne, welche in gleichmäßigem Abstand mit einem Drahtgeflecht umgeben ist oder
- das Installieren (vergraben) von Erdmagnetantennen in bestimmten Abständen in Feld und Boden."[357]

Die verschiedenen Ausführungen in Kombination mit unterschiedlichen Boden-, Wasser-, Klima- und Witterungsverhältnissen spielen natürlich ebenso eine signifikante Rolle für die Ergebnisse. Wenn Sie die Möglichkeit haben, informieren Sie sich darüber und probieren Sie es aus. Laut diesem Bericht seien deutliche Unterschiede sowohl im Wachstum als auch in der Qualität und im Ertrag der Pflanzen messbar gewesen. Ferner hätten sie weniger Wasser benötigt und seien frostunempfindlicher gewesen.

Diese vielversprechenden Forschungen zur Züchtung von Gemüsepflanzen und Forellen wären eine echte Chance, die Bevölkerung leichter und vermutlich auch gesünder zu ernähren. Und möglicherweise sind diese Zeilen der Anlass, dass dieses Thema erneut aufgegriffen wird und/oder dass sich die eine oder andere Firma für Spezialsämereien angesprochen fühlt. Wer tatsächlich Interesse an diesen Methoden zeigt, sollte mit den Patentinhabern in Verhandlungen treten.

Wer weiß, vielleicht könnten auch **wir** selbst uns zu unserer Urform zurückentwickeln? Ich bin überzeugt davon, dass wir überrascht wären, wie unsere Urform aussehen würde – vermutlich **nicht** wie ein Neandertaler! Ich vermute vielmehr, dass unsere wahre Urform ein sehr spirituelles, halbgeistiges und mit besonderen Talenten ausgestattetes Wesen war. Telepathie, Telekinese und De- sowie Wiedermaterialisation gehörten wahrscheinlich zum alltäglichen Leben wie heute Automobile und Smartphones. Und der Wechsel vom Dies- ins Jenseits war vermutlich genauso schnell und leicht möglich, wie heute das Ein- und Ausschalten des Internets.

MINIMALISMUS

Manche Menschen verabschieden sich bereits jetzt insofern von der Materie, als sie dem üblichen Materialismus den Rücken kehren. Das ist sicherlich eine der effektivsten Formen, aus dem heutigen Konsumsystem auszusteigen. Ein extremes Beispiel dafür ist die fünfköpfige japanische Familie mit Hund, die in einer fast leeren 60 m²-Wohnung mit zwei Zimmern lebt[358]. Sie beschränkt sich auf das Nötigste, räumt ihr Futonbett täglich beiseite, und Dinge, die sie nur selten benötigen, werden gerne mal von Freunden ausgeliehen. Die Eltern sind der Meinung, dass man seine Energie nicht in Dinge stecken sollte, die nicht wirklich wichtig sind, sondern sie wollen mit ihren Kindern etwas erleben.

Wenn wir ehrlich sind: Was haben wir selbst uns als Kind gewünscht? Die Liebe unserer Eltern und dass sie viel Zeit mit uns verbringen. Und wirklich: Was gibt es Schöneres für Eltern, als Zeit zusammen mit ihren Kindern zu verbringen? Das setzt natürlich voraus, dass man seine eigenen Defizite aus der Kindheit bereits geheilt hat – und da ist, je nach Familie, eine ganze Menge aufzuarbeiten. Viele von uns haben selbst nur wenig Liebe erfahren, weil sich unsere Eltern beispielsweise den gesellschaftlichen Normen nicht entziehen konnten oder wollten. Noch vor wenigen Jahrzehnten war es extrem wichtig, dass Kinder brav und still sind und zur Begrüßung schön artig die Hand reichen, ob das Kind das wollte oder nicht. Und nur wenn das Kind folgsam war, bekam es Anerkennung oder gar Lob. So brauchen heute noch viele ständig die Bestätigung von außen, weil sie als Kinder nur auf diese Weise Aufmerksamkeit erhalten haben. Auch hier müssen wir lernen, die eigene Wertschätzung zu finden, ohne von äußerem Lob abhängig zu sein. Es gibt natürlich noch viel mehr Themen, die uns als Kind belastet haben. Erst wenn wir diese aufgespürt und größtenteils aufgearbeitet und geheilt haben, sind wir in der Lage, unseren eigenen Kindern gute Eltern zu sein. Sie sehen, es gibt eine Menge zu tun – und glauben Sie mir, ich weiß, wovon ich spreche.

Wenn wir unseren Eltern, Lehrern, Mitschülern und sonstigen Menschen, die uns einst verletzt haben, verziehen und gelernt haben, auf die eigene innere Stimme zu hören, spüren wir eine zunehmende innere Zufriedenheit, die wir auch an unsere Kinder weitergeben können. Wenn wir unser Herz aus der schützenden Mauer befreit haben, können wir unseren Kindern die Herzlichkeit geben, die sie so dringend benötigen. Und so dürften die Kinder dieser japanischen Familie mit der vollen Aufmerksamkeit ihrer Eltern aufwachsen. Sie spüren jeden Tag, dass sie das Wichtigste im Leben ihrer Eltern sind und dürfen zu selbstbewussten, sich selbst und andere wertschätzenden jungen Menschen heranwachsen. Ich bin mir sicher, dass diese Kinder ideale Voraussetzungen für eine gute und gesunde Partnerschaft bekommen und ideale Erfolgschancen im Berufsleben erhalten, da sie mit Selbstvertrauen und dem Gefühl, von der Welt getragen zu sein, ihren Weg gehen!

NEUE BILDUNGSWEGE

Das heutige Bildungssystem wird nicht nur von Eltern kritisiert. Der Neurobiologe und Lernforscher *Prof. Gerald Hüther* bemängelt nicht zu Unrecht, dass unsere Kinder in unserem Schulsystem wie Objekte behandelt würden, die man nach Wunsch formen könne. Der BR veröffentlichte einen Bericht über ein Gespräch mit *Prof. Hüther*.

> *„Das Wichtigste, was Schule Kindern mitgeben sollte, ist die Freude am Lernen. ‚Wer die Freude am Lernen verliert, verliert auch die Freude am Leben.' Eines der Hauptprobleme in Deutschland sei jedoch, dass unser Schulsystem nie dafür gedacht war, lernfreudige Kinder auszubilden."*[359]

Ursprünglich war die Schulpflicht in Preußen deshalb eingeführt worden, um einen starken Staat zu bilden. Einheitliches Schulwissen garantierte einen einheitlichen Bildungsstand. *Prof. Hüther* erkennt: *„Unsere gegenwärtige Gesellschaft ist im Wesentlichen eine vom Wettbewerb bestimmte Konsumgesellschaft, und deshalb brauchen wir Kinder, die möglichst wettbewerbsfähig sind. Für den Wettbewerb bereiten wir die Kinder optimal vor..."* Auch der Bestsellerautor *Richard David Precht* bringt es auf den Punkt. Sein Buch »Anna, die Schule und der liebe Gott«[360] trägt den Untertitel »Der Verrat des Bildungssystems an unseren Kindern«. Er ist der Meinung, eine Bildungsreform genüge nicht, *„wir brauchen eine Bildungsrevolution!"*.

Es ist leider mehr als bedauerlich, dass Kinder im Laufe ihrer Schulzeit so sehr damit beschäftigt sind, den präsentierten Stoff zu lernen, dass sie dabei vergessen, wer sie eigentlich sind, warum sie hier auf der Erde sind und welche Gaben sie mitbringen. Erst Jahrzehnte später – wenn überhaupt – fällt ihnen auf, dass sie den Kontakt zu sich selbst verloren haben, und dann beginnen sie mühselig damit, in ihrem Unbewussten zu graben. Der Grund ist dann dafür meist eine körperliche oder psychische Unpässlichkeit, die sie dazu bringt, endlich nach sich selbst zu suchen. Wie viel einfacher wäre es, wenn sie sich gar nicht erst verlieren würden?

Deshalb ist eine grundlegende Reform des Bildungswesens dringend vonnöten. Allerdings sollte diese Veränderung nicht erneut vom zutiefst manipulierten System erfolgen, sondern von unabhängigen Wissenschaftlern wie zum Beispiel *Prof. Hüther*. Neben dem Spaß am Lernen sollte das wichtigste Ziel sein, sich selbst zu erkennen und herauszufinden, wo die eigenen Stärken liegen und wie man diese fördern und nutzen kann. Ebenso sind ethische Werte dringend erforderlich, welche die Schüler dazu befähigen, dass sie sich selbst und ihre Mitschüler wertschätzen und respektieren, egal, wo ihre Stärken und Schwächen liegen und egal, aus welchem Hause sie kommen. Mit solch einer Basis hätten wir mit Sicherheit eine deutlich friedlichere Welt sowie ein erfolgreicheres Miteinander.

> *„Wenn einmal eine Nation zu denken beginnt,*
> *ist es unmöglich, sie daran zu hindern."*[361]
>
> Voltaire (1694-1778), französischer Philosoph, Historiker und Geschichtsautor

ALTERNATIVE BEHANDLUNGEN

Auch die Medizin, oder besser gesagt das Heilungswesen, wird in Zukunft neue Wege gehen, weil die bisherigen Behandlungen, die vor allem auf chemischen Mitteln beruhen, schlichtweg zu viele Folgeerkrankungen auslösen oder gar Todesopfer fordern. So sagte *Prof. Dr. med. habil. Jürgen Frölich*, jahrelang Leiter des »Instituts für klinische Pharmakologie« an der Universität Hannover:

> *„Wir gehen davon aus, dass alleine in den internistischen Abteilungen pro Jahr 58.000 Patienten durch unerwünschte Arzneimittelwirkungen ums Leben kommen ... Auf einen Todesfall durch falsche Medikation kommen 20 Fälle, in denen die Patienten ihr Leben lang leiden. Wer wegen einer Fehlbehandlung anschließend dreimal in der Woche zur Dialyse muss, dessen Leben ist verdorben."*[362]

20 Mal so viele gesundheitliche Nebenwirkungen mit lebenslangen Folgen, das sind 1.160.000 Geschädigte – wohlgemerkt pro Jahr!!! Dagegen erscheinen die 250 Todesfälle durch Schweinegrippe, die man 2009/2010 in Deutschland zu verzeichnen hatte[363], geradezu lächerlich. Diese unglaubliche Menge an schwer geschädigten und verstorbenen Menschen, die durch unerwünschte Arzneimittelwirkungen verursacht werden, sollte schon längst Grund genug sein, die heutigen Medikamente kritischer zu betrachten. Statt dem Patienten zu raten, dass er den Beipackzettel am besten gar

nicht lesen soll (das habe ich selbst gehört, als ich eine ältere Dame zum Arzt begleitet habe!), sollten sich die Mediziner besser um gesunde Heilmittel bemühen – doch sie wissen eben nur das, was ihnen im Studium beigebracht wurde. Wer über den Tellerrand hinausblicken möchte, muss sich selbst weiterbilden, das ist bei den Medizinern nicht anders als bei anderen Berufssparten.

Einerseits bekommt man den Eindruck, dass sich die Schulmedizin gegen die alternative Medizin und unabhängige Forschungsergebnisse wehrt. Andererseits werden bewährte und zuverlässige Mittel einfach nicht mehr verschrieben, weil die Pharmaforschung „neue", angeblich wirksamere Medikamente auf den Markt bringt – die rein zufälligerweise aufgrund ihrer Patentierung einen vielfach höheren Gewinn versprechen! So geschah es zum Beispiel mit dem Herzmittel Strophanthin.

STROPHANTHIN

Obwohl ich bereits in meinem Buch »Verraten – verkauft – verloren?« über *Strophanthin* geschrieben habe, möchte ich es hier nochmals erwähnen, weil es ein ausgesprochen wichtiges, hilfreiches und bewährtes Mittel ist, das vielen Menschen das Leben retten kann (und bereits gerettet hat). Bereits 1859 wurde die Wirkung von Strophanthin auf das Herz zufällig von dem schottischen Arzt *John Kirk* (1832-1922) entdeckt. *Dr. med. Eberhard Wormer*, den ich bei einem seiner Vorträge kennengelernt habe, schreibt in seinem Buch »Strophanthin«: „*In Europa entwickelte sich Strophanthin rasch zu einem vielversprechenden Herzmedikament, das insbesondere Beschwerden von Patienten mit ‚schwachem Herz' (Herzinsuffizienz) günstig beeinflusst.*"[364], wobei das Mittel aus dem wirksameren *Strophantus gratus* (Ouabain) hergestellt werden sollte. Leider wird es seit Jahren kaum noch verschrieben, obwohl es jahrzehntelang unzählige Menschen vor dem Tod durch Herzinfarkt bewahrt hat. Es wurde durch Cholesterinsenker, Betablocker usw. verdrängt. Ältere Ärzte können sich jedoch noch gut daran erinnern.

Dr. med. Berthold Kern (1911-1995), ein Stuttgarter Facharzt für Innere Krankheiten und Kardiologe, hat einen Bericht veröffentlicht, in welchem er über seine Erfahrungen mit der Behandlung durch Strophanthin berichtete: „*Das auffallendste Ergebnis dieser euthetisierenden Myokardbehandlung infarktgefährdeter Herzkranker war das **völlige Ausbleiben tödlicher Infarkte**, das wir selbst nicht in dieser Weise erwartet hätten.*"[365] (Herv. d. Verf.). Anhand solcher Ergebnisse müssten heutige Herzspezialisten vor Neid erblassen. Dabei stellte sich ein signifikanter Unterschied zur Behandlung mit anderen Mitteln heraus.

> „*Wurde aber die Therapie abgesetzt oder auf Digitalis umgestellt, so traten alsbald wieder Rezidive auf (Edens, Plügge und Birk, Zimmermann, Brenner, Wagenfeld u.a.). Besonders wichtig ist hierbei, dass unter den Herzglykosiden **allein Strophanthin so sicher** stenokardie- und **infarktverhütend wirkt**. Alle anderen Glykoside zeigten ‚Fehlschläge', d.h., sie hatten diese günstige Wirkung viel weniger, und gerade die klassischen Digitalisglykoside wie zum Beispiel Digitoxin überhaupt nicht.*" (Herv. d. Verf.).

Bezeichnend für die Wirksamkeit von Strophanthin ist ein Ausspruch, den *Prof. Dr. Ernst Edens*, Universitätsklinik Düsseldorf, bereits vor vielen Jahren sagte: *„Die Nichtanwendung von Strophanthin kommt einem ärztlichen Kunstfehler gleich"*[366]. Und in Anbetracht der vielen Patienten, die an einer Herzinsuffizienz leiden, grenzt es schon an ein Verbrechen, den Betroffenen solch ein wirksames Mittel – vermutlich nur aus wirtschaftlichen Gründen der profitorientierten Pharmaindustrie – vorzuenthalten. Da Strophanthin jedoch immer wieder von engagierten Ärzten ins Gedächtnis gerufen wird und auch von Patienten verlangt wird, kann man es über spezielle Apotheken bekommen. Wer Herzprobleme hat, kann sich über dieses Mittel informieren und seinen Arzt daraufhin ansprechen. Es gibt Bücher und Studien etc. über Strophanthin, die man als mündiger Patient lesen kann. Wer denkt, dass dieses Mittel für ihn geeignet ist, der sollte der Diskussion mit seinem Arzt nicht aus dem Weg gehen und selbst Argumente liefern. Die Nachfrage bestimmt das Angebot und der Verbraucher bzw. der Patient kann auch als Einzelner sehr wohl etwas bewegen. Auch wenn der Arzt Ihnen erklärt, dass **er** am besten wüsste, was gut für Sie ist, lassen Sie sich nicht abwimmeln und bleiben Sie beharrlich, wenn Sie etwas wirklich wollen! Es geht um **ihre** Gesundheit und um **ihr** Leben. Wie bei allem, so gilt auch bei diesem Mittel: Je mehr Menschen danach fragen, desto größer ist die Wahrscheinlichkeit, dass es wieder auf den Markt kommt.

KREBS

Neben Herz-/Kreislauferkrankungen sind auch Krebserkrankungen ein Milliardengeschäft für die Pharmaindustrie. Deshalb ist es auch kein Wunder, dass immer wieder kritische Stimmen laut werden, die der Pharmaindustrie vorwerfen, sie hätte gar kein Interesse daran, dass die Patienten wirklich gesund würden – oder bestenfalls gar nicht erst erkranken. Das ist auch der Grund dafür, dass sich die alternative Medizin mit der Ursache und Behandlung von Krebserkrankungen befasst. Die Ursachen für eine Krebserkrankung sind mit Sicherheit sehr vielschichtig und es kann niemand behaupten, er wüsste genau, warum sie entsteht und wie man sie garantiert erfolgreich behandeln könnte. Ich gehe vielmehr davon aus, dass unterschiedliche Gründe dazu führen können, lebensgefährlich zu erkranken, und man sollte diese aus verschiedenen Blickwinkeln betrachten, behandeln und sich damit auseinandersetzen.

Ein möglicher Blickwinkel ist sicherlich die Frage, ob es ein seelisch-psychisches Trauma in der Vergangenheit gegeben hat, wie es in der von *Ryke Geerd Hamer* gegründeten »Germanischen Neuen Medizin« thematisiert wird. Er betrachtet den Konflikt als die Ursache, und die Krebserkrankung sei quasi die Heilungsphase. Wichtig sei es, zunächst den Konflikt zu lösen. Konflikte, seelische Verletzungen oder Traumata sind mit Sicherheit an unseren psychischen Zuständen, aber auch an unserer körperlichen Verfassung, erheblich beteiligt. Genauso wichtig ist es jedoch, die körperlichen Auswirkungen zu heilen. Hierzu möchte ich auf zwei interessante Aspekte hinweisen.

KREBS – EINE INFEKTIONSKRANKHEIT?

So kommt beispielsweise *Toni Haberschuss* zu dem Schluss, dass Krebs schlicht und einfach eine Infektionskrankheit ist. In seinem Buch »Das Deutschland-Protokoll III«[367] beschrieb er diese Theorie sehr nachvollziehbar. Doch nicht nur *Haberschuss* befasste sich mit den Zusammenhängen zwischen Krebs und Mikroorganismen. Wie ich weiter oben schon erläutert habe, beschrieb *Dr. Alfons Weber* bereits 1969 diese Theorie in seinem Buch »Über die Ursache der Krebskrankheit«. Und auch in anderen Quellen werden immer wieder Nachweise geführt, dass Krebserkrankungen eben keine zufälligen oder erblich bedingten Zellwucherungen sind. *Haberschuss* beschreibt die Entdeckung des Arztes *Dr. Alfons Weber* in auch für Laien verständlicher Form. Demnach gelingt es winzigen Protozoen im Blut, den Menschen in einem schleichenden Prozess so sehr erkranken zu lassen, dass schließlich Tumore entstehen. Die darauf folgende Raumforderung bzw. unzählige Mikroinfarkte führen final zum Tod.

Laut *Haberschuss* hat *Dr. Weber* in einfach zu überprüfenden Blutuntersuchungen festgestellt, dass Krebspatienten Protozoen im Blut hätten, die sich rege darin vermehren. Von der Leitung des »Deutschen Krebsforschungszentrums« sei ihm in den 1970er und 1980er-Jahren immer angelastet worden, dass er nur tote Zellbestandteile beobachtet hätte. Dass dies nicht so sei, könnte man leicht daran sehen, dass die Mikroparasiten zunächst in der Lage seien, *„sich aktiv fortzubewegen; dies könne in der Zwischenzellflüssigkeit stundenlang beobachtet werden."*[368], schreibt *Haberschuss*. In dem Film »KREBS: Das wichtigste Video! Keine ‚Krebszellen' sondern Parasiten«[369] kann man diese Bewegungen sehr deutlich sehen und nachvollziehen, wie sich die Parasiten im Blut verhalten. Die Bewegungen sind in einem Video um vieles besser zu erkennen, als ich es hier im Text beschreiben kann. Ich empfehle Ihnen daher, sich das Video (oder ähnliche) anzusehen, falls Sie sich näher informieren möchten.

Diese Mikroorganismen hätten also die Fähigkeit, sich selbständig zu bewegen und mehr noch, sie würden auf *„experimentelle Reizdosen aktiv und schnell reagieren und zwar mit einer Fluchtbewegung"*. Weiter besäßen diese *„Mikroorganismen ein Invasionsvermögen, wonach im Blutplasma gelegene Jugendformen in der Lage seien, in Erythrozyten einzudringen, diese zu zerstören und sich im Blutzellgewebe langsam, aber stetig zu vermehren"*. Sie könnten sich auch durch Zwei- oder Mehrfachteilung vermehren. Obwohl sie so banal klingen, sind diese Erläuterungen *Webers* jedoch beeindruckend nachvollziehbar.

Ich bin zwar keine Medizinerin, doch wenn ein Lebewesen, und sei es ein Mikroorganismus, mit Flucht auf eine Gefahr reagiert, dann deutet das nach meinem Ermessen auf eine intelligente Reaktion hin, die dafür spricht, dass es sich um lebendige, selbständige Kleinstlebewesen handelt und nicht etwa um tote Zellbestandteile. Auch die Vermehrungsfähigkeit ist ein weiterer Beweis für die Lebendigkeit dieser „Teilchen".

Doch diese Mikroorganismen können sich nicht nur fortpflanzen und reagieren, sondern sie scheinen auch extrem widerstandsfähig zu sein. So sollen sie „*starkes Erhitzen, 30 bis 40 Minuten siedendes Wasserbad überleben und sich hinterher aktiv aus der klebrigen Grundsubstanz der zerstörten Zelle mittels auffallender, lebhafter Zappelbewegungen befreien können*". Auch sollen sie wochen- und monatelangen Aufenthalte in destilliertem Wasser überstanden haben. Beim Verdampfen des destillierten Wassers und Hinzufügen von künstlichem Blutplasma könne dies nachgewiesen werden. Dann würden die Mikroparasiten aus der Hypobiose erwachen und aktive Fortbewegungen zeigen.

1987 erschien ein weiteres Buch, »Jahrhundertskandal Krebs«, das sich mit der Therapie von Krebs und der allgemeinen schulmedizinischen Meinung beschäftigt. 2003 ist die Publikation »Krebsbankrott« von *Ernst Wollenberg* und *Thomas Blasig* veröffentlicht worden. Laut *Haberschuss* soll darin eine Prophylaxe und Therapie mit dem elektromedizinischen Therapieverfahren nach *Robert C. Beck* zu ähnlichen oder gar besseren Ergebnissen gekommen sein, als die zuvor angewendete Behandlung mit dem Malariamittel Resochin. Resochin tötet die Malariaerreger im Blut ab und wirkt laut der Gebrauchsinformation des Herstellers »Bayer« (Stand 2.8.2017) auch gegen chronische Polyarthritis, rheumatische Gelenkserkrankungen bei Kindern und systemischem Lupus erythematodes. Das allein sollte schon zum Nachdenken anregen. Offensichtlich scheinen hinter diesen Erkrankungen ganz andere Ursachen zu stecken, als dies in der aktuellen Schulmedizin behauptet wird. Wenn das Malariamittel bei diesen Krankheiten lindernd wirkt, dann sollte man doch zumindest in Betracht ziehen, dass Polyarthritis und Co. eventuell auch mit Blutparasiten zusammenhängen. In seinem Buch beschreibt *Haberschuss*, wie verschiedenste Krankheiten und Beschwerden entstehen, bis es schließlich zur Krebserkrankung kommt. Statt der üblichen Behandlung mit Operation, Chemotherapie und/oder Bestrahlung wäre es demnach effektiver, wenn man diese Infektion zumindest mitbehandeln würde, um die Patienten zu kräftigen, statt sie zusätzlich durch anstrengende Behandlungen zu schwächen. Der Autor beschreibt Heilungserfolge mit Malariamitteln sowie der Anwendung des sehr umstrittenen MMS. In den letzten Jahren ist es jedoch in der Tat so, dass sich mehrere alternative Mediziner mit der Thematik beschäftigen, ob Krebs auch durch Infektionen ausgelöst werden kann.

Jetzt fragt man sich natürlich, wie diese Erreger überhaupt ins Blut kommen. Laut verschiedenen Quellen werden diese Erreger bereits von der Mutter auf das Kind übertragen. Das erklärt auch, warum manche Krebsarten von Generation zu Generation immer wieder auftreten. Die als „genetische Belastung" bezeichnete Häufung von Krebsfällen innerhalb einer Familie wäre dann nichts anderes als die Übertragung der Erreger von der Mutter auf ihre Kinder. Ferner kämen Mückenstiche in Frage, wie es ja auch bei der Malaria der Fall ist, sowie Blutübertragungen, Organspenden, eventuell verunreinigte Impfseren oder vielleicht auch Medikamente mit Bestandteilen von abgetriebenen Föten, was vollkommen abstrus klingt, jedoch durchaus vorkommt, wie ich schon in meinem Buch »Nutzlose Esser« näher erläutert habe.

Zusammenfassend kann man wohl davon ausgehen, dass die vielen anderen alternativen Behandlungsmethoden bei Krebs vermutlich deshalb bei vielen Menschen hilfreich sind, weil sie die allgemeine Immunlage verbessern und der kranke Körper in die Lage versetzt wird, sich wieder mehr gegen die erwähnten Mikroorganismen zu wehren. Die Abwehrkraft wird gestärkt. So ist es sicherlich sinnvoll, sich gesünder mit vitamin- und vitalstoffreichen Lebensmitteln zu ernähren. Ob eine ketogene Ernährung ohne Kohlenhydrate in Frage kommt, kann mit einem speziell dafür geschulten Arzt oder Heilpraktiker besprochen werden, und Atemübungen für eine bessere Sauerstoffversorgung können ebenfalls sinnvoll sein. Außerdem ist die Heilung von familiären Konflikten immer anzuraten. Auch die Germanische Medizin könnte eine hilfreiche Ergänzung sein, denn schockierende Erlebnisse senken ebenso die Abwehrkraft wie schädliche körperliche Einflüsse. Das Bestreben, seinen Säure-Basenhaushalt ausgeglichen zu halten, ist eine gute Ergänzung, und kann die Vitalität und Immunstärke erhöhen.

KREBS GEHEILT DURCH ERNÄHRUNGSUMSTELLUNG

Sehr interessant ist auch das Schicksal von *Käthe Golücke*, deren bebilderte Geschichte im Internet nachgelesen werden kann. Ihr Leidensweg begann im Winter 2011/2012. Sie bekam massive Rückenschmerzen, die sie zwei Jahre begleitet haben, ohne dass der Grund dafür festgestellt werden konnte. Später gesellten sich Bläschen auf der Hand dazu, die trotz Cortisonsalbe und guter Ratschläge des Arztes nicht vergingen. Im Lauf der Zeit kamen starker Körpergeruch und Juckreiz hinzu, doch es konnte nach wie vor keine körperliche Ursache dingfest gemacht werden, was sie dazu veranlasste, selbst zu recherchieren. Diese eigenen Nachforschungen haben ihr vermutlich das Leben gerettet.

Das Ergebnis ihrer eigenen Recherchen führte sie zu dem Verdacht, dass sie an einem Hodgkin-Lymphom erkrankt sein könnte, was von den aufgesuchten Ärzten als Hirngespinst abgetan wurde. Einer der „hilfreichsten" Tipps eines Arztes an sie war: *„Hören Sie auf zu googlen und überlassen Sie das den Profis!"*[370] Ihre Beschwerden verschlimmerten sich jedoch, deshalb ließ sie auf eigene Kosten weitergehende Blutuntersuchungen vornehmen, wodurch sie erfuhr, dass der Prolaktinwert deutlich erhöht war, was ihr als Anzeichen für einen gurtartigen Hirntumor erklärt wurde. Es wurde eine Magnetresonanztomographie (MRT) des Kopfes erstellt, die jedoch unauffällig war, und es wurde ihr mitgeteilt, dass sie gesund sei.

Die Beschwerden waren jedoch so hartnäckig, dass sie wegen des entgleisten Prolaktinwertes einen Endokrinologen aufsuchte, der sie endlich ernst nahm und sich ihre Geschichte anhörte. Er untersuchte ihre Schilddrüse, stellte fest, dass ihr gesamter Hals voller Knoten war und nach weiteren Untersuchungen leitete er die Behandlungen ein. Im Juni 2014 begann ihre erste Chemotherapie mit starken Nebenwirkungen. Wenige Monate später stellte sie wiederum den ihr bereits bekannten „Krebsgeruch" fest. Der Onkologe vertraute ihrem Körpergefühl und veranlasste eine erneute Untersuchung mit dem Ergebnis, dass sie *„ein schnellwachsendes Früh-*

rezidiv *(eine Rückkehr des Krebses)* mit Knochenbefall im 4. Stadium hatte". Die Prognosen lauteten, dass sie noch drei bis fünf Monate zu leben hätte, wenn sie die vorgeschlagene „Doppel-Hochdosischemotherapie" nicht durchführen lassen würde. Sie wollte diese Belastung einer erneuten Chemotherapie nicht, sondern sie hatte vor, einen Alternativweg zu gehen: Sie wollte ihre Ernährung komplett umstellen und auf sämtliche Kohlenhydrate verzichten – doch kein Arzt wollte sie dabei begleiten. Bis auf einen Arzt, der schließlich zu ihr sagte:

„Wissen Sie, wir wissen nicht, wo Krebs herkommt und es wäre anmaßend zu sagen, dass er genau deswegen nicht auch wieder weggehen könnte, wenn man seinem Körper hilft. Eine Therapie kann nur erfolgreich sein, wenn der Patient diese mit Überzeugung macht. Wenn Sie von der Chemotherapie nicht überzeugt sind, machen Sie das, was Sie mir gerade erzählt haben weiter. Aber lassen Sie in 4 bis 6 Wochen ein CT machen, um den Verlauf zu kontrollieren. Die Chemotherapie ist so stark, dass sie auch wirkt, wenn Sie erst in ein paar Wochen anfangen. Wenn sie dann nicht wirkt, dann hätte sie es wahrscheinlich auch nicht getan, wenn Sie jetzt damit begonnen hätten."

Daraufhin war sie entschlossen, ihren selbst gewählten Weg tatsächlich zu gehen, obwohl sie von einem anderen Arzt sogar als *„lebensmüde"* bezeichnet wurde. Wenige Wochen später wurde ein „Low-Dose-PET CT" gefertigt und das Ergebnis war, dass sich der Krebs nach nur vier Wochen konsequenter Ernährungsumstellung ein wenig zurückgebildet hatte. *„Im Rahmen der Panel-Besprechung 22.4.2015 wurde für o.g. Patienten folgende Empfehlung gegeben: ‚Bei rückläufigen FDS-Aufnahmen in axilär, mediastinalen Lymphknoten, sowie auch im LWS rückläufigen Befund. ... weiter konservatives Vorgehen empfohlen.'"*, schreibt *Käthe Golücke* in ihrem Bericht. Bei einem weiteren CT im Dezember 2015 sei keine Stoffwechselaktivität mehr nachweisbar gewesen, was sie so interpretiert, dass der Krebs besiegt sei.

Hier ihre Auflistung, was sie alles getan hat, um den Krebs zu besiegen:

1. **„Konsequent sein!** *(Keine Ausnahmen, nicht mal einen Keks, ein Stück Brot usw.),*
2. **Zucker komplett weglassen!** *(Zucker ist die Hauptnahrungsquelle des Krebses, daraus gewinnt er seine Energie, zu wachsen!!),*
3. **Kohlenhydrate** *(Brot, Nudeln, Kartoffeln, Reis usw.)* **weglassen**, *denn daraus wird im Stoffwechsel Zucker gewonnen (siehe oben!),*
4. *komplett* **vegan leben**, *(nichts Tierisches!),*
5. *‚***säuernde Lebensmittel**' *weglassen! (Kaffee, Getränke mit Kohlensäure, Cola, Cola light, Saft usw. Schmeckt zwar süß, wird aber im Stoffwechsel sauer),*
   → *Krebs kann besonders gut überleben, wenn unser Körper sauer ist und mit zu wenig Sauerstoff versorgt wird. Darum muss Dein Körpermilieu basisch werden. Zur Kontrolle morgens über einen pH-Streifen(Lackmus) pinkeln,*
6. *möglichst* **kein Obst** *(Fruchtzucker, siehe oben!),*

7. jeden Morgen und Abend vor dem Essen (sprich möglichst auf nüchternen Magen) 2 bis 3 Teelöffel **Zuckerrohrmelasse** mit einem Teelöffel **Kaiser-Natron** erhitzen, damit es schmilzt, dann mit Wasser aufgießen und trinken (siehe Punkt 4, das Körpermilieu mehr basisch bekommen). → Da Krebs ja hungrig auf Süßes ist, verstoffwechselt er die süße Melasse, die aber ein ‚trojanisches Pferd' ist, mit dem das Basische in die saure Krebszelle geschleust wird. Den pH-Wert morgens und abends mit Lackmus-Streifen kontrollieren. 7,5 bis 8 ist für diese Tageszeit gut,
8. viel rohes, möglichst grünes **Gemüse**(!),
9. *viel trinken*, zum Beispiel (Kräuter-)Tee und stilles Wasser. Keine Limo, keinen Kaffee, keine kohlensäurehaltigen Getränke!
10. **Chlorella-Algentabletten** morgens-mittags-abends (helfen dem Körper, die Giftstoffe, die gelöst werden, zu binden und auszuscheiden, damit sie sich nicht einlagern!),
11. jeden Tag **Bewegung an frischer Luft**, bewusst atmen, vor allem tief ausatmen (rund 70% der Körperentsäuerung geht über das Ausatmen)! Atemübungen/Yoga sind super. Stress vermeiden, geregelt und genug bei ausreichend frischer Luft schlafen (Schlafhygiene beachten)! Zellen werden im Schlaf repariert, am besten 7,5 Stunden +,
12. **bittere Aprikosenkerne** essen. Mit 1-1-1 beginnen, und dann immer ‚+1' bis max. 10 Kerne. Lange kauen, gut einspeicheln, denn die Bitterstoffe werden dann schon über die Mundschleimhaut aufgenommen und
13. **Rizol-Öl** einnehmen. Ebenso anfangen wie mit den Kernen, allerdings bis maximal 15 Tropfen. Sehr behutsam und langsam einschleichen!!! Bei zu schneller Dosiserhöhung kann es zu Kopfschmerzen und Übelkeit kommen. Ich habe es alleine gemacht, die Einnahme wird jedoch unter Aufsicht zum Beispiel eines Heilpraktikers empfohlen. Immer erst das Öl ins Glas und dann mit Wasser auffüllen. → Es erhöht den Sauerstoff im Körper. Jeweils die Tropfen in ein Glas und mit Wasser auffüllen."[371]

In einem Artikel der Zeitschrift »Natur & Heilen« beschreibt *Dr. Gerhard Steidl*, dass Rizol-Öl vor allem bei Bakterien-, Pilz- und Parasitenbefall angewendet wird. Das ursprüngliche Rizol-Öl sei wohl zur Verbesserung des Sauerstoffgehaltes eingesetzt worden. Mittlerweile gebe es jedoch verschiedene Beimischungen,

„die sich gegen pathogene Keime bewährt haben, vor allem solche, die anaerob, d.h. unter Sauerstoffmangel, leben, wie zum Beispiel Candida-Pilze, Bakterien und Parasiten."[372]

Doch auch bei Tumorzellen seien die Forschungsergebnisse ermutigend. So steht in dem Bericht in »Natur und Heilen«:

„Wachsende Tumorzellen können durch ozonisierte Öle zu einer Art Selbstvernichtung angeregt werden, d.h. in den Zellen wird ein erblich festgelegtes Programm zum schrittweisen Absterben ausgelöst, auch programmierter Selbstmord (Apoptose) genannt."

Alles in allem ist dies ein sehr interessantes Öl. Wenn Sie dieser Bericht animiert, es auszuprobieren, sollten Sie den Rat von *Dr. Steidl* beachten, keine Selbstmedikation anzuwenden, sondern sich zum Beispiel an einen aufgeschlossenen und alternativ orientierten Arzt oder Heilpraktiker wenden. Dieser kann die Anwendung mit Ihnen besprechen und auch die Wirkungen von abgestorbenen Parasiten überwachen. Von vielen würden Naturheilmittel als harmlos angesehen werden, womit nichts passieren könne, dass es keine Nebenwirkungen gebe und dass man die Mittel und Methoden beliebig ohne Fachkenntnisse anwenden könne. Doch *Dr. Steidl* hat sicherlich Recht, wenn er schreibt:

„Wenn durch diese falschen Vorstellungen Fehler gemacht werden, gerät die Naturheilkunde, die beteiligten Therapeuten, die Mittel und Methoden schnell in Verruf, und das darf nicht sein. Deshalb müssen sich alle Beteiligten an bestimmte Regeln halten."

Rizol-Öl hat einen sehr intensiven Geschmack und lässt sich erstaunlicherweise tatsächlich mit Wasser verdünnen, ich habe es selbst probiert. Frau *Golücke* beschreibt, dass sie Kaiser-Natron mit Zuckerrohrmelasse eingenommen hat. Andere empfehlen auch Ahornsirup, weil es sich leichter mit Natronpulver mischen lässt. Auf diese Weise wird das basische Natron durch den Zucker in die Krebszellen geschleust. Das wusste bereits *Otto Warburg*. In einem Artikel von *Dr. Spitzbart* auf der Internetseite »Medical-Services« können wir lesen:

„1931 erhielt Dr. Otto Warburg den Nobelpreis der Medizin für die Entdeckung, dass Krebszellen nur im anaeroben und sauren Milieu entstehen können. Nobelpreise werden nicht verschenkt. Da stehen immer bahnbrechende Erkenntnisse dahinter. Trotzdem wird dieses Wissen praktisch nicht angewandt – weder in der Prävention noch in der Therapie. Ein gesundes basisches Milieu und ein hoher Sauerstoffgehalt der Zellen verhindern Krebs."[373]

Erst vor wenigen Jahren haben Wissenschaftler von der »University of Arizona«, der »Wayne State University« in Michigan und dem »H. Lee Moffitt Cancer Center and Research Institute« in Florida erneut festgestellt, dass das höchst basische Bicarbonat den pH-Wert von Tumoren erhöht und spontane Metastasen verhindern kann. *„Here, we show that oral $NaHCO_3$ selectively increased the pH of tumors and reduced the formation of spontaneous metastases in mouse models of metastatic breast cancer"*[374] (deutsch: *„Hier zeigen wir, dass orales $NaHCO_3$ selektiv den pH-Wert von Tumoren erhöht und die Bildung von spontanen Metastasen in Mausmodellen von metastasierendem Brustkrebs reduziert."*).

Ergänzend möchte ich hier die Aussage des zuvor bereits erwähnten siebenjährigen *David* einfügen. Er erklärte laut einem Interview:

„Krebs tritt auf, wenn sich die Person gegen die Matrix widersetzt [Anm. der Autorin: Ich vermute, dass David mit ‚Matrix' einen Lebensplan meint]. *Wenn jemand*

seine Mission bricht, wenn er aus der karmischen Bestimmung austritt, dann reagiert sein Körper und entwickelt eine Krankheit. Es kann auch eine mitgebrachte Krankheit sein, also die Seele tritt mit diesem Problem ein, und steht die ganze Zeit für sie zur Heilung zur Verfügung. Du musst wissen, dass es keine Strafe ist. Ganz im Gegenteil. Das ist eine große Hilfe. Wem es gegeben wird, von dieser Krankheit befreit zu werden, ist vom Erschaffenden sehr geliebt.

*Wenn der Mensch diese [Botschaft] beachtet hätte, oder besser, sich reinigen würde von den gegen sein Leben gerichteten Widersprüchen, Gedanken-Formen, Energien, etc., dann würde er sich heilen. Leider ist diese Erkenntnis nicht bekannt. Das Wichtigste ist, dass er wissen muss, dass der Tumor ein **lebender Entitan** ist, der einen eigenen Ausdrucksmechanismus hat. Über das erschaffende Programm des Kranken ist er in seinem Körper gelandet. Der erste Schritt ist, dass er anfangen muss, **mit dem Tumor zu kommunizieren**. Ohne Wut, mit Liebe soll er anfangen, mit ihm zu reden. Er soll sich bedanken, dass er gekommen ist und seinen Körper krank gemacht hat und dass er die Botschaft und die Warnung verstanden hat. Dann muss er sein gesamtes Leben und seine Gedankenmethoden ändern. Er soll zu alle negativen, pessimistischen Wesen die Verbindung meiden, soll die Anhörung von allen negativen Geschichten ablehnen, soll keine solchen Filme oder Nachrichten anschauen, die über negative Energien verfügen, und er soll sich bewusst ernähren. Er soll eine Diät einhalten. Er soll alle tierischen Fette oder mit Chemie behandelte Lebensmittel ablehnen. Es soll alles biologisch und natürlich sein. Er soll sich nur mit natürlichen Seifen waschen und soll Chlor und Fluor meiden ... Wie ich schon sagte, der Tumor ist ein lebendiger Entitan. **Nachdem er sich bedankt hat, muss er ihn auch bitten, zu gehen**, weil er die **Botschaft verstanden** hat und weil er **bereit ist, sein Leben zu ändern**. Es ist sehr wichtig, dass er tatsächlich sein Leben ändert, sonst hat er keine Chance zum Erfolg. Er soll seine Hand an die Stelle legen, an dem sich der Tumor befindet und soll gleichzeitig mit ihm reden. Er soll sich vorstellen, dass aus seiner rechten Hand Liebe, Stille, Frieden, Annahme strömt. Gleichzeitig sollte er sich bei der Matrix entschuldigen und sollte darum bitten, die von ihm verursachten Störungen auszulöschen. Meistens antwortet die Matrix darauf. Sie schickt Lösungen, Menschen und Bilder von bestimmten Geschehen. Das bedeutet dann, dass das Problem sich dort befindet. Alles, was er tun soll ist, dass er in Person seines Geistes seine Tätigkeitspolarität ändert...*

Wenn ich mich mit der Matrix verbinde und der Nachbar in meinem Kopf erscheint, mit dem ich Streit habe, dann werde ich wissen, dass mein Problem da liegt. Ich muss versuchen, die Harmonie herzustellen. Der erste Schritt ist, dass ich mich bei der Matrix entschuldige und sie bitte, mir zu erlauben, diese Störung zu löschen. Dann versuche ich, Kontakt mit der Person aufzunehmen und ich versöhne mich mit ihr. [Wenn die Person nicht erreichbar ist,] dann rede ich mit der Matrix und schicke mit meiner gesamten Liebe ihr Gedanken der Harmonie und bitte sie, dass sie alles der Person übergibt, egal wo diese ist. Das ist ungefähr so, als wenn Du für Deine

Sünde betest, was tatsächliche Störungen sind. Die Matrix weiß, welche es sind und erledigt es sofort, diese zu löschen."³⁷⁵ (Herv. d. Verf.).

Das sind interessante Denkansätze, die sicherlich das ihre zu einer Genesung beitragen können. Zusätzlich trägt auch eine harmonische Einstellung zu einem basischen Milieu bei. Aufgrund des Zusammenhangs gehe ich davon aus, dass David mit der Bezeichnung „Matrix" den Lebensplan meint.

VITAMIN D

Der Wichtigkeit halber möchte ich an dieser Stelle auch noch das oft als Knochenvitamin bezeichnete Vitamin D erwähnen, das auch bei verhärteten Blutgefäßen als sehr hilfreich beschrieben wird. So berichtet ein Artikel auf der Internetseite »Zentrum der Gesundheit« über eine Studie von *Dr. Yanbin Dong*, Kardiologe an der »Augusta University« in Georgia/USA.

*„In seiner Studie zeigte er, dass hohe Dosen des als Knochenvitamin bekannten Vitalstoffs die erkrankten Blutgefäße reparieren können. In nur vier Monaten bildeten sich unter Vitamin-D-Gabe die Verhärtungen der Arterien zurück und die Blutgefäße wurden wieder elastisch und flexibel. ... ‚Jene Teilnehmer, die die höchste Dosis erhalten hatten (4.000 IE), erzielten die besten Ergebnisse', so Studienautor Dr. Anas Raed. Interessant ist, dass es sich um die fünffache Menge jener Dosis handelt, die offiziell empfohlen wird (800 IE). Vor Dosen, die tatsächlich hilfreich und heilend wären, warnen die Gesundheitsbehörden also offenbar. Bei einer Einnahme von 4.000 IE pro Tag erlebten die Teilnehmerinnen in nur 4 Monaten einen Rückgang ihrer Arterienverhärtung um 10,4 Prozent. ‚Wir haben hier einen signifikanten und schnellen Rückgang der Arterienverhärtung', sagt Raed."*³⁷⁶

Für die richtige Dosierung sollte man sich am besten einen Arzt des Vertrauens suchen, der die Behandlung überwacht und begleitet. *Dr. Dong* rät übrigens dazu:

„sich am besten täglich mindestens 15 Minuten lang in der Sonne aufzuhalten – und zwar zwischen 10 und 14 Uhr. Ein Sonnenbrand müsse dabei natürlich vermieden werden. Die Sonne sei die beste Vitamin-D-Quelle, die es gäbe, so Dong. Da sich viele Menschen zur fraglichen Uhrzeit in Büroräumen oder anderen Räumlichkeiten aufhalten, seien Vitamin-D-Nahrungsergänzungen eine preiswerte und sichere Alternative, um die Blutgefäße gesund zu halten."

Höchst interessant finde ich in diesem Zusammenhang, dass die Bundesregierung Maßnahmen (über Steuern) finanziert, um die Sonneneinstrahlung zu reduzieren. Damit soll die angeblich menschengemachte Klimaerwärmung aufgehalten werden, was sich *Geoengineering* nennt. Damit wird jedoch ebenso die Heilkraft der Sonne reduziert. In einer Studie aus dem Jahr 2011, die auf der Internetseite des »Bundesumweltamtes« veröffentlicht wurde, steht zum Beispiel:

> *„Auf der Grundlage der zuvor beschriebenen Effekte gibt es eine Reihe von Vorschlägen zum Geo-Engineering. Diese reichen von der Ausbringung von Aluminiumschnipseln oder reflektierenden Kleinstballons in die Stratosphäre bis zur Ausbringung von Chemikalien, vor allem von Schwefelverbindungen. Kleinstballons und andere reflektierende Gegenstände müssten jedoch zunächst in großer Anzahl und mit entsprechendem Energieaufwand hergestellt werden. Zudem würden diese Gegenstände nach einer gewissen Zeit aus der Stratosphäre in die Troposphäre absinken und dort unter Umständen den Flugverkehr behindern oder andere nachteilige Auswirkungen haben. Die Umsetzung dieser Vorschläge ist deshalb wenig realistisch. Häufiger diskutiert wird die Idee, Schwefelwasserstoff oder Schwefeldioxid in der Stratosphäre freizusetzen. Diese Substanzen würden dort zu Sulfatpartikeln mit geeigneter Größe oxidieren, die das Sonnenlicht streuen und damit **eine geringere Sonneneinstrahlung an der Erdoberfläche bewirken.*"*[377] (Herv. d. Verf.)

Ein weiterer Grund könnte sein, den Menschen langfristig zu schaden und sie damit zu Patienten zu machen. Die Pharmaindustrie würde sich sicherlich die Hände reiben. Auch würde dadurch das oberste Ziel erreicht werden, das auf dem Monument *Georgia Guidestones* steht: die Bevölkerungsreduktion! Möglicherweise ist die gesamte Klimaerwärmungsthematik nur deshalb entstanden, damit man offiziell alle möglichen Substanzen (natürlich auch giftige) über unseren Köpfen versprühen kann, was Kritiker dann *Chemtrails* nennen. Von der offizielle Seite wird dies zwar stets dementiert, wenn man jedoch Studien liest, wie die eben zitierte, dann erfährt man, dass auch darin die Methode beschrieben wird, über Flugzeuge Teilchen in der Stratosphäre zu versprühen. Offiziell wird dies dann „Ausbringen von Aerosolen" genannt, wobei es sich lediglich um eine andere Bezeichnung für dieselbe Sache handelt – neuerdings oft in Nanogröße!

ZIRBELDRÜSE

Auch wenn ich der Zirbeldrüse in meinem Buch »Verraten – verkauft – verloren?« bereits ein Kapitel gewidmet habe, möchte ich ihr hier noch ein wenig Aufmerksamkeit schenken, denn sie ist grundlegend an unserer eigenen Befreiung beteiligt. Die kleine Zirbeldrüse (engl. pineal gland), auch Epiphyse genannt, ähnelt in ihrer äußeren Form dem Zapfen einer Pinie. Der Pinienzapfen ist schon sehr lange als „magisches Symbol" bekannt und wird heute noch im Vatikan verehrt. Dort gibt es einen Innenhof, den *Cortile della Pigna,* in dem eine riesige Pinienzapfen-Skulptur steht. Doch nicht nur im Vatikan, sondern auch anderenorts und bereits in alten Religionen finden wir den Pinienzapfen[378]:

- Von *Papst Benedikt* gibt es Bilder, auf denen er einen Stab hält, der mit einem Pinienzapfen verziert ist,
- viele katholische Kerzenständer tragen den Pinienzapfen in sich,

- ein Stab des ägyptischen Sonnengottes *Osiris* in einem Museum in Torino/Italien hat zwei sich nach oben windende „Kundalini"-Schlangen, welche sich an einem Pinienzapfen mittig treffen,
- eine Figur des assyrisch/babylonischen Gottes *Tammuz* hält einen Pinienzapfen und
- eine Figur des griechischen Gottes *Dionysos* trägt einen Stab mit einem Pinienzapfen an der Spitze und viele weitere Beispiele

Doch warum wird dort ausgerechnet ein Pinienzapfen dargestellt und nicht die Skulptur einer Walnuss, einer Kastanie oder eines Apfels? Warum gerade der Pinienzapfen? Für die Verwendung genau dieses Symbols muss es einen Grund geben. Man nimmt an, dass es die Ähnlichkeit des Pinienzapfens mit der Zirbeldrüse ist, die ja auch *Glandula pinealis* (etwa: Piniendrüse) genannt wird. Man nimmt an, dass die Abbildung des Pinienzapfens eigentlich eine symbolische Darstellung der Zirbeldrüse ist. Es soll eine Lobpreisung an die Zirbeldrüse sein. Und diese kleine Drüse wird mit Sicherheit nicht zufällig so sehr verehrt, sondern es muss einen triftigen Grund dafür geben, dass sie an hochgeschätzten Orten und auf wertvollen Gegenständen nachgebildet wurde.

Medizinisch gesehen bildet die Zirbeldrüse Melatonin, und über den Melatoninspiegel wird unser Tag-/Nacht-Rhythmus geregelt. Insofern hat sie die sehr wichtige Funktion, unsere Wach- und Erholungsphasen zu steuern und beeinflusst damit unser gesamtes Wohlbefinden. Doch das allein dürfte kaum der Grund sein, dass sie bereits vor langer Zeit so sehr verehrt wurde – es muss noch einen anderen Grund dafür geben. Viele sehen den Grund dieser großen Verehrung darin, dass sie die Verbindung zur Seele darstellen soll. Nicht umsonst wird sie auch als das *„Tor zur Erleuchtung"* oder sogar als *„Sitz der Seele"* bezeichnet, und auch *„drittes Auge"* (das nach innen blickt) ist eine häufige Bezeichnung. Sie wird dem Stirn-Chakra zugeordnet und soll die Verbindung mit unserer Seele sein. In dieser Funktion ist sie auch für unsere Intuition zuständig und diese besonderen Fähigkeiten erheben sie natürlich zu einem ganz besonderen Juwel. Und mit diesem Wissen kann man verstehen, warum die Zirbeldrüse seit alter Zeit bis heute von Eingeweihten so sehr verehrt wird.

Da die Zirbeldrüse die so überaus wichtige Aufgabe hat, das „Tor zur Seele" zu repräsentieren, wird von der Seite der Elite offensichtlich einiges unternommen, um ihre Funktion zu schwächen. Vor nichts haben die Mächtigen so viel Angst wie vor bewussten und selbstbestimmten Menschen, die mit ihrer Seele in Verbindung stehen und sich ihre Macht zurückholen könnten. Es scheint besonders ein bestimmter Stoff zu sein, der die Zirbeldrüse schwächt und ihre Fähigkeiten dadurch extrem einschränkt: Fluorid! Das ist keine Spekulation, sondern wurde von *Dr. Jennifer Luke*[379] von der »University of Surrey« in England festgestellt. Sie hat herausgefunden, dass das weiche Gewebe der erwachsenen Zirbeldrüse mehr Fluorid enthält

(300 ppm) als jedes andere weiche Gewebe im Körper. Auch das Hartgewebe in der Zirbeldrüse sammelt mehr Fluorid an (bis zu 21.000 ppm) als jedes andere harte Gewebe im Körper (einschließlich Zähne!). Die Ergebnisse von *Dr. Luke* zeigen, dass die menschliche Zirbeldrüse die höchste Konzentration von Fluorid im gesamten Körper aufweist.

Jetzt kann man auch nachvollziehen, warum schon Kleinkindern Fluorid verschrieben wird und warum es fluoridierte Zahncremes und fluoridiertes Kochsalz gibt. Die Eliten wissen, dass sich Fluorid in der Zirbeldrüse sammelt und sie auf diese Weise in ihrer wichtigen Funktion extrem einschränkt. Sie versuchen so, die Bewusstwerdung der Menschen zu verhindern und sie von ihrer Seele abzuschneiden. Schon bei kleinen Kindern, die bekanntlich noch eine enge Verbindung zu ihrer Seelenheimat haben, wird dieses manipulative Mittel eingesetzt, wodurch die Ablagerungen bereits im Kindesalter hervorgerufen werden.

Doch die Zirbeldrüse ist natürlich nicht isoliert im Gehirn vorhanden, sondern arbeitet im engen Zusammenspiel mit allen anderen Gehirnstrukturen zusammen. Diese haben neben Fluoriden noch ein weiteres Problem zu bewältigen: **Aluminium!** Deshalb möchte ich Aluminium an dieser Stelle noch kurz erwähnen, da es wichtig ist, Aluminium ebenfalls aus unserem Gehirn auszuleiten. Wenn wir unsere Denkfunktion gut erhalten möchten, sollten wir Aluminium vermeiden und bereits abgelagertes Aluminium nach Möglichkeit wieder ausleiten.

Von einem Oberarzt und stellvertretenden Chefarzt einer neurologischen Klinik, der verständlicherweise nicht genannt werden möchte, habe ich erfahren, dass es auch in der schulmedizinischen Forschung „*mehr als nur zu vermuten ist*", dass **Aluminium** am Entstehen von Morbus Alzheimer beteiligt ist. Es werde „*sehr wahrscheinlich vermutet, dass dies auch für Morbus Parkinson zutrifft. Es bestünden aber kaum Möglichkeiten, **geschweige denn Bestrebungen**, hier einen wissenschaftlichen Beweis zu führen*". Das bedeutet, dass Forschungen über die ursächliche Wirkung von Aluminium gar nicht erwünscht sind.

„Die Rolle als Kofaktor bei der Entstehung von Ablagerungen in Form von Beta-Amyloid und Tau-Protein beim M. Alzheimer oder Alpha-Synuclein beim M. Parkinson ist aber sehr denkbar. Die Gruppe der neurodegenerativen Erkrankungen infolge der Entstehung seniler Plaques ist hier im Übrigen bei Weitem noch nicht vollzählig, denn Krankheiten wie die MSA (Multisystematrophie), die Lewy-Body-Demenz oder die progressive supranukleäre Blickparese (um nur Beispiele zu nennen) folgen pathogenetisch ganz ähnlichen Mechanismen.

Übertragen auf das **Fluorid** *und seine Rolle bei der bereits in der Adoleszenz beginnenden Verkalkung der Epiphyse gehe ich ebenfalls von der Funktion eines Kofaktors aus, verglichen mit dem Aluminium einfach mit anderem zeitlichen Ablauf (quasi als juvenile Degeneration), anderer Lebenszeitexposition (man bedenke die frühe Zufuhr sehr hoher Fluoriddosen zum Beispiel in Form von Fluoretten bei Kleinkindern!) und in Gestalt der Zirbeldrüse natürlich einer anderen und auch histologisch* *unterschiedlichen Hirnstruktur (beim M. Alzheimer ist der Großhirnkortex betroffen, beim M. Parkinson und den atypischen Parkinsonsyndromen werden subkortikale Strukturen wie die Basalganglien zerstört). Wie gesagt, **auch ohne mainstream-wissenschaftlichen ‚Beweis' machen sich die genannten Substanzen einer Mittäterschaft in der Entstehung der neurodegenerativen Erkrankungen mehr als verdächtig.**"* (Herv. d. Verf.)

Das ist die Aussage eines Schulmediziners, der mit beiden Beinen im medizinischen Alltag steht, dem jedoch leider auch die Hände gebunden sind. Sogar ein Pharma-Unternehmen distanziert sich von der Fluoridgabe. So wird beispielsweise *Dr. Richard Schames*, ein graduierter Akademiker von »Harvard« und der »University of Pennsylvania« auf der Internetseite von »Hannes-Pharma« zitiert:

„(…) die Nazi-Konzentrationslager verwendeten fluoridiertes Wasser, um den Willen und die Lebenskraft der Gefangenen zu unterdrücken. Dies scheint während der 30er-Jahre der Fall gewesen zu sein, und ist das erste bekannte Beispiel fluoridierter Wasserversorgung für eine bestimmte Bevölkerungsgruppe.' Fluorid, ganz egal in welcher Menge, ist nichts weiter als eine chemische Waffe. Wenn darüber nachgedacht wird, es bei der gesamten Bevölkerung oder bestimmten Gruppen innerhalb einer Bevölkerung anzuwenden, dann heißt das nichts anderes als: Chemische Kriegsführung."[380]

Wäre das nicht allein schon Grund genug, sofort jegliche Fluoridanwendung zu verbieten, anstatt es schon Kindern zu verschreiben? Diese Einschätzungen von *Dr. Luke*, meinem Informanten und »Hannes-Pharma« betrachte ich als Grund, sowohl Fluor wie auch Aluminium zu vermeiden, wo ich nur kann. Genauso betrachte ich es als wichtig, diese Stoffe aus meinem Körper zu entfernen. Es gibt verschiedene Entgiftungsmöglichkeiten, die auch der Zirbeldrüse helfen, sich von schädlichen Toxinen zu befreien. Es werden die verschiedensten Methoden zur Entgiftung angeboten. Man sollte darauf achten, was man ausleiten möchte und das wiederum ist von Ihren Beschwerden abhängig. Manche empfehlen die Einnahme von Kurkuma und Pfeffer, ergänzt mit Chlorella-Algen, die die gelösten Schadstoffe binden und über den Darm ausscheiden, doch eine individuelle Kur sollten Sie mit einem guten Heilpraktiker zusammen entwickeln, der sich auf Ausleitungen und Entgiftungen spezialisiert hat.

Es wäre ein großer Schritt im Zuge unserer inneren und äußeren Befreiung, wenn wir unsere Zirbeldrüse von schädlichen Stoffen befreien könnten und sie dadurch wieder ihre volle Leistungsfähigkeit erhalten würde. Die ersten Schritte wären, auf aktive Gaben von Fluorid und Aluminium zu verzichten und dadurch die Funktion der Zirbeldrüse wieder zu steigern. Wir können dazu beitragen, ihre Fähigkeiten wieder zu mobilisieren. Hierzu gibt es verschiedene Möglichkeiten, die ich nachfolgend noch erläutern werde.

Diese Aktivierungsübungen können wir natürlich wiederholen, denn es ist sicherlich kein Fehler, diese so wichtige Drüse immer wieder zu entgiften, zu aktivieren und zu stimulieren. Ob sie jemals wieder die Größe erreichen wird, die sie ohne Beeinträchtigung hätte, ist zwar fraglich, aber wir sollten unser Bestes dafür tun und unsere Zirbeldrüse immer wieder unterstützen. Stellen Sie sich vor, es wäre wie bei Rückenschmerzen. Die meisten Menschen, die mit ihrem Rücken Probleme haben, müssen sich ihr Leben lang immer wieder um ihn kümmern. Wenn sie ihn vernachlässigen, kommen die Beschwerden ganz schnell zurück. So ähnlich kann man sich das auch bei der Zirbeldrüse vorstellen. Die Aktivität der Zirbeldrüse kann durch verschiedene Methoden gefördert werden. Die meisten davon sind nicht nur für die Zirbeldrüse wichtig, sondern auch für unser allgemeines Wohlbefinden.

AKTIVIERUNG DER ZIRBELDRÜSE

In unserem heutigen Alltag wird unsere Zirbeldrüse kaum trainiert, da wir permanent mit der linken Gehirnhälfte beschäftigt sind: Wir müssen Termine einhalten, Abläufe organisieren, Anweisungen beachten und Aufträge erfüllen. Alles, was die rechte Gehirnhälfte und somit unsere Kreativität fördern würde, ist zum Minimum verkümmert, wenn Sie nicht gerade Kunstmaler oder Musiker sind. Wir finden in unserem Alltag kaum Muße für uns, für schöne Gedanken oder dafür, uns einfach mal zu spüren. Genau diese Lebensumstände sind jedoch ausschlaggebend dafür, dass unsere Zirbeldrüse verkümmert, wie die Muskeln eines wochenlang eingegipsten Beines.

Kinder verfügen noch über eine intakte Zirbeldrüse. Wenn wir sie beobachten, dann können wir gut sehen, wie sie zwanglos in der Natur herumhüpfen, an Blumen riechen, in Regenpfützen springen und Wolken beobachten. Sie scheinen mit sich und der Natur im völligen Einklang zu sein. Diese Verbindung verliert sich leider nach und nach, und schließlich sehen wir uns von allem getrennt, vor allem von uns selbst. Wir beobachten unsere Wirkung auf andere, statt einfach nur zu **sein**, wie es Kinder noch können. Und tatsächlich sagte schon Jesus (laut *Matthäus* 18,2): *„Amen, das sage ich Euch: Wenn Ihr nicht umkehrt und wie die Kinder werdet, könnt Ihr nicht ins Himmelreich kommen."*[381] Interessanterweise behalten Naturvölker ihre kindlichen Verhaltensweisen, die man in der „aufgeklärten" Welt als „naiv" bezeichnet, viel mehr als bei Menschen in unserer Industriegesellschaft. Wer will schon als „naiv" gelten? Aber genau diese Naivität ist es, die Jesus wohl meinte. Diese ist den meisten von uns jedoch abhanden gekommen. Wir sind zu perfektioniert und zu konditioniert, als dass wir einen völlig ungezwungenen Kontakt zur Natur, aber auch untereinander haben könnten.

Der Zirbeldrüse kommt hier eine besondere Stellung zu, denn sie scheint das Tor zur Geistigen Welt zu sein, zu unserer Seele. Sie ist die Brücke zwischen zwei Welten – der physischen und der metaphysischen. Sie ermöglicht uns, uns spirituell zu entwickeln und überbringt uns die Nachrichten von unserer Seele – sie ist der Empfänger. Unsere moderne Lebensweise sorgt jedoch dafür, dass die Zirbeldrüse ihre ursprüngliche Funktion nicht mehr aufrecht erhalten kann. Sie wird durch Fluorid und andere Stoffe in unseren Nahrungs- und Pflegemitteln so sehr geschädigt, dass sie ihre Funktion nicht mehr voll aufrechterhalten kann. Fehlende Ruhe, aber auch nicht gelebte Spiritualität, tun ihr Übriges, sodass wir immer weniger in der Lage sind, unsere Zirbeldrüse wirklich nutzen zu können. Deshalb ist es erforderlich, die Zirbeldrüse zu fördern, ja sie regelrecht zu aktivieren, was weder anstrengend noch schwierig ist, es braucht nur etwas Zeit. Wir sind es zwar nicht gewohnt, uns mit uns selbst zu beschäftigen bzw. in der Stille zu sein, doch es lohnt sich.

STILLE

Wir werden tagtäglich fast ununterbrochen mit den vielfältigsten Impulsen konfrontiert. Im Vergleich zum Leben vor wenigen hundert Jahren wird unsere Aufmerksamkeit extrem beansprucht. Unser Gehirn ist permanent damit beschäftigt, die einfließenden Daten zu filtern, zu sortieren, abzuspeichern oder zu löschen. Wenn man das heutige menschliche Dasein zum Beispiel mit dem vor rund 200 Jahren vergleicht, was im Vergleich zur Menschheitsgeschichte ja nun wirklich eine sehr kurze Zeitspanne ist, dann erkennen wir, dass wir damals nur wenige Einflüsse von außen zu verarbeiten hatten. Zum einen war da die berufliche Tätigkeit, die bei vielen Menschen in der Landwirtschaft angesiedelt war, wodurch der Aufmerksamkeitsfokus beim Wetter lag, bei den Tieren, bei der Aussaat, der Ernte, der Lagerung des Futters, der Nahrung für die Familie, des Verkaufs usw.

Heute werden wir durch beruflich eng getaktete Termine, zunehmende Medienpräsenz (Computer, Fernseher, Radio, Zeitung, Telekommunikationstechnologien), aber auch durch den Straßenverkehr, das Leben in Großstädten usw. in fast jeder Sekunde unseres Lebens dazu aufgefordert, wachsam und aufmerksam zu sein. Wir werden nicht gefragt, ob wir das möchten, nein, wir können im normalen Alltagsleben diesen Anforderungen noch nicht einmal ausweichen, da sie uns gezwungenermaßen berieseln und unsere Konzentration richtiggehend einfordern. Das hat die Konsequenz, dass wir zum einen nicht mehr zur Ruhe kommen und als Folge Konzentrations- und Schlafstörungen bis zum Burnout entwickeln. Zum anderen besteht durch die unzähligen Medien eine unendliche Fülle an Manipulationsmöglichkeiten. Wir können heute durch Bild, Ton und Text völlig unbemerkt, aber doch äußerst effektiv, beeinflusst werden und bemerken dieses Geschehen noch nicht einmal, weil die verdeckten Informationen so geschickt integriert werden, dass wir nicht in der Lage sind, sie zu registrieren. *Subliminals* nennt man diese nicht bewusst wahrnehmbaren Informationen. *Wikipedia* beschreibt es sehr treffend:

„Subliminal (lat. sub: ‚unter' und limen: ‚Schwelle', deutsch: unterschwellig; ...) ist ein Begriff aus der Psychologie. Er bezeichnet die unterschwellige Darbietung bzw. Wahrnehmung von Reizen. ‚Unterschwellig' bedeutet, dass die Schwelle des Bewusstseins nicht überschritten wird, dass also Menschen die ihnen dargebotenen subliminalen Reize nicht bemerken oder sie zumindest nicht diskriminieren (trennen) können; sie sind dem Bewusstsein nicht zugänglich."[382]

Diese Beschreibung verdeutlicht, dass wir diesen nicht wahrnehmbaren Mitteilungen im Grunde ausgeliefert sind. Auf diese Weise aufgenommene Sätze oder Bilder gelangen in unser Unterbewusstsein und können deshalb nicht von unserem Verstand erkannt, bewertet und gegebenenfalls gelöscht werden. Ihre Information dahinter wirkt sozusagen unentdeckt unter der Oberfläche. Und je mehr wir mit Texten und grafischen Eindrücken konfrontiert werden, desto größer ist die Gefahr, dass darin solche unterschwelligen Informationen enthalten sind. Schon allein aus diesem Grund ist es wichtig, sich immer wieder aus dem hektischen Alltagsgeschehen herauszunehmen.

Aber auch die Zirbeldrüse wird es uns danken, wenn wir immer wieder in die Ruhe und in die Stille gehen, denn nur dann sind wir in der Lage, die leisen und feinen Impulse und Mitteilungen unserer Seele wahrzunehmen. Wenn wir ständig einen kleinen Lautsprecher im Ohr haben und unsere Aufmerksamkeit auf die Texte oder die Musik ausgerichtet ist, dann haben wir in dieser Zeit keine Möglichkeit, Informationen von unserer Seele wahrzunehmen – wir schneiden uns sozusagen selbst von unserer Seele ab.

Eine meist unterschätzte Beeinflussung geht von Bildern aus. Das Betrachten von moderner Kunst birgt die Gefahr, dass wir unbewusste Mitteilungen aufnehmen, die unser Verstand nicht bewusst wahrnimmt, vor allem, wenn er darüber nichts weiß. Wenn wir beispielsweise ein Bild betrachten, das nur aus unregelmäßigen, schwarzen und roten Strichen besteht und vielleicht noch ein paar rote Farbkleckse zeigt, dann entsteht in uns unbewusst eine Assoziation zu Zerstörung, Blut, Verletzung und Tod. Diese automatisiert ablaufende Erkennung erzeugt in uns gleichfalls unterschwellige Gefühle wie Angst und Trauer. Diese Gefühle wiederum trennen uns von unserer Kraft, unser Energielevel sinkt dementsprechend, wir werden angreifbarer und somit auch anfälliger für Krankheiten.

Wenn Sie sich ein Bild oder eine Skulptur aufstellen möchten, dann tun Sie Ihrer Seele etwas Gutes, wenn Ihre Augen ein angenehmes, harmonisches, positives Bild zu sehen bekommen. Legen Sie beim Kauf alle Kunstbewertungen, alle Berichte über angesagte Künstler und alle Trends beiseite und achten Sie *nur* darauf, an was Sie beim Betrachten des Kunstwerkes als erstes denken. Vor allem: Wie geht es Ihnen dabei? Was empfinden Sie? Sollten Menschen oder Tiere abgebildet sein, ist es von Vorteil, wenn diese in ganzer Statur sichtbar sind, nicht nur ein Teil davon. Aus Urzeiten ist in uns noch ein Instinkt vorhanden, dass wir unbewusst Schmerz und Mitgefühl wahrnehmen, wenn wir nur Teile eines Lebewesens sehen. Jahrtausende lang gab es weder Bilder noch Filme, sondern nur das wirkliche Leben, und wenn unser Gehirn einen nur halb abgebildeten Menschen sieht, schlussfolgern wir immer noch automatisch, dass die andere Hälfte möglicherweise gefressen wurde und dieser Mensch gleich sterben wird. Gesichter auf Bildern oder Gemälden sollten einen entspannten Ausdruck zeigen.

Auch Musik, die viele Menschen täglich stundenlang hören, beeinflusst unser Empfinden beträchtlich. Musik kann für die Übertragung von bestimmten Informationen benutzt werden, seien es Worte im nicht hörbaren Frequenzbereich oder rückwärts eingefügte Texte usw. Oftmals sind es aber auch durchaus verständliche Texte, die von Verbrechen, Schwarzmagie oder Töten handeln, und die (meist jungen) Fans lassen sich davon – im wahrsten Sinne des Wortes – be„geistern". Sie wissen allerdings nicht, was sie sich damit wirklich antun. Im Gegensatz dazu gibt es jedoch durchaus Musik, bei der sich die Seele wohl fühlt. Meist sind dies entspannende und oft (aber nicht immer!) klassische Töne, wobei auch fröhliche Musik unserer Seele meist guttut. Wenn Sie die Möglichkeit haben, den Sänger zu sehen, achten Sie auf den Gesichtsausdruck während des Singens, denn bei aggressiven Liedern hat der Sänger in der Regel eine entsprechende Mimik. Andersherum: Bei liebevoller Musik kann man kaum ein böses Gesicht zeigen. Auch wenn Texte, Bilder und Musik auf den ersten Blick nichts mit Stille zu tun haben, so sind sie doch in der Lage, unseren Adrenalinspiegel zu beeinflussen und haben dadurch indirekt sehr wohl etwas mit Stille und Entspannung zu tun.

Ich bin mir sicher, dass der heutige Zeitdruck, das Beschäftigen der Menschen mit allerlei Verwaltung, aber auch mit vielen wirklich unwichtigen Dingen, nur einem Zweck dient: Das alles soll uns davon abhalten, unserer Seele zuzuhören und zu erfahren, was jetzt wirklich wichtig und richtig für uns wäre. Die gesamte Ablenkungsindustrie hat vermutlich nur den einen Zweck, uns von unserer Seele zu trennen. Der bereits erwähnte Oberarzt einer neurologischen Klinik in Norddeutschland hat es einmal als „Entspiritualisierung" bezeichnet, was derzeit mit uns Menschen geschieht. Ich finde diesen Ausdruck höchst zutreffend.

Wenn Sie in den Wald gehen, an eine Stelle, an der Sie allein mit sich sind, und wenn Sie dann einmal in Ruhe stehen bleiben und nur wahrnehmen, was um Sie geschieht, werden Sie Geräusche, Gerüche und Bewegungen bemerken, die Sie im Gehen nicht registrieren können. Und wenn Sie noch ein wenig länger stehen bleiben, werden Sie vielleicht Gedanken, Bilder und Informationen wahrnehmen, die einfach in Ihnen entstehen. Diese könnten, wenn Sie innerlich erwartungsvoll und frei sind, Informationen Ihrer Seele an Sie sein. Probieren Sie es aus und Sie werden feststellen, dass Sie höchst interessante Mitteilungen und Erkenntnisse erhalten werden. Diese Übung ist ein gutes Training für die Intuition Ihrer Zirbeldrüse.

TONEN

Zur Aktivierung der Zirbeldrüse ist beispielsweise auch das sog. Tonen geeignet. So nennt man das sanfte Summen von bestimmten Vokalen, zum Beispiel „Aaaaaaaaaaaaaa" oder „Ooooooooooo". Setzen oder stellen Sie sich dazu aufrecht hin, schließen Ihre Augen und summen Sie mit offenem Mund leise vor sich hin. Während Sie sich selbst zuhören, denken Sie an möglichst wenig oder an etwas Schönes. Wenn Sie auf Ihren Körper achten, können Sie die feine Schwingung der Töne fühlen. Diese von uns selbst erzeugten Frequenzen sind heilsam für die Zirbeldrüse, denn es sind unsere eigenen Schwingungen. Wir können sozusagen mit uns selbst in Resonanz gehen. Deshalb ist es auch sinnvoll, diese Töne sanft zu singen, denn sonst gehen wir mit unserer eigenen Aggression in Resonanz. Wenn Sie es ausprobieren, werden Sie selbst die leicht erhebende Stimmung und die zarte Vibration bemerken. Sie sollten allerdings sehr darauf achten, nicht zu laut zu werden, sonst verliert sich die erhebende Wirkung.

Wenn Sie Ihre Gedanken verlangsamen können, werden Sie bemerken, dass Sie innerlich zur Ruhe kommen. Diese Ruhe ist ein wichtiger Effekt des Tonens, denn diese innere Ruhe zu finden, ist in der heutigen Gesellschaft fast unmöglich geworden. Im Alltag befindet man sich ständig „im Außen" und genau das hindert Sie daran, sich selbst zu finden und Sie selbst zu sein. Tonen mit geschlossenen Augen ist ein hervorragendes Mittel, um „in sich zu gehen". Es erzeugt neben der inneren Ruhe ein Gefühl der Zufriedenheit und der Fokus ist auf sich selbst gerichtet. Die Schwingungen ermöglichen, sich selbst zu spüren, was im heutigen Alltag oft zu kurz kommt, und Sie werden spüren, dass Sie sich dabei wohler fühlen.

SONNE

Die Zirbeldrüse ist neben der Melatoninproduktion auch für das Sekret Serotonin zuständig. Der Serontoninspiegel wird durch das Sonnenlicht angeregt. Dieser Neurotransmitter sorgt dafür, dass wir uns gut fühlen und er verbessert unseren Energielevel. Es ist demnach förderlich, sich tagsüber nach Möglichkeit immer wieder in die Sonne zu begeben, damit wir uns gut fühlen sowie aktiv und energievoll unserer Tätigkeit nachgehen können. Laut *Wikipedia* gelangen *„von Lichtreizen ausgelöste Erregungen indirekt über Retina und Sehnerv"*[383] zunächst in den Hypothalamus. Von dort gelangen die Informationen über weitere Umwege zur Epiphyse (Zirbeldrüse). *„Bei Fischen, Amphibien, Reptilien und vielen Vögeln ist die Zirbeldrüse als Scheitelauge noch selbst lichtempfindlich"*, wird dort beschrieben. Der Zusammenhang zwischen Zirbeldrüse und drittem Auge ist demnach keine esoterische Erfindung, sondern wissenschaftlich belegt.

Die Zirbeldrüse erhält Impulse, wenn wir uns in der Sonne aufhalten. Licht ist Information und diese Information können wir aufnehmen. Auch dies dient der Aktivierung der Zirbeldrüse. Es gibt Autoren, die derselben Meinung sind und spezielle Übungen beschreiben, bei denen man direkt in die Sonne blickt. Dies darf jedoch nur kurz nach Sonnenauf- oder kurz vor Sonnenuntergang praktiziert werden und auch nur nach genau vorgegebener zeitlicher Steigerung. Ich habe diese Übungen nach der Anleitung aus dem bereits erwähnten Buch »Sungazing« selbst durchgeführt. Mir haben diese Übungen sehr gut getan, ich habe in diesen Meditationen höchst interessante Erkenntnisse erhalten und sehe seitdem zur Auffrischung immer wieder mal bei Sonnenauf- oder -untergang in die Sonne.

Ich bin überzeugt davon, dass das direkte Blicken in die (tief stehende) Sonne eine spirituelle Wirkung auf uns ausübt. Allerdings möchte ich darauf hinweisen, dass Sie diese Übungen ausschließlich unter Anleitung (Arzt oder Heilpraktiker) durchführen dürfen und natürlich ganz auf Ihre eigene Verantwortung. Sie könnten Ihrer Sehkraft enorm schaden oder sie ganz verlieren, wenn Sie zu lange oder zu einem falschen Zeitpunkt in die Sonne sehen oder wenn Sie irgendeine Vorschädigung etc. haben. Auch Ängste könnten sich vermutlich schädlich auswirken. Dieses In-die-Sonne-blicken ist sicherlich nicht für jeden das Richtige. Doch auch mit einem ganz normalen, moderaten Aufenthalt in der Sonne, angepasst an Ihren Hauttyp und Ihre Sonnengewöhnung, tun Sie Ihrer Zirbeldrüse ebenso etwas Gutes. Und ganz nebenbei wird es Ihnen auch Ihr Vitamin-D-Spiegel danken.

Ausreichend Schlaf

Genügend Schlaf ist für das allgemeine Wohlbefinden eine Grundvoraussetzung, das ist keine Frage, doch auch die Zirbeldrüse profitiert davon, wenn wir tief und ausreichend lange schlafen. Erst bei Dunkelheit produziert die Zirbeldrüse das Sekret Melatonin, das sowohl unseren Schlaf regelt, jedoch auch als Jungbrunnen bezeichnet wird. Die Sekretion des Melatonins ist, neben dem Hell-Dunkel-Rhythmus, natürlich auch abhängig vom Zustand der Zirbeldrüse. Je geschwächter diese ist, desto weniger ist sie in der Lage, Melatonin zu produzieren. Unabhängig davon soll die Sekretion von Melatonin bereits nach dem dritten Lebensjahr rapide abfallen. Deshalb ist es wichtig für unsere Zirbeldrüse, wenn wir frühzeitig schlafen gehen und uns ausreichend Schlaf gönnen. Vor allem der Schlaf bei Dunkelheit ist förderlich. Wer es also bevorzugt, erst spät ins Bett zu gehen und dafür lange ausschläft, der sollte zumindest das Schlafzimmer abdunkeln, damit auch in den Morgenstunden noch Melatonin gebildet werden kann.

Natur

Die Natur nährt uns mit ihren Früchten und ermöglicht uns, hier zu überleben. Sie hat uns neben Nahrung und Wasser aber noch mehr zu bieten. Wenn wir uns im Freien bewegen und dabei tief atmen, erleben wir gleichzeitig mehrere positive Effekte:

- *„Geringeres Risiko für die Entwicklung von Herzkrankheiten, Stress, Angst und Depression…,*
- *weniger Fälle von Bluthochdruck"*[384],
- Entspannung,
- Auffüllen unserer Zellen mit Sauerstoff,

- Verschieben unseres Körpermilieus von sauer nach neutral,
- Abbau von stressbedingtem Adrenalin,
- Trainieren der Muskulatur, daher mehr körperliches Wohlbefinden,
- Bildung von Vitamin D und
- Erhöhen des seelischen Gleichgewichts durch innere Verbindung mit der Natur

In der Natur können wir unsere Kräfte auftanken und uns wird bewusst, dass vieles, das uns beschäftigt, nur Ablenkung ist. Inmitten von Wald, Wiesen und Seen, vielleicht auch Bergen, können wir leichter Wichtiges von Unwichtigem unterscheiden. Wir können innerlich wieder zu unserer Basis zurückkehren. Und *„den Kopf freipusten"* kann immer noch am besten der Wind!

Auch Elektrosmog wirkt sich sehr schädlich auf unsere Zirbeldrüse aus. *Dieter Broers* nennt die elektromagnetische Strahlung und Fluorid sogar die Hauptantagonisten der Zirbeldrüse und schreibt auf seiner Internetseite:

„Studien mit Hamstern haben gezeigt, dass die Exposition gegenüber einem 60 Hz-Feld ... signifikant die Fähigkeit der Zirbeldrüse reduziert, Melatonin während der Nacht-Zyklen zu erzeugen ... Studien an menschlichen Probanden, die bis 60 Hz-Magnetfeldern ausgesetzt waren, zeigten diese Anomalie auch. ... Es ist bereits festgestellt worden, dass die Zirbeldrüse auf Licht, Funkfrequenzen und ELF-Strahlung reagiert – alles Extreme auf dem elektromagnetischen Spektrum. Schallwellen sind ebenfalls Teil dieses Spektrums."[385]

Aus diesen Gründen ist es sinnvoll, sich so oft wie möglich in der Natur aufzuhalten, denn normalerweise ist die elektromagnetische Belastung im Freien geringer als in Räumen. Sinnvollerweise sollte man sich dann nicht in der Nähe von Funkmasten aufhalten. Auch Vogelgezwitscher oder das Rauschen des Windes in den Bäumen ist heilsam. Ein Lautsprecher im Ohr hingegen erzeugt zum einen ein Magnetfeld, zum anderen sind es künstlich erzeugte Töne, die wiederum mit subliminalen Informationen unterlegt sein können (wie bereits berichtet). Nehmen Sie deshalb am besten den Knopf aus dem Ohr und lauschen den sanften Geräuschen der Natur. Wenn Sie Ihre Aufmerksamkeit auf die Natur richten, werden Sie feststellen, dass Sie ein Konzert aus unzähligen Einzelgeräuschen hören, das in der Summe eine sehr beruhigende Wirkung hat.

NEROLIÖL

Einige Autoren schreiben, dass das Einatmen von Zitrusdüften, vor allem des Neroliöls, die Funktion der Zirbeldrüse anregen soll[386]. Diesen Effekt sehen wir uns etwas näher an. Wir wissen, dass die Zirbeldrüse maßgeblich am Melatonin-Serotonin-Wechselspiel beteiligt ist, welcher uns dazu verhilft, uns gut zu fühlen. Melatonin lässt uns schläfrig, Serotonin hingegen wach, aktiv und glücklich sein. *„Serotonin wird auf Grund seiner Wirkungen auf die Stimmungslage im Volksmund oft als*

‚Glückshormon' bezeichnet."[387], ist auf *Wikipedia* beschrieben. *„Neroliöl hat auf unsere Stimmung einen ausgleichenden Effekt, sodass es bei depressiver Grundstimmung aufmunternd und bei übermäßiger Anspannung und Nervosität beruhigend auf uns wirkt."*[388] Ferner hat es eine direkte körperliche Wirkung auf die Zirbeldrüse. *„Neroliöl besitzt einige hormonähnliche Wirkstoffe, die die Zirbeldrüse zu erhöhter Tätigkeit anzuregen vermögen."* Das intensiv duftende Neroliöl ist demnach in der Lage, über die Nase eine anregende Wirkung auf die Zirbeldrüse auszuüben.

Es ist bekannt, dass man mit dem Körper die Psyche beeinflussen kann. Wer unter depressiven Verstimmungen leidet, kennt die wohltuende Wirkung von Spaziergängen in der Natur[389]. Die Bewegung an der Luft, dazu die vielen Eindrücke der Natur, können dazu verhelfen, dass man sich besser fühlt. Das bestätigt auch *Thomas Müller* auf der Internetseite »Ärztezeitung«:

„Den Körper auf Trab zu halten, vertreibt Kummer und Sorgen bei Depressionskranken sowie Patienten mit Angststörungen wohl ebenso gut wie eine Behandlung mit Antidepressiva oder Anxiolytika. Darauf deutet eine Gesamtanalyse aller bekannten Studien zu dem Thema."[390]

Wir sind demnach in der Lage, unsere Psyche mit Hilfe des Körpers zu beeinflussen. Im Umkehrschluss sind wir aber auch in der Lage, unseren Körper durch die Psyche zu beeinflussen. Denken Sie nur daran, wie Schmerzen nachlassen oder teilweise ganz vergessen werden, wenn sich Patienten im Kreise liebevoller und fröhlicher Menschen aufhalten oder erinnern Sie sich an die Wirkung von Affirmationen. Wenn wir uns also glücklich fühlen, dürfte das im Umkehrschluss dazu führen, dass die Zirbeldrüse aktiviert wird. Zitrusöle haben eine stimmungsaufhellende Wirkung und wenn wir diese oder auch Neroliöl einatmen, scheint sich die positive Stimmung, die dadurch erzeugt wird, zusätzlich auf die Zirbeldrüse auszuwirken. Im Übrigen ist Neroliöl *„eines der erlesensten Öle, immerhin braucht es ca. 1 Tonne der feinen Orangenblüten, damit man nur einen Liter des Neroliöles gewinnt. Das wunderbar duftende Öl verwendet man oft für Parfüms, es hat jedoch auch eine stark heilende Wirkung."*[391] So wendet man es laut der gleichen Quelle unter anderem auch bei Angstzuständen und depressiven Verstimmungen an. Immer, wenn ich an diesem Öl rieche, empfinde ich eine große Wertschätzung, weil ich mir vorstelle, wie mühsam es sein muss, eine Tonne Blüten zu sammeln.

SCHAUKELN

Schaukeln soll ebenfalls die Zirbeldrüse anregen, denn wenn sich das menschliche Energiefeld rhythmisch im Energiefeld der Erde bewegt, soll dies eine Aufladung bewirken. So ist es ganz normal, dass man zum Beispiel ein schreiendes Baby im Arm wiegt und sobald Kinder selbst laufen können, gehen sie gerne schaukeln. Vielleicht kennen Sie den Spruch, den man derzeit oft auf T-Shirts oder auf Kissen aufgedruckt findet: *„Mir reicht's! Ich geh schaukeln!"*

Der Sonderpädagoge *Professor Andreas D. Fröhlich* hat bereits 1975 ein Konzept zur Förderung stark körperlich und geistig behinderter Kinder und später für Frühgeborene zur Aktivierung der Sinnesorgane entwickelt, das später zur „Basalen Stimulation" weiterentwickelt wurde. Bei dieser Methode werden die kranken Menschen auf verschiedene Weise sanft geschaukelt, wodurch ein sichtbares Wohlbefinden ausgelöst wird. *„Menschen mit schwersten Behinderungen zeigen ein entspanntes Lächeln, wie es sonst nur selten bei ihnen zu sehen war."*[392] Egal, ob es nun durch die Interaktion der beiden Energiefelder Erde-Mensch geschieht oder durch eine Reizung des Gleichgewichtsorgans durch die Bewegung – Schaukeln macht glücklich. Damit hat es eine ähnliche Wirkung wie Melatonin und wirkt sich dadurch im bereits erwähnten Umkehrschluss möglicherweise auch fördernd auf die Zirbeldrüse aus.

Ein weiterer Effekt wird durch das Schaukeln ausgelöst: Es erinnert uns an unsere Kindheit und an die Ungezwungenheit und Freiheit dieser Zeit. Wir waren damals noch nicht so eingespannt in Termine, Pflichten und Zwänge wie heute als Erwachsene. Schaukeln bringt uns, genauso wie Lachen, dem Zustand näher, den Jesus meinte, als er sagte: *„Amen, das sage ich Euch: Wenn Ihr nicht umkehrt und wie die Kinder werdet, könnt Ihr nicht ins Himmelreich kommen."*, wie weiter oben bereits erwähnt.

„Vollständige Sorglosigkeit
und eine unerschütterliche Zuversicht
sind das Wesentliche eines glücklichen Lebens."[393]
Lucius Annaeus Seneca (4 v.Chr. - 65 n.Chr.)

LACHEN

Und nicht zu vergessen, es gibt ein uraltes Mittel, das bei fast allem hilft, was unangenehm ist: Lachen ist die beste Medizin! Lachen erzeugt ein Glücksgefühl, das vermutlich ebenso durch den Umkehrschluss wie bei Neroliöl und beim Schaukeln die Zirbeldrüse anregt[394]. Wenn wir lachen, sehen wir unsere Probleme aus einem anderen Blickwinkel, sie erscheinen uns nicht mehr so gewaltig wie zuvor. Lachen befreit von trüben Gedanken und schlechter Stimmung. Außerdem ist Lachen ansteckend und erhellt somit die Stimmung in unserem Umfeld, was wiederum uns selbst zu Gute kommt.

Wenn wir lachen, fühlen wir uns in unserer Mitte, sind mit unserer Seele verbunden und dadurch unserer liebenden Ur-Quelle sehr nahe. Diese Nähe zur Seelen-Quelle regt die Zirbeldrüse an, denn gerade sie soll ja für die Verbindung mit der Ur-Quelle zuständig sein. Sie wird als „Tor zu Seele" bezeichnet und ist die Kontaktstelle zu unserer Ur-Quelle. Wenn die Zirbeldrüse frei ist, dann spüren wir wieder unsere Verbindung zur göttlichen Liebe und zu unseren Fähigkeiten und Gaben. Die Zirbeldrüse öffnet uns für den Zustand der universellen Liebe in uns. Deshalb können wir die Zirbeldrüse anregen, wenn wir in uns eine liebevolle Stimmung erzeugen.

Auf der Internetseite »Welt« wird in einem Bericht über Lachen der Humanbiologe *Prof. Dr. Niemitz* zitiert: „*Beim Lachen wird verstärkt Serotonin ausgeschüttet. Dies wird plakativ auch als Glückshormon bezeichnet. Wer viel lacht, fühlt sich also besser.*"[395] Serotonin wiederum wird von der Zirbeldrüse nachts in Melatonin umgewandelt, welches uns gut schlafen lässt. Wenn wir also lachen, fördern wir die Sekretion der Zirbeldrüse, folglich trägt Lachen zur Aktivierung der Zirbeldrüse bei.

VERMEIDUNG VON ELEKTROSMOG

Die Epiphyse ist eine kleine Drüse, die auf elektromagnetische Impulse höchst empfindlich reagiert, erklärt der Dipl.-Ing. *Kettling* auf der Internetseite »Diagnose Funk«:

„Der Mensch verfügt in seinem Gehirn sogar über ein ‚magnetisches Organ': die Magnetitkristalle in der Zirbeldrüse, die in enger Verbindung mit dem Nervensystem steht. Das Nervensystem selbst funktioniert mit minimalen elektrischen und magnetischen Impulsen, ebenso die Muskelbewegungen, Hormonausschüttungen, die Beweglichkeit einzelner Blutzellen, die Zellteilung und nicht zuletzt die im EEG messbaren Hirnaktivitäten. Elektrizität ist der Funke des Lebens.

Die natürlichen elektrischen und magnetischen Felder werden nun von künstlich erzeugten Wellen durchkreuzt und zwar mit stetig wachsendem technischem Aufwand. Gerichtete, getaktete und auf eine bestimmte Hertz-Zahl reduzierte Frequenzarten kommen in der Natur nicht vor. Folgerichtig reagieren alle Organismen ungewöhnlich. ... wie bei jeder Form der Umweltverschmutzung, leiden alle Lebensformen darunter. Teile unseres Körpers scheinen mit den neuen Feldern zu schwingen und in Resonanz zu treten, anders gesagt – zu kommunizieren. Während wir mit der Außenwelt (‚...mein Draht zur Außenwelt...') immer schneller, mobiler, virtueller und pausenlos miteinander kommunizieren, geraten die körperinneren Kommunikationssysteme durcheinander, manche kollabieren. Ausgerechnet im Kommunikationszeitalter gerät das Verhältnis von innerer und die äußerer Kommunikation aus der Balance..."[396]

Wir tun deshalb nicht nur unserer Zirbeldrüse etwas Gutes, wenn wir darauf achten, die elektromagnetischen Wellen so weit wie möglich zu reduzieren. Dazu gehört beispielsweise das Mobiltelefon, das wir zumindest nicht direkt am Körper tragen und nachts ausschalten oder auf Flugmodus stellen sollten. Ich kenne empfindliche Menschen, die völlig auf das Handy verzichten müssen, weil sie sonst Konzentrationsstörungen bis hin zu unerträglichen Kopfschmerzen bekommen. Das zweite Thema sind die Sendemasten. Die bisherigen Masten kann man in der Regel sehen, doch bei dem neuen 5G-Standard ist dies nicht mehr der Fall, deshalb kann man ihnen auch nicht ausweichen.

In den eigenen Wohnräumen sollten wir das WLAN ausschalten, wenn wir es nicht mehr nutzen. Wir können die elektromagnetische Belastung auch insofern reduzieren, dass wir eine Netzfreischaltung installieren, der das Schlafzimmer versorgt. Wenn der letzte Stromverbraucher in dem betreffenden Stromkreis ausgeschaltet wird, erzeugen die Leitungen keine elektromagnetischen Felder mehr und der Schlaf kann wieder zu einer wirklichen Erholung werden.

KOSMISCHES PRINZIP – VERÄNDERUNGEN IM INNEREN

Das kosmische Prinzip sieht in den meisten grundlegenden Themen andere Lösungen vor, als wir es hier auf der Erde leben, vor allem in den sog. zivilisierten Ländern. Im kosmischen Prinzip ist alles, was wir denken, sprechen und tun, darauf ausgerichtet, im Einklang mit dem Universum zu sein. Dieses Prinzip wäre grundsätzlich auch auf der Erde möglich, wenn sich die Menschen gemeinsam dazu entscheiden und der Knechtschaft den Rücken kehren würden. Auch wenn unsere Erde und alle Himmelskörper der materiellen Ebene angehören, so sind es doch wir, die sie beleben. Und wenn wir uns dazu entscheiden, uns nicht mehr gegenseitig zu bekämpfen, dann hat dies auch Einfluss auf die Materie. Solange wir Menschen einen physischen Körper haben, solange sind wir mit der materiellen Ebene verbunden und können mit unserer Seele auf diese einwirken.

Die Folge wäre, dass wir in Harmonie miteinander leben würden, es gäbe keine Regierungen und auch eine Polizei wäre überflüssig – ganz einfach deshalb, weil diese Institutionen nicht mehr gebraucht würden. Stattdessen könnte man Stellen einrichten, in denen man Hilfe erhält, wenn man sie benötigt. Die Menschen würden in ihrer Individualität nach den Gesetzen der Natur leben und keiner würde dem anderen schaden. Wir würden kleine Gemeinschaften innerhalb einer intakten, wertgeschätzten Natur bilden, und wir würden nur die Früchte verspeisen, die die Natur uns im Überfluss überließe. Einige würden bereits von „Licht"-Nahrung leben und sich von der Energie ernähren, die uns alle in „Hülle und Fülle" umgibt. Das Wissen über diese Freie Energie wird noch immer zurückgehalten, damit die bisherigen Energieversorgungssysteme aufrechterhalten bleiben können, denn sie sind ein lukratives Geschäftsmodell. Es ist ein künstlich erschaffenes Mangelsystem, mit dem Angst erzeugt wird. Und ein ängstlicher Mensch ist leichter zu lenken, denn seine Intuition, aber auch sein Denken, sind blockiert.

Im kosmischen System hingegen ist alles darauf ausgerichtet, in Symbiose mit dem Universum, mit der Erde und mit der Natur zu leben und keine Ressourcen zu verschwenden. Beispielsweise würde eine neue Erfindung, von der alle profitieren würden, nicht patentiert werden (können), wie das derzeit der Fall ist, sondern die Neuigkeit würde sich in Windeseile verbreiten und rasch Anwendung finden. Jeder würde danach streben, für Probleme einfache und leichte Lösungen zu finden, die allen zugute kommen. Das Wohl jedes Einzelnen, aber auch das Gemeinwohl stehen an erster Stelle.

Das kosmische Prinzip ist uns allen schon vom ersten Atemzug an in die Wiege gelegt und wird erst nach und nach verlernt. So ist beispielsweise jedes kleine Kind hilfsbereit. Je länger ein Kind in unserem System verweilt, desto mehr wird es jedoch

„zivilisiert" und verlernt dabei leider die Gesetzmäßigkeiten des ursprünglichen kosmischen Prinzips, denn nur in der zivilisierten Welt meint man, man müsste den Kindern „Werte" vermitteln. Dieser Gedanke impliziert, dass Kinder keine Vorstellung von Werten hätten. Dabei ist genau das Gegenteil der Fall: Kinder bringen diese Werte bereits mit! Leider verlernen sie diese hier in unserem System ganz schnell. Warum? Ganz einfach: Weil wir in einer Scheinwelt leben und weil wir selbst in unserer Gesellschaft (und vor allem in den Medien!) diese Werte nicht mehr leben. Vor allem die Medien vermitteln uns eine künstliche Welt, in der nur Profit, Konkurrenz und der eigene Vorteil zählen.

In einem Naturvolk hingegen, in dem der Zusammenhalt selbstverständlich ist, weil es sonst nicht überleben könnte, muss man Kindern keine Werte beibringen, weil sie tagtäglich erleben, wie das kosmische Prinzip das Zusammenleben prägt. Menschen mit Machtambitionen gibt es im kosmischen System nicht, und sollte es dennoch einen Ausreißer geben, tritt beispielsweise ein „Rat der Zwölf" oder ein Ältestenrat zusammen und berät, wie mit diesem Mitgeschöpf umgegangen werden soll. Es folgen, falls nötig, beratende Maßnahmen, denn die Unversehrtheit aller Menschen innerhalb der Gemeinschaft steht über den egoistischen Interessen eines Einzelnen. Hilft das nichts, bekommt er eine Aufgabe, die ihn wieder erkennen lässt, dass jeder gleichwertig ist und wie wichtig es ist, zusammenzuhalten.

Es gibt im kosmischen Prinzip auch keine Zahlungsmittel, da ein Geldsystem immer auch ein Mangelsystem darstellt. Der Druck, der dadurch entsteht, dass man ohne Geld weder Wohnung, Essen, Kleidung noch sonst irgendetwas beziehen kann, ist enorm, auch wenn wir ihn nicht bewusst wahrnehmen. Im Gegensatz zu allen anderen Lebewesen auf der Erde ist der Mensch in ein System gepresst, in welchem er auf permanentes Dienen getrimmt ist – auf ver„dienen". Auch die Reichsten und Mächtigsten der Welt dienen diesem Geld- und Wirtschaftssystem.

Auch wenn das kosmische System für manche wie die Beschreibung eines krassen Sozialismus klingt, ist es in Wahrheit meilenweit von jedem politischen System entfernt. Ich vergleiche unser heutiges Leben gerne mit dem Leben von Ureinwohnern, denn dabei wird der Unterschied deutlich. Auch wenn es nicht unser Ziel ist, mit Lendenschurz durch die Gegend zu wandern, so können wir von ihnen doch eine tiefe Zufriedenheit und den Spaß am reinen Leben lernen. Naturvölker haben ebenfalls Regeln, doch diese Regeln dienen dem Überleben und dem sozialen Zusammenhalt. Die Prioritäten liegen nicht darin, viel zu besitzen und klüger, reicher oder besser zu sein als der Nachbar, sondern sie liegen darin, dass alle gesund bleiben, dass die Kinder die Regeln zum Überleben lernen und dass alle einander unterstützen und jeder seine Aufgabe hat. Jeder hilft auf seine Weise mit, dass es jedem gut geht. Auf diese Weise können die meisten eine Kindheit, Jugend, frühes, mittleres und späteres Erwachsensein sowie das Alter (einfach) erleben, ohne vor einer dieser Phasen Angst haben zu müssen und ohne einen permanenten Leistungsdruck zu erfahren.

Die Erde, auf der wir Menschen leben, würde uns nämlich alles zur Verfügung stellen, was wir für ein glückliches und gesundes Dasein benötigen. Es gibt Trinkwasser, Nahrung, selbst Kleidung kann aus Pflanzenfasern hergestellt werden. Bei uns wächst keine Baumwolle, doch Schafe gedeihen in unseren Breitengraden, ebenso Lein für Leinen und verschiedene weitere Pflanzen. Zur Energiegewinnung gibt es genügend Patente, die auf Magnetsystemen, Freie Energie, Wasserstoff und sonstigen Techniken beruhen. Wenn diese freigegeben würden, hätten wir ein großes Problem weniger und es wäre durchaus möglich, dass auch wir ein glückliches Leben führen, ohne einen permanenten Druck zu spüren. Das Leben, das wir führen, fühlt sich für uns zwar normal an (weil wir es gewohnt sind), doch spätestens, wenn wir vier Wochen oder gar ein paar Monate in einem Land gelebt haben, in dem dieser Druck nicht so penetrant ist, dann spüren wir den Unterschied, wenn wir wieder zurückkehren.

Im kosmischen System gilt wirklich: alle für einen und einer für alle. Das bedeutet, es hat jeder Zugang zu allen notwendigen Dingen, die er zum Leben braucht und im Gegenzug dazu bringt er das in die Gemeinschaft ein, was er kann. Jedes Naturvolk und alle Tiere handeln so. Und auch wenn für Tiere, die Einzelgänger sind, andere Regeln gelten, so treffen auch sie sich zur Paarung, weil es für jeden von ihnen das Beste ist. Alle scheinen ein entsprechendes Bewusstsein zu haben, nur beim Menschen mangelt es, doch es ist mit Sicherheit kein naturgemäßer Mangel an Bewusstsein, sondern es ist ein anerzogenes System. Kein Baby der Welt wird mit solch einem kranken Systembewusstsein geboren – dessen können Sie sich sicher sein. Wer über kosmisches Wissen verfügt, hat ein (Ge-)„Wissen", das ihm zeigt, welches seine eigene Gabe, sein Talent ist und dieses wird er im kosmischen System leben. Doch in unserer heutigen, wirtschaftsgesteuerten Welt finden viele dieser Talente keine Anerkennung. Es gibt beispielsweise Menschen, die gerne zuhören, was derzeit jedoch in keiner Weise gewürdigt wird. Im kosmischen Prinzip ist es eine Gabe, die sehr geschätzt wird, solange sich die Menschen überhaupt noch per gesprochener Worte unterhalten. Denn es kann Menschen in Not sehr helfen, wenn sie sich ihren Kummer einmal von der Seele sprechen können. Unter all diesen genannten Gesichtspunkten erscheint mir unsere Gesellschaft wie die Welt von „Truman", der ebenfalls in einer Scheinwelt lebte.

EIGENE SCHWÄCHEN ÜBERWINDEN

Es ist eine weitverbreitete Eigenart, dass man immer von anderen erwartet, dass sie irgendetwas verändern, am besten sich selbst. Doch es ist wichtig, dass wir diese Erwartung nicht nur an andere haben, sondern bei uns selbst beginnen. Denn erst dann, wenn wir unsere eigenen Schwächen überwinden, können wir erwarten, dass auch die Schwächen in unserem Umfeld weniger werden. Jeder von uns kennt seinen eigenen inneren Schweinehund, von denen es eine Vielzahl gibt: Zorn, Neid, Egoismus, Trägheit, Sucht usw. Und über diese Schwächen öffnen wir selbst mit unserem Denken, Sprechen und Handeln die Türen für egoistische und gierige Mächte. Erst wenn wir darin erfolgreich sind, uns selbst zu zügeln, entziehen wir diesen Dunkelmächten die Möglichkeit, über uns zu herrschen. Dadurch haben wir es selbst in der Hand, durch unsere Lebensweise in unserem Umfeld ein bestimmtes Schwingungsfeld zu erzeugen. Damit bestimmen wir, welche Schwingung bzw. welche Wesen bei uns und damit hier auf unserer Erde andocken können.

Wie zuvor bereits beschrieben, haben wir genetisches Material von verschiedenen universellen Spezies in unseren irdischen, menschlichen Unterarten. So wie der Mensch sich heute zeigt, ist dabei nicht nur liebevolles Genmaterial zu finden, sondern auch zerstörerisches, egoistisches Potential. Nun könnte man meinen, die Erde sei ein idealer Schulungsplanet, auf dem die Seelen sich entwickeln können. Doch es könnte auch ganz anders sein. Ich habe bereits ausgeführt, dass die kleinen Kinder bereits das kosmische Wissen, die seelische Weisheit in sich tragen und hierher mitbringen. Leider wird ihnen dies innerhalb der ersten Lebensjahre abtrainiert, damit sie sich zu „zivilisierten" Menschen entwickeln. Es ist demnach nicht so, dass sich die Seelen hier auf der Erde vervollkommnen können, sondern im Gegenteil: Frisch angekommene Seelen werden hier verstümmelt. Es gibt kaum jemanden unter uns, der nicht unter irgendwelchen Traumata aus der Kindheit oder der Schulzeit leidet, die ihn sein ganzes Leben lang beeinträchtigen.

All das weist darauf hin, dass die materielle Welt keine liebevolle Erfindung ist. Noch dazu haben die wahren Materiebringer oder ihre Helfer vor Jahrtausenden die Erde besetzt und sind dabei, einen komplett überwachten und beherrschten Planeten aus ihr zu machen. Wir Menschen werden dabei mittels Angst und Manipulation in eine Rolle gedrängt, aus der scheinbar kaum ein Entrinnen möglich ist. Ja, wir überwachen und kontrollieren uns sogar selbst. Wir selbst sind unsere schärfsten Ankläger, wenn sich einer nicht an das System halten sollte. Das Geldsystem ist dabei eine klug ausgedachte Herrschaftsform, mit der (fast) jeder zum Schweigen gebracht werden kann. Wer das Spiel durchschaut und seine Mitmenschen aufklärt, der verliert seine Arbeitsstelle, mit der er seinen Lebensunterhalt verdient hat, oder er wird denunziert.

Viele Menschen sind in ihrem Beruf nur noch deshalb tätig, weil sie diese Erpressung akzeptieren. Sobald sie in den Ruhestand getreten sind und keine Folgen mehr zu befürchten haben, wird ihre Stimme jedoch laut. Denken Sie nur an die zuvor bereits erwähnte Aussage des ehemaligen Richters *Franz Fahsel* (am Stuttgarter Landgericht). Er schrieb, dass ihn tiefer Ekel vor seinesgleichen überkomme, wenn er an seinen Beruf denke, weil er unzählige *„vom System organisierte Rechtsbrüche und Rechtsbeugungen erlebt"*[397] habe, *„gegen die nicht anzukommen war/ist, weil sie systemkonform sind ... Ich habe unzählige Richterinnen und Richter, Staatsanwältinnen und Staatsanwälte erleben müssen, die man schlicht ‚kriminell' nennen kann."* Diese Deckung durch den Staat ist mit ein Grund dafür, warum so viele Menschen weiterhin tief und fest schlafen und ihre Augen vor der Realität verschließen. Sie glauben, es sei alles in bester Ordnung.

Oder erinnern Sie sich an den Bericht in der britischen Zeitung »The Sun«, dass 3.300 Mitarbeiter der UN pädophil seien und in den letzten 10 Jahren 60.000 Frauen und Kinder vergewaltigt haben sollen[398]. Diejenigen, die auf derartige Missstände hinweisen, werden gefeuert, während die Täter geschützt werden und weiterhin ihr Unwesen treiben können. Es führt kein Weg an der erschütternden Erkenntnis vorbei: Unsere Welt ist zutiefst manipuliert von den finstersten Mächten! Und sie installieren derzeit ihre Regeln.

Doch denken Sie daran: Es ist auch ein Ausweg möglich! Jedoch sollten wir nicht darauf setzen, dass ein großes UFO kommt, uns alle einpackt und auf einen fernen Planeten fliegt. Nein, es liegt zu einem großen Maße an uns selbst, wie es mit uns weitergeht, es hängt davon ab, wie und was wir sind. Wir selbst haben die weitere Entwicklung der Menschen und der Erde in der Hand. *Wir* sind es, die das Paradies Wirklichkeit werden lassen können, indem wir es zunächst in unserem Innersten installieren und uns dafür entscheiden, nach den kosmischen Prinzipien, also nach unserem Herzen, zu leben.

SCHLAF FÜR DIE SEELE

Wir fühlen uns nach einem erholsamen Schlaf ausgeruht und voller neuer Kraft. Gut ausgeschlafen sind wir voller Tatendrang und fühlen uns frisch und fit. Und es ist keine Frage, dass wir einen regelmäßigen Schlaf brauchen, damit wir gut und gesund funktionieren können. Schlafentzug ist eine Foltermethode, da man die Gefolterten an den Rand des Belastbaren bringen kann. Neben Halluzinationen können Gedächtnisverlust und psychoseähnliche Zustände auftreten. Wikipedia erläutert: *„Schlafentzug bei Ratten führte in einem Experiment bei einem Teil der Ratten innerhalb von sieben Tagen zum Tod."*[399] Ich denke, wir sind uns einig: Schlaf ist überlebensnotwendig!

Doch eines kann ich nicht nachvollziehen. Die Schulmedizin sagt, dass der Schlaf wichtig für unseren Körper ist, weil dieser Erholung braucht. Doch Tatsache ist: Er funktioniert auch im Schlaf weiter: Das Herz schlägt, das Blut zirkuliert, die Atmung geht weiter, die Nieren arbeiten, ebenso die Verdauung. Die Haare und die Fingernägel wachsen und der Wärmehaushalt wird ebenfalls reguliert. Der Körper erfüllt seine Funktionen im Schlaf genauso, wie wenn er wach ist. Das einzige, was sich jedoch wirklich gravierend vom Wachzustand unterscheidet, ist unser Bewusstsein. Im Schlaf ist unser Bewusstsein in einem vollkommen anderen Zustand, als wenn wir wach sind. Alle unsere Sinne sind wie ausgeschaltet, sie sind quasi auf „Standby"-Funktion und reagieren erst, wenn die äußeren oder inneren Reize richtig deutlich sind. In einer Tiefschlafphase hören wir Geräusche erst, wenn sie schon relativ laut sind und wachen auch bei einer Berührung nur verzögert auf. Auch der Sehnerv reagiert auf optische Reize erst dann, wenn nachts das Licht eingeschaltet wird, wenn überhaupt.

Die logische Schlussfolgerung ist, dass die Organe im Schlaf ebenso funktionieren wie im Wachbewusstsein, und der Körper den Schlaf eigentlich gar nicht benötigt. Die körperlichen Erholungsphasen für müde Muskeln könnten vermutlich ebenso durch einfaches Ruhen erreicht werden. Doch da wir während des Schlafs nicht bei vollem Bewusstsein sind, gehe ich davon aus, dass nicht unser Körper, sondern vielmehr unsere Seele bzw. unsere Psyche den Schlaf benötigt. Sie ist es, die den Rückzug aus der Materie braucht. Schlaf ist meines Erachtens die beste Möglichkeit für die Seele, sich aus der materiellen Welt zurückzuziehen und sich in ihrer geistigen Heimat energetisch aufzuladen. Selbst wenn wir in den Traumphasen die tagsüber erlebten Erfahrungen verarbeiten, dient das der Erholung des Geistes und der Seele und nicht der Entspannung des Körpers.

Es ist daher nicht verwunderlich, dass wir in der heutigen Zeit durch Schlafmangel immer mehr in der Materie gehalten werden. Dazu gehören sowohl Nahrungsmittel und Getränke, wie auch Medien, bestimmte Medikamente oder auch Termindruck im Beruf. Es ist bekannt, dass viele Menschen nach dem Konsum von Kaffee schlechter ein- oder durchschlafen können. Auch Orangensaft, wenn er am Abend genossen wird, kann den Schlaf beeinträchtigen, bei manchen Menschen auch Knoblauch. Ebenso ist schweres, fettes Essen in den Stunden vor der Nachtruhe nicht dazu geeignet, einen erholsamen Schlaf zu fördern – doch das wissen wir ja ohnehin.

Wer bis kurz vor dem Schlafengehen fernsieht oder am PC sitzt, riskiert ebenso, dass er schlecht einschläft oder mitten in der Nacht erwacht und nicht mehr einschlafen kann. Die vielen, meist jungen Menschen, die sich in ihrer Freizeit viel mit ihren Smartphones beschäftigen, begeben sich damit tief in die Ebene der Materie. Ihre Seelen werden dadurch ausgelaugt, weil sie zu sehr an die Materie gebunden werden, und haben Sehnsucht nach Ausgleich, nach Entspannung, nach Rückzug. Aus dieser Sehn-„Sucht" resultiert möglicherweise eine Sucht nach anderen Dingen, die den entspannenden Schlaf ersetzen sollen. Das können unter anderem auch Zigaretten sein, die zumindest für ein paar Minuten einen gesellschaftlich akzeptierten Ausstieg aus der fordernden Welt gewährleisten.

Aber auch das sog. „exzessive Saufen" nimmt zu, bei dem vor allem junge Menschen Alkohol zu sich nehmen, bis sie sich damit in einen komaähnlichen Zustand gebracht haben. Ebenso hat der Konsum von anderen Drogen seinen wahren Hintergrund vermutlich darin, für eine Zeit lang aus der rein materiell orientierten Welt auszusteigen und der Seele eine Pause zu gönnen. Leider sind diese Methoden äußerst destruktiv und es bedarf zunächst der Erkenntnis und dann eines festen Willens, aus diesem „Teufelskreis" auszusteigen und andere entspannende Methoden zu lernen. Die Bezeichnung „Teufelskreis" finde ich übrigens sehr treffend, denn wer ist es denn, der uns in der Materie halten möchte?

Die – meist destruktive – Informationsflut der Medien und das Lichtspektrum des Bildschirms verhindern, dass unser Gehirn in einen entspannten Zustand gehen kann. Es ist demnach bezüglich der Schlafqualität und -quantität von Vorteil, vor dem Schlafengehen nicht fernzusehen und auch den PC bzw. das Tablet auszuschalten. Ein gutes Buch, ein gutes, stressfreies Gespräch, sanfte Musik, ein entspannendes Bad, eine Tasse beruhigender Tee, Baldrian oder der Duft von Lavendel wirken schlaffördernd.

SUCHT

Ergänzend zum vorigen Kapitel möchte ich noch ein paar interessante Informationen erwähnen, die ich gefunden habe. Der Autor *Johann Haris* hat das Buch »Chasing The Scream: The First and Last Days of the War on Drugs« über eine Reise geschrieben, bei der er sich mit Sucht befasst hat, und er kam zu einem erstaunlichen Ergebnis. Seit Jahrzehnten wird den Menschen vermittelt, dass der Konsum von Drogen zur Abhängigkeit führt. Wer Drogen konsumiert und bemerkt, dass er den Stoff immer wieder braucht und nicht davon lassen kann, ist süchtig geworden. Das ist soweit vollkommen nachvollziehbar und nichts Neues. Bestärkt wurde das durch einen Versuch an einer Ratte, die in ihrem Käfig zwei Flaschen mit Wasser zur Auswahl hatte, eine war mit ganz normalem Leitungswasser gefüllt, und das Wasser in der anderen Flasche war mit Heroin bzw. Kokain versetzt.

„Beinahe jedes Mal, wenn dieses Experiment durchgeführt wird, wird die Ratte völlig besessen von dem ‚Drogenwasser' und trinkt so lange immer wieder davon, bis sie daran stirbt."[400], wird *Haris* auf der Internetseite »Huffingtonpost« zitiert. Ein Psychologe, *Bruce Alexander* aus Vancouver, hatte schon in den 1970er-Jahren eine andere Idee. Er wiederholte diesen Versuch, jedoch unter vollkommen anderen Bedingungen, als dies von den Forschern zuvor getan wurde. Er baute *„einen Rattenpark. Das war ein luxuriöser Käfig, in dem den Ratten bunte Bälle, das beste Rattenfutter, Tunnel, durch die sie klettern konnten und jede Menge Freunde zur Verfügung standen: also alles, was das Rattenherz begehrt."* In den Testreihen zuvor waren die Ratten stets allein in einem Käfig untergebracht worden und *Dr. Alexander* wollte wissen, wie die Ratten unter diesen idealen Bedingungen auf das Drogenwasser reagieren würden. Nachdem sie beide Wasserflaschen getestet hatten, bevorzugten die Ratten in dem Luxuskäfig jedoch das normale Wasser. Sie *„nahmen weniger als ein Viertel der Menge zu sich, die die isolierten Ratten konsumierten. Und keine von ihnen starb. Während die einsamen, unglücklichen Ratten alle schwer abhängig wurden, wurde es keine der Ratten mit einem glücklichen Umfeld."* *Haris* wird weiter zitiert, dass er zunächst dachte, dass es eine Eigenart der Ratten sei, doch parallel dazu konnte man ein adäquates Verhalten bei Menschen beobachten. Unter den Soldaten im Vietnamkrieg sei Heroinkonsum so verbreitet gewesen wie Kaugummikauen.

„Über 20 Prozent der US-Soldaten wurden laut einer Studie der Archives of General Psychology heroinabhängig. Tatsächlich hörten jedoch laut der Studie etwa 95 Prozent der süchtigen Soldaten einfach auf, die Droge zu nehmen. Einige wenige durchliefen Entzugstherapien. Sie wurden von einem beängstigenden Käfig zurück in einen sehr schönen gesetzt, also wollten sie die Droge nicht mehr."

Dass dieses System auch bei den Menschen funktionieren kann, konnte man auch in Portugal beobachten.

*„Vor fast fünfzehn Jahren hatte Portugal eines der schwersten Drogenprobleme in Europa – ein Prozent der Bevölkerung war heroinsüchtig. Sie hatten es mit einem Krieg gegen die Drogen versucht, doch das Problem verschlimmerte sich nur weiter. Daher wurde beschlossen, ... alle Drogen zu entkriminalisieren und die Gelder, die bisher für die Verhaftung und die Haft von Drogensüchtigen verwendet wurden, darin zu investieren, sie wieder mit ihren eigenen Gefühlen und der Gesellschaft in Kontakt zu bringen. Der wichtigste Schritt hierbei war, ihnen eine sichere Unterkunft und subventionierte Jobs zu verschaffen – um ihrem Leben einen Sinn und ihnen einen Grund zu geben, morgens aufzustehen. Ich beobachtete, wie ihnen in warmen und freundlichen Kliniken geholfen wurde, wieder einen **Zugang zu ihren Gefühlen zu bekommen, nach jahrelangen Traumata und dem Versuch, diese mit Drogen zum Schweigen zu bringen.**"*

Es ist interessant zu lesen, dass diese etwas andere Art mit Sucht umzugehen, Erfolge gezeigt hat.

„Eine unabhängige Studie des britischen Journal of Criminology fand heraus, dass seit der Entkriminalisierung, die Zahl der Süchtigen und der Konsum von injizierbaren Drogen um 50 Prozent abgenommen haben. Ich wiederhole: Der Konsum von injizierbaren Drogen hat um 50 Prozent abgenommen."

Übertragen auf unser heutiges Leben bedeutet das, dass wir uns in einem (nicht einmal mehr goldenen) Käfig befinden, der unsere normalen menschlichen Bedürfnisse nach Freiheit, aber auch nach echten Bindungen extrem beeinflusst und auch einschränkt. Das Dasein in einem sklavenähnlichen Zustand, voller Überwachung, Reglementierung, Einschränkung, Verpflichtungen und Verboten kann unseren natürlichen Drang nach einem, im tieferen Sinne, wirklich menschlichen und erfüllten Leben nicht gerecht werden. Jetzt mag so mancher denken, dass ihm doch nichts fehlt, dass es ihm doch gut geht. Doch sehen Sie sich das Leben der meisten Menschen an: Wie viele gehen denn wirklich morgens an ihren Arbeitsplatz, weil sie ihre Aufgaben mit Freude und Erfüllung ausführen? Wieviel Zeit muss eine Krankenschwester oder eine Kindergärtnerin für die Verwaltung aufwenden, obwohl sie doch gerade den Umgang mit den Menschen liebt, deshalb hat sie den Beruf ja einst gelernt. Wie viele Menschen verrichten stupide Tätigkeiten, die sie jeden Tag noch stumpfsinniger werden lassen? Und wie viele Menschen müssen Urteile sprechen, die menschlich und moralisch in keiner Weise zu vertreten sind, doch ihnen sind aufgrund der Gesetzeslage oder wegen des formalen Anspruchs die Hände gebunden? Verstehen Sie, was ich meine? Wir sind so sehr an das unnatürliche Leben gewohnt, dass es uns schon gar nicht mehr auffällt, wieviel unsinnige Dinge jeden Tag getan werden – müssen.

Diese Zustände bringen unsere Seelen in so schwere Nöte, dass viele den einzigen Ausweg darin sehen, regelmäßig dem Alltag zu entfliehen. Es gibt sicherlich noch andere Gründe, warum Menschen süchtig werden, doch die Unzufriedenheit mit unseren Lebensbedingungen ist einer der Hauptgründe dafür. Und das besonders Gemeine daran ist, dass die Ängste und Frustrationen so unterschwellig wirken, dass sie uns meist noch nicht einmal bewusst sind. Wenn wir jedoch darum wissen, dann können wir beginnen, unser Leben genau anzusehen und zu analysieren, was genau wir am liebsten anders gestalten würden. Was raubt uns Lebensfreude, was tun wir alles nur deshalb, weil es sein **muss**? Wir sollten uns die wichtige Frage stellen: Was würden wir stattdessen am liebsten tun? Wonach ruft unser Herz? Und genau das sollten wir fördern und ihm nach und nach immer mehr Raum geben. Sie werden sich wundern, was sich alles wie von selbst mit ändert, wenn Sie beginnen, mehr Lebensfreude in Ihr Leben einzuladen.

SEHNSUCHT

Wenn wir unser bisheriges Leben betrachten, dann sind die meisten von uns ständig auf der Suche nach etwas – nach etwas, das uns erfüllt und glücklich werden lässt. Meist sind uns diese Suche und diese Sehnsucht gar nicht wirklich bewusst, doch wären wir bereits glücklich und erfüllt, dann könnten wir längst aufhören, materielle Werte anzuhäufen. Dann müssten wir nicht mehr die aktuellsten Kreuzfahrten buchen und unser Auto mit dem des Nachbarn vergleichen. Wir wären zufrieden mit unserem Leben, so wie es ist – einfach, weil es unser Leben ist.

Doch diese Sehnsucht lässt sich mit materiellen Dingen nicht stillen, denn wir sehnen uns nach etwas ganz anderem. Wenn wir ehrlich zu uns selbst sind, dann erkennen wir, dass wir uns nach einem Leben sehnen, das unserer Natur entspricht. *„Was entspricht denn unserer Natur?"* werden Sie jetzt vielleicht fragen. Wir leben unser Leben meist so, wie wir es gelernt haben und gewohnt sind. Bestenfalls versuchen wir, so wenige Kompromisse wie möglich einzugehen. Damit kommen wir dem Leben, wie es unserer Natur entspricht, schon ein kleines Stückchen näher. Und dennoch bleibt tief im Innersten ein Rest an Sehnsucht, eine Art Heimweh – doch wir wissen nicht so richtig, wonach wir uns eigentlich sehnen und was unser Herz noch begehrt, um restlos glücklich zu sein. Die herausragenden Glücksmomente, die wir aus unserem Leben kennen, sind kurze Augenblicke, wie zum Beispiel besonders innige Momente mit unserem Partner, das Glück, wenn ein Kind geboren wird oder auch in einer guten Meditation, in der wir uns unserer liebenden Ur-Quelle sehr nahe fühlen. Und in solchen Augenblicken kommen wir unserer Natur bereits wirklich näher. Um nämlich tatsächlich erfüllt und glücklich zu sein, bedarf es anderer Umstände als das Leben, wie wir es heute führen, uns bieten kann. Am Rande unserer Belastungsgrenze durch eine herbizidvergiftete Nahrung, eine mit Aluminium und sonstigen Stoffen[401] verunreinigte Luft, ebenso verschmutztes Wasser, dazu Heilmittel, die uns nicht nur nützen, sondern bereits vielen Menschen das Leben gekostet haben[402], sind wir sicherlich weit entfernt von einem Leben, wie es unserer Natur entsprechen würde. Wir spüren instinktiv, dass wir in eine Lebensform gedrängt wurden, die nicht „artgerecht" ist, wie man bei Tieren sagen würde. Zusätzlich scheint es so, dass uns viele unserer ursprünglichen Fähigkeiten durch Genmanipulation genommen wurden. Denn in der Menschheitsgeschichte gab es Entwicklungssprünge, die sich nicht wissenschaftlich erklären lassen. Man weiß aus archäologischen Funden, dass in der Entwicklung des Menschen mindestens ein großer Sprung stattgefunden haben muss, weil sämtliche Zwischenformen fehlen. Das lässt sich im Grunde nur dadurch erklären, dass hier (evtl. genetische) Eingriffe von außen stattgefunden haben müssen.

Es gibt perfekte Gattungen und Arten und natürlich feine Anpassungen an sich ändernde Umweltbedingungen, doch die Entwicklung aller Erdlebewesen aus einem Einzeller heraus kann so nicht stattgefunden haben. Wie sollen beispielsweise die Übergangsformen von Schuppentier, Vogel, felltragendes Tier usw. stattgefunden haben? Wie soll sich der Specht entwickelt haben, dessen Zunge sein Gehirn einbettet, damit es durch das Klopfen keinen Schaden nimmt? Wie soll sich die Schildkröte entwickelt haben, die ihren Panzer trägt? In der Natur finden sich unzählige Beispiele, an denen man sehen kann, dass die Evolution nicht so stattgefunden haben kann wie sie uns in der Schule beigebracht wird. Die gesamte Entwicklungsgeschichte der Erde und der Lebewesen einschließlich des Menschen scheint sich vollkommen anders abgespielt zu haben. Und tatsächlich sind auch viele Forscher mittlerweile nicht mehr davon überzeugt, dass sich alles Leben aus einer einzigen zufälligen Zelle entwickelt haben soll. *Dr. John G. West* vom »Discovery Institute« erklärt:

„Darwinisten hören nicht auf zu behaupten, dass kein seriöser Wissenschaftler an dieser Theorie zweifle. Dabei sind hier gleich 500 Wissenschaftler, die bereit sind, ihre Skepsis gegenüber der Evolutionstheorie öffentlich bekanntzumachen."[403]

Die Liste dieser 500 Wissenschaftler, die aus den verschiedensten Teilen der Welt kommen, ist von »Discovery« veröffentlicht[404] worden. Ich gehe daher davon aus, dass wir einst körperlose Geistwesen (Seelenwesen) waren, die nur über einen Energiekörper verfügten, und wir waren vollkommen und benötigten keine materielle Erscheinung. Ebenso benötigten wir keine Speisen, weil wir energetischer Natur waren. Vielleicht aus Neugierde, aber wahrscheinlicher durch eine List, haben wir uns dazu verleiten lassen, uns auf der Erde zu materialisieren, doch noch immer konnten wir zwischen den Dimensionen wechseln. Wir konnten uns körperlich sichtbar werden lassen oder in unserer unsichtbaren energetischen Form verbleiben. So wurden wir mehr und mehr an die Materie gebunden, sodass wir schließlich dazu gezwungen waren, uns von Materie zu ernähren und an dem furchtbaren Spiel des „fressen oder gefressen werden" teilnehmen mussten, wie ich es zuvor schon beschrieben habe. Damit war das Liebevolle und Sorglose von uns genommen worden und wir waren den materiellen Gesetzen der nun feststofflichen Erde ver„fall"en. Möglicherweise ist dieser Prozess das, was im Alten Testament mit dem Sünden„fall" beschrieben wird.

Durch solch eine Bindung an die materielle Erde wäre es auch nachvollziehbar, dass die Menschen einen Großteil ihrer Fähigkeiten verloren haben. Sie können sich nicht mehr dematerialisieren, sie müssen Nahrung zu sich nehmen, sie haben Eigenschaften kennengelernt, wie zum Beispiel Angst, Zorn, Neid usw., die ihnen zuvor nicht bekannt waren. Sie wurden mit einem Schleier des Vergessens belegt und wurden angehalten, aktiv zu werden, sich körperlich zu vermehren, sich Nahrung zu suchen und zu jagen und verfielen dadurch immer mehr in die tiefsten Tiefen der Materie. Durch diese Veränderungen wurden wir extrem eingeschränkt. Besonders die Unterbrechung unserer Verbindung zu unserer liebevollen Seelenquelle hat dazu geführt, dass wir wie ein führerloses Schiff auf den Wellen treiben. Mal kommt ein Sturm, mal ist die See ruhig – doch wir sind den materiellen Gewalten hilflos ausgeliefert, weil wir uns nicht mehr daran erinnern, wie man dieses Schiff steuern kann. Wir haben unser Boot quasi auf Autopilot gestellt, können jedoch noch nicht einmal losfahren, weil wir uns nicht mehr an das Ziel erinnern. Und so trudeln wir hierhin und dorthin, wohin der Wind oder die Strömung uns treiben.

Wir können viele Dinge nicht mehr wahrnehmen und können uns an unsere früheren Inkarnationen nicht mehr erinnern. In jedem Leben müssen wir stets von vorn beginnen, bis wir nach Jahrzehnten irgendwann ein klein wenig weiser geworden sind und beginnen, unsere Altlasten aus früheren Inkarnationen und der frühen Kindheit aufzulösen – zumindest die, die wir herausfinden können. Bis dahin haben wir unser Päckchen jedoch längst an unsere Kinder weitergegeben, die wiederum erst später erkennen, was sie selbst alles mit sich herumtragen.

INNERE VERLETZUNGEN HEILEN

Und wenn uns noch so viele Lösungsmöglichkeiten angeboten werden, um endlich ein wirklich freies, erfülltes und glückliches Leben führen zu können, werden wir nicht umhin kommen, uns mit uns selbst zu beschäftigen und den Frieden in uns selbst zu finden bzw. zu erschaffen. Einer der ersten Schritte dazu ist die Suche nach den Verletzungen der frühen Kindheit. Auch wenn wir uns normalerweise nicht an die einzelnen Situationen erinnern können, so prägen uns manche Verhaltensweisen unserer Eltern und unserer näheren Umgebung so stark, dass unser eigenes Verhalten dadurch nachhaltig beeinflusst wird.

Stellen Sie sich vor, Sie sind ein Baby und fühlen sich allein. Was tun Sie? Die einzige Art und Weise, wie Sie sich äußern können, ist, dass Sie schreien. Ihre Mutter telefoniert jedoch gerade mit der Klassenlehrerin ihres größeren Geschwisterchens, sie kann deshalb jetzt nicht sofort zu Ihnen kommen. Sie fühlen sich allein, hilflos, ausgeliefert, auch wenn Sie dies als Baby in dem Moment natürlich nicht so benennen könnten, aber Sie **fühlen** es. Vor Erschöpfung schlafen Sie irgendwann mit diesem Gefühl ein. Wenn das Gefühl sehr intensiv war oder sich wiederholt, kann man sich vorstellen, dass das Baby später dieses Gefühl beibehält, da es diese Empfindung gespeichert hat. Die Folge könnte sein, dass es immer meint, alles allein regeln zu müssen, weil ihm niemand hilft. Und es werden ihm im Laufe seines Lebens immer wieder Situationen begegnen, die ihm genau das bestätigen – dabei wollen diese Situationen nur erreichen, dass er es erkennt und dass es ihm bewusst wird. Wenn dieser Mensch später die Zusammenhänge tatsächlich erkannt hat, kann er seine Verletzungen heilen, indem er zum Beispiel Verzeihungsübungen durchführt. Ich weiß aus eigener Erfahrung, wie wirksam diese sein können und wende sie heute noch an, wenn ich mich durch jemanden verletzt fühle und keine Möglichkeit sehe, die Situation anzusprechen. Auch vor einem schwierigen Gespräch ist es hilfreich, schon vorab derartige Übungen durchzuführen.

Oder stellen Sie sich vor, Sie sind ein Kind und bekommen nicht die Liebe, die Sie sich wünschen und die Sie dringend brauchen. Mit so einem Defizit werden Sie womöglich einen Ersatz suchen, um Aufmerksamkeit zu erhalten. Vielleicht werden Sie ein besonders fleißiger Schüler, damit Sie gelobt werden und sich dadurch bestätigt fühlen. Später wundern Sie sich dann, warum man Ihnen die meisten Aufgaben zuschiebt und warum ausgerechnet Sie immer meinen, Sie müssten fleißiger sein als die anderen. Das mag jahrelang funktionieren, doch eines Tages bemerken Sie, dass Sie ausgebrannt sind und oft ausgenutzt werden. Spätestens jetzt sollten Sie nach den Zusammenhängen forschen und Ihren Eltern, Großeltern, Lehrern und allen engen Bezugspersonen verzeihen.

Übungen, die dem sog. *inneren Kind* helfen, sind auch sehr empfehlenswert. Das „innere Kind" sind Sie selbst als Baby und kleines Kind, das natürlich immer noch in Ihnen vorhanden ist, denn, auch wenn Sie erwachsen sind, haben Sie noch immer die Erinnerung an frühe Verletzungen. Auch die Empfindung ist noch spürbar, oftmals genauso intensiv wie zu dem Zeitpunkt, als sie entstanden sind. Sie sind zwar erwachsen geworden und stehen mit beiden Beinen im Leben, doch bei den Themen, die mit der seelischen Verletzung zusammenhängen, sind Sie nach wie vor empfindlich. Wenn nun jemand genauso reagiert, wie damals die Bezugsperson, die Sie verletzt hat, dann reagieren Sie im Grunde wie damals als Kind. Sie fühlen sich nicht geliebt, allein gelassen oder was auch immer, statt dass Sie die Situation als Erwachsener betrachten und entsprechend reagieren. Doch gerade das ist, wenn die Emotion vorherrscht, nicht möglich. Und genau diese Verletzung möchte geheilt werden.

Bei alledem bedenken Sie jedoch bitte eines: Jeder handelt immer so gut, wie er in diesem Moment kann, auch Ihre Bezugspersonen. Wer auch immer Sie verletzt haben mag, hat das bestimmt nicht mit Absicht getan, sondern weil er es selbst nicht anderes gelernt hat oder vielleicht auch, weil er überfordert war. Ihre Eltern und Großeltern lieben Sie, jeder auf ihre Weise. Und sie trugen dazu bei, dass Sie zu einem charakterstarken Menschen geworden sind, der zu sich selbst stehen kann und das Leben versteht. Wer sich in seinem Bewusstsein weiterentwickeln möchte, wer sich spirituelles Wachstum vornimmt, der geht einen oftmals schwierigen Weg, doch Sie werden sehen, es lohnt sich!

HO'OPONOPONO

Eine sehr effektive Verzeihungsübung ist beispielsweise das bekannte hawaiianische Ho'oponopono, was in etwa bedeutet: „In Ordnung bringen". Auch wenn ihr Name kompliziert klingt, ist die Übung sehr einfach und schnell erlernbar. Mit vier einfachen Sätzen können Konflikte gelindert oder sogar geheilt werden. Wenn es jemanden gibt, der Sie verletzt hat oder vor dem Sie Angst haben, dann stellen Sie sich vor, dass derjenige vor Ihnen steht. Sehen Sie ihm (in Ihrer Vorstellung) in die Augen und sprechen Sie:

> *„Es tut mir leid.*
> *Bitte verzeih mir.*
> *Ich liebe dich.*
> *Danke."*

Schon allein der Satz „*Es tut mir leid*" beinhaltet, dass auch ich an dieser Situation beteiligt bin und dass ich die Verantwortung für meinen Anteil übernehme. Mein Beitrag daran tut mir aufrichtig leid, was ich mit „*Bitte verzeih mir*" bekunde. Der Satz „*Ich liebe Dich*" sagt aus, dass meine Seele die Seele des Beteiligten liebt, weil wir auf übergeordneter Ebene aus derselben Quelle stammen. Wir werden lediglich durch unser Gesellschaftssystem zu Gegnern, doch in Wahrheit bilden wir ein Miteinander. Mit der Aussage „*Danke*" bedanke ich mich bei meinem Gegenüber für die Erfahrung, die mir dieser Konflikt gebracht hat. Aus jeder Krise können wir etwas lernen, zum Beispiel, dass sie uns auf etwas aufmerksam macht, was ohnehin eines unserer Themen ist und in uns geheilt werden möchte.

Diese Sätze werden nicht verbal vor unserem Gegenüber ausgesprochen, sondern wir schließen in einem ruhigen Moment die Augen, atmen tief durch, damit wir in die Ruhe kommen, und **stellen uns vor unserem inneren Auge vor**, dass wir unserem Gesprächspartner gegenüber sitzen oder stehen. Dann sagen wir ihm diese vier Sätze. Wichtig ist, dass wir diese Übung sehr bewusst durchführen. Wir sollten fühlen, was wir sagen, denn erst dann ist unsere volle Aufmerksamkeit bei der Thematik. Durch diese Übung verliert der Konflikt an Gewichtung und ich kann die ganze Angelegenheit gelassener sehen. Diese Sätze bewirken zudem, dass ich nicht zu emotional reagiere, sondern sachlich bleibe und eine Lösung anstrebe.

Man kann diese vier Zeilen so oft wiederholen, wie man möchte – bewusst gedacht oder gesprochen genügen in der Regel einige Male. Solange es uns schwerfällt, sie auszusprechen, sind jedoch noch Blockaden vorhanden und es bedarf der öfteren Wiederholung. Dabei ist es sinnvoller, sie jeden Tag ein paar Mal zu sprechen als zwanzig Mal hintereinander. Wenn wir so weit sind, dass wir diese Sätze mit einem Lächeln sprechen können und dabei eine Gelassenheit in uns spüren, dann ist bereits ein guter Fortschritt erreicht. Daran spüren wir, dass es bereits wirkt. Denn wenn wir unsere eigene Energie verändern, verändern wir automatisch die Energie um uns herum mit. Probieren Sie es!

Veränderung beginnt im Kopf

Lösung kann nur durch Veränderung im Kopf jedes Einzelnen geschehen. Wie wir beim Thema Erdmagnetfeld gesehen haben, ist es existenziell wichtig, sich nicht im Dauerstress zu befinden, sondern in aller Ruhe eine wirkliche Lösung anzustreben. Und eine echte, kosmische Lösung kann nur aus dem Wunsch entstehen, dass es uns **allen** gut geht – auch denen, die schon länger hier leben. Eine wirkliche Lösung kann nicht so aussehen, dass alle Deutschen, alle Europäer oder gar alle Weißen ausgerottet werden, und sie kann auch nicht so aussehen, dass wir uns selbst abschaffen. Jedes Lebewesen hat das Recht auf Leben, und genauso wenig wie die Weißen sagen dürfen, dass sie mehr Recht auf Leben hätten, genauso wenig dürfen dies die Dunkelhäutigen oder die Andersgläubigen tun. Diese ganze Unterscheidungsthematik mit „*Ich bin besser als Du!*" beruht ausschließlich auf dem uralten Trick des „teile und herrsche!" Wer ein echter Mensch ist, das entscheidet sich im Herzen und nicht an seiner Hautfarbe oder in seinem Glauben. Und es ist natürlich keine Frage, dass eine echte Lösung auch die Natur mit ihren Tieren und Pflanzen mit einschließt.

Sie sehen schon, es geht um eine Einstellung, die man jemandem nicht einreden kann, sondern die man verstehen muss. Es ist zunächst eine grundlegende Aufklärung über die auf der Erde installierten Systeme nötig. Das geschieht bereits auf breiter Ebene durch die vielen Aufklärer und Rechercheure, doch im zweiten Schritt muss man es auch wirklich begreifen und verinnerlichen. Es ist vollkommen unnütz, wenn man auf die Straße rennt und den Nächstbesten aus dem vermeintlich gegnerischen Lager verprügelt oder ersticht, wie es tagtäglich auf deutschen wie auch auf europäischen Straßen geschieht. Diese Szenen beweisen, dass dieses Verständnis erst bei einem Bruchteil der Menschen angekommen ist. Und solange wir uns gegeneinander aufhetzen lassen, solange kann kein wirklicher Friede entstehen. Denn wer die Hintergründe begriffen hat, der denkt anders.

Je mehr wir unsere Zufriedenheit in der Erfüllung unserer materiellen Wünsche suchen, desto anfälliger sind wir für Neid, Frustration usw. Wir verlieren uns im Außen, im Materiellen und uns entgeht dabei der Blick für das Wesentliche. Wichtig sind hingegen die Fragen nach dem seelischen Wohlbefinden unserer Kinder, nach ihren und unseren mitgebrachten Fähigkeiten und Gaben. Wie können wir sie entdecken und weiterentwickeln? Was haben wir in früheren Leben schon gut gelernt und was wollen wir jetzt lernen? Wie können wir den Zwist zwischen uns und einem vermeintlichen Gegner schlichten? Das alles sind Fragen, die viel wichtiger sind als die Frage, ob der Nachbar den besseren Rasenmäher hat. Und die Prioritätenfindung zwischen diesen beiden grundlegenden Aspekten geschieht im Kopf.

Deshalb ist es extrem wichtig, über solche Dinge zu sprechen, damit immer mehr Menschen erkennen, welche Methoden dafür angewendet werden, um uns zu trennen und zu Feinden zu machen. Doch wir sind keine Feinde, wir lassen uns nur missbrauchen und kämpfen deshalb gegeneinander, während die Auftraggeber im Hintergrund pokern, wer wohl gewinnen wird. Wir müssen uns selbst aus dem

Schlachtviehbewusstsein herausmanövrieren, sonst wird sich auf unserer Welt nichts ändern. Die Befreiung beginnt in unseren Köpfen!

> *„Das Bewusstsein der Menschen weltweit*
> *wird durch unzählige Maßnahmen*
> *auf niedrigstes Niveau programmiert*
> *und wir alle sind dabei die Verlierer.*
> *Sobald ein Großteil von uns das erkennt*
> *und wir uns als Menschheit zusammenschließen,*
> *haben wir das Spiel gewonnen.*
> *Und genau das sollte unser Ziel sein!"*
> Die Autorin

Im täglichen Leben werden wir immer wieder herausgefordert, das Richtige zu denken, zu sagen und zu tun. Im Alltagsgeschehen gehen solche kleinen Begebenheiten oft unter. Doch auch sie sind wichtig, denn im Alltag entscheiden wir, ob wir in den Fallen hängen bleiben, oder ob wir bewusst an uns arbeiten. Ich behaupte sogar, dass die Veränderung genau in den Kleinigkeiten beginnt. Bei jeder kleinen Begebenheit können wir für oder gegen unser Wohlbefinden entscheiden, wir können blind mit dem Strom mitschwimmen oder die Quelle suchen. Hierzu ein paar Tipps, die ich von einer Freundin erhalten habe (die Originalquelle weiß ich leider nicht):

> *„Wenn es sich falsch anfühlt, dann tu es nicht!*
> *Sage exakt das, was Du meinst!*
> *Mache es anderen Menschen nicht immer Recht!*
> *Vertraue Deinen Instinkten!*
> *Sprich nie schlecht über Dich selbst!*
> *Gib niemals Deine Träume auf!*
> *Scheue Dich nicht, ‚Nein' zu sagen!*
> *Scheue Dich nicht, ‚Ja' zu sagen!*
> *Sei gütig zu Dir selbst!*
> *Lasse los, was Du nicht kontrollieren kannst!*
> *Halte Dich fern von Drama und Negativität!"*

MACHT DER GEDANKEN

Wenn wir uns vorstellen, was wir den lieben langen Tag so zusammendenken, dann würde uns die Essenz daraus vermutlich Angst einjagen. Im Grunde bin ich froh, dass sich unsere Gedanken nicht noch schneller in die Realität umwandeln, als sie es ohnehin bereits tun. Denn bei den vielen unbewusst abgelaufenen Gedankengängen hätten wir ein vollkommenes Chaos erschaffen. Wenn sich unsere Gedanken tatsächlich schnell realisieren würden, würde vermutlich Jeder gegen Jeden Krieg führen, weil sich unsere Vorstellungen überschneiden würden. Mit jedem Gedanken, den wir bewusst denken oder auch nur geschehen lassen, und mit jedem Wort, das wir aussprechen, manifestieren wir Energie. Wir nähren damit das Gesamtenergiefeld, das die Erde umgibt, und in welchem alle Gedanken, Worte und Taten, alles Wissen gespeichert sind. Und wir nähren dieses Feld mit unseren Empfindungen, die wir dabei fühlen. Sind diese liebevoll, verstärken wir die liebevolle Energiehülle um die Erde. Sind unsere Gedanken jedoch ärgerlich, voller Neid und Hass, dann fördern wir indirekt, dass auch andere Menschen schneller und leichter mit Neid und Hass erfüllt werden.

Jeder von uns trägt folglich eine Mitverantwortung dafür, welche Emotionen, welche Gedanken, Worte und Taten sich auf der Erde manifestieren. Jeder von uns nährt dieses Feld in jeder Sekunde seines Lebens, auch dann, wenn wir unbewusst unsere Gedanken schweifen lassen, wenn wir unseren Gedanken sozusagen freie Fahrt lassen. In dieser Situation beginnen unsere Gedanken oft eine Art Eigenleben, was oft genug negativ ist. Wenn wir dies bemerken, sollten wir sofort einhaken, die Gedanken stoppen und sie in eine Richtung leiten, die förderlich für uns selbst, aber auch für den weltweiten Frieden ist.

Damit die vielen Energien von Angst, Trauer, Tod und Elend, die ebenso das mophische Feld füllen, allmählich ausgeglichen werden, ist es von enormer Wichtigkeit, dass wir uns möglichst oft und anhaltend in einem Zustand des inneren Friedens befinden. Es ist nicht nur für unser eigenes Energiefeld wichtig, sondern auch für das Informationsfeld der Erde. Man kann dieses morphische Feld auch als 5. und 6. Dimension bezeichnen, wie uns der Physiker *Burkhard Heim* und sein Berufskollege *Illobrand von Ludwiger* nähergebracht haben. Es ist ab sofort also keine spirituelle Spielerei mehr, wenn wir in unser Herz, sprich in unsere Mitte gehen, um ausgeglichen und friedfertig zu sein, sondern wir gehen damit in die 5. und 6. Dimension, die nachweislich wirksam sind – in uns, auf der Erde und im Universum!

Wir bestimmen mit unseren Gedanken, welche Energien sich in dem Kraftfeld um die Erde befinden. Wir sind somit verantwortlich dafür, was morgen auf der Welt geschieht. Wenn wir uns dessen bewusst sind, werden wir tunlichst darauf achten, unsere Gedanken nicht schweifen zu lassen, sondern sollten auch achtsam sein, nicht zu tratschen oder andere auszurichten. Wir sollten künftig darauf achten, uns gewählt, positiv und verständnisvoll auszudrücken. Das bedeutet nicht, dass wir alles mit uns machen lassen, dass wir zum permanenten „Ja"-Sager werden – ganz sicher nicht. Im Gegenteil, es ist unsere Pflicht, auf uns selbst zu achten und unserem Gegenüber Grenzen zu setzen. Doch wir können uns darin üben, sachlich über Differenzen zu diskutieren, gleichzeitig für unsere Interessen einzustehen, und unsere Emotionen nicht die Oberhand gewinnen zu lassen. Wir befinden uns auf einer Gratwanderung zwischen Vergebung und Selbstschutz und keines davon darf zu kurz kommen.

Wir können in unserem familiären Umfeld damit beginnen, bei einer Meinungsverschiedenheit neutral zu bleiben und unser Gegenüber nicht anzugreifen: *„Das hast Du falsch gemacht!"*, sondern sachlich argumentieren: *„Dies und jenes wäre aus* *dem Grund X besser so und so."* Das erlaubt den Beteiligten, neutral über einen Sachverhalt zu diskutieren, ohne sich zu beschuldigen oder zu beschimpfen, und niemand fühlt sich verpflichtet, sich verteidigen zu müssen. Allein diese kleine Regel erleichtert das zwischenmenschliche Miteinander und gleichzeitig befreit es das Energiefeld von der großen Last der Vorwürfe.

GEDANKENKRAFT

An dieser Stelle möchte ich die Gedankenkraft noch eigens erwähnen. Wie wir nun wissen, sind Gedanken mächtige Energien, die wir nicht nur in ihre Schranken weisen sollten, wenn sie in eine negative Richtung gehen, sondern wir können sie auch ganz gezielt einsetzen. Die so entstandene Gedankenkraft hilft uns, unsere Energie zu mobilisieren und zu bündeln. Die Möglichkeiten sind unendlich: Wir können per Gedankenkraft in ferne Galaxien reisen, eine telepathische Nachricht übermitteln oder ganz bewusst Dinge und Entwicklungen fördern. Wir können allein durch unsere Gedankenkraft unvorstellbar viel bewirken. Sämtliche materiellen Dinge, mit denen wir uns umgeben – angefangen von unseren Möbeln, die wir zu Hause benutzen bis zum Auto, das uns zur Arbeitsstelle oder zu Freunden fährt – sind als Folge von Gedankenkraft entstanden. Begonnen hat es mit dem Erfinder, der die Dinge in seinem Kopf entstehen ließ, um sie dann in die Materie umzusetzen.

Aber auch unsere eigenen Gedanken sind daran beteiligt, womit wir uns umgeben. Wenn wir zum Beispiel einen Schrank brauchen, gehen wir in ein Möbelgeschäft und sehen uns verschiedene Modelle an. Der Schrank, der uns am besten gefällt, bei dem der Preis, die Größe, die Ausführung usw. passen, beschäftigt unsere Gedanken, schlussendlich entscheiden wir uns für ihn und der Kauf ist getätigt. Ohne unsere Gedanken könnten wir nichts, wir können keinen Satz sprechen, nicht laufen, kein Bild malen, nicht Auto fahren und keinen Schrank kaufen. Die Gedanken stehen vor jeder Handlung, egal ob sie kreativ ist oder ob es darum geht, seine berufliche Tätigkeit auszuüben. Ohne Gedanken können wir nicht handeln.

Nun können wir die Kraft unserer Gedanken jedoch noch viel intensiver nutzen, indem wir immer wieder an ein Ziel denken, welches wir gerne erreichen würden. Auf diese Weise lenken wir unseren Fokus auf etwas, das wir gerne hätten oder auch auf etwas, das wir gerne erleben oder sein würden. Überlegen Sie sich auch, ob Ihr Wunsch nur Ihnen selbst dienen würde, oder ob auch andere Menschen – vielleicht die gesamte Gesellschaft – von Ihrem Wunsch profitieren würden. Sollte dies so sein, erhält Ihr Wunsch noch eine ganz andere Qualität und Sie spüren ein erhebendes Gefühl. Emotionen sind grundsätzlich der Motor der Wunscherfüllung und wenn Sie fühlen, dass Ihr Wunsch für viele Menschen wichtig wäre, dass er der Menschheit dienen und in ihrer Entwicklung voranbringen würde, dann fühlen Sie dieses erfüllende Gefühl. Das genau ist der emotionale Antrieb, der hinter wahrlich großen Wünschen steckt und der zum Beispiel Erfinder beflügelt.

Doch auch kleine Wünsche werden immer schneller umgesetzt, wenn Sie ein wenig üben und vor allem, wenn Sie aufmerksam sind und die Realisierung auch wahrnehmen. Mit etwas Aufmerksamkeit wird Ihnen dann auffallen, dass Sie zum Beispiel in einem Gespräch denken, Sie müssten noch dies oder jenes fragen, kommen jedoch nicht dazu. Plötzlich wird die Frage von Ihrem Gegenüber beantwortet, obwohl Sie sie noch gar nicht gestellt haben. Oder Sie denken, dass Sie eigentlich gar keine Zeit haben, eine schon länger vereinbarte Verabredung einzuhalten. Kurz darauf klingelt das Telefon und derjenige, mit dem Sie sich treffen wollten, bittet Sie um einen anderen Termin. So arbeitet das Universum.

„Der Gedanke ist das Saatgut der Tat."[405]
Ralph Waldo Emerson

Auch die Parkplatzbestellung ist ein typisches Beispiel: Je öfter es gelingt, desto sicherer werden wir – auch wenn es nicht immer funktioniert. Probieren Sie es, spielen Sie mit kleinen oder größeren Wünschen, seien Sie nicht verbissen, sondern haben Sie Freude dabei und bleiben Sie gelassen. Sollte sich der eine oder andere Wunsch nicht verwirklichen, brauchen wir keinesfalls an unserer Gedankenkraft zu zweifeln oder missmutig zu werden. Wenn sich ein Wunsch nicht erfüllt, kann das damit zu tun haben, dass wir zum einen in Interaktion mit anderen Menschen leben, und unsere Wünsche beeinflussen in der Regel auch das Leben von anderen Menschen. Wenn wir uns zum Beispiel wünschen, in einem bestimmten Haus zu leben, dann betrifft dieser Wunsch natürlich auch die Familie, die derzeit in diesem Gebäude lebt und diese hat vielleicht den Wunsch, dort zu bleiben. Sie sehen, Wünsche stehen in Wechselbeziehung zueinander, und es ist deshalb schlichtweg nicht möglich, dass sich für jeden Menschen alle Wünsche erfüllen.

Ferner wäre es auch nicht sinnvoll, wenn sich alle Wünsche erfüllen würden. Wie oft kommt es vor, dass wir uns heute etwas wünschen, wovon wir schon morgen froh sind, dass es sich nicht erfüllt hat, weil sich die Bedingungen geändert haben oder wir etwas erkennen, was wir zuvor noch nicht wussten. Auch unsere frühkindliche Prägung und unsere Anlagen sind mit dafür verantwortlich, was wir erleben werden und was nicht. Trotzdem haben wir Wünsche und wir können viel dazu beitragen, dass diese in Erfüllung gehen. Wenn wir jedoch über unsere Wünsche sagen: *„Ach, daraus wird sowieso nichts!"*, dann dürfen wir auch nicht erwarten, dass sie in Erfüllung gehen. Mit dieser Einschätzung wird natürlich jeder Wunsch im Keim erstickt, da wir uns selbst die Kraft abschneiden und gedanklich einen Rückzieher antreten. Wenn wir uns jedoch intensiv vorstellen, dass wir zum Beispiel in einer schöneren Gegend wohnen und vor dem inneren Auge bereits wahrnehmen, wir würden dort spazieren gehen, uns in Gedanken dort bereits heimisch fühlen und mit dem Herzen dabei sind, dann geben wir Impulse, dass unser Wunsch umgesetzt werden kann. Wir dürfen uns allerdings nicht verbissen an unseren Wunsch klammern, sondern ihn spielerisch als Vision sehen.

> *„Achte auf Deine Gedanken,*
> *denn sie werden Worte.*
> *Achte auf Deine Worte,*
> *denn sie werden Handlungen.*
> *Achte auf Deine Handlungen,*
> *denn sie werden Gewohnheiten.*
> *Achte auf Deine Gewohnheiten,*
> *denn sie werden Dein Charakter.*
> *Achte auf Deinen Charakter,*
> *denn er wird Dein Schicksal."*[406]
>
> Lebensweisheit aus dem Talmud

Unsere Gedankenkraft sollten wir derzeit vor allem dazu einsetzen, unsere wirkliche Freiheit wiederzuerlangen. Denn wenn diese noch mehr eingeschränkt wird und künftig sogar unsere Gedanken überwacht werden, dann ist es zu spät, sich um unsere Freiheit zu bemühen. Die Kabale arbeitet daran, die Kontrolle über unsere Gehirnfunktionen zu erhalten, und spätestens dann sind wir unserer Freiheit vollständig beraubt. Sollte ihnen dies gelingen, und die Zeichen weisen eindeutig in diese Richtung, dann könnte allein der Gedanke an Freiheit strafbar sein. Deshalb sollten Sie immer wieder Ihren Willen bekunden, dass Sie **frei** sein möchten, denn wir „echten Menschen" haben ein Recht darauf, frei zu sein. So können Sie zum Beispiel sprechen:

> *„Kraft meines göttlichen Bewusstseins bekunde ich*
> *mein Recht auf Freiheit und fordere dieses ein.*
> *In allen Dimensionen, in allen Zeitlinien und -ebenen*
> *und in allen Universen.*
> *Jetzt!"*

GEDANKENHYGIENE

Nachdem wir die Kraft unserer Gedanken einschätzen können, sollten wir uns auch mit dem Inhalt unserer meist selbstständig mitlaufenden Gedanken befassen. Es gibt kaum jemanden unter uns, dem nicht ständig irgendwelche Gedanken durch den Kopf jagen, denen wir machtlos gegenüber zu stehen scheinen. Allerdings gibt es zwei unterschiedliche Möglichkeiten, wie das geschieht. Zum einen haben die meisten Menschen einen unerschöpflichen, automatischen Gedankenfluss, der unseren Kopf beherrscht. Doch wenn wir das erlauben und unsere Gedanken sich selbst überlassen, bekommen sie ein Eigenleben, das mitunter kaum zu kontrollieren ist und wir müssen aufpassen, dass daraus nicht ein Selbstläufer wird, der aus Angst, Verärgerung oder sonstigen niederen Beweggründen genau die Dinge fördert, die wir eigentlich vermeiden möchten. Eine ungünstige Gedankenspirale kann uns traurig, ärgerlich, depressiv, ja sogar krank werden lassen. Wer jedoch einmal versucht hat, nichts zu denken, wird spüren, wie schwierig das ist. Vor vielen Jahren habe ich einmal gelesen, dass es zwei Tricks geben würde, die Gedanken zum Schweigen zu bringen. Der erste ist, sich zu fragen: *„Was denke ich gerade?"* Bei dieser plötzlichen Frage ist die Gedankenflut anscheinend so überrascht, dass ihr wirklich nichts mehr einfällt.

Die zweite Möglichkeit ist, dass man versucht, sein gesamtes Blickfeld zu überwachen. Versuchen Sie, sich gleichzeitig auf alles zu konzentrieren, was Sie in Ihrem Blickfeld wahrnehmen können – also alles, was Sie von äußerst links bis äußerst rechts sehen können, ohne Ihren Kopf zu bewegen, und das sind beim gesunden Menschen etwa 180°. Versuchen Sie alles, was in ihrem Blickfeld erkennbar ist, so zu überblicken, dass Sie jede Regung, jede kleinste Veränderung wahrnehmen würden. Das ist für das Gehirn wohl so anstrengend, dass es, zumindest eine Zeit lang, nicht zusätzlich auch noch denken kann. Das sind die beiden mir bekannten Möglichkeiten, die Gedanken kurzzeitig zum Schweigen zu bringen. Und für die meisten von uns ist es etwas Besonderes, wenn die Gedanken, wenigstens für ein paar Momente, schweigen und nicht ständig irgendetwas vor sich hin plappern.

Wir können nicht nur üben, zwischendurch gar nichts zu denken, sondern es ist auch sinn- und wertvoll, sich zu überlegen, *was* wir denken oder in der Folge sogar aussprechen. Man kann es auch als *Gedankenhygiene* bezeichnen.

Seine Gedanken zu prüfen und bei Bedarf einen Gedanken zu löschen und neu zu entwerfen, ist daher besonders zu Beginn dieser Gedankenhygiene ein häufiger Prozess. Einen Gedanken zu löschen geht ganz einfach: Sobald Sie bemerken, dass Sie einen negativen Gedanken haben, der unnötig ist, zum Beispiel auf der Autobahn: *„Nein, den lasse ich jetzt nicht überholen!"*, dann können Sie sofort denken oder aussprechen: *„Löschen dieses Gedankens!"* Wenn Sie möchten, können Sie diesen Gedanken noch korrigieren: *„Soll er doch überholen, solange er weder mich noch jemand anderen gefährdet."* Dadurch wird Ihr automatischer Gedankenfluss unterbrochen und korrigiert. Und wenn Sie dies jedes Mal praktizieren, sobald eine ähnliche Situation auftritt, werden Sie bald einen Lerneffekt ihrer Gedanken bemerken.

> *„Das Leben eines Menschen ist,*
> *was seine Gedanken aus ihm machen."*[407]
>
> Mark Aurel (121-180 n. Chr.), römischer Kaiser und Philosoph

SIND WIR WIRKLICH FÜR ALLES SELBST VERANTWORTLICH?

Jetzt wissen wir, dass Gedanken mächtige Energien erzeugen und unsere Realität beeinflussen können. Das gilt natürlich genauso für negativ ausgerichtete Gedanken. Wenn jemand den ganzen Tag nur schimpft oder gar versucht, andere zu hintergehen oder auszurauben, dann lebt er in einer Schwingung, die nicht gerade die herzlichste sein dürfte. Deswegen ist ja auch die Gedankenhygiene so wichtig. Doch wir sollten uns die berechtigte Frage stellen, ob wir wirklich *alles* durch Gedankenkraft verursachen und inwieweit unser Leben durch unsere früheren Taten bestimmt und gesteuert wird.

Wenn es tatsächlich so wäre, dass jegliche Erfahrung – sei sie liebevoll oder schmerzhaft – zu 100 Prozent durch uns selbst verursacht wird, dann hätten wir derzeit verdammt viel falsch gemacht. Wenn ich an die vielen Tausende Kinder denke, die pädophilen Verbrechern in die Hände fallen, und die ihre traumatisierenden Erlebnisse möglicherweise ihr ganzes Leben lang nicht verarbeiten können, dann kann ich mir nicht vorstellen, dass alle diese Kinder dies selbst ausgelöst haben sollen. Das erscheint mir genauso einseitig zu sein, wie wenn manche Menschen sagen: *„Wie kann der liebe Gott das zulassen?"* Genauso wenig, wie der „liebe Gott" allein dafür verantwortlich ist, wenn Verbrechen geschehen, genauso wenig sind wir alle zu 100 Prozent selbst schuld, wenn wir einem Verbrechen zum Opfer fallen. Ich gehe zwar davon aus, dass wir durch unser Denken und unsere Einstellung die Geschehnisse beeinflussen können. So können wir ja auch noch die Spannung spüren, wenn wir einen Raum betreten, in dem kurz zuvor noch gestritten wurde. Unsere Emotionen beeinflussen demnach die Atmosphäre (= Energie) in diesem Raum und somit haben diese Emotionen ja auch Einfluss auf die daraufhin folgenden Gespräche oder Auseinandersetzungen.

Doch ich halte es nicht für realistisch, dass wir für alles, was uns im Leben geschieht, selbst verantwortlich sind, weil wir früher eine Ursache dafür gelegt haben. So ein komplettes Schwarz-Weiß-Denken entspricht nicht der Realität und ist auch nicht sinnvoll. Der Glaubenssatz, dass alles die Folge eigenen Erschaffens ist, beinhaltet auch, dass ich nicht trauern muss/darf, da ja ohnehin alles von allen so gewollt war. Stellen Sie sich vor, Eltern verlieren ihr Kind durch einen Unfall. Wenn Sie der Überzeugung sind, dass sowohl das Kind als auch der Verursacher dies selbst erschaffen haben, dann können Sie nicht so sehr um das Kind trauern, wie Sie es täten, wenn Sie diesen Glaubenssatz nicht hätten. Und diese Trauer zu leben, ist enorm wichtig für die Gesundheit unserer Seele. Erst wenn wir unserer Trauer Raum gegeben haben, wenn wir uns die Zeit dafür genommen haben, dann sind wir in der Lage, wieder heil zu werden. Überspielen wir die Trauer und geben uns nicht den Rahmen für sie, bleibt sie in uns stecken und vergiftet uns. Gerade tiefe Empfindungen haben das Bedürfnis, gefühlt und gelebt zu werden, damit sie transformiert werden können. Denn jegliche verdrängte Gemütsbewegung wird größer und größer, bis sie endlich wahrgenommen und gelebt wird. Erst dann kann sie auch wieder gehen. Verdrängen wir sie trotzdem weiter, wird sie einen Weg finden, uns auf sich aufmerksam zu machen, sei es durch eine Krankheit, die uns zur Ruhe (und zum Nachdenken) zwingt oder sei es, dass wir auf dem Sterbebett mit ihr konfrontiert werden und hoffentlich dann darüber sprechen können.

Durch die Annahme, dass alles komplett selbst verursacht ist, nehmen Sie sich ein Stück Menschlichkeit, weil Sie sich nicht erlauben, zu trauern. Ebenso sind wir nur zu begrenztem Mitgefühl fähig, wenn wir davon ausgehen, dass wir alles uns selbst zuzuschreiben haben. Bei dem gerade erwähnten Fall mit dem verunglückten Kind könnte ein strenger Verfechter dieser „Selbst-zu-100 Prozent-verantwortlich-Theorie" dann ja einfach sagen: *„Das Kind ist selbst daran schuld!"* (auch wenn es von einem Autofahrer erfasst wurde, der bei Rot über die Ampel gefahren ist). Solange wir ein „normales" Leben führen, mag der Gedanke daran, für alles selbst verantwortlich zu sein, ganz brauchbar erscheinen. Aber wie sieht es aus, wenn wir einen Unfall erleiden oder unsere Familie ein Schicksalsschlag trifft? Mit der „Selbst-Schuld-Einstellung" bekommen wir dann möglicherweise ein schlechtes Gewissen, weil wir es ja selbst verursacht haben könnten. Oder wir suchen nach unserer Schwäche. Mit Sicherheit geht es uns mit dieser Einstellung nicht gut, wenn wir Schmerzliches erfahren. Doch gerade dann, wenn wir eine besondere Herausforderung erleben, wird eine enorme Stärke von uns verlangt.

Andersherum betrachtet, würde diese Einstellung ja bedeuten, jemand könnte einem anderen alles antun, weil er ja ohnehin selbst dafür verantwortlich ist. Der Täter wäre hingegen frei von jeglichem Vorwurf. Gleichgültig, ob er jemanden verletzt oder tötet, mit der erwähnten Einstellung wäre das ausschließlich die Angelegenheit des Opfers. Das wäre ein Freibrief für alle Psychopathen, und das klingt dann schon ein wenig weltfremd, finden Sie nicht? Diese Einstellung würde uns alle zu empfindungslosen Zombies werden lassen. Denn wir alle sind sehr wohl dafür verantwortlich, was wir anderen antun und zu einem Großteil auch dafür, welche Empfindungen dadurch in unserem Gegenüber entstehen. Inwieweit diese dann von seinen eigenen Prägungen beeinflusst werden, das wiederum ist nicht mehr unsere Angelegenheit. Doch wenn wir jemandem schaden, dann ist dies unsere Entscheidung und deshalb sollten wir vorher überlegen, was wir denken und tun!

Die Denkweise, jeder sei für alles selbst verantwortlich, verleitet dazu, unmenschlich zu werden. Die gegenteilige Ansicht, dass immer nur die anderen die Verantwortung tragen, verursacht eine Opferhaltung. Deshalb gehe ich vielmehr davon aus, dass beide Anschauungen zutreffen, wenn auch nur bedingt und mit unterschiedlichem Ausmaß. Wir beeinflussen durch unsere Gedanken, Worte und Emotionen unser Umfeld, können jedoch unser Leben nicht vollständig beeinflussen, denn auch andere Menschen leben ihr Leben, wie zum Beispiel eine rote Ampel zu überfahren – oder eben nicht.

SPIRITUELLEN HOCHMUT ENTLARVEN

Leider ist es in esoterischen Kreisen verbreitet, sich selbst als schon sehr vorangeschritten zu präsentieren. Man sei schon „weiter" als dieser oder jener und deshalb „der Erleuchtung" bereits näher. Ich möchte hier zwar niemanden brüskieren, doch meines Erachtens müssen gerade diejenigen, die sich als „weiter" bezeichnen, noch sehr an sich arbeiten. Diesen „spirituellen Hochmut" gilt es zu erkennen und sich von ihm zu verabschieden. Bei jeglicher Form von Hochmut fühlen wir uns besser als andere Menschen und denken, wir seien bereits „weiter" als andere, die erst noch mehr an sich arbeiten müssten. Der spirituelle Hochmut ist eine hinterlistige Falle. Ein spiritueller Mensch sehnt sich danach, aus dem niederen Bewusstsein heraus und seiner Quelle näher zu kommen. Jeglicher Erfolg, sei es, dass wir schneller in den Meditationszustand kommen, dass wir leichter verzeihen können oder endlich Frieden mit unserem Vater oder unserer Mutter schließen können, hat zur Folge, dass wir uns darüber freuen, einen Schritt vorangekommen zu sein. Diese Freude ist ganz natürlich und berechtigt, denn wir haben schließlich auch etliche systemische Aufstellungen, Sitzungen bei verschiedenen Therapeuten oder sonst was unternommen. Es ist schön, wenn wir bemerken, dass unser Leben leichter wird, wenn wir unsere Altlasten bearbeiten. Trotzdem sollten wir uns hin und wieder an die eigene Nase fassen. Doch wir sollten uns dann hüten, andere zu bewerten und uns „besser" einzuschätzen.

Es ist ohnehin die Frage, wie jemand über einen anderen Bescheid wissen oder gar urteilen will, wenn er keinen einzigen Meter „in dessen Mokassins gelaufen" ist, wie man so schön sagt. Wir dürfen gerne Tipps oder Hinweise geben, mal in die eine oder andere Richtung zu blicken oder unsere eigenen Erfahrungen jemandem mitteilen, doch es steht uns in keiner Weise zu, über andere Menschen zu urteilen. Wer eine Heilmethode bei jemand anderem anwendet, kann nicht sicher sein, dass sie bei dem Menschen, der zu ihm gekommen ist, auch hilft. Genauso wenig darf man behaupten, dass die Methode eines anderen Therapeuten unwirksam sei. Jeder Mensch braucht eine andere Erkenntnis, eine andere Heilmethode und vielleicht ist es ja so, dass ein Patient gar nicht genesen kann, weil diese Erkrankung einen bestimmten Sinn erfüllen soll, der uns unbekannt ist. Vielleicht gilt es für ihn, Geduld zu lernen oder sich selbst wertzuschätzen – wer weiß das schon?

Unser Wohlbefinden wird von so vielen Dingen beeinflusst, dass es vermessen wäre zu sagen, man soll dies oder jenes tun, dann wäre alles gut. Unsere physische und psychische Gesundheit wird zwar durchaus auch von vier großen Themenbereichen beeinflusst:

- unser eigenes Denken,
- die Handlungen und Gedanken unserer Ahnen,
- die Handlungen und Gedanken unserer eigenen früheren Inkarnationen
- und Belastungen aus der Umwelt,

aber das ist eben längst nicht alles. Wir können uns noch so sehr bemühen, wir werden trotzdem nicht alles in den Griff bekommen und beherrschen können. Denn was wissen wir als Menschlein schon, was unsere Seele in diesem Leben alles erleben möchte bzw. muss, wohin sie wachsen möchte, welche Erfahrungen sie sammeln möchte? Wir können Heilungsmethoden lernen und sie an uns und anderen ausprobieren. Doch wir sollten uns davor hüten, über andere zu urteilen.

*„Nur der ist weise,
der weiß, dass er es nicht ist."*[408]

Sokrates (470-399 v. Chr.), griechischer Philosoph

INNERE STIMME

Ein weiser Mann wie Einstein sagte bereits:

> *„Probleme kann man niemals mit derselben Denkweise lösen,
> durch die sie entstanden sind."*[409]
> Albert Einstein (1879-1955), dt. Physiker

Es gilt also, neue Denkweisen anzuwenden und neue Wege zu beschreiten. Wenn wie die gleiche Art zu denken und zu handeln beibehalten, treten wir auf der Stelle. Dann finden wir keine echten Lösungen, sondern bleiben in unserem gewohnten Trott stecken. Jahrhunderte, ja sogar Jahrtausende lang treten wir immer wieder in die Fußstapfen unserer Vorfahren und bekämpfen uns gegenseitig. Zwar verwenden wir andere Mittel, doch der Grundgedanke dahinter ist derselbe: *„DU musst das tun, was ICH für richtig halte."* Doch solange versucht wird, den Menschen mittels Krieg den eigenen Willen aufzuzwingen, versetzen wir uns in den Status des Neandertalers, der die Keule schwingt.

Es ist an der Zeit, unser Denken anzupassen und den Weg der Veränderung über die Kraft unseres Bewusstseins zu beschreiten. Das Wichtigste an dieser Veränderung ist die, dass sie vom Volk ausgehen wird. Solange Mächtige über Völker entscheiden, wird es Kriege geben. Erst wenn das Volk die eigene Bewusstseinsentwicklung beschreitet, wenn es aus den Kinderschuhen aussteigt und erwachsen wird, dann beginnt eine richtige Völkerverständigung. Mütter schicken ihre Söhne, und mittlerweile auch noch ihre Töchter, nicht freiwillig in den Krieg. Alle (geistig gesunden) Mütter wollen ihre Kinder lebend behalten, auch die der vermeintlichen Gegenseite. Deshalb ist es höchste Zeit, dass wir beginnen, umzudenken. Wir haben uns die letzten Jahrzehnte nur auf das rationale Denken reduzieren lassen und Regierungen haben unser Schulsystem auf die linke Hirnhälfte eingeschworen. Doch wir haben noch andere Ressourcen als unseren Verstand, doch der Verstand soll unser Diener sein, nicht unser Herr! Es ist an der Zeit, dass wir uns wieder auf unsere innere Stimme und auf unser inneres Wissen rückbesinnen.

In einer Zeit des nicht nur globalen Wandels, sondern auch des energetischen und Bewusstseinswandels haben wir immer mehr und immer leichter Zugang zu unserer sozialen und emotionalen Kompetenz, und wir entwickeln zunehmend einen Sinn für Wahrheit. Viele spüren immer öfter sofort, ob ihnen ihr Gegenüber gerade die Wahrheit erzählt. Ihre Antennen schlagen sofort Alarm, „die Alarmglocken klingeln", wie man so schön sagt, wenn Ihnen etwas erzählt wird, von dem Sie instinktiv wissen, dass es nicht stimmen kann.

Ihre innere Stimme und Ihre eigene innere Kompetenz spüren ganz genau, wenn Sie angelogen werden. Wir haben nur verlernt, auf diese innere Stimme zu hören, weil wir seit der Kindheit auf unseren Verstand getrimmt wurden. Es wurde uns befohlen, schön artig die Hand zu geben, wenn jemand zu Besuch kam, und es wurde uns eingeredet, dass wir *falsch* empfinden, wenn wir jemandem nicht die Hand geben wollten. Wir mussten brav gehorchen und etwas tun, was wir im tiefsten Inneren vielleicht gar nicht wollten. Auf diese Weise wurde uns unsere innere Stimme abgewöhnt, doch sie ist ein Teil von uns und wir können sie wieder reaktivieren – genauso, wie wenn Sie als Kind bereits Fahrrad gefahren sind, es dann jedoch viele Jahre nicht mehr getan haben. Sie setzen sich auf das Fahrrad und können radeln, auch wenn es zunächst etwas unsicher und wackelig sein sollte. Sie werden möglicherweise etwas üben müssen, doch Sie können es. Genauso geht es mit der inneren Stimme. Wenn Sie immer wieder auf diese leisen Impulse hören, die tief in Ihnen entstehen, dann bekommt diese Instanz wieder mehr Wertschätzung und darf wachsen. Nach einem gelungenen Einsatz, wenn Sie auf Ihre innere Stimme gehört haben und Sie – im Nachhinein betrachtet – die richtige Entscheidung getroffen haben, sollten Sie sich auch bei Ihrem inneren Wissen bedanken. So bekommt es mehr und mehr Anerkennung und dadurch Kraft, und das Stimmchen wird lauter werden, sodass Sie es besser hören können.

Mit häufiger Übung in alltäglichen Situationen, sei es bei der Sitzplatzwahl in der U-Bahn, bei dem täglichen Einkauf, wenn Sie Obst in die Tüte packen oder auch bei wichtigen Gesprächen zum Beispiel mit Ihrer Bank, wird Ihnen bald niemand mehr ein X für ein U vormachen können. Unser Gespür lässt sich trainieren und wieder aktivieren. Unserer Phantasie sind keine Grenzen gesetzt, wenn es darum geht, unsere Freiheit zurückzuerlangen. Wir dürfen unsere engen Grenzen sprengen, wir dürfen unsere Phantasie spielen lassen und uns wie Einstein vorstellen, dass wir auf einem Sonnenstrahl reiten, um herauszufinden, wohin er geht. Auf diese Weise entstehen Lösungen fernab der *Wissenschaft*, die oftmals nur *Wissen schafft*, aber nur wenige wirkliche, befreiende Lösungen hervorbringt.

*„Phantasie ist wichtiger als Wissen,
denn Wissen ist begrenzt."*[410]

Albert Einstein

EIGENEN WEG GEHEN

Es gibt viele Menschen, die aus ähnlichen Gegenden stammen, die in ähnlichen Verhältnissen aufgewachsen sind, die ähnliche Berufe gelernt haben und doch ist jeder Lebensweg einzigartig. Es gibt so viele verschiedene Lebenswege, wie es Menschen gibt. Und es ist eine unserer wichtigsten Aufgaben, herauszufinden, wie denn unser eigener individueller Weg aussieht, auf dem wir uns wohl fühlen.

In der Kindheit wurde und wird uns immer wieder gesagt: *„Nein, das musst Du anders machen!"*, *„Das kannst Du nicht!"* usw. Viele von uns lernen von klein auf, dass wir anders sein sollen und dass wir nicht richtig sind, so wie wir sind. Irgendwann bauen wir dann eine Mauer um uns herum auf, um unser Innerstes zu schützen. Wir sperren unsere Empfindungen in diese Mauer, damit wir nicht weiter verletzt werden. Doch irgendwann finden wir selbst nicht mehr den Weg zu unserem

Innersten und fangen an, das Leben der Erwartungen aus unserem Umfeld zu leben. Wir tun alles Mögliche, nur um Anerkennung zu erfahren. Das bedeutet, wir leben nicht mehr unser eigenes Leben, sondern das der anderen. Die Alternative ist, dass wir das Gegenteil tun und komplett rebellieren. Dann sind wir gegen alles, was von uns erwartet wird – doch auch dabei leben wir nicht unser eigenes Leben.

Diese frühe „Erziehung" erlebt jeder anders und je nach Intensität, aber auch je nach Empfindlichkeit, reagieren wir auf die eine oder andere Weise. Oftmals braucht es Jahrzehnte, bis wir diesem inneren System auf die Schliche kommen und das Spiel durchschauen. Dann kann man beginnen, mit verschiedenen Methoden eine Heilung herbeizuführen. Dabei können uns Verzeihungsübungen, systemisches Stellen, Kinesiologie, Journey oder andere geeignete Wege gut helfen, die alten Verletzungen zu heilen. Damit können wir Schicht für Schicht auflösen und immer mehr zu uns selbst finden.

Um herauszufinden, was man eigentlich im Leben will, kann es sehr hilfreich sein, zunächst eine Liste darüber aufzustellen, was man nicht mag. Mir selbst hat das sehr geholfen, um mich dem anzunähern, was ich wirklich im Leben will und wie mein Weg aussehen könnte. Diese Liste kann man für das Privatleben genauso gut erstellen wie für den Beruf, aber auch für den Freundeskreis. Auch dieser kann und wird sich vermutlich ändern, wenn man beginnt, sich selbst und vielleicht sein Leben zu verändern. Dann passen plötzlich gute, alte Bekannte und Freunde nicht mehr so ganz dazu. Man wird sich möglicherweise nicht mehr so oft treffen, obwohl keiner so recht weiß, warum eigentlich. Doch das ist nicht traurig, denn es kommen andere Menschen ins Leben, die besser zur neuen Situation passen. Man kann Freundschaften auch gehen lassen, wenn es nicht mehr viele Gemeinsamkeiten gibt. Das bedeutet nicht, dass man alles aus der Vergangenheit verurteilen oder ablehnen muss, denn für eine gewisse Zeit war es gut und richtig und hat gepasst. Doch wenn man sich verändert, weil man sich selbst ein Stück näher kommt, dann darf man den bisherigen Freunden (im Stillen) für die gemeinsame Zeit danken und ihnen einen guten weiteren Weg wünschen. Und Sie werden sich wundern, der eine oder andere wird auch bleiben. Nehmen Sie es so, wie es kommt – in Liebe und Dankbarkeit.

Je mehr Sie sich selbst kennenlernen und Ihre Verletzungen aus der Kindheit ausgraben und heilen, desto mehr erkennen Sie, was Sie wirklich wollen und was die Themen sind, die Ihnen wirklich am Herzen liegen. Wofür wollen Sie sich einsetzen? Wie aber finde ich meinen eigenen Weg, bei dem ich ein glückliches und erfülltes Leben führen kann? Hier einige Möglichkeiten:

- Spüren Sie in sich hinein – von was haben Sie als Kind geträumt?
- Womit haben Sie gerne gespielt?
- Wobei ist Ihnen das Herz aufgegangen, was berührt Ihr Herz?
- Womit beschäftigen Sie sich am liebsten?
- Worüber unterhalten Sie sich am liebsten?
- Bei welcher Tätigkeit verlieren Sie jedes Zeitgefühl?

Das sind Fragen, die Sie Ihren eigenen Neigungen näher bringen können. Sie würden sich wundern, wie viele Menschen es gibt, die ihre eigenen Interessen nicht kennen.

Natürlich muss man in der heutigen Welt seinen Lebensunterhalt verdienen und Pflichtabgaben leisten, doch es macht auch nicht glücklich, wenn man zwar viel verdient, aber jeden Tag mit Unwillen zur Arbeit geht. Deshalb ist es wichtig, herauszufinden, was Ihnen wirklich Freude bereitet. Probieren Sie etwas aus, von dem Sie denken, es könnte Sie erfüllen und machen Sie es zu Ihrem Hobby. Dabei können Sie testen, ob Sie richtig liegen. Wenn es das ist, was Ihr Herz erfreut, dann verbringen Sie zunächst Ihre Freizeit damit, und die Kraft fließt, wenn wir aus dem Herzen handeln. Wenn Sie eines Tages tatsächlich damit Geld verdienen können, dann ist immer noch Zeit, Ihren Beruf langsam zu reduzieren und Ihr Hobby zum Beruf und zur Berufung werden zu lassen.

Sollten Sie trotz der genannten Überlegungen überhaupt keine Ahnung haben, was Ihnen wichtig sein könnte, dann schlage ich Ihnen folgende Übung vor: Legen Sie sich auf Ihrem Bett oder auf einem bequemen Sofa auf den Rücken. Nun **stellen Sie sich vor**, Sie lägen auf dem Sterbebett und hätten nur noch wenige Zeit zum Leben, sagen wir mal zwei Stunden. Weiter stellen Sie sich vor, Sie würden Ihr Leben rückblickend betrachten. Versuchen Sie, sich in diese Situation hineinzufühlen. Wenn Sie das Gefühl haben, ja so müsste es wohl sein, dann stellen Sie sich folgende Fragen:

    1. Wem hätte ich gerne noch etwas mitgeteilt?
    2. Mit wem hätte ich gerne noch Frieden geschlossen?
    3. Was bereue ich, dass ich es *nicht* getan habe?

Hören Sie in sich hinein, welche Antworten jetzt in Ihrem Innersten auftauchen. Erlauben Sie sich, die Empfindungen zu spüren. Die Punkte, die Sie am meisten berühren, sind wichtig in Ihrem Leben. Schreiben Sie diese Themen auf, es könnte sein, dass Sie künftig bestimmte Dinge regeln wollen oder etwas Neues beginnen möchten, und lassen Sie es nicht nur beim Erkennen, sondern tun Sie es! Zum Beenden der Übung atmen Sie tief durch, stehen Sie auf, klopfen Sie Ihren Körper mit den Händen ab und lösen Sie die Imaginationen wieder auf.

Mit dieser Übung können Sie herausfinden, was Ihnen wirklich am Herzen liegt. Und Sie können sicher sein: Wenn Sie etwas tun, das Ihnen wahrlich am Herzen liegt, dann werden Sie eine Zufriedenheit wahrnehmen, die durch nichts zu übertreffen ist. Vielleicht wird das, was Sie gerne tun, eines Tages Ihren jetzigen Beruf ablösen. Oder es bleibt eine Freizeitbeschäftigung, die Ihnen einen wunderbaren, erfüllenden Ausgleich zu Ihrer Arbeit bringt. Ich wünsche Ihnen jedenfalls viel Erfolg dabei, sich selbst zu finden und Ihren eigenen, individuellen Weg zu gehen!

REAKTIVIEREN UNSERER URSPRÜNGLICHEN DNS

Unsere DNS (= Desoxyribonukleinsäure bzw. engl. DNA = Deoxyribonucleic acid) ist noch immer nur zu einem relativ kleinen Teil erforscht. Und man mag es kaum glauben, noch immer wird der weitaus größte Teil unserer DNS als Junk-DNS bezeichnet, als würde es sich um Müll handeln. Die Wissenschaft ist zwar mittlerweile zu dem Schluss gekommen, dass dieser überwiegende Anteil irgend einen Nutzen haben könnte, aber dennoch wird er in „mit Funktion" und „funktionslos" unterteilt: *„Es ist unbekannt, wie groß der Anteil der nichtcodierenden DNS **mit Funktion** gegenüber **dem funktionslosen Anteil** nichtcodierender DNS ist."*[411] (Herv. d. Verf.). Es wird tatsächlich noch immer behauptet, in der DNS sei etwas Sinnloses ohne Funktion, als einfach zuzugeben, dass sie die Funktion noch nicht herausgefunden haben, was der Realität wesentlich näher kommen würde.

Fakt ist, dass man, zumindest offiziell, noch nicht genau weiß, wie die vollumfänglichen Aufgaben der DNS aussehen. Was man weiß, ist lediglich, dass in ihr die Erbinformationen gespeichert sind. Trotzdem hat man schon vor Jahren damit begonnen, dieses biologische Informationszentrum DNS zu verändern und „umzuprogrammieren" – die Gentechnik war entstanden. Das volle Risiko, das dabei entsteht, wenn man die Erbinformationsträger verändert, ohne sie voll verstanden zu haben, wurde und wird dabei in Kauf genommen. Dabei braucht man sich als ganzheitlich denkender Mensch nur zu überlegen, was denn eigentlich zu den Erbinformationen dazugehört. Das sind eine ganze Menge an Daten, die die Schulmedizin bis heute allerdings nicht akzeptiert, weil sie nicht messbar und nicht mit Medikamenten beeinflussbar sind. Was nämlich ebenso zu unserer Erbinformation gehört, sind nicht nur die Körpergröße, die Haar- und Augenfarbe, die Form der Statur, der Hände usw., sondern wir bekommen ja auch eine ganze Menge an energetischen Daten mit auf unsere Erd-Expedition.

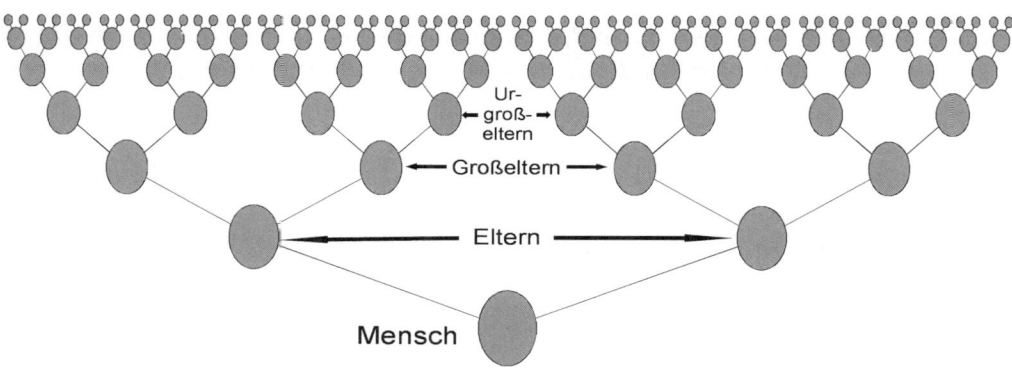

Abb. 35: Ahnengalerie: die Kugel unten stellt einen Mensch dar, darüber seine Eltern, darüber deren Eltern usw. bis zur siebten Generation zurück.

Da wären zunächst sämtliche Daten unserer Ahnen bis mindestens 7 Generationen zurück und zusätzlich der noch älteren Ahnen als Kollektivdaten. Diese 7 Generationen werden jeweils aufgeteilt in väterliche und mütterliche Richtung – in jeder Generation! Die energetische Erinnerung an die schönen Erlebnisse, aber genauso an die Traumata, die in all den Hunderten von Jahren passierten, sind demnach noch immer, mehr oder weniger aufgelöst, in uns vorhanden.

Ferner müssen auch die Erinnerungen und Erfahrungen der eigenen Inkarnationen gespeichert werden, die wir in unserer gesamten Menschenlaufbahn erworben haben. Das sind insgesamt eine ganze Menge an „Daten", die sich da angesammelt haben, und diese Informationen müssen irgendwo gespeichert werden. Wo soll der Speicherplatz sein, wenn nicht dort, wo auch die anderen Erbinformationen gespeichert sind? Natürlich in der DNS.

Der ehemalige britische Politiker und Aufklärer für extraterrestrische Wesen *Simon Parkes* beschreibt den derzeitigen Zustand unserer DNS sehr nachvollziehbar, indem er bei einem Interview mit *Jo Conrad* sagte:

„Alle Menschen sind ursprünglich telepathisch – Telekinese, die Fähigkeit, Objekte zu bewegen, ist normal für Menschen mit den zwölf DNA-Strängen. Aber ein Mensch mit 2 physischen DNA-Strängen – was wir alle auf dem Planeten haben – ist intelligent genug, zu arbeiten, aber nicht intelligent genug, sich selbst aus dem Gefängnis herauszudenken…"[412]

Diese Beschreibung unserer Intelligenz scheint voll ins Schwarze zu treffen, sonst wären wir längst nicht mehr in der Position, in der wir leider noch immer sind: Spielbälle der Mächtigen! Weiter spricht *Parkes*:

„Wenn wir uns energetisch wieder verbinden, werden wir in der Lage sein, eine Realität zu erschaffen … und nur auf diese Weise können die Menschen wirklich frei werden, denn sie werden ihre Realität verändern, sie werden die Art und Weise verändern, wie sie sind."

Genau *das* ist der springende Punkt! Solange wir eine DNS haben, die uns wie ein Schlafmittel quasi bewegungslos hält, sind wir nicht in der Lage, etwas an unserem Zustand zu verändern. Deshalb ist es wichtig, sich mit unserer DNS näher zu befassen.

12-Strang-DNS

Nach Organtransplantationen kann es vorkommen, dass der Empfänger eines Spenderorganes nach der Operation Wesenszüge zeigt, die er zuvor nicht hatte und zwar vor allem, wenn er ein Herz implantiert bekommen hat. Nachforschungen über dieses Phänomen haben gezeigt, dass der Spender des Organs genau jene Eigenschaften hatte, die nun bei dem Empfänger aufgetreten sind. Die US-Amerikanerin *Claire*

Sylvia beschrieb diese Veränderung, die sie selbst erlebt hat, in einem Buch. Nachdem sie die Lunge und das Herz eines verunglückten jungen Motorradfahrers implantiert bekommen hatte, bemerkte sie an sich Wesenszüge, die sie zuvor definitiv nicht kannte. Die ehemalige Tänzerin verabscheute bis dahin Fastfood und plötzlich „*entwickelte sie auf einmal Appetit auf Chicken Nuggets und auch auf Bier*"[413], wird ihre Erfahrung in einem Bericht auf der Internetseite »Planet Wissen« beschrieben. Sie hätte einen Gang wie ein jugendlicher Footballer und starke sexuelle Begierden entwickelt. „*Als es der Patientin gelang, die Angehörigen des Verstorbenen ausfindig zu machen, stellte sich heraus: Alle diese Eigenschaften und Vorlieben hatte auch der 18-jährige Tim gehabt.*"

Auch der amerikanische Neuropsychologe *Paul Pearsall* entdeckte bei seinen Untersuchungen „*ebenfalls Parallelen in Verhaltensweisen zwischen Organspendern und -empfängern*". Was Frau *Sylvia* erlebt hatte, war demnach kein Einzelfall und es scheint offensichtlich so zu sein, dass die individuelle Eigenart in den Zellen des Organs gespeichert ist und durch eine Organtransplantation auf den Empfänger übergeht. Wenn die Eigenarten in den Zellen gespeichert sind, ist die zwangsläufige Konsequenz daraus, dass nicht nur das Abbild des gesamten physischen Körpers in der DNS enthalten ist, sondern auch die seelischen Anteile. Spezielle Eigenarten wie eine schöne Schrift, eine Vorliebe für die Natur oder ein besonderes musisches Talent werden als seelische Komponente betrachtet, die sich aus der Ahnenreihe oder auch aus der eigenen Inkarnationserfahrung entwickelt haben. Und genau solche Eigenschaften sind offensichtlich ebenso in der DNS gespeichert wie die Haarfarbe, die Größe usw.

Wir verfügten früher wohl über eine um ein Vielfaches umfangreichere DNS als heute, was die Ursache dafür sein dürfte, warum wir heute eben nicht mehr über exzellente Fähigkeiten verfügen wie Telepathie (Gedankenübertragung), Telekinese (Bewegen von Gegenständen) oder auch Levitation (Aufheben der Schwerkraft). Nur noch ganz wenige Menschen beherrschen derartige Begabungen. Doch vor allem Kinder zeigen zunehmend wieder diese Fähigkeiten. Kurioserweise werden diese Eigenschaften von manchen Staaten als krank angesehen und die Kinder werden deshalb dazu angehalten, sich nicht mit diesen Eigenarten zu befassen, und diese Talente werden schlichtweg unterdrückt. In anderen Staaten hingegen erkennt man das Potential dieser Kinder, wie zum Beispiel in Russland und China, wo diese Kinder gefördert werden. Dort gibt es eigene Schulen, in denen diese herausragenden Fähigkeiten besonders trainiert werden. Diese Staaten haben erkannt, dass es sich dabei um einzigartige Kinder handelt, die Zugang zu diesen Fähigkeiten haben. Und wenn man dieses Potential fördert, kann es sich weiterentwickeln und diesen Ländern eines Tages enorme Vorteile verschaffen.

Speziell bei uns in Deutschland und Europa sind solche Fähigkeiten jedoch „unerwünscht". Bei uns haben Kinder vor allem „normal" zu sein, also einer vorgegebenen Norm zu entsprechen, und ferner ist es auch unerwünscht, dass sich diese Fähigkeiten bei unseren europäischen Völkern verbreiten. Unsere Kinder sollen angepasst und folgsam sein. Wir sind dem Untergang geweiht bzw. unser Untergang programmiert und soll durch nichts aufgehalten werden. Ich muss immer wieder die „Replacement Migration" erwähnen, den Plan der UN, die europäische Bevölkerung „auszutauschen". Man erkennt diesen Plan heute in allen Lebensbereichen. Ein Volk, das ausgetauscht werden soll, soll natürlich keinen Zugang zu spirituellen bzw. geistigen Kräften erhalten. Und genau aus diesem Grund werden solche wunderbaren Fähigkeiten belächelt, verhindert und verboten.

Sollte ein Elternteil diese Zeilen lesen und ein Kind haben, das offensichtlich mit unsichtbaren Wesen spricht, Gegenstände mit Gedankenkraft bewegen kann oder plötzlich Dinge weiß, die es unmöglich wissen kann, dann schenken Sie ihm Aufmerksamkeit. Ermutigen Sie es, Ihnen davon zu erzählen, damit es in diese Gabe hineinwächst. Oder wenn es erzählt, dass es jemanden von „früher" oder von „woanders" kennt, dann glauben Sie Ihrem Kind, denn es bringt vielleicht ein Talent mit, das heute in unserem System unerwünscht ist, aber schon in wenigen Jahren von enormer Wichtigkeit sein könnte. Es könnte sein, dass Ihr Kind wieder über eine funktionsfähige 12-Strang-DNS verfügt – und das wäre wunderbar!

Mit ziemlicher Sicherheit wurde unsere ursprüngliche DNS absichtlich von bestimmten extraterrestrischen Wesen auf eine 2-Strang-DNS reduziert, damit wir zwar intelligent genug sind, um unsere Arbeit zu verrichten, aber nicht intelligent genug, um unsere möglichen Fähigkeiten wieder voll zu erkennen und leben zu können. Die Reduzierung der ursprünglichen 12-Strang-DNS auf zwei Stränge kann man vergleichen mit einem verkrüppelten Zugang zu unserer Seelenkraft. Das dürfte nämlich überhaupt die Intention der damaligen Manipulierer gewesen sein, die Menschen auf das Physische zu reduzieren, damit sie sich leichter in deren Pläne integrieren ließen. Nur ein Mensch, der nicht über seine Fähigkeiten verfügt, und der auch nichts mehr darüber weiß, kann so manipuliert werden, dass er gegen seine eigene Rasse Krieg führt. Und genau dieses Defizit gilt es zu bereinigen.

*„Es ist heute die dringendste Aufgabe,
wieder Zugang zu unserer vollen Seelenkraft zu erhalten."*
Die Autorin

Diesen Zugang können wir jedoch nur finden, wenn wir „aus dem Herzen" leben. In unserem heutigen System, das von Termindruck, Funk- und Elektrosmogbelastung, vergifteten Nahrungsmitteln, manipulierten Pressemeldungen über Gehirnwäsche-TV und -Videos nur so vollgepackt ist, fällt es uns unheimlich schwer, überhaupt zu spüren, was denn unser Herz begehrt. Wir sind so sehr vom reinen Intellekt beherrscht, dass es nicht leicht ist, unser eigenes Empfinden wahrzunehmen. Doch das kann man lernen und wir können üben, auf unsere innere Stimme zu hören.

Wenn Sie jemanden kennenlernen, dann kommt als erstes ein kleines Stimmchen, das Ihnen einen Impuls gibt. Es könnte Sie beispielsweise warnen und Ihnen ein

Gefühl wie „Vorsicht!" vermitteln – jedoch als Empfindung und nicht als Wort. Im nächsten Moment mischt sich jedoch sofort der Verstand ein, der den kleinen Impuls mit vielen Argumenten aushebelt. *„Der ist doch ganz nett, schau wie freundlich der spricht."* oder auch *„Oh, der weiß aber viel."* usw. Wer gut reden kann, ist in der Lage, unseren Verstand zu überzeugen. Wir sind es leider gewohnt, auf den Intellekt zu hören, doch im Nachhinein müssen wir, wenn wir ehrlich sind, oft erkennen, dass der erste Impuls richtig war. Diese Zeit der Erfahrungen ist jedoch viel zu langwierig und zu mühsam, und deshalb sollten wir unser Gespür trainieren, um uns Jahre der *Ent*-Täuschungen zu ersparen. Wir sind durchaus in der Lage, die Täuschungen früher zu erkennen, wenn wir üben, auf unsere innere Stimme und auf den ersten Impuls zu hören.

Wir können die Vervollständigung unserer DNS nämlich selbst fördern, indem wir unser Bewusstsein erweitern. Das erreichen wir, indem wir unsere mitmenschlichen Eigenschaften wieder fördern und leben, denn unsere DNS ist direkt verknüpft mit unserem Bewusstsein. Und dieses wiederum ist mit unserer Einstellung und mit unserem Verhalten verknüpft. Diejenigen, welche die Menschlichkeit tatsächlich leben, haben in der Regel auch ein erweitertes Bewusstsein. Man kann das vergleichen mit jemandem, der eine Nahtoderfahrung erlebt hat. Diese Menschen verändern meistens ihr Leben, sie legen mehr Wert darauf, mit ihrer Familie in Frieden zu leben, sind dankbarer für jeden Tag, für jede Blume, für jeden Regentropfen, für jeden Sonnenstrahl und nehmen sich selbst nicht mehr so wichtig. Sie trachten danach, alte Streitigkeiten zu klären und ihr Leben ins Reine zu bringen, wie man so schön sagt. Meistens haben diejenigen, die „nach drüben" geblickt haben, auch eine andere Einstellung zum Tod, denn sie fürchten ihn nicht mehr. Wer sein Bewusstsein erweitern möchte, kann sich an dieser Veränderung orientieren, die jene Menschen in sich fühlen. Und wer sein Bewusstsein ändert, ändert automatisch seine DNS mit.

„Mögen alle Lebewesen glücklich, zufrieden und erfüllt sein.
Mögen alle Lebewesen heil und ganz sein.
Mögen alle haben, was sie wünschen und brauchen.
Möge allen Wesen Frieden und Unbekümmertheit zuteil werden.
Mögen alle erwacht und frei sein.
Möge in dieser Welt und im gesamten Universum Frieden sein."
Eine Form des Metta-Gebets

Eine weitere Möglichkeit, die Vervollständigung seiner DNS zu fördern, besteht darin, diesen Wunsch auch auszusprechen: *„Vervollständigen und reaktivieren meiner/unserer DNS."* Wer sich dies wirklich von Herzen wünscht, der kann die Ergänzung seiner DNS günstig beeinflussen, und gleichzeitig verändert sich auch sein Bewusstsein. Ergänzend kann man sich noch seine DNS vorstellen, wie sie wächst und vollständig wird. Die richtigen Bilder werden von selbst erscheinen, wenn man sich in der entsprechenden Stille und Empfindung befindet.

Stellen wir uns zusätzlich noch vor, dass wir mit unserer höchsten liebenden Quelle verbunden sind und fühlen diese Energie wirklich, dann sind wir mitten drin und mit vollem Herzen dabei, dass wir uns weiterentwickeln. Wenn wir dies aus tiefster Überzeugung praktizieren, dann können wir gar nicht mehr anders, als menschlicher zu werden. Gleichzeitig erweitert sich unser Bewusstsein und ergänzt sich unsere DNS. Das geschieht zunächst auf der energetischen Ebene und wird immer deutlicher und immer dichter, bis sie schließlich eines Tages auch physisch-materiell vorhanden sein wird. Die Materie folgt der Energie!

Ich gehe sogar davon aus, dass wir auf diese Weise eines Tages wieder mit unserer liebevollen Ur-Quelle verbunden sind. Je mehr wir in unser Herz gehen und je mitmenschlicher wir werden, desto näher kommen wir unserer Ur-Quelle. Vielleicht müssen wir dann sogar aus dem System aussteigen, denn dieses wird für uns immer unerträglicher. Die heute praktizierte Unmenschlichkeit, welche die meisten von uns schon auf die eine oder andere Weise am eigenen Leibe erfahren haben, wird dann so belastend, dass man es möglicherweise bevorzugt, seinen kompletten Lebensstil zu wechseln und vielleicht sogar das Land zu verlassen.

Wenn immer mehr Menschen er- bzw. aufwachen, dann bricht irgendwann das alte, abgegriffene Lügenmonster zusammen. Dann ist der Moment gekommen, an dem die Menschlichkeit wieder flächendeckend zur Normalität wird! Das ist der Moment, für den es sich durchzuhalten lohnt. Mit dieser Vision erhalten wir uns die Kraft, dafür einzustehen, dass unsere Kinder und Kindeskinder wieder Freiheit, Gerechtigkeit und Menschlichkeit erleben dürfen.

AUTHENTIZITÄT

Viele Menschen versuchen immer, angepasst zu sein und dem zu entsprechen, was andere von ihnen erwarten. Das sind diejenigen, die selten widersprechen und mit allem einverstanden sind. Sie halten ihre eigene Meinung zurück, aus Angst, ausgelacht oder abgelehnt zu werden, und oft genug haben sie leider gar keine eigene Meinung – so sehr sind sie konditioniert. Sie leben in der festen Überzeugung, sie seien abhängig von der Meinung anderer Menschen und tun alles dafür, um von diesen angenommen, akzeptiert und bestenfalls gelobt zu werden.

Die logische Konsequenz dieses Verhaltens ist jedoch die, dass sie entweder überhaupt nicht wahrgenommen werden oder man sie nicht ernst nimmt. Wie sollen sie auch wirklich gesehen werden, wenn sie sich nicht selbst leben, wenn sie sich nicht zeigen, wer und wie sie tatsächlich sind? Es ist fast so, als wären sie gar nicht da. Und das sind sie ja auch nicht wirklich, wenn sie sich nicht präsentieren. Sie haben Angst davor, sich zu zeigen und Angst davor, abgelehnt zu werden, so wie sie es möglicherweise als Kind erfahren haben. Dieses Trauma, das schreckliche Gefühl der Ablehnung, scheuen sie so sehr, dass sie es bevorzugen, keine Gelegenheit für eine solch schmerzhafte Zurückweisung mehr zu bieten – lieber verleugnen sie sich. Sie führen ein fremdbestimmtes Leben, weil sie versuchen, die Wünsche anderer, statt ihre eigenen zu erfüllen. Dabei schaden sie sich nur selbst, denn es sind mehrere Punkte, bei denen sie sich selbst betrügen. Ihre Prägungen beeinflussen ihr Leben heute noch, doch irgendwann ist der Zeitpunkt gekommen, an dem sie zu sich sagen müssen: *„So, ab jetzt lebe ich mein eigenes Leben!"* Das ist der Moment, an dem sie aufhören, sich selbst zu verleugnen und sich selbst zu verraten. Dann ist der Moment gekommen, an dem sie endlich beginnen, sie selbst zu sein. Es wird natürlich Bekannte geben, die das nicht akzeptieren wollen und die sich deshalb abwenden. Doch diese gehörten auch schon zuvor nicht wirklich zu ihrem Leben. Wenn sie aufhören, zum Fanclub eines anderen zu gehören, wird dieser vielleicht nichts mehr mit ihnen zu tun haben wollen, doch sie bemerken, dass sie es eigentlich nicht nötig haben, zu einem Fanclub zu gehören. Ab sofort sind sie ihr eigener Fanclub.

Erst jetzt sind diese Menschen für andere sichtbar, weil sie sich zeigen, so wie sie sind, und manch einer wird sie nun das erste Mal bewusst wahrnehmen. Und eines ist sicher: Wenn sie von anderen erstmalig wirklich gesehen werden, dann ergeben sich neue Resonanzen und neue Bekanntschaften. Das sind dann Bekanntschaften, die zu ihnen passen und nicht zu jemandem, der nicht da war, weil er sich nicht gezeigt hat. Es lohnt sich, das Risiko einzugehen und sich zu zeigen, denn diese Menschen wirken erst jetzt authentisch und lebendig. Wer sich vom unscheinbaren und angepassten Wesen zum ausdrucksstarken Individuum wandelt, der wird plötzlich glaubhaft und interessant, auch wenn er vielleicht erst üben muss. Und sind wir doch mal ehrlich: Kein Mensch sieht einen so kritisch wie man sich selbst.

„Der Mensch ist umso größer, je mehr er er selbst ist."[414]
Antoine de Saint-Exupéry (1900-1944), französischer Schriftsteller und Pilot

WAHRHEIT ERKENNEN

Einer der wichtigsten Punkte auf unserem Weg der Befreiung ist die Erkenntnis. Das Realisieren dessen, was wahr ist, ist elementar wichtig, denn wenn wir Schwindel und Irreführungen – egal wo sie uns begegnen – nicht erkennen, lassen wir uns ein Leben lang anlügen und fragen uns dabei immer wieder, warum es unserer Gesellschaft immer schlechter geht. Während in den Nachkriegsjahren in ganz Europa ein deutlicher Aufschwung stattgefunden hat, kann man in den letzten 10 bis 20 Jahren beobachten, dass der Durchschnittsmensch am Monatsende real immer weniger Nettoeinkommen bezieht, von den Renten ganz zu schweigen.

Die »FAZ« veröffentlichte das Ergebnis einer Umfrage durch die »Europäische Zentralbank«. Demnach haben die Deutschen im Vergleich mit anderen europäischen Staaten das geringste Vermögen.

„Das Nettovermögen der Masse der deutschen Haushalte ist nach Daten der Europäischen Zentralbank niedriger als in jedem anderen Euroland. Das Medianvermögen beträgt hierzulande 51.400 Euro – in Zypern 266.900 Euro."[415]

Die Menschen in Zypern haben laut dieser Umfrage über fünf Mal so viel Vermögen wie die Deutschen! Das Medianvermögen (die Hälfte der Haushalte hat mehr, die andere Hälfte weniger) der Deutschen beträgt nur halb so viel wie der europäische Durchschnitt. Und während beispielsweise 83 Prozent der Spanier ein Eigenheim besitzen, sind es in Deutschland nur 44 Prozent. Auch dabei bilden wir das Schlusslicht in Europa. Wir sind die Ärmsten im gesamten EU-Raum! Diese interessante Umfrage wurde zwar schon 2013 veröffentlicht, doch ich bin mir sicher, dass die heutigen Zahlen nicht günstiger sind. Der Reichtum, mit dem Deutschland stets identifiziert wird, bezieht sich leider nicht auf das Vermögen der Menschen, sondern vielmehr auf die Steuereinnahmen! Die Aussage, dass Deutschland ein reiches Land sei, bezieht sich demnach eindeutig nicht auf die durchschnittliche Bevölkerung.

Das ist nur ein Beispiel, an dem man gut erkennen kann, wie wichtig es ist, genau hinzusehen, um die Wahrheit zu erkennen. Genauso sollten wir im Finanzwesen, im Gesundheitsbereich, in der Politik, im Bildungswesen und allen anderen Bereichen des Lebens verfahren. Wir können die wichtigen Themen wesentlich realistischer einschätzen, wenn wir nicht alles glauben, sondern selbst, möglichst auch in anderen Quellen, recherchieren. Wer alles glaubt, was er hört, sieht und liest, ist manipulierbar. Wer jedoch Meldungen vergleicht und auch danach forscht, „wohin das Geld fließt", der wird interessante Entdeckungen machen – wer nach der Wahrheit strebt, der wird sie auch finden.

Um sich selbst und die Nachfolgegenerationen zu befreien, muss man sich mit der echten Wahrheitssuche auseinandersetzen. Und Sie werden sehen, je länger man diese aktiv praktiziert, desto besser wird Ihr Gespür dafür, welche Meldungen der Wahrheit entsprechen und was als Lug und Trug einzustufen ist. Diese Unterscheidungsfähigkeit ist enorm wichtig, damit Sie nicht länger Spielball der Massenmedien sind. Mit der Zeit wird Ihr Gespür so fein, dass Sie beim Hören einer Meldung bereits erkennen, welcher Hintergrund damit verfolgt wird. Und, man mag es kaum glauben, oftmals ist die Wahrheit genau das Gegenteil dessen, was die Medien veröffentlichen. Sagte die Kanzlerin beispielsweise noch im September 2013: *„Mit mir wird es keine Pkw-Maut geben!"*[416], so war sie genau ein Jahr später entgegengesetzter Meinung: *„Um es ganz klar zu sagen: Die Maut steht im Koalitionsvertrag, und sie wird kommen."* Sie verkündete das genaue Gegenteil dessen, was sie zuvor sagte.

Das feine Gespür für die Wahrheit ist wichtig, denn nur wenn Sie die Hintergründe der Trends erkennen, dann können Sie entscheiden, ob Sie diese mitmachen oder nicht. Und Sie können Ihre Bedenken äußern und mit Ihren Bekannten besprechen. Auf diese Weise werden Ihre Erkenntnisse auch bei anderen diskutiert und die Wahrheitsfindung gefördert. Nehmen wir das Beispiel der Künstlichen Intelligenz. Es ist bekannt, dass eines der Ziele ist, Gehirne mit Großrechnern zu vernetzen. Wenn Sie beispielsweise erkennen, dass dieses Ziel höchst brisant und gefährlich für die Freiheit der Menschen werden könnte, weil nicht nur das Wissen der Gehirne *in* den Großrechner fließt, sondern natürlich auch genau andersherum, dann können Sie mit Freunden darüber diskutieren. Dadurch erhöht sich die Rate derjenigen, die genauer hinsehen und sich informieren. Nur ein aufgeklärter Mensch ist in der Lage, verantwortungsvoll zu entscheiden und zu handeln.

RÜCKVERBINDUNG MIT DER LIEBENDEN UR-QUELLE

Die vielen Kirchenaustritte der letzten Jahre könnten, oberflächlich betrachtet, darauf schließen lassen, dass sich die Menschen von Gott abwenden. Die Menschen der westlichen Welt gehen angeblich nicht mehr in die Kirchen, weil es ihnen zu gut geht und weil sie sich von Gott abgewendet hätten, kann man an vielen Stellen lesen. Doch wenn man das Thema genauer betrachtet, erkennt man, dass genau das Gegenteil stattfindet. Die Menschen suchen die wahre Ur-Quelle. Da sie diese jedoch in den Kirchen nicht finden, suchen sie die Verbindung, die Kraft, die Nächstenliebe und die Mitmenschlichkeit außerhalb der Religions-Institutionen.

Wir haben die Verbindung zur göttlichen Ur-Quelle, zu unserer Seele, tief in uns. Durch ein Energieband, das „Silberschnur" genannt wird, ist unsere Seele die gesamte Lebenszeit mit unserem Körper verbunden. Sobald diese Silberschnur durchtrennt wird, was beim physischen Tod geschieht, zieht sich unsere Seele wieder zurück in ihre Seelenheimat, und der Körper, der hier auf der Erde zurückbleibt, fängt auf der Stelle an, sich zu zersetzen. Die Lebensenergie-Quelle, also wir als Seele, hat ihn verlassen und somit kehrt er in den materiellen Kreislauf der Erde zurück.

Die Suche nach dem wirklichen Sinn des Lebens, nach der Wahrheit und dem Ursprung, ist die treibende Kraft, die uns Menschen dazu veranlasst, die Kirchengemeinden zu verlassen. Sie haben sich weiterentwickelt und sind mit dem, was der Theologe erzählt, nicht mehr zufrieden und suchen nach der Quelle selbst. Stellen Sie sich vor, Sie wären durstig und möchten aus einem Bach trinken, doch das Wasser ist verschmutzt. Was tun Sie? Sie marschieren bachaufwärts, bis Sie zur Quelle kommen. Denn nur hier finden Sie reines, lebendiges Wasser, nur hier ist es noch sauber und klar. Genauso suchen die Menschen nach der reinen Seelenquelle, denn die Institution „Kirche" bzw. viele machtgierige Köpfe in den Kirchen, haben die Wahrheiten bewusst verändert. Die Wahrheit darüber, was uns wirklich förderlich ist, werden wir deshalb nur tief in unserem Inneren erfahren und nicht von irgendeinem Theologen oder Meister. Die meisten, die die Kirche verlassen, sind nicht ungläubig, sondern auf der Suche nach der wahren Quelle.

„Ab Windstärke zehn gibt es keinen Atheisten mehr."[417]
Helmut Gollwitzer (1908-1993), evangelischer Theologe, Schriftsteller und Querdenker

Das Leben zeigt, dass wir speziell dann, wenn es uns schlecht geht, den Kontakt zur liebenden Ur-Quelle suchen und zu beten beginnen. Das ist kein Zufall, sondern diese Bitten entstehen aus unserer Erinnerung an unsere geistige Herkunft und an unsere Quelle. Und viele haben bereits die Erfahrung gemacht, dass uns unser Seelenanteil, der sich überwiegend in der geistigen Welt befindet, von dort aus helfen möchte – sei es durch die „zufällige" Begegnung mit helfenden Menschen oder auch dadurch, dass wir die richtigen Einfälle und Impulse zu unserer Heilung bekommen.

Diese Suche findet tief in unserem Herzen statt und ist eine höchst private Angelegenheit. Das bedeutet, dass wir die Ur-Quelle nicht durch den akademischen Vertreter einer Kirche finden werden, sondern tief in unserem Herzen. Wir erkennen die Wahrheit nicht, weil sie uns jemand sagt, sondern weil wir sie selbst fühlen und erkennen, und jeder von uns ist in der Lage, diese Verbindung wieder selbst zu spüren, auch wenn unsere Wahrnehmung, während wir als physische Menschen hier auf der Erde leben, doch erheblich eingeschränkt ist. Wir haben scheinbar nur Zugriff auf einen kleinen Teil des Seelenwissens, der weit größere Teil von uns ist in der geistigen Welt zu Hause, wie man am Beispiel eines Eisberges gut darstellen kann:

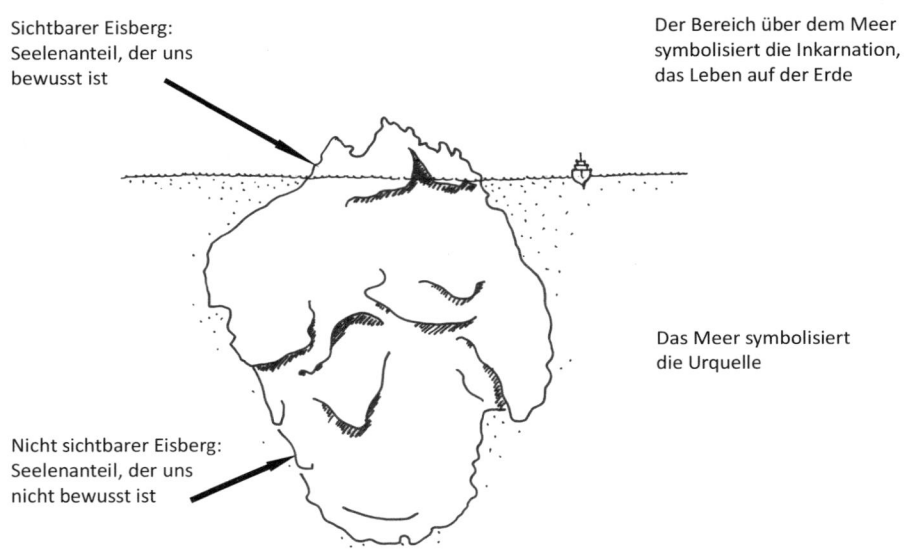

Abb. 36: Eisberg als Symbol für unsere Seele. Der größte Teil wird nicht wahrgenommen.

Das, was von einem Eisberg sichtbar ist, könnte man mit dem physischen Menschenleben vergleichen. Sichtbar ist nur ein kleiner Teil, der weit größere Teil ist für dieses Erdenleben verborgen. Erst der komplette Eisberg entspricht der Gesamtheit einer Seele, die wiederum mit der Ur-Quelle verbunden ist. Mit diesem Bild lässt sich ebenso gut darstellen, dass ein Mensch in einer neuen Inkarnation eine völlig andere Rolle spielt, denn hierfür hat sich der Eisberg gedreht und zeigt sich von einer neuen Seite. Von außen ist nicht erkennbar, dass es sich um denselben Eisberg, also um dieselbe Seele, handelt, und doch ist es so. Es ist das gleiche Eis aus derselben Zeit, nur aus einer anderen Perspektive.

Das weite Meer, in dem der Eisberg schwimmt, und in dem er sich fortbewegen und verändern kann, entspricht in dieser Metapher der „liebenden Ur-Quelle", was in der Regel mit „Gott" bezeichnet wird, und wenn ich den Begriff „Gott" verwende, meine ich in diesem Fall diese „liebende Ur-Quelle". Es erscheint mir wichtig, nochmals darauf hinzuweisen, dass der Begriff „Gott" in der Vergangenheit für so viele verschiedene Wesen verwendet und oft auch schrecklich missbraucht wurde. Ich meine hier nicht einen urteilenden, strafenden Gott, dem wir blutige Opfer darbringen müssen – nein, ich meine die liebevolle Ur-Quelle und Heimat unserer Seelen und diejenige liebende Energie, die unsere Essenz und unsere Seele ausmacht. Genauso wie das Meer den Eisberg hervorbringt, ihn trägt und ihm die Wanderung durch die Weiten ermöglicht, so bringt die Ur-Quelle den Menschen hervor und leitet ihn, wenn er in verschiedenen Menschengestalten und Formen inkarniert. Obwohl es sich um denselben Eisberg handelt, verändert er sein Aussehen und seine Form. Auch wird er durch äußere Einflüsse wie Sonne, Wind, Kälte, Strömung etc. geprägt und geformt. Genauso geschieht es mit unserem Bewusstsein, das ebenfalls durch äußere Einflüsse beeinflusst wird, denn in einem anderen Leben dreht sich der Eisberg komplett und zeigt sich von einer völlig anderen Seite – obwohl es sich um die gleiche Seele handelt.

Sobald wir uns dessen bewusst sind, können wir unser „Schicksal" in der Gewissheit annehmen, dass wir in jedem Moment nicht nur ein irdischer Mensch sind, sondern zugleich ein kleiner Teil unserer Seelenenergie. Da wir während unserer Inkarnation nur einen begrenzten Zugang zu unserem Wissen haben, erkennen wir nicht, dass wir Teil eines „großen Ganzen" sind. Das sollten wir uns jedoch immer wieder bewusst machen, um unsere Aufgabe und unseren Sinn zu erkennen. So können wir uns beispielsweise sagen:

„Ja, ich lebe in dieser Zeit der großen Ängste und Herausforderungen und ich nehme die Aufgabenstellungen an, in der Gewissheit, dass ich getragen bin vom göttlichen ‚Meer'. Ich lebe mein Potential, das ich mitgebracht habe und setze mich dafür ein, dass wir Menschen in Frieden, Liebe, Harmonie, Gesundheit und Fülle zusammenleben können. Ich tue mein Bestes, um die Welt zu einem Ort mitzugestalten, auf dem man zu leben wünscht, auf dem wir leben und lachen können. Ich möchte auf meinem Sterbebett einmal sagen können: ‚Ich habe alles getan, was meine Seele tun wollte, ich kann in Frieden gehen.'"

> *„Deine Zeit ist begrenzt.*
> *Vergeude sie nicht damit,*
> *das Leben anderer zu leben."*[418]
> Steve Jobs (1955-2011), US-Unternehmer und Mitgründer von *Apple*

An dem obigen Beispiel mit dem Eisberg kann man auch gut verdeutlichen: Je mehr wir uns an andere Inkarnationen erinnern können, desto mehr Zugang haben wir zum gesamten Potential unserer Seele, und desto mehr von unserem Wissen und von der universellen Weisheit ist uns bewusst, wie in folgenden Bildern zu sehen ist. Der Einfachheit halber habe ich den Eisberg in allen Abbildungen in derselben Position dargestellt, obwohl er verschiedene Inkarnationen versinnbildlichen soll. Ich gehe jedoch davon aus, dass wir in jeder Inkarnation eine andere „Eisberg"-Seite unserer Seele leben.

Wenn wir die Seele als Eisberg darstellen, erkennen wir, dass nur der über Wasser liegende Teil sichtbar ist und der größte Teil des Eisberges unter Wasser ist. Analog diesem Beispiel ist es auch mit unserer Seele so. Es ist uns nur das bewusst, was wir erkennen können. Das meiste unseres Potentials und unserer Größe ist uns nicht bewusst und in der Regel auch nicht zugänglich. Doch je mehr Erfahrungen wir auf unseren Erde-Abenteuer-Ausflügen sammeln, desto weiser werden wir.

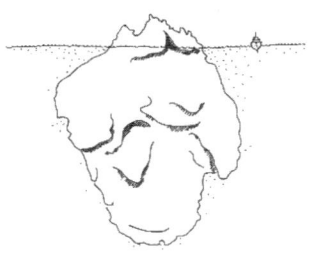 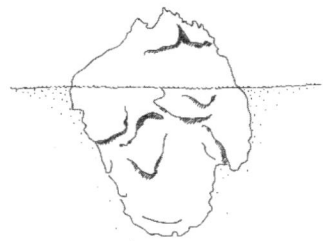 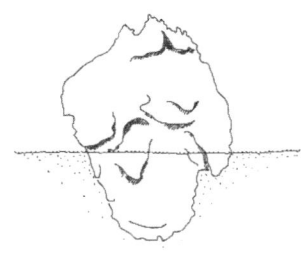

Abb. 37: Unbewusstheit   **Abb. 38:** Etwas Bewusstheit   **Abb. 39:** Große Bewusstheit

Auf dem linken Bild symbolisiert der Eisberg das, was man eine „junge Seele" nennt, denn dieser Mensch lebt noch relativ unbewusst, und nur wenig des eigenen Seelenanteils und damit ihres Potentials ist ihm bewusst. Er experimentiert und sucht noch seine Orientierung. Auf dem mittleren Bild sehen wir die Darstellung dessen, was man eine „erwachsene Seele" nennt. Dieser Mensch kennt sich selbst bereits besser, hat in früheren Inkarnationen Erfahrungen gesammelt und einige Kanten abgeschliffen. Er ist sich seiner schon mehr bewusst, jedoch noch immer auf der Suche. Auf dem rechten Bild sehen wir das, was man eine „reife Seele" nennt. Dieser Mensch hat fast alle Facetten des Lebens kennengelernt, weiß um seine eigenen Stärken und Schwächen und beginnt, das „Spiel des Lebens" zu durchschauen. Sobald er Zugang zu einem Großteil seiner Seele gefunden hat, spürt er langsam den Wunsch, nicht mehr bei dem Spiel mitzumachen und nicht mehr erneut zu inkarnieren.

In einer Seele wächst nach vielen Inkarnationen der Wunsch, in Frieden ihre Gaben und Talente zu leben, anderen in Achtung, Wertschätzung und Dankbarkeit zu begegnen und die Erde wieder zu einem Paradies werden zu lassen. Schlussendlich möchte die Seele jedoch endlich wieder zurück in die liebende Einheit, aus der sie gekommen ist. Die Energie auf der Erde wird jedoch nicht nur von reifen und alten Seelen bewohnt, sondern von vielen jungen Seelen. Diese bald 8 Milliarden verschiedene Inkarnierten mit ihren verschiedenen Entwicklungsstadien prägen mit ihren

Gedanken, Worten und Taten unsere Welt und auch wenn wir diese nicht von heute auf morgen verändern können, so trägt jede eigene Art zu leben zum Gesamtbild bei. Aus diesem Grunde sollten wir auch gut überlegen, was wir denken und unseren Gedanken nicht jede beliebige Richtung erlauben. Denn wir selbst tragen mit unseren Gedanken zur Prägung der Welt bei. Und deshalb sollten wir diese Chance nutzen und die Zustände positiv beeinflussen.

Das künftige Zeitalter ist das Zeitalter des Bewusstseins und wir werden die Krisen nicht durch Kampf, sondern durch Liebe lösen können, davon bin ich überzeugt. Das wird sowohl die Krisen zwischen den Menschen wie auch das Machtspiel über die Menschen betreffen. Wenn wir uns vom reinen Denken des Intellekts wieder zum Herzen hin entwickeln, dann wird uns diese Energie Dimensionen öffnen, die wir heute noch nicht einmal ahnen können – Dimensionen, die uns die Freiheit von jeglicher Knechtschaft und endlich den Frieden bringen.

>„Das höchste Gut
>ist die Harmonie der Seele mit sich selbst."[419]

Lucius Annaeus Seneca (etwa 1-65 n. Chr.), römischer Philosoph, Dramatiker und Naturforscher

RÜCKHOLUNG UNSERER KRAFT

Wir alle sind Seelen, die aus der großen Ur-Quelle stammen. Das bedeutet, dass wir von unserem Ursprung her nicht nur liebevolle, sondern auch kraftvolle geistige Wesen sind. Allerdings können wir nur einen Bruchteil dieser Kraft nutzen, da wir tagtäglich von unendlich vielen Dingen abgelenkt werden. Nicht nur, dass wir permanent beschäftigt werden, nein, auch wenn wir ein wenig Zeit für uns haben, dann suchen wir eine Beschäftigung, um nicht über uns und die Welt nachdenken zu müssen. Wir hören Musik, wir spielen ein (PC-)Spiel, wir schauen eine Sportsendung an, wir telefonieren usw. – als wenn wir Angst davor hätten, mit uns allein zu sein. Und davor haben tatsächlich viele Menschen Angst.

Wenn Sie ebenfalls zu diesen Menschen gehören sollten, die nicht mit sich allein sein können, dann kann ich Ihnen nur empfehlen, dies zu lernen. Beim ersten Versuch entsteht zunächst eine gewisse Unruhe und es wird Ihnen ständig die eine Frage durch den Kopf gehen: *„Was kann ich jetzt tun?"* Doch wenn Sie diesen Drang überwinden und einfach nur wahrnehmen und beobachten, was sich in Ihrem Inneren gerade abspielt, dann werden Sie bemerken, dass Sie mit der Zeit ruhiger werden. Sie gewöhnen sich an sich selbst und daran, sich nicht mehr ablenken zu lassen. Wenn Sie das Stadium erreichen, in dem Sie sich mit sich selbst wohl fühlen, dann bekommen Sie einen Vorgeschmack darauf, wie es sich anfühlt, kraftvoll zu sein. Denn es kann nur jemand wirklich kraftvoll sein, wenn er in der Ruhe ist – gleichgültig, ob es sich um eine Pianistin handelt oder um einen Kugelstoßer. Jeder, der professionell auf seine Kraft vertrauen muss, geht vor seinem Einsatz einen Moment in die Ruhe und Stille. Oft schließen diese Menschen ihre Augen, dadurch wird dieses Empfinden noch um ein Vielfaches verstärkt. Und glauben Sie mir, was diesen Profis hilft, Zugang zu ihrer vollen Kraft zu finden, das hilft auch allen anderen Menschen.

Nur wenn wir in unserer Kraft sind, dann können wir uns selbst fühlen und dann sind wir in der Lage, Situationen richtig einzuschätzen und unser Bestes zu geben. Wenn wir in unserer Kraft sind, sind wir auch in der Lage, die Wahrheit hinter der Fassade zu erkennen und für uns einzustehen. Wie oft werden wir von anderen beeinflusst, dies oder jenes zu tun oder zu kaufen. Sie möchten mit uns ihre Geschäfte machen und jedes Mal, wenn so etwas geschieht, sollten wir entweder in die Stille gehen und uns fragen, ob wir dies wirklich brauchen, oder das Angebot klar und deutlich zurückweisen. All diese täglichen, kleinen Herausforderungen kosten uns Kraft. Und je mehr wir uns mit diesen Alltagsdingen auseinandersetzen, desto mehr verlieren wir unsere Kraft an genau diejenigen, die uns von allen Seiten „am Ärmel ziehen". Mit der Zeit bekommen wir jedoch ein gutes Gespür dafür, wer uns gegenüber offen und ehrlich ist, und wer mit uns einfach nur seinen Profit machen möchte. Es bleibt uns nichts anderes übrig, als zu lernen, diese vielen Energieräuber einfach wie Zecken abzuschütteln und wieder frei zu werden. Wenn wir unsere Kraft an Energieräuber vergeuden, dann fehlt uns diese natürlich. Deshalb gilt es zu lernen, unsere Lebensenergie zu schützen und für uns selbst zu verwenden. Die anderen müssen lernen, mit ihrer eigenen Energie auszukommen, denn es ist nicht unsere Aufgabe, unsere Kraft an Energievampire zu verschwenden. Wir können andere Menschen nicht ändern, doch es ist unsere Entscheidung, mit wem wir uns abgeben oder nicht. Und auch wenn wir viele offene und ehrliche Menschen in unserer Umgebung haben, ist es trotzdem wichtig, gewisse Zeiten für uns selbst zu beanspruchen. Jede „Erwartungshaltung" an uns, und sei der Mensch noch so freundlich, ist eine Forderung an uns, ihm unsere Energie zu geben. Doch wir sind nur für uns und unsere Liebsten verantwortlich und deshalb entscheiden wir, wer unsere Aufmerksamkeit und damit unsere Energie bekommt und wer nicht.

Im Übrigen schafft es das etablierte Finanzsystem sehr gut, einen Teil unserer Lebensenergie, die man auch mit Lebenszeit gleichsetzen kann, von uns einzufordern. Wenn wir auch manches nicht beeinflussen können, so sollten wir zumindest in denjenigen Bereichen unsere Energie bei uns behalten, in denen wir Einfluss nehmen können. Unsere Verbindung zu unserer Ur-Quelle hilft uns dabei sehr, kraftvoll zu bleiben. Dazu stelle ich mir einen Kanal vor, der aus meinem Kopf senkrecht nach oben bis zur höchsten liebevollen Ur-Quelle reicht, und in diesem Kanal fließen die Energien von meinem Herzen nach oben und von oben zu meinem Herzen. Die Vorstellung dieser Verbindung bringt mich in einen besonderen Zustand, der sich wie eine Mischung aus reiner Freude und Erhabenheit anfühlt, und der nicht wirklich beschrieben werden kann, weil es keine passenden Worte dafür gibt. Aus dieser Verbindung kann ich Kraft schöpfen und fühle mich geliebt und unterstützt. Dann stelle ich mir vor, dass ich gleichzeitig mit dem Herzen von Mutter Erde verbunden bin, was meine physische Existenz symbolisiert. Auch hier fließt die Energie von mir zu diesem Herz und von diesem Herz zu mir. Nun ist mir die Verbindung zur Ur-Quelle wie auch zur Erde wieder bewusst und ich bin leichter dazu in der Lage, sowohl spirituell zu sein wie auch gleichzeitig mit beiden Beinen fest im Leben zu stehen.

Schlussendlich ist es auch effektvoll, sich z.B. jeden Morgen eine Schutzhülle vorzustellen, die uns wie ein Ei umgibt. Dieses Ei stellen wir uns so vor, dass es an seiner Außenseite verspiegelt ist und alle angreifenden oder energieraubenden Energien sofort reflektiert und zum Absender zurücksendet. Diese Übung unterstützt unseren Selbstschutz und wir fühlen uns kraftvoller und wehrhafter in dieser Welt. Unsere Kraft bleibt bei uns und wird nicht verschleudert, sondern steht uns selbst und für unsere Projekte zur Verfügung.

Abb. 40: Vorstellung einer verspiegelten Schutzhülle gegen Angriffe von außen

„Du selbst bist Gott.
Du musst den Gott in Dir bejahen,
denn jeder Zweifel nimmt Dir Kraft,
und jede Stufe Deines Gotterkennens
bringt Dich um eine Stufe in der Reife höher!

Den Funken, den Dir Gott geliehen,
kannst Du entfachen zu der reinen Flamme,
die Welten stürzen lässt und auferstehen.
Gott ist in Dir! – Du selbst bist Gott!

So kannst Du Götter in Dir thronen lassen,
Altäre aufbau'n, Opferflammen zünden,
denn jede Traum- und Sinngestalt wird in Dir Kraft
und jede Wunschkraft wird Gestalt und Form.

So bist Du Bildner transzendenter Welten,
imaginärer Schöpfer Deines eig'nen Reiches,
bist Priester, Magus, königlicher Herr
und Fürst in Deiner Seele Weiten.

Zypressenhaine steh'n um Deine Denkpaläste
und blaue Wogen schlagen an die Marmorstufen,
und Schiffe fahren auf den Meeren
für Dich, der Du den Purpur trägst.

Die Erde ist Dir Leid, das die Erkenntnis schuf
und bitt're Früchte ihres Golgotha.
Und doch dringt einst zu Dir der Ruf:
‚Siehe! Ich bin da!'"[420]

Johann Wolfgang von Goethe

NEUE TALENTE

Wir leben in einer Zeit, in der nur wenige Talente wertgeschätzt werden, dazu gehören beispielsweise eine ganz besondere Gesangsstimme oder großes, handwerkliches Geschick oder ein besonders hoher IQ. Andere wichtige Talente erfahren in unserer Gesellschaft heute leider kaum Beachtung. Wenn Sie zum Beispiel gut zuhören können, dann kann das besonders für Menschen eine wirkliche Erleichterung sein, die sich in einer schwierigen Lebenssituation befinden. Eine Existenz können Sie damit jedoch nicht aufbauen, weil es für diese Talente zwar einen Bedarf, aber derzeit keinen Markt gibt. Ferner gibt es dann noch die bislang sehr seltenen Talente, die als die absolute Ausnahme gelten. Dazu zählt beispielsweise die **Telepathie**, bei der jemand ohne Worte die Absichten bzw. die Gedanken eines anderen weiß. Auch die **Telekinese** zählt dazu. Das ist die Fähigkeit, Gegenstände zu bewegen, ohne sie zu berühren oder sonstige Hilfsmittel zu verwenden. Verschiedenste Dinge werden allein mit Gedankenkraft von A nach B verschoben. Es werden hierzu weder die Hände noch andere Hilfsmittel verwendet. Auch die **Levitation** wird verstärkt wieder eingesetzt werden können. Damit meint man das Anheben von meist schweren Sachen, wie zum Beispiel Felsen oder auch Baumaterialien.

„Wie wenig Lärm machen die wirklichen Wunder."[421]
Antoine de Saint-Exupéry (1900-1944), französischer Pilot und Schriftsteller

Ein weiterer Bereich der neuen Fähigkeiten ist das **Remote Viewing**. So bezeichnet man eine bestimmte Form des Hellsehens/-hörens/-fühlens, bei der man sich beispielsweise auf einen geschlossenen Umschlag konzentriert und allein dadurch herausfindet, was sich darin befindet. Das kann ein Bild, ein Foto oder ein Text etc. sein. Unter Remote Viewing versteht man jedoch auch die Fähigkeit, mit seiner Aufmerksamkeit in einen anderen Raum oder gar an einen anderen Ort zu gehen und wahrzunehmen, was dort geschieht oder wer sich dort befindet. In Testreihen wurde festgestellt, dass die Richtigkeit der Ergebnisse die zufällige Trefferquote bei weitem übersteigt[422]. Solche Fähigkeiten werden im Zuge des Wandels mit Sicherheit verstärkt in Erscheinung treten, da wir uns in der Zukunft weniger auf die materielle Seite des Lebens konzentrieren, sondern uns vermehrt auf die geistigen bzw. spirituellen Aspekte ausrichten werden, auch wenn heutige Trends und die Medien das genaue Gegenteil vermitteln.

Stellen Sie sich vor, wie ehrlich die Welt wäre, wenn wir alle über die Fähigkeit der Telepathie verfügen würden. Jeder wüsste, was sein Gegenüber denkt und beabsichtigt. Das wäre sicherlich manchmal überraschend und hin und wieder auch schockierend, doch es wäre ehrlich. Keiner könnte dem anderen mehr etwas vormachen. Wir wüssten immer, woran wir sind. Andersherum müssten auch wir selbst uns oftmals an die eigene Nase fassen und uns bemühen, Menschen nicht vorschnell zu beurteilen und müssten ganz schnell lernen, die Gedankenhygiene zu praktizieren. Ferner finde ich, dass wir diese neuen Techniken schon mal üben sollten, denn je mehr wir uns damit beschäftigen, desto schneller werden sie zur Normalität.

Einklang mit der Natur

Die Menschen werden künftig wissen, dass sie Teil der Natur sind und nur dann überleben können, wenn sie auch diese wertschätzen. Sie werden es dann intuitiv als oberstes Gebot ansehen, der Erde und allem irdischen Leben mit Achtung zu begegnen, so wie sie auch selbst wertgeschätzt werden möchten. Das Verständnis für die Zusammenhänge in der Natur ist in unseren Zellen enthalten, deshalb kann dieses Wissen leicht wieder aktiviert werden.

Wenn die Menschen wieder ihr Herz geöffnet haben und nicht mehr in der Trennung und in der Konkurrenz leben, werden sie die Fähigkeit wieder zurückerlangen, Tiere und Pflanzen zu verstehen. Sie kommunizieren ununterbrochen mit uns, doch wenn wir so sehr im Außen leben, dass wir den Zugang zu unserer Empathie fast verlieren, dann können wir ihre Botschaften nicht empfangen. Die Pflanzen sprechen auf chemische, olfaktorische, optische und sogar akustische Weise mit uns. Es mangelt nur an unserer Wahrnehmungsfähigkeit, sonst könnten wir genau verstehen, was sie uns mitteilen möchten oder was sie brauchen. In der Regel unterschätzen wir die Fähigkeiten der Pflanzen und Tiere. Wüssten wir, wie hochentwickelt auch Tiere sind, würden wir sie niemals mehr verspeisen.

Ich möchte Ihnen hierzu ein kleines Beispiel beschreiben: Der japanische Wissenschaftler *Tetsuro Matsuzawa* hat an der »Kyoto University« interessante Versuche mit Schimpansen durchgeführt[423]. Man konnte ihnen die Zahlen in ihrer Reihenfolge beibringen. Sie waren daraufhin in der Lage, sich ein Raster mit verschiedenen Zahlen zu merken und nach Ausblenden der Zahlen die richtige Reihenfolge an der richtigen Stelle wiederzugeben. Dieselben Tests mit Studenten ergaben ein schlechteres Ergebnis. Auch als die Zahlen für nur Sekundenbruchteile eingeblendet wurden und deshalb für uns Menschen kaum erkennbar waren, konnte die Schimpansin die Zahlen in der richtigen Reihenfolge wiedergeben.

Abb. 41 und 42: Schimpanse schneidet im Test besser ab als Studenten

Ob es sich hier um eine besondere Leistung des Kurzzeitgedächtnisses handelt oder um ein lange bestehen bleibendes „Nachbild", wird kontrovers diskutiert. Doch auch das Langzeitgedächtnis von Elefanten ist legendär. Ebenso ein Phänomen für die Wissenschaft ist die Tatsache, dass Tiere vor einem Erdbeben die Gegend verlassen, sofern sie nicht eingesperrt oder angebunden sind. Die Tiere scheinen uns um mehr als eine Nasenlänge voraus zu sein.

So mancher Mensch behauptet, Tiere seien dumm und betrachtet sie lediglich als Nahrung oder sogar als Sachen statt als Mitgeschöpfe der Natur. Ob Tiere über uns Menschen ebenso denken, weiß ich nicht, doch es ist nicht ausgeschlossen, dass sie über mehr Verstand verfügen als wir. Wir verlassen uns fast nur noch auf unseren Intellekt, doch wie weit hat uns dieser gebracht? Ich nehme an, jeder von uns kann sich an Situationen erinnern, als ihm die innere Stimme, der erste Impuls zum Beispiel sagte: *„Vorsicht vor diesem Menschen."* In der Regel meldet sich der Intellekt daraufhin sofort mit einem lauten *„Aber..."* und beginnt zu argumentieren. Er findet hundert Gründe, warum dieser Mensch doch als nett eingestuft werden sollte: *„Nein, das stimmt doch gar nicht"*, *„Er interessiert sich doch für dieselben Themen"*, *„Du immer mit Deiner Vorsicht"*, *„Er lächelt Dich doch freundlich an"* usw. In den allermeisten Fällen müssen wir im Nachhinein jedoch erkennen, dass die innere Stimme Recht hatte. Und wenn es auch nur darum geht, dass wir nicht auf derselben Wellenlänge sind – es muss sich ja nicht jedes Mal um einen echten Feind handeln, aber auch davor warnt uns unsere innere Stimme natürlich.

Sehen wir uns das Pflanzenreich an: Man hat festgestellt, dass Pflanzen sowohl untereinander kommunizieren wie auch die Energien der Menschen wahrnehmen. Sie können freudig oder auch ängstlich reagieren, je nachdem, wie der Mensch in ihrer Nähe mit ihnen umgeht. Sie können relativ schnell Giftstoffe in ihre Blätter einlagern, um deren Geschmack zu verändern und nicht von einem Schädling gefressen zu werden. Ebenso können sie „aufatmen" und sich entfalten, wenn sich ihnen der Mensch nähert, der sie liebevoll pflegt.

Es ist höchste Zeit, von unseren tierischen und pflanzlichen Planetenmitbewohnern wieder zu lernen. Dazu müssen wir sie auch verstehen, und dies wiederum verlangt von uns, dass wir hineinspüren in ihre Seelen. Insofern sind sie uns große und geduldige Lehrer. Wir Menschen hingegen sind Jahrhunderte, vielleicht sogar Jahrtausende lang von unseren natürlich vorhandenen Fähigkeiten entfremdet worden. Ist es deshalb nicht längst an der Zeit, wieder zu unserer ursprünglichen Lebensart zurückzukehren? Sobald wir erkennen, dass alles Leben in der unvorstellbaren Vielfalt beseelt ist, können wir demütig und dankbar werden. Angesichts dieser Fülle an Empathie und Liebe dürfen wir unser Herz nun auch endlich öffnen und unsere Liebe zeigen.

KAPITEL 27:
VISIONEN

Ein wichtiger Faktor, unser Leben und unser Umfeld zu gestalten, ist die Vision. Wenn wir uns nur mit den Dingen beschäftigen, die uns aufregen und uns ärgern, dann verschwenden wir unsere Energie unnütz. Das ist jedoch genau das, was wir nicht mehr wollen. Es ist jetzt an der Zeit – und es ist höchste Zeit –, dass wir beginnen, neu zu denken und uns die Welt, wie wir sie uns wünschen, in den schönsten Bildern auszumalen. Dazu gehört natürlich, dass wir uns gegenseitig wertschätzen und uns nicht mehr von irgendwelchen Gruppierungen spalten und aufhetzen lassen. Wir dürfen eine Vision davon entstehen lassen, wie wir in Frieden, Freiheit, Wahrheit und Wertschätzung zusammenleben.

Weltweit leben Menschen unterschiedlicher Couleur und Glaubensrichtungen, und endlich dürfen und sollten wir uns ernsthaft mit der Frage beschäftigen: *„Warum sollen wir miteinander Krieg führen?"* Warum sollten wir uns einreden lassen, dass der eine besser und der andere schlechter oder gar „böse" sei? Wie lange wollen wir uns noch vor den Kriegswagen spannen lassen? Wenn wir beginnen, uns gegenseitig zu akzeptieren und uns wertzuschätzen, statt zu konkurrieren und das Spiel „teile und herrsche" endlich durchschauen, dann darf jeder in dem Land bleiben, in das er „zur Welt kam", und kann dort in Frieden mit seiner Familie leben. Die „echten" Menschen sind nicht kämpferisch – im Gegenteil, sie sind zufrieden, wenn sie alles haben, was sie benötigen. Wenn sie weder unterdrückt noch ausgebeutet werden, dann können sie mit ihren speziellen Bräuchen und dem Wissen ihrer Ahnen, dort wo sie zu Hause sind, in Frieden und Harmonie leben. Selbstverständlich kann man eine friedliche Welt bereisen, und wenn man sich an die Gepflogenheiten des Gastlandes hält, kann man die regionalen Besonderheiten kennenlernen.

Meist sind es finanzielle und wirtschaftliche Interessen eines anderen Staates, Machtgelüste oder beides, die Unfrieden hervorrufen. Schwächere Staaten werden unter Druck gesetzt oder durch Manipulation ruiniert, um ihre Bodenschätze, seltene Erden oder sonstige Reichtümer zu bekommen. Andere werden militärisch attackiert, um angeblich Frieden zu bringen, obwohl sie nichts anderes wünschen, als unbeeinflusst zu leben. Erst wenn weit mehr Menschen diese ganzen Machtspielchen durchschauen und wenn wir unser Herz sprechen lassen, dann werden wir erkennen, dass man keinen Weltfrieden fördern kann, indem Millionen Menschen über den halben Erdball geschickt werden, damit sie sich woanders ansiedeln.

Wir können diesen Wunsch nach weltweitem Frieden unterstützen, indem wir uns die Welt geistig so vorstellen, wie wir sie uns wünschen. Der Spruch *„Stell Dir vor, es ist Krieg und keiner geht hin!"* ist schon alt, doch noch immer beinhaltet er eine große Chance – die Chance für Frieden. Wenn wir von Herzen Frieden und Gesundheit imaginieren sowie Zeit für unsere Kinder, damit sie in Liebe und Harmonie in einer gesunden Gesellschaft aufwachsen können, dann bündeln wir unsere Gedanken zur Vision. Unsere Kinder sollen die Dinge lernen, die sie für das Leben wirklich brauchen, und sie sollen ihre Begabungen entdecken und entwickeln. Sie sollen immer die Wahrheit erfahren und wir sollten ihnen wieder ehrenhafte Tugenden vorleben wie Mut, Ehre, Weisheit, Gerechtigkeit, Barmherzigkeit, Friedfertigkeit, Güte, Demut, Hoffnung, Ethik und Liebe.

Teil unserer Visionen könnte auch sein, andere (echte) Menschen anzunehmen, wie sie sind, ohne sie zu verurteilen, denn jeder hat schließlich das Recht, so zu sein, wie er sein möchte – solange er keinem schadet. Jeder hat einen anderen Schwerpunkt für seine Vision und deshalb können wir uns für das künftige Zusammenleben, das Goldene Zeitalter, eine Gesamtvision erstellen, die eine wunderbare Gemeinschaft ermöglicht. Jeder von uns, der bereits ein erweitertes Bewusstsein hat, das für diese Zeit erforderlich ist (und ich gehe davon aus, dass Sie als Leser dieses Buches hiermit gemeint sind), ist aufgerufen, an seiner Vision zu feilen und sich diese immer wieder vor Augen zu halten.

„Stellen Sie sich Ihre Wünsche vor und geben Sie Ihre Emotion hinein, fühlen Sie, wie es wäre, wenn Ihre Vision bereits Wirklichkeit wäre!"

Eine weitere sinnvolle Vision ist die, sich vorzustellen, wer man selbst wirklich ist. Stellen Sie sich die Frage, ob Sie „nur" der Bankangestellte, der Polizist oder der Techniker sind. Identifizieren Sie sich mit Ihrer Tätigkeit? Oder möchten Sie vielleicht darüber nachdenken, was Sie sonst noch sind? Sie sind so unendlich viel mehr als nur Ihr Beruf oder Ihre Stellung in der Familie. Sie sind viel mehr als nur ein Rädchen im nationalen und globalen Arbeitsmarkt! Sie sind eine große Seele, die hier auf der Erde lebt und sich nach Frieden sehnt! Wir alle sind große Seelen, die ihre individuellen Gaben und Talente mitbringen und sich hier in ihrer wahren Größe zeigen und erleben möchten! Wir sind es, die die neue Erde gestalten!

„Der Mensch, welcher nicht zur Masse gehören will,
braucht nur aufzuhören, gegen sich bequem zu sein;
er folge seinem Gewissen, welches ihm zuruft:
,Sei Du selbst!
Das bist Du alles nicht,
was Du jetzt tust, meinst, begehrst.'"[424]

Friedrich Wilhelm Nietzsche (1844-1900), deutscher Philosoph, Lyriker und Schriftsteller

NÄHREN DES FRIEDENSFELDES

Wie bereits erläutert, sammeln sich unsere Gedanken im Energiefeld der Erde, wo sich die Gedanken der vielen, vielen Menschen unseres Planeten summieren und eine mächtige energetische Kraft bilden. Je mehr Gedanken über Verurteilung und Krieg ausgesendet werden, desto größer wird das entsprechende Energiefeld. Doch genauso ist es mit den friedvollen Gedanken: Je mehr wir uns mit dem Frieden beschäftigen, umso mehr nähren wir das Feld des Friedens und umso größer ist die Chance, dass sich dieser Frieden in den Menschen und auf unserer Erde manifestiert.

Dazu zählt auch, dass wir mit uns selbst, mit unseren Familienangehörigen, mit unseren Nachbarn und mit allen Menschen aus unserem Leben innerlich (und am besten auch äußerlich) Frieden schließen. Auch wenn jemand auf uns wütend ist, haben wir die Freiheit, uns in unserem Herzen mit diesem Menschen auszusöhnen und friedlich an ihn zu denken. Wenn wir erreichen, dass wir gelassen und friedlich an diejenigen denken können, die noch mit uns im Streit sind, dann haben wir bereits viel verändert.

Wir können mit jedem Gedanken beeinflussen, wie unsere Zukunft aussehen wird. Wir Menschen sind sicherlich nicht allein dafür verantwortlich, ob wir auf der Erde überwiegend Krieg und Tod oder Frieden und Leben vorfinden, doch wenn wir uns gedanklich der Friedens- und Lebensenergie anschließen, dann fördern wir diese mit unseren eigenen Gedanken! Es liegt unter anderem an uns, was auf uns und unsere Nachkommen zukommen wird. Es liegt auch daran, ob wir bequem oder engagiert sind. Tun wir es den vielen unzufriedenen Menschen gleich, die sich nur über die derzeitigen Zustände beklagen, aber selbst nichts verändern, oder setzen wir uns für den Frieden ein? Wollen wir nur jammern oder verlassen wir unsere eigene Komfortzone und schaffen zumindest Frieden in uns selbst?

Wir selbst bestimmen darüber, was wir denken – wir bestimmen, ob wir friedlich oder aggressiv sind und wir bestimmen, ob auch wir die Energie des Krieges oder die Energie des Friedens nähren. Es ist höchste Zeit, dass sich immer mehr Menschen für den Frieden in sich, in ihrem Umfeld und in ihren Gedanken entscheiden, denn mit jedem friedvollen Gedanken tragen wir zum Weltfrieden bei.

*„Das einzig Wichtige im Leben sind die Spuren von Liebe,
die wir hinterlassen, wenn wir weggehen."*[425]
Albert Schweitzer (1875-1965) dt.-frz. Arzt, Philosoph, Theologe und Pazifist

INNERE EINSTELLUNG

Eng verknüpft mit unseren Gedankengängen ist unsere innere Einstellung. Diese verursacht die automatischen Abläufe der Gedanken und sie entscheidet auch darüber, ob wir etwas von der negativen oder von der positiven Seite sehen. Wenn diese innere Einstellung nun überwiegend negativ orientiert ist, ist es wichtig, seinen Horizont zu öffnen und die positiven Seiten der Dinge zu erkennen und zu sehen. Es ist uns nicht und auch sonst niemandem geholfen, wenn wir die Dinge pessimistisch sehen. Das bedeutet nicht, dass wir die Augen verschließen sollen, ganz sicher nicht, denn dann hätte ich in diesem Buch das Thema verfehlt. Wir müssen uns darüber informieren, was uns gefährlich werden könnte, das ist auch in der Tierwelt überlebensnotwendig! Deshalb sollten wir darüber Bescheid wissen, was da draußen in der Welt geschieht. Erst wenn wir die Zusammenhänge erkennen, können wir uns wieder entspannt den freudvollen Gedanken zuwenden. Denn mit diesen beeinflussen wir unser Leben letztendlich auch das Weltgeschehen – genauso, wie sich eine Katze vollkommen entspannt in die Sonne legen und die Wärme genießen kann und doch immer ein Ohr gespitzt hat, damit sie eventuelles Hundegebell sofort erkennt und sich in Sicherheit bringen kann. Doch dafür muss sie wissen, dass Hundegebell die Ankündigung von einem Hund mit großen Zähnen ist. Genauso sollten auch wir wissen, wer und was uns gefährlich werden kann.

Wir haben die Pflicht, uns selbst und unseren Nachkommen gegenüber, genau zu beobachten, was um uns und mit uns geschieht und wie die wahren Gründe dafür aussehen. Wir müssen uns bei allem fragen: *„Was sind die Hintergründe der getroffenen Entscheidungen?"* Erst dann können wir die Dinge neutral beurteilen und bewerten. Wir sollten bei politischen Entscheidungen nachforschen, ob die entscheidenden Politiker finanziell mit dem Thema verknüpft sind oder ob sie unabhängig entscheiden können. Sitzen sie eventuell sogar selbst in den Aufsichtsräten? Solche Dinge sollten wir hinterfragen. Denn nur wenn wir gut informiert sind, wenn wir unseren Horizont erweitern, allen Argumenten gegenüber zunächst offen sind und auch neue Wege als möglich erachten, dann können wir die Sachlage neutral einschätzen. Erst wenn wir aus unserem inneren Gefängnis aussteigen, sind wir in der Lage, die Dinge aus einem übergeordneten Standpunkt aus zu betrachten. Dann können wir völlig neue Blickwinkel einnehmen.

Wenn wir die Dinge realistisch sehen und trotzdem positiv bleiben, können wir immer und überall das Beste aus allem machen. Dann sind wir in der Lage, Lösungen zu finden, die wir zuvor nicht gesehen haben. Auch wenn wir politisch und wirtschaftlich bedrängt werden. Und auch wenn die Finanzelite uns alle zu Finanz-Sklaven umprogrammieren möchte, werden wir uns nicht unterkriegen lassen – wenn wir positiv eingestellt sind und nach Lösungen suchen. Denn dann werden wir sie auch finden! Die Wende zum Guten, zum friedlichen Leben steht bevor und wir alle können dazu beitragen, dass dieser Wandel so friedlich wie möglich geschieht.

„Es ruht noch manches im Schoß der Zeit,
das zur Geburt will!"[426]

William Shakespeare (1564-1616), engl. Dramatiker, Lyriker und Schauspieler

PYRAMIDENHIERARCHIE UMDREHEN

Jeder, der sich unsere Gesellschaft näher ansieht, wird erkennen, dass fast überall hierarchische Strukturen herrschen. Diese erfüllen das Hermetische Gesetz: „Wie oben so unten." Klar zu erkennen ist es in der Politik: Von der europäischen Kommission kommen Anweisungen, was die einzelnen Staaten umzusetzen haben, diese geben diese Anweisungen an ihre Länder weiter, die Länder übergeben die Umsetzung dieser Vorgaben an die Kommunen und die Kommunen sorgen dafür, dass sich das Volk daran hält – eine ganz klare pyramidale Machtstruktur von oben nach unten. Doch über diesen politischen Ebenen befinden sich noch weitere Ebenen, wie wir in Abb. 43 noch sehen werden.

In solch einem System können von einer obersten Spitze Befehle erteilt werden und je weiter unten in der Hierarchie die Beteiligten sind, desto weniger Ahnung haben sie von den tatsächlichen Plänen der obersten Spitze. Deshalb wird die Basis durch finanzielle Anreize dazu gebracht, die vorgegebenen Ziele umzusetzen. Wem sie tatsächlich dienen, dürfte den meisten völlig unbekannt sein.

In der Praxis bestimmen Boni-Zahlungen an Vorstände, Marktanteile, steuerliche Vereinbarungen, eventuell sogar Absprachen über die Stärkung oder Schwächung ganzer Wirtschaftszweige (deutsche Autoindustrie!), Beeinflussung des Bruttosozialproduktes über den Sieg oder Untergang ganzer Nationen. Die volle Wahrheit der obersten Ziele erkennt das Volk oft erst nach vielen Jahren oder Jahrzehnten – wenn überhaupt. Auf was ich eigentlich hinaus will, ist Folgendes: Dieses System, den selbst erhaltenen Druck in die nächst tiefere Ebene weiterzugeben, hat sich in unserer Gesellschaft ausgebreitet und ist zum Normalzustand geworden. Das Leben der meisten Menschen ist zu einem Konkurrenzkampf geworden – größer, besser, schneller. Hat der Nachbar ein neues Auto, fragen sich viele, ob ihr bisheriges Auto noch gut genug sei. War der Kollege im Urlaub auf einer großen Kreuzfahrt, fragt man sich vielleicht, ob der Campingurlaub noch angemessen ist. Der Wunsch, in dieser pyramidalen Struktur möglichst weit nach oben zu „karrieren", hat sich in unserer Gesellschaft zur Norm entwickelt. Parallel damit verbunden ist die Ellbogenmentalität, sei es beim Vordrängen an der Kasse oder bei dem Bemühen um die Beförderung.

Gleichzeitig mit dieser Entwicklung haben wir jedoch *verlernt*, auf die Schwächeren Rücksicht zu nehmen, und vor allem haben wir verlernt, das wertzuschätzen, was sich (angeblich!) unter unserem Rang befindet. Wir haben uns so sehr an dieses System angepasst, dass wir (genauso wie die obersten Herrscher im Hintergrund), eine mehr oder weniger starke Gleichgültigkeit gegenüber unseren Mitgeschöpfen entwickelt haben. Ich spüre bereits beim Schreiben Ihre Empörung: *„Das stimmt nicht!"*, denken Sie vermutlich. Sie kümmern sich vielleicht um Ihre betagte Nachbarin oder sind in gemeinnützigen Vereinen aktiv. Das sind, Gott sei Dank, noch mitmenschliche Handlungen, die allerdings schon eher die Ausnahme darstellen und ich gehe davon aus, dass die Leser, die sich für die Themen dieses Buches interessieren, sicherlich über ein sehr großes Potential an Mitmenschlichkeit verfügen. Gott (ich meine die höchste Quelle) sei Dank!

Trotzdem ist in der Welt um uns herum ein extremer Verfall der Menschlichkeit, der guten Sitten und der Moral zu verzeichnen. Wie könnte es sonst sein, dass Menschen, die bei einem Überfall helfend eingreifen, zu Tode geprügelt werden[427]? Oftmals gehen Passanten (aus Angst) unbeteiligt an solchen Situationen vorbei oder filmen die Tat vielleicht sogar noch. Viele Menschen sind verroht und, unter anderem auch wegen Gewaltfilmen und Videospielen, abgestumpft. Der Zusammenhalt ist nicht mehr so, wie er einst war und sein sollte, sondern jeder ist mehr oder weniger darauf getrimmt, Einzelkämpfer zu sein und darauf zu achten, dass es ihm gut geht. Ähnliches ist im Nahrungsmittelsektor zu beobachten. Die Achtung gegenüber den „Nutztieren" ist nahe null, zumal wir in der Regel nicht sehen wie Geflügel, Schweine, Rinder usw. in Masse gehalten und geschlachtet werden. Man sieht zwar Tiertransporter auf den Straßen und blickt vielleicht einmal in die Augen eines Rindes, das bei 30° Hitze stundenlang in einem Metallanhänger transportiert wird, doch abends grillt man, wie gewohnt, sein Steak vom Supermarkt – und diskutiert darüber, welcher Wein-Jahrgang am besten dazu passt. Tiere, die der menschlichen Nahrung dienen sollen, werden, speziell in Großmastbetrieben, oft in unvorstellbar entwürdigenden Zuständen gehalten und geschlachtet. Mit jedem Einkauf von konventionell gehaltenen, tierischen Produkten unterstützen wir, dass Tiere als Ware betrachtet und behandelt werden.

Doch blicken wir nun auf den Zusammenhang zwischen Schlachtvieh und uns Menschen: *Wir selbst* sind es, die mit unserem Konsumverhalten unterstützen, dass Tiere nur als fleischproduzierende „Produkte" angesehen werden. *Wir selbst* leugnen, dass Tiere beseelte Wesen sind. *Wir selbst* fördern mit unserem Essverhalten, dass sie vollkommen unwürdig behandelt werden – es fehlt *uns selbst* an Menschlichkeit und an Mitgefühl. Im Grunde haben wir es derzeit nicht anders verdient, als dass wir als „Pack" bezeichnet und – extrem ausgedrückt – mit Nutzvieh gleichgestellt werden. Wir erlauben durch unser Verhalten, dass die Natur der Erde aufs Extremste ausgebeutet wird, und dass Flüsse, Seen und Meere bis an die Grenze der Belastbarkeit verschmutzen. Wir bestimmen durch die Wahl unserer Einkäufe, ob die Natur geschont oder geschunden wird und sollten endlich unsere *Komfortzone* verlassen. Wir müssen uns daher informieren, damit wir Bescheid wissen.

> *„Solange wir selbst nicht die Menschlichkeit in uns entwickeln,*
> *können wir nicht erwarten,*
> *dass wir von den Wesen der Pyramidenspitze*
> *menschlich behandelt werden."*
> Die Autorin

Natürlich ist das schmerzhaft und natürlich begegnen uns dabei Dinge, die wir nicht sehen wollen, doch nur wenn wir die missliche Lage erkennen, können wir gegensteuern und uns anders verhalten. Noch haben wir es selbst in der Hand und es sind nicht nur die „Bösen da oben" – wir selbst stellen uns auf dieselbe Stufe wie die Machthaber, weil wir jeder „Mohrrübe" nachrennen, die uns die Konsumwelt vor die Nase hängt. Könnten wir uns bei jeder dieser „Mohrrüben" fragen, ob wir diese wirklich benötigen – auch wenn der Nachbar bereits ein Exemplar hat? Weiter können wir uns fragen, wo die „Mohrrübe" herkommt? Kann man sie eines Tages wieder problemlos entsorgen? Hat sie eine gute Qualität oder muss ich sie in Kürze auf den Müll werfen? Jeder Einzelne von uns entscheidet dabei, denn die Nachfrage bestimmt das Angebot.

Erst wenn wir dies begriffen haben, können wir zeigen, wie machtvoll wir sind, und dann erst können wir das Blatt wenden. Es liegt – noch – in unserer Hand. Und deshalb ist es wichtig, dass wir uns diese Pyramidenstruktur genauer ansehen. Das kosmische Ziel ist jedoch, diese Pyramidenstruktur umzudrehen und wieder in ihren normalen Zustand zu bringen: Die erfahrensten Seelen sollten mit ihren weisen Ratschlägen die Geschicke der Menschheit steuern. Sie sind es, die sich für den Erhalt ihres Volkes einsetzen. Sie wissen, was Streit und Krieg bedeutet und werden deshalb stets bestrebt sein, bei unterschiedlichen Meinungen eine friedliche Lösung zu finden.

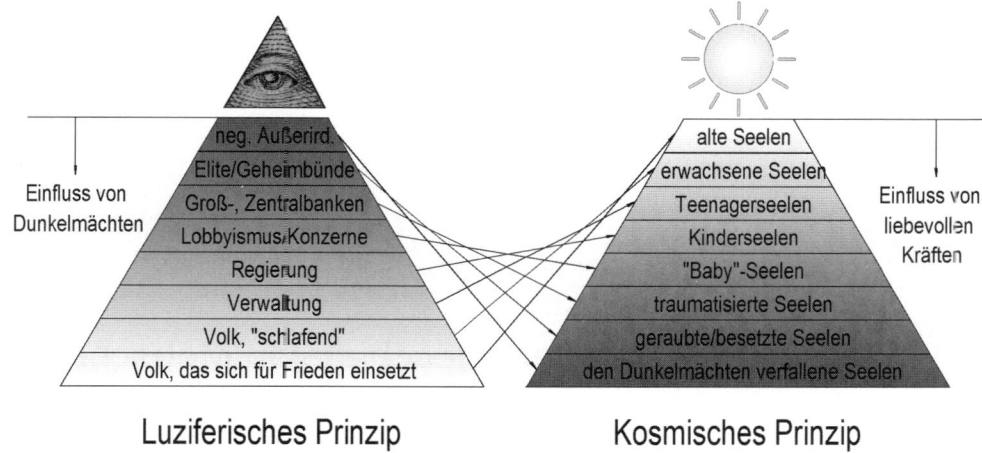

Abb. 43: Politische Pyramide der Macht (links) und Pyramide des kosmischen Prinzips (rechts)

BEWUSSTSEIN

Das Zeitalter des Materialismus und des Patriarchats verabschiedet sich derzeit, und diesen Abschied versucht die machthabende Elite natürlich zu verhindern oder zumindest hinauszuzögern. Unter diesem Gesichtspunkt ist es nachvollziehbar, dass derzeit auf allen Ebenen Anstrengungen unternommen werden, den Materialismus, die Kontrolle und die Macht mit allen Mitteln zu erhalten und sogar noch zu vergrößern. Doch das „Zeitalter des Bewusstseins" lässt sich nicht aufhalten, es sprießt wie kräftiger, gesunder Löwenzahn aus allen Ritzen und überwuchert das vorhandene, betonierte System. Es ist eine neue „Epoche der Individualität", die auf der Grundlage der gemeinsamen Seelenwurzeln basiert. Wenn es auch noch ein wenig dauern mag, kommt doch in Kürze eine Zeit,
- in der jeder von uns seine Eigenart leben und seine Talente ausüben darf und
- in der jeder seine Individualität zeigen darf und sie nicht einer konsumtreuen Manipulation opfern muss.

Wir dürfen uns freuen auf eine Zeit der Akzeptanz, des Miteinanders und der Toleranz. Persönlichkeiten, die anderen Menschen schaden, wird es dann nicht mehr geben, sie finden einfach keine Resonanz mehr, weil ihre Energie nicht mehr zur Erde passt. Die belastenden Konditionierungen aus der Kindheit entfallen nach wenigen Generationen ebenso, weil die Kinder dann alle liebevoll aufwachsen dürfen und in eine Welt hineinwachsen, die ihnen alle Möglichkeiten öffnet. Die Eltern haben wieder mehr Zeit für ihre Kinder und die Gesellschaft trägt wesentlich dazu bei, dass diese Kinder motiviert werden und frühzeitig ihre Gaben und Talente spielerisch entdecken.

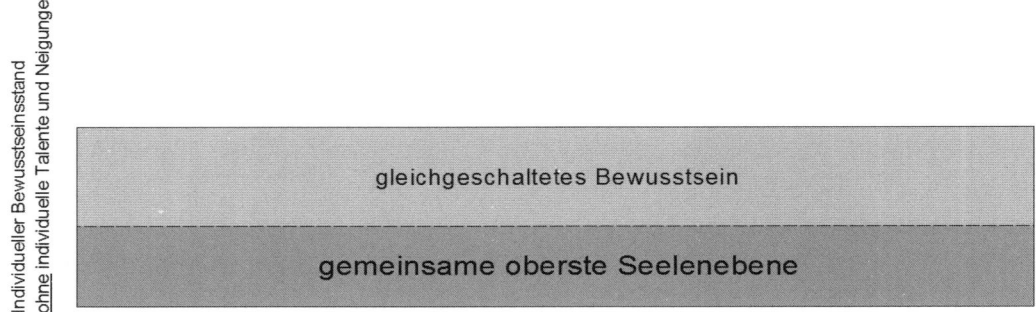

Abb. 44: Das Ziel der Elite ist eine Menschheit mit einem einheitlichen Bewusstsein und mit gleichgeschaltetem „politisch korrektem" Verhalten

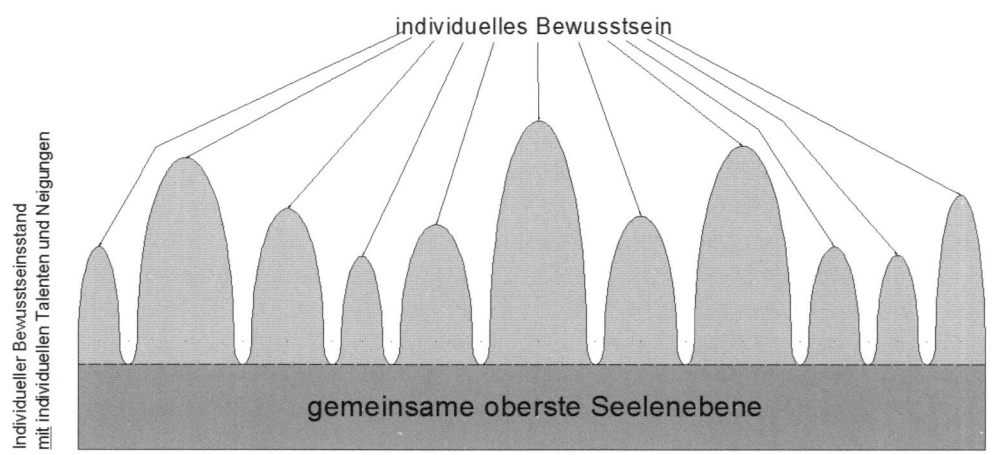

Abb. 45: Individuelles Bewusstsein von echten Menschen mit individuellen Talenten und Neigungen in ihrer natürlichen Einzigartigkeit

In den obigen Grafiken sieht man deutlich den Unterschied zum bisherigen Auslaufmodell der Gleichschaltung, die derzeit noch bis zum Exzess praktiziert wird. Es ist der Versuch des alten, abgegriffenen Machtsystems, sein sinkendes Schiff über Wasser zu halten. Doch die Menschen spüren mehr und mehr, dass es richtig ist, seine Individualität zu leben und jeder Mensch hat seinen Platz in der Gesellschaft – ohne Druck von oben, weil es kein machtorientiertes „oben" mehr geben wird. Die freie Entfaltung jedes Menschen wird dann *Normalität* sein.

Die derzeitige Normalität sieht leider noch ganz anders aus. Heute ist es normal, dass wir von tausend „wichtigen" Dingen abgelenkt werden. Sei es die ständige Radio- bzw. Musikberieselung, eine 24-Stunden-Erreichbarkeit (beruflich und privat), ein voller Terminkalender und, und, und. Unser aktives Leben mit einem ausgelasteten Berufsalltag, Familienaktivitäten, Freundeskreis, Vereinstätigkeit, Sport usw. lässt uns nur schwer einen Moment der Ruhe finden. Doch gerade diese Ruhe ist es, die es uns ermöglicht, geistig wach zu werden und den Moment „bewusst" zu erleben. Denn auch das bedeutet „Bewusstsein": Sich dessen bewusst zu sein, was man gerade tut.

So schön und sinnvoll alle unsere Freizeitaktivitäten sind, denn sie bringen unseren stressbedingten Adrenalinspiegel auf normales Niveau, so sehr lenken sie uns auch ab. Die meisten Menschen, die ich kenne, können keine fünf Minuten einfach nur still dasitzen. Sie müssen entweder ihr Smartphone checken, ständig auf die Uhr sehen, mit dem Knie hüpfen oder sonst irgendetwas tun. Selbst ältere Menschen, die nicht mehr im Berufsleben stehen, haben oft nicht die Muße, sich für ein paar Minuten einfach dem Leben und dem Sein hinzugeben. Doch etwas *bewusst* zu tun, beginnt damit, die volle Aufmerksamkeit auf seine Tätigkeit (oder sein Nichtstun) zu richten. Auch Rasenmähen kann eine meditative Handlung sein, wenn wir mit unserem Bewusstsein beim Mähen sind und nicht nebenbei durch akustische Berieselung abgelenkt werden. Wenn wir mit unserer Aufmerksamkeit bei dem sind, was wir gerade tun, dann sind wir *bewusst*. Viele Fehler entstehen nur dadurch, weil wir mit unseren Gedanken woanders sind. Wir beginnen damit, *bewusst* zu sein, indem wir unsere Aufmerksamkeit dem zuwenden, mit was wir gerade beschäftigt sind.

Wenn wir das geübt haben, kommen wir nach und nach in einen Zustand, der das Leben wieder lebenswert macht. Dann fragen wir uns auch bei jedem Einkauf: „Brauche ich das wirklich?" So lernen wir nach und nach, die Zufriedenheit in uns selbst zu finden und brauchen keine Ablenkungen von außen mehr. Wir sind auch nicht mehr angewiesen auf die Anerkennung von anderen, sondern wir wissen, wer wir sind und dass wir liebenswert sind.

„*Wir sind es wert, von uns selbst geliebt zu werden!*"
Die Autorin

INDIVIDUALITÄT

Der Mensch ist ein soziales Wesen, er braucht die Gemeinschaft, die Familie bzw. die Sippe. Ein Kind braucht, je nach Kultur und Ausbildung, in der Regel 15 bis über 20 Jahre, bis es die Familie verlässt – schon allein diese lange Zeitspanne zeigt, dass die Familie die natürliche Form des Zusammenlebens darstellt. Doch gleichzeitig ist der Mensch auch ein Individualwesen und wir wissen alle, dass jeder von uns seinen „eigenen Kopf" hat, seine eigene Einstellung, seine eigenen Vorlieben und Abneigungen. Was dem einen schmeckt, mag ein anderer noch lange nicht. So geht jeder von uns seinen individuellen Weg, lernt seine Talente kennen und bemerkt im Laufe seines Lebens, dass dies bei seinen Mitmenschen ganz anders aussieht – eben individuell.

Vor diesem Hintergrund kann man leicht nachvollziehen, dass die Menschen auch einen gewissen räumlichen Abstand voneinander benötigen, um sich voll entfalten zu können. Im heutigen Zeitalter der Post-Industrialisierung ist es jedoch so, dass die meisten Menschen in Städten leben, von hier aus erreichen sie schneller ihren Arbeitsplatz, hier ist das Angebot an Freizeitaktivitäten größer, und die Auswahl an Freunden und guten Bekannten ist ebenfalls breiter gefächert. Die Folge davon ist, dass die Menschen in kleine Wohnungen gepfercht sind – viele haben noch nicht einmal einen Balkon, sodass ihr natürlich vorhandener Bezug zur Natur mehr und mehr verkümmert. Diese Gebäude sind dafür ausgelegt, dass möglichst viele Menschen auf möglichst kleiner Grundfläche untergebracht werden. Es gibt Wohngegenden, in denen man sich die Hausnummer merken muss, damit man abends wieder nachhause findet.

Diese Hochhäuser, in denen die Menschen wohnen oder auch arbeiten, haben, wenn man sie unvoreingenommen vergleicht, eine große Ähnlichkeit mit den Bauten von Termiten. *„Verameisung"* wurde dies von *Reiner Elmar Feistle* in einem seiner Vorträge einmal bezeichnet. Man könnte es auch „Insektierung" nennen, denn nicht nur die Ameisen, sondern viele Insekten mit Brutpflege führen ein Kollektivleben – egal, ob wir uns Ameisen, Bienen oder Wespen ansehen. Am Rande habe ich noch ein kleines Wortspiel: „Insektierung" könnte man auch „Insektion" nennen, und das ähnelt dem Wort „Injektion". Übertragen auf die Wohnsituation in Großstädten könnte man auch sagen, die beengte Wohnsituation wird uns injiziert.

Nun sind wir jedoch keine Kollektiv-, sondern Individualwesen mit einem Bedürfnis nicht nur nach Austausch, sondern auch nach Natur, Rückzug und Weite, wenn es nicht bereits verkümmert ist. Es geht uns psychisch besser, wenn wir hin und wieder die Möglichkeit haben, zu sinnieren und unseren Gedanken nachzuhängen. Manche üben Meditation und fühlen sich danach wieder fit, andere legen sich auf eine Wiese oder gehen in den Wald. Es ist nachgewiesen, dass der Wald eine positive Auswirkung auf unsere Gesundheit und unser Gemüt hat („Waldbaden"). Wir sind individuelle Menschen mit individuellen Vorlieben, Wünschen und Bedürfnissen. Werden wir dagegen in enge Räume gepfercht und kennen nicht einmal unseren

Nachbarn, würde man in der Landwirtschaft von einer *„nicht artgerechten Haltung"* sprechen. Doch diese Form des Wohnens und Arbeitens hat natürlich seinen Sinn, lassen wir uns doch in komprimierter Form zum einen leichter überwachen, zum anderen auch leichter beeinflussen und manipulieren. Im Extremfall könnte die Menschheit somit einfacher und effektiver ausgelöscht werden. Sie sehen, die Errichtung von Millionenstädten ist gegen unsere Natur und wird von uns nur akzeptiert unter dem Deckmantel der schnelleren Arbeitswege und des angeblich höheren Komforts. Jahrmillionen lang haben die Menschen in kleineren Gruppen gelebt und die Naturvölker leben dies heute noch so – wenn man sie lässt.

Es stellt sich jedoch die Frage, wie wir zu freien Menschen werden sollen, wo doch die Übermacht der Mächtigen so enorm groß ist? Diese sind hierarchisch geordnet, vernetzt und arbeiten alle auf ein Ziel zu: die absolute Weltherrschaft. Wir Menschen hingegen treffen uns in überschaubaren Grüppchen und diskutieren, meditieren oder retten Frösche, um überhaupt etwas für die Verbesserung der Welt zu tun. Wir haben dabei oft das Gefühl, wir müssten uns organisieren oder irgendwie zusammenrotten – doch es funktioniert (noch) nicht. Wenn neue Parteien gegründet werden, zersplittern sie bereits (durch Unterwanderung) nach kurzer Zeit und haben kein gemeinsames Ziel mehr. Wie also sollen wir jemals unsere Wünsche auf einen Nenner bringen?

Nun, ich denke, dass das gar nicht nötig sein dürfte, denn die neue Energie fühlt sich für mich so an, dass jeder – endlich – *individuell* sein darf. Während wir die letzten Jahrtausende immer mehr in ein vorgegebenes Korsett gezwängt wurden, das nur wenig Spielraum für die wirkliche Normalität ließ, scheint jetzt der Wandel stattzufinden. Die Zeit bahnt sich gerade an, in der jeder sein darf, wie er ist. Das ist der Grund, warum wir uns immer weniger wohl fühlen, wenn wir uns in einer Gruppe befinden, in der eine hierarchische Spitze Anweisungen gibt. Noch immer begrenzen uns die allgemeine Schulpflicht, die Ausbildungszeit, das Arbeitsleben (außer man arbeitet in seiner Berufung) und nicht zu vergessen, die Gesellschaft enorm, weil sie noch nach dem alten System funktionieren. Doch in uns ist eine nicht mehr unterdrückbare Sehnsucht nach Freiheit gewachsen, nach einer Freiheit, die nicht nur nach scheinbar freier Partner- und Berufswahl und einem eigenen Auto strebt, sondern nach „echter Freiheit". Zum Beispiel:

- Die Freiheit, abzustimmen, ob Freie-Energie-Patente zur Energiegewinnung freigegeben werden sollen,
- die Freiheit, abzustimmen, ob man Sanktionen gegen Russland beenden soll,
- die Freiheit, Lügen in der Berichterstattung der Massenmedien zu verhindern,
- die Freiheit, abzustimmen, ob bei uns gentechnisch veränderte Lebensmittel angebaut werden dürfen und
- die Freiheit, abzustimmen, wofür unsere Steuergelder verwendet werden sollen und, und, und!

Es gibt unzählige Punkte, mit denen die Bevölkerung nicht einverstanden ist und in denen sie – endlich – gefragt werden möchte. Wenn man in unserem Land eine wahre Berichterstattung einführen würde und dann die Menschen nach ihrer Meinung fragen würde, dann sähe es innerhalb kurzer Zeit in vielen Bereichen vollkommen anders aus als heute.

In einer Welt, in der jeder so sein darf, wie er **ist, ohne jemand anderem zu schaden,** ist jeder zufrieden. Das bedeutet, wir respektieren die Grenzen jedes anderen Wesens und sind bereit, unser Gegenüber genauso anzunehmen, wie es ist. Wenn uns seine Art überhaupt nicht passt, können wir gehen, doch wir dürfen nicht versuchen, den anderen zu dem zu machen, was wir in ihm gerne hätten. Das wäre genau die Manipulation, die wir den Mächtigen vorwerfen, nur eben im Kleinen. Wenn wir das verstanden haben, dann *leben* wir den Satz von Christus: „Liebe Deinen Nächsten – wie Dich selbst."

> *„Solange Du Dich bemühst, andere zu beeindrucken,*
> *bist Du von Dir selbst nicht überzeugt.*
> *Solange Du danach strebst, besser als andere zu sein,*
> *zweifelst Du an Deinem eigenen Wert.*
> *Solange Du versuchst, Dich größer zu machen,*
> *indem Du andere kleiner machst, hegst Du Zweifel an Deiner Größe.*
> *Wer in sich ruht, braucht niemandem etwas zu beweisen.*
> *Wer um seinen Wert weiß, braucht keine Bestätigung.*
> *Wer seine eigene Größe kennt, lässt anderen ihre."*[428]
>
> Unbekannt

LEBEN IN WAHRHEIT

Im Gegensatz zu heute werden die Menschen im Neuen Zeitalter ehrlich miteinander umgehen. Wenn Sie heute beispielsweise ein Auto kaufen wollen, wird der Autoverkäufer, den Sie aufsuchen, mit Sicherheit „genau das richtige Fahrzeug für Sie" in seinem Angebot haben. Natürlich, denn er will ja ein Geschäft mit Ihnen machen. Er will seine eigenen Interessen befriedigen, deshalb will er Sie überzeugen und seine Provision erhalten. Ob Sie mit dem Auto tatsächlich glücklich sind, dürfte den meisten Verkäufern ziemlich egal sein (erfreulicherweise gibt es natürlich immer Ausnahmen). Und dieses Beispiel wäre in so ziemlich allen Geschäftsbereichen anwendbar. Denn überall versucht man uns zu überzeugen, dass man uns gerade das beste und günstigste Angebot unterbreitet – genau so werden wir dazu animiert, Konsument zu sein. Verkäufer müssen in der Regel Seminare besuchen, in denen sie lernen, welche Kategorie von Käufern es gibt und sie lernen, wie sie mit den jeweiligen Kategorien umzugehen haben, um möglichst viel Umsatz zu generieren. Ist das ehrlich? Beinhaltet seine Absicht nicht genau das Gegenteil dessen, was Sie als Käufer wünschen – nämlich eine ehrliche Beratung für ein Produkt, das optimal Ihren Wünschen entspricht? Glauben Sie, dass der Verkäufer auf seinen Schulungen lernt, **Ihre**

Wünsche zu erfüllen? Oder ist es nicht vielmehr so, dass er dort lernt, die Verkaufsvorgaben zu erfüllen, um seinen eigenen Verdienst zu sichern? Der Autohändler zahlt die Kurse für seine Mitarbeiter und diese Investition möchte er durch den gesteigerten Verkaufserfolg wieder zurückholen. Es wäre also naiv, zu denken, dass ein Verkäufer Ihr Wohl im Fokus hat.

Im Neuen Zeitalter würde ein Autoverkäufer (oder -verwalter) genau nachfragen, welche Ansprüche Sie haben, wozu Sie es in erster Linie verwenden möchten usw. Wenn er dann Ihre Wünsche weiß, wird er Ihnen nur dann „genau das richtige Fahrzeug" vorschlagen, wenn er es auch wirklich anbieten kann. Falls nicht, wird er Sie vermutlich zu jemand anderem schicken, der ebenfalls Fahrzeuge verwaltet und genau das Fahrzeug hat, das Sie wirklich benötigen. Wo, glauben Sie, fühlen Sie sich besser aufgehoben? Wo fühlen Sie sich ernst genommen? Wo fühlen Sie eine echte Wertschätzung und wo begegnet Ihnen die Wahrheit? Bei dem *„Autoverkäufer"* unseres derzeitigen materiellen Systems oder bei dem *„Fahrzeugverwalter"* des kosmischen Systems? Diese Fragen können Sie sich am besten selbst beantworten. Die Frage, ob es im kosmischen System noch Fahrzeuge gibt, möchte ich hier nicht näher beleuchten, doch nehmen wir an, es gibt Gerätschaften, die uns von A nach B bringen, wie auch immer.

Sie sehen, der Begriff *Wahrheit* reicht bis in alle Lebensbereiche hinein. Wir verwenden in unserem Leben so oft kleine Lügen, dass es uns schon gar nicht mehr bewusst ist – oder hätten Sie gedacht, dass man es sogar bei einem Autokauf mit der Wahrheit nicht so genau nimmt (außer vielleicht beim Spritverbrauch)? Das Leben ist in Wahrheit eine Lebensphilosophie, die sich durch alle Bereiche zieht. Nicht nur die bewusste Lüge wird verschwinden, sondern das gesamte Miteinander wird sich von Grund auf verändern. Und ich bin mir sicher, es wird sich gut anfühlen.

NACHHALTIGKEIT

In der Vision eines neuen und glücklichen Zeitalters spielt natürlich auch die Energieversorgung eine große Rolle, zumindest solange wir noch einen physischen Körper bewohnen, der noch eine sichtbare Dichte aufweist. Wir brauchen Energie, um unsere Räume zu wärmen oder zu kühlen, und wir brauchen noch eine Zeit lang Energie, um uns von A nach B zu transportieren und um Gegenstände zu produzieren. Kohle, Erdöl, Holz oder Atomkraft werden wir dann nicht mehr verwenden, da deren Nutzung der Erde schadet. Auch Solarenergie ist nicht der Lösung letzter Schluss, da die Solarmodule giftige Stoffe beinhalten und sie noch längst nicht umweltfreundlich entsorgt werden. Die Windenergie ist umstritten, da die großen Rotorblätter unzähligen Vögeln, auch geschützten Arten, das Leben kostet. Ebenso wird eine Gesundheitsgefährdung durch den Infraschall der Windkraftanlagen heftig diskutiert. Und die Wasserkraftwerke beeinflussen die Natur ebenfalls erheblich.

Aus diesen Gründen sollten wir uns in unseren Visionen ganz bewusst Lösungen vorstellen, die **wirklich** umweltfreundlich sind – wie zum Beispiel die Freie Energie.

Wir brauchen uns nur vor unserem geistigen Auge vorzustellen, dass sie überall auf der Welt und in jedem Haus eingesetzt wird. Auch ohne zu wissen, wie diese Geräte genau funktionieren, genügt unsere Vision, dass sie weit verbreitet und erfolgreich im Einsatz sind. Dadurch geben wir dieser Technologie unsere Energie und unterstützen die Möglichkeit, dass diese Patente freigegeben werden und die Geräte gebaut werden können. Die Nutzung der Freien Energie wäre eine grandiose Befreiung für uns alle, denn sie würde die Abhängigkeit von physischen Energien beenden. Das wäre dann wirklich „nachhaltig".

Auch bei der Kleidung und den Gegenständen des Alltags könnten wir längst ohne Plastik auskommen und die Meere samt ihrer Tiere könnten sich wieder erholen. Unzählige Fische, Wasservögel und Meeresschildkröten sterben jeden Tag, weil sie Plastiktüten für Quallen oder Mikroplastik für natürliches Futter halten. Dabei sollte es nicht nur bei der Vision bleiben, sondern hier können wir auch ganz praktisch unseren Beitrag leisten, indem wir Kleidung aus Baumwolle und Leinen oder aus Wolle kaufen. Fühlen Sie einmal ganz unvoreingenommen hin: Fühlt sich die hochbeworbene Mikrofaser tatsächlich besser an als Baumwolle?

Auch Baustoffe werden im Neuen Zeitalter aus Materialien sein, welche die Erde gerne wieder zurücknimmt, sei es Lehm, Stroh oder ausnahmsweise auch Holz. Es gibt gelungene Projekte, bei denen Gebäude aus Strohballen gebaut wurden, die sogar verputzt werden können. Auch die Kombination aus Felssteinen und Stroh wäre sicherlich eine gut praktizierbare Möglichkeit. Und Kautschuk als Abdichtungsmaterial kann den entsprechenden Bäumen entnommen werden, wenn es sich um geringe Mengen handelt, die von der Natur gut verkraftet werden. Als Dämmstoffe eignen sich Kokos- und andere Pflanzenfasern wie Stroh und Wolle etc. Naturstein ist für den Boden geeignet. Für eine nachhaltige Bauweise sollten wir Gebäude aus natürlichen Baustoffen visionieren und den naturgemäßen Rückbau im Auge behalten.

Genauso können wir bei allen anderen Dingen vorgehen: Wir überlegen, wie eine „nachhaltige" Lösung aussehen könnte. Brauchen wir in einem glücklichen Zeitalter ein Mobiltelefon mit allem Schnickschnack? Auch dieses ist wegen der Verwendung von Kunststoffen und seltenen Erden ein umweltschädliches Produkt, das nur schwer bis gar nicht wieder in den natürlichen Kreislauf zurückgenommen werden kann. Und auch die Mobilfunkstrahlung ist ein ganz eigenes Thema für sich. Ärzte und Professoren warnen sogar bereits vor der Schädlichkeit der Mikrowellen des Mobilfunks, deren Folgen kaum abzuschätzen sind. Was sollte sonst der Grund dafür sein, dass an französischen Grundschulen Mobilfunktelefone verboten sind[429]? Statt die Mobilfunkstrahlung zu verringern, soll nun auch noch der flächendeckende G5-Standard eingeführt werden. Deshalb sollten wir uns in unseren Visionen vorstellen, dass wir wieder alle der Telepathie fähig sind. Denn wenn uns jemand etwas Wichtiges mitteilen möchte, wird er dies per Gedankenübertragung tun. Wenn die Menschen der Welt eines Tages wirklich in Frieden miteinander leben, dann wird es auch nicht mehr nötig sein, über jede Kleinigkeit informiert zu sein, die am anderen Ende der Welt geschieht. Durch die Fähigkeit des Remote Viewing ist es dann ohnehin möglich, andere Länder zu bereisen, ohne physisch dort zu sein. Diese Fähigkeit können wir als Vorstufe dazu betrachten, wie es sein wird, wenn wir eines Tages wieder mehr geistige Wesen sind und unseren Körper dematerialisieren können beziehungsweise wenn wir ihn so licht werden lassen können, dass er vorübergehend in eine andere Dimension übergeht.

LEBENSENERGIE

Wilhelm Reich hat sich bereits vor Jahrzehnten intensiv mit der Lebensenergie befasst, die er *Orgon*-Energie genannt hat. Er forschte zum Beispiel mit Einzellern, die aus sterbenden Grashalmen entstanden sind, woraus sie nach dem Wissensstand der konventionellen Forschung gar nicht hätten entstehen dürfen, wenn dort zuvor keine derartigen Einzeller gewesen waren. *Reich* hat laut *Prof. Bernd Senf* bereits Ende der 1930er-Jahre beobachtet, dass bei der Veränderung von abgeschnittenem Gras Bläschen am Grashalm entstehen, die sich zu Bläschenhäufchen zusammenschlossen, die er *Bione* nannte. Diese Bione trennten sich von dem Grashalm, die Bläschen veränderten sich und es begann eine Bewegung innerhalb dieser Häufchen. Das Häufchen platzte schließlich und es war ein Einzeller entstanden, was aus der damaligen (und heutigen) wissenschaftlichen Sicht nicht hätte passieren dürfen. Bei Bionen aus Sand sei ihm sogar aufgefallen, dass bei dem Prozess einzelne Bionen *„ein inneres bläuliches, intensives bläuliches Leuchten ... und ein Strahlungsfeld d'rum herum"*[430] aufwiesen. Immer wenn er dieses Leuchten beobachtet hatte, sei er emotional sehr berührt gewesen. Hatte er dabei die Lebensenergie entdeckt, die die Materie belebt? Hatte er die Seele gesehen? *„Und sie bewegt sich doch ... und zwar aus sich heraus."*, stellte *Prof. Bernd Senf* in seinem Vortrag »Die Rolle des Erregers aus Sicht von Wilhelm Reich« fest. Die Lebensenergien zweier Wesen würden miteinander interagieren und könnten sich anziehen, was wir gemeinhin als Liebe bezeichnen würden. Auch würden die Zellen untereinander kommunizieren, wenn diese Lebensenergie in ausreichender Menge vorhanden sei. Stehe sie jedoch zu wenig zur Verfügung, was durch emotionale Schutzreaktionen in der Kindheit verursacht worden sein könne, dann würden diese Zellen nicht adäquat miteinander kommunizieren und wir könnten krank werden.

Reich stellte zudem fest, dass Zellen mit hoher Energie anderen Zellen mit weniger Energie (z.B. Krankheitserregern) ihre Energie entziehen können. Diese würden infolgedessen absterben. Dieselbe Auswirkung beschreibt *David Wilcock* in seinem Buch »Die Urfeld-Forschungen«. Darin schildert er einen Versuch mit heranreifenden Fischeiern, die nebeneinander platziert waren, sodass sie Licht untereinander austauschen konnten. Interessant soll dabei folgendes Ergebnis gewesen sein:

„Positionierte er älteren, weiter entwickelten Laich neben jüngeren, gerade erst abgelaichten Eiern, schienen die älteren den jüngeren die Lebensenergie zu entziehen. Die

älteren Eier wuchsen schneller und entwickelten sich besser, während die jüngeren verkümmerten oder deformierte Fische hervorbrachten."[431]

Würden jedoch Fischeier nebeneinander liegen, deren Alter ähnlich sei, so soll das nur wenig ältere Ei dem jüngeren Ei Energie abgegeben haben, bis sie einen etwa gleichen Entwicklungsstand erreicht hätten. Der Forscher soll zudem festgestellt haben, dass Mutterfische nie neben fremden Fischeiern laichen.

Wilcock zieht daraus den Schluss, dass eine Herde ihrem Anführer Energie zukommen lässt, damit dieser *„stärker, schneller und kräftiger"* wird, *„wodurch er die übrigen Tiere im Kampf besser schützen kann"*. Betrachtet man die Politik unter diesem interessanten Blickwinkel, könnte das die Erklärung dafür sein, warum das Wahlrecht noch immer praktiziert wird. Nachdem die Politik in der Regel allein entscheidet, ohne das Volk um seine Meinung zu fragen, wäre es erheblich einfacher, die Elite würde die Wahlen einfach abschaffen. Doch wenn *Wilcock* mit seiner Annahme Recht hat und eine Herde ihrem Anführer Energie gibt, dann könnte das auch bei einer Wahl so sein. Ganz banal ausgedrückt würde das so funktionieren: Die Mehrheit der Wähler wählt einen Politiker, sie haben ihn sozusagen zu ihrem Herdenführer bestimmt. Wenn der beschriebene Energietransfer tatsächlich so stattfindet, dann erhält der Politiker durch die Wahl Energie von seinen Wählern – genauso wie es bei den Fischen der Fall ist. Ein Anführer, der sich selbst an die Spitze stellt, bekommt möglicherweise weniger Lebensenergie vom Volk als ein gewählter. Ob eine Wahl durch falsche Versprechen oder sonstige Tricks der Medien gewonnen wurde, scheint dabei nicht von Belang zu sein.

Der von diesen beiden Forschern beschriebene Effekt kann auch innerhalb eines Körpers fatale Folgen haben: Sind die körpereigenen Zellen schwach, dann kann der Krankheitserreger den Körperzellen die Energie entziehen. Er wird selbst stärker und vermehrt sich – Verschlimmerung der Krankheit ist die Folge. Wenn unsere Lebensenergie geschwächt ist, sind wir demnach viel anfälliger dafür, dass uns weitere Lebensenergie entzogen wird – und zwar von anderen Wesen oder Mikroorganismen, die sich selbst in einem stärkeren Zustand befinden. Wir sollten daher darauf achten, dass unsere bioenergetische Ladung eine hohe Energie aufweist. Das können wir beispielsweise unterstützten, indem wir Verletzungen und Verhaltensmuster aus der Kindheit oder auch aus früheren Leben erkennen und auflösen. Hierzu sollten wir uns Hilfe von guten Therapeuten (Kinesiologie, Rückführung usw.) holen, die uns hier hilfreich führen, denn wir selbst sind in unseren eigenen Angelegenheiten meist mit Scheuklappen und weiteren Hinderungsprogrammen ausgebremst. Wenn wir hier ansetzen, können die Selbstheilungskräfte gestärkt werden.

Genauso wichtig ist sauberes und eventuell energetisiertes Trinkwasser sowie Lebensmittel, die mit möglichst wenigen Schadstoffen in Berührung gekommen sind. Unser Körper ist tagtäglich unzähligen Belastungen ausgesetzt und dankt es uns, wenn wir ihm über die Nahrung oder auch über Kosmetikprodukte nicht noch zusätzlich Dinge zumuten, die ihn schwächen. Die Zutatenliste mancher Körperpflegeprodukte ist mit so viel Chemie bestückt, dass man es tatsächlich lieber weglassen sollte. Ich weiß nicht mehr, von wem der Satz stammt, aber es liegt viel Wahres in ihm: *„Gib nichts auf die Haut, was Du nicht auch essen würdest."* Auch mit Medikamenten sollten wir vorsichtig umgehen. Gegen viele Beschwerden gibt es hervorragende pflanzliche oder homöopathische Mittel. Förderlich für eine gute Gesundheit ist natürlich auch eine möglichst naturbelassene Nahrung.

Und schlussendlich möchte ich auch auf den Aufenthalt im Freien hinweisen. Die Sonne und Bewegung an frischer Luft erhöhen unser Energieniveau und lassen uns gelassener sein. Sogar Depressionen lassen sich mit Sport behandeln, wie in einem Artikel der »Ärztezeitung« veröffentlicht wurde:

„In einem Teil der Studien wurde Sport mit anderen Therapien verglichen. Interessanterweise war hier der Nutzen der körperlichen Bewegung sowohl bei Depressionen als auch bei Ängsten ähnlich groß wie eine medikamentöse oder eine psychotherapeutische Behandlung."[432]

Vor allem der Aufenthalt im Wald erhöht unser Wohlbefinden. In letzter Zeit werden zunehmend Berichte veröffentlicht, die über die gesundheitsfördernde Wirkung von Bäumen dokumentieren. Die stummen Riesen produzieren nicht nur jede Menge Sauerstoff und binden Kohlendioxid, sondern sie interagieren mit uns. Auf ihre Weise stellen sie uns ihre in vielen Jahrzehnten oder auch Jahrhunderten gesammelte Weisheit zur Verfügung. Wir dürfen sie in schwierigen Lebenssituationen also gerne um Rat fragen. So tragen sie auf besondere Weise dazu bei, dass wir uns wieder voller Lebenskraft fühlen („Waldbaden").

KAPITEL 28:
SPEZIELLE RÄUME

Für den Erhalt unserer Gesundheit und unserer Lebensenergie dürften künftig besondere Räume zur Verfügung stehen. Sie dienen der Gesundheit aller Menschen und dabei wird nicht unterschieden werden, um wen es sich handelt. Die Behandlungen in diesen Räumen werden vermutlich einen großen Teil der heutigen pharmazeutischen Behandlungen ersetzen, wobei es sich hierbei weniger um Behandlungen im herkömmlichen Sinne handelt, sondern vielmehr um einen Aufenthalt. Allein die Präsenz in diesen Räumen sorgt durch deren spezielle Energie dafür, dass Heilung stattfinden kann. Der Mensch wird wieder in sein Gleichgewicht gebracht und erfährt dadurch einen Ausgleich seiner Empfindungen und seines Körpers. Wer beispielsweise hektisch und nervös ist, wird in diesen Räumen ruhig, im Gegensatz dazu wird derjenige, der träge ist, aktiver und handlungsfreudiger.

Abb. 46: Spezieller Raum

Diese Räume werden so gestaltet, dass man sich schon beim Betreten wohl fühlen wird. Sie sind ästhetisch sehr ansprechend, es sind hohe Räume, die vorwiegend einen runden Grundriss aufweisen, und das Dach wird meist kuppelförmig sein. Im Inneren finden sich jedoch keine Bilder oder grelle Farben, da diese den Menschen allein durch ihr Vorhandensein beeinflussen würden. Die Decke, die Wände und der Boden sind in Weiß gehalten, da Weiß neutral ist, jedoch gleichzeitig alle Farben beinhaltet. Allerdings kann der Besucher wählen, ob der Raum durch ein speziell auf ihn abgestimmtes Farblicht beleuchtet sein soll. Auch auf Musik wird verzichtet, außer der Besucher wünscht sich eine spezielle musikalische Untermalung. Doch diese wird nach Gesichtspunkten ausgewählt, die die Funktion des Raumes und damit den Prozess unterstützt. Farben und Töne oder Melodien werden nicht dem Zufallsprinzip überlassen, sondern werden ganz gezielt zur Förderung der Heilung eingesetzt.

ABLADUNGSRÄUME

So wird es beispielsweise **Abladungsräume** geben, in denen Emotionen oder auch eventuell aufgenommene Fremdenergien abgegeben werden können. Diese Räume werden an besonderen geomantischen Plätzen errichtet, an denen die Erde ohnehin in der Lage ist, Energien aufzunehmen und umzuwandeln. Wer beispielsweise ein ängstlicher Mensch ist und dazu neigt, sich Sorgen zu machen, kann diesen Raum nutzen. Er kann sich auf die Liege legen, die in dem Raum an einer genau definierten

Stelle steht. Aufgrund der speziellen geomantischen Situation können diese Sorgen von selbst in sog. Wirbel abfließen, die dort natürlich vorhanden sind. Der Mensch kann dort etwas abgeben, was die Erde gerne aufnimmt. Auf diese Weise entsteht eine Win-Win-Situation, denn der Besucher, der diesen Raum aufsucht, reduziert seine Ängste etc. Die Erde wiederum kann dessen Energien aufnehmen und in andere, nützlichere Formen transformieren. Es ist sozusagen eine ideale Symbiose.

AUFLADUNGSRÄUME

Als Pendant dazu gibt es natürlich auch Aufladungsräume. Diese werden dann aufgesucht, wenn sich jemand ausgelaugt und kraftlos fühlt. Die Erde bietet uns (auch jetzt schon) an manchen Stellen die Möglichkeit, uns aufzuladen. Wer diese Plätze aufsucht, wird ganz automatisch gestärkt und erhält Energie. Diese Stellen sind jedoch nicht dazu geeignet, dass man sich dauerhaft auf ihnen aufhält. Man würde viel zu viel Energie aufnehmen, und Schlafstörungen sowie Krankheit könnten die Folge sein. Das menschliche System braucht ein ausgewogenes Verhältnis von Ruhe und Aktivität. Besteht hier ein Ungleichgewicht, so fühlt man sich nicht wohl. Wer bemerkt, dass er über zu wenig Energie verfügt, kann sich in solchen Aufladungsräumen wieder regenerieren. Ein erhöhter Bedarf kann beispielsweise im Alter oder nach einer Krankheit entstehen. Ein gezielter Aufenthalt für eine gewisse Zeit kann dann helfen, dass die leer gewordenen Lebensakkus wieder gefüllt werden und sich Wohlbefinden einstellt.

RÜCKVERBINDUNGSRÄUME

Zusätzlich zu den Ab- und Aufladungsräumen, die unser Energieniveau regulieren, wird es auch Rückverbindungsräume geben. Diese erfüllen den Zweck, die Verbindung mit den Ahnen zu vertiefen. Wer mit seinen Ahnen verbunden ist, sie wertschätzt und achtet, ist besser im Leben verwurzelt. Jeder Mensch ist das Ergebnis seiner Ahnen, sie haben jeden von uns hervorgebracht und ohne sie gäbe es uns alle nicht. Was sie erlebt haben, prägt auch jeden Menschen, der aus ihnen entsteht, denn sie sind unsere Wurzeln. Doch in der heutigen Gesellschaft werden weder die Familien noch die Ahnen sehr wertgeschätzt, und die Aufgabe des Menschen wird nur darin gesehen, dem System mit seiner Arbeitskraft zu dienen. Das geht so weit, dass den Müttern sogar ihre wahre Aufgabe, nämlich die Kinder in ihrem Aufwachsen zu begleiten und die Familie zu versorgen, entzogen wird. Deshalb wird es eine wichtige Aufgabe sein, diese Verbindung zur Familie und zu den Ahnen wiederherzustellen.

Die Rückverbindungsräume bieten die Möglichkeit, sich ganz bewusst mit seinen Ahnen zu verbinden, sie um ihre Unterstützung zu bitten und ihnen zu danken. Die Ahnen können uns nur dann auf ihre Weise helfen, wenn sie von uns geachtet werden, und diese Energie brauchen sie, damit sie für uns tätig werden können. Das Ergebnis dieser Hilfe sehen wir an besonderen „Zufällen" oder sonstigen Begebenheiten, die uns wie Wunder erscheinen. In einer Welt, die nach dem jetzigen Chaos kommt, werden die Ahnen mit Sicherheit wieder die Wertschätzung erfahren, die sie verdienen.

Was für die Ahnen gilt, gilt natürlich auch für die Seelenfamilie, die in der Regel mit den Ahnen verknüpft ist. Allerdings ist die Seelenfamilie in einer anderen, höheren Ebene zu finden. Die bewusste Verbindung mit der Seelenfamilie ist wichtig, um den eigenen, individuellen Lebensweg zu finden. Während uns unsere Ahnen durch ihre Lebensgeschichten und Schicksale prägen, ist es das Ziel der Seele, uns zur inneren Heilung zu verhelfen. Sie möchte, dass wir es eines Tages schaffen, wieder ganz nach Hause zur Ur-Quelle zu finden. Die Rückverbindungsräume werden dabei eine wichtige Aufgabe übernehmen.

TONRÄUME

In der neuen Zeit wird es einer der wichtigsten Faktoren sein, seine Schwingung hochzuhalten. Gerade am Anfang könnte es sein, dass sich die Menschen sorgen, ob sich alles richtig entwickelt und ob es allen gut geht. Eine große Hilfe werden dabei Tonräume sein, denn Musik hat einen sehr starken Einfluss auf unser Wohlbefinden. Sie kann uns beeinflussen, traurig, aggressiv oder ängstlich zu sein – genauso kann sie uns aber auch erheben. Wer eine Zeit lang bewusst darauf achtet, wird ein gutes Gespür dafür entwickeln. Es gibt wunderbare Musik, die dazu führt, dass wir uns körperlich aufrichten, den Kopf erheben und sanft lächeln. Solche Musik findet sich teilweise im klassischen Bereich, aber nicht nur dort. Musik wirkt auch nicht auf jeden in der gleichen Weise, doch sie wirkt. Deshalb sollten wir es vermeiden, uns stundenlang mit Radiomusik berieseln zu lassen. Allzu oft wird dort Musik gespielt, die zum Beispiel an einen Galeerentrommler erinnert, nach dem die Sklaven im Rhythmus rudern müssen. Wer so eine Musik unbewusst auf sich einrieseln lässt, wird unweigerlich beeinflusst.

In den hellen und freundlichen Tonräumen hingegen kann man sich auf erhebende Musik konzentrieren. Ganz bewusst nimmt man dort die Melodien auf und jede Zelle des Körpers wird in ihrer Schwingung angehoben. Wer solch eine Musik hört, der spürt, dass er mehr ist als nur Sklave des Systems, sondern dass er einen göttlichen Funken in sich trägt. In der Neuen Zeit wird es wichtig sein, die eigene Frequenz hochzuhalten. Dazu gehört es auch, zu wissen, wo wir herkommen und dass wir stets mit der liebevollen Ur-Quelle verbunden sind. Tonräume werden dabei helfen, diese Verbindung intensiv zu spüren.

LICHTRÄUME

Lichträume haben denselben Zweck wie Tonräume, denn auch sie erhöhen die Schwingung der Menschen. Hierzu wird der Raum in spezielle Lichtfrequenzen und Farben getaucht. Jede Farbe hat einen bestimmten Effekt. So weiß jeder, dass Rot eine aktivierende Wirkung besitzt und auch Aggressionen fördert, dementsprechend wirkt jede Farbe in ihrer ganz speziellen eigenen Weise. Kombiniert man diese Farben und setzt sie in verschiedenen Sättigungsgraden ein, vor allem in Kombination mit Weiß, dann entstehen erhebende Wirkungen. Zusätzlich zu der aufhellenden Wirkung möchte ich die Heilkraft der Farben erwähnen, und wer ein körperliches Leiden verspürt, kann sich in diesen Räumen der heilenden Atmosphäre hingeben.

In den Lichträumen kann man sich natürlich auch ohne Farben aufhalten, denn allein das Licht hat eine heilende und erhebende Wirkung. Das bemerken wir alle, wenn im Herbst manchmal wochenlang keine Sonne scheint. Wie sehr freuen wir uns, wenn wir dann endlich wieder den blauen Himmel über uns sehen können. Die Lebensfreude kehrt zurück und wir sind fröhlicher und auch liebevoller. Lichträume können dazu beitragen, dass wir unserem Urzustand in der Ur-Quelle näher kommen. Dort ist reine Liebe.

„Die höchste der Arzneien aber ist die Liebe."

Paracelsus (1493-1541)

Kapitel 29:
Ich bin frei

Die Neue Zeit steht vor der Türe. In dieser gibt es kein Karma mehr (gab es das überhaupt in der Form, wie es Buddhismus und Hinduismus behaupten?), denn alles wird *schnellstmöglich* ausgeglichen. Wir dürfen es akzeptieren, dass die Erde alles für uns bereithält, was wir benötigen. Es ist ein Irrglaube und ein Trugschluss, den man uns über so viele Jahrhunderte und Jahrtausende eingeredet hat, dass einigen Wenigen fast die gesamte Welt gehört und sie deshalb über alle anderen Menschen herrschen dürfen. Sogar das Wasser der Erde wird zunehmend privatisiert und die Einheimischen, die bislang das Wasser nutzten, sollen plötzlich dafür bezahlen. Woher nehmen diese Konzerne das Recht, das Wasser für sich zu beanspruchen bzw. woher nehmen Gemeinden das Recht, Wasserrechte zu verkaufen? Diese Ignoranz führte bereits so viele Familien ins Elend und es sollte eines der Ziele sein, dass die Erde wieder für alle da ist. Wenn überhaupt jemandem etwas gehört, dann ist es der gleiche Anteil, nämlich ein 7,5-Milliardstel. Die Erde nährt alle Menschen und nicht nur einige wenige, die von sich behaupten, ihnen würde alles gehören.

Wir dürfen durchaus aussprechen, dass wir unser Recht auf Trinkwasser, auf wirklich saubere Energie und vieles mehr, ab sofort in Anspruch nehmen. Auch wenn wir bei den Politikern kein Gehör finden, werden wir unsere Ansprüche bei der höchsten Stelle (bei der liebenden Ur-Quelle) anmelden, indem wir sagen, dass wir ab sofort in Freiheit zu leben gedenken. Wir werden die Freigabe der geheim gehaltenen Patente fordern und wir werden alles tun, damit die Erde geschont wird. Die Natur wird wieder natürlich, die Heilpflanzen dürfen wieder auf die geschundenen Wiesen zurückkehren und die Flüsse werden wieder sauber.

Die Dinge, die wir benötigen, werden wir uns zum einen geistig vorstellen, zum anderen aber auch aktiv daran arbeiten, dass sie entstehen. Anfangs wird es möglicherweise ein wenig chaotisch sein, doch schlussendlich werden alle bemerken, dass es unsinnig ist, zum Beispiel mit seinem Nachbarn in Konkurrenz zu treten und sich ein größeres Auto zu wünschen, nur damit es größer ist. Warum sollte das einen Sinn haben? In einer Zeit, in der jeder alles haben kann, was er braucht, wird es von Schwäche zeugen, sich mehr zu wünschen und zu manifestieren, als man tatsächlich benötigt – ganz einfach deshalb, weil niemand etwas davon hat. Das, was wir brauchen, werden wir von der Erde durch Visualisieren und parallel dazu durch den Einsatz unseres Gehirns und unserer Hände erzeugen. Auf diese Weise ist für jeden gesorgt und es geht allen gut. Natürlich ist die Voraussetzung dafür die, dass wir den Übergang von der heutigen Welt in eine Welt des erwachten Bewusstseins bereits hinter uns haben.

Kapitel 30:
Wer ist die höchste Instanz?

Die Stelle, bei der wir unsere neuen Regeln vorbringen und der wir beschreiben, was wir benötigen und wie wir uns die Welt wünschen, ist die höchste Instanz, die es gibt, es ist die liebende Quelle, die Heimat unserer Seelen. Diese „liebende Quelle" oder „Ur-Quelle" steht über sämtlichen religiösen Abspaltungen und war bereits da, lange, lange, bevor es die erste Religion gegeben hat. Sie war ebenso lange vor den großen Kataklysmen da, die in der Vergangenheit geschehen sind. Diese Ur-Quelle besteht aus reiner Liebe und reinem Bewusstsein. Daher ist es auch nachvollziehbar, dass wir, wenn wir unsere Wünsche äußern, in diesen liebevollen und bewussten Zustand gehen, in dem unsere Gedanken still sein dürfen. In solchen Momenten spricht weder das Ego durch uns noch unser Intellekt, sondern nur unser Herz. Das ist auch der Grund, warum wir uns dann wirklich nur die Dinge wünschen, die wir auch tatsächlich benötigen, und nicht die, die nur unserem aufgeplusterten Ego dienen würden. Überlegen Sie selbst: Würde das Herz ein größeres Haus wünschen, als der Nachbar eines hat, obwohl unsere Familie aus weniger Menschen besteht? Sicher nicht. Oder wäre es für die Herzenergie wichtig, eine pinkfarbene Tasche zu kaufen, obwohl bereits 10 Taschen im Schrank liegen, nur weil Pink gerade modern ist? Wohl auch nicht.

Verstehen Sie, was ich damit sagen möchte? Wir beanspruchen nur das, was wir wirklich brauchen. Und diese Dinge sind hochwertig und aus Materialien hergestellt, die sich reparieren lassen. Es käme uns nicht mehr in den Sinn, irgendetwas zu produzieren, was unsinnig oder schädlich für die Erde ist. Ferner braucht man nur noch wenige Stunden täglich zu arbeiten, weil nur noch das produziert wird, was tatsächlich benötigt wird. Und wenn dann noch jeder genau das tut, worin er eine Gabe hat, dann ist normalerweise jeglicher Bedarf abgedeckt. Wenn Sie nun denken, es gibt keinen, der aufräumt, dann kann ich Ihnen sagen, dass Sie sich wundern würden. Es gibt genügend Perfektionisten und Menschen, die gerne alles aufgeräumt haben. Diese würden sicherlich gerne beim Unkraut jäten, beim Verschönern usw. tätig sein, denn ihre Arbeit würde genauso wertgeschätzt werden wie die Arbeit eines Chirurgen, der einem Menschen im Notfall das Leben rettet. Wenn jeder die Aufgaben ausführt, die er gerne erledigt, dann hat dies auch die zwangsläufige Folge, dass jeder bei seiner Arbeit glücklich ist. Vermutlich muss man sogar den einen oder anderen in seiner Tätigkeit bremsen und ihm sagen: *„Mach mal Pause, morgen ist auch noch ein Tag!"*, weil er einfach *gerne* tut, was er tut.

Das ist der Beginn einer Lebens(re)form, die uns wieder mitmenschlich und herzlich werden lässt. Wenn wir so denken und fühlen, dann befinden wir uns im Einklang mit der Ur-Quelle und mit der Natur. Und dann können wir auch die Existenz dieser Ur-Quelle spüren. Wir fühlen uns verbunden und beschützt, denn wir sind Teil dieser liebenden Ur-Quelle, die uns alle umfasst und uns die Gelegenheit bietet, wieder in die Heimat unserer Seelen einzutauchen. Denn schlussendlich sind wir alle nur auf „Wanderschaft" und eines Tages froh, wieder in unserem wirklichen Zuhause anzukommen.

„Das letzte Ziel des Menschen ist das Glück."[433]

Thomas von Aquin

Wir gehen den Weg zu diesem Glück – jetzt!

ÜBER DIE AUTORIN

Gabriele Schuster-Haslinger ist Architektin und Feng-Shui-Meisterin. Ihr beruflicher Schwerpunkt liegt vor allem im Bereich Sanierung, Renovierung und Denkmalschutz. Ihr Interesse gilt jedoch nicht nur ihrem Beruf, sondern auch der Gesellschaftspolitik.

2015 veröffentlichte der Amadeus Verlag ihr erstes Buch »**Verraten - verkauft - verloren?**«, in dem sie die Manipulationen der Elite beschreibt. Dabei beschränkt sie sich nicht auf ein Thema, sondern listet alle Bereiche auf, in denen wir gelenkt und beeinflusst werden. Dadurch entstand ein Standardwerk, das den Leser umfassend über das Hintergrundgeschehen auf diesem Planeten informiert.

2017 erschien, ebenfalls im Amadeus Verlag, ihr zweites Buch »**Nutzlose Esser**«, das sich mit der absichtlichen und gezielten Reduktion der Menschen befasst. Neben der Erläuterung von seit Jahrzehnten bestehenden Plänen, die Menschheit global bis auf einen Bruchteil zu dezimieren und vor allem das deutsche Volk „auszurotten" bzw. offiziell „auszutauschen" (*Replacement Migration*), zeigt sie auch die angewendeten Methoden auf, mit denen dies geschehen soll und teilweise bereits geschieht.

2019 erscheint nun ihr drittes, Ihnen hier vorliegendes Buch »**Sklavenplanet Erde**«, das vor allem die Methoden der Hintergrundmächte erläutert. Sie deckt auf, wie diese Mächte die Menschheit Stück für Stück in eine ausweglose Situation lenken, aus der es kein Entrinnen mehr zu geben scheint. Doch immer mehr Menschen beginnen gerade noch rechtzeitig, dieses Spiel zu durchschauen und die Zügel endlich selbst in die Hand zu nehmen – mit Unterstützung der liebenden Ur-Quelle.

Kontakt
Gabriele Schuster-Haslinger
schuster@phoenix-verlag.de
www.phoenix-verlag.de

Artikel von Frau Schuster-Haslinger zu aktuellen Themen finden Sie bei:
www.dieunbestechlichen.com

LITERATUR- UND QUELLENVERZEICHNIS

[1] Gesetze im Internet, Art. 5 GG, www.gesetze-im-internet.de/gg/art_5.html
[2] www.zitate-online.de/sprueche/historische-personen/18971/sei-du-selbst-die-veraenderung-die-du-dir.html
[3] www.amazon.de/Soft-Power-Means-Success-Politics/dp/1586483064
[4] Wikipeda, Herfried Münkler, https://de.wikipedia.org/wiki/Herfried_Münkler
[5] Wikipedia, Soft Power, https://de.wikipedia.org/wiki/Soft_Power
[6] https://de.wikipedia.org/wiki/Georg_Sch%C3%BCtte_(Staatssekret%C3%A4r)
[7] www.tagesspiegel.de/medien/falsche-bilder-bei-der-ard-zum-ukraine-konflikt-propagandatricks-oder-pannen-in-serie/10637680.html
[8] „Hypnose und Selbsthypnose einfach erklärt", Wilfried Bauer, Neobooks 2014
[9] Youtube. Dr. Maaz, www.youtube.com/watch?v=2oMFFDWRU_U&feature=youtu.be
[10] www.aphorismen.de/zitat/16369
[11] https://de.wikipedia.org/wiki/1984_(Roman)
[12] http://gutezitate.com/zitat/256047
[13] www.bundesverfassungsgericht.de/SharedDocs/Entscheidungen/DE/2012/07/fs20120725_2bvf000311.html
[14] www.bundestag.de/dokumente/textarchiv/2012/40879998_kw41_rente_kalenderblatt/209618
[15] www.un.org/esa/population/publications/migration/execsumGerman.pdf Seite 5
[16] www.faz.net/aktuell/wirtschaft/eurokrise/nach-geheimtreffen-zu-griechenland-juncker-nach-falschen-dementis-in-der-kritik-1641525.html
[17] www.pharmazeutische-zeitung.de/index.php?id=32557
[18] http://zitate.net/kopf-zitate
[19] www.t-online.de/finanzen/boerse/news/id_82546260/warum-hunderttausenden-menschen-in-deutschland-der-strom-abgestellt-wird.html
[20] www.miet-check.de/Mietblog/2017/01/29/loerrach-in-fuenf-jahren-verdoppelt-an-der-grenze-zur-schweiz-explodieren-die-mietpreise/
[21] www.aphorismen.de/zitat/76868
[22] YouTube, Psychiater bestätigt - Deutsche Spitzenpolitiker sind psychisch gestört www.youtube.com/watch?v=2oMFFDWRU_U&feature=youtu.be
[23] http://die-entwicklung-des-kindes.de/index.php/bestellung-a5-broschuere
[24] Vimeo, „Norland College buggy ride", https://vimeo.com/10581078
[25] www.icd-code.de/icd/code/Z73.html
[26] www.aphorismen.de/zitat/36552
[27] www.rki.de/DE/Content/Gesundheitsmonitoring/Gesundheitsberichterstattung/GBEDownloadsB/Geda2010/chronisches_kranksein.pdf?__blob=publicationFile
[28] http://zeit-zum-aufwachen.blogspot.de/2018/01/durchbruch-masern-virus-existiert-nicht.html
[29] http://lrbw.juris.de/cgi-bin/laender_rechtsprechung/document.py?Gericht=bw&GerichtAuswahl=Oberlandesgerichte&Art=en&sid=46bf3db2df690aba6e4874acafaf45b6&nr=20705&pos=0&anz=1
[30] www.elisabeth-strunz.de/zitate.html
[31] Dr. Klinghardt, https://lavavitae.wistia.com/medias/os6zusmwqq
[32] www.atum.media/medien/gesteuerte-medien-falsche-berichterstattung-propaganda-einfluss-vom-tv/
[33] www.focus.de/kultur/buecher/journalist-und-autor-peter-scholl-latour-stirbt-mit-90-jahren_id_4064688.html
[34] www.gender-und-rechtsextremismus.de/w/files/pdfs/fachstelle/kita_internet_2018.pdf?fbclid=IwAR3_53u8C5tNt41DlgPU6lhaYCE6nRPWCb3QoVsil3l9PIvWMR1W2xsppfo, Seite 19
[35] www.welt.de/print/die_welt/article181286650/Regierungsberater-wollen-Mietpreisbremse-abschaffen.html
[36] http://zitate.net/zitate-ängste-menschen

37 www.gratis-spruch.de/sprueche/id/16640
38 www.healthline.com/health/lgbtqia-safe-sex-guide#protection
39 https://dieunbestechlichen.com/2018/08/wegen-diskriminierung-aus-vagina-wird-vorderes-loch/
40 www.epochtimes.de/wissen/forschung/psychische-probleme-nach-op-wachsende-zahl-von-transgendern-bereut-geschlechtsumwandlung-a2241246.html
41 www.t-online.de/nachrichten/id_82657212/bundesverfassungsgericht-fordert-drittes-geschlecht-im-geburtenregister.html
42 http://info.kopp-verlag.de/hintergruende/geostrategie/f-william-engdahl/der-tresor-des-juengsten-gerichts-in-der-arktis.html
43 https://de.wikipedia.org/wiki/Paul_Johann_Anselm_von_Feuerbach
44 Das Jahr 1806 im europäischen Kontext, https://books.google.de/
45 Die Weltherrschaft das Grab der Menschheit, http://reader.digitale-sammlungen.de/de/fs1/object/display/bsb10858111_00023.html
46 https://gutezitate.com/zitat/190844
47 www.forschung-und-lehre.de/wordpress/?p=20106
48 https://dieunbestechlichen.com/2018/08/neubauten-fuer-fluechtlinge-aber-obdachlosenverein-muss-hochschwangere-wegen-wohnungsnot-vor-die-tuer-setzen/
49 https://de.sputniknews.com/gesellschaft/20170107314028390-bosbach-fall-amri-fluechtlinge/
50 www.ardmediathek.de/tv/Tagesthemen/tagesthemen/Das-Erste/Video?bcastId=3914&documentId=50202134
51 https://dieunbestechlichen.com/2018/02/sellner-deckt-auf-bevoelkerungsaustausch-in-den-tagesthemen/
52 www.ippnw-nuernberg.de/aktivitaet2_1.html
53 Buch Die Bibel, Einheitsübersetzung, Ungekürzte Lizenzausgabe der RM Buch und Medien Vertrieb GmbH, Katholische Bibelanstalt GmbH Stuttgart, 1999, Jesaia 5,21, Seite 808
54 www.un.org/esa/population/publications/migration/migration.htm
55 https://ia802608.us.archive.org/10/items/PraktischerIdealismus1925/PraktischerIdealismus.pdf, Seite 23
56 www.bundeskanzlerin.de/ContentArchiv/DE/Archiv17/Artikel/2011/01/2011-01-13-merkel-europapreis.html
57 www.spiegel.de/politik/deutschland/fluechtlinge-eu-fluechtlingsplaene-alarmieren-bundesregierung-a-1187500.html
58 Buch Die Bibel, Einheitsübersetzung, Ungekürzte Lizenzausgabe der RM Buch und Medien Vertrieb GmbH, Katholische Bibelanstalt GmbH Stuttgart, 1999, Jesaia 5,23, Seite 808
59 https://de.wikipedia.org/wiki/Samadhi
60 Youtube. ARD Redakteur packt aus, www.youtube.com/watch?v=ko5-FGu7eBM, Minute 0:48
61 Film: „Ende der Täuschung" ab ca. 4:54:00 www.postswitch.de/wissenswertes/der-reptilianische-pakt-unsere-gefaelschte-realitaet.htm
62 www.gandhi-auftrag.de/blume_des_lebens.htm
63 https://de.wikipedia.org/wiki/Materie
64 https://de.sott.net/article/32682-Normalisierung-von-Padophilie-Ekelerregende-TEDx-Rede-erklart-es-als-naturliche-sexuelle-Orientierung
65 www.focus.de/politik/deutschland/berlin-ermittlerin-deckt-kinderhandel-auf-und-wird-von-eigenen-leuten-behindert_id_9102487.html
66 www.sekten-info-essen.de/texte/ritueller-missbrauch.htm
67 https://de.sott.net/article/16677-Riesenskelett-in-Bulgarien-entdeckt-Mindestens-7-5-Meter-groe-Menschen-haben-wahrscheinlich-existiert
68 www.sein.de/abschied-von-darwin-das-neue-bild-der-evolution/
69 https://zitatezumnachdenken.com/mahatma-gandhi/6693
70 www.uni-muenchen.de/forschung/news/2017/weinfurter_bellscheungleichung.html
71 http://armin-risi.ch/Artikel/Philosophie/Der-Mensch-ein-multidimensionales-Wesen.php

72 Buch „334 Promille Lüge", Autor: H. M. v. Stuhl XLI, Libri Books on Demand, ISBN 3-89811-811-8
73 „Der Bundehesh", Ferdinand Justi, 1868, https://books.google.de
74 Buch: Die Bibel. Offenbarung 13, 18; Seite 291; Paul Pattloch Verlag Aschaffenburg 5. Auflage 1977
75 http://freimaurer-wiki.de/index.php/Traktat:_Ordo_ab_Chao
76 www.spiegel.de/politik/deutschland/bundesverfassungsgericht-erklaert-wahlrecht-fuer-verfassungswidrig-a-846221.html
77 https://gutezitate.com/zitat/226626
78 www.tuwien.ac.at//aktuelles/news_detail/article/9447/
79 www.pharmazeutische-zeitung.de/index.php?id=32557
80 https://dieunbestechlichen.com/2018/08/medienskandal-hetzjagden-auf-migranten-in-chemnitz-entpuppen-sich-als-luegengebilde-der-medien/
81 http://zitate.net/albert-einstein-zitate?p=4
82 www.zdf.de/dokumentation/zdfinfo-doku/mysterien-des-weltalls-leben-wir-in-der-matrix-102.html
83 https://de.wikipedia.org/wiki/%C3%84quivalenz_von_Masse_und_Energie
84 http://cosmicity.net/minds/max-planck-zitate/
85 Youtube. Die 6. Dimension – Burkhard Heim, www.youtube.com/watch?v=ayX7iriTkAU
86 https://core.ac.uk/download/pdf/11586409.pdf
87 Youtube. 11. Symposium DGEIM, www.youtube.com/watch?v=84KIBNm1bnc
88 https://de.wikipedia.org/wiki/Gramm#%C3%9Cbliche_Masseneinheiten
89 https://klaus-volkamer.de/?page_id=85
90 www.usatoday.com/story/news/nation/2013/11/04/earth-like-planets-milky-way-galaxy/3433449/?utm_source=dlvr.it&utm_medium=twitter&dlvrit=206567
91 www.hurriyet.com.tr/akdeniz-universitesinde-ufolar-ders-oldu-40657717
92 Youtube. Citizen Hearing in Washington, www.youtube.com/watch?v=xTafFv0xyWI
93 www.prufospolicedatabase.co.uk/index.html
94 www.kochkyborg.de/Zitate/zitate01.html
95 www.amazon.de/Never-Happened-Force-Cover-up-Revealed/dp/0998689041/ref=sr_1_1?s=books&ie=UTF8&qid=1513407437&sr=8-1&keywords=It+Never+Happened+volume+1
96 https://terra-mystica.jimdo.com/ufos-au%C3%9Ferirdische/usaf-offizier-ufos-deaktivierten-unsere-atomraketen/
97 Youtube. Citizen Hearing in Washington, www.youtube.com/watch?v=xTafFv0xyWI
98 www.grenzwissenschaft-aktuell.de/bigelow-im-interview-es-gab-schon-immer-eine-ausserirdische-auf-der-erde20170530/
99 www.cbsnews.com/news/bigelow-aerospace-founder-says-commercial-world-will-lead-in-space/
100 Youtube. Citizen Hearing – deutsch – Paul Hellyer, www.youtube.com/watch?v=WxF7utWfdy0
101 Youtube. Bob Lazar, www.youtube.com/watch?v=XDVBrQje-Vg
102 www.paranormal.de/paramirr/local/lazar/index.html
103 www.grenzwissenschaft-aktuell.de/lazar-arbeitete-in-los-alamos20150801-2/
104 https://de.wikipedia.org/wiki/Area_51
105 www.focus.de/politik/ausland/usa/mysterioese-militaerbasis-area-51-offiziell-bestaetigt-ohne-ausserirdische_aid_1073678.html?fbc=fb-fanpage-focus&utm_content=1376660227141714
106 www.paranormal.de/paramirr/local/area51/area51.html
107 www.pravda-tv.com/2014/06/911-ex-cia-pilot-sagt-unter-eid-aus-das-die-zwillingsturme-nicht-von-flugzeugen-getroffen-wurden-video/
108 https://pandoraopen.ru/2016-08-06/general-polkovnik-skryabin-vybory-2016-poslednie-dlya-rossii-vse-gotovo-k-inoplanetnoj-kolonizacii/
109 www.pravda-tv.com/2017/05/der-irakische-transportminister-erklaerte-oeffentlich-ausserirdische-vom-nibiru-erbauten-vor-7-000-jahren-den-ersten-raumflughafen-in-sumer/
110 https://de.wikipedia.org/wiki/Mutual_UFO_Network
111 www.youtube.com/watch?v=EBuwDDy9X4k
112 www.nexus-magazin.de/artikel/autor/dr-roger-leir

113 www.pravda-tv.com/2017/09/alien-implantate-bei-ufo-entfuehrungsopfern-nachgewiesen-videos/
114 www.youtube.com/watch?v=tfltW3oqrik
115 Youtube. Der Beweis für Aliens, www.youtube.com/watch?v=QkqH7qrAy7U
116 http://jason-mason.com/2017/10/03/die-wissenschaft-glaubt-jetzt-die-moegliche-existenz-von-reptilienmenschen/
117 Buch „Mysterien des Aufstiegs" von David Wilcock, Seite 366, Kopp-Verlag, 2017
118 Buch „Mysterien des Aufstiegs" von David Wilcock, Seite 378, Kopp-Verlag, 2017
119 Buch „Mysterien des Aufstiegs" von David Wilcock, Seite 295, Kopp-Verlag, 2017
120 Buch „Mysterien des Aufstiegs" von David Wilcock, Seite 270, Kopp-Verlag, 2017
121 www.wired.de/collection/tech/kleinstes-haus-der-welt-von-nano-robotern-gebaut
122 www.youtube.com/watch?v=JSs5htlqHpY
123 www.spiegel.de/politik/deutschland/chemnitz-immer-wieder-sachsen-kolumne-von-jakob-augstein-a-1225128.html
124 www.matrixblogger.de/Alien-Interview_DE.pdf
125 https://secretspaceprogram.org/about/
126 https://divinecosmos.com/start-here/davids-blog/1225-abr-legacy
127 https://de.wikipedia.org/wiki/1I/'Oumuamua
128 https://divinecosmos.com/davids-blog/1225-abr-legacy/
129 www.grenzwissenschaftler.com/2016/01/29/ufos-und-ausserirdische-auf-alten-artefakten-2/
130 https://divinecosmos.com/start-here/davids-blog/1225-abr-legacy
131 https://divinecosmos.com/start-here/davids-blog/1225-abr-legacy?showall=&start=1
132 Buch Mysterien des Aufstiegs von David Wilcock, KOPP-Verlag, 2017, Seite 329
133 https://de.wikipedia.org/wiki/Nanobot
134 Buch „Mysterien des Aufstiegs" von David Wilcock, Seite 416, Kopp-Verlag, 2017
135 https://terra-mystica.jimdo.com/physik-chemie-technik/elon-musk-entwickelt-matrix-technologie-gegen-ki-s/
136 Buch „Mysterien des Aufstiegs" von David Wilcock, Seite 416, Kopp-Verlag, 2017
137 Die Bibel, Genesis 6, 2, Prof. Dr. Vinzenz Hamp, Prof. Dr. Meinrad Stenzel, Prof. Dr. Josef Kürzinger, Paul Pattloch Verlag Aschaffenburg, 5. Auflage 1977
138 www.exomagazin.tv/tod-auf-der-weide/
139 www.focus.de/panorama/boulevard/britischer-kronprinz-prinz-charles-ich-stamme-von-graf-dracula-ab_aid_678838.html
140 www.sekten-info-essen.de/texte/ritueller-missbrauch.htm
141 https://de.wikipedia.org/wiki/Church_of_Satan
142 Buch Mysterien des Aufstiegs von David Wilcock, Kopp-Verlag, 1. Auflage 2017, Seite 387
143 www.matrixblogger.de/Alien-Interview_DE.pdf, Seite 55
144 www.zitate.de/autor/Planck%2C+Max
145 www.neuralink.com/
146 Youtube. Nachricht von Andromeda - Alex Collier, www.youtube.com/watch?v=Ue9HUgz5kks
147 https://de.rbth.com/multimedia/pictures/2014/04/27/leben_und_philosophie_von_lew_tolstoi_in_15_fotos_29153
148 https://de.reuters.com/article/deutschland-afd-staatsanwalt-idDEKBN1ER0QZ
149 Buch Die Bibel, Einheitsübersetzung, Ungekürzte Lizenzausgabe der RM Buch und Medien Vertrieb GmbH, Katholische Bibelanstalt GmbH Stuttgart, 1999, Jesaia 5,20, Seite 808
150 Youtube. Psychiater bestätigt – Deutsche..., www.youtube.com/watch?v=2oMFFDWRU_U
151 www.spiegel.de/politik/deutschland/chemnitz-immer-wieder-sachsen-kolumne-von-jakob-augstein-a-1225128.html
152 www.spiegel.de/politik/ausland/chemnitz-bundesregierung-verurteilt-hetzjagden-auf-auslaender-a-1225120.html
153 www.spiegel.de/spiegel/print/d-13690700.html

154 www.focus.de/panorama/welt/suedkorea-zoll-faengt-kapseln-mit-fleisch-von-babys-ab_aid_748718.html
155 www.wochenblick.at/italien-nigerianer-sollen-18-jaehrige-zerteilt-und-verspeist-haben/
156 https://terra-mystica.jimdo.com/pal%C3%A4o-seti-alternativarch%C3%A4ologie/dr-ellis-silver-der-mensch-stammt-nicht-von-der-erde/
157 „Anatomie, Physiologie, Pathophysiologie des Menschen", Thews, Mutschler und Vaupel, Wissenschaftliche Verlagsgesellschaft mbH Stuttgart, 5. Auflage, 1999, Seite 164
158 Pravda-TV [Online] 25.7.2017 [Zitat vom 16.12.2017] www.pravda-tv.com/2017/06/experten-sagen-menschen-seien-aliens-und-wir-seien-vor-hunderttausenden-von-jahren-auf-die-erde-gebracht-worden-videos/
159 https://terra-mystica.jimdo.com/pal%C3%A4o-seti-alternativarch%C3%A4ologie/dr-ellis-silver-der-mensch-stammt-nicht-von-der-erde/
160 http://iopscience.iop.org/article/10.3847/1538-3881/aa9bea
161 www.grenzwissenschaft-aktuell.de/erdaehnlicher-planet-um-proxima-centauri20160825/
162 www.nature.com/articles/nature19106
163 https://de.wikipedia.org/wiki/Transposon
164 www.zdf.de/dokumentation/zdfinfo-doku/mysterien-des-weltalls-sind-wir-alle-aliens-100.html
165 https://de.wikipedia.org/wiki/Transposon
166 www.zdf.de/dokumentation/zdfinfo-doku/mysterien-des-weltalls-sind-wir-alle-aliens-100.html
167 https://wissenschaft3000.files.wordpress.com/2012/01/inuakiner_aus_dem_orion.pdf
168 www.nexus-magazin.de/artikel/lesen/boriska-ein-indigo-junge-vom-mars/2?context=category&category=14
169 www.grenzwissenschaft-aktuell.de/klassischen-objekts-teleportiert20160305/
170 www.guidograndt.de/2017/02/10/tabu-blutopfer-ritualmorde-im-hardcore-satanismus/
171 Youtube. NEAT-Eröffnung Gotthard Basistunnel, www.youtube.com/watch?v=MU0l2g3wJZk
172 http://de.euronews.com/2015/05/25/vermisst-in-europa-ein-kind-alle-zwei-minuten
173 www.dailymail.co.uk/news/article-5642017/More-10-000-children-care-went-missing-year.html
174 www.kochkyborg.de/Zitate/zitate01.html
175 www.orwell-staat.de/zitate.htm
176 www.youtube.com/watch?v=RKXK9UIV-Cg
177 Youtube. Das selbstentlarvende George Soros…, www.youtube.com/watch?v=C7XhVxEa4Pg
178 https://4qua.de/nestle-wasser-ist-kein-menschenrecht/
179 www.sueddeutsche.de/wissen/gentechnik-keine-angst-vor-der-chimaere-1.774022
180 Youtube. Andrej Tjunjaev, www.youtube.com/watch?v=RKXK9UIV-Cg
181 www.congress.gov/114/bills/hr6131/BILLS-114hr6131ih.pdf
182 https://de.wikipedia.org/wiki/Xenotransplantation
183 https://netzfrauen.org/2016/10/03/47321/
184 https://netzfrauen.org/2014/02/12/designer-babys-zukunft-auf-bestellung/
185 Youtube. NIH 2015 Workshop on Animal Chimeras containing Human Cells www.youtube.com/watch?v=L_2macbiOzA
186 www.welt.de/print-welt/article663292/Eine-kleine-Maus-mit-Menschen-Ohr.html
187 www.bento.de/gefuehle/kinderwunsch-warum-wir-der-umwelt-zuliebe-aufhoeren-sollten-kinder-zu-bekommen-1813533/amp/
188 www.spiegel.de/wissenschaft/natur/klimabilanz-ein-kilo-fleisch-verursacht-36-kilogramm-kohlendioxid-a-495414.html
189 www.livenet.ch/themen/wissen/schoepfungswissenschaft/128016-viele_wissenschaftler_bezweifeln_evolutionstheorie.html
190 www.welt.de/wissenschaft/umwelt/article137541119/Die-Aliens-leben-laengst-unter-uns.html
191 Youtube. Lübecker Asyllobby nennt Deutschland…, www.youtube.com/watch?v=SvP4BJMbXco
192 www.welt.de/politik/deutschland/article158049400/Fluechtlinge-machen-Urlaub-wo-sie-angeblich-verfolgt-werden.html

193 www.gutzitiert.de/zitat_autor_johann_wolfgang_von_goethe_thema_edelmut_zitat_6539.html
194 www.aphorismen.de/zitat/1690
195 www.heise.de/forum/Telepolis/Kommentare/EU-Streit-ueber-nationale-Mitspracherechte-bei-Ceta/Wir-beschliessen-etwas-stellen-das-dann-in-den-Raum-und-warten-einige-Zeit-ab/posting-28830207/show/
196 www.un.org/esa/population/publications/ReplMigED/Germany.pdf
197 www.un.org/esa/population/publications/migration/migration.htm
198 https://de.wikipedia.org/wiki/Morgenthau-Plan
199 http://ia902308.us.archive.org/0/items/WhatToDoWithGermany/NizerLouis-WhatToDoWithGermany1944110P.Scan.pdf
200 https://en.wikisource.org/wiki/What_To_Do_With_Germany
201 www.un.org/en/sections/about-un/overview/
202 https://de.wikipedia.org/wiki/Internationaler_Währungsfonds
203 www.youtube.com/watch?v=gcj8xN2UDKc
204 https://de.wikipedia.org/wiki/Human_Rights_First
205 http://perfectprivacy.com/
206 www.heute.at/people/stars/story/Illuminati--Beten-diese-Stars-den-Teufel-an--24264452
207 www.epochtimes.de/politik/welt/hollywood-paedophilie-polizei-eroeffnet-offizielle-ermittlungen-zu-corey-feldmans-missbrauchsfall-a2264313.html
208 Buch „Die Bibel", Einheitsübersetzung, Katholische Bibelanstalt 1980, Matthäus 7,20, Seite 1089
209 http://weisewortwahl.de/die-mehrheit-der-gewoehnlichen-bevoelkerung-versteht-nicht-wirklich-geschieht-und-sie-versteht-noch-nicht-einmal-dass-sie-es-nicht-versteht/
210 https://books.google.de/books?id=iEcCF1ICLt8C&printsec=frontcover&source=gbs_ge_summary_r&redir_esc=y#v=onepage&q&f=false
211 https://infowars.wordpress.com/2009/07/13/okkulte-rituale-im-bohemian-grove/
212 www.google.de/maps/search/capitol+usa/@38.890009,-77.018127,2566m/data=!3m1!1e3?dcr=0
213 Buch: *Die TranceFormation Amerikas* von Cathy O´Brien und Mark Phillips
214 http://en.wikipedia.org/wiki/Bohemian_Grove
215 www.uni-muenster.de/PeaCon/global-texte/g-a/g-ss/Geheimbuende/Bohemian.htm
216 https://de.wikipedia.org/wiki/Moloch_(Religion)
217 www.legitim.ch/single-post/2018/03/11/Pädophilie-Der-Sohn-von-Oliver-Stone-liefert-ein-unglaubliches-Interview-inkl-Originalaufnahme
218 www.legitim.ch/single-post/2018/02/19/WTF-The-Sun-berichtet-dass-60000-Kinder-von-Pädophilen-UNO-Mitarbeitern-vergewaltigt-wurden
219 www.epochtimes.de/politik/welt/adrenochrom-anti-aging-weshalb-so-viele-kinder-entfuehrt-und-rituell-ermordet-werden-a2629317.html
220 https://de.wikipedia.org/wiki/Parabiose
221 www.legitim.ch/single-post/2018/09/07/Bischof-von-Basel-bestätigt-Pädo-Skandal-von-Pennsylvania-ist-nur-die-Spitze-des-Eisbergs
222 www.legitim.ch/single-post/2018/03/11/P%C3%A4dophilie-Der-Sohn-von-Oliver-Stone-liefert-ein-unglaubliches-Interview-inkl-Originalaufnahme
223 www.swr.de/swraktuell/baden-wuerttemberg/Mehrjaehriger-Missbrauch-in-Staufen-Minister-Lucha-haelt-wenig-von-haerteren-Strafen,minister-lucha-nach-staufen-kindesmisbrauch-strafen-100.html
224 www.zeitenschrift.com/news/haarp-die-geheimen-wettermacher#.W6cgZfmYQQ8
225 Youtube. Klimawandel nicht durch CO2 verur..., www.youtube.com/watch?v=CzOWXyTGroU
226 www.physik.uni-regensburg.de/forschung/gebhardt/gebhardt_files/skripten/WS1213-WuK/Klimageschichte.pdf
227 https://de.wikipedia.org/wiki/Hagelabwehr
228 www.hagelabwehr-rosenheim.de/geschichtliches.php
229 www.weather-modification-journal.de/rostock-marlow-grösste-haarp-anlage-der-welt/

230 www.extremnews.com/nachrichten/wissenschaft/668611171bee272
231 www.umweltbundesamt.de/sites/default/files/medien/publikation/long/4125.pdf
232 Buch „1984" von George Orwell, Ullstein-Verlag, 44. Auflage 2011, Seite 27
233 www.europarl.europa.eu/sides/getDoc.do?pubRef=-//EP//TEXT+REPORT+A4-1999-0005+0+DOC+XML+V0//DE#Contentd600413e345
234 https://gutezitate.com/zitat/181215
235 https://de.wikipedia.org/wiki/Cyborg
236 www.rosenheim24.de/bayern/polizei-ermittelt-lenggries-gipfelkreuz-kotzen-wurde-abgesaegt-9139073.html
237 Die Bibel. Einheitsübersetzung [Buch] 1980, Katholische Bibelanstalt GmbH, Stuttgart
238 Die Bibel, Genesis 6, 2, Prof. Dr. Vinzenz Hamp, Prof. Dr. Meinrad Stenzel, Prof. Dr. Josef Kürzinger, Paul Pattloch Verlag Aschaffenburg, 5. Auflage 1977
239 Buch „Das Problem, der Spruch, die Lösung: Aphorismen in Beratung, Therapie und Supervision von Ludger Kühling, S. 69
240 Buch „Nag Hammadi deutsch - Studienausgabe", Ursula Ulrike Kaiser und Hans-Gebhard Bethge (Herausgeber), De Gruyter-Verlag, 3. Auflage, 2013, Seite 2
241 Buch „Nag Hammadi deutsch - Studienausgabe", Ursula Ulrike Kaiser und Hans-Gebhard Bethge (Herausgeber), De Gruyter-Verlag, 3. Auflage, 2013, Seite 178 ff
242 Buch „Nag Hammadi deutsch - Studienausgabe", Ursula Ulrike Kaiser und Hans-Gebhard Bethge (Herausgeber), De Gruyter-Verlag, 3. Auflage, 2013, Seite 191
243 Buch „Nag Hammadi deutsch - Studienausgabe", Ursula Ulrike Kaiser und Hans-Gebhard Bethge (Herausgeber), De Gruyter-Verlag, 3. Auflage, 2013, Seite 165
244 https://docplayer.org/20820410-Der-zulu-schamane-und-stammesaelteste-credo-mutwa.html
245 Buch Nag Hammadi deutsch, „Das Zeugnis der Wahrheit" (NHC IX,3) („Testimonium Veritatis"), Uwe-Karsten Plisch, De Gruyter-Verlag, Studienausgabe, 2013, Seiten 493 und 494
246 Buch Nag Hammadi deutsch, „Das Apokryphon des Johannes (NHC II,1; III,1; IV,1 und BG 2), Michael Waldstein, De Gruyter-Verlag, Studienausgabe, 2013, Seite 76
247 https://web.archive.org/web/20120417132730/http://gloriadei.info/001a/docs/NH/Nag_Hammadi_-_Luedemann-Janssen.pdf Seite 48
248 Buch „Die Bibel", Einheitsübersetzung, Katholische Bibelanstalt 1980, 1 Johannes 2,15-16, S. 1189
249 www.wissenschaft.de/home/-/journal_content/56/12054/20321352/Der-Genetik-der-Hautfarbe-auf-der-Spur/
250 www.aphorismen.de/zitat/154777
251 https://de.wikipedia.org/wiki/Reinkarnation
252 www.zeitenschrift.com/artikel/reinkarnation-die-grosste-luge-der-kirche
253 www.spiegel.de/wissenschaft/mensch/bakterien-oder-koerperzellen-wer-stellt-im-koerper-die-mehrheit-a-1074670.html
254 Buch „Anatomie, Physiologie, Pathophysiologie des Menschen" von Thews, Mutschler und Vaupel, Wissenschaftliche Verlagsgesellschaft mbH Stuttgart, 5. Auflage 1999, Seite 70
255 www.geo.de/natur/oekologie/6281-rtkl-toxoplasmose-wie-parasiten-uns-steuern
256 www.ifado.de/blog/2016/10/24/toxoplasmose-parasit-beeinflusst-gedaechtnisleistung/
257 www.rki.de/DE/Content/Infekt/EpidBull/Merkblaetter/Ratgeber_Toxoplasmose.html#doc2390224bodyText8
258 www.rki.de/DE/Content/InfAZ/T/Toxoplasmose/Toxoplasma_gondii_in_Deutschland.html
259 www.naturalnews.com/2017-07-10-scientists-stunned-to-learn-that-gut-bacteria-seem-to-have-control-over-your-moods-and-brain-function.html
260 www.grenzwissenschaft-aktuell.de/darm-mikroben-beeinflussen-unsere-angst20170519/
261 www.nature.com/articles/mp2017100
262 www.zentrum-der-gesundheit.de/darmbakterien-steuern-essverhalten-140828-news.html
263 „Naturarzt" Heft September 2017, Artikel „CED: Neuer Blick auf Darmerkrankungen" von Dr. med. Reiner Matejka, Seite 8 bis 10

264 www.gesundheitsindustrie-bw.de/de/fachbeitrag/aktuell/jan-wehkamp-den-ursachen-chronisch-entzuendlicher-darmerkrankungen-auf-der-spur/
265 www.aerzteblatt.de/nachrichten/77148/Titandioxid-Nanopartikel-Wie-gefaehrlich-ist-E-171-fuer-Darmpatienten
266 www.lebensmittellexikon.de/t0002120.php
267 Buch „Heilung ist möglich" von Hulda R. Clark, Seite 26, März 2000, Knaur-Verlag
268 www.youtube.com/watch?v=L6vvITwd1Pw
269 www.aerzteblatt.de/archiv/127824/Alfons-Weber-Haben-wir-potentielle-Krebserreger-schon-im-Blut
270 www.daserste.de/information/wissen-kultur/w-wie-wissen/sendung/2010/angriff-auf-die-spermien-100.html
271 https://dieunbestechlichen.com/2017/11/was-zahnfleischentzuendung-mit-darmkrebs-zu-tun-hat-video/
272 www.spektrum.de/news/erhoeht-ein-parodontose-bakterium-die-darm-und-leberkrebsgefahr/1521341?utm_medium=newsletter&utm_source=sdw-nl&utm_campaign=sdw-nl-daily&utm_content=heute
273 https://link.springer.com/article/10.1007%2Fs00792-017-0966-7
274 www.grenzwissenschaft-aktuell.de/mikroben-koennen-auf-dem-mars-millionen-von-jahren-ueberleben20171113/
275 www.uni-kiel.de/unizeit/index.php?bid=340102
276 www.aerzteblatt.de/pdf.asp?id=31168
277 „Anatomie, Physiologie, Pathophysiologie des Menschen", Autoren Professor Dr. rer. nat. Dr. med. Gerhard Thews, Professor Dr. rer. nat. Dr. med. Dres. h. c. Ernst Mutschler, Professor Dr. med. Peter Vaupel, M.A./Univ. Harvard, Wissensch. Verlagsgesellschaft mbH Stuttgart, 1999, S. 758
278 Buch: Repetitorium Geriatrie: Geriatrische Grundversorgung - Zusatz-Weiterbildung ..., Herausgeber Rainer Neubart
279 https://lpi.oregonstate.edu/mic/dietary-factors/phytochemicals/chlorophyll-chlorophyllin
280 https://perspektivegesundheit.de/msm-pulver-wirkung-organischer-schwefel/
281 www.zentrum-der-gesundheit.de/oregano.html#toc-oregano-gegen-darmparasiten
282 https://lavavitae.wistia.com/medias/os6zusmwqq
283 https://de.rbth.com/multimedia/pictures/2014/04/27/leben_und_philosophie_von_lew_tolstoi_in_15_fotos_29153
284 www.bagw.de/de/themen/zahl_der_wohnungslosen/index.html
285 https://de.wikipedia.org/wiki/Organon_(Aristoteles)
286 http://weisewortwahl.de/die-mehrheit-der-gewoehnlichen-bevoelkerung-versteht-nicht-wirklich-geschieht-und-sie-versteht-noch-nicht-einmal-dass-sie-es-nicht-versteht/
287 Buch „Unsterblich in der 6-dimensionalen Welt – Das neue Weltbild des Physikers Burkhard Heim" von Illobrand von Ludwiger, 2. aktualisierte Auflage 2013, Verlag Komplett-Media GmbH, Seite 135
288 Youtube. George Friedman, www.youtube.com/watch?v=gcj8xN2UDKc
289 www.christianpost.com/news/16000-christians-dead-in-less-than-3-years-report-reveals-extent-of-violence-in-nigeria-217427/
290 www.christianpost.com/news/80-nigerian-christians-slaughtered-inhuman-violence-victims-describe-being-hacked-by-machetes-214824/
291 www.opendoors.de/nachrichten/aktuelle-meldungen/wo-christen-am-staerksten-verfolgt-werden
292 https://ul-we.de/uber-mich/
293 www.zeitenschrift.com/uploads/extract/pdf/zeitenschrift-94-94_gefaehrlicher-5g-mobilfunkstandart.pdf
294 www.wired.de/collection/business/esa-5g-satelliten-initiative
295 www.vodafone.de/featured/inside-vodafone/bereit-fuer-5g-giga-netz-duesseldorf-und-frankfurt-werden-erste-gigabit-staedte-deutschlands-cv/

296 www.aerzteblatt.de/nachrichten/92182/Interstitium-Neue-anatomische-Struktur-im-Koerper-entdeckt
297 www.scmp.com/news/china/diplomacy-defence/article/2153310/china-brings-star-wars-life-laser-ak-47-could-set-fire
298 www.pcwelt.de/a/china-entwickelt-laser-waffe-die-menschen-in-brand-setzt, 3451425
299 www.gen-ethisches-netzwerk.de/ethnische-biowaffen
300 www.businessinsider.de/bill-gates-warnt-vor-einer-bedrohung-die-schlimmer-ist-als-seuchen-2018-3
301 www.psiram.com/de/index.php/Steiner_Zitate
302 https://de.wikipedia.org/wiki/K%C3%BCnstliche_Intelligenz
303 https://de.wikipedia.org/wiki/Nanobot
304 http://ekvv.uni-bielefeld.de/blog/uniaktuell/entry/in_roboter_mit_bewusstsein
305 www.neuralink.com/
306 https://terra-mystica.jimdo.com/physik-chemie-technik/elon-musk-entwickelt-matrix-technologie-gegen-ki-s/
307 www.independent.co.uk/life-style/gadgets-and-tech/news/saudi-arabia-robot-sophia-citizenship-android-riyadh-citizen-passport-future-a8021601.html
308 www.sueddeutsche.de/digital/technologie-fuehrende-forscher-warnen-vor-kuenstlicher-intelligenz-1.3878669
309 https://dieunbestechlichen.com/2018/09/erschreckendes-video-kleine-ki-kampfdrohnen-suchen-ihr-ziel-selbststaendig-und-toeten-es-dann/
310 www.sueddeutsche.de/wirtschaft/googles-geheimlabor-atap-aermel-kanal-1.3988492
311 http://ppio.de/Apostolat-hm/sonstiges/Sonstiges_BdW/vatican/satanimvatikan_kernp.htm
312 http://ppio.de/Apostolat-hm/Buecher/Der letzte Papst/Malachi_Der Letzte Papst.pdf
313 https://ia802608.us.archive.org/10/items/PraktischerIdealismus1925/PraktischerIdealismus.pdf
314 www.churchofsatan.com/
315 http://religion.orf.at/stories/2723463/
316 Buch Schwarzbuch Satanismus, Guido und Michael Grandt, Pattloch-Verlag, 1995
317 https://utopia.de/huehnerfleisch-aus-dem-labor-46862/
318 www.spiegel.de/wissenschaft/technik/fleisch-aus-der-petrischale-testesser-verzehren-labor-burger-a-914802.html
319 https://waswirnichtwissen.wordpress.com/2016/01/19/blutspende-verbindet-dich-mit-fremden/
320 https://wissenschaft3000.wordpress.com/category/blutlinien-blutgruppen-bloodline/
321 https://gutezitate.com/zitat/264916
322 www.freigeist-forum-tuebingen.de/2018/01/klone-und-programmierbare-lebensformen.html
323 www.grenzwissenschaft-aktuell.de/erzeugen-erstmals-mensch-schweine-embryonen20170129/
324 https://de.rbth.com/multimedia/pictures/2014/04/27/leben_und_philosophie_von_lew_tolstoi_in_15_fotos_29153
325 https://dieunbestechlichen.com/2018/02/neueste-entschluesselungen-nostradamus-schocker-2019-video/
326 Youtube. Rose Stern: Der Countdown läuft, www.youtube.com/watch?v=9dZmg5UusMI
327 www.weather-modification-journal.de/geheimwaffe-haarp-l%C3%B6cher-im-himmel-high-frequency-active-auroral-research-program/
328 https://de.wikipedia.org/wiki/Mittelmeer-Mjösen-Zone
329 Youtube. Japan. Finanzminister bestätigt HAARP…, www.youtube.com/watch?v=LqPj4d1H-UI
330 http://de.nextews.com/af321dcb/
331 www.presseportal.de/pm/55903/2674682
332 Buch „Nag Hammadi deutsch - Studienausgabe", Ursula Ulrike Kaiser und Hans-Gebhard Bethge (Herausgeber), De Gruyter-Verlag, 3. Auflage, 2013, Seite 193
333 https://ia802608.us.archive.org/10/items/PraktischerIdealismus1925/PraktischerIdealismus.pdf
334 http://zurzeit.eu/artikel/sie-verkaufen-alles-und-prostituieren-sich_262

335 www.guidograndt.de/2017/03/04/weisse-sklavinnen-warten-auf-muslimische-maenner-so-uebel-wird-gegen-europaeische-deutsche-frauen-gehetzt-rechtsextreme-oder-fluechtlingsschlepper-1/
336 www.magazin.uni-mainz.de/544_DEU_HTML.php
337 https://de.wikipedia.org/wiki/Elektroenzephalografie
338 https://en.wikipedia.org/wiki/Extremely_low_frequency
339 www.zitate.eu/author/fried-erich?page=2
340 Buch „Nag Hammadi deutsch - Studienausgabe", Ursula Ulrike Kaiser und Hans-Gebhard Bethge (Herausgeber), De Gruyter-Verlag, 3. Auflage, 2013, Seite 201
341 www.aphorismen.de/zitat/33464
342 www.zitate.de/autor/Kant%2C+Immanuel
343 www.gutzitiert.de/zitat_autor_reinhold_niebuhr_thema_gleichmut_zitat_10352.html
344 https://myzitate.de/charlie-chaplin/
345 https://wissenschaft3000.wordpress.com/category/klaus-volkamer/
346 www.weltderphysik.de/gebiet/erde/erde/erdmagnetfeld/
347 https://zeit-zum-aufwachen.blogspot.com/2015/09/das-geomagnetische-feld-und-deren.html
348 Buch : „Der verratene Himmel" von Dieter Broers, Dieter Broers Verlag, 3. Auflage 2015, Seite 99
349 Buch: „Sungazing – von Sonnenlicht leben" von Hira Ratan Manek, RaBaKa Publishing, 2011
350 www.arabnews.com/node/356281
351 Buch „Das Buch des Wissens: Die Schlüssel des Enoch" von J. J. Hurtak, 2. deutsche Ausgabe, 1996, Seite 169
352 http://chaos-ordnung.org/referenten/alexander-trofimov/
353 Buch „Der verratene Himmel" von Dieter Broers, 3. Auflage, Seite 109 und 110, Dieter Broers Verlag Ltd.
354 www.einsteinjahr.de/page_2750.html
355 Buch „Der Urzeit-Code – Die ökologische Alternative zur umstrittenen Gentechnik" von Luc Bürgin, Herbig Verlag, Sonderproduktion 1. Auflage 2014
356 https://dejure.org/gesetze/StGB/212.html
357 www.agnikultur.de/elektrokultur.html.
358 www.youtube.com/watch?v=aawq4FJkc1I
359 www.br.de/nachrichten/gerald-huether-kinder-100.html
360 Buch „Anna, die Schule und der liebe Gott – Der Verrat des Bildungssystems an unseren Kindern" von Richard David Precht, Goldmann-Verlag
361 www.aphorismen.de/suche?f_autor=3918_Voltaire&f_thema=Staat%2C+Volk
362 https://de.wikipedia.org/wiki/Jürgen_C._Frölich
363 www.rki.de/DE/Content/InfAZ/I/Influenza/Pandemie/Saisonbericht_2009_10.pdf?__blob=publicationFile
364 Buch „Strophanthin" von Dr. med. Eberhard Wormer, Kopp-Verlag, 1. Auflage 2015
365 www.strophantus.de/mediapool/59/596780/data/Dr._KernErfolgsstatistik.pdf
366 www.news.de/gesundheit/855413804/strophanthin-skandal-der-joker-gegen-herzinfarkt/1/
367 Buch „Das Deutschland-Protokoll III" von Toni Haberschuss, J. K. Fischer Verlag, 2. Auflage 2012, Seite 84
368 Buch: „Das Deutschland Protokoll III" von Toni Haberschuss, J. K. Fischer Verlag, 2. Auflage 2012, Seite 159
369 Youtube „KREBS: Das wichtigste Video, www.youtube.com/watch?v=L6vvITwd1Pw
370 http://help2check.me/die-geschichte-hinter-dieser-seite/
371 http://help2check.me/die-geschichte-hinter-dieser-seite/
372 www.naturundheilen.de/fileadmin/Social_Media/Gratisdownloads/Rizol-Therapie_10-02.pdf
373 www.medical-services.li/krebs-entsteht-nur-im-sauren-milieu
374 www.curenaturalicancro.com/pdf/bicarbonate-increases-tumor-ph-and-inhibits-metastases.pdf
375 https://wissenschaft3000.files.wordpress.com/2012/01/inuakiner_aus_dem_orion.pdf
376 https://nachrichten.zentrum-der-gesundheit.de/vitamin-d-schuetzt-blutgefaesse-180104005.html

[377] www.umweltbundesamt.de/sites/default/files/medien/publikation/long/4125.pdf
[378] https://vimanna.wordpress.com/2014/12/03/das-dritte-auge-die-zirbeldruse-geschichtliches-bis-hin-zur-wissenschaftlichen-erkenntnis-teil-1/
[379] http://epubs.surrey.ac.uk/895/1/fulltext.pdf
[380] www.hannes-pharma.de/index.php?page=categorie&cat=204&xd39a2=oil45cn6d6u9vh9k5vd3tnrog2
[381] Buch „Die Bibel". Einheitsübersetzung, 1980 Katholische Bibelanstalt Stuttgart, Seite 1104
[382] https://de.wikipedia.org/wiki/Subliminal_(Psychologie)
[383] https://de.wikipedia.org/wiki/Zirbeldrüse
[384] https://psylex.de/psychologie-lexikon/gesundheit/natur.html
[385] http://dieter-broers.de/das-dritte-auge/
[386] www.zentrum-der-gesundheit.de/zirbeldruese-ia.html
[387] https://de.wikipedia.org/wiki/Serotonin
[388] www.ätherisches-öl.com/nerolioel
[389] https://psylex.de/stoerung/depression/therapie/spazierengehn.html
[390] www.aerztezeitung.de/medizin/krankheiten/neuro-psychiatrische_krankheiten/depressionen/article/850155/depressionen-sport-hilft-antidepressivum.html
[391] www.aetherische-oele.net/aetherische-oele.neroli.htm
[392] www.welt.de/print/die_welt/wissen/article13832445/Schaukeln-ist-Magie-und-Medizin.html
[393] http://aphorismen-archiv.de/index_z.php?id=13444
[394] http://seelen-nahrung.com/befreiung-der-zirbeldruese-zentrum-fuer-bewusstsein-und-gesundheit/
[395] www.welt.de/wissenschaft/article876622/Warum-Lachen-gesund-und-gluecklich-macht.html
[396] www.diagnose-funk.org/publikationen/artikel/detail&newsid=909
[397] www.legitim.ch/single-post/2018/03/11/Pädophilie-Der-Sohn-von-Oliver-Stone-liefert-ein-unglaubliches-Interview-inkl-Originalaufnahme
[398] https://dieunbestechlichen.com/2018/02/un-mitarbeiter-fuer-60-000-vergewaltigungen-verantwortlich-tausende-paedophile-beschaeftigt/
[399] https://de.wikipedia.org/wiki/Schlafentzug
[400] www.huffingtonpost.de/johann-hari/drogen-sucht-ursachen-kokain-heroin_b_9242140.html
[401] www.umweltbundesamt.de/sites/default/files/medien/publikation/long/4125.pdf
[402] https://de.wikipedia.org/wiki/Jürgen_C._Frölich
[403] www.livenet.ch/themen/wissen/schoepfungswissenschaft/128016-viele_wissenschaftler_bezweifeln_evolutionstheorie.html
[404] www.discovery.org/scripts/viewDB/filesDB-download.php?command=download&id=660
[405] http://zitate-aphorismen.de/zitat/der-gedanke-ist-das-saatkorn-der/
[406] www.aphorismen.de/zitat/19331
[407] www.motivate-yourself.de/motivationssprueche-zitate-weisheiten/?quotes_page=6
[408] www.goldseiten.de/zitate/S/
[409] http://zitate.net/albert-einstein-zitate
[410] http://zitate.net/albert-einstein-zitate
[411] https://de.wikipedia.org/wiki/Nichtcodierende_Desoxyribonukleinsäure
[412] Simon Parkes. Youtube, www.youtube.com/watch?v=XbM8c361kwc
[413] www.planet-wissen.de/gesellschaft/medizin/organverpflanzung/pwiewissensfrage106.html
[414] www.derkleineprinz-online.de/zitate/
[415] www.faz.net/aktuell/wirtschaft/wirtschaftspolitik/armut-und-reichtum/ezb-umfrage-deutsche-sind-die-aermsten-im-euroraum-12142944.html
[416] www.spiegel.de/politik/deutschland/pkw-maut-die-luegen-kanzlerin-merkel-a-1033140.html
[417] http://zitate.woxikon.de/autoren/helmut-gollwitzer
[418] www.motivate-yourself.de/motivationssprueche-zitate-weisheiten/?quotes_page=7
[419] http://zitatezumnachdenken.com/seneca/7746
[420] www.joergalbrecht.de/es/deutschedichter.de/werk.asp?ID=243

421 www.gratis-spruch.de/sprueche/id/18780
422 www.anomalistik.de/images/pdf/zfa/zfa2017_12_083_mueller_wittmann.pdf
423 www.newscientist.com/article/dn12993-chimps-outperform-humans-at-memory-task
424 www.aphorismen.de/zitat/214538
425 www.zitate-online.de/literaturzitate/aphorismen/16186/das-einzig-wichtige-im-leben-sind-die-spuren.html
426 https://zitate-aphorismen.de/zitat/es-ruht-noch-manches-im-schoss/
427 www.welt.de/vermischtes/article4525906/Er-wollte-Kinder-schuetzen-und-wurde-tot-gepruegelt.html
428 http://weisewortwahl.de/solange-du-dich-bemuehst-andere-zu-beeindrucken-bist-du-von-dir-selbst-nicht-ueberzeugt-solange-du-danach-strebst-besser-als-andere-zu-sein-zweifelst-du-deinem-eigenem-wert-solange-du-versuch/
429 www.sueddeutsche.de/bildung/frankreich-macron-loest-wahlversprechen-ein-und-laesst-handys-an-schulen-verbieten-1.4076237
430 Prof. Bernd Senf. Vortrag, www.youtube.com/watch?v=bqUDdBZMZuA
431 „Die Urfeld-Forschungen" von David Wilcock, Kopp-Verlag 2. Auflage 2016, Seite 203
432 www.aerztezeitung.de/medizin/krankheiten/neuro-psychiatrische_krankheiten/depressionen/article/850155/depressionen-sport-hilft-antidepressivum.html
433 http://prattle.de/html/zitate___gluck.html

Bildquellen

1. bis 5: Eigene Grafik
6. Youtube. Bob Lazar Ein Insider berichtet, www.youtube.com/watch?v=XDVBrQje-Vg
7. Youtube. Der Beweis für Aliens…, www.youtube.com/watch?v=QkqH7qrAy7U
8. Youtube. Dr. Roger Leir Presents…, www.youtube.com/watch?v=tfltW3oqrik
9. Youtube. Dr. Roger Leir Presents…, www.youtube.com/watch?v=QkqH7qrAy7U
10. Eigene Grafik
11. Wikipedia. European Southern Observatory, https://de.wikipedia.org/wiki/Datei:Eso1737e.jpg
12. www.grenzwissenschaftler.com/2016/1/29/ufos-und-ausserirdische-auf-alten-artefakten-2/.jpg
13. https://divinecosmos.com/start-here/davids-blog/1225-abr-legacy?showall=&start=1
14. Eigene Grafik
15. Youtube, www.youtube.com/watch?v=wXN_ouZ4YK8
16. Eigene Grafik
17. Eigenes Foto
18. www.lovethetruth.com/false_religion/occult/bohemian_grove.htm
    https://atreveteapensarr.wordpress.com/2010/11/12/el-buho-en-el-centro-del-pentagono/washington%20dc%20owl/
19. https://de.wikipedia.org/wiki/Hagelabwehr
20. Eigene Grafik
21. Eigenes Archiv der Autorin
22. Eigene Grafik
23. Eigene Grafik
24. Eigene Grafik
25. www.weltkarte.com/typo3temp/images/weltatlas.jpg
26. www.weltkarte.com/typo3temp/images/weltatlas.jpg
27. Youtube. www.youtube.com/watch?v=DTVgvzvqp9g
28. Eigene Grafik
29. Youtube. „Largest Public Satanic Ceremony…, 7.07.2018] www.youtube.com/watch?v=bdTRsywIkN8
30. Quelle: Eigene Grafik
31. Bildquelle: Youtube [Online] 12.9.2016 [Bild vom 10.7.2018] www.youtube.com/watch?v=RPC_7JahYsM
32. www.weltkarte.com/europa/europakarte/reliefkarte-europa.htm
33. Weltkarte mit eigenen Einträgen nach den von *Rose Stern* veröffentlichten Angaben www.weltkarte.com/typo3temp/images/online-weltkarte.jpg
34. Eigene Grafik
35. Eigene Grafik
36. Eigene Grafik
37. Eigene Grafik
38. Eigene Grafik
39. Eigene Grafik
40. Eigene Grafik
41. www.youtube.com/watch?v=nTgeLEWr614&eurl=http://www.newscientist.com/article/dn12993-chimps-outperform-humans-at-memory-task.html
42. www.youtube.com/watch?v=nTgeLEWr614&eurl=http://www.newscientist.com/article/dn12993-chimps-outperform-humans-at-memory-task.html
43. Eigene Grafik
44. Eigene Grafik
45. Eigene Grafik
46. Eigene Grafik

NUTZLOSE ESSER

Gabriele Schuster-Haslinger

Die Menschheit wird in den nächsten Jahrzehnten massiv dezimiert! Was ist zu erwarten, was können wir tun – und wer steckt dahinter?

Es ist ja nun kein Geheimnis, dass immer mehr Menschen auf diesem Planeten immer weniger Rohstoffen gegenüber stehen. In den kommenden Jahren kommt hinzu, dass Maschinen, Roboter und Drohnen menschliche Arbeitskraft überflüssig machen. Was zurückbleibt, sind aus Sicht der rational-kaufmännisch denkenden "Elite" sog. "Nutzlose Esser" – Menschen, die entweder arbeitslos, zu ungebildet oder zu alt sind und dem produktiven Teil wertvolle Rohstoffe und Nahrungsmittel wegnehmen und zu viel kosten. Die Situation ist jedem logisch denkenden Menschen bewusst, doch mag ein christlich-sozial eingestellter Mensch nicht aussprechen, was unausweichlich scheint, um das Dilemma zu lösen: eine Dezimierung der Weltbevölkerung! Das haben nun jene übernommen, die im Hintergrund die Weltgeschicke steuern, und nicht nur entsprechende Pläne geschmiedet – nein, sie setzen sie bereits um! Wie steht es um den Plan, vor allem das deutsche Volk "auszurotten"? Die Autorin erläutert in diesem Buch nicht nur die verschiedensten Methoden, mit denen dies bereits geschieht und was uns noch bevorstehen wird, falls sich nicht etwas gravierend ändert. Sie deckt ebenso auf, wer im Hintergrund wirklich die Fäden in der Hand hält.

ISBN 978-3-938656-42-6 • 21,00 Euro

GIFTDEPONIE MENSCH

Katja Kutza

Der ungewöhnliche Heilungsweg einer Amalgamvergiftung und die Hintergründe moderner Volkskrankheiten!

„Sie sind austherapiert. Wir können keine körperlichen Erkrankungen bei Ihnen feststellen und vermuten eine psychische Störung." Das waren die Worte, mit denen Katja Kutza aus den meisten schulmedizinischen Praxen entlassen wurde. Am Ende eines langen Leidensweges stand die Autorin mit einem nicht mehr funktionieren wollenden Körper und allein gelassen von Ärzten vor den Trümmern ihres einst glücklichen Lebens. Völlig verzweifelt an diesem Punkt angekommen, bekam ihr Leben endlich eine glückliche Wende. Durch innige Gebete gab es für Katja Kutza plötzlich außergewöhnliche Fügungen des Schicksals – meist in Form von alternativen und spirituellen Heilmethoden. Nicht nur ihre Grunderkrankung – eine Amalgamvergiftung – wurde aufgedeckt, auch spirituelle, geistige und energetische Heilsysteme ebneten ihr den Heilungsweg. Auf diesem Weg zurück in ihr Leben machte sie zahlreiche wichtige Erfahrungen, die sie immer zuerst zu hundert Prozent am eigenen Leib spürte und erfuhr, um dann einen optimalen Genesungs- bzw. Lösungsweg zu erfahren. Ihr daraus entstandenes Wissen, ihre spannende Lebensgeschichte und ihre Erfahrungen auf körperlicher, geistiger und seelischer Ebene gibt sie in ihrem Buch völlig authentisch und ehrlich weiter, bietet Hilfe zur Selbsthilfe und macht Mut, niemals aufzugeben und offen zu sein, ungewöhnliche Wege zu gehen. Außerdem klärt sie auf über Hintergründe moderner Volkskrankheiten und erläutert viele effektive Gegenmaßnahmen.

ISBN 978-3-938656-47-1 • 21,00 Euro

DIE HORUS-LOGE

Artur Lipinski

Wie kam es wirklich zum Zweiten Weltkrieg und wer finanzierte ihn?

Artur Lipinskis Großvater war Übersetzer etlicher Persönlichkeiten in der Politik und Wirtschaft. Kurz vor seinem Tod sprach er mit seinem Enkel über private Unterhaltungen mit Willy Brandt, Marion Gräfin Dönhoff, Erich Honecker, vor allem aber mit dem Gründer der Bilderberger, Prinz Bernhard der Niederlande, und was er dort über die wahren Machtverhältnisse auf der Erde erfahren hatte. Demnach gibt es drei „Superlogen", die sich über der gewöhnlichen Freimaurerei befinden, welche die Geschicke der Welt seit mindestens 200 Jahren lenken. Im vorliegenden Buch veröffentlicht Artur Lipinski einen Teil der Informationen, die er über den Zweiten Weltkrieg erfahren hat – und die teilweise komplett von dem abweichen, was wir aus den Geschichtsbüchern kennen. Vor allem das Schicksal Hitlers wird völlig neu behandelt.

ISBN 978-3-938656-70-9 • 21,00 Euro

MEIN VATER WAR EIN „MiB"

Jason Mason

Das geheime Weltraumprogramm und die Antarktis-Deutschen

Wer sind diese rätselhaften *Men in Black* (MiB), die seit den 1950er-Jahren nach UFO-Sichtungen bei Zeugen auftauchen und diese befragen, deren Fotos konfiszieren oder sie sogar bedrohen? Nur sehr wenig wurde bislang über sie bekannt. Einer dieser MiB kontaktierte kurz vor seinem Tode seinen Sohn, um diesen als Nachfolger in die Organisation einzuführen und berichtete ihm von einer Welt, die sich im Hintergrund des uns bekannten Geschehens abspielt – von einer Welt voller Geheimorganisationen, einer Technologie, die wir nur aus Science-Fiction-Filmen kennen sowie über geheime Machtstrukturen, die unseren Planeten fest im Griff haben. Was Jason Mason von seinem Vater über dessen Tätigkeit und die Ziele der Organisation erfahren hatte, brachte ihn allerdings derart in Rage, dass er sich dafür entschied, dieses Geheimwissen mit der Öffentlichkeit zu teilen. Folgende Fragen werden behandelt:

- Existieren Außerirdische bereits seit Millionen von Jahren auf der Erde?
- Sind die Jesuiten und die italienischen Schwarzadelsfamilien mächtiger als die Rothschilds?
- Gibt es eine Rasse von Schlangenmenschen und andere Völker, die im Erdinneren wohnen?
- Wer sind die Nordics und die Draconier?
- Gibt es heute noch deutsche Basen in der Antarktis?
- Versteckt der Vatikan Beweise für frühere Hochzivilisationen und außerirdische Rassen?
- Existierten früher Riesen auf der Erde, und welche Beweise gibt es dafür?
- Ist der Mond ein künstliches Objekt, und was passierte wirklich bei den Apollo-Missionen?
- Existieren Geräte, mit denen man in die Zukunft blicken kann?
- Gibt es seit über 60 Jahren ein geheimes Weltraumprogramm mit Basen im ganzen Sonnensystem, das unter der Kontrolle der deutschen Geheimgesellschaften und der SS steht?

ISBN 978-3-938656-81-5 • 33,00 Euro

WENN DAS DIE MENSCHHEIT WÜSSTE...

Daniel Prinz

Wir stehen vor den größten Enthüllungen aller Zeiten!

Der neue Blockbuster von Daniel Prinz – 720 Seiten! Der Inhalt dieses Buches wird Sie aus den Schuhen hauen! Im Folgeband des Bestsellers „Wenn das die Deutschen wüssten..." hat Daniel Prinz im ersten Teil in aufwendiger Recherchearbeit brisante Hintergründe zu den beiden Weltkriegen aufgedeckt, die mit dem gefälschten Geschichtsbild der letzten 100 Jahre mit eisernem Besen gründlich aufräumen. In Teil 2 geht es um Chemtrails, die Dezimierung der Menschheit, Zensur und Gedankenpolizei, Impfungen und das Krebsgeschäft, und in Teil kommt die kosmische Variante mit ins Spiel: das geheime Weltraumprogramm!

ISBN 978-3-938656-89-1 • 33,00 Euro

WENN DAS DIE DEUTSCHEN WÜSSTEN...

Daniel Prinz

...dann hätten wir morgen eine (R)evolution!"

Wussten Sie, dass Ihr Personalausweis oder Ihr Reisepass nicht Ihre deutsche Staatsangehörigkeit bestätigt und fast alle Deutschen in ihrem eigenen Land staatenlos sind? Nein? Es gibt tatsächlich ein Dokument, welches die rechtmäßige Staatsangehörigkeit bescheinigt, aber es ist keines der beiden zuvor genannten. Nur wenige Deutsche sind im Besitz dieser speziellen Urkunde, z.B. viele Staatsanwälte, Notare, Bundespolizisten oder Politiker. Wussten Sie zudem, dass Gerichtsvollzieher in der BRD seit 2012 keine Beamten mehr sind oder dass die BRD selbst gar kein Staat ist – und auch nie war –, sondern eine von den Alliierten installierte Verwaltung, die großteils innerhalb einer „Firmenstruktur" operiert? War Ihnen geläufig, dass wir bald in die „Vereinigten Staaten von Europa" übergehen und die Menschen in „handelbare Waren" umfunktioniert werden? Haben Sie sich nicht auch schon gewundert, wieso aus dem Arbeitsamt eine „Agentur für Arbeit" geworden ist oder warum Sie vor Gericht als „Sache" behandelt werden und nicht als „Mann" oder „Frau"?

Daniel Prinz beantwortet nicht nur diese Fragen ausführlich, sondern zeigt zudem auf, welche höchst raffinierten und hinterhältigen Mechanismen eingesetzt werden, die uns alle versklavt haben und dafür sorgen sollen, dass wir aus dem gegenwärtigen, riesigen Hamsterrad nie ausbrechen. Im Buch kommt dabei auch ein Insider zu Wort, der mit weiteren brisanten Fakten aus dem Nähkästchen plaudert, z.B. auch, auf wie viele Menschen die Weltbevölkerung von der Elite reduziert werden soll. Wie ein roter Faden wird das gesamte Konstrukt offenbart, auf dem dieses Kontroll- und Machtsystem aufgebaut ist. Sie glauben, Sie wüssten als aufgewachter „Bürger" tatsächlich bereits über alles Bescheid? Dann werden Sie spätestens hier eines Besseren belehrt.

ISBN 978-3938656-27-3 • 21,00 Euro

BANKSTER

Hanno Vollenweider

Dies ist das Buch eines jungen Mannes, der, getrieben von der Gier nach Geld und Macht, Dinge sah, die andere in seinem Alter höchstens aus Hollywood-Filmen kennen. Mit seiner jungen und frechen Art berichtet er aus den Hinterzimmern der Hochfinanz, wie er zusammen mit einem Freund eine Vermögensverwaltung in Zürich gründete und mit Hilfe dieser Firma eine knappe Milliarde Euro deutsche und andere Schwarzgelder gewinnbringend anlegte, und berichtet dabei auch von Meetings mit diversen Privatbanken. Er schildert seine Treffen mit Mitgliedern des *Clubs zum Rennweg, Entrepreneurs' Round Table*, der Brüsseler Finanzlobbyorganisationen *Swiss Finance Council* und *European Financial Service Round Table*, und wie er im Auftrag seiner Mentoren den Rest der bis heute verschwunden geglaubten D-Mark-Millionen aus den West-Geschäften der DDR flüssig machte.

ISBN 978-3-938656-37-2 • 19,00 Euro

ILLUMINATENBLUT

Nikolas Pravda

Die Täuschung und Menschenverachtung der Eliten enttarnt!

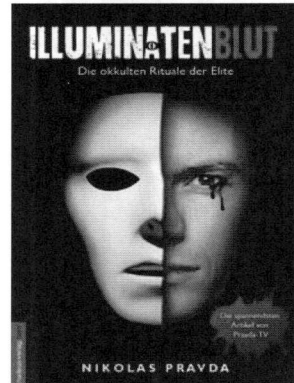

Angeblich leben wir in einer aufgeklärten, humanistischen und christlichen Gesellschaft, der sog. westlichen Wertegemeinschaft. Doch unsere Werte werden allzu oft mit Füßen getreten und zwar nicht nur von Kriminellen, Hochstaplern und Terroristen, sondern auf besonders drastische Weise gerade auch von der Oberschicht, den Eliten und den sog. Illuminaten. Hierbei handelt es sich um die Angehörigen einer kleinen Minderheit an der Spitze der Machtpyramide, die aus dem Verborgenen heraus das Weltgeschehen lenken, und dabei oft auch eigenmächtig über Leben und Tod unschuldiger Menschen bestimmen – kleine Kinder inbegriffen. Die Eliten werden in den Medien häufig als selbstlos, humanistisch und religiös dargestellt, als Menschenfreunde, Helden oder Heilige. Doch hinter der freundlichen Maske des Gutmenschen verbirgt sich nicht selten die hässliche Fratze des rücksichtslosen Ausbeuters. Sie beanspruchen Führungspositionen in der Gesellschaft aufgrund ihrer Abstammung, ihres Reichtums oder einer angeblichen göttlichen Vorsehung, und sie beeinflussen die Geschichtsschreibung und die Medien, um uns glauben zu machen, dass ihre Machtansprüche über den Rest der Menschheit legitim seien. Es ist an der Zeit, mit all den Vertuschungen und Lügen aufzuräumen und sie endlich als das bloßzustellen, was sie vielfach sind: menschenverachtende Okkultisten, Pädophile und Ritualmörder, die sich gegenseitig in Machtpositionen hieven und vor Strafverfolgung schützen.

Nikolas Pravda, der Autor und Betreiber des Internet-Blogs PRAVDA TV, widmet sich diesen dunkelsten Schattenseiten unserer Gesellschaft und ihren mächtigsten Akteuren, wobei er schonungslos aufdeckt, wie sehr die scheinbar transparenten Strukturen unserer Gesellschaft von okkulten Ritualen durchdrungen sind, der Rechtsstaat von elitären Geheimgesellschaften im Würgegriff gehalten wird und das Machtgefüge von immergleichen Blutlinien durchzogen ist, die für eine kontinuierliche Verdummung des Rests der Bevölkerung sorgen.

ISBN 978-3-938656-49-5 • 19,00 Euro

LINKSVERSIFFT

Stefan Müller

Schluss mit linken Wahnphantasien und Toleranzdiktatur!

Linke Seilschaften kontrollieren Medien, Politik und sogar die Kirchen. Dies trifft im Besonderen auf Deutschland zu, aber ebenso auf die ganze westliche Welt. Egal, ob wir nach Schweden, Frankreich, England oder in die USA schauen, überall hat sich der gleiche linke Mainstream ausgebreitet und spielt sich als einzig legitime Weltsicht auf: der Linksismus, oder sollten wir besser Rotfaschismus sagen?

Stefan Müller: *„Bis vor zwei Jahren hatte ich mich kaum mit dem Thema beschäftigt, da mir diese ‚linken Ideen' einfach viel zu phantastisch, abgedreht und auch wirklich absurd vorkamen. Ich hätte nie gedacht, dass diese Ideen bei irgendeinem Menschen außerhalb einer verlotterten Kommune auch nur den Funken einer Chance auf Akzeptanz hätten. Doch die letzten Jahre haben mich eines Besseren belehrt: Diese kranken Ideen und Hirngespinste haben Zugang in die Köpfe von vielen Menschen gefunden, meist handelt es sich dabei um sogenannte Multiplikatoren oder ‚Influencer', die diese wirre Meinung auch noch an zahlreiche andere Menschen herantragen, damit diese sie ebenfalls rezipieren können. Der Brutkasten, der diese Ideen mit Nährstoffen und Dünger versorgt hat, war der Druck durch die Flüchtlingskrise. Diese fungierte als Initialzündung für Linke, damit diese in immer größerem Umfang ihre Wahngebilde kundtun oder publizieren konnten."*

Dieses Buch ist ein Beitrag zum Aufwachvorgang all derer leisten, die anders denken und anders fühlen, als es ihnen die linken und politisch korrekten Volkszensoren und Bevormunder vorschreiben wollen.

ISBN 978-3-938656-45-7 • 19,00 Euro

SCHUTZENGEL & CO.

Martina Heise

Jeder Mensch hat einen Schutzengel

Wir werden von Engeln und anderen geistigen Wesen begleitet – jeden Tag. Doch nur wenige können diese bewusst wahrnehmen und mit ihnen kommunizieren. Martina Heise (ehem. Krämer) wurde mit dieser Gabe geboren und konnte von klein auf nicht nur ihren Schutzengel sehen, sondern auch die Seelen Verstorbener. Von ihrem Schutzengel wurde sie zum einen über den Sinn des Erdendaseins unterrichtet und zum anderen über die Mechanismen des Lebens, vor allem aber darüber, was im Jenseits auf uns wartet und wie wir uns das vorstellen können.

In diesem Buch schildert Martina, wie sie lernte, mit den geistigen Wesen zu kommunizieren, welche Unterschiede es bei den feinstofflichen Wesen gibt, wie sie mit uns in Kontakt treten, uns Botschaften übermitteln und wie wir diese verstehen können.

Sie erklärt auch die Gefahr, die von Besetzungen, Dämonen und anderen dunklen Wesen ausgeht und wie man diese beseitigen und unsere Häuser von solchen dunklen Energien befreien kann. Außerdem stellt sie Übungen zur Verfügung, wie man sich vor Negativem schützen und die eigene Intuition stärken kann.

ISBN 978-3-938656-38-9 • 21,00 Euro

FAKE NEWS

Michael Morris

Wer einmal lügt, dem glaubt man nicht...

Das politische, wirtschaftliche und gesellschaftliche System des 20. Jahrhunderts ist gescheitert, doch die alten Eliten in Politik und Medien versuchen alles, um weiter daran festzuhalten und ein neues Konzept zu verhindern. Sie versuchen, jegliche Kritik an ihrem eigenen Fehlverhalten als „Fake News" oder als „rechte Propaganda" zu diskreditieren. Obwohl die Geheime Weltregierung und ihre Handlanger immer brutaler gegen ihre Kritiker vorgehen, schwindet ihre Macht, weil immer mehr Menschen erwachen und ihr schmutziges Spiel durchschauen, was die alten Eliten schier in den Wahnsinn treibt. Erfahren Sie die Wahrheit über die Entstehung der „Fake News"-Hysterie, und lesen Sie alles über jene Enthüllungen der NASA und des Vatikans, die Ihnen die Massenmedien verschweigen!

ISBN 978-3-938656-41-9 • 21,00 Euro

VERRATEN – VERKAUFT – VERLOREN?

Gabriele Schuster-Haslinger

Der Krieg gegen die eigene Bevölkerung

Wir Menschen werden – speziell in der westlichen Welt – gezielt manipuliert. Wir wissen, dass die Politiker unfrei sind und selten zum Wohle des Volkes entscheiden. Medien werden für Propaganda genutzt. Es ist mittlerweile auch bekannt, dass Konzerne politische Entscheidungen diktieren. Dass wir jedoch in sämtlichen Alltagsbereichen absichtlich verraten, belogen und betrogen werden, ist der Bevölkerung meist nicht bekannt. Wussten Sie beispielsweise, dass Ex-Papst Benedikt vom *Internationalen Tribunal für die Aufklärung der Verbrechen von Kirche und Staat* (ITCCS) wegen rituellen Kindesmordes angezeigt wurde? Oder dass Fluorid bereits vor 75 Jahren eingesetzt wurde, damit die Menschen stumpfsinnig wurden und nicht auf die Idee kamen, zu rebellieren? Es ist ein unvorstellbar großes Netzwerk, das wie ein Schimmelpilz die gesamte Bevölkerung und alle Lebensbereiche überwuchert. Wer sind die Drahtzieher? Es ist fünf Sekunden vor Zwölf und wir haben nur die Chance, in Freiheit zu überleben, wenn wir die Gefahr erkennen und reagieren. Die Autorin hat akribisch recherchiert und deckt Zustände auf, die uns „die Haare zu Berge stehen lassen". Während die allgemeine Meinung dahin geht, dass wir ohnehin nichts verändern können und den Mächtigen ausgeliefert sind, wird im zweiten Teil des Buches gezeigt, dass wir sehr wohl die Möglichkeit haben, Einfluss zu nehmen.

ISBN 978-3-938656-32-7 • 26,00 Euro

Alle hier aufgeführten Bücher erhalten Sie im Buchhandel oder bei:

ALDEBARAN-VERSAND

Tel: 0221 – 737 000 • Fax: 0221 – 737 001
Email: bestellung@buchversand-aldebaran.de
www.amadeus-verlag.de